国家社科基金
GUOJIA SHEKE JIJIN HOUQI ZIZHU XIANGMU
后期资助项目

辽东半岛新石器至青铜时代
考古学文化研究

A Study on Archaeological Culture from
Neolithic Age to Bronze Age in Liaodong Peninsula

徐昭峰 著

中華書局
ZHONGHUA BOOK COMPANY

图书在版编目（CIP）数据

辽东半岛新石器至青铜时代考古学文化研究/徐昭峰著. —
北京：中华书局，2019.11
（国家社科基金后期资助项目）
ISBN 978-7-101-14161-0

Ⅰ.辽… Ⅱ.徐… Ⅲ.①辽东半岛-新石器时代考古-考古
学文化-文化研究②辽东半岛-考古学文化-文化研究-青铜时
代 Ⅳ.K872.31

中国版本图书馆 CIP 数据核字（2019）第 220728 号

书　　名　辽东半岛新石器至青铜时代考古学文化研究
著　　者　徐昭峰
丛 书 名　国家社科基金后期资助项目
责任编辑　王传龙
出版发行　中华书局
　　　　　（北京市丰台区太平桥西里 38 号　100073）
　　　　　http://www.zhbc.com.cn
　　　　　E-mail:zhbc@zhbc.com.cn
印　　刷　北京瑞古冠中印刷厂
版　　次　2019 年 11 月北京第 1 版
　　　　　2019 年 11 月北京第 1 次印刷
规　　格　开本/710×1000 毫米　1/16
　　　　　印张 28¼　插页 2　字数 500 千字
国际书号　ISBN 978-7-101-14161-0
定　　价　148.00 元

国家社科基金后期资助项目出版说明

后期资助项目是国家社科基金设立的一类重要项目,旨在鼓励广大社科研究者潜心治学,支持基础研究多出优秀成果。它是经过严格评审,从接近完成的科研成果中遴选立项的。为扩大后期资助项目的影响,更好地推动学术发展,促进成果转化,全国哲学社会科学工作办公室按照"统一设计、统一标识、统一版式、形成系列"的总体要求,组织出版国家社科基金后期资助项目成果。

全国哲学社会科学工作办公室

目　录

序

徐昭峰教授主要是从事夏商周考古研究的，自 2008 年入职辽宁师范大学历史文化旅游学院以后，为适应教学和科研的实际需要，将自己的研究视域确定为东北地区，研究时段也上溯到了新石器时代，并取得了一系列重要研究成果。

我本人长期致力于东北地区的考古学文化研究，先后出版的《东北石器时代考古》和《中国东北地区夏至战国时期的考古学文化研究》，对东北地区旧石器时代、新石器时代、青铜时代的考古学文化进行过系统梳理和研究，其中也包括了辽东半岛这一重要区域。

徐昭峰教授 2014 年至 2017 年跟随我在吉林大学从事博士后的合作研究工作，选定的题目就是辽东半岛地区的史前文化。现在的这一研究成果既是博士后研究工作的继续和深入，也是入职辽宁师范大学 10 年的教学科研工作的一个小结，同时也是其国家社会科学基金后期资助项目的最终成果。

辽东半岛是东北亚多元文化交汇的枢纽地带，这里既是辽西区文化向东传播的必经之地，也是海岱区文化向东北腹地和朝鲜半岛、日本列岛传播的必经之地，同时也是东北腹地和朝鲜半岛等地文化向南、向西传播的必由之路。深入探讨这一地区不同文化系统的碰撞、影响及相互作用与融合，将研究目标更多地放在以辽东半岛为中心的东北亚多元文化关系比较，对于深化区域文化和区域文明研究来说，无疑是一次有益的尝试。

本书研究的重点是细化辽东半岛考古学文化的编年序列，探讨本区文化的来源及演进，讨论本区与邻近地区的文化交流与融合，探索以本区为中心的东北亚地区文化交流等问题。其学术贡献和主要观点，可概括为以下几个方面：

第一，提出了一个较以往认识更加细密的新的考古学文化编年序列。即：小珠山一期文化、后洼下层文化、小珠山二期文化、后洼上层文化、小珠山三期文化、小珠山四期文化、小珠山五期文化、双砣子一期文化、双砣子二期文化、上马石瓮棺葬类型、双砣子三期文化和双房文化,时代从距今约7000年延至战国晚期。

第二,对几支存在争议的考古学文化进行了新的论证,如小珠山一期文化源于辽西区的兴隆洼文化,而非辽东北部沈阳一带的新乐下层文化。小珠山四期文化和三堂一期文化,是同一考古学文化且都源于辽北地区的偏堡子文化。双砣子二期文化属于岳石文化系统,其在辽东半岛消退的时间应在夏末。上马石瓮棺葬类型并不属于双砣子二期文化,而是一支独立的考古学文化类型,其与双砣子二期文化和双砣子三期文化之间的演进关系明确。

第三,梳理了辽东半岛新石器至青铜时代的文化演进脉络。小珠山一期文化源于辽西区的兴隆洼文化,小珠山一期文化东向传播形成后洼下层文化。至小珠山二期文化时期,辽东半岛刻划纹与压印纹所占比重基本持平。发展至后洼上层文化时期,刻划纹系统已成为主流,压印纹系统所占比重极低,这一态势延续至小珠山三期文化时期。小珠山三期文化是在承袭土著文化因素基础上,同时吸收了后洼上层文化因素以及胶东半岛的大汶口文化因素而成。小珠山四期文化时期,除继承本土文化因素外,海岱区文化仍有较强影响力,而来自辽东北部地区的偏堡子文化强势进入辽东半岛南端,成为整个辽东半岛地区的主导文化。至小珠山五期文化时期,海岱区龙山文化以更为强势的态势影响着辽东半岛,辽东北部地区的文化影响几乎完全消退。从双砣子一期文化到双砣子二期文化,辽东半岛逐渐被纳入海岱区文化系统,至上马石瓮棺葬类型和双砣子三期文化时期,海岱区文化从辽东半岛撤离,本土文化才开始得以重新崛起。这其中,双砣子三期文化是辽东半岛地区本土文化重新崛起的重要孕育时期,而双房文化则是辽东半岛地区本土文化崛起的全盛时期。

第四,系统论述了新石器时代至青铜时代辽东半岛的文化与社会。包括农业、手工业和聚落的发展。玉石器研究方面,主要论证了玉石工业的分化在小珠山五期文化时期。武器形石器研究方面,梳理了独具特色的该区武器形石器的发展演变规律。石构墓葬研究方面,主要论述了积石冢和石棚,对本区积石冢进行了全面的梳理与归纳总结,对其来源、传播、演进及其与其他石构墓葬之间的关系进行系统论述。在对本区石棚的产生年代、性质进行探讨的基础上,主要对其与广义的环渤海地区这一较大范围内的其他地区石棚的关系进行了系统论述。最后简要论述了大石盖墓、石棺墓及石构墓葬之间的关系。海事活动方面,系统论述了新石器至青铜时代的海事活动,主要从经济模式、拟形器、文化交流等方面进行论证,并对海事活动的变化规律及其原因进行剖析。最后论述了以辽东半岛为中心的东北亚文化的交流及以辽东半岛为交通枢纽的北方海上"丝绸之路"的产生。

第五,明确阐述了辽东半岛新石器至青铜时代考古学文化在其漫长演进过程中深受辽西—辽北地区、胶东半岛地区和鸭绿江及其临近地区考古学文化影响等主要观点。认为辽东半岛的新石器时代考古学文化源于辽西区的兴隆洼文化系统,小珠山四期文化源于辽北地区的偏堡子文化,辽东半岛地区的积石冢源于辽西区的红山文化。强调小珠山一期文化、小珠山二期文化、小珠山三期文化与丹东地区的后洼下层文化、后洼上层文化有着密切的联系,双砣子三期文化和双房文化更是与鸭绿江及其临近地区考古学文化关系密切。指出小珠山二期文化开始与胶东半岛有了文化交流,小珠山三期文化两地交流开始密切起来,小珠山五期文化、双砣子一期文化和山东龙山文化关系至密,延至双砣子二期文化已成为山东岳石文化的一部分。发现辽东半岛文化演进中的这种多元性,造就了经济的多样性和农业的多样性以及族群迁徙交流的常态性,最终形成了以辽东半岛为中心的东北亚文化交流枢纽地位。提出辽东半岛三面环海,是其海事活动贯穿文化发展全过程的主要原因。

以上研究成果和主要观点,有的是对学界已有认识的补充、完善或深化,有的是作者提出的属于自己的全新看法。尽管受考古资料限制,有些问题还有待考古发现的进一步充实,如小珠山二期文化、上马石瓮棺葬类型等;有些问题还需继续深入研究,如辽东半岛积石冢和石棚这些极具特色的石构墓葬的关系及其来源等,但无论如何,基于新资料的积累重新选择辽东半岛这样一个文化多样且碰撞剧烈的区域开展新石器至青铜时代考古学文化的再研究,不仅具有重要的学术价值,而且对于深化辽东半岛及整个东北亚地区多方位的考古学探索具有重要的推动作用。

总之,作为阶段性工作的一个小结,《辽东半岛新石器至青铜时代考古学文化研究》这部专著可以说是全面的、系统的、厚重的。近些年徐昭峰教授笔耕不辍，屡见大作发表，作为合作导师，乐见其在科研的道路上一直走下去，期待他有更多的成果与学界分享。

赵宾福

2019 年 7 月 12 日于长春

第一章 绪论

第一节 地形地貌与气候环境

本书所说的辽东半岛,主要是指西起渤海东海岸,东至长海县的海洋岛,东北至丹东与庄河交界处,南起黄渤海交界处的旅顺老铁山,北至瓦房店、普兰店、庄河与营口、鞍山交界的千山山脉一线地域。从行政区划上看,包括大连市所属中山区、西岗区、沙河口区、甘井子区和旅顺口区、金州新区以及长海县、瓦房店市、普兰店市、庄河市。时空范围涵盖这一地区的新石器时代和青铜时代,年代约为距今 7000 至公元前 221 年秦始皇统一中国。

辽东半岛地貌最显著的特征是北宽南窄,两侧濒海,海岛环列。全区属低山丘陵半岛地貌,千山山脉沿辽东半岛呈东北—西南走向,构成辽东半岛中央高、东西两侧低,北部高、南部低的脊状地貌。区域内山地集中分布于北部和中部,南部山地以低山为主,如小黑山、大黑山、城山等呈孤岛状分布于丘陵之中。区内丘陵地貌发育典型,遍布全区,山地外围及半岛南部分布尤广,其中低丘陵分布区大于高丘陵分布区,主要分布于半岛中央高地两侧和本区南部,构成沿海狭窄平原的内缘;岩石风化强烈,构成典型的低丘夷平面;土层多由砂质黏土组成,土壤发育良好,适宜农耕。平原面积较小,类型多样,分布零散。沿河流域分布小面积河谷平原和三角洲平原,山前多有小面积的洪积平原,丘陵坡麓有侵蚀小平原,海湾顶部有海积平原。此外还局部发育有台地和喀斯特地貌、风沙地貌、黄土侵蚀地貌、海蚀地貌等。平原和低台地一般为重要的农耕地[①]。区内主要河流有英那河、庄河、碧流河、登沙河、复州河、李官河等,均源于山地丘陵,源短流急。本区地处暖温带的北部,属于暖温带湿润半湿润季风气候。年平均温度为

[①]《大连通史》编纂委员会:《大连通史·古代卷》,人民出版社,2007 年,第 84—88 页。

8℃—10℃,从南到北依次降低;降水丰沛,年降水量为 600—1000mm[①]。

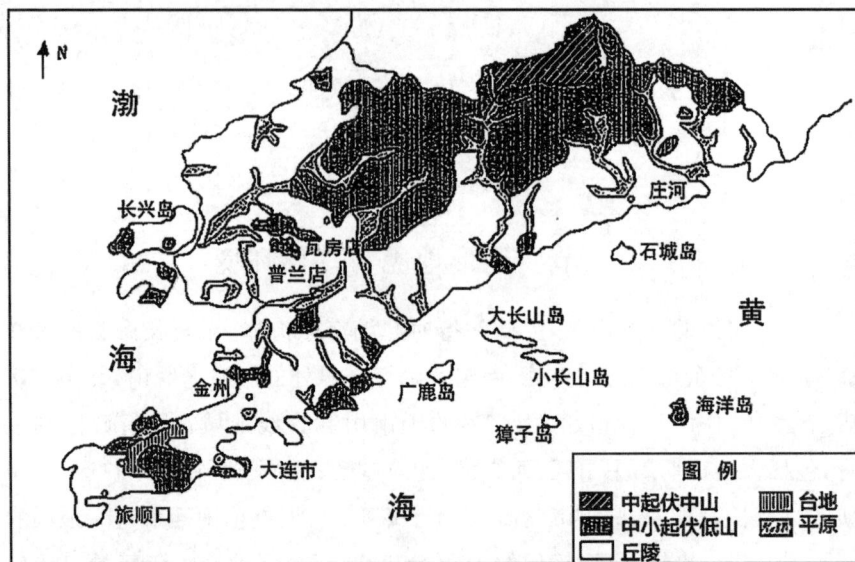

图 1—1　辽东半岛地貌图
（采自《大连地区青铜时代环境背景探究》[②]）

　　中国科学院贵阳地球化学研究所第四纪孢粉组和碳十四组根据辽东半岛全新世沉积物的沉积层序、孢粉组合和放射性碳年龄的分析,初步建立起了全新世辽东半岛的地质年表,勾勒了该地区一万年来自然环境演变的基本轮廓。根据这一研究成果,辽东半岛的全新世环境变迁可划分为三个时期,即距今约 10000—8000 年的早全新世普兰店期、距今约 8000—2500 年的中全新世大孤山期和距今约 2500 年以来的晚全新世庄河期。其中本书辽东半岛新石器时代至青铜时代就基本涵盖在距今约 8000—2500 年的中全新世大孤山期内。中全新世大孤山期,辽东半岛的植被是以栎、桤木为主的落叶阔叶林,广泛被覆在山地、丘陵和平原上,其中西半部以栎属为主,东半部以桤属为主。而桤木在森林中所占的比例有自西南往东北增加的趋势。林间低洼的河滩、湖沼地带和沿海岸及荒坡地带,草本植物生长繁茂。这一时期的气候温暖,在距今约 8000—5000 年大孤山

---

①中国科学院贵阳地球化学研究所第四纪孢粉组、碳十四组:《辽宁省南部一万年来自然环境的演变》,《中国科学》1977 年第 6 期。

②杨蝉玉:《大连地区青铜时代环境背景探究》,辽宁师范大学硕士学位论文,2009 年。

期前期,气候最为温暖、湿润,年平均温度 13℃左右,比现在高 3℃-5℃,干燥度<1.00,属于暖温带湿润气候,是冰后期的气候最适宜期。距今约5000—2500 年的大孤山期后期,阔叶林中松的成分增加,气候条件比前期干燥,但仍比较温暖,年平均温度 12℃左右,比现在高 2℃-4℃,干燥度1.50 左右,属于暖温带半湿润半干旱气候①。

　　这一时期还出现了对环境、古文化分布等影响极大的海侵、海退事件,自然科学领域给予了较多的关注,但得出的结论有一定差异,如最大海侵时间就有距今 8000—5000 年、距今 6000—5000 年、距今 8000—6500 年、距今 8000 年等诸说。有学者认为上述自然学科分别以海蚀地貌、贝壳堤、古沙砾堤—潟湖体系、海相沉积中的微体古生物化石作为指示物,而运用这些指示物都是有一定局限的,但根据古文化遗址的分布来判断古海岸线,则可避免上述类似现象,因为古人如果在海边生活,则可以留下许多食用后抛弃的海产贝类遗壳,如果沿海地区同一时期有足够多数量的遗址出土有海产贝壳,再参照相关的地理地质资料,可断定该时期的海岸线就在这些遗址附近。根据考古学文化遗址的分布结合自然科学领域的研究成果,辽东半岛黄海沿岸的最大海侵时间发生在距今约 6500—5000 年,其时间上限很可能上溯到距今 8000 年左右,最大海侵的范围在 7—14 公里。在大孤山附近发现的三道古贝壳堤,均在上述最大海侵范围以南,其碳十四年代分别为距今 4270±120 年、距今约 3400 年和距今 2500—2000 年,大孤山附近的这三道贝壳堤及其形成年代可以反映该地区海退的过程②。

　　辽东半岛海岸线总长 2300 公里,占全国 12%,岛屿岸线 700 公里,占全国 5%,大小岛屿 500 多个,占全国岛屿总数的 8%③。辽东半岛气候温和,自然生态环境优越,适宜动植物的生长发育,生物资源较为丰富。陆生野生维管束植物共 152 科、666 属、1747 种;沿海藻类共 150 多种,分属绿藻、褐藻和红藻门;全区无脊椎动物约 4850 种、野生脊椎动物约 765 种,其中常见的无脊椎动物有 132 种,野生脊椎动物有 442 种;沿海盛产鱼虾、鲍

①中国科学院贵阳地球化学研究所第四纪孢粉组、碳十四组:《辽宁省南部一万年来自然环境的演变》,《中国科学》1977 年第 6 期。
②史本恒:《辽东半岛新石器时代与青铜时代环境考古初探》,山东大学硕士学位论文,2005 年。
③张子鹏:《辽宁海岸带地貌特征及影响因素研究》,中国海洋大学硕士学位论文,2008 年。

鱼、刺参、扇贝、紫海胆、螺类等,海珍品资源丰富①。

在辽东半岛新石器时代遗址中,发现有大量海洋生物和动物骨骼,如北吴屯遗址下层发现有海生贝类长牡蛎、僧帽牡蛎、密鳞牡蛎、文蛤、青蛤、脉红螺、红螺、锈凹螺、缢蛏等;动物骨骼包括鹿、牛、家猪、獐、熊、虎、狍、鼢鼠、獾、鲟、鳖、鹭等;北吴屯遗址上层发现有动物骨骼鹿、牛、家猪等②;吴家村遗址海产贝类主要有牡蛎、锈凹螺、荔枝螺、红螺、毛蚶、青蛤、沙海螂、紫房蛤、伊豆布目蛤、鬘螺、单齿螺、帽贝、笋螺、福氏玉螺等,动物遗骸有猪骨、鹿骨、獐骨和猫骨等③;郭家村遗址下层出土的动物骨骼有狗、斑鹿、狗獾、獾、狍、野猫、飞禽、家猪,以及丰富的鱼骨,贝类除锈凹螺、红螺、疣荔枝螺、僧帽牡蛎、青蛤外,还有白笠贝、盘大鲍(即鲍鱼)、蝾螺、纵带锥螺、扁玉螺、魁蚶、贻贝(紫贻贝)、大连湾牡蛎、蛤仔(菲律宾蛤仔)等;郭家村遗址上层出土的动物骨骼比下层还多,如豹、熊、狼等猛兽④;大潘家遗址哺乳动物中以家猪最多,还有狗、鹿、野猪、鸟类等,海产动物有牡蛎、蛤仔、红螺、扁玉螺、疣荔枝螺、魁蚶、毛蚶、贻贝、扇贝、海胆、螃蟹及鱼等⑤。说明新石器时代辽东半岛环境优越,物产丰富,至青铜时代没有发生较大变化。优越的古环境和丰富的食物资源为孕育该地区的新石器时代和青铜时代考古学文化奠定了坚实的物质基础。

第二节　研究现状

辽东半岛新石器至青铜时代的考古学文化研究,可以追溯至 1949 年以前。当时的日本学者即在辽东半岛进行了盗掘性的考古调查和发掘,发现、发掘了辽东半岛的一些史前文化遗迹和遗物,包括老铁山积石冢、貔子窝、文家屯、四平山积石冢等,其中文家屯、四平山完整的资料一直到近年始见公布。1949 年以后,先后发掘了双砣子遗址、岗上遗址、小珠山遗址、

①杨蝉玉:《大连地区青铜时代环境背景探究》,辽宁师范大学硕士学位论文,2009 年。
②辽宁省文物考古研究所、大连市文物管理委员会、庄河市文物管理办公室:《大连市北吴屯新石器时代遗址》,《考古学报》1994 年第 3 期。
③辽宁省博物馆、旅顺博物馆、长海县文化馆:《长海县广鹿岛大长山岛贝丘遗址》,《考古学报》1981 年第 1 期。
④傅仁义:《大连郭家村遗址的动物遗骨》,《考古学报》1984 第 3 期。
⑤大连市文物考古研究所:《辽宁大连大潘家村新石器时代遗址》,《考古》1994 年第 10 期。

吴家屯遗址、郭家村遗址、于家村遗址、上马石遗址、大嘴子遗址、三堂遗址等。特别是近几年,中国社会科学院考古研究所在辽南沿海及海岛进行了系统的调查和发掘工作,这对进一步细化辽东半岛地区的史前文化序列,探讨辽东半岛史前文化的来源,探索辽东半岛与邻近地区文化交流与融合、东北亚地区文化传播的路径等问题,具有重要作用。新资料的不断丰富,使得现阶段开展本书研究不仅成为可能,也使本书的研究在现阶段受到极大的关注与重视。

一、文化编年的日趋完善

1963—1964 年,由中国社会科学院考古研究所组成的东北考古工作队一组先后对辽东半岛进行了考古调查和发掘,这一发掘成果对建立辽东半岛青铜时代考古学文化序列具有指导性意义。20 世纪 70 年代,参与此次发掘的主要负责人之一安志敏先生,著文将辽东半岛地区的史前遗存分别以双砣子下、中、上层为代表,将之划分为一、二、三期文化。其中的一、二期文化与山东龙山文化类似,但地域性突出,故另行命名;三期文化则与当地的青铜文化有更密切的联系。同时还证实过去的一些发现,也与上述的三期文化有关①。这里需要说明的是,当时的岳石文化还没有被识别出来,所以关于双砣子一、二期文化的性质问题还局限于其与龙山文化的关系问题,现在我们知道,双砣子一期文化与山东龙山文化关系密切,而双砣子二期文化则与岳石文化关系密切。

1978 年 10—11 月,辽宁省博物馆、旅顺博物馆、长海县文化馆对长海县广鹿岛柳条沟东山、小珠山、吴家村、蛎碴岗、南窑和大长山岛上马石、高丽城山等遗址进行发掘。根据地层关系结合相关研究,初步排列出了大连地区新石器时代的小珠山下层、小珠山中层、小珠山上层三个发展阶段和青铜时代的上马石上层文化类型②。

许玉林先生在 20 世纪 80 年代初提出辽东半岛七类型说,分别是新石器时代以小珠山下层为代表的类型、以小珠山中层和郭家村下层为代表的

---

① 安志敏:《略论我国新石器文化的年代问题》,《考古》1972 年第 6 期;《略论三十年来我国的新石器时代考古》,《考古》1979 年第 5 期。
② 辽宁省博物馆、旅顺博物馆、长海县文化馆:《长海县广鹿岛大长山岛贝丘遗址》,《考古学报》1981 年第 1 期。

类型、以小珠山上层和郭家村上层为代表的类型和以于家村下层为代表的类型这四个类型;青铜时代被划分为三个类型,即以于家村上层为代表的类型、以上马石上层为代表的类型和以上马石青铜短剑墓为代表的类型①。同时有学者提出三阶段说,小珠山下层与新乐下层较为接近,小珠山中层受大汶口文化影响强烈,小珠山上层约相当于龙山文化阶段②。还有四种文化说,分别以小珠山下层类型、郭家村下层类型、郭家村上层类型和于家村下层类型为代表③。以及三种文化说,以新石器时代的小珠山文化(包括小珠山下、中、上层,上马石下、中层,郭家村下、上层)、青铜时代的双砣子文化(包括双砣子下、中、上层,于家村下、上层,高丽城山)和上马石文化(上马石上层)为代表④。

王巍先生对辽东半岛的青铜时代考古学文化序列进行系统梳理分析,将之分为双砣子一期类型、双砣子二期类型、双砣子三期类型、上马石上层类型、双房类型遗存、岗上类型,其中双砣子一、二、三期文化是前后相继的三支考古学文化,上马石上层类型与双砣子三期类型是年代一度共存、但分布地域不同、分属于不同文化系统的两支考古学文化,双房类型遗存是介于双砣子三期类型和岗上类型之间的考古学文化。并在对辽东半岛和朝鲜西北部考古学文化进行对应的基础上,分析了两地考古学文化的互动关系⑤。陈国庆、华玉冰二位先生将辽东半岛青铜时代早期考古学文化分为早中晚三段,认为早段以罐和壶为主,发展到晚段,壶的种类增多,青铜时代早期文化是一种独立文化;以双砣子、大嘴子遗址上层为主要突破口,对青铜时代晚期考古学文化进行分析比较,指出南北出现差异,葬俗也发生了变化;认为早晚两期青铜时代有着继承关系却又有着巨大差异⑥。

①许玉林、许明纲、高美璇:《旅大地区新石器时代文化和青铜时代文化概述》,《东北考古与历史》1982年第1期。
②王承礼等:《东北考古的主要收获》,《东北考古与历史》1982年第1期。
③郭大顺、马沙:《以辽河流域为中心的新石器文化》,《考古学报》1985年第4期。
④许明纲:《试论大连地区新石器和青铜文化》,《中国考古学会第六次年会论文集》,文物出版社,1990年,第50—66页。
⑤王巍:《夏商周时期辽东半岛和朝鲜西北部的考古学文化序列及其相互关系》,《中国考古学论丛》,科学出版社,1993年,第196—223页。
⑥陈国庆、华玉冰:《大连地区早期青铜时代考古文化》,《青果集——吉林大学考古专业成立二十周年考古论文集》,知识出版社,1993年;陈国庆、华玉冰:《大连地区晚期青铜时代考古文化》,《辽海文物学刊》1994年第1期。

　　1996 年出版的《双砣子与岗上——辽东史前文化的发现和研究》，根据层位序列、碳十四年代（经树轮校正）和文化内涵的变化，归纳出八种文化遗存，并对其年代及文化内涵进行了简略探讨：小珠山一期文化，年代在公元前 5000 年左右，其陶器上的辽西文化因素相当强烈，但全然不见辽西地区的细石器。小珠山二期文化，碳十四年代为公元前 4600—前 3400 年，具有南北两地文化因素，但以土著文化为主体。小珠山三期文化，碳十四年代为公元前 3000—前 2000 年，文化内涵中的陶器、积石冢出土物具有浓厚的龙山文化因素，但积石冢的墓制却是辽东所特有，从而也可作为土著文化来看待。分析中注意到了其内部差异，这是难能可贵的。双砣子一期文化，碳十四年代为公元前 3000—前 2000 年，根据文化内涵的差异，提出双砣子一期文化和小珠山三期文化不属于同一文化谱系的观点。双砣子二期文化，碳十四年代为公元前 1900—前 1700 年，提出虽陶器特征与胶东半岛的岳石文化接近，但石器却显然承袭自双砣子一期文化，表明虽受岳石文化的影响，但仍属于土著文化，并提出辽东半岛的遗存在该阶段可能进入青铜时代。双砣子三期文化，碳十四年代为公元前 1600—前 1400 年，毫无疑问该阶段进入到了青铜时代，其文化应属土著文化。尹家村一期文化，进入青铜时代的鼎盛时期，时代大体相当于春秋中晚期，即公元前五六世纪。尹家村二期文化，时代约相当于战国早期，即公元前四世纪左右。以上八期文化大体代表了辽东半岛史前文化交替发展的基本序列，还可以分为两个不同的谱系，即以小珠山一、二、三期文化（包括郭家村一、二期）为一群，而双砣子一、二、三期（包括于家村一、二期）和尹家村一、二期文化为另一群，分别代表不同的发展阶段，并各有自己的渊源和承袭关系[①]。这一认识基本建立起辽东半岛新石器至青铜时代的考古学文化序列。

　　栾丰实先生在《辽东半岛南部地区的原始文化》一文中，将该区的原始文化分为小珠山第一期文化、小珠山第二期文化、龙山时期文化和岳石期文化四期八段，将其年代与山东地区的北辛文化、大汶口文化、龙山文化和岳石文化进行对应，在文化因素分析的基础上，对其文化性质及其与山东地区的文化互动进行了详细论证[②]。朱永刚先生在系统论述东北地区青

①中国社会科学院考古研究所：《双砣子与岗上——辽东史前文化的发现和研究》，科学出版社，1996 年，第 142—147 页。
②栾丰实：《辽东半岛南部地区的原始文化》，《海岱地区考古研究》，山东大学出版社，1997 年。

铜文化的发展阶段与文化区系时,将辽东半岛这一时期的考古学文化纳入到整个东北地区进行系统考察,提出辽东半岛青铜文化初级阶段夏至早商期的双砣子二期文化、青铜文化发展阶段商末周初期的双砣子三期文化、青铜文化全盛阶段西周中至战国期的东北系青铜短剑遗存三阶段说①。

郭大顺、张星德二位先生在《东北文化与幽燕文明》一书中,将辽东半岛新石器时代考古学文化分为三种,即小珠山下层文化、小珠山中层文化、小珠山上层文化;将分布于辽河下游直至辽东半岛距今约5000—4500年的考古学文化称为偏堡子文化,根据其时代,约与小珠山上层文化的早段相对应;将早期青铜时代分为三种文化,即双砣子下层文化、双砣子中层文化、羊头洼文化(双砣子上层文化);将晚期青铜时代分为辽宁式曲刃青铜短剑文化和石棚遗存。在此基础上,对各文化的考古发现及其内涵进行介绍,并探讨其与周邻文化的关系②。赵宾福先生在《东北石器时代考古》一书中,也将辽东半岛史前文化分为新石器时代的小珠山下层文化、小珠山中层文化和小珠山上层文化,并对其文化内涵、年代等问题进行了系统讨论,同时注意到了相当于小珠山上层文化时期或者略早一点的辽东半岛西侧海岸蛤皮地遗址和三堂遗址,并意识到了其与偏堡子文化十分接近③。随后在《中国东北地区夏至战国时期的考古学文化研究》一书中,将辽东半岛夏至战国时期的考古学文化分为双砣子一期文化、双砣子二期文化、双砣子三期文化和双房文化四个阶段,并对文化内涵、年代、分期、属性等进行了系统研究④,建立起了辽东半岛新石器时代至青铜时代的考古学文化序列。

在对辽东半岛考古学文化序列进行完善的过程中,有所谓介于小珠山中层文化和小珠山上层文化之间的三堂一期文化或偏堡子文化的论定⑤。进入21世纪,中国社会科学院考古研究所对长海诸岛进行系统调查和有

---

① 朱永刚:《东北青铜文化的发展阶段与文化区系》,《考古学报》1998年第2期。
② 郭大顺、张星德:《东北文化与幽燕文明》,江苏教育出版社,2005年。
③ 赵宾福:《东北石器时代考古》,吉林大学出版社,2003年。
④ 赵宾福:《中国东北地区夏至战国时期的考古学文化研究》,科学出版社,2009年。
⑤ 陈全家、陈国庆:《三堂新石器时代遗址分期及相关问题》,《考古》1992年第3期;朱永刚:《辽东地区新石器时代含条形堆纹陶器遗存研究》,《青果集——吉林大学考古专业成立二十周年考古论文集》,知识出版社,1993年,第146—153页;李恭笃、高美璇:《试论偏堡文化》,《北方文物》1998年第2期。

计划地发掘，以小珠山遗址为核心，根据地层关系结合类型学研究，将辽东半岛新石器时代考古学文化细化为五期，即小珠山一期文化、小珠山二期文化、小珠山三期文化、小珠山四期文化和小珠山五期文化；其中小珠山一期文化的年代近于赵宝沟文化，而小珠山四期文化，具有与所谓三堂一期文化或偏堡子文化存在一定共性的因素，是近年来的首次发现[①]。至此，辽东半岛新石器至青铜时代的考古学文化序列真正完整地建立了起来。近年来，一些学者在新资料的基础上，对辽东半岛的新石器时代考古学文化重新进行了系统讨论。如霍东峰的博士学位论文《环渤海地区新石器时代考古学文化研究》即是其中的代表，该文将辽东半岛新石器时代考古学文化遗存自早而晚划分为六个阶段，即小珠山下层文化、后洼下层文化、小珠山中层文化、偏堡子文化、小珠山上层文化和双砣子一期文化，特别指出双砣子一期文化为新石器时代龙山晚期的一支考古学文化；同时对积石墓研究提出了一些新的认识，如文家屯、四平山积石墓为小珠山上层文化墓葬，将军山、老铁山积石墓属于双砣子一期文化墓葬等[②]。

二、专题研究

（一）生业与经济

辽东半岛的生业与经济形态研究，涉及农业、渔猎业、制石制玉业、制陶业等各个方面。苏小幸先生对大连地区史前农业、渔猎业、手工业、纺织业、冶铜业、对外贸易交换进行了宏观的论述，认为大连地区的经济形态在距今 7000—5000 年是以农业经济为主；渔业经济是在手工业、纺织业发展的基础上发展起来的，在辽东半岛史前晚期成为主要经济[③]。许明纲先生对辽东半岛的古代农业考古进行总结，认为小珠山下层时期的原始农业仍是比较落后的，处于刀耕火种阶段，采集、狩猎、海洋捕捞也占很大比重；小珠山中层时期，农业生产技术有了发展，已脱离刀耕火种，向耜耕阶段发展，农作物收割技术有了一定进步，农业的发展促进了饲养业的发展，但狩猎和捕捞业仍起一定的辅助作用；小珠山上层时期，农业和家畜饲养业有

---

① 中国社会科学院考古研究所、辽宁省文物考古研究所、大连市文物考古研究所：《辽宁长海县小珠山新石器时代遗址发掘简报》，《考古》2009 年第 5 期。

② 霍东峰：《环渤海地区新石器时代考古学文化研究》，吉林大学博士学位论文，2010 年。

③ 苏小幸：《大连地区史前开发史初探》，《辽海文物学刊》1990 年第 2 期。

了进一步的发展,在郭家村遗址发现有炭化粟(黍),但渔猎经济还占有很大比重①。刘俊勇先生对辽东半岛从旧石器时代早期到青铜时代早期的农业、渔猎业、狩猎、制石制玉业、制陶业的发展进行综合的论述,并且认为铜石并用时代是辽东半岛农业发展的第一个高峰期;他还认为大连地区农业经济一直是一种被动接受的状态,扮演传播的角色,并为粟作和稻作两大农业向朝鲜、日本的传播起到了桥梁的重要作用,对东北亚地区经济发展起到推动作用②。史本恒先生从环境考古的角度,指出辽东半岛各区在不同时期一般都有农业、狩猎、渔业、贝类采捞和植物采集等经济成分,有的甚至包含了所有这些成分;从小珠山下层至小珠山中层文化时期,该区北部以农业为主,南部滨海区和海岛区,狩猎和贝类采捞较农业更为重要;小珠山上层时期,整个辽东半岛都是以狩猎为重,唯南部滨海区和海岛区,贝类采捞也占重要地位;青铜时代,南部滨海区以农业为重,海岛区则以渔业和贝类采捞最为重要;总体来讲,辽东半岛是由狩猎和贝类采捞向农业转变,海岛区则由狩猎和贝类采捞转向渔业和贝类采捞③。

　　进入 21 世纪,辽东半岛的农业考古取得了一系列成绩,分别对郭家村、于家村、王家村、小黑石砣子、文家屯、双砣子和高丽寨遗址采集土样并进行了植硅体分析,结果表明,小珠山下层文化时期辽东半岛农业已经出现;小珠山中层文化时期,农业开始发展,龙山文化时期和岳石文化时期,包括稻在内的农业经济进一步发展起来;并认为大连地区的稻作农业是受山东龙山文化的强烈影响,甚至就是来自山东半岛的居民所传播④。马永超等主要对大连王家村遗址进行了浮选研究,结果表明,小珠山三期文化时期的王家村遗址,主要农作物是粟和黍,自小珠山五期起,农作物结构开始发生变化,水稻、小麦成为新的农作物类型。从小珠山三期到小珠山五期,粟和黍始终是最重要的农作物,稻作农业的传入并未从根本上改变本区旱作农业传统。除此之外,在小珠山五期文化王家村遗址发现有大豆,

①许明纲:《大连地区古代农业考古概述》,《农业考古》1992 年第 3 期。
②刘俊勇:《史前辽东半岛经济形态研究》,《辽宁师范大学学报》2009 年第 6 期;《辽东半岛早期农业研究》,《旅顺博物馆学苑》,吉林文史出版社,2010 年。
③史本恒:《辽东半岛新石器时代与青铜时代环境考古初探》,山东大学硕士学位论文,2005 年。
④靳桂云、栾丰实、张翠敏、王宇:《辽东半岛南部农业考古调查报告——植硅体证据》,《东方考古》2009 年第 6 集。

可能是野生大豆。藜属种子的大量出现,表明其可能是当时的一类重要食材[1]。马晓娇等主要对吴家村遗址进行浮选,结果表明,吴家村遗址浮选出土的炭化植物种子中,农作物种子数量较少,仅占31%,包括粟、黍、小麦和大豆四种农作物。其中炭化粟粒的绝对数量高于其他农作物,炭化黍粒略少。此外,酸模属种子、苘麻、紫苏等可能也被人类利用[2]。上述这些浮选资料对研究辽东半岛农业的产生、发展和构成具有重要作用和意义。张翠敏先生在整合考古新资料基础上,认为小珠山二期王家村遗址已有农业生产,小珠山三期的王家村遗址以稻作农业为主,兼有旱作农业;郭家村遗址上层以农业经济为主,兼营狩猎、渔业和饲养家畜等多种经营;大嘴子第三期大量收割工具、炭化种子以及家畜狗、猪等的发现,表明大嘴子原始农业是相当发达的;双砣子遗址的发现表明,当时农作物以水稻为主,其次为粟和黍;文家屯的发现表明,该时期农业生产占一定地位,而渔猎占重要地位;高丽寨当时属稻作和旱作混合农业模式,以稻作为主;于家村的发现表明,当时应该有了农业生产,但并非占重要地位[3]。

辽东半岛由于滨海的有利地理区位,与海洋有关的经济活动频发,一些研究着力探讨与之有关的问题。于临祥、王宇二位先生对大连地区出土的各种渔业工具进行了功能描述,不同情况下大连先民选择不同捕鱼手段和方式,从中也可看出大连地区先民对海洋物质的依赖[4]。许明纲将大连地区的渔猎工具分为网具与钓具;网具根据材质不同分为石质与陶质,每种都有13种造型;编制网具的工具分为3种;钓具主要有骨质组合鱼卡、棒形鱼卡、骨鱼钩、鹿角鱼叉、铜鱼钩等,由此可见渔猎业的重要性[5]。王璀瑛先生通过对长海县上马石上层遗址出土的钓鱼用具的研究,认为从骨鱼卡、骨鱼钩、骨倒须钩到现代鱼钩的演变,经历了4000多年的漫长时间。人类文明的进步与鱼钩的发明、使用方式的不断改进有密切的关系,是沿

---

[1] 马永超、吴文婉、王强等:《大连王家村遗址炭化植物遗存研究》,《北方文物》2015年第2期。
[2] 马晓娇、金英熙、贾笑冰等:《吴家村遗址2010年度浮选结果及分析》,《东方考古》2014年第11集。
[3] 张翠敏:《辽东半岛南部农业考古新发现与突破》,《旅顺博物馆学苑》,吉林文史出版社,2010年。
[4] 于临祥、王宇:《从考古发现看大连远古渔业》,《中国考古学会第六次年会论文集》,文物出版社,1990年。
[5] 许明纲:《从出土文物看大连地区先秦渔捞业》,《大连文物》1997年第1期。

海地区的原始居民对生存和发展做出的巨大贡献[①]。日本学者渡边诚对山东半岛和辽东半岛的鱼钩进行对比研究,试图明确胶东半岛和辽东半岛海洋性渔业文化形成的过程[②]。甲元真之则从黄、渤海地区史前时期渔捞工具入手,认为"倒T字形"鱼钩和组合式鱼钩在这一区域普遍存在的原因,与鱼类的洄游导致不同地域的渔民互相交流有很大关系。进而分析了环渤海周围史前时期渔民们相互交流的情况,以及农业也是通过渔业交流的方式传播到朝鲜、日本等地[③]。

（二）石构墓葬

最早对大连地区相关石墓文化进行调查发掘的是日本学者。20世纪初,鸟居龙藏曾主持发掘了旅顺口区的老铁山积石冢,虽然在1910年的《南满洲调查报告》[④]的第四章中有所提及,但未得出所发掘积石冢准确的年代和性质判断。随后滨田耕作又对四平山附近的老铁山·将军山积石冢进行发掘,1930年在《旅顺石冢发见土器的种类》[⑤]一文中提出,所出土陶器遗物是来自商周时代山东和河北考古学文化。1941年日本以梅原末治为代表制定了"辽东半岛史前遗址和墓葬的发掘调查计划",并且再次对老铁山·将军山积石冢及四平山积石冢进行了发掘,1944年在《东亚考古学论考》发表《关东州史前文化所见》[⑥]。1942年日本学者八幡一郎、澄田正一、森修等又对四平山积石冢和文家屯积石冢进行了发掘。由于各种原因,报告并未在当时发表,直至21世纪《文家屯》报告[⑦]和《辽东半岛四平山积石冢の研究》[⑧]报告才正式刊布。这些均属于研究辽东半岛地区考古学文化和石墓遗存的重要资料。

①王璀瑛:《浅议鱼钩的起源与演变——长海县贝丘遗址出土骨鱼钩之探讨》,《大连文物》1997年第1期。

②渡边诚著,熊海堂译:《中国古代的鱼钩》,《农业考古》1987年第1期。

③甲元真之:《黄、渤海周围地区的史前时期捕捞》,《环渤海考古国际学术讨论会论文集》,知识出版社,1996年,第102—105页。

④鸟居龙藏:《南满洲调查报告》,1910年。

⑤滨田耕作:《旅顺石冢发见土器的种类》,《人类学杂志》1930年。

⑥梅原末治:《关东州史前文化所见》,《东亚考古学论考》,星野书店,1944年。

⑦辽东先史遗迹发掘报告书刊行会:《文家屯——辽东先史遗迹发掘调查报告书》,京都大学,2002年。

⑧澄田正一、小野山节、宫本一夫:《辽东半岛四平山积石冢の研究》,柳原出版株式会社,2008年。

1949 年以后,国内考古工作者又在辽东半岛地区发现并发掘了多处积石冢,包括旅顺地区的老铁山·将军山[①]、于家村砣头[②],大连地区的岗上、楼上[③],金州地区的王宝山[④]、土龙[⑤]、卧龙泉[⑥],以及瓦房店地区的东岗乡城山[⑦]和小岛积石墓[⑧]等。

同时国内外学者也有诸多论述。许明纲根据墓室结构和文化内涵将大连地区积石墓分为四种类型[⑨]。王嗣洲根据石墓墓室形制、排列和平面构图形状将大连地区积石冢分为七种类型,并将这七种类型在时间上分为四个时期八个时段,这四个时期和许明纲先生划分的四种类型基本相对应,即老铁山·将军山积石冢为第一期,于家砣头墓地和土龙子积石冢为第二期,瓦房店东岗乡城山积石墓为第三期,岗上墓地为第四期,同时认为辽东半岛石墓文化来源于辽西的石冢文化[⑩]。徐光辉将辽东积石墓分为四型,将大连地区的积石墓都分在 A 型积石面积大的种类中,并将之分为三种型式,一种是横向排列有序,排与排之间大致平行,所有墓圹大小基本相同,以老铁山·将军山积石冢为代表;另一种是整体布局大致横向排列,但墓圹有大有小,部分大墓圹周围有若干小墓圹,以于家砣头积石墓为代表;还有一种是以岗上积石墓为代表,以一个中央的墓室为核心,周围所有墓室大致呈辐射状排列。并且此类 A 型墓分布于辽东半岛南部,其他地区不见有发现[⑪]。韩国学者李亨求对环渤海地区、朝鲜半岛、日本九州的石墓进行了概括,认为东北亚石墓文化并非起源于西伯

①旅大市文物管理组:《旅顺老铁山积石墓》,《考古》1978 年第 2 期。

②旅顺博物馆、辽宁省博物馆:《大连于家村砣头积石墓地》,《文物》1983 年第 9 期。

③中国社会科学院考古研究所:《双砣子与岗上——辽东史前文化的发现和研究》,科学出版社,1996 年。

④王冰、万庆:《辽宁大连市王宝山积石墓试掘简报》,《考古》1996 年第 3 期。

⑤华玉冰、王玨、陈国庆:《辽宁大连市土龙积石墓地 1 号积石冢》,《考古》1996 年第 3 期。

⑥中国社会科学院考古研究所:《双砣子与岗上——辽东史前文化的发现和研究》,科学出版社,1996 年。

⑦许明纲:《大连古代石筑墓葬研究》,《博物馆研究》1990 年第 2 期。

⑧张志成:《大连地区积石墓浅见》,《旅顺博物馆学苑》,吉林文史出版社,2010 年。

⑨许明纲:《大连古代石筑墓葬研究》,《博物馆研究》1990 年第 2 期。

⑩王嗣洲:《辽东半岛积石冢研究》,《旅顺博物馆学苑》,吉林文史出版社,2006 年。

⑪徐光辉:《辽东石构墓葬的类型及相互关系》,《环渤海考古国际学术讨论会论文集》,知识出版社,1996 年。

利亚,而是源自环渤海沿岸①。吴青云②、张翠敏③等著文指出,早期积石冢以小型墓葬为主,随葬品数量较少甚至无随葬品,中晚期出现了中心大墓和一些等级较高的墓葬;早期葬俗为二次葬、火葬,但数量较少,晚期发展为多人多次葬、火葬;大量陶器器形和纹饰与山东龙山文化相似性明显;墓葬选址,早期在环渤海附近的山脊之上,后下移至海边较矮的山丘上,除个别遗址外,积石冢与聚落相距较远。李新全④、高芳⑤、华阳⑥、霍东峰⑦、刘俊勇等⑧对辽东半岛积石冢的时代、结构、演变等特点进行了探讨。关于辽东、辽西积石冢的文化内涵以及相互关系等问题,向有学者涉及⑨。近年来,在大连瓦房店地区发现的小岛积石冢⑩,虽只有调查资料,但其年代上限很可能早至小珠山四期文化,由此可将本地区积石冢的年代再向前提也不无可能。这样说来,辽东半岛地区最早的积石冢与红山文化晚期的积石冢在时间上相距不远,而且红山文化的地理位置在大连以北地区,也正说明了辽东半岛积石冢应该是从北方传入的。

积石冢之外,辽东半岛的石构墓葬还有石棚、大石盖墓、石棺墓等。许明纲先生认为石棚与发现青铜短剑的墓葬所代表的考古学文化应该属于同一民族创造的,对辽东半岛石棚的地理分布、性质和年代问题进行了细致的研究,总结出大连地区石棚的建筑特点和建筑方法⑪。许明纲先生还对辽东半岛的积石墓、石棚、石盖墓、石棺墓和石椁墓等石构墓葬进行系统

①李亨求著,姚义田译:《东北亚的石墓文化——以渤海沿岸北部、东部及朝鲜半岛为中心》,《北方文物》1998年第2期。

②吴青云:《辽宁大连市土龙子青铜时代积石冢群的发掘》,《考古》2008年第9期。

③张翠敏:《于家村砣头积石墓地再认识》,《东北史地》2009年第1期。

④李新全:《辽东地区积石墓的演变》,《东北史地》2009年第1期。

⑤高芳、华阳、霍东峰:《老铁山·将军山积石墓浅析》,《内蒙古文物考古》2009年第1期;高芳、华阳等:《文家屯积石墓浅析》,《博物馆研究》2009年第3期。

⑥华阳、霍东峰、付珺:《四平山积石墓再认识》,《赤峰学院学报》(汉文哲学社会科学版)2009年第2期。

⑦霍东峰:《旅大地区史前时期积石墓的考古学观察》,《北方文物》2011年第4期。

⑧刘俊勇、黄子文:《辽东半岛四平山积石冢探讨》,《辽宁师范大学学报》2010年第5期。

⑨徐光辉:《辽东石构墓葬的类型及相互关系》,《环渤海考古国际学术讨论会论文集》,知识出版社,1996年;王嗣洲:《辽东半岛积石冢研究》,《旅顺博物馆学苑》,吉林文史出版社,2006年;徐子峰:《红山文化积石冢与辽东半岛石墓文化》,《大连海事大学学报》(社会科学版)2006年第3期;栾丰实:《辽西和辽东南部地区的积石冢》,《红山文化研究——2004年红山文化国际研讨会论文集》,文物出版社,2006年。

⑩张志成:《大连地区积石墓浅见》,《旅顺博物馆学苑》,吉林文史出版社,2010年。

⑪许明纲:《辽东半岛石棚之研究》,《北方文物》1985年第3期。

研究,对其性质、时代、相互之间的关系进行了分析①。许玉林先生认为在辽东半岛这一地区,石构墓葬发展的规律应是,积石墓出现最早,其次为洞穴墓、石棚和大石盖墓,石棺墓出现最晚②。《辽东半岛石棚》一书对辽东半岛石棚的文化性质、构筑特点、形制、年代等进行了分区论述,追溯了辽东半岛石棚的源流及与其他种类石构墓葬的关系。该书提供了宝贵的基础资料,为以后对辽东半岛地区石棚的深入研究提供重要的借鉴作用③。王嗣洲撰文对大石盖墓的分布、类型、葬法、葬俗及所属年代进行了综合研究,认为大石盖墓是一种在东北亚地区分布范围很广、同时又比较复杂的考古学文化遗存;从承袭关系上来看,大石盖墓是从积石墓发展而来的,起源于中国的辽东半岛,并推测其族属为秽貊族;石棺墓应该是从大石盖墓发展而来。关于大石盖墓和石棚墓之间的关系,认为二者分布有交叉,故两者之间应该有不可分割的联系④。郑大宁的博士学位论文主要是以中国东北青铜时代的石棺墓为研究对象,涉及到了辽东半岛的石棺墓遗存⑤。赵宾福先生的《中国东北地区夏至战国时期的考古学文化研究》一书,对中国东北地区夏至战国时期的考古学文化进行分区研究,建立起东北地区该时期较为完善的文化体系,书中论述相关文化时,涉及到了辽东半岛积石冢、石棺墓、石盖墓和石棚等遗存,对其时代、性质、文化内涵等相关问题进行了论述⑥。华玉冰先生的《中国东北地区石棚研究》一书对石棚的概念做出了科学的界定,同时也明确划分了石棚的研究范围。对中国东北地区各类石棚墓葬的分布密度、时空关系、地理布局、形制演变以及文化内涵等方面的问题进行了研究与阐述⑦。

在相关研究中,对辽东半岛新石器时代至青铜时代的考古学文化与周边文化的关系也进行过系统探讨。主要涉及辽东半岛和胶东半岛、辽西辽

①许明纲:《大连古代石筑墓葬研究》,《博物馆研究》1990 年第 2 期。
②许玉林:《辽东半岛石棚有关问题的探讨》,《环渤海考古国际学术讨论会论文集》,知识出版社,1996 年。
③辽宁省文物考古研究所:《辽东半岛石棚》,辽宁科学技术出版社,1994 年。
④王嗣洲:《试论辽东半岛石棚墓与大石盖墓的关系》,《考古》1996 年第 2 期;《论中国东北地区大石盖墓》,《考古》1998 年第 2 期。
⑤郑大宁:《中国东北地区青铜时代石棺墓遗存的考古学研究》,中国社会科学院研究生院博士学位论文,2002 年。
⑥赵宾福:《中国东北地区夏至战国时期的考古学文化研究》,科学出版社,2009 年。
⑦华玉冰:《中国东北地区石棚研究》,科学出版社,2011 年。

中、朝鲜半岛之间的文化互动、文化交流与文化融合；或者将辽东半岛纳入环渤海、环渤海北岸地区这一大的区域内进行宏观观察，如安志敏、王巍、栾丰实、韩嘉谷、朱延平、王锡平、佟伟华、许玉林、王青、宫本一夫、冈村秀典、徐光辉等先生，这方面的研究著述甚多，不一一列出。

第三节　研究意义与研究目标

辽东半岛西隔渤海与华北为邻，东隔黄海与朝鲜半岛相望，南隔渤海海峡与山东半岛遥相对峙，北依东北三省和内蒙古自治区东部的广阔腹地。这样的地理位置，使得辽东半岛成为东北亚的桥头堡，自古以来就成为中国内陆与东北腹地、俄罗斯远东地区、朝鲜半岛及日本列岛进行文化交流和传播的重要孔道，奠定了辽东半岛东北亚"丝绸之路"枢纽的重要地位。所以研究辽东半岛早期考古学文化的演进和文明进程，对研究辽东半岛文明起源乃至东北亚文明的传承及发展有深远意义。同时辽东半岛的海洋文明发展也是东北亚新石器时代到青铜时代考古学文化发展的一个重要典范。

以辽东半岛为中心的早期中外文化交流，在推动东北亚地区早期的文明化进程中起到了极为重要的作用。在环境和人口压力下，族群的主动或被动的流动与迁徙，给辽东半岛带来了先进的文化。辽东半岛的文化形成后，与周边地区的文化相互碰撞，相互影响，相互吸收，推动本地区文化的共同发展、繁荣，形成具有一定共性的文化圈。而这种交流，东西路线是辽西——辽东——朝鲜半岛、俄罗斯远东滨海边区——日本列岛，南北路线是山东半岛——辽东半岛——东北腹地至俄罗斯远东地区、朝鲜半岛至日本列岛。当然，这种交流的途径也可以是逆向的，但均以辽东半岛为中心。同时我们注意到，和其他区域性文化圈不同的是，东北亚地区早期的这种文化上的广泛交流，除陆路外，还有海路，其中还涉及早期海洋资源的探索与开发问题。而山东沿海——辽东半岛——朝鲜半岛西海岸——日本列岛这一海上交通线，还被称之为"北方海上丝绸之路"[①]。独特的地理位置决定了辽东半岛的每一项考古发现都具有重要意义。不仅国内学者，国外

---

① 朱亚非：《论早期北方海上丝绸之路》，《三条丝绸之路比较研究学术讨论会论文集》，《中国学术期刊(光盘版)》电子杂志社，2001年。

如俄罗斯、蒙古、朝鲜、韩国、日本等国的学者都极为关注辽东半岛的考古发现和研究,发表了诸多真知灼见,推动了辽东半岛的考古学研究工作。

一、研究意义

1. 辽东半岛新石器至青铜时代考古学文化在东北亚地区史前文化中具有重要地位,但相关研究由于考古调查和发掘工作滞后而显得薄弱,开展本书的研究,可以完善该区域考古学文化谱系研究。

2. 辽东半岛地区是东北亚地区多元文化交汇的枢纽。这里是辽西文化区东向传播的必经之地,也是海岱文化区向东北腹地和朝鲜半岛、日本列岛传播的必经之地。深入探讨这一地区平底罐文化系统和三足器文化系统这两大不同文化系统的碰撞、相互影响及其作用,将研究目标更多地放在以辽东半岛为中心的东北亚地区多元文化的碰撞、交流及其融合上进行分析,必将深化区域文明研究。

3. 以往关于辽东半岛新石器至青铜时代考古学文化和以辽东半岛为中心的多元文化互动研究,相对忽视陆地人文与海洋人文交互机制给人类历史带来的影响,本书将着力进行辽东半岛独具特色的海洋文化研究,为国家的海洋开发战略提供历史依据和理论支持。

4. 辽东半岛独特的地理位置,使得该地区的经济显示出渔猎文化、农耕文化和海洋文化交汇影响的复杂性。通过对人类活动与这一环境敏感区域环境变迁关系的研究,总结先民选择不同经济形式的适应性原因,为现代社会提供借鉴。

5. 辽东半岛极富特色的石墓文化、玉器的发现与传播等在辽东半岛文明化进程中的重要作用,也是开展本研究的意义之一。此外,辽东半岛在新石器至青铜时代的考古学文化主要受辽西区和海岱区双重文化的冲击与影响,表现出的文化复杂性,也值得我们去认真研究。

总之,本书的研究是在新资料的不断充实下,选择辽东半岛这样一个文化多样且碰撞剧烈的区域,对其新石器至青铜时代考古学文化进行研究,不仅具有重要的学术价值,而且具有现实意义。

二、亟待解决的突出问题及研究目标

1. 辽东半岛新石器至青铜时代考古学文化的细化与深化。从目前的研究现状结合新的考古资料看,辽东半岛新石器至青铜时代考古学文化有细化的必要和可能。同时,辽东半岛新石器至青铜时代考古学文化还有深化研究的空间和存在争议的学术问题。如小珠山一期文化的来源、文化内涵与分布,小珠山四期文化与偏堡子文化、北沟文化的关系等需要深化研究的课题;偏堡子文化的来源与扩散,小珠山五期文化、双砣子一期文化和双砣子二期文化的性质,双房文化的内涵与分布等尚存争议的问题。

2.辽东半岛新石器至青铜时代考古学文化的多元碰撞与互动。辽东半岛既有原生型文明所具有的独立发展的历史轨迹,也表现出外来文化如辽西文化和山东文化等对本地区文明的影响和冲击,还有就是外来文化与本土文化的融合,这些都对本区域产生了深远的影响。这种影响主要表现在以曲刃青铜短剑为特征的青铜文化和石构墓葬对周边地区施加的强大影响,最终形成以辽东半岛为核心的东北亚文化圈。

3.辽东半岛新石器至青铜时代多元经济的并存发展。辽东半岛不仅是东北平底罐文化系统和黄河中下游地区三足器文化系统碰撞的地区,还是北方游牧文化渐次形成和游牧文明、农耕文明、近海的渔猎文明交汇之地,不同文化系统、不同经济形态的形成既有传统因素,更有环境因素,还有相互间的影响和冲击。

4.预期目标。本书的主要目标是在梳理现有资料的基础上,探讨该地区新石器至青铜时代考古学文化产生、发展,文化的传播、互动、背景及其与周边地区同时期考古学文化的互动,以及生业模式的产生、发展,探讨辽东半岛这一独特地域的文明模式和文明化进程。

第二章　新石器时代中期文化

第一节　小珠山一期文化

　　小珠山一期文化的发现,可追溯到 20 世纪 50 年代在长海群岛发现的压印之字纹和席纹的早期文化遗存①。1978 年辽宁省博物馆等对广鹿岛和大长山岛进行考古发掘时,在柳条沟东山、小珠山等遗址,发现有属于小珠山一期文化的遗迹遗物②。栾丰实先生较早把小珠山第一期文化具体划分为第一期和第二期两个发展阶段③。进入 21 世纪,中国社会科学院考古研究所等单位对长海诸岛进行了课题性极强的考古调查和发掘工作,特别是对小珠山遗址的再次发掘,根据地层关系结合文化内涵,将小珠山下层文化细化为小珠山一期文化和小珠山二期文化④。2012 年又发掘了广鹿岛的门后遗址,门后遗址位于长海县广鹿岛塘洼村邹南屯东南 0.6 公里处门后山东部的慢坡上,紧邻黄海,遗址面积约 1000 平方米。门后遗址是一处典型的贝丘遗址,该遗址堆积丰富,但内涵单纯。陶器除 1 件碗外,余皆筒形罐。陶器纹饰以压印之字纹为主,从其文化内涵来看,应是代表了迄今为止辽东半岛最早的新石器时代考古学文化。下面我们以门后遗址为切入点,来探讨其与小珠山一期文化的关系,以及小珠山一期文化的分段、分布、年代与来源等问题。

---

① 许明纲:《旅大市金县发现新石器时代遗址》,《考古》1960 年第 2 期;旅顺博物馆:《旅大市长海县新石器时代贝丘遗址调查》,《考古》1961 年第 12 期;旅顺博物馆:《旅大市长海县新石器时代贝丘遗址调查》,《考古》1962 年第 7 期。

② 辽宁省博物馆、旅顺博物馆、长海县文化馆:《长海县广鹿岛大长山岛贝丘遗址》,《考古学报》1981 年第 1 期。

③ 栾丰实:《辽东半岛南部地区的原始文化》,《海岱地区考古研究》,山东大学出版社,1997 年。

④ 中国社会科学院考古研究所、辽宁省文物考古研究所、大连市文物考古研究所:《辽宁长海县小珠山新石器时代遗址发掘简报》,《考古》2009 年第 5 期。

一、门后遗址与小珠山一期文化

门后遗址文化层最多可分为 6 层,但从出土物看其内涵基本一致。遗址发现新石器时代早期房址一处,灶址一处,出土大量的陶器等生活用品,石磨盘、石磨棒、砥石、石杵等加工工具,石锛等砍伐工具,石铲等农业工具,陶刀等收割工具,网坠、石球等渔猎工具,玉料、陶牌饰等与宗教信仰有关的物品,以及砍砸器、刮削器等打制石器。房址为圆角方形浅地穴式建筑,剖面呈浅锅底状,无明显穴壁,居住面即为基岩,居住面出土石器、陶器、陶片。石器有磨石、网坠、铲、杵等。陶器为平底筒形罐。房内西北角放置一块大磨石,底部嵌入基岩。野外灶址平面为椭圆形浅坑,灶底呈浅锅底状,被红烧土覆盖。石器分磨制、打制、琢制三种制法,也有部分未经加工、直接使用原石作工具的石器。种类主要有磨盘、磨棒、磨石、敲砸器、砍砸器、刮削器、网坠和杵等,还见有铲、锛、球等。发现玉废料 1 件。

门后遗址陶器陶质以夹大量滑石、云母为主,部分还同时含有少量石棉。陶色以红褐色为主,其余依次为黑褐、黄褐、灰褐等。陶器陶色斑驳不均现象突出。陶器纹饰以单一的压印之字纹占绝对多数,其次是之字纹与压印席纹、网格纹、人字纹、波浪纹、斜线纹等组成的复合纹饰,但数量很少。之字纹的排列方式有横排竖压、竖排横压、横竖排结合、横斜排交错几种,施纹技法纯熟,压印规整,纹带之间一般有 0.2—0.5 厘米的间隙。复合纹的组成方式是以之字纹作为主体纹饰饰于器物腹部,其他纹饰成窄带状饰于主体纹饰之上与口沿之下的区域内,且多数上下边缘各施一周压印弦纹作为界线。纹饰布局均有上不到口、下不到底、两端留白的特点。陶器器类除 1 件碗外,其余均为之字纹平底筒形罐,筒形罐多直口,唇内抹斜,直壁,平底[①]。这应该代表了辽东半岛新石器时代偏早阶段的文化特征。

辽东半岛现在可以确认的最早的新石器时代考古学文化是小珠山一期文化。根据小珠山遗址发掘简报,小珠山一期文化小珠山遗址的陶器以夹砂红褐陶为主,含大量滑石。器类为平底筒形罐,器形大,直口,直壁,器

①大连市文物考古研究所、辽宁师范大学历史文化旅游学院:《辽宁长海县门后新石器时代遗址的发掘》,《考古》2017 年第 8 期。

壁厚,平底。纹饰主要是压印纹,包括之字纹、席纹、网格纹等,还有少量刻划纹①。简报还公布1座圆角方形房址F4,直接建在生土上,穴壁微斜,房内中部偏东南侧有地面灶,平面呈椭圆形。居住面出土石器、陶器、骨器等。石器有铲、刮削器、磨盘、磨棒、锤等,骨器有锥,还出土可复原的陶器平底筒形罐1件。玉器有斧等。根据即将出版的小珠山发掘报告,小珠山一期文化发现房址10座,房址结构简单,均为半地穴式。房址平面大多为圆角方形或长方形,仅1座为椭圆形。直接建在生土上,有的还对居住面进行烘烤加工处理,地面坚硬平实。除2座未发现柱洞外,其余房址内都有柱洞。房址面积多为16—20平方米,最小者仅10平方米左右。房内灶址也多有发现,除2座房址由于揭露面积较少而未有发现外,其余房址均有灶址。灶址多为地面土灶,个别有使用四块云母石板竖砌的石板灶,多位于房址中部,平面均为椭圆形,底部有红烧土堆积,有较薄的灰烬层。发现野外灶址14座,平面形状呈椭圆形,基本都为斜壁,圜底。陶器发现筒形罐30件,小罐1件,以及纺轮、网坠、磨器、陶圆片、刻纹陶片、陶人面饰、陶坠和弹丸等。石器器形有石斧、石铲、石锤、石磨盘、石磨棒、石网坠、砧石、磨石、石杵、石球、半成品、石料、石坠饰等。玉器共4件,器形有玉斧、玉凿、玉坠。骨器器形有骨锥、骨凿、骨针、鱼卡、鱼镖、鱼钩。角器器形有角锥、角镞、角料。此外还有牙器和蚌器。

　　门后遗址的房址、灶址和小珠山一期文化相近。门后遗址的石器种类与小珠山一期文化基本一致。更重要的是门后遗址的陶器包括陶质、陶色、器类、器形、纹饰等特征,与小珠山一期文化基本相近;如两者的陶质陶色均以含滑石的红褐陶为主,器类基本仅见筒形罐(除筒形罐外,门后遗址仅见1件碗,残,仅见口沿部分,基于其侈口、斜直腹的特征而判断它为碗,但笔者认为这仍然是件筒形罐),门后遗址出土筒形罐绝大多数直口,唇内抹斜,直壁,平底;纹饰均以压印纹为主,包括之字纹、席纹、网格纹等。从上述特征可以看出,门后遗址应属于小珠山一期文化。

二、小珠山一期文化的分段、分布与年代

　　关于小珠山一期文化的相关问题,如其分段、分布、文化内涵、年代、玉

---

① 中国社会科学院考古研究所、辽宁省文物考古研究所、大连市文物考古研究所:《辽宁长海县小珠山新石器时代遗址发掘简报》,《考古》2009年第5期。

器制作、来源等，尚没有清晰的认识，笔者试就现有资料，谈一下初步的认识。

关于小珠山一期文化的分段，在 20 世纪 70、80 年代的发掘中已有端倪。报告认为，柳条沟东山遗址都是含滑石的红褐陶和红陶，饰压印编织弧线纹（压印之字纹），器形都是筒形罐，而小珠山下层和上马石下层既含滑石红褐陶，又含滑石黑褐陶，饰压印编织弧线纹（压印之字纹）、席纹、斜线三角及组合纹饰，有一定数量的刻划纹，器形包括筒形罐、小口鼓腹罐等，它们之间的差别，可能是时间早晚的关系[①]。而根据最近小珠山遗址发掘简报，位于广鹿岛东部的柳条沟东山遗址仅出土竖压横排或横压竖排之字纹，陶器种类和纹饰单纯，因此小珠山一期遗存还有细分的可能性[②]。故门后遗址时代应与柳条沟东山遗址时代一致。门后遗址与小珠山遗址相比，可以从四个方面看出二者时代上的早晚关系：其一从陶器纹饰上看，门后遗址纹饰见有两种形态：以单一的压印之字纹占绝对多数；其次是之字纹与压印席纹、网格纹、人字纹、波浪纹、斜线纹等组成的复合纹饰，但数量少。小珠山遗址纹饰包括三种：以压印的之字纹、席纹、网格纹、波浪纹、短斜线纹等组成的复合纹饰占大宗；见有少量的单一压印之字纹；席纹、平行弦纹、人字纹等单体的刻划纹数量也少。从小珠山遗址发掘简报看，小珠山二期文化以单体和复合的刻划纹为主，是故刻划纹是一种出现时间较晚的纹饰，因此从纹饰特征看小珠山遗址当晚于门后遗址；其二，从陶器的陶质上看，门后遗址以夹大量滑石、云母为主，而小珠山遗址的陶器则以夹砂陶为主，含大量滑石。根据小珠山遗址发掘简报，小珠山二期文化以夹砂灰褐陶为主，含少量滑石，表明陶质上的演变规律是，从夹大量滑石为主——到以夹砂陶为主、含大量滑石——再到以夹砂陶为主、含少量滑石，这一演变规律也表明门后遗址时代早于小珠山遗址；其三从筒形罐口沿演变规律来看，门后遗址公布的筒形罐口沿数量 60 件，其中直口 34 件，微敞口 23 件，侈口 1 件，微敛口 2 件，但根据笔者的观察，这 60 件筒形罐中，微敛口 13 件，直口 24 件，微侈口 21 件，侈口 2 件，筒形罐口沿的演变规律基

①辽宁省博物馆、旅顺博物馆、长海县文化馆：《长海县广鹿岛大长山岛贝丘遗址》，《考古学报》1981 年第 1 期。
②中国社会科学院考古研究所、辽宁省文物考古研究所、大连市文物考古研究所：《辽宁长海县小珠山新石器时代遗址发掘简报》，《考古》2009 年第 5 期。

本是从微敛口到直口，再到侈口和敞口，门后遗址微敛口筒形罐占比超过1/5，而小珠山遗址筒形罐多为直口，表明门后遗址的时代当早于小珠山遗址；其四从总体特征上看，门后遗址陶器无论器类、器形还是纹饰均比较单纯，其筒形罐特征与赵宝沟第一期筒形罐特征有几近相似者。根据小珠山遗址发掘简报，小珠山遗址的陶器既有赵宝沟文化因素，又有北吴屯下层、后洼下层文化的一些因素[①]。而北吴屯下层、后洼下层文化是晚于小珠山一期文化的。这些特征也表明，小珠山遗址是略晚于门后遗址的。从上述对比可以看出，小珠山一期文化可以分为以门后遗址为代表的早段和以小珠山遗址为代表的晚段（图2—1）。

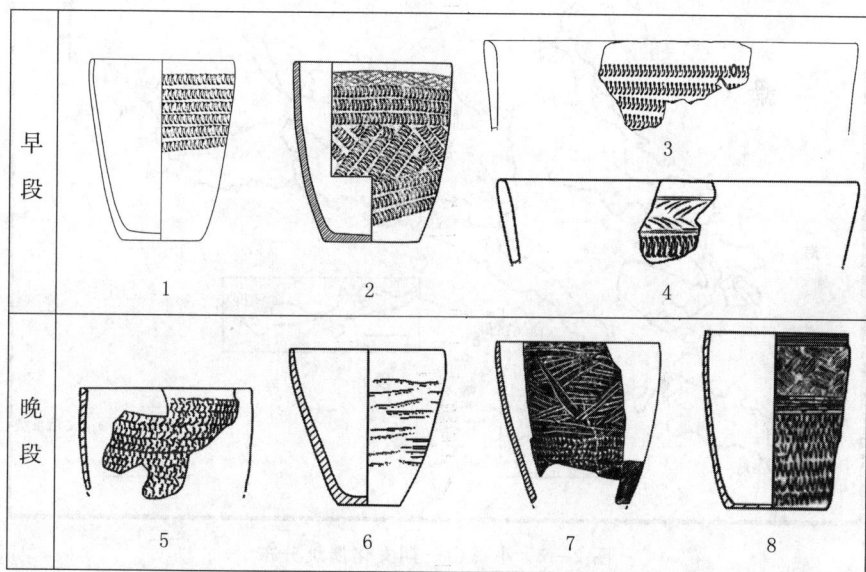

图2—1　小珠山一期文化陶器早晚段筒形罐及纹饰对比

1. 门后 T0203⑥:2；2. 门后 F1:8；3. 门后 T0302⑤:13；

4. 门后 T0302②:11；5. 小珠山 T151218:1；6. 小珠山 T151219:1；

7. 小珠山 T161215:2；8. 小珠山 T3⑤:23

小珠山一期文化遗址，从现有资料看，包括渤海沿岸的旅顺王家村东

[①]中国社会科学院考古研究所、辽宁省文物考古研究所、大连市文物考古研究所：《辽宁长海县小珠山新石器时代遗址发掘简报》，《考古》2009年第5期。

岗遗址①，长海县广鹿岛柳条沟东山遗址②、门后遗址、小珠山遗址，大长山岛的清化宫遗址③，獐子岛的沙包子遗址、李墙屯遗址④，海洋岛的亮子沟遗址⑤、南玉屯遗址⑥。上述遗址中，柳条沟东山遗址、门后遗址、清化宫遗址和亮子沟遗址等出土陶器特征较为一致，陶器以夹滑石红褐陶为主，极少量夹滑石黑褐陶和夹砂红褐陶，纹饰以压印之字纹为主，之字纹排列紧密、规则，少量席纹，鲜见复合纹饰，器形基本就筒形罐一种，直口或微敛口、圆唇、平底、口径一般较大。这应是小珠山一期文化的早段特征（图2—2）。

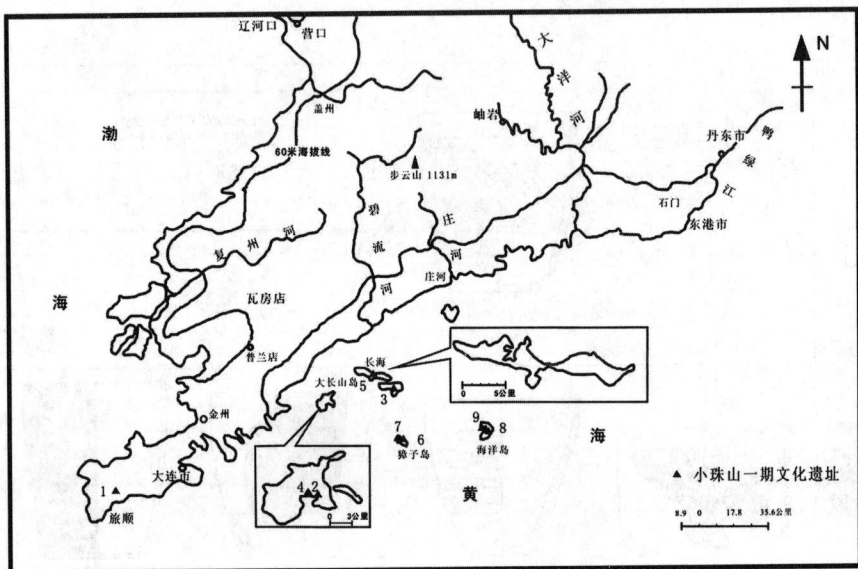

图 2—2　小珠山一期文化遗址分布

1. 王家村东岗遗址；2. 柳条沟东山遗址；3. 门后遗址；4. 小珠山遗址；

5. 清化宫遗址；6. 沙包子遗址；7. 李墙屯遗址；8. 亮子沟遗址；9. 南玉屯遗址

---

① 张翠敏、王宇：《辽东半岛地区小珠山下层文化陶器比较研究》，《东方考古》2009 年第 6 集。

② 旅顺博物馆：《旅大市长海县新石器时代贝丘遗址调查》，《考古》1962 年第 7 期；辽宁省博物馆、旅顺博物馆、长海县文化馆：《长海县广鹿岛大长山岛贝丘遗址》，《考古学报》1981 年第 1 期。

③ 旅顺博物馆：《旅大市长海县新石器时代贝丘遗址调查》，《考古》1962 年第 7 期。

④ 旅顺博物馆：《旅大市长海县新石器时代贝丘遗址调查》，《考古》1962 年第 7 期。

⑤ 大连市文物考古研究所、长海县文物管理委员会办公室：《长海县海洋岛亮子沟遗址发掘简报》，《大连文物》2001 年 1，2 期合刊。

⑥ 旅顺博物馆：《旅大市长海县新石器时代贝丘遗址调查》，《考古》1962 年第 7 期。

　　王家村东岗遗址,陶器以夹滑石红褐陶为主,器形主要为筒形罐,但纹饰以压印之字纹和席纹、人字纹组成的复合纹饰为主,却是略晚的特征。沙包子遗址,有研究者认为其与柳条沟东山更为接近[1],也即应归入小珠山一期文化早段。但笔者认为,沙包子遗址陶质和纹饰上表现出略晚的特征,如刻划纹和复合纹饰,以及筒形罐直口略侈的形态,更接近小珠山遗址特征,所以应归入到小珠山一期文化晚段。李墙屯遗址、南玉屯遗址,据简报与沙包子遗址相同,则其时代也应相同。而据采集资料显示,广鹿岛吴家村遗址也有小珠山一期文化陶片,其时代应和以小珠山遗址为代表的晚段相当[2]。与早段相比,小珠山一期文化晚段的陶质也以夹滑石红褐陶为主,但黑褐陶、夹砂红陶有所增多,平底筒形罐直口或微侈,纹饰除压印之字纹外,席纹、网格纹占有一定比例,复合纹饰增多,还有少量刻划纹。

　　据学者统计,除上述遗址外,在旅顺郭家村,大连市甘井子区的文家屯,普兰店的塔寺屯,瓦房店的东岗、三堂,庄河黑岛镇殷屯半拉山、平山乡西沟等遗址,都发现有小珠山下层压印纹陶片,惜资料过简[3]。

　　从上述遗址约略可以看出,小珠山一期文化的分布区是辽东半岛渤海和黄海的滨海沿岸及海岛,主要包括大连所辖瓦房店、普兰店、甘井子、旅顺口、庄河的滨渤海、黄海沿岸和长海诸岛。

　　有研究者对比了小珠山下层文化和兴隆洼文化、赵宝沟文化的陶器,认为小珠山下层文化早期与兴隆洼文化晚期相当,而小珠山下层文化中期与赵宝沟文化相当[4]。笔者认为,小珠山一期文化以门后遗址为代表的早段,器形单一,基本仅见筒形罐;纹饰单纯,以竖压横排之字纹为主,少量横压竖排之字纹和席纹。筒形罐形制基本同于小珠山遗址T1512 18∶1筒形罐,直口微敛,圆唇,上腹近直,下腹斜直,平底;与兴隆洼文化筒形罐有异,与赵宝沟遗址 F7①∶32 之字纹筒形罐相近(报告中认为该筒形罐为敞口,观察线图却与 F7②∶12 敛口筒形罐形制几乎一致),而与赵宝沟遗址 F106②∶34 通体饰横压竖排之字纹、突缘筒形罐不同(图2—3)。小珠山 T1512 18∶1 筒形罐与赵宝沟文化分期中的第一期

---

①张翠敏、王宇:《辽东半岛地区小珠山下层文化陶器比较研究》,《东方考古》2009年第6集。
②张翠敏、王宇:《辽东半岛地区小珠山下层文化陶器比较研究》,《东方考古》2009年第6集。
③张翠敏、王宇:《辽东半岛地区小珠山下层文化陶器比较研究》,《东方考古》2009年第6集。
④刘伟:《小珠山下层文化新论》,吉林大学硕士学位论文,2011年。

以竖压横排之字纹为主的总体特征更为接近①,但小珠山一期文化筒形罐瘦长,不似赵宝沟文化筒形罐矮胖,是故笔者认为其时代应在兴隆洼文化晚期与赵宝沟文化之间。故从类型学分析的角度看,其时代应在距今约 7000 年。门后遗址碳十四测年经树轮校正,年代集中在距今 6250 年左右,最早距今 6355 年②,从考古学文化分析的角度来看明显偏晚。笔者认为,其一,以小珠山遗址为代表的小珠山一期文化晚段测年数据显示在距今 6720—6235 年(表 2—1)③,早于小珠山一期晚段的门后遗址陶器特征在器类、器形,特别是纹饰等方面,均表现出属于更早的发展阶段;其二,门后遗址在 20 世纪的 50、60 年代由于取土修路和植树造林被破坏严重,地层较薄,而且作为贝丘遗址其结构并不致密,样品有氧化和污染的可能性,这同样会造成测年数据的偏晚;其三,就门后遗址和小珠山遗址年代的问题,可以以二里头文化的测年数据变化作为类比,二里头文化一期的测年数据经历了公元前 2000 年到公元前 1900 年,再到现在的公元前 1750 年的变化过程④。同一文化不同时段的测年数据由于各种主客观原因,会有差异,并且现在有一种普遍偏晚的趋势,其中原因需要分析。是故以门后遗址为代表的小珠山一期早段的测年数据尚需更多的考古资料和测年数据予以检视。

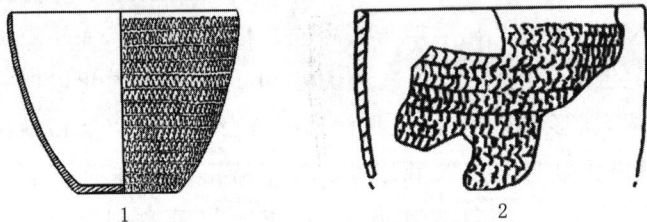

图 2—3　赵宝沟遗址和小珠山遗址筒形罐对比
1. 赵宝沟 F7②:12;2. 小珠山遗址 T1512 18:1

①中国社会科学院考古研究所:《敖汉赵宝沟》,中国大百科全书出版社,1997 年,第 215 页。
②大连市文物考古研究所、辽宁师范大学历史文化旅游学院:《辽宁长海县门后新石器时代遗址的发掘》,《考古》2017 年第 8 期。
③张雪莲、金英熙、贾笑冰:《辽宁长海小珠山遗址考古学文化的年代序列》,《考古》2016 年第 5 期。
④中国社会科学院考古研究所:《二里头(1999—2006)》,文物出版社,2014 年,第 1237 页。

表 2—1　小珠山遗址第一期 2006—2009 年出土木炭和动物骨骼样品碳十四测年数据表

序号	实验室编号	原编号	样品物质	碳十四年代(B.P.)	树轮校正年代(B.C.,OxCal.310,1σ)	树轮校正年代(B.C.,OxCal.310,2σ)
1	ZK—3276	T1612⑧C	木炭	5532±42	4450—4410(22.2%) 4400—4330(46%)	4460—4320(95.4%)
2	ZK—3277	T1612⑨C	木炭	5398±40	4330—4235(68.2%) 4350—4220(77.3%) 4210—4150(10.7%)	4130—4060(7.4%)
3	ZK—3278	T1612⑩C	木炭	5693±47	4590—4450(68.2%)	4690—4440(95.4%)
4	ZK—3279	T1612H8	木炭	5678±36	4545—4460(68.2%)	4620—4440(93.9%) 4420—4400(1.5%)
5	ZK—4033	F16①	鹿	5646±34	4525—4450(68.2%)	4550—4360(95.4%)
6	ZK—4034	F16②	梅花鹿	5647±31	4525—4450(68.2%)	4550—4440(83.2%) 4430—4370(12.2%)
7	ZK—4035	F16③	梅花鹿	5623±31	4500—4440(43.8%) 4420—4370(24.4%)	4520—4360(95.4%)
8	ZK—3672	T171329	鹿?	5700±40	4590—4460(68.2%)	4690—4630(7.3%) 4620—4450(88.1%)
9	ZK—3674	T171332	中型梅花鹿	5635±25	4500—4445(62.8%) 4415—4400(5.4%)	4540—4440(77%) 4430—4370(18.4%)
10	ZK—3675	F14④居住面	鹿?	5675±25	4535—4485(55.7%) 4480—4460(12.5%)	4555—4450(95.4%)
11	ZK—3676	F14④一期	鹿?	5635±30	4520—4440(59.5%) 4420—4400(8.7%)	4540—4360(95.4%)
12	ZK—4031	T161323	小型鹿	5815±32	4720—4610(68.2%)	4770—4550(95.4%)
13	ZK—3682	T151328	鹿(左肱骨)	5770±30	4690—4580(68.2%)	4710—4540(95.4%)
14	ZK—3683	T151329	鹿?	5790±30	4705—4600(68.2%)	4720—4550(95.4%)
15	ZK—3684	T151331	鹿?	5745±30	4670—4630(11.7%) 4620—4540(56.5%)	4690—4500(95.4%)

　　说明:采自《辽宁长海小珠山遗址考古学文化的年代序列》。所用碳十四半衰期为 5568 年,B.P. 为距 1950 年的年代。

三、小珠山一期文化的来源

从小珠山一期文化的内涵分析,与小珠山一期文化来源有关的考古学文化包括兴隆洼文化、赵宝沟文化和新乐下层文化等。

首先看小珠山一期文化和兴隆洼文化的关系。

兴隆洼文化是主要分布于辽西区的一支新石器时代中期文化[①]。典型遗址如兴隆洼[②]、查海[③]、白音长汗[④]、克什克腾旗南台子[⑤]、迁西东寨、西寨[⑥]等。兴隆洼文化陶器均为夹砂陶,烧制火候不高,质地较疏松。陶色以褐色为主色调,包括红、灰、黄等,陶色多不纯正。器表普遍施纹,纹饰以压印纹为主,往往两三种纹饰施于同一件陶器上,流行三段式纹饰,纹饰有交叉纹、网格纹、横向人字纹和以连续折线构成的之字纹等。早期不见之字纹,中期始见竖压横排的压印之字纹,晚期之字纹多见并且压印规整。陶器种类少,代表性的有敞口斜直腹筒形罐和微敛口弧腹罐等,有少量的鼓腹小平底钵、斜壁盆、碗、杯和盅等。

有学者率先对兴隆洼文化进行了分期研究,将其分为两期三段,提出兴隆洼文化单纯施交叉纹的陶器群应该早于施之字纹或之字纹与交叉纹共生的陶器群,而竖压横带式之字纹又早于横压竖带式之字纹[⑦]。有学者对兴隆洼文化进行了系统分期,将其分为五期。其中的第五期,在陶质方面,以夹砂陶为大宗,少量泥质陶,有的陶质中掺有大量的滑石颗粒和云母。器表颜色以黄褐色、红褐色为主。在施纹方式上,部分陶器附加堆纹泥条带消失,三段式纹饰布局被打破,单一纹饰遍施器身。从纹饰上来说,兴隆洼文化第五期出现有篦压或锥刺的篦点之字纹,之字纹的数量愈来愈

---

① 中国社会科学院考古研究所:《中国考古学·新石器时代卷》,中国社会科学出版社,2010年,第160页。

② 中国社会科学院考古研究所内蒙古工作队等:《内蒙古敖汉旗兴隆洼遗址发掘简报》,《考古》1985年第10期;《内蒙古敖汉旗兴隆洼遗址1992年发掘简报》,《考古》1997年第1期。

③ 辽宁省文物考古研究所:《查海新石器时代聚落遗址发掘报告》,文物出版社,2012年。

④ 内蒙古自治区文物考古研究所:《白音长汗:新石器时代遗址发掘报告》,科学出版社,2004年。

⑤ 内蒙古文物考古研究所:《克什克腾旗南台子遗址发掘简报》,《内蒙古文物考古文集》第一辑,中国大百科全书出版社,1994年;《克什克腾旗南台子遗址》,《内蒙古文物考古文集》第二辑,中国大百科全书出版社,1997年。

⑥ 河北省文物研究所:《河北省迁西县东寨遗址发掘简报》,《文物春秋》2002年增刊;河北省文物研究所等:《迁西西寨遗址1988年发掘报告》,《文物春秋》2002年增刊。

⑦ 赵宾福:《兴隆洼文化的类型、分期与聚落结构研究》,《考古与文物》2006年第1期。

多,并成为陶器的主体纹饰。之字纹多为竖压横排,少量为横压竖排。器类以筒形罐为大宗,普遍变矮,腹壁多斜直,少量为鼓腹,其他还有碗、钵、杯、盅等①。也有学者将兴隆洼文化分为四期,其第四期和前述兴隆洼文化五期分法中的第五期基本相当,并认为,从文化特征上看,在兴隆洼文化晚期,赵宝沟文化的典型特征——压印几何形纹已逐渐突出,是故认为赵宝沟文化是承袭兴隆洼文化而来②。将兴隆洼文化分为三期的观点,认为第三期筒形罐纹饰除常见之字纹和席纹、网格纹等复合纹饰外,也有通体饰竖压横排之字纹,之字纹规整③。同样将兴隆洼文化分为三期的学者,也认为第三期规整的之字纹成为主流纹饰,器体逐渐矮胖,并认为兴隆洼文化的年代范围在公元前6200—前5200年④。笔者无意探讨兴隆洼文化的分期问题,兴隆洼文化晚期盛行筒形罐,流行竖压横排之字纹,之字纹规整,单一纹饰遍施器身的施纹方式出现,器表颜色以褐色为主,有的陶质中掺有大量的滑石颗粒和云母等,正是小珠山一期文化早段的陶器特征,是故兴隆洼文化应是小珠山一期文化的重要始源。有研究者注意到了小珠山下层文化和兴隆洼文化晚期陶器的密切关系,如小珠山78T3⑤:23筒形罐与兴隆洼F123④:79、查海F5:1筒形罐的带状纹饰布局和纹饰形态相似,而且提出如果将兴隆洼F123④:79筒形罐和查海F5:1筒形罐上部四分之一去掉,余下部分的形制与小珠山78T3⑤:23筒形罐形制相同⑤(图2—4),这一观察极有见地。从现有考古资料观察,兴隆洼文化时期已经出现有近直口、器身满饰压印之字纹的筒形罐。而且有研究者在对迁西东寨和西寨筒形罐进行分段分组排序时发现,其从早至晚的基本发展趋势是筒形罐从敞口到侈口,乃至直口⑥,这一发展趋势正与小珠山一期文化早段筒形罐特征吻合。基于此,笔者认为小珠山一期文化应源于兴隆洼文化。

---

①陈国庆:《兴隆洼文化分期及相关问题探讨》,《边疆考古研究》2004年第3辑。

②中国社会科学院考古研究所:《敖汉赵宝沟》,中国大百科全书出版社,1997年,第215—216页。

③中国社会科学院考古研究所:《中国考古学·新石器时代卷》,中国社会科学出版社,2010年,第160页。

④索秀芬、李少兵:《兴隆洼文化分期与年代》,《文物》2011年第8期。

⑤刘伟:《小珠山下层文化新论》,吉林大学硕士学位论文,2011年。

⑥霍东峰:《环渤海地区新石器时代考古学文化研究》,吉林大学博士学位论文,2010年,第219—220页。

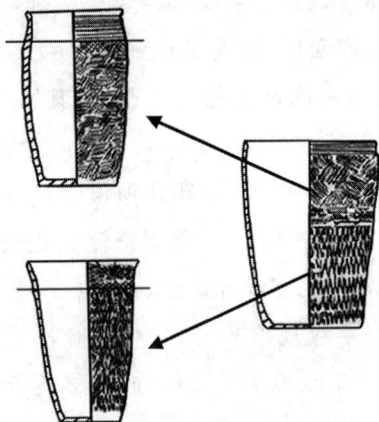

图2—4　赵宝沟遗址和小珠山遗址筒形罐对比

（采自《小珠山下层文化新论》图八）

其次看小珠山一期文化与赵宝沟文化的关系。

赵宝沟文化是继兴隆洼文化之后分布于辽西区的一支考古学文化,典型遗址如敖汉旗小山[1]和赵宝沟等,其年代大约为公元前5200—前4200年[2]。关于赵宝沟文化的分期与分布尚存歧见,如其分期,有三期、四期等不同认识,这些分期有以燕山以南安新庄、西寨、上宅、北捻头等遗址出土单位为最早者[3],有以赵宝沟遗址出土单位和安新庄遗址出土物共为最早者[4],还有研究者认为赵宝沟文化和分布于燕山以南同时期的上宅文化都是主要源于兴隆洼文化而并行发展的两支不同考古学文化[5]。笔者赞同燕山南北此一时期的考古学文化是并行发展的。

赵宝沟文化的源头有不同认识。有学者认为赵宝沟文化的主源应该到滦河流域及其附近的沿海地区去找,但赵宝沟文化的压印之字纹和刻划直线几何纹和兴隆洼文化有关[6]。或认为兴隆洼文化应是其重要源头,从

[1]中国社会科学院考古研究所内蒙古工作队:《内蒙古敖汉旗小山遗址》,《考古》1987年第6期。

[2]中国社会科学院考古研究所:《敖汉赵宝沟》,中国大百科全书出版社,1997年,第215—216页。

[3]中国社会科学院考古研究所:《敖汉赵宝沟》,中国大百科全书出版社,1997年,第215—216页;陈国庆:《试论赵宝沟文化》,《考古学报》2008年第2期。

[4]赵宾福:《赵宝沟文化的分期与源流》,《中国考古学会第八次年会论文集》,文物出版社,1996年,第4页。

[5]索秀芬、李少兵:《上宅文化初论》,《考古与文物》2009年第1期。

[6]赵宾福:《赵宝沟文化的分期与源流》,《中国考古学会第八次年会论文集》,文物出版社,1996年,第8页。

二者共有的陶器组合、形态、纹饰的演变,聚落布局和房屋建造技术等方面,均显示出了二者的承袭关系①。也有学者认为,赵宝沟文化是兴隆洼文化的一支进行自我更新的同时,吸收了来自中原考古学文化的部分营养而形成的一支新的考古学文化②。还有研究者认为兴隆洼文化和磁山文化共同构成了赵宝沟文化的前身③。但无论何种认识,都赞同兴隆洼文化是赵宝沟文化的重要源头。

有学者认为小珠山下层文化压印之字纹风格与赵宝沟文化之字纹十分相似,应看做是受到以赵宝沟为代表的辽西区文化影响的产物④。从器物组合来看,赵宝沟文化陶器是以筒形罐、椭圆底罐、鼓腹罐、圈足钵、圈足或平底碗、盆、尊形器等为基本组合,而小珠山一期文化则基本仅见筒形罐;从纹饰上来看,赵宝沟文化代表性纹饰有压印几何纹、之字纹、动物纹和指甲窝纹、压划形纹、刷划纹、篦点纹、弦纹等,其中以几何纹和之字纹最具代表性,几何纹最多且富于变化,而小珠山一期早段纹饰以通体遍饰规整竖压横排之字纹最为普遍,显示小珠山一期文化并非源于赵宝沟文化。也有学者认为小珠山下层文化的之字纹两端压印较深,呈三角形或圆形凹坑,纹饰凸起明显,如同毛笔头,与辽西区之字纹不同⑤。但小珠山一期文化和赵宝沟文化筒形罐在器形、纹饰上都有极为相近者,如赵宝沟遗址 F7①:32、F7②:12 筒形罐等,表明小珠山一期文化和赵宝沟早期文化年代上的接近。故可以说小珠山一期文化与赵宝沟文化一样,是脱胎于兴隆洼文化而与赵宝沟文化并行发展的一支考古学文化。

再次看小珠山一期文化和新乐下层文化的关系。

新乐下层文化是分布于下辽河流域与赵宝沟文化年代相近的一支新

①郭治中:《内蒙古东部区新石器—青铜时代的考古发现与研究》,《内蒙古文物考古文集》第二辑,中国大百科全书出版社,1997 年;中国社会科学院考古研究所:《敖汉赵宝沟》,中国大百科全书出版社,1997 年,第 215—216 页;陈国庆:《试论赵宝沟文化》,《考古学报》2008 年第 2 期。

②董新林:《赵宝沟文化研究》,《考古求知集》,中国社会科学出版社,1997 年。

③孙予航:《赵宝沟文化陶器分期及渊源研究》,辽宁大学硕士学位论文,2012 年。

④朱延平:《东北地区南部公元前三千纪初以远的新石器考古学文化编年、谱系及相关问题》,《考古学文化论集(四)》,文物出版社,1997 年,第 7 页。

⑤张翠敏、王宇:《辽东半岛地区小珠山下层文化陶器比较研究》,《东方考古》2009 年第 6 集。

石器时代考古学文化,新乐下层文化的典型遗址主要是新乐遗址①。有学者对新乐下层文化的分期和年代进行了系统研究,将之分为三期,第一期与兴隆洼文化晚段相当,不晚于公元前5000年;第二期与赵宝沟文化相当,大约在公元前5000年—前4500年;第三期与红山文化早期相当,年代下限在公元前4000年②。笔者采信兴隆洼文化下限在公元前5200年,故新乐下层文化的年代上限应为公元前5200年左右。

新乐下层文化源于兴隆洼文化。无论是器物组合、器物形态,还是纹饰,新乐下层文化与兴隆洼文化的亲缘关系都表现得很强烈。新乐下层文化第一期陶器组合为筒形罐、鼓腹罐和钵等,而兴隆洼文化晚期陶器组合为筒形罐、弧腹罐、鼓腹罐、盆、钵、碗和盅等。器物形态上,都有直腹筒形罐、斜腹筒形罐和鼓腹罐。纹饰上,均流行竖压横排之字纹,也有形态相近的席纹。包括两文化共有的斜口器等,均显示出两文化之间的亲缘性。

新乐下层文化和小珠山一期文化时代略同。有研究者认为小珠山下层文化的来源是新乐下层文化,若往前追溯,早于新乐下层文化的兴隆洼文化应是小珠山下层文化的渊源③。新乐下层文化与小珠山一期文化特征完全不同。从陶器组合来看,新乐下层文化陶器组合为筒形罐、鼓腹罐、斜口器和钵等;而小珠山一期文化器物基本仅见筒形罐一种。从器物形态上来看,新乐下层文化筒形罐主要包括直腹和斜腹两类,口部微侈或口沿微出;而小珠山一期文化筒形罐则是微敛口或直口,直壁。从纹饰上来看,新乐下层文化筒形罐一般饰以组合纹饰,以压印为主,口沿下多为一周斜线纹或人字纹,腹部通饰之字纹或弦纹,腹部纹饰呈带状排列规整并与口和底保持平行;小珠山一期文化早段纹饰以之字纹最为常见,之字纹压印规范,以竖压的横之字纹为主,也见有少量横压的竖之字纹和席纹等,之字纹几乎遍及除近口沿部分的全器。也有学者从小珠山下层文化陶器器类、器形、纹饰、陶质和陶色等方面论证辽中区新乐下层文化和辽东半岛小珠

①沈阳市文物管理办公室:《沈阳新乐遗址试掘报告》,《考古学报》1978年第4期;沈阳市文物管理办公室、沈阳故宫博物馆:《沈阳新乐遗址第二次发掘报告》,《考古学报》1985年第2期;沈阳新乐遗址博物馆、沈阳市文物管理办公室:《辽宁沈阳新乐遗址抢救清理发掘简报》,《考古》1990年第11期;李晓钟:《沈阳新乐遗址1982—1988年发掘报告》,《辽海文物学刊》1990年第1期。
②赵宾福、杜战伟:《新乐下层文化的分期与年代》,《文物》2011年第3期。
③《大连通史》编纂委员会:《大连通史·古代卷》,人民出版社,2007年,第111—112页。

山下层文化地方差异突出①。是故,小珠山一期文化并非源于新乐下层文化。

四、相关问题

通过以上论述,小珠山一期文化同赵宝沟文化、新乐下层文化时代略同,其共有的渊源是兴隆洼文化。单从文化特征看,新乐下层文化与兴隆洼文化的亲缘关系要强于赵宝沟文化,赵宝沟文化与兴隆洼文化的亲缘关系要强于小珠山一期文化。从这一点来说,新乐下层文化的年代应比赵宝沟文化和小珠山一期文化略早,它应是兴隆洼文化晚期东向发展过程中异变而成的一种新的考古学文化。赵宝沟文化的渊源既有辽西区的兴隆洼文化,也有燕南滦河流域与兴隆洼文化并行的考古学文化。小珠山一期文化与赵宝沟文化在筒形罐形态和纹饰上的共性,更说明这两种考古学文化是在兴隆洼文化衰落后在其影响下并行产生发展起来的。也就是说,新乐下层文化之所以与兴隆洼文化更有亲缘关系,可能的原因是它主要源于兴隆洼文化,而赵宝沟文化和小珠山一期文化则是吸纳了兴隆洼文化的部分因素。

从兴隆洼文化晚期开始流行的之字纹筒形罐,在赵宝沟文化、富河文化、新乐下层文化和小珠山一期文化中成为一种时尚,并以竖压横排的之字纹最具特色,显示出它们具有共同文化亲缘关系。

另有学者论证了新乐下层文化和小珠山下层文化地方差异突出。同时考古资料显示,筒形罐的传播路线是从辽西一带至辽东②。这也从考古学文化分析的角度论证了辽东半岛新石器文化发端于辽西地区。辽西和辽东地区文化传播的路径不是经由辽中地区的新乐下层文化再南下辽东半岛,而是从辽西沿渤海海岸先自西向东、再自北向南至辽东半岛。

我们说以小珠山一期文化为代表的辽东半岛新石器文化是源于辽西并经渤海和黄海海岸传播而来,还可以从小珠山一期文化在辽东半岛的分布进行分析。可以确定的小珠山一期文化遗址除渤海沿岸的旅顺王家村东岗外,其余均分布于长海诸岛,如广鹿岛柳条沟东山遗址、门后遗址、小珠山遗址,大长山岛的清化宫遗址,獐子岛的沙包子遗址、李墙屯遗址,海

①张翠敏、王宇:《辽东半岛地区小珠山下层文化陶器比较研究》,《东方考古》2009年第6集。
②张翠敏、王宇:《辽东半岛地区小珠山下层文化陶器比较研究》,《东方考古》2009年第6集。

洋岛的亮子沟遗址、南玉屯遗址等。滨海遗址和各海岛之间文化的传播和交流只能通过海路而非陆路进行。有学者通过梳理小珠山下层文化的年代关系,认为各岛屿沿海岸遗址要早于岛内腹地遗址,也就是说小珠山下层遗址早晚关系是从沿海向岛内腹地推进的。陆地上黄海沿岸诸遗址存在着由南向北时代渐晚的发展趋势[①]。这也表明,辽东半岛的新石器文化的发端是通过海路传播,先至海岛和陆地的滨海沿岸,再向内陆腹地推进。

辽东半岛地区的积石冢,从文化传播的角度来看,应源于辽西区的红山文化积石冢。这可以从两个方面看出:其一是从时代上来看,红山文化积石冢的时代早于辽东半岛以四平山[②]、老铁山·将军山[③]为代表的积石冢,而在朝鲜半岛北部,矢岛积石冢发现于西海上的京畿道瓮津郡矢岛丘陵上,被认为属新石器时代积石冢,时代为公元前1500—前1000年[④],晚于四平山、老铁山·将军山为代表的积石冢时代,这便构成了一个完整的文化传播链条;其二是从积石冢的形制上来看,虽有差异,但共性更大,此不赘述。积石冢的传播路线无疑是沿着更早的小珠山一期文化的传播路线而来。

门后遗址的另外一个重要发现,就是一件玉器废料(图2—5,1)。该件玉废料,一侧切割痕迹明显,并且表面光滑。如果该遗址代表了现今辽东半岛最早的新石器时代文化,则对探讨辽东半岛玉器相关问题具有重要意义。其一,这说明辽东半岛在玉器产生之初就是本地制作,而非产于外地;其二,辽东半岛玉器的产生应和辽西兴隆洼文化、赵宝沟文化等有极大关系;其三,该件玉废料的发现,说明早在距今约7000年前,辽东半岛的人类已经发现、识别了玉器并能制作玉器。在小珠山一期文化晚段小珠山遗址,发现玉器4件,标本T1512[⑳]:1,绿色,仅存刃部,推测平面呈长方形,剖面近椭圆形,器体两侧长边磨出平面,通体磨光,双面弧刃[⑤]。小珠山遗址发现的4件玉器,正与门后遗址玉废料的发现相呼应。

门后遗址发现的T0302[②]:1陶牌饰应为倒三角形(图2—5,2),两侧各有一动物,皆四足,其中左侧表现的应是尾巴自然下垂状态下的悠然自

①张翠敏、王宇:《辽东半岛地区小珠山下层文化陶器比较研究》,《东方考古》2009年第6集。
②澄田正一、小野山节、宫本一夫:《辽东半岛四平山积石冢の研究》,柳原出版株式会社,2008年。
③旅大市文物管理组:《旅顺老铁山积石墓》,《考古》1978年第2期。
④任孝宰:《韩国新石器时代编年》,《韩国史论》1983年第12期。
⑤中国社会科学院考古研究所、辽宁省文物考古研究所、大连市文物考古研究所:《辽宁长海县小珠山新石器时代遗址发掘简报》,《考古》2009年第5期。

得,右侧表现的应是奔跑状态下尾巴飘荡起来的速度与力量,刻划的内容可能是同一动物的两种形态:一静一动。中间部分应是动物的角,从其形态看,应为鹿角,但其刻划的可能是三个鹿角,表现的主旨意图可能是多鹿的意思。这是写意画。倒三角的三孔可能是穿孔,但同时上面两孔代表两只眼睛,下面一孔代表嘴巴,又具有写实风格。结合发掘中完整鹿骨个体的发现,结合广鹿岛名称的由来,鹿可能是门后遗址古人主要的狩猎对象,也可能是他们的图腾。小珠山遗址发现的陶人面饰和门后遗址发现的具有图腾含义的陶牌饰,说明小珠山一期文化的早段已经有了原始的宗教信仰和宗教活动。

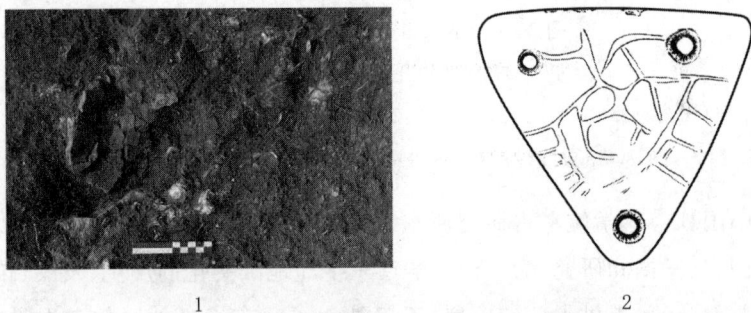

图 2—5　门后遗址出土玉器废料和陶牌饰

1. 玉器废料出土;2. 门后遗址 T0302②:1 陶牌饰

小珠山一期文化发现大量房址,发现有农业工具石铲、石磨盘、石磨棒等,说明其具有农业的存在;野外灶址、石球、陶弹丸、角镞和网坠、鱼卡、鱼镖、鱼钩等的发现,说明渔猎经济占有相当大的比重。小珠山一期文化的先民已经定居下来,过着以渔猎经济为主、农业和海洋捕捞为辅的生活,有了原始的玉器制造和宗教文化。

小珠山一期文化典型单位有 1978 年小珠山 T2-T5⑤、2006—2008年小珠山 T1512⑮—⑱层,F4、H6 等,复原陶器如图 2—6。

小珠山一期文化是辽东半岛最早的新石器时代考古学文化。这一考古学文化可以分为以门后遗址为代表的早段和以小珠山遗址为代表的晚段。根据其文化特征,小珠山一期文化的时代在距今 7000 年左右,主要分布在辽东半岛渤海、黄海沿岸和周边海岛上。根据以门后遗址为代表的小珠山一期早段文化的特征分析,小珠山一期文化应源于辽西区的兴隆洼文化。

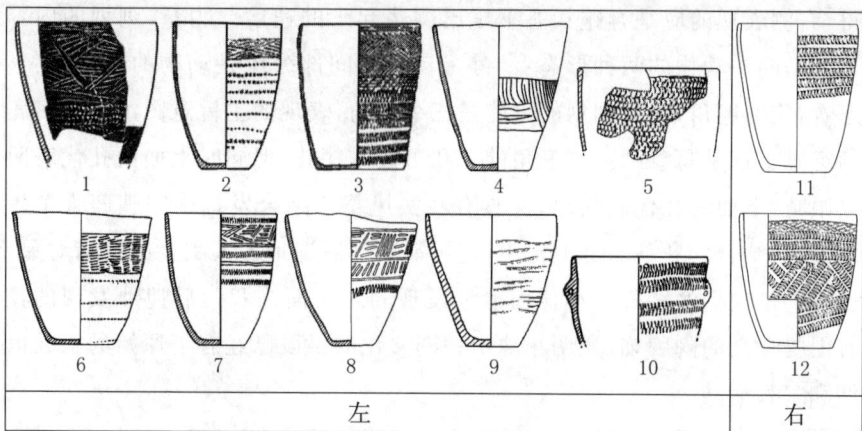

图 2—6　小珠山一期文化复原陶器图

左、小珠山遗址出土；右、门后遗址出土

1. T1612⑮:2；2. T1612⑮:2；3. T3⑤:23；4. T4⑤:54；5. T1512⑱:1；6. T2⑤:15；

7. T1⑤:20；8. T5⑤:12；9. T1512⑲:1；10. T4⑤:55；11. T0203⑥:2；12. F1:8

中国社会科学院考古研究所东北工作队在辽东半岛进行系统的岛屿考古调查、发掘和研究，为我们了解辽东半岛地区文化的产生、发展、传播、交流及融合等，提供了新的资料，不仅细化了辽东半岛地区的考古学文化序列，而且对辽东半岛最早的新石器时代文化产生及传播的路径、早期海上交通、玉器制作的本土化、宗教与习俗、生存状态、生态环境和经济形态等方面，均有所涉及。随着考古新资料的不断公布，辽东半岛地区新石器时代和青铜时代的考古学文化研究会愈加深入。

第二节　后洼下层文化

后洼下层文化得名于 20 世纪 80 年代发现的辽宁丹东后洼遗址的下层遗存①。经过发掘的重要遗址还有庄河北吴屯遗址下层②和大岗遗址③的全部遗存。除此之外，在丹东市浪头乡胜天村小娘娘城山、九连城乡镇

①丹东市文化局文物普查队：《丹东市东沟县新石器时代遗址调查和试掘》，《考古》1984 年第 1 期；
　许玉林、傅仁义、王传普：《辽宁东沟县后洼遗址发掘概要》，《文物》1989 年第 12 期。
②辽宁省文物考古研究所、大连市文物管理委员会、庄河市文物管理办公室：《大连市北吴屯新石器时代遗址》，《考古学报》1994 年第 3 期。
③辽宁省博物馆：《辽宁东沟大岗新石器时代遗址》，《考古》1986 年第 4 期。

东山,宽甸县下露河乡通江村、永甸乡幸福村臭梨隈子①,东沟县孤山乡阎坨子、王坨子、蜊蚁坨子、东尖山乡严家山和黄土坎乡石灰窑地下岩洞②,岫岩县西北营子村坝墙里等地点,通过调查也都发现有数量不等的后洼下层文化的典型器物。这表明,后洼下层文化的分布范围主要是在千山山脉以东的黄海沿岸和鸭绿江下游以西、以北地区③。

关于后洼下层文化的性质问题,主要有两种意见,有学者将其归入小珠山下层文化,成为小珠山下层文化的一个类型④;也有学者认为后洼下层文化与小珠山下层文化是分布地域不同、谱系有别的两支考古学文化⑤。笔者认为,后洼下层文化是与小珠山一期文化有较强亲缘关系的一支独立的考古学文化。

一、典型遗址出土物

(一)后洼遗址下层

后洼遗址位于辽宁省丹东市东港市马家店镇三家子村后洼屯,整个遗址南北长 170 米,东西宽 100 米,面积达 17000 平方米。在 1981 年试掘的基础上⑥,1983—1984 年先后四次对该遗址进行了正式发掘,揭露面积 1785.5 平方米,自上而下发现 4 层文化堆积。其中的第④层出土遗物文化内涵与大连地区的小珠山下层文化有着密切关系⑦。我们主要以 1983—1984 年的发掘资料为主进行分析。

后洼遗址下层共发现房址 31 座,其中方形大房址 5 座,圆形小房址 26 座,房址分布较为密集,有互相叠压现象(这说明后洼遗址下层有进一步细分的可能),一般在大房址周围都有很多小房址。所有房址均为半地穴式

①许玉林、金石柱:《辽宁丹东地区鸭绿江右岸及其支流的新石器时代遗存》,《考古》1986 年第 10 期。

②许玉林、傅仁义、王传普:《辽宁东沟县后洼遗址发掘概要》,《文物》1989 年第 12 期。

③赵宾福:《东北石器时代考古》,吉林大学出版社,2003 年,第 304 页。

④许玉林:《后洼遗址考古新发现与研究》,《中国考古学会第六次年会论文集》,文物出版社,1990 年,第 13—23 页;朱延平:《小珠山下层文化试析》,《考古求知集》,中国社会科学出版社,1997 年,第 186—193 页。

⑤王月前:《鸭绿江右岸地区新石器遗存研究》,《中国历史博物馆考古部纪念文集》,科学出版社,2000 年,第 107—126 页。

⑥丹东市文化局文物普查队:《丹东市东沟县新石器时代遗址调查和试掘》,《考古》1984 年第 1 期。

⑦许玉林、傅仁义、王传普:《辽宁东沟县后洼遗址发掘概要》,《文物》1989 年第 12 期。

建筑,穴壁外侧四周排列有柱洞。室内居住面发现有烧灰土层和垫土层,有的房址居住面中部或一侧有用石块砌成的灶址,有的还保留做炊具用的陶罐。除石灶外,有的室内还发现有篝火痕迹。除两座大型房址的东南壁处发现设有较短的门道外,一般房址都没有发现门的痕迹。

陶器主要是夹砂红褐陶和黑褐陶,其次是红陶和黑陶。纹饰以压印纹为主,占90%以上。压印纹中又以席纹为主,之字纹次之。此外还有横线纹、网格纹、人字纹、斜线纹、叶脉纹和各种压印组合纹饰。刻划纹有网格纹、席纹、人字纹、横线纹、斜线纹、斜线三角纹、环带纹、锯齿纹等,以刻划网格纹为最多。可复原的器物多达363件。其中,器表施有压印纹的罐类陶器有223件,占陶器总数的61%,是后洼下层的主要器类,绝大多数为筒形罐,共有203件,另有16件鼓腹罐和4件束颈罐。除了罐类,后洼遗址下层出土的陶器还有碗50件、杯33件、勺10件、壶8件、钵5件、盘5件和舟形器6件等,其中罐和壶的腹部上侧往往有对称的小瘤状耳,极富特色(图2—7)。

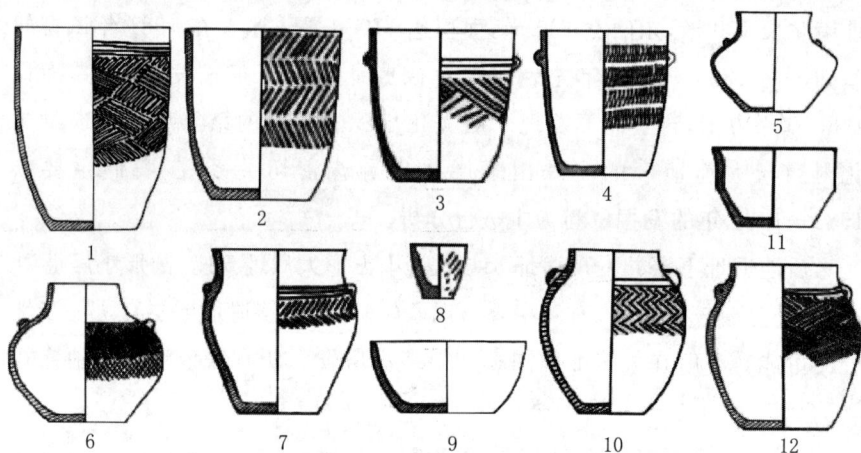

图2—7　后洼下层遗址陶器

1. Ⅱ T18④:46;2. Ⅲ T16④:25;3. Ⅴ T9④:24;4. Ⅴ T23④:28;5. Ⅴ T22④:40;
6. Ⅳ T1④:27;7. Ⅲ T9④:21;8. Ⅰ T2④:52;9. Ⅴ T22④:52;10. Ⅲ T4④:10;
11. Ⅲ T9④:25;12. Ⅱ T18④:45

石器十分丰富,有打制和磨制两种。其中,与农业有关的工具271件,石磨盘113件,石磨棒127件;磨盘的形制多为椭圆形,磨面微凹;磨棒多数呈长条圆棒状,大小不等。石斧24件,石镐1件,石锄4件,刀2件等。

陶石渔猎工具和手工工具 189 件,包括网坠、石球、陶球、石镞、石矛等与狩
猎活动有关的工具 107 件;玉石凿、玉石锥、石砧、沟磨石、磨石、陶拍等手
工用具 131 件;陶质纺轮成品和半成品 135 件;坠、环、玦、月牙形玉饰、管、
珠等玉、石、陶类所谓"装饰品"33 件;人形造像、动物形造像和其他造型等
玉石、陶塑雕塑品 36 件;此外还有陶玩具、蝌蚪形陶器等 9 件。

(二)北吴屯遗址下层

北吴屯遗址位于辽东半岛庄河市黑岛镇西阳宫村北 2 公里的滨临黄
海岸边的北吴屯,其北 500 米为英那河入海口,遗址介于小珠山遗址和后
洼遗址之间。遗址东西长约 130 米,南北宽约 90 米,面积 1 万余平方米。
发掘面积共计 430 平方米,发现房址 8 座、灰坑 2 座、围栅基址 2 道,出土
生产工具 500 余件,复原陶器 60 多件(图 2—8)[①]。

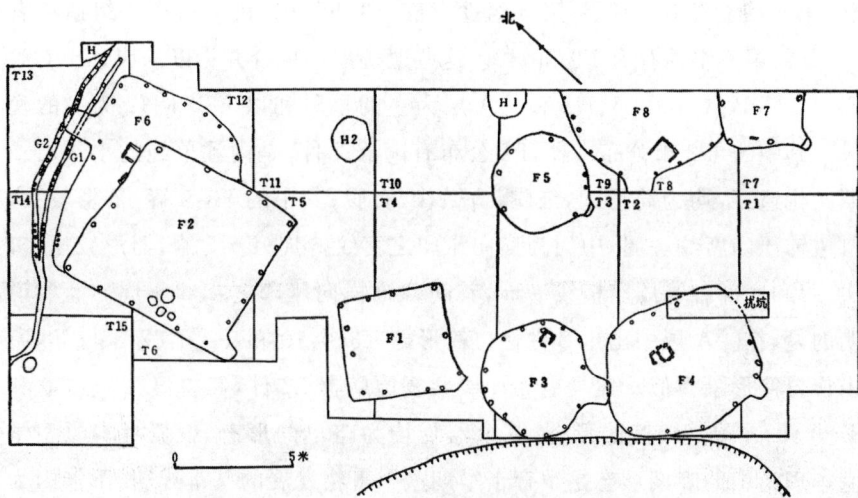

图 2—8　北吴屯遗址探方、遗迹平面分布图

(采自《大连市北吴屯新石器时代遗址》)

文化层可分为 4 层,根据文化层堆积和出土遗物分析,北吴屯遗存可
分为以第①、②层为主的晚段和以第③、④层为主的早段。属于下层的遗
存包括第③、④层和房址 F3—6、F8 共 5 座,灰坑 H1、H2 共 2 座,围栅基
址 G1、G2 共 2 道。但报告描述略显模糊,现予以进一步分析。

[①] 辽宁省文物考古研究所、大连市文物管理委员会、庄河市文物管理办公室:《大连市北吴屯新石
　器时代遗址》,《考古学报》1994 年第 3 期。

　　其中的 F3，开口于 T3③A 层下；F4 开口于 T2③B 层下，根据报告图例所示，F3 打破 F4。F5 开口于 T3、T9③B 层下，是故 F5 与 F4 层位一致。F6 报告说开口于 T6、T12、T14③B 层下，但报告同时说它又打破③B 层，这是矛盾的；报告还涉及下层的围栅基址 G1、G2，没有说明其开口，但报告描述说 F6 打破 G1、G2，根据报告的描述，最早的遗迹单位均是开口于③B 层下，G1、G2 又被 F6 打破，故 G1、G2 应是与 F5、F4 一样属于最早的一批遗迹，均应开口于③B 层下；考虑③A 层下还有 F3，故分析 F6 应是与 F3 同层，开口于③A 层下，打破③B 层。F8 开口于 T8、T9②B 层下，属时代最晚的一类遗迹。H1 开口于 T9、T10③A 层下，其层位同于 F3；H2 开口于 T11②B 层下，层位关系同于 F8。根据上述层位关系，北吴屯下层可分为具有地层早晚关系的 5 组遗存：第 1 组遗存有④层、G1、G2、F4 和 F5；第 2 组遗存有③B 层；第 3 组遗存有 F3、F5、F6 和 H1；第 4 组遗存有③A 层；第 5 组遗存有 F8 和 H2。这些遗迹单位可合并为以④层、G1、G2、F4、F5、③B 层、F3、F6、H1 和③A 层为主的早段和以 F8 和 H2 为主的晚段。其中的 H2 未公布陶器，F8 公布有陶器 2 件，是内涵单纯的小珠山二期文化遗存，均为筒形罐，红陶，口微侈，直腹；其中的 F8:5 罐，器形较大，口边饰压印席纹一周，中间为横向压印之字纹 6 周；F8:7 罐，器形较瘦，口边、腹和底部各饰压印横线一周，其间各饰横向压印之字纹 4 周。需要说明的是，在③A 层中出土 2 件侈口筒形罐 T3③:10 和 T2③:82A，与 F8 所出侈口筒形罐类似。北吴屯③A 层共复原陶器 22 件，其中仅 T3③:10 和 T2③:82A 呈现略晚的形态，其余器物均为略早的形态，根据考古类型学基本理论中的晚期形态是孕育于早期这一事物发展的基本规律，不能因为这 2 件筒形罐的出土而将③A 层的时代定为小珠山二期文化，而宜将其定为早于小珠山二期文化的后洼下层（图 2—9）。准此，属于后洼下层文化的北吴屯下层遗存有④层、G1、G2、F4、F5、③B 层、F3、F6、H1 和③A 层；属于小珠山二期文化的北吴屯下层遗存有 F8 和 H2。时代上，小珠山一期文化最早，后洼下层文化次之，小珠山二期文化再次之；但后洼下层文化与小珠山一期文化晚段年代上应该有并行发展的关系，小珠山二期文化与后洼下层文化在年代上既有早晚关系也存在并行发展。

　　北吴屯下层房址多为圆形（或椭圆形）半地穴式，直径多在 5 米左右，小的仅 4 米，最大者 F6 长径达 8 米余。房址壁穴内均有一周柱洞，居住面一般有一层红烧土,除 F5 未发现灶址外,其余均有石砌方形灶址,其中的 F4 中间有石隔墙相连的两个长方形灶。都有门道,门道多南向或东南向,门道短,均呈长斜坡状。房址内均出土有陶、石、骨质类遗物。特别有意思的是在居址的北端发现有围栅址。

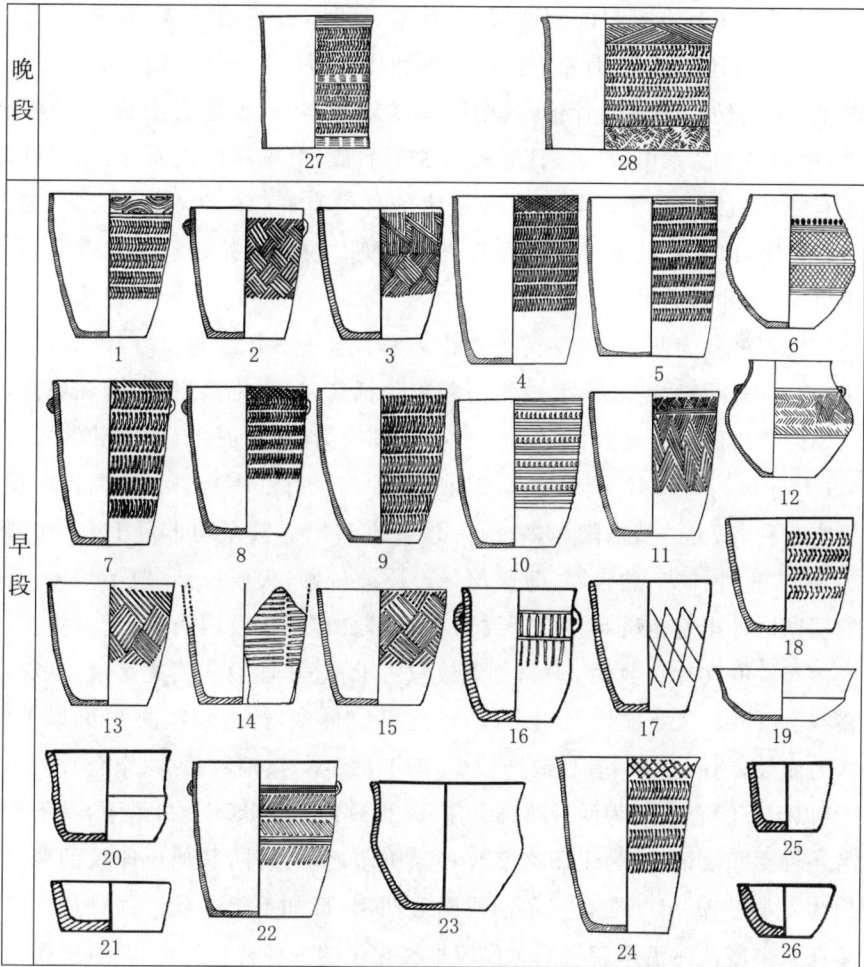

图 2—9　北吴屯遗址下层陶器分期图

1. T2③B:41;2. T3③:5;3. T3③B:6;4. T3③:2;5. T3③:1;6. T3③:11;7. T9③:15;

8. T6③:26;9. T3③:4;10. T2③:82;11. T2③:77;12. T2③B:47;13. T3③:7;

14. T6③:14;15. T3③:8;16. T2③:82A;17. T2③:80;18. T3③:9;

19. T6③:28;20. T3③:12;21. T3③:9A;22. F4:82;23. F2:68;

24. T3③:10;25. F6:12;26. T3③:14;27. F8:7;28. F8:5

遗址出土石、骨、陶质类生产工具 275 件,其中石器 101 件,骨器 102
件,陶器 72 件。石器以磨制为主,计 70 件,打制为辅,计 31 件。其中农业
生产工具有石斧、石锄、石杵、石磨盘、石磨棒等 48 件;渔猎工具有打制的
石盘状器、石球、石网坠,磨制的石网坠、石球,还有陶网坠、陶球和骨镖等
44 件;手工工具有打制的刮削器、尖状器、石钻,磨制的玉锛、玉凿、石匕、
砥石、砺石,还有骨匕、骨钻、骨管、骨锥和牙刮削器等 88 件;纺织缝纫工具
96 件,有陶纺轮、骨针、骨锥,其中以陶纺轮最多;其他还有滑轮式陶器 2
件;原始艺术品系由陶、贝、骨等质料雕刻而成,有刻划陶人面像、太阳纹,
还有蚌环和骨雕等。动物遗骨经鉴定的种类有鹿、獐、牛、熊、虎、猪、狍、
鹭、蛏、鳖,以及长牡蛎、僧帽牡蛎、密鳞牡蛎、文蛤、青蛤、蛏、脉红螺等,其
中以鹿、牛和猪为最多。

陶器可分为两大类,一类为含滑石粉陶,另一类为夹砂陶,以前者为
主,约占陶片总数的 97%。含滑石粉陶包括红陶、红褐陶、黑褐陶和黑陶,
其中以黑褐陶最多,约占总数的 49.4%;其次为黑陶(占 23.5%)和红褐陶
(占 19.4%);红陶较少,仅占 5.2%。夹砂陶也有红陶、红褐陶、黑褐陶和
黑陶几种,以夹砂黑褐陶为多,约占总数的 1.3%,其余均不足 1%。陶器
为手制,里外抹光;胎较厚,薄厚均匀。质地较硬,火候较高,但不均匀,有
的器壁内外出现色斑和色变。纹饰有压印纹和刻划纹两类,以前者为主,
约占有纹饰陶片总数的 99%,刻划纹只占 1%。压印纹包括之字纹、席纹、
横线纹、网纹、人字纹以及组合纹,以之字纹最多,约占总数的 62% 以上;
次为席纹,约占 27%;其他纹饰较少,均不足 2%;波浪纹最少;组合纹约占
3% 以上。组合纹多为两种纹饰并用,一种纹饰呈带状环于口沿下,其下为
另一种主题纹饰,多为压印之字纹。除压印之字纹外,其他压印纹的线条
均为一端平齐,另一端有三角形或圆形凹窝,形如毛笔头状。这种压印纹
是辽东半岛黄海沿岸新石器时代较早文化中的一种特有纹饰,具有鲜明的
时代特点和地方特征。下层陶器以单一纹饰为主,大多在口沿下宽 1—1.5
厘米、距底宽 6—7 厘米两段素面,中间施纹。组合纹者在口边不留空白,
施纹到顶。刻划纹包括席纹、网格纹、斜线纹几种,刻纹较浅,线条规整。
器形有罐、壶、碗、钵、杯、筒形器等。复原陶器 36 件,其中以罐最多,有 26
件,约占复原陶器总数 70% 多,可分为筒形罐、侈口罐、敛口罐、鼓腹罐等。
少部分罐口沿下有对称小瘤状耳一对。

（三）大岗遗址

大岗遗址位于辽宁省东港市马家店乡双山西村兴台屯西北 1 公里、北井子乡王坨子村后刘坨子屯东北 1 公里的两乡交界处。大岗遗址地势平坦,面积约 10000 平方米,东北距后洼遗址 15 公里。1984 年试掘,试掘面积共 16 平方米。发现灰坑 1 座、房址 1 座,房址应是圆形半地穴式,内有灶址[①]。

遗址出土石、陶质类生产工具,其中农业生产工具有石磨盘、石磨棒等;渔猎工具有石球、石网坠、石镞等;手工工具有打制的砍砸器、磨石、石凿等;纺织缝纫工具有陶纺轮、圆陶片等。

陶器胎较厚,含砂量大,均有滑石粉。以夹砂红褐陶和夹砂黑褐陶为主,夹砂红陶和夹砂黑陶较少。手制。纹饰以压印纹为最多,刻划纹很少。压印纹中又以压印席纹为最多,其次是压印之字纹,此外还有压印网格纹、人字纹、横线纹以及由上述纹饰组合而成的组合纹饰。器类有罐、壶、碗、杯、勺、舟形器等,其中以罐为最多,其中一部分罐口沿下有对称小瘤状耳一对。复原的 27 件陶器中,直口筒形罐共 16 件,侈口筒形罐 3 件,其他类器物均 1—2 件。

二、后洼下层文化的性质与内涵

（一）文化性质

我们以后洼遗址下层为基点,探讨北吴屯下层和大岗遗址的性质是否属于后洼下层文化。北吴屯下层房址从发现情况看,也分为较大型的长方形房址 F4、F6 和 F8,以及小型圆形房址 F3 和 F5,其中 F3—6 是同一时期的,在 F4 周边分布着小型房址 F3 和 F5,这一分布形态近于后洼下层文化。同时,北吴屯下层房址均为半地穴式、多有石砌长方形灶址、穴壁外侧四周排列有柱洞以及室内居住面发现有硬土面这些现象同于后洼下层文化房址。略有不同的是,后洼下层文化大型房址有门道,小型则无;北吴屯下层房址基本都有门道。石器方面两者均以磨制为主,打制为辅;两者石磨盘和石磨棒数量都较多;相同的石器还有石斧、石锄、石球、石网坠以及石凿、磨石、石砧等;此外,相近的器形还有锥。两者都有较大量的陶纺轮,还

---

①辽宁省博物馆:《辽宁东沟大岗新石器时代遗址》,《考古》1986 年第 4 期。

有一定数量的人形造像和其他造型雕塑品。陶器方面，北吴屯下层也以夹砂红褐陶和黑褐陶为主，约占陶器总数的70％，其次为黑陶和红陶；纹饰方面，两者都以压印纹占绝对多数，均高达90％以上，压印纹主要纹饰均为席纹和之字纹；略有差异的是，北吴屯下层压印纹均以之字纹为主，席纹次之，而后洼下层压印纹则以席纹为主，之字纹次之。此外，压印纹还共见有横线纹、网格纹、人字纹，以及由上述纹饰组合而成的复合纹饰。刻划纹中共见的纹饰有席纹、网格纹、斜线纹等，数量少。两者都以筒形罐为大宗，共见的器形还有鼓腹罐、壶、碗、钵、杯等，北吴屯下层未见后洼下层的勺、盘和舟形器等。北吴屯下层的一些罐和壶的腹部上侧也往往有对称的小瘤状耳，但数量没有后洼下层的多。综上可以看出，北吴屯下层和后洼下层的文化内涵虽小有差异，但绝大多数特征是一致的，说明两者属于同一考古学文化。

大岗遗址发掘面积有限，文化内涵不丰富。从这些有限的信息中，我们也能看到它和后洼下层的密切关系。如两者共见的农业生产工具有石磨盘、石磨棒等，渔猎工具有石球、石网坠、石镞等，手工工具有打制的砍砸器、磨石、石凿等，纺织缝纫工具有陶纺轮等。两者陶器均以夹砂红褐陶和夹砂黑褐陶为主，夹砂红陶和夹砂黑陶较少。两者均含滑石粉，手制。纹饰方面高度一致，都以压印纹为最多，刻划纹很少。压印纹中又以压印席纹为最多，其次是压印之字纹，此外还有压印网格纹、人字纹、横线纹以及由上述纹饰组成的复合纹饰。两者共见的器类有罐、壶、碗、杯、勺、舟形器等，都以直口筒形罐为最多，一部分罐口沿下都有对称小瘤状耳一对。大岗遗址的文化内涵与后洼下层高度一致，说明大岗遗址与后洼下层同样属于同一考古学文化。

环顾周边同时期考古学文化，小珠山一期文化的陶质陶色和纹饰与北吴屯下层有较大共性，但与后洼下层则区分较为明显。更为重要的是，小珠山一期文化内涵单纯，器类除1件碗（疑似）和1件鼓腹罐外，其余均为筒形罐，筒形罐以直口为主；而后洼下层虽然也以筒形罐为主，但器类丰富，除鼓腹罐外，还有束颈罐、碗、杯、勺、壶、钵、盘和舟形器等，数量基本占陶器数量的40％，而且后洼下层文化中极富特色的对称小瘤状耳数量丰富。小珠山一期文化虽然也发现有玉器和雕塑品，但后洼下层玉器数量多，特别是雕塑品种类和数量丰富，反映出后洼下层的先民思想文化领域较小珠山一期文化要丰富、发达得多。这些情况表明,后洼下层虽然与小珠山一期文化有一定共性和亲缘关系,但两者之间的差异性也很明显。更为重要的是,辽东半岛继小珠山一期文化发展而来的小珠山二期文化仍然是内涵极为单纯的一支考古学文化,除偶见鼓腹罐、钵之外,其余器形仅见筒形罐,其文化内涵与辽东半岛东端的后洼下层和后洼上层也绝然不同。是故以后洼下层遗存为代表的这些文化遗存完全可以成为一支独立的考古学文化,即后洼下层文化。

(二)文化内涵

根据上述遗址,对后洼下层文化的内涵作一总结。后洼下层文化先民从事定居生活,房址有大小两种形制,均为半地穴式。大型房址呈方形或长方形,小型房址呈圆形,存在小型房址围绕大型房址分布的态势。房址内多有长方形石砌灶址,居住面多为加工过的硬土面,穴壁内部有一周柱洞,多有门道。其中北吴屯下层在聚落外围有围栅。

石器以磨制为主,打制为辅。有较多的农业生产工具,如石斧等砍伐工具,石镐、石锄等翻地工具,石刀等收割工具,石磨盘、石磨棒、石杵等加工工具,特别是农业加工工具石磨盘和石磨棒数量大。根据发掘简报,北吴屯发现的石锄入土深度约有7厘米,可见北吴屯先民们已掌握了锄耕技术。据此,后洼下层文化时期在辽东半岛东端滨海地区农业已经得到了一定的发展。石、骨、陶质类渔猎工具数量也很大,包括石球、陶球、石镞、石矛、骨镞、石盘状器、石匕、骨匕等与狩猎活动有关的工具,石网坠、陶网坠等与捕捞活动有关的工具。北吴屯下层出土动物遗骨经鉴定的种类有鹿、獐、牛、熊、虎、家猪、狍、鹭、鲟、鳖、鼢鼠、獾、鼬、貉、狗、象等,这些动物多为狩猎所获,可见狩猎是当时的重要辅助经济,鹿、狍、獐、牛等是主要猎取动物。在一座房址里发现一具完整的鹿骨架,为成年个体,平置于室内烧灰面上,这种现象可能与祭祀有关,是狩猎食物丰富的象征。值得提及的是,遗址出土大量有人工砸击痕的哺乳动物管状骨,烧骨主要有猪和牛骨,这应是人类敲骨吸髓的反映。发现猪的骨骼数量多达400多件,北吴屯遗址可以肯定人工饲养的动物是猪,因为猪的犬齿不发育,上下第三臼齿测量结果与现代猪标本无差异。牛的个体数量也较多,仅次于猪,但牛的牙齿和齿柱粗壮,臼齿原尖和次尖都很发育,成年个体占多数,不能肯定是驯化的动物。犬科的左侧胫骨远端,形态与现代狗无大差别,极有可能已经驯化。在后洼下层的雕塑品中,发现有石猪3件、陶猪头1件,也表明猪应该是已被驯化的动物。家猪等的驯化也是农业发达的一种反映。同时,遗址出土大量的长牡蛎、僧帽牡蛎、密鳞牡蛎、文蛤、青蛤、蛏、脉红螺等贝类,后洼下层文化各遗址中均出土有一定数量的网坠,在后洼遗址下层还出土有3件鱼形坠饰和多达6件的陶舟形器,充分证明海洋捕捞经济也占有相当大的比重。手工工具占相当大的比重,包括凿、锛、钻、刮削器、锥、石砧、砺石、磨石、陶拍、陶纺轮、骨针等;涉及玉石器的加工、雕刻,木制工具的加工,骨牙器类工具的制作加工,陶器的制作,服饰和渔网的制作,房屋的建造,艺术品的制作以及出海工具舟的建造等。这一方面说明经济形态的多样性,另一方面也说明群体内有了最基础的分工。

陶器方面,后洼下层文化以夹砂红褐陶和黑褐陶为主,其次为黑陶和红陶;纹饰方面,以压印纹占绝对多数,高达90%以上,刻划纹少。压印纹主要纹饰为席纹和之字纹,略有差异的是,北吴屯下层压印纹均以之字纹为主,席纹次之,而后洼下层和大岗压印纹则以席纹为主,之字纹次之。此外,压印纹还见有横线纹、网格纹、人字纹、斜线纹、叶脉纹,以及由上述纹饰组合而成的复合纹饰。刻划纹有网格纹、席纹、人字纹、横线纹、斜线纹、斜线三角纹、环带纹、锯齿纹等,以刻划网格纹为最多。北吴屯下层刻划纹极少,仅占1%,后洼下层和大岗略多,占比约10%。陶器多含滑石粉,手制。器类以筒形罐为大宗,还有鼓腹罐、壶、碗、钵、杯、勺、盘和舟形器等。后洼下层文化的一些陶罐和壶的腹部上侧往往有对称的小瘤状耳,极富特征。

在后洼遗址下层和北吴屯遗址下层均发现有玉石、陶、骨、贝类装饰品和人形造像、动物形造像及其他造型的雕塑品。特别是各类造型的雕塑品,发掘者在发掘之初就敏锐地意识到,后洼遗址发现的这些雕塑品是与原始宗教有着密切关系的[①]。从发现的情况看,后洼下层有4件鸟形雕塑,可能就是对鸟的图腾信仰。特别是编号为ⅠT1④:59的滑石玉雕为一件人鸟合体圆雕造像(图2—10)。正面为人头像,张口露齿,额顶和颧骨突起,额上交错的横长弧折线和斜线,以示缠头或斜向披发。背面雕出圆眼勾喙的回首鸟形,这件人鸟同体雕像,象征人鸟交合的形像,极富于图腾特征。它如同伏羲女蜗人首蛇身、炎帝牛首人身、盘瓠狗首人身一样,都是图

---

①许玉林、傅仁义、王传普:《辽宁东沟县后洼遗址发掘概要》,《文物》1989年第12期。

腾感生神话的反映。其他动物型雕塑品的属性,不排除其宗教性质,具有避邪的功能,也有一种祈求狩猎和家畜饲养业丰收的巫术作用。而人形造像(图2—11),据分析可能是妇女或巫觋在制陶或宗教活动中制作的,可能是挂在身上避邪的祖先灵物,另外则是巫术手段[①]。巫师在进行宗教活动时,不仅借助法器做法,一般还有音乐伴奏,在后洼下层还发现有该时期的吹奏乐器——陶埙(图2—11),一个吹孔、一个音孔,经测为 G 和 G[♯] 两个音调,吹出的音响很像当地一种吉祥鸟哈里牟的叫声,叫一声是农业一层收成,叫九声是农业大丰收[②]。如上所述,后洼下层文化先民为了生产丰收、为了人丁兴旺、为了驱邪避灾,总之为了生存,进行了必要的原始宗教活动,后洼下层文化的雕塑艺术品具有深深的巫术印痕。

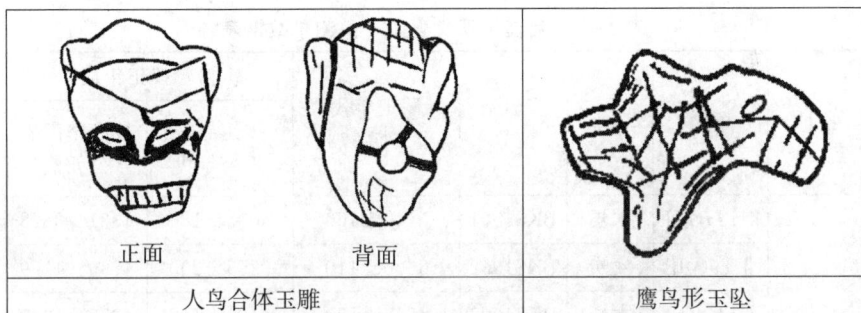

正面	背面	
人鸟合体玉雕		鹰鸟形玉坠

图 2—10　后洼下层鸟图腾崇拜玉雕

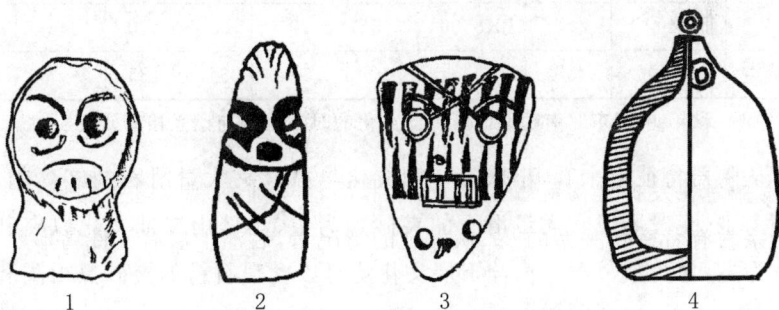

图 2—11　后洼下层文化人面造型和陶埙

1. 后洼 VT21④:10 有座人头像;2. 后洼 VT1④:8 人半身像;
3. 北吴屯 T2③:13 陶人面像;4. 后洼陶埙

①宋兆麟:《后洼遗址雕塑品中的巫术寓意》,《文物》1989 年第 12 期。
②许玉莲:《后洼遗址发现东北地区最原始吹乐器——陶埙》,《北方文物》1994 年第 4 期。

三、后洼下层文化的渊源

后洼下层文化应源于小珠山一期文化。从年代上来说,辽东半岛包括辽东半岛东端最早的新石器时代考古学文化就是小珠山一期文化。小珠山一期文化的年代应早于公元前 4720—前 4235 年[①],而后洼下层文化年代的数据集中在约公元前 4400—前 4000 年(表 2—2),后洼下层文化大大晚于小珠山一期文化,后洼下层文化与小珠山一期文化晚段有并存关系。同时,我们也注意到,地理位置上介于小珠山遗址和后洼遗址之间的北吴屯遗址下层,测年数据晚于小珠山一期遗存,而早于后洼遗址下层的年代,正和辽东半岛的文化东传路线相吻合。

表 2—2　后洼下层文化碳十四测年数据表

遗址	单位	标本	实验室编号	测定年代(半衰期 5730)	树轮校正年代	
					按达曼表(距今年代)	按高精度表(公元前)
后洼	Ⅱ T17①下	木炭	BK84001	5410±150	6055±180	4331—3828
	Ⅱ T9④下	木炭	BK84002	5600±110	6255±200	4730—4159
	Ⅱ T18④下	木炭	BK84003	5525±120	6180±155	4350—4040
	Ⅳ T1④下	木炭	BK84004	5560±180	6215±205	4457—4003
	Ⅲ T4④下	木炭	BK84094	5515±90	6165±130	4341—4042
北吴屯	下层	木炭			6470±185	

说明:采自《中国东北南部地区新石器文化的时空框架与谱系格局研究》[②]。

从陶器特征上来看,小珠山一期文化早段以夹大量滑石的红褐陶、灰褐陶为主,晚段则以含大量滑石的夹砂陶为主,小珠山二期文化以夹砂灰褐陶为主,含少量滑石。后洼下层文化均是以含滑石粉的夹砂黑褐陶和夹砂红褐陶为主,后洼下层文化的陶质陶色近于小珠山一期文化晚段,并符合这一从早到晚的变化规律。从纹饰上来看,根据简报,北吴屯下层之字纹之外的其他压印纹的线条,均为一端平齐,另一端有三角形或圆形凹窝,

---

[①] 张雪莲、金英熙、贾笑冰:《辽宁长海小珠山遗址考古学文化的年代序列》,《考古》2016 年第 5 期。
[②] 杜战伟:《中国东北南部地区新石器文化的时空框架与谱系格局研究》,吉林大学博士学位论文,2014 年。

形如毛笔头状。这种压印纹是辽东半岛黄海沿岸新石器时代较早文化中的一种特有纹饰,具有鲜明的时代特点①。这种所谓的毛笔头状的纹饰特征正是小珠山一期文化压印纹的典型特征。同时,后洼下层文化纹饰以压印纹占绝对多数,高达90%以上,刻划纹少。压印纹主要纹饰为席纹和之字纹;此外,压印纹还见有横线纹、网格纹、人字纹、斜线纹、叶脉纹,以及由上述纹饰组合而成的复合纹饰。这些特征近于小珠山一期文化,小珠山一期文化的早段以压印的单一之字纹、席纹等为主,复合纹少,几乎未见刻划纹;小珠山一期文化晚段以压印的之字纹、席纹等组成的复合纹饰占大宗;见有少量的单一压印之字纹;刻划纹数量少。环顾早于后洼下层文化的周边,除小珠山一期文化外,纹饰特征均不同此。从器类上来看,小珠山一期文化器类单纯,除超过99%的筒形罐外,仅见鼓腹罐、碗等器类,晚于小珠山一期文化的后洼下层文化筒形罐占绝对大宗,但器类已经从筒形罐演变出壶、碗、钵、杯,根据生活需要创新的勺、盘以及拟形器——舟形器等。从器形上来看,辽东半岛筒形罐的演变规律是微敛口——直口——侈口。小珠山一期文化筒形罐的口沿多为敛口和直口,至小珠山二期文化多为侈口。北吴屯下层的文化堆积从分组情况看,基本以直口筒形罐为主,在其第③层出土2件侈口筒形罐,晚于第③层的F8则为典型的小珠山二期文化单位,出土2件陶器均为侈口筒形罐,从中完整勾勒出筒形罐的演变进程,也充分说明后洼下层文化筒形罐源于小珠山一期文化。后洼下层文化一部分的罐和壶口沿下往往有极富特征的对称小瘤状耳,这种小瘤状耳在2012年发掘的小珠山一期文化门后遗址发现2件(图2—12),因此可以说,后洼下层文化的这种小瘤状耳也源于小珠山一期文化。从文化传播的路线上来看,表现在三个方面:第一个方面,前文已述,北吴屯遗址下层,测年数据晚于小珠山一期遗存而早于后洼遗址下层的年代,合于辽东半岛的文化东传路线过程中渐晚的规律;第二个方面是纹饰,北吴屯下层压印纹均以之字纹为主,席纹次之,而后洼下层和大岗压印纹则以席纹为主,之字纹次之,小珠山一期文化压印纹均以之字纹为主,席纹次之,这一演变规律也合于辽东半岛文化的东传路线;第

①辽宁省文物考古研究所、大连市文物管理委员会、庄河市文物管理办公室:《大连市北吴屯新石器时代遗址》,《考古学报》1994年第3期。

三个方面是刻划纹的发现也符合这一规律,小珠山一期文化晚段刻划纹极少,北吴屯下层刻划纹占1％,后洼下层刻划纹高达近10％,而刻划纹并非辽东半岛的文化因素,可能源于丹东以北的水洞下层文化,是从辽东半岛东端逆向向辽东半岛传播的。总之,从陶器综合特征分析,后洼下层文化主要源于小珠山一期文化。是故一些学者认为后洼下层文化与小珠山一期文化是同一考古学文化。

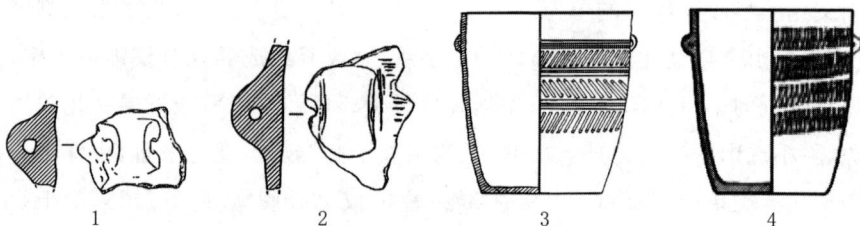

图 2—12　小瘤状耳对比

1. 门后 T0302②:19 瘤状耳;2. 门后 T0302④:5 瘤状耳;

3. 北吴屯 F2:82 罐;4. 后洼 V T23④:28 罐

从其他文化因素来看,小珠山一期文化和后洼下层文化都发现一定数量的石磨盘和石磨棒,形态相近,多为抹角或圆角长方形;两者的磨棒也多为横断面呈椭圆形的圆柱状。两者都发现一定数量的磨石和形制相近的网坠。在门后遗址发现有切割面光滑的玉器废料,在小珠山遗址发现有 4件玉器,包括斧、凿和坠,在后洼下层文化发现有一定数量的玉器,包括斧、凿、锛、坠、环、玦和玉雕塑品,在玉器种类和雕刻技法上均高于小珠山一期文化。在宗教雕塑品的发现上,小珠山一期文化门后遗址发现有被认为属于鹿的动物型造像,小珠山遗址发现有陶人面像等,在后洼下层文化则发现数量较多的陶人面像、动物型造像和其他造像。以上无不反映出小珠山一期文化和后洼下层文化具有的亲缘关系。综上,我们说后洼下层文化源于小珠山一期文化。

第三节　小珠山二期文化

小珠山二期文化的名称源于 21 世纪以中国社会科学院考古研究所为主的考古单位在辽东半岛长海诸岛进行考古发掘时,从原小珠山下层文化中细化出来的一支新的考古学文化[①]。

一、典型遗址分析

根据小珠山遗址发掘简报,小珠山二期文化发现有房址、灰坑等遗迹,出土有陶罐等遗物。房址 F6,位于遗址偏南部,开口于 T1211 第⑮层下,打破 F4。穴壁略斜,南北长径 2.59 米,东西短径 2.33 米,深 0.04—0.18 米。室内地面虽有明确的踩踏痕迹,却无明显的加工迹象。房内东北部有灶址,平面呈不规则椭圆形,灶底微斜呈锅底状并有红烧土,长径 0.63 米,短径 0.5 米,深 0.04 米。另外在西北部、西部、中部发现红烧土各一处。室内地面多处经火烧并遗留大量炭灰。沿着穴壁有 2—3 周宽度为 2—3 厘米的细木炭灰,上面压着与之垂直交叉的较细的草木灰。未发现门道和柱洞。房内堆积只有一层灰褐土,土质较硬,厚 0.06—0.18 米。堆积层出土石器、骨器、兽骨、陶片、木炭等。居住面出土石器、骨器、陶片等,其中陶片为夹砂灰褐陶,饰刻划横线纹。遗物沿穴壁分布。房内还出土了大小不一的自然石块(图 2—13)。

陶器的制法仍为手制,陶质以夹砂灰褐陶为主,含少量滑石或云母,其次还有少量的褐陶、红褐陶和黑褐陶。常见穿孔。器类仍以大型筒形器为主,器壁较薄,多敞口。纹饰以刻划纹为主,包括横线纹、席纹、斜线纹、竖线纹、斜线三角纹、纵向平行线纹,以及由上述几种纹饰组成的复合纹,还有戳印纹。施纹面积大,纹饰一般布满器身。简报给出 2 件标本,分别是 T1512⑪C:1 罐(图 2—14,1),夹砂灰褐陶,含少量滑石;敞口,方唇,微弧腹;纹饰有粗深的刻划纹、戳印纹,其中上腹部饰刻划席纹,中腹部饰斜线纹,斜线之间填满不同方向的戳印纹,下腹部饰由刻划斜线三角纹、横线纹、戳印纹组成的复合纹;器壁裂缝两侧各有一对穿的小孔;口径 24 厘米,残高 22.8 厘米,壁厚 0.55 厘米。T1111⑧:1 罐(图 2—14,2),夹砂灰褐陶,含少量滑石;敞口,圆唇,微弧腹;腹部饰刻划横线纹,并且每隔一段距离有六道纵向短平行线纹;口径 23.1 厘米,残高 16.6 厘米,壁厚 0.6—0.7 厘米。F6 的居住面也出有此类陶片。

①中国社会科学院考古研究所、辽宁省文物考古研究所、大连市文物考古研究所:《辽宁长海县小珠山新石器时代遗址发掘简报》,《考古》2009 年第 5 期。

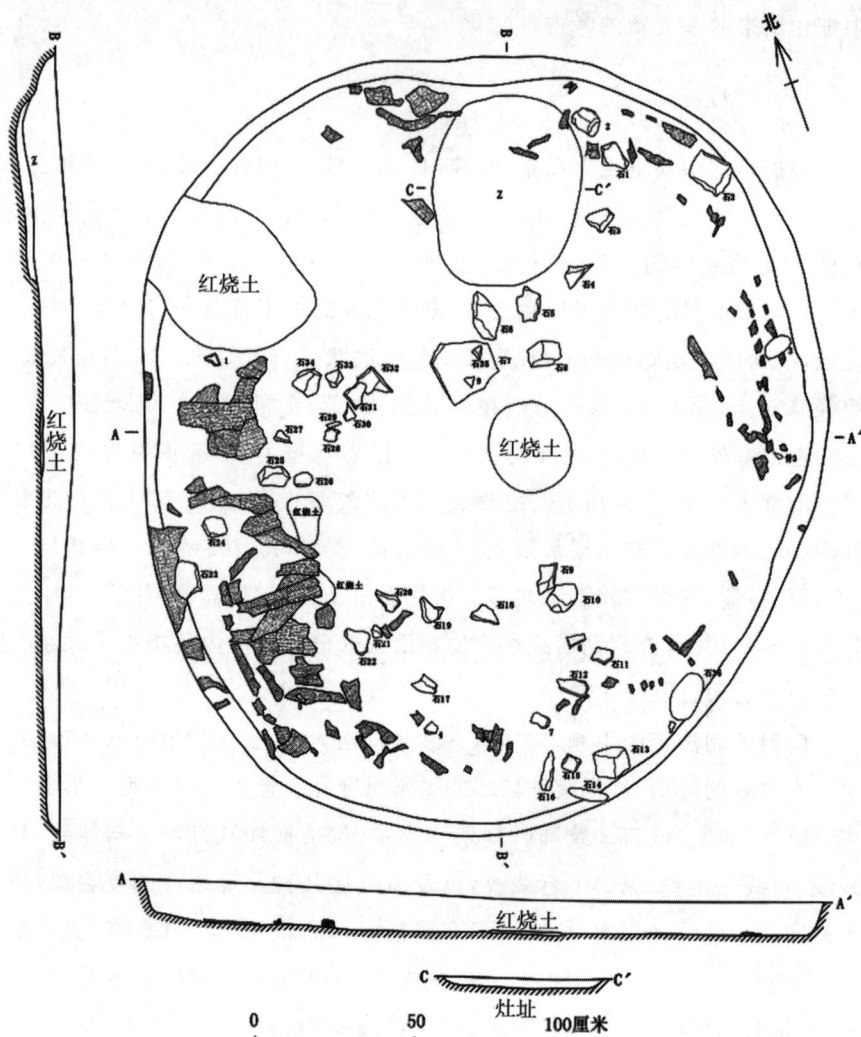

图 2—13　小珠山 F6

（采自《辽宁长海县小珠山新石器时代遗址发掘简报》）

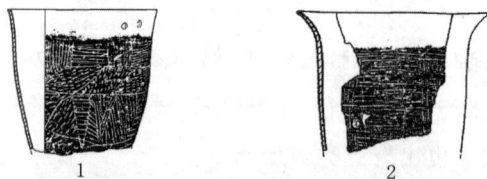

图 2—14　小珠山遗址出土陶罐

1. T1512⑪C:1 罐;2. T1111⑧:1 罐

　　而根据即将出版的小珠山发掘报告,小珠山二期文化发现房址 5 座,其中 4 座分布于发掘区南部,1 座分布于发掘区中部偏北。平面形制除 F6 呈椭圆形外,其余 4 座均为圆角方形。面积大小不等,最小的为 F6,约 6 平方米,最大的为 F8,揭露部分面积已达 23.3 平方米。房址均为浅地穴式单间结构。房址内发现灶址、窖穴、灰坑、红烧土堆积和柱洞,灶址均为圆形或椭圆形坑式灶;窖穴仅在 F17 内发现 1 个;灰坑、柱洞仅在 F8 内有发现;F6 内发现多处红烧土堆积,其用途可能与房址的营建、灶址的使用等有关。柱洞的掏挖方式与第一堆积层房址内的柱洞相同,先在地面上掏一直径略大于立柱的浅洞,然后放入支撑屋顶的立柱,再填土掩埋而成。遗物多分布于房址四周,靠近穴壁处。野外灶址发现 6 座,集中分布于发掘区的北部,平面形状均呈椭圆形,多斜壁,圆底。灶址一般较大,大者长径可达 1.28 米,其中 Z28 较小,长径仅 0.28 米。

　　器类复原筒形罐 9 件,钵 1 件,还有 2 件无法判别器形的陶片以及陶纺轮 2 件。石器 24 件,器形有打制石片、石磨棒、石镞、石锤、石料、砧石、饼形器。玉器 4 件,器形有玉斧、玉锛、玉料、玉人面。骨器 33 件,器形有骨锥、骨镞、骨针、鱼镖、骨匕、骨饰、骨料,骨锥数量最多。角器有角锥、角料。蚌器有蚌勺。

　　根据上述特征,可以确定属于小珠山二期文化的单位除 2006—2008 年发掘的单位外,还有北吴屯下层 F8,1978 年发掘的小珠山 T1⑤,上马石下层④、F1 等。

　　北吴屯下层 F8,我们在前文已进行过分析,F8 除 2 件侈口筒形罐外,还有石器网坠、石球等①。

　　1978 年发掘的小珠山遗址,根据报告,下层文化的第⑤层可分为 A、B 两层,或者就和后来细分的小珠山二期文化、小珠山一期文化相对应。从 T4 东壁剖面图来看,⑤B 层遍布 T4 探方,⑤A 层只在局部有分布,也就是说小珠山二期文化的地层在遗址区并不是普遍分布的,从报告公布的陶器特征结合线图来看,T1 第⑤层无疑属于小珠山二期文化,T1 第⑤层报告共公布陶器 3 件,其中的 2 件均为刻划纹敞口筒形罐;T1⑤:27,含滑石黑

①辽宁省文物考古研究所、大连市文物管理委员会、庄河市文物管理办公室:《大连市北吴屯新石器时代遗址》,《考古学报》1994 年第 3 期。

褐陶,饰横线加交叉斜线,口径 24.5 厘米,底径 9 厘米,高 25 厘米;Tl⑤:
28,残,含滑石黑褐陶,饰横线加平行竖线纹,口沿有二穿孔(图 2—15);TI
⑤:20,直口,筒形,平底,夹砂黑褐陶,腹上部饰压印编织弧线纹、席纹和横
线纹,口径 16 厘米,高 18.8 厘米,该件筒形罐有可能是小珠山一期文化器
物混入的。除陶器外,T1⑤层还出土有沟磨石和石球①。

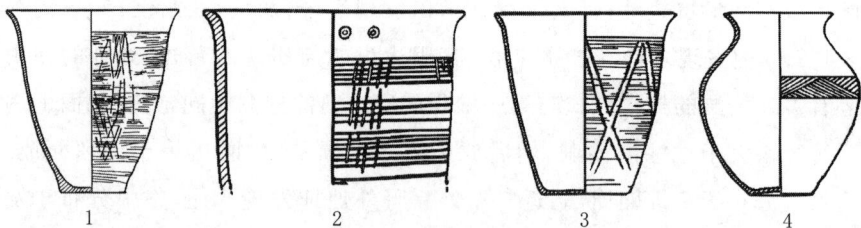

图 2—15　1978 年小珠山遗址和上马石下层出土物
1. 小珠山 Tl⑤:27 罐;2. 小珠山 Tl⑤:28 罐;3. 上马石 IIIT④:1 罐;
4. 上马石 IIIF1:8 鼓腹罐

上马石下层单位有第④层和 F1。房址 IIIF1,报告表述在第④层下
部,应为开口于④层下,半地穴式建筑,东西长 3.3 米,南北宽 2.7 米。居
住面距地表深 1.4—1.5 米。西北角被破坏一部分,房址挖入生土,以黄沙
土为壁,现存高 10—20 厘米,未发现柱洞。偏北部有南北宽 1.3 米,东西
长 1.4 米近方形的红烧土硬面,厚 4—6 厘米,烧土面上有炭灰及火烧过的
兽骨和蜗壳。在东南角发现一具完整的小狗骨架,头向南,仰面侧身,四肢
蜷曲,作卧伏状。从房址观察,门可能开在北面。房址内出土石磨棒 3 件,
石磨盘 1 件,打制刮削器、尖状器 3 件,残石刀 1 件,陶罐 1 件。F1 和第④
层出土石器以打制石器为主,磨制石器很少,包括刮削器、尖状器、石刀、石
磨盘和石磨棒。陶器主要羼和料有滑石粉和云母片。含滑石粉陶以红褐
陶为主,其次为黑褐陶。纹饰以压印弧线纹为主,其次为压印斜线三角纹
和组合纹。还有刻划纹,种类有斜线三角纹、刺点纹、不规则平行线加竖斜
线划纹等。器形只有陶罐一种。IIIT④:1 刻划纹筒形罐,侈口,圆唇,直
壁,腹下部饰不规则划纹,由横线和竖斜线组成,口径 19 厘米,高 18.6 厘
米;IIIF1:8 小口鼓腹罐,侈口,广肩,鼓腹,凹底,腹部饰一条斜线三角纹

①辽宁省博物馆、旅顺博物馆、长海县文化馆:《长海县广鹿岛大长山岛贝丘遗址》,《考古学报》
　1981 年第 1 期。

带,口径 10.4 厘米,高 17 厘米①(图 2—15)。

二、文化内涵与文化渊源

(一)文化内涵

小珠山二期文化由于遗址发现数量不多,故其文化内涵较为简单。小珠山二期文化的先民聚族而居,从事定居生活,在小珠山遗址、上马石下层、北吴屯下层均发现有房址。房址多为圆形半地穴式,一般都有灶址、柱洞,居住面一般为经过处理的硬土面。小珠山遗址房址未见门道,而上马石下层和北吴屯下层均有门道;灶址均传承原有文化,是故小珠山遗址灶址为圆形或椭圆形坑式灶,而北吴屯下层灶址则为长方形石灶。房址内一般有陶、石器等出土物。上马石.ⅢF1,在其东南角发现一具完整的小狗骨架,头向南,仰面侧身,四肢蜷曲,作卧伏状,个人推测可能与奠基有关。小珠山遗址房址集中分布于遗址南部,而 6 座野外灶址则集中分布于发掘区的北部,这应反映了聚落在布局方面的考虑,也就是说居住区位于遗址的南部,野外灶址可能是海洋捕捞和狩猎后集体野外就食之处,便于垃圾的倾倒,不至于影响居住生活。

小珠山二期文化农业生产工具有石刀、尖状器、石磨盘和石磨棒等;渔猎工具有石镞、石球、骨镞、骨匕、石片、网坠、鱼镖等;手工工具有陶纺轮、刮削器、石锤、砧石、玉斧、玉锛、骨锥、骨针、角锥、沟磨石等。由于出土物有限,判断其经济构成应该说还不成熟,但从这些有限的遗物,我们也基本可以看出小珠山二期文化有一定的农业,渔猎经济和海洋捕捞占有相当大的比重。发现有玉器如斧、锛,发现有玉料,发现的玉人面应该具有宗教性质(图 2—16)。小珠山房址 F6,南北长径 2.59 米,东西短径 2.33 米,室内地面虽有明确的踩踏痕迹,却无明显的加工迹象。房内东北部有灶址,另外在西北部、西部、中部发现红烧土各一处。室内地面多处经火烧并遗留大量炭灰。堆积层出土石器、骨器、兽骨、陶片、木炭等。居住面出土石器、骨器、陶片等,房内还出土了大小不一的自然石块。F6 面积较小,室内散置大量石块和石器、兽骨和骨器,故推测其可能为一作坊遗址,灶可能是

①辽宁省博物馆、旅顺博物馆、长海县文化馆:《长海县广鹿岛大长山岛贝丘遗址》,《考古学报》1981 年第 1 期。

因加工兽骨和木器时需要略加焚烧、易于加工而建,故 F6 应是一处加工石器、骨器和木器的手工业作坊遗址。

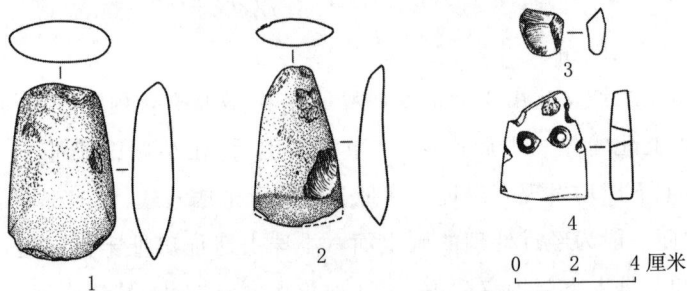

图 2—16　小珠山二期文化出土玉器(均出自小珠山遗址)

1. T1713⑳:1 斧;2. T1713⑳:2 锛;3. T1713⑳:3 玉料;4. T1412 西扩㉔:3 玉人面

陶器的制法仍为手制,常见穿孔。陶质以夹砂灰褐陶和红褐陶为主,含少量滑石或云母,其次还有少量的褐陶、黑褐陶。小珠山遗址纹饰以刻划纹为主,包括横线纹、席纹、斜线纹、竖线纹、斜线三角纹、纵向平行线纹,以及由上述几种纹饰组成的复合纹,还有戳印纹;施纹面积大,纹饰一般布满器身。上马石下层和北吴屯下层 F8 陶器纹饰则以压印纹为主,包括弧线纹、斜线三角纹、之字纹、席纹、横线纹和组合纹;刻划纹为辅,种类有斜线三角纹、刺点纹、不规则平行线加竖斜线划纹等。器类以筒形罐为绝对多数,还见有钵、鼓腹罐等。筒形罐以大型敞口为主,斜直壁或直壁,平底,一些筒形罐微弧腹。

(二)文化渊源

小珠山二期文化的测年数据如表 2—3,故研究者推断其时代为公元前 4710—前 4360 年[①]。小珠山二期文化从器类上延续了小珠山一期文化器类单一的传统,主要为筒形罐,偶见鼓腹罐和钵,鼓腹罐在小珠山一期文化也有出现,时代上早于小珠山二期文化的后洼下层文化虽然也以筒形罐为主,但其器类丰富,显然小珠山二期文化的器类继承了小珠山一期文化。器形上,北吴屯下层筒形罐的演变规律非常明确,筒形罐从小珠山一期文化的直口开始出现侈口,至小珠山二期文化之时,筒形罐主要以敞口和侈口为主,腹壁除斜直腹和直腹外,还有一部分微弧腹,平底,显然也承袭小

[①]张雪莲、金英熙、贾笑冰:《辽宁长海小珠山遗址考古学文化的年代序列》,《考古》2016 年第 5 期。

珠山一期文化而来。

表2—3　小珠山遗址第二期2009年出土动物骨骼样品碳十四测年数据表

序号	实验室编号	原编号	样品物质	碳十四年代(B.P.)	树轮校正年代(B.C.,OxCal.310,1σ)	树轮校正年代(B.C.,OxCal.310,2σ)
1	ZK—3671	T1713㉔	鹿?	4510±30	3340—3310(10.6%) 3300—3260(3.9%) 3240—3110(53.7%)	3360—3090(95.4%)
2	ZK—4029	T1713㉕	小型鹿(獐)	5780±38	4690—4580(67.2%) 4570—4560(1%)	4720—4530(95.4%)
3	ZK—4030	T1713㉕	梅花鹿	5799±33	4710—4610(68.2%)	4730—4540(95.4%)
4	ZK—3681	T1513㉔	小型鹿科	5610±30	4490—4440(22.3%) 4430—4360(45.9%)	4500—4350(95.4%)

说明:采自《辽宁长海小珠山遗址考古学文化的年代序列》。所用碳十四半衰期为5568年,B.P.为距1950年的年代。

陶质陶色上,小珠山一期文化早段以夹大量滑石的红褐陶、灰褐陶为主,晚段则以含大量滑石的夹砂陶为主;小珠山二期文化以夹砂灰褐陶和红褐陶为主,含少量滑石或云母;介于两者之间的后洼下层文化是以含滑石粉的夹砂黑褐陶和夹砂红褐陶为主,演变规律清晰。纹饰上,小珠山遗址和上马石下层、北吴屯下层F8不太一致,小珠山遗址以刻划纹为主,还有戳印纹;上马石下层和北吴屯下层F8则以压印纹为主,刻划纹为辅。辽东半岛的传统纹饰是压印纹,刻划纹则为另一文化系统,前文分析可能源于水洞下层文化,是从辽东半岛东端沿滨海地区自东向西传至辽东半岛。上马石下层和北吴屯下层F8纹饰以压印纹为主,刻划纹为辅;而小珠山遗址纹饰以刻划纹为主,还有戳印纹,反映的应是上马石下层和北吴屯下层F8略早于小珠山二期文化的小珠山遗址,或者是上马石下层和北吴屯下层F8发展滞后的反映。但不管怎么说,小珠山二期文化的纹饰主要源于后洼下层文化的刻划纹。

此外,小珠山二期文化房址的建造、聚落的布局形态、野外灶址的形态等,近于小珠山一期文化;小珠山二期文化发现有玉器及宗教遗物,但并不发达,近于小珠山一期文化而与后洼下层文化宗教发达的情况相差较大;从经济形态上来看,小珠山二期文化以渔猎经济和海洋捕捞为主、农业为辅的经济形态近于小珠山一期文化,而与后洼下层文化农业较为发达的情况相差较大。

综上,小珠山二期文化主要由小珠山一期文化发展而来,但也吸收了后洼下层文化系统中刻划纹这一纹饰装饰特征。

第四节　后洼上层文化

后洼上层文化得名于辽宁省丹东市所属东港市马家店镇三家子村后洼屯新石器时代遗址的发现和发掘。该遗址发现于 1981 年秋季[①],1983—1984 年先后 4 次进行正式发掘,揭露出 4 层文化堆积,其中第②、③层出土遗物相同,统称为上层,第④层称为下层。后洼上、下层分属两个不同文化时期的遗存。其中的下层遗存即后洼下层文化,上层遗存被命名为后洼上层文化[②]。除后洼遗址以外,东沟北井子乡柞木山、孤山乡阎坨子、赵坨子、新农乡蚊子山、石固山、龙王庙乡西泉眼[③],宽甸县永甸乡臭梨隈子[④]等遗址,也都有后洼上层文化的遗物。典型遗址除后洼外,还有大连庄河市北吴屯[⑤]。

一、后洼上层文化内涵

后洼上层遗址清理房址 12 座,都是圆角方形半地穴式建筑,面向南偏东 10—20 度,布局较为分散。按其规模不同可分为大、中、小三种。其中,面积在 50 平方米左右的大型房址 5 座,面积在 30—40 平方米的中型房址 4 座,面积在 10—20 平方米的小型房址 3 座。室内四周均有柱洞,室中心有对称柱洞 4 个,整个形成柱洞网。房址内有火塘和篝火烧烤的遗迹,居住面有烧灰层和垫土层。一些房址发现有门道(图 2—17)。

---

①丹东市文化局文物普查队:《丹东市东沟县新石器时代遗址调查和试掘》,《考古》1984 年第 1 期。

②许玉林、傅仁义、王传普:《辽宁东沟县后洼遗址发掘概要》,《文物》1989 年第 12 期;许玉林:《后洼遗址考古新发现与研究》,《中国考古学会第六次年会论文集》,文物出版社,1990 年。

③丹东市文化局文物普查队:《丹东市东沟县新石器时代遗址调查和试掘》,《考古》1984 年第 1 期。

④许玉林、金石柱:《辽宁丹东地区鸭绿江右岸及其支流的新石器时代遗存》,《考古》1986 年第 10 期。

⑤辽宁省文物考古研究所、大连市文物管理委员会、庄河市文物管理办公室:《大连市北吴屯新石器时代遗址》,《考古学报》1994 年第 3 期。

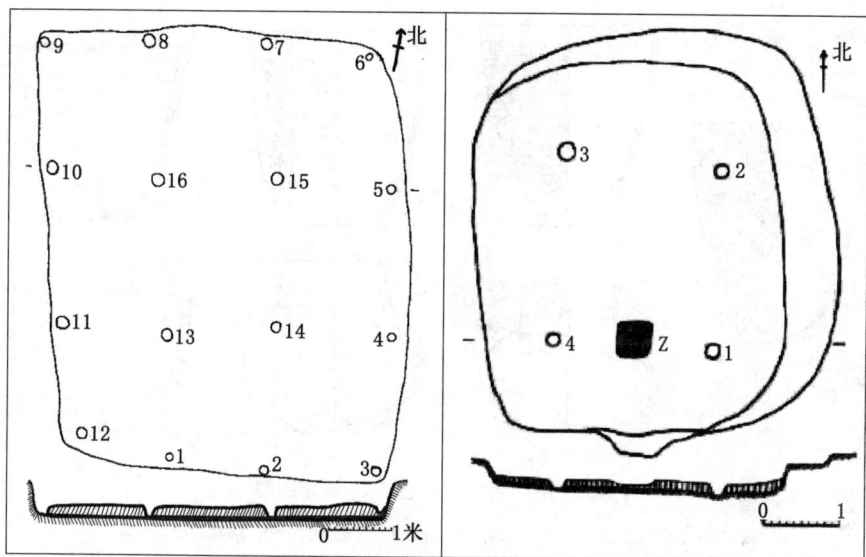

图 2—17　后洼上层房址(左为 F10;右为 F16)

后洼上层陶器胎薄,火候较高,手制。主要以夹粗砂红褐陶和夹粗砂黑褐陶为主,含少量滑石粉,夹砂红陶增多。纹饰主要是刻划纹和刻划点纹。刻划纹中有刻划横线纹、网格纹、人字纹、席纹、竖条纹、斜线纹、三角纹、几何纹、点纹以及点纹和斜线的组合纹等。刻划横线纹数量最多,刻划网格纹不规则线条较深。刻划人字纹多以横排为主。刻划点纹,有圆点小如针孔者;还有指甲形点纹,刻点较深。陶器复原 16 件,总的特点是多侈口或小平沿,腹较深,底较高,有的成为一种高台底。器表纹饰多施至器底。筒形罐 10 件,多大侈口深腹,近底部向内收成小平底。腹身饰刻划横条纹加几条竖线和斜线,近底部饰锥刺点纹。壶 3 件,直口直领圆腹小平底;领和肩部见有用点组成的图案花纹;壶又分大小两种,大者通高 30 厘米,小者高 11—12 厘米。另外 3 件分别为碗、杯和舟形器(图 2—18)。

生产工具分为农业工具、渔猎工具、手工工具和纺织工具四类。其中农业生产工具主要为石器,以磨制为主,打制为辅,包括石磨盘 36 件、石磨棒 36 件、石斧 21 件、石刀 5 件、石锄 4 件、陶刀 1 件,共 103 件。渔猎工具 628 件,以捕捞工具数量居多,共有 504 件,皆为网坠,有陶质和石质两种,其中石质网坠 285 件,陶网坠 219 件;狩猎工具 124 件,包括石球 50 件、陶球 21 件、石镞 38 件,另有石矛、刮削器、砍砸器和盘状器等 15 件。手工工具 96 件,以磨石数量最多,共 53 件;其次为单面直刃或弧刃的玉石凿 28

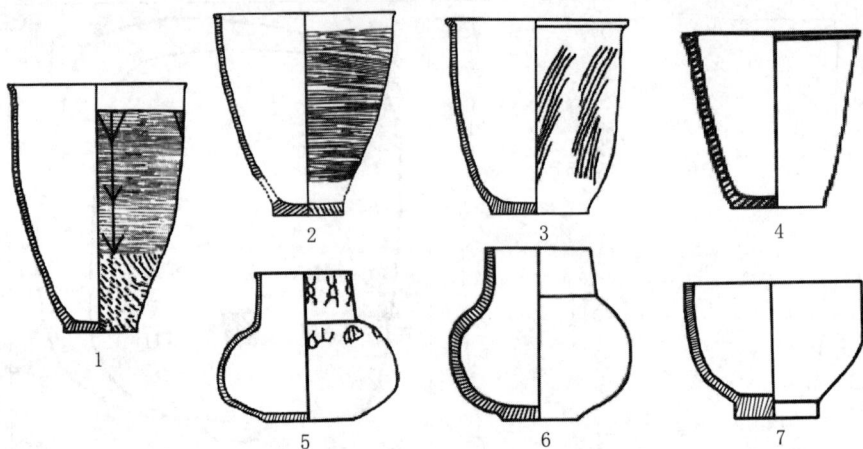

图2—18　后洼上层出土的部分陶器

1. Ⅰ T2②∶33；2. Ⅰ T8②∶88；3. Ⅱ T2②∶1；4. Ⅱ T1②∶45；

5. Ⅱ T1②∶24；6. Ⅱ T1②∶39；7. Ⅰ T8②∶90

件；此外还有石锤8件、石锥5件、石锉1件、陶拍1件。纺织工具均为纺轮，共115件，其中104件为成品，形状有圆形、方形、三角形、花式等；另有11件为半成品，为圆形陶片。

后洼上层文化半地穴式房址群和聚落的发现，说明后洼上层文化的先民是从事定居村落生活的。从生产工具的构成来看，渔捞和狩猎工具大量出土，表明渔猎捕捞不仅异常发达，而且在后洼上层文化先民的经济生活中居于非常重要的地位。在103件农业生产工具中，以磨盘和磨棒数量居多，共有72件，约占总数的70%。这种加工工具既可以用来加工粮食作物，也可以用来加工采集的野生植物的籽实和块茎。农业工具中发现石锄4件，数量与其他工具相比明显偏少，这虽然表明后洼上层文化的农业虽处于较为发达的锄耕农业阶段，但与下层文化相比，农业生产工具的比重明显下降，似乎暗示着农业在后洼上层文化生业构成中比重较小，作用有限。所以，后洼上层文化先民应该是从事以渔猎捕捞为主、农业和采集为辅的定居村落生活。

在后洼遗址上层还出土一批装饰艺术品和雕塑制品。装饰艺术品包括坠、环、管、珠、扣状器等12件石制品。雕塑制品包括3件玉石雕件和8件陶质雕塑，均为小型造像。造像题材以人形为主（图2—19），共有8尊，含1件石雕和7件陶塑；其余包括鸟纹玉雕、鱼纹石雕、猪形陶雕各1件。

图 2—19　后洼遗址上层遗存出土的双面陶塑人形像

玉制品和以人形为主的造像的发现,表明后洼上层社会也存在一定的宗教社会活动。但无论是经济生活,还是陶器及雕塑制品,均显示出该时期的经济社会文化等不如后洼下层文化发达。

二、北吴屯上层的性质及分期

关于庄河北吴屯遗址上层遗存①的性质,尚存争议。发掘者最初将北吴屯上层遗存命名为"北吴屯上层文化",并认为其相对年代介于小珠山下层文化和小珠山中层文化之间②;但是在后来发表的正式发掘报告中不再将其视为一种新的文化,而是将其纳入小珠山中层文化的范畴,相当于小珠山中层文化的早期阶段③,一些学者同意此说④。也有学者明确提出不同的意见,指出北吴屯上层遗存可归入后洼上层文化⑤。

(一)内涵与性质

北吴屯上层房址为近方形(或为圆角)半地穴式,居住面一般为烧土

---

① 辽宁省文物考古研究所、大连市文物管理委员会、庄河市文物管理办公室:《大连市北吴屯新石器时代遗址》,《考古学报》1994 年第 3 期。

② 许玉林:《试论辽东半岛黄海沿岸新石器文化》,《博物馆研究》1992 年第 2 期。

③ 辽宁省文物考古研究所、大连市文物管理委员会、庄河市文物管理办公室:《大连市北吴屯新石器时代遗址》,《考古学报》1994 年第 3 期。

④ 刘俊勇:《百年来大连地区考古发现与研究》,《大连文物》1999 年刊;王嗣洲:《辽东半岛新石器时代考古学文化谱系研究》,《史前研究》,三秦出版社,2000 年;王嗣洲:《大连北三市新石器文化研究》,《北方文物》2000 年第 4 期。

⑤ 王月前:《鸭绿江右岸地区新石器遗存研究》,《中国历史博物馆考古部纪念文集》,科学出版社,2000 年;赵宾福:《东北石器时代考古》,吉林大学出版社,2003 年,第 315 页。

层,均带斜坡门道,室内均有柱洞。

生产工具 271 件,其中石器 123 件,骨器 24 件,陶器 114 件。生产工具中农业工具 52 件,均为石器,有斧 5 件、锄 11 件、杵 7 件、磨棒 8 件和磨盘 21 件;渔猎工具 46 件,主要是石器,有打制的盘状器、球、网坠,磨制的球、镞和网坠,以球和网坠占绝大多数,此外还有陶球、骨镞等;手工工具 63 件,其中石器有打制的刮削器,磨制的锛、凿、匕以及砧石、砺石,骨器有匕、钻、角锥及牙刮削器等,以刮削器最为多见,次为砧石、锛、匕、锥等;纺织缝纫工具 109 件,有陶纺轮、骨针、骨锥等,以陶纺轮为最多,达 95 件。此外还有滑轮式陶器 1 件。

陶器有含滑石粉陶和夹砂陶两类,含滑石粉陶器数量少,所含滑石粉也较少。以夹砂陶为主,含砂量较大,其中有红陶、红褐陶、黑褐陶和黑陶四种,以红褐陶最多,约占夹砂陶总数的 41% 以上;其次是黑褐陶,约占 37%;再次为红陶,约占 11% 以上;黑陶最少,约占 10%。陶色多不纯正,胎较薄,火候较低,手制。出现质地较薄的磨光黑陶。纹饰有压印纹、刻划纹和细堆纹三类;其中压印纹数量和种类少,刻划纹数量、种类多,为主要纹饰。总体看,纹饰趋于简单潦草,不规则;大多纹饰于腹上部,呈带状,有的纹饰上加饰小乳钉纹。压印纹包括之字纹、席纹、网格纹和点纹;刻划纹包括斜线纹、几何纹、网格纹、人字纹、席纹、三角纹、波浪纹、竖条纹、点纹及组合纹饰;细堆纹,上面有刻划纹,似绳索状,多饰于壶的中下部。陶器多为侈口和敞口,深腹,平底,出现竖鋬耳;器形有罐、壶、碗、杯、盘等,其中以罐类最多,复原 23 件,约占复原陶器总数的 71% 以上;罐类中以筒形罐最多,复原 18 件,约占 56% 以上,分为大、中、小三种。

艺术品包括玉质、陶质仿生动物造像,如玉鸟、鸡冠形陶雕、刻划似人体像和太阳纹的陶片以及滑石管饰等。

动物遗骨经鉴定种类有鹿、象、牛、猪等,贝类有长牡蛎、僧帽牡蛎、密鳞牡蛎、文蛤、青蛤、蛏、脉红螺等。

笔者赞同北吴屯上层遗存属于后洼上层文化的认识。北吴屯上层房址近方形圆角半地穴式、室内有柱洞、居住面为硬土面、多有门的形态,与后洼上层基本相似,而且表明两者均为定居村落社会。生产工具中共见的农业工具有斧、锄、磨棒和磨盘,渔猎工具中共见的有石球、陶球、石镞、网坠和盘状器等,手工工具中共见的有各式磨石、凿、石锥等,纺织缝纫工具中都以陶纺轮占绝对多数。两者也有些许差别,如北吴屯上层生产工具虽然发现数量少于后洼上层,但种类则多于后洼上层;北吴屯上层的农业工具所占比例较大,表明北吴屯上层农业所占经济比重远高于后洼上层;北吴屯上层渔猎工具比重远低于后洼上层,表明其渔猎经济所占比重明显低于后洼上层,这是两者经济构成方面的差异在出土遗物上的反映。

陶器方面,两者陶胎均较薄,陶色多不纯正,手制。都以夹砂红褐陶和夹砂黑褐陶为主,含滑石粉陶数量少。纹饰都以刻划纹为主,共见的刻划纹有斜线纹、几何纹、网格纹、人字纹、席纹、三角纹、竖条纹、点纹及组合纹饰等。陶器均多侈口,还有敞口、直口和平沿;器类都以罐最多,罐当中又都以筒形罐为大宗,其余共见的器类还有直口直领圆腹壶、碗和杯等。有所差异的是,后洼上层陶器夹粗砂,北吴屯上层出现有磨光黑陶。后洼上层纹饰主要是刻划纹和刻划点纹,以刻划横线纹数量最多;北吴屯上层纹饰除刻划纹外,还有压印纹和细堆纹。后洼上层陶器平沿多于北吴屯上层,除筒形罐外,北吴屯上层还有有肩罐和鼓腹罐;后洼上层不见北吴屯上层的盘,而北吴屯上层不见后洼上层的舟形器;后洼上层一部分陶器器底为"台式底",北吴屯上层则少见;北吴屯上层部分陶器有对称竖錾耳。但总体来说,陶器的共性远大于差异。

两者都有一部分玉器和仿生动物造像,说明都有宗教文化方面的活动,但后洼上层不仅数量、种类多,而且以人像为主的造像说明其宗教文化活动远较北吴屯上层发达。

综上所述,北吴屯上层和后洼上层的文化内涵基本一致而略有差异,北吴屯上层性质与后洼上层一致,均应属于后洼上层文化。

(二)分期

北吴屯上层地层堆积较为简单,发现的 3 座房址均开口于②A 层下,故北吴屯上层地层关系可表示为:

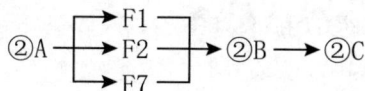

$$②A\begin{cases} →F1 \\ →F2 \\ →F7 \end{cases} →②B→②C$$

从出土物特征看,②C 层和②B 层可合并为一组;3 座房址 F1、F2 和 F7 地层一致,出土物相近,可为一组;②A 层可为一组。这样,北吴屯上层可分为三组,如图 2—20。

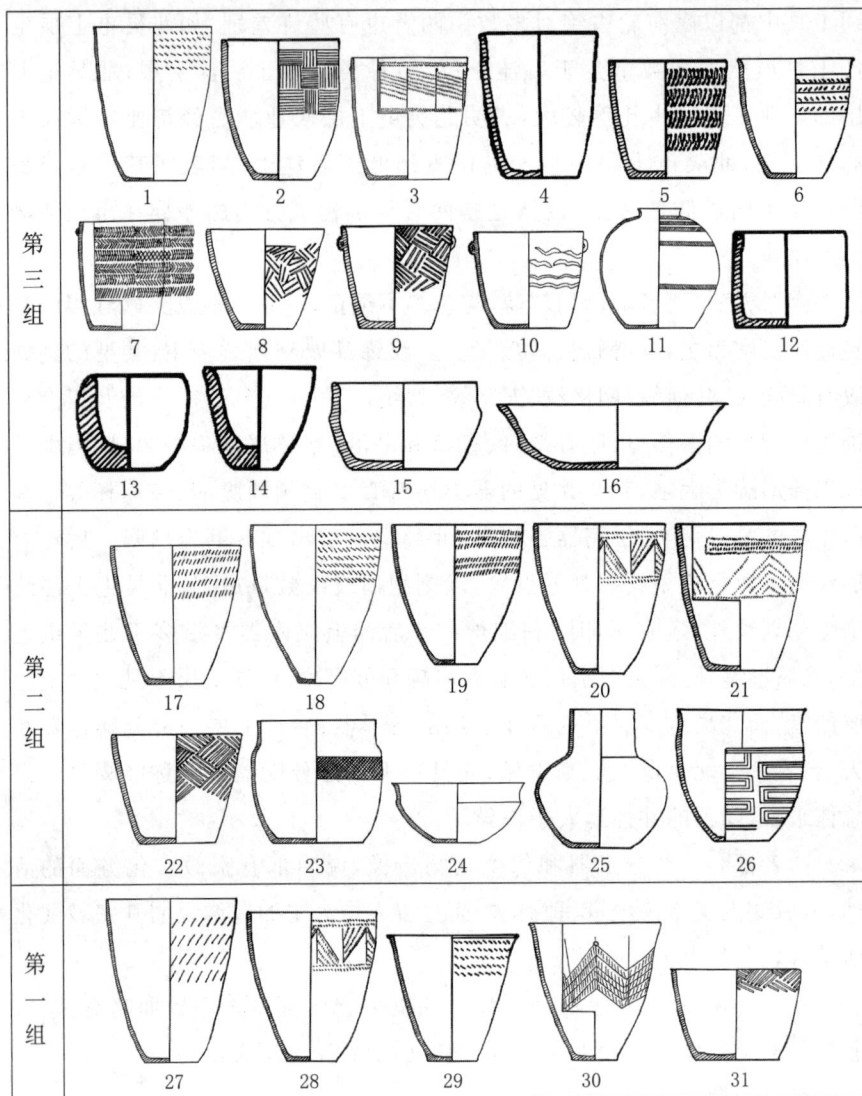

图 2—20　北吴屯上层陶器分组

1. T14②A 罐；2；2. T5②:60 罐；3. T4②A:33 罐；4. T4②:34 罐；5. T3②:1 罐；

6. T13②A:1 罐；7. T5②:50 罐；8. T10②A:6 罐；9. T6②:11 罐；10. T3②:2 罐；

11. T4②:35 罐；12. T12②:1 杯；13. T13②:2 杯；14. T6②:36 杯；15. T3②:3 碗；

16. T5②:14 盘；17. F2:10 罐；18. F7:3 罐；19. F2:7 罐；20. F2:9 罐；21. F1:33 罐；

22. F2:46 罐；23. F2:8 罐；24. F2:25 碗；25. F1:25 壶；26. F2:25 罐；27. T6②C:30 罐；

28. T3②B:69 罐；29. T6②C:32 罐；30. T6②C:27 罐；31. T6②C:26 碗

北吴屯上层这三组可以分为三期。第一期即第一组，主要见筒形罐这一种器类,形态有两种:第一种如 T6②C:32 和 T6②C:27 筒形罐,侈口或平沿,大口,小平底,深腹,口与底比例大,这种筒形罐的形态应是从北吴屯下层 F8 的小珠山二期文化侈口筒形罐发展演变过来的;第二种形态如 T6②C:30 和 T3②B:69 筒形罐,直口或微侈,深弧腹,大口、小底,口与底比例大,这是小珠山三期文化中筒形罐的一种形态。第二期即第二组,筒形罐形态主要同于第一期的第二种形态,但与第一期不同的是,该期新出现了有肩罐、直口直领鼓腹壶和碗等器类。第三期即第三组,在延续第二期的基础上有一些新的变化,第一种筒形罐同于第二期的形态,第二种筒形罐似乎出现了"复古"风,直口甚或微敛口,器底大,底与口大小相差不多,新出现了矮领、弧肩、球形腹的壶、盘、杯等,部分陶器有对称竖錾耳装饰。

　　后洼上层的②、③层本具有分期意义,惜发掘资料公布过于简略,特别是发表的第③层器物很少。但从这些有限的资料里,我们能够看到,其器物特征具有北吴屯上层第一期和第二期的特征,如图 2—21 所示。

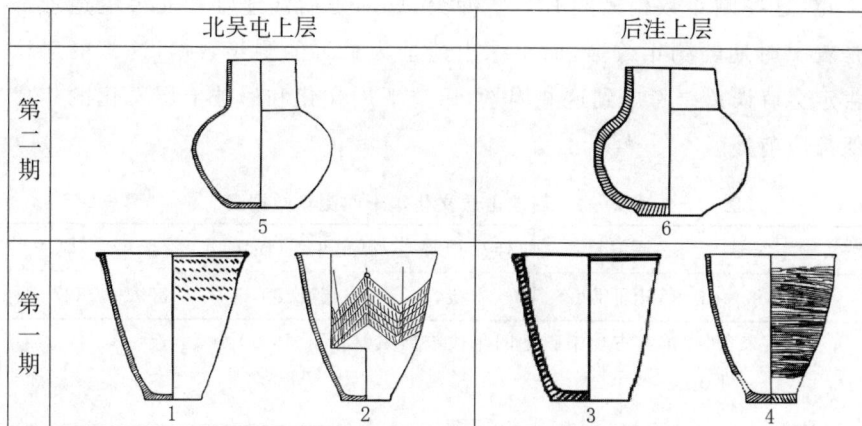

	北吴屯上层	后洼上层
第二期	5	6
第一期	1　2	3　4

图 2—21　北吴屯上层和后洼上层陶器对比

1.T6②C:32 罐;2.T6②C:27 罐;3.Ⅱ T1②:45 罐;4.Ⅰ T8②:88 罐;

5.F1:25 壶;6.Ⅰ T8②:90 壶

　　故有学者在提出北吴屯上层与后洼上层同属一个考古学文化的基础上,认为"北吴屯上层类型"在时间上晚于后洼上层,并且是由后洼上层文化直接演变而成的。并初步将后洼遗址上层所代表的遗存看成是后洼上层文化的早期,而所谓"北吴屯上层类型"应该是后洼上层文化的晚期阶段遗存①。应该说这一认识是极为敏锐的。通过上面的比较我们清楚地看到,北吴屯上层和后洼上层同属于一个考古学文化,即后洼上层文化。若将两者进行简单的分期及对比,可以看出,后洼上层和北吴屯上层的第一期和第二期是并行发展的,唯北吴屯上层还有晚期即第三期的遗存,从这一点上来说,北吴屯遗址上层的分期结果代表了后洼上层文化的分期。

后洼上层和北吴屯上层测年数据都很少,后洼上层只有一个测年数据,如表2—4所示。北吴屯上层测定的数据,根据发掘报告也只有1个,距今5140±120年(树轮校正值)②。有学者将后洼上层文化的年代范围确定在公元前3500—前2800年之间③;后又将其年代推定为公元前4000—前3500年之间④。后洼下层文化的年代集中在公元前4400—前4000年之间,则上层年代更应接近公元前4000—前3500年之间。而根据最新的测年数据,小珠山三期文化的年代约在公元前4535—前3350年之间⑤,而后洼上层文化的年代应略早于小珠山三期文化而晚于后洼下层文化,这些测年数据之间有一些冲突,原因是后洼遗址和北吴屯遗址都是较早时期的测年数据,而小珠山遗址为最近的测年数据,这样的对比肯定会有误差。考虑到这些因素,后洼下层文化和后洼上层文化的年代似都应前提。

表2—4　后洼上层文化碳十四测年数据表

实验室编号	原编号	样品物质	测定年代(BP)	校正年代(BC)
BK84095	后洼Ⅲ T9②	木炭	4465±90	3091—2897

说明:采自《中国考古学中碳十四年代数据集(1965—1991)》⑥。

---

①赵宾福:《东北石器时代考古》,吉林大学出版社,2003年,第315—317页。

②辽宁省文物考古研究所、大连市文物管理委员会、庄河市文物管理办公室:《大连市北吴屯新石器时代遗址》,《考古学报》1994年第3期。

③赵宾福:《东北石器时代考古》,吉林大学出版社,2003年,第321页。

④赵宾福、杜战伟:《太子河上游三种新石器文化遗存的辨识——论本溪地区水洞下层文化、偏堡子文化和北沟文化》,《中国国家博物馆馆刊》2011年第10期。

⑤张雪莲、金英熙、贾笑冰:《辽宁长海小珠山遗址考古学文化的年代序列》,《考古》2016年第5期。

⑥中国社会科学院考古研究所编:《中国考古学中碳十四年代数据集(1965—1991)》,文物出版社,1991年。

三、文化渊源

关于后洼上层文化的渊源,赵宾福先生较早时就提出,后洼上层文化不是由后洼下层文化发展而来。以马城子 B 洞下层为代表的遗存年代上早于后洼上层文化,两种文化遗存分布地域比较接近,文化面貌上在陶器的纹饰和形态、生产工具、经济形态等存在着很多的共性,据此认为后洼上层文化应该是由本溪地区以马城子 B 洞下层为代表的遗存发展而来①。后杨占风先生提出,后洼上层文化的主要器物一种是刻划横线纹罐,另一种是直领圆腹壶。当地较早阶段的后洼下层文化就发现有鼓腹壶,后洼上层文化的壶应该是由后洼下层文化的鼓腹壶直接发展而来。刻划横线纹罐从其侈口及纹饰特点看,与新乐(下层)文化编号为 8306F2:14 及 8306F4:4 的筒形罐整体风格相似。所以,后洼上层文化的直领圆腹壶遗存来自于当地的后洼下层文化,而刻划横线纹罐遗存则来自新乐(下层)文化。因此,后洼上层文化是在后洼下层文化和新乐(下层)文化双重作用下产生的一种新文化②。其后,赵宾福、杜战伟二位先生撰文对太子河上游本溪地区的新石器时代洞穴遗存重新进行整理和分析,从中析出三种不同的新石器时代考古学文化,把以马城子 B 洞下层、北甸 A 洞下层、张家堡 A 洞下层和水洞下层等地点出土的刻划横线纹筒形罐遗存独立定名为水洞下层文化,认为水洞下层文化和小珠山下层文化、左家山下层文化、新乐(下层)文化不仅存在着较为密切的联系,而且年代应该大体相当,即处在公元前 4000 年以前③。随后,杜战伟、赵宾福、刘伟三位先生再次撰文,对后洼上层文化的渊源与流向进行探讨,提出辽东地区新石器时代的水洞下层文化、后洼上层文化和小珠山中层文化均是以施刻划纹陶器为代表的考古学文化。从陶器的亲缘关系上看,后洼上层文化是由水洞下层文化发展而来的,并演变为小珠山中层文化,它们属于前后相继、一脉相承的同一文化系统④。

---

① 赵宾福:《东北石器时代考古》,吉林大学出版社,2003 年,第 316—320 页。
② 杨占风:《后洼上层文化研究》,《辽宁省博物馆馆刊》2008 年第 3 辑。
③ 赵宾福、杜战伟:《太子河上游三种新石器文化遗存的辨识——论本溪地区水洞下层文化、偏堡子文化和北沟文化》,《中国国家博物馆馆刊》2011 年第 10 期。
④ 杜战伟、赵宾福、刘伟:《后洼上层文化的渊源与流向》,《北方文物》2014 年第 1 期。

　　从北吴屯遗址的地层关系来看,打破后洼下层文化的北吴屯下层 F8,属于小珠山二期文化。也就是说,在后洼下层文化和后洼上层文化之间的是小珠山二期文化。换言之,后洼下层文化和后洼上层文化不具有直接发展关系,但在后洼下层文化北吴屯遗址下层第③层中,已经出现了具有小珠山二期文化特征的侈口罐(北吴屯 T3③:10 罐)。北吴屯下层 F8 是一处内涵单纯的小珠山二期文化单位,均为侈口筒形罐,它打破后洼下层文化的第③层,自身又被后洼上层文化单位 F7 打破,表明小珠山二期文化晚于后洼下层文化而早于后洼上层文化。不仅如此,无论是在北吴屯下层还是在后洼下层,均有一定数量的直口矮领鼓腹壶,其形态似较北甸 A 洞Ⅱ T1②:39 壶更具有亲缘关系,也就是说,后洼上层的直口直领鼓腹壶更应该是从后洼下层的直口矮领鼓腹壶发展而来,而不是从北甸 A 洞Ⅱ T1②:39 壶发展而来(图 2—22)。后洼上层文化中的对称双錾耳也源于后洼下层文化。

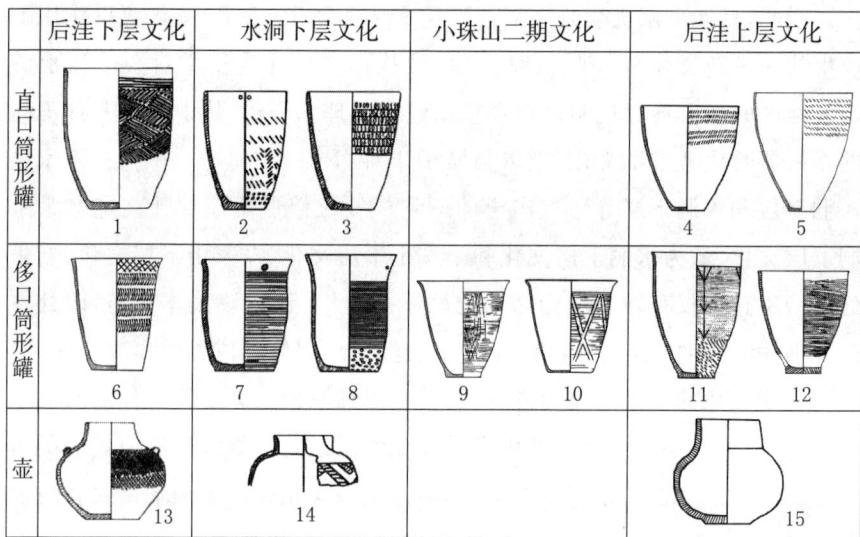

	后洼下层文化	水洞下层文化	小珠山二期文化	后洼上层文化
直口筒形罐	1	2　3		4　5
侈口筒形罐	6	7　8	9　10	11　12
壶	13	14		15

图 2—22　后洼下层、水洞下层、小珠山二期和后洼上层诸文化陶器对比

1. 后洼下层Ⅱ T18④:46 罐;2. 北甸 A 洞 BAT1③:2 罐;3. 张家堡 A 洞Ⅰ T2②:23 罐;

　　4. 北吴屯上层 F2:7 罐;5. 北吴屯上层 F7:3 罐;6. 北吴屯下层 T3③:10 罐;

7. 马城子 B 洞 MBT1③:19 罐;8. 北甸 A 洞 BAT1③:50 罐;9. 小珠山 T1⑤:27 罐;

　　10. 上马石ⅢT④:1 罐;11. 后洼上层Ⅰ T2②:33 罐;12. 后洼上层Ⅰ T8②:88 罐;

13. 后洼下层Ⅳ T1④:27 壶;14. 北甸 A 洞Ⅱ T1②:39 壶;15. 后洼上层Ⅱ T1②:39 壶

小珠山二期文化内涵单纯的小珠山遗址侈口筒形罐特征同样与后洼上层文化的形态有极大的相似性,这种相似性似乎强于水洞下层文化同类筒形罐与后洼上层文化的相似性,而且辽东半岛和辽东半岛东端的文化互动要早于辽东半岛东端和太子河上游地区的互动,所以后洼上层文化这种侈口筒形罐的渊源更有可能源于小珠山二期文化。从陶器特征看,水洞下层文化和小珠山二期文化年代相当但略早,后洼下层文化中的戳刺纹和器底起台现象应源于水洞下层文化。而刻划纹非辽东半岛的文化因素,这一文化因素当源于太子河流域,之后传至辽东半岛东端,接着逆向传至辽东半岛,取代小珠山一期文化时期的压印纹成为小珠山二期文化的一种主流纹饰。

综合以上信息,后洼上层文化的渊源应该有三个,即当地的后洼下层文化、辽东半岛的小珠山二期文化和太子河上游地区的水洞下层文化,是在这三种文化影响下产生的一支新的考古学文化。该文化形成后,与时代略晚的辽东半岛的小珠山三期文化并行发展并有一定的联系,但二者渐行渐远,在晚期两种文化的差异性越来越大。

四、与小珠山三期文化的关系

1995年,赵辉先生撰文认为,后洼上层筒形罐的形制和纹饰与后洼下层区别明显,但与小珠山下层出土的侈口刻划纹筒形罐非常相似。赵辉先生还认为,小珠山遗址第⑤层堆积包含有A、B两个小层,并且包含物不同,因此暗示着所谓小珠山下层文化存在进一步分期的可能性,并据后洼遗址的层位关系提出应该把小珠山遗址和上马石遗址下层出土的侈口刻划横线纹筒形罐从小珠山下层文化中剔除,归入到后洼上层文化遗存[①]。这一认识非常敏锐。有学者还提出不存在所谓的"后洼上层文化",认为其应属于小珠山中层文化[②]。从中不难看出后洼上层文化和小珠山三期文化(小珠山中层文化)之间的密切关系。

首先从地层关系来看。北吴屯遗址的地层关系极为明确地表明,后洼上层文化晚于小珠山二期文化;而从文化传播的角度来看,小珠山三期文

①赵辉:《辽东地区小珠山下、中层文化的再检讨》,《考古与文物》1995年第5期。
②孙祖初:《论小珠山中层文化的分期及与各地比较》,《辽海文物学刊》1991年第1期;王嗣洲:《辽东半岛新石器时代考古学文化谱系研究》,《史前研究》,三秦出版社,2000年。

化的一些因素源于后洼上层文化,是故后洼上层文化早于小珠山三期文化,但后洼上层文化和小珠山三期文化还有一定的并存关系。

其次,从陶器特征来看。后洼上层文化早期,陶器同小珠山三期文化表现出一定的共性,两者均以夹砂灰褐陶和红褐陶为主,含少量滑石;制法为手制,器壁薄;器类主要是筒形罐;均以刻划纹为主,刻划纹中多见细密的刻划平行长线纹。但两者的区别更为明显,后洼下层文化早期除两者共见的侈口深腹筒形罐外,还有直口圆腹壶、有肩罐、折腹碗等器形,而后两者均不见于小珠山三期文化;后洼上层文化早期平沿罐、器底成台式的特征不见于小珠山三期文化;小珠山三期文化中的席纹等压印纹不见或少见于后洼上层文化早期。后洼上层文化晚期和小珠山三期文化共见有施刻划纹的筒形罐、高领壶以及部分大口、小底带戳刺纹的深腹筒形罐,二者的这些共性说明两文化间有着密切的关系。但两者之间的差异更为明显,后洼上层文化晚期的陶器种类较为单一,除筒形罐之外,仅有少量的壶、碗(或钵)、杯。但小珠山三期文化的陶器种类则明显丰富,除较多数量的筒形罐外,还见有壶、碗等,而构成该文化基本面貌重要组成部分的盆形鼎、罐形鼎、罐形鬲、盉、甗形器、盂、豆、器盖以及彩陶器等则不见于后洼上层文化晚期。虽然两文化陶器的器表施有类似的刻划短线纹、网格纹、戳点纹,但是后洼上层文化中比较具有代表性的刻划横线纹并不见于小珠山三期文化。特别是后洼上层文化晚期北吴屯上层遗存,出土了不少含滑石黑褐、大口大底、器表饰压印之字纹或刻划席纹的筒形罐,这类筒形罐在形制、施纹方法和纹饰上均与其他筒形罐有较大的区别,但在北吴屯下层和后洼下层以及小珠山一期文化遗存中均能找到与其相同或相似者,这种"复古风"和小珠山三期文化晚段筒形罐折沿、束颈的作风相去甚远。小珠山三期文化筒形罐主要见有两种作风,一种如后洼上层的大口、小底深腹筒形罐,占较少比例;另一种卷沿或折沿、束颈作风的筒形罐,占绝对多数。正如有学者所言,小珠山三期文化和后洼上层文化的陶器组合差异显著,已经超出了同一考古学文化的范畴[①]。后洼上层文化对小珠山三期文化的影响我们后文予以讨论。

---

① 杜战伟:《中国东北南部地区新石器文化的时空框架与谱系格局研究》,吉林大学博士学位论文,2014年。

第五节　小珠山三期文化

　　长海县广鹿岛小珠山贝丘遗址的正式发掘始于 1978 年,在发掘报告(以下简称《81 报告》)中首次提出了"小珠山中层文化"的概念①。1984 年《大连市郭家村新石器时代遗址》发掘报告认为,郭家村遗址下层时代相当于"小珠山中层文化",其中属于小珠山中层文化的遗迹有房址和灰坑,遗物有大量石器、陶器及骨器②。1994 年《大连市北吴屯新石器时代遗址》发掘报告认为,北吴屯上层相当于小珠山中层及中层稍早一些③。同年的《辽宁大连大潘家村新石器时代遗址》发掘报告认为,大潘家村遗址的年代介于郭家村遗址下层和上层之间,相当于小珠山中、上层文化之间④。与之相关,《辽宁大连市郊区考古调查简报》指出旅顺口区北海乡王家屯遗址、甘井子区营城子镇四平山南麓文家屯遗址、旅顺口区江西镇大潘家村遗址中均有与小珠山中层出土物相似之处者⑤。《瓦房店交流岛原始文化试掘简报》中指出,交流岛蛤皮地遗址甲类陶片当属于小珠山中层文化⑥。2009 年的《辽宁长海县小珠山新石器时代遗址发掘简报》(以下简称《09 简报》)在原有"三期说"的基础上,将以小珠山遗址为代表的辽东半岛南端新石器时代文化进一步细化为连续发展的五期考古学文化,原"小珠山中层文化"被称为小珠山三期文化⑦。是故小珠山三期文化即指原小珠山中层文化。小珠山三期文化是在承袭本地小珠山二期文化基础上,并在山东半岛大汶口文化和辽东半岛东端后洼上层文化等的影响下形成的一支新的考古学文化。

---

① 辽宁省博物馆、旅顺博物馆、长海县文化馆:《长海县广鹿岛大长山岛贝丘遗址》,《考古学报》1981 年第 1 期。

② 辽宁省博物馆、旅顺博物馆:《大连市郭家村新石器时代遗址》,《考古学报》1984 年第 3 期。

③ 辽宁省文物考古研究所、大连市文物管理委员会、庄河市文物管理办公室:《大连市北吴屯新石器时代遗址》,《考古学报》1994 年第 3 期。

④ 大连市文物考古研究所:《辽宁大连大潘家村新石器时代遗址》,《考古》1994 年第 10 期。

⑤ 刘俊勇、王玟:《辽宁大连市郊区考古调查简报》,《考古》1994 年第 4 期。

⑥ 辽宁省文物考古研究所、吉林大学考古系、大连市文物管理委员会办公室:《瓦房店交流岛原始文化遗址试掘简报》,《辽海文物学刊》1992 年第 1 期。

⑦ 中国社会科学院考古研究所、辽宁省文物考古研究所、大连市文物考古研究所:《辽宁长海县小珠山新石器时代遗址发掘简报》,《考古》2009 年第 5 期。

一、小珠山三期文化遗址

（一）小珠山遗址

遗址位于广鹿岛中南部、吴家村西的小珠山东坡，海拔约 20 米。1978年 10—11 月，辽宁省博物馆等单位对其进行发掘，揭露面积 80 平方米。遗址共划分为 5 层，其中的③、④层为小珠山中层文化[①]。中国社会科学院考古研究所东北队分别在 2006 年 5—8 月、2008 年 4—7 月，对小珠山遗址进行了两次发掘，并根据地层和出土遗物，系统地将其划分为前后连续的五支考古学文化序列。简报中，以小珠山遗址 T1211 北壁剖面为例进行了介绍，地层分为 16 层，其中以第⑫—⑮层为代表的遗存为第三期文化[②]。

房址 2 座。其中 78F1 在 T4 第④层的底部（应是开口于第④层下），打破第⑤层，为一圆角长方形半地穴式建筑，西北角发现红烧土硬面，可能是灶址，房址四周地面发现柱洞 14 个，出土遗物有夹砂红褐刻划纹陶片和彩陶片等遗物。06—08F1，简报未予描述。

灰坑 2 个[③]，06—08H7、H10，简报未予描述。

（二）吴家村遗址[④]

遗址位于广鹿岛中部，是广鹿乡所在地，发掘面积共 115 平方米，划分为三个发掘区，文化层堆积可分为 3 层，Ⅰ、Ⅱ区堆积相同。该遗址的文化性质单纯，属于小珠山三期文化。

房址 1 座。F1 开口于Ⅱ区 G1 第②层下，方向为 5 度。为长方形圆角半地穴建筑，挖在生土中，居住面距地表 0.8 米左右；门开在西北角，门道向房外伸出，呈半圆形；房内发现柱洞 22 个；房屋因失火坍塌而废弃，由于突然失火，放在房内东北、西南的陶器，南面的一些石器工具和一头猪，全部被压在房子里。

---

①辽宁省博物馆、旅顺博物馆、长海县文化馆：《长海县广鹿岛大长山岛贝丘遗址》，《考古学报》1981 年第 1 期。

②中国社会科学院考古研究所、辽宁省文物考古研究所、大连市文物考古研究所：《辽宁长海县小珠山新石器时代遗址发掘简报》，《考古》2009 年第 5 期。

③中国社会科学院考古研究所、辽宁省文物考古研究所、大连市文物考古研究所：《辽宁长海县小珠山新石器时代遗址发掘简报》，《考古》2009 年第 5 期。

④辽宁省博物馆、旅顺博物馆、长海县文化馆：《长海县广鹿岛大长山岛贝丘遗址》，《考古学报》1981 年第 1 期。

（三）郭家村下层遗存

遗址位于旅顺口区铁山公社郭家村的北岭上。1973—1977 年进行发掘，揭露面积近 600 平方米。底层堆积共分 5 层，其中的第③—⑤层定为下层文化，并认为其属于小珠山中层文化[①]。

房址 11 座。均为圆角方形半地穴式建筑。其中 F2 南北长 4.42 米，东西长 4.2 米，屋内和墙壁发现柱洞 13 个，出土陶器、石器、骨器和一些陶片等。靠屋东北角居住面下，有一深 20 厘米的不规则形坑，坑中有一具猪骨架。

灰坑 14 个。其中的 H4 位于探方西南角，开口于③层下，为椭圆形袋状坑，坑内填夹杂木炭的黑灰土。出土有兽骨、陶片等[②]。

（四）东水口遗址

遗址位于长海县广鹿乡柳条沟村东水口屯东部海岸台地，隔海与洪子东岛相对。该遗址为贝丘遗址，分布面积约 1000 平方米。遗址共分 9 层，①—⑤层为扰乱层，⑥—⑨层为文化层，⑧—⑨层为东水口一期，相当于小珠山一期文化；⑥—⑦层为东水口二期，相当于小珠山三期文化，且第⑥层又分为 A、B、C 三个小层[③]。

1. 遗迹

灶址 1 个，编号 Z1。开口于第⑥C 层下，平面灶，呈椭圆形，灶址表面呈黑色，有草木灰、木炭痕迹，出土夹砂红褐陶筒形罐残片[④]。

2. 遗物

东水口二期文化器形有筒形罐、鼓腹罐等，以折沿或卷沿小平底筒形罐为主；陶质陶色以夹砂红褐陶为主；纹饰主要是刻划纹，包括短斜线纹、平行斜线纹、竖向平行线纹等[⑤]（图 2—23）。

① 辽宁省博物馆、旅顺博物馆：《大连市郭家村新石器时代遗址》，《考古学报》1984 年 3 期。
② 辽宁省博物馆、旅顺博物馆：《大连市郭家村新石器时代遗址》，《考古学报》1984 年 3 期。
③ 大连市文物考古研究所、金州博物馆：《辽宁长海县广鹿岛东水口遗址发掘简报》，《北方文物》2016 年第 4 期。
④ 大连市文物考古研究所、金州博物馆：《辽宁长海县广鹿岛东水口遗址发掘简报》，《北方文物》2016 年第 4 期。
⑤ 大连市文物考古研究所、金州博物馆：《辽宁长海县广鹿岛东水口遗址发掘简报》，《北方文物》2016 年 4 期。

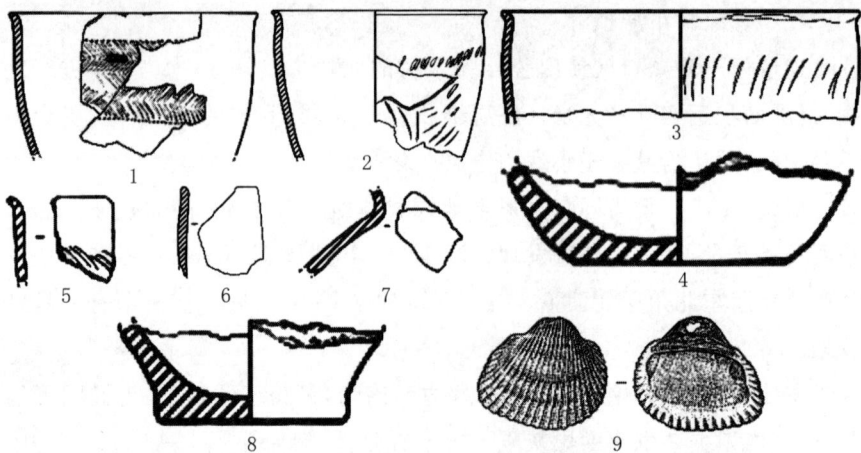

图 2—23　东水口遗址二期器物

1. 罐(Z1:2);2. 罐(Z1:1);3. 罐(T0518⑥C:1);4. 器底(T0518⑥C:5);

5. 罐(T0518⑥C:3);6. 罐(T0518⑥C:2);7. 罐(T0518⑥C:6);

8. 器底(T0518 ⑥C:4);9. 贝饰(T0518⑥C:7)

　　大潘家村遗址简报说其内涵单纯,堆积属于同一时期遗存;年代介于郭家村遗址下层和上层之间,相当于小珠山中、上层文化之间。也就是我们现在认识到的小珠山四期文化。其中的 F 型罐,不论陶质、器形,还是纹饰,都与双砣子下层(一期文化)和于家村下层出土的同类器物相同[1]。曾有学者对大潘家村遗址进行过研究,分别提出三期说[2]和二期说[3]。"三期说"是将大潘家村遗址的陶器甄别出五类四组,并分为三个期别:第一期相当于小珠山中层(三期)文化和偏堡子文化时期;第二期相当于小珠山上层(五期)文化时期;第三期相当于双砣子一期文化时期。"二期说"认为第一期即小珠山四期文化,第二期为小珠山五期文化,而第三期未必能成立。笔者支持"二期说"。大潘家村遗址开口于②层下的 F3 等单位属确定无疑的小珠山四期文化单位,则晚于 F3 的②层只能晚于或最早与小珠山四期文化同时期,所以我们认为大潘家村没有小珠山三期文化的遗存。

①大连市文物考古研究所:《辽宁大连大潘家村新石器时代遗址》,《考古》1994 年 10 期。

②高芳、华阳、霍东峰:《辽宁大连大潘家村出土遗存再认识》,《博物馆研究》2009 年第 2 期。

③王嗣洲:《关于小珠山四期文化的几个问题》,《辽宁省博物馆馆刊》2010 年第 5 辑。

二、内涵、性质及区域类型

（一）内涵分析

小珠山三期文化典型遗址主要有小珠山中层、郭家村下层和吴家村遗址等。

1. 小珠山中层

1978 年发掘的小珠山中层出土遗物中，石器有刀、斧、镞等，以磨制石器为最多，打制石器较少；骨器有锥、簪；还有少量牙、蚌器。

陶器大多含云母，以夹砂红褐陶为主，其次为夹砂黑褐陶，还有少量夹砂红陶和泥质红陶；纹饰以刻划斜线三角纹和人字纹最多，有少量叶脉纹、平行斜线纹、网格纹、压印纹和彩陶等；器类以罐为主，还有壶、钵、鼎、器盖、三足觚形器等[①]（图 2—24）。

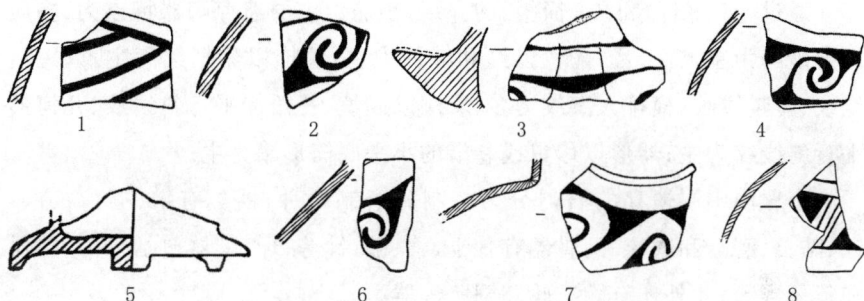

图 2—24　小珠山《81 报告》器物图

1. 彩陶（T4③∶71）；2. 彩陶（T4④∶62）；3. 彩陶（T1④∶33）；4. 彩陶（T4④∶60）；
5. 觚形器（T2④∶22）；6. 彩陶（T4④∶63）；7. 彩壶（T4④∶61）；8. 彩陶（T4④∶68）

2006—2009 年发掘简报显示，陶器制法为手制，陶质多为夹细砂或夹砂红陶和红褐陶，含云母。器类以平底筒形罐为主，还有壶、钵、碗等。筒形罐的器形变小，折沿或卷沿，器壁薄，大多厚 0.13—0.15 厘米。纹饰主要为刻划纹，种类丰富，包括人字纹、网格纹、短斜线纹、短竖线纹、弦纹、刺点纹等，主要施加在口沿部分。此外还发现少量红地黑彩陶片（图 2—25）。

①辽宁省博物馆、旅顺博物馆、长海县文化馆：《长海县广鹿岛大长山岛贝丘遗址》，《考古学报》1981 年第 1 期。

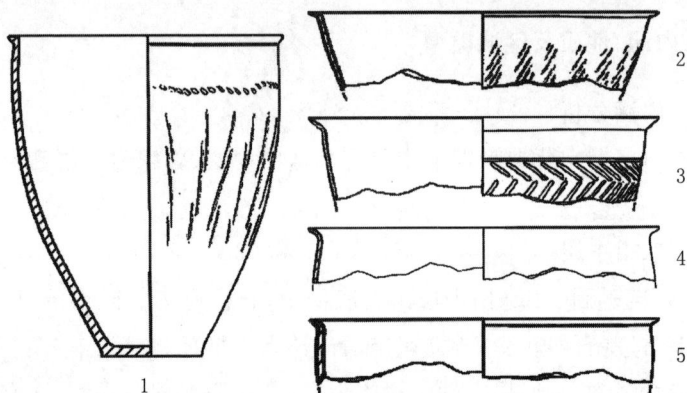

图 2—25　小珠山《09 简报》器物图

1. 罐(F1:1);2. 罐(T1512⑦B:1);3. 罐(T1512⑦B:2);
4. 罐(T1512⑦B:3);5. 罐(T1512⑦B:4)

通过《81 报告》和《09 简报》的介绍,小珠山中层遗存陶器特点为:陶质以夹砂陶为主,含云母;陶色以红和红褐为主;纹饰以刻划纹为主,以短斜线纹、短竖线纹、横排人字纹为多;彩陶以涡纹、三角加平行斜线纹、几何形平行斜线纹为主;器形以侈口或卷沿的小平底筒形罐为主。

小珠山中层遗存的石器分为打制和磨制两种,器类有铲、斧、刀、镞、锤、砧石、磨盘和磨棒等;骨器有骨锥、簪、镞、针等;牙、蚌器包括牙刀、蚌器和獐牙器等;此外还有陶纺轮和网坠等器类。

2. 吴家村遗址

石器分磨制和打制两种,器类有斧、锛、镞、刀、球、磨石、磨盘、磨棒等;玉器牙璧、环各 1 件;还有部分骨锥、骨镞等骨器和少量牙、角、蚌器①。

陶器复原 18 件。有泥质红陶、红褐陶和夹砂红陶、红褐陶,陶器全部为手制,泥条盘筑;纹饰以刻划纹为主,有网格纹、三角纹、划纹间饰乳点纹,还有少量压印纹;器类以刻划筒形罐为主,还有鬶、盉、壶、钵、碗等,其中器耳种类丰富,有柱状耳、瘤状耳、桥状耳等②。罐 6 件,主要分两种形态,一种为略卷沿的侈口罐,一种为斜直腹的口大底小敞口罐,一些罐底加

①辽宁省博物馆、旅顺博物馆、长海县文化馆:《长海县广鹿岛大长山岛贝丘遗址》,《考古学报》1981 年第 1 期。

②辽宁省博物馆、旅顺博物馆、长海县文化馆:《长海县广鹿岛大长山岛贝丘遗址》,《考古学报》1981 年第 1 期。

厚转折形成台式底。碗 3 件,形式各不相同,一种为敞口斜直壁平底,一种为敞口斜直壁圈足,一种为敞口弧腹平底。壶 2 件,1 件微侈口、束颈鼓腹,1 件敛口、高领鼓腹。鼎为盆形。鬶仅存上部,口呈桃状,流稍上翘,宽銴,均为大汶口文化因素(图 2—26)。

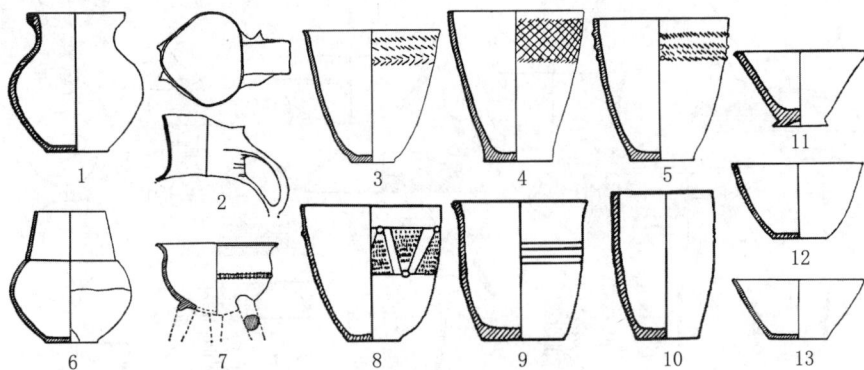

图 2—26　吴家村遗址器物图

1. 壶(ⅡF1:7);2. 鬶(ⅡG1②:44);3. 罐(ⅡF1:25);4. 罐(ⅡF1:45);5. 罐(ⅡF1:29);

6. 壶(ⅡG1②:43);7. 鼎(采:1);8. 罐(ⅠT1②:49);9. 罐(ⅠT3②:41);

10. 罐(ⅡT1②:25);11. 碗(ⅡT3②:40);12. 碗(ⅡT1②:23);13 碗(ⅠT1②:38)

3. 郭家村下层

郭家村下层出土的石器共 341 件,分打制和磨制两种,石质有辉长岩、石英岩、灰岩等,器类有斧、刀、球、镰、镞、磨盘、磨棒等;骨器 227 件;牙器 15 件;蚌器 9 件。

郭家村下层出土的陶器以夹细砂褐陶为主,绝大多数为手制,以素面陶为多数,纹饰以划纹、划纹与其他纹饰的组合纹为主。有部分彩陶,分三种:第一种是红地黑彩;第二种是泥质红陶上施白色地,饰粉红圆逗点和赭石斜线纹;第三种是红地红彩。器形以罐为主,还有壶、碗以及大汶口文化因素的鼎、鬶、觚形器、豆等器形[①]。

郭家村下层遗存共有标本 44 件。罐 14 件,大致分为三类,一类是大口小底敞口;一类是略卷沿侈口;一类是两侧带銴的直口鼓腹。碗 3 件,分两类,一类直口、鼓腹、圈足;一类侈口、卷沿、平底。钵 4 件,直口、平底。鼎 4 件,有盆形、罐形、碗形三种,足有锥形和扁凿形外撇两种。豆 3 件,均

[①]辽宁省博物馆、旅顺博物馆:《大连市郭家村新石器时代遗址》,《考古学报》1984 年第 3 期。

图 2—27　郭家村下层遗存器物图

1. 罐（ⅡT3⑤：19）；2. 罐（ⅡT5⑤：160）；3. 罐（ⅡT1④：20）；4. 罐（ⅡT2⑤：16）；
5. 罐（ⅡT5③：24）；6. 罐（73T1③：240）；7. 碗（73T1③：242）；8. 碗（73T1③：53）；
9. 碗（ⅠT8③：19）；10. 罐（ⅡT2③：17）；11. 罐（ⅠT1F2：1）；12. 罐（ⅠT3④：16）；
13. 器盖（73T2③：39）；14. 鼎（73T1⑤：201）；15. 鼎（ⅢT5⑤：23）；16. 盉（ⅢT8③：35）；
17. 鼎（ⅢT8④：31）；18. 豆（ⅠT6③：11）；19. 盉（73T2④：150）；20. 觚形器（ⅠT9③：22）；
21. 鼎（ⅡT6③：27）；22. 鬶（ⅡT1H8：19）；23. 豆（ⅡT3③：24）；24. 豆（ⅠT2④：26）；
25. 豆（ⅠT7③：19）；26. 盉（ⅠT3④：17）；27. 盉（ⅡT3③：26）；28. 杯（73T2④：27）；
29. 盉（ⅠT6④：10）；30. 盉（ⅠT3④：17）；31. 盉（ⅡT1④：23）；32. 钵（73T1⑤：139）；
33. 杯把（ⅡT3⑤：20）；34. 杯把（ⅡT8⑤：10）；35. 钵（ⅡT2④：24）；36. 钵（ⅡT7③：23）；
37. 钵（ⅠT9③：18）；38. 壶（T5F2：1）；39. 盉（ⅠT3⑤：22）

为圈足，流行镂孔。盉 6 件，口有侈口和直口两种，平沿或卷沿，腹部有垂腹、筒形、微鼓腹三种，纹饰以弦纹和绳索纹较多。杯 3 件，敞口，深腹，平底，象鼻把。壶 1 件，小口，矮领，鼓腹。另有鬶 1 件、器盖 1 件、盉 2 件和觚形器 1 件,均为大汶口文化因素。彩陶共 21 片,根据纹饰可分成四类:网格纹、涡纹、三角纹和斜线纹。

综合以上分析,小珠山三期文化遗迹单位包括:房址、灰坑、灶等。根据现有资料可以看出,房址数量较多,均为圆角方形半地穴式建筑,屋内发现较多柱洞,个别屋内设置灶台;灰坑数量较少,既有椭圆形袋状坑,又有平面呈圆形、椭圆形的直壁、斜壁坑。

陶器以手制夹砂陶为主,泥质陶次之,并带有一定数量的彩陶;陶色以红褐色、红色、褐色为主,有少量黑褐色;纹饰以刻划纹和由刻划纹组成的几何纹为主,包括短斜线纹、竖向斜线纹、网格纹等,还有少量的压印纹和绳索纹;器形以刻划纹筒形罐为主,包括侈口或卷沿筒形罐和底径小于口径的筒形罐,还有部分鼓腹罐。不仅含有后洼上层文化因素的壶、碗等物,还有部分含胶东半岛大汶口文化因素的鼎、豆、鬶、盉等器物。

石器主要是以磨制、打制为主,数量较多,以生产工具、狩猎工具、手工加工工具为主,器形主要有锄、斧、杵、镞、球、刀、磨石、磨棒、磨盘等,材质主要为辉长岩、石英岩、灰岩等。还出现了大量的石、陶制的纺轮和网坠。其中在吴家村遗址采集到了玉牙璧和玉环。

骨器以磨制为主,骨料多来源于兽骨和鱼骨,多用于手工加工,器形有骨针、锥、凿、鱼钩、鱼镖等。角器以磨制为主,角料多来源于鹿等动物,器形为角料、锥等,用于手工加工。蚌器多来源于海产生物,器形为勺、环、贝饰等,多用于装饰品。牙器多为磨制,牙料多来源于野猪的獠牙等,多用于装饰品。

(二)性质分析

关于小珠山三期文化的性质问题,可以通过陶器的亲缘关系、数量以及所占比重来判断。分析小珠山三期文化的陶器,约略分为三群:A 群陶器包括筒形罐、壶、碗、杯、钵等,为后洼上层文化因素;B 群陶器包括侈口筒形罐、鼓腹罐等,为土著文化因素;C 群陶器包括豆、鼎、盉、觚形器、盉、钵、鬶、碗等,为大汶口文化因素。

1. 小珠山遗址

《81 报告》表二统计,压印纹筒形罐 8 件、刻划纹筒形罐 178 件,其中侈口罐数量最多,126 件,约占 67%,壶 3 件、钵 1 件、器盖 1 件、盆形鼎 2 件,均为无线图标本。在描述中，器盖应有 3 件；钵不见线图，故不能判定其文化属性；壶应为 A 群文化因素；器盖、鼎应为 C 群文化因素。有线图标本共 3 件，筒形罐 1 件、瓿形器 1 件、彩陶壶 1 件。《09 简报》介绍小珠山中层陶器共 5 件，均为侈口或卷沿筒形罐，有线图。根据数量来看，侈口筒形罐数量最多（表 2—5）。

表 2—5　小珠山中层陶器数量统计表

《81 报告》小珠山中层遗存							
	直口筒形罐	侈口筒形罐	壶	钵	盆形鼎	器盖	瓿形器	总数
数量	60	126	3	1	2	3	1	198
《09 简报》小珠山中层遗存							
	侈口或卷沿罐						总数
数量	5						5
总数	203						

A 群占比 2％；C 群占比 3％，B 群占比 95％（表 2—6），说明小珠山中层遗存直接继承土著文化因素，比例差距如此大，应属于特例。通过 2006—2008 年重新发掘后的资料整理中也可以看出这个特点，在资料整理过程中将小珠山三期文化分为早晚两期，其中早期就出现了大量的侈口或卷沿罐，晚期这种器形仍占一定比例，又有一些鼓腹罐出现（参阅《小珠山发掘报告》）。

表 2—6　小珠山中层遗存陶器因素分析表

	A 群	B 群	C 群	总数
数量	3	192	6	201
比例	2％	95％	3％	100％

说明：钵 1 件不见线图，不能判定其文化属性，故未计算在内。

基于以上分析，小珠山中层遗存的性质是以土著文化因素为主体，同时受到后洼上层文化和胶东半岛大汶口文化一定的影响。

2. 吴家村遗址

虽然小珠山遗址与吴家村遗址相距不远，但出土物所反映的文化性质不尽相同。吴家村遗址有线图标本共 13 件，但还有几件无线图标本，包括:盂 1 件、钵 2 件、豆 1 件、盉 1 件,除钵无线图不能确定其器形外,其余均为大汶口文化因素器形。综合这两类标本,A 群占比 25%,B 群占比 31%,C 群占比 44%(表 2—7)。从比例来看,吴家村遗址后洼上层文化因素略少,本土因素多于后洼上层文化因素,而大汶口文化因素占比最大。结果表明,吴家村遗址考古学文化是在承袭本土文化因素的基础上,吸收了后洼上层文化因素和大汶口文化因素而形成的一支新的考古学文化,这三种文化因素均未成为绝对多数。

表 2—7　吴家村遗址陶器因素分析表

	A 群	B 群	C 群	总数
数量	4	5	7	16
比例	25%	31%	44%	100%

3. 郭家村遗址

根据《大连市郭家村新石器时代遗址》介绍,罐共 36 件,但根据描述介绍,实应为 42 件;钵 35 件,但根据描述介绍,实为 25 件;壶 2 件、杯 3 件、鼎 5 件、鬶 2 件、盉 2 件、觚形器 3 件、盂 10 件、豆 7 件、器盖实为 3 件,碗 21 件,但其中有 1 件不能确定其性质,故统计为 20 件。其中 A 群占比 34%,B 群占比 40%,C 群占比 26%(表 2—8),从比例来看,郭家村遗址中的后洼上层文化因素、本土文化因素与大汶口文化因素相差不大。结果表明,郭家村遗址也是在承袭本土文化因素的基础上,吸收了后洼上层文化因素和大汶口文化因素而形成的一支新的考古学文化,同样,这三种文化因素均未成为绝对多数。

表 2—8　郭家村下层遗存陶器因素分析表

	A 群	B 群	C 群	总数
数量	42	50	32	124
比例	34%	40%	26%	100%

在总结以上三个典型遗址性质的基础上,观察整个小珠山三期文化,三种文化因素占比分别为 A 群 14%、B 群 73%、C 群 13%(表 2—9)。若将比例过于悬殊的小珠山遗址排除在外,仅以吴家村和郭家村的资料进行统计,则 A 群占 33%、B 群占 39%、C 群占 28%(表 2—10)。表 2—9 与表

2—10各文化因素占比之所以有如此大的差异,盖因小珠山中层遗存这一特例造成的。小珠山三期文化遗址迄今发现的并不丰富,给我们的研究带来了一定的难度,若排除小珠山遗址这一特例来分析小珠山三期文化性质可能会更加准确。根据表2—10,A群、B群和C群占比基本相当而略有差异,说明小珠山三期文化的性质是在承袭土著文化因素基础上、同时吸收了后洼上层文化因素以及胶东半岛的大汶口文化因素,是在这三种文化因素共同作用下产生的一支新的考古学文化。

表2—9　小珠山三期文化陶器因素分析表

	A群	B群	C群	总数
数量	49	247	45	341
比例	14%	73%	13%	100%

表2—10　吴家村遗址、郭家村下层遗存陶器因素分析表

	A群	B群	C群	总数
数量	46	55	39	140
比例	33%	39%	28%	100%

(三)类型划分

关于小珠山三期文化的区域类型,鲜有学者涉及,故笔者通过遗址分布、不同区域的遗址内涵等因素的分析,探讨小珠山三期文化的类型划分问题。

小珠山遗址、吴家村遗址与东水口遗址均位于大连市长海县广鹿岛(其中东水口遗址资料过于单薄),郭家村遗址位于大连市旅顺口区,两处遗址群所处位置不同,其文化内涵不尽一致。

从表2—5、2—6来看,小珠山中层遗存中A群占2%,C群占3%,从考古报告显示的出土器类来看,A群有壶3件,C群包括觚形器、鼎、器盖等6件。但B群(根据《81报告》中表二所列)所占比例极高,结合吴家村遗址和郭家村遗址的发掘来看,这一比例似乎属于特例。

排除小珠山遗址这一特例,根据两遗址群的资料显示,两遗址群中的大汶口文化因素器类基本一致,但旅顺口区的大汶口文化因素器形较广鹿岛一带的复杂,如郭家村除两地共见的盆形鼎外,还有碗形鼎和罐形鼎;盂的形态更是多样,既有平沿或卷沿、最大腹径偏下、平底的,也有侈口、垂腹、微凹底的,还有直口、筒形或微鼓腹的;豆既有豆盘较深的,也有浅腹、柄较粗者。两遗址群中的本土文化因素器类基本一致,多见筒形罐,但吴家村遗址出土有鼓腹罐,而鼓腹罐不见于郭家村遗址;同为筒形罐,两遗址群除共见的侈口筒形罐、口底比例差别不大的筒形罐外,郭家村还出土一定数量的口底比例悬殊的大口小底筒形罐、腹两侧带两对称錾的筒形罐。后洼下层文化因素中,两群除共见的部分台式底外,碗、钵、罐的形态均有差异。

基于以上差异,我们初步将小珠山三期文化分为以郭家村下层为代表的郭家村类型和以吴家村遗址为代表的吴家村类型。郭家村类型的分布范围主要为旅顺口区一带,吴家村类型的分布范围主要为长海诸岛。之所以有这种差异,主要是地域差异所致。长海诸岛位于黄海海域,更加接近庄河和丹东地区的后洼上层文化,故以吴家村遗址为代表的该地域小珠山三期文化受后洼上层文化影响较大;旅顺口区地处渤海海域,与胶东半岛的大汶口文化隔海相望,距离较近,大汶口文化渡过渤海海峡传至辽东半岛,首先到达旅顺口区一带,故郭家村下层遗存不仅受大汶口文化影响早,而且所受影响大。同理,吴家村类型受后洼上层文化影响大,而郭家村下层受后洼上层文化影响则小一些。

由于目前发掘的小珠山三期文化遗址较少,有待更多小珠山三期文化遗址的发现与发掘,来进一步讨论其文化类型的划分问题。

(四)生业

关于小珠山三期文化的生业已有一些学者进行过分析讨论[1]。生业模式是由农业生产、渔捞业、狩猎业、家庭饲养业、手工业等组成,小珠山三期文化亦是由此构成。

通过对小珠山三期文化典型遗址的生产工具统计分析,如表2—11,可知小珠山三期文化应是以渔猎采集经济为主、农业经济为辅、家庭饲养业作为补充的经济形态,手工业存在一定分工。

---

[1]许明纲:《大连地区古代农业考古概述》,《农业考古》1992年第3期;刘俊勇:《史前辽东半岛经济形态研究》,《辽宁师范大学学报》2009年第6期;戴晓兰、季奎、尹怀宁:《辽东半岛新石器文化经济形态转化与环境变化的关系》,《沈阳师范大学学报》2007年第1期。

表 2—11　小珠山三期文化生产工具分析表

工具	农业工具	渔猎工具	加工工具	纺织工具	总数
数量	129	333	96	400	958
比例	13％	35％	10％	42％	100％

　　小珠山三期文化遗址如王家村①、吴家村②等做过一些浮选，发现一些农业遗存。浮选结果显示，农作物包括粟、黍、小麦和大豆这些旱作农业。旱作农业中，粟和黍占绝对多数，小麦和大豆的发现表明小珠山三期文化时期的农业已经出现了多样化这一特征，正是农业开始在辽东半岛快速发展的时期。但农作物籽粒在整个浮选的植物种子中所占比重低，说明该时期农业虽开始发展，却仍以采集经济为主，正与上文统计及分析相一致。

　　小珠山中层发现有兽骨鹿、獐、狗、猪等，以鹿为最多，其次为猪。郭家村下层遗存中，共出土猪个体 200 余头，下层猪骨出土数量占全部猪骨的 50.5％③。另外在郭家村下层一房址内，出土一具完整的猪骨架。郭家村遗址还发现 20 余具狗骨架。猪、狗这样的驯化动物的大量出现，不仅说明家庭饲养业开始发展，同时也是农业发展进步的一种反映。

三、小珠山三期文化的年代及分期

（一）年代

　　关于小珠山三期文化年代问题有多种说法：一种认为距今 5500—5000 年④；一种认为距今 4900—4400 年⑤；一种认为距今 6500—5300 年⑥。

　　小珠山三期文化年代测定共有两次，第一次是在 20 世纪 80—90 年代期间，碳十四测年数据包括：小珠山 5 个、吴家村 1 个、郭家村 1 个（如表 2—12）。

---

①马永超、吴文婉、王强等：《大连王家村遗址炭化植物遗存研究》，《北方文物》2015 年第 2 期。
②马晓娇、金英熙、贾笑冰等：《吴家村遗址 2010 年度浮选结果及分析》，《东方考古》2014 年第 11 辑。
③傅仁义：《大连郭家村遗址的动物遗骸》，《考古学报》1984 年 3 期。
④中国社会科学院考古研究所：《中国考古学·新石器时代卷》，中国社会科学出版社，2010 年。
⑤霍东峰：《环渤海地区新石器时代考古学文化研究》，吉林大学博士学位论文，2010 年。
⑥张雪莲、金英熙、贾笑冰：《辽宁长海县小珠山遗址考古学文化的年代序列》，《考古》2016 年第 5 期。

表2—12　小珠山三期文化年代数据表

遗址	编号	碳十四数据	树轮校正数据
小珠山遗址	T4④房址下	5890±150	4780—4370
	T2④木炭	5810±100	4665—4360
	T2④木炭	5620±110	4454—4167
	T1西南F内木炭	5410±300	4452—3710
	T4④F内木炭	5270±100	4034—3788
吴家村遗址	ⅡG1F1内木炭	4830±100	3627—3350
郭家村遗址	T1下F2木炭	4230±100	2883—2502

根据表2—12碳十四数据和树轮校正数据,可以推测出小珠山三期文化的年代大约距今6500—5500年。

第二次测年是在2006—2008年发掘的27个探方中,选取其中的7个探方中的30多个样本测出的数据[1](如表2—13)。

表2—13　小珠山遗址2009年出土动物骨骼样品碳十四测年数据表

实验室编号	原编号	样品种属	分期	碳十四年代(B.P.)	树轮校正年代(B.C.,OxCal.310,1σ)	树轮校正年代(B.C.,OxCal.310,2σ)
ZK—3670	T1713⑤	鹿?	三期晚段	4635±25	3500—3450(54.1%) 3380—3360(14.1%)	3520—3420(75.7%) 3390—3350(19.7%)
ZK—3679	T1513⑰	鹿(右跟骨)	三期晚段	5595±30	4460—4440(14.5%) 4425—4365(53.7%)	4490—4350(95.4%)
ZK—3680	T1513⑱	小型鹿科	三期晚段	5600±35	4460—4435(18.2%) 4430—4365(50%)	4500—4350(95.4%)
ZK—4023	T141321	猪	三期早段	4404±29	3090—3050(24.2%) 3040—3000(14.6%) 2990—2930(29.4%)	3270—3240(2.1%) 3100—2910(93.3%)
ZK—4024	T141321	梅花鹿	三期早段	5664±38	4535—4455(68.2%)	4600—4440(87.9%) 4430—4370(7.5%)
ZK—4025	T141321	獐	三期早段	5574±37	4450—4410(30.4%) 4405—4360(37.8%)	4490—4340(95.4%)

[1] 张雪莲、金英熙、贾笑冰:《辽宁长海县小珠山遗址考古学文化的年代序列》,《考古》2016年第5期。

续表

实验室编号	原编号	样品种属	分期	碳十四年代(B. P.)	树轮校正年代(B. C. ,OxCal. 310,1σ)	树轮校正年代(B. C. ,OxCal. 310,2σ)
ZK－4027	T1413⑪	小型鹿	三期晚段	3967±29	2565—2530(30.5%) 2495—2460(37.7%)	2580—2430(88.8%) 2420—2400(2.6%) 2380—2340(4%)
ZK－4028	T1413⑩	不明	三期晚段	4621±36	3500—3430(47.9%) 3380—3350(20.3%)	3520—3340(95.4%)

将以上数据进行比较,可大致推断出小珠山三期文化的年代范围:第三期早段距今约 6500—6300 年,第三期晚段距今约 5500—5300 年,推测小珠山三期文化的年代约为距今 6500—5300 年。

笔者认为两次测年时间十分接近,由于第二次测年技术比第一次更加先进,因此采信第二次数据,小珠山三期文化的整体年代大致在距今 6500—5300 年。

(二)分期

关于小珠山三期文化的分期问题已有学者进行过讨论,以两期说[①]和三期说[②]为主。笔者在此基础上进一步予以讨论。

1. 郭家村下层遗存分组

郭家村遗址共分 5 层,其中①、②层为上层遗存;③、④、⑤层为下层遗存。

罐可分三式:

Ⅰ式:侈口卷沿,标本ⅡT3⑤:19,口沿下饰压印、划纹组合;标本ⅡT5⑤:160,口沿下饰斜线三角划纹,均为第⑤层流行罐。

Ⅱ式:多敞口,标本ⅠT1F2:1、ⅡT9④:16、ⅠT3④:21 等,口径明显大于底径,斜直壁,器身多饰刻划组合纹,为第④层流行罐。

Ⅲ式:鼓腹或微鼓腹,标本ⅡT3③:17、73T1③:240、ⅡT9③:17、ⅡT5③:24 等,器身饰器耳一对或两对,为第③层流行罐。

可以看出罐的变化是从侈口卷沿、器身饰压印、刻划纹组合到口大底

---

① 王嗣洲:《辽东半岛新石器时代考古学文化谱系研究》,《史前研究》,三秦出版社,2000 年。
② 杨占风:《鸭绿江、图们江及乌苏里江流域的新石器文化研究》,文物出版社,2013 年;霍东峰:《环渤海地区新石器时代考古学文化研究》,吉林大学博士学位论文,2010 年;赵辉:《辽东地区小珠山下、中层文化的再检讨》,《考古与文物》1995 年第 5 期。

小的刻划纹筒形罐再到鼓腹、器身饰器耳罐。

钵分三式：

Ⅰ式：73T1⑤：139钵，直口，微鼓腹，大平底，器底有席印，为典型钵。

Ⅱ式：ⅡT2④：24钵，敛口，弧腹，小平底。

Ⅲ式：ⅠT9③：18钵，敛口，弧腹，近底部微收，小平底。

钵的变化是从微鼓腹到弧腹再到近底部微收。

鼎可分三式：

Ⅰ式：73T1⑤：201、ⅡT5⑤：23，盆形，锥足。

Ⅱ式：ⅡT8④：31，罐形，圆锥足。

Ⅲ式：ⅡT6③：27，碗形，扁凿形足外撇。

鼎的变化是从盆形、锥足鼎到罐形、锥足鼎再到碗形、扁凿足鼎。

盂，直口，筒形或微鼓腹盂在郭家村③至⑤层中均存在。ⅠT3⑤：22盂，饰绳索纹一周；ⅡT1④：23盂，饰若干密集绳索纹，缀有珠饰；ⅡT3③：26盂，饰弦纹及方形刺点纹带。综上可以看出，纹饰由简单向复杂变化。

盂可分三式：

Ⅰ式：ⅠT3⑤：22，筒形或微鼓腹。

Ⅱ式：ⅠT6④：10，为平沿或卷沿，最大腹径偏下，平底，且纹饰也有密集绳索纹和缀有珠饰。

Ⅲ式：ⅠT9③：18A（报告笔误），为侈口，流行垂腹。

盂的变化是从筒形到最大腹径偏下，再到垂腹。

彩陶可分三式：

Ⅰ式：仅一片ⅡT2⑤：25，在火候较高的泥质红陶上施白色地、饰粉红圆逗点和赭石斜线纹。

Ⅱ式：ⅠT4④：20、ⅡT7④：26，为红地红彩，斜、直线三角形。

Ⅲ式：ⅠT1③：26、ⅡT8③：38，红地黑彩和红地红彩，斜线三角纹、网格纹和双勾涡纹。

由于地层明确，且出土器物存在演变规律，故笔者将郭家村下层陶器分为三组：

一组：以郭家村下层第⑤层为代表，包括：Ⅰ式罐、鼎、盂、钵等。器形包括罐、鼎、钵、盂、彩陶等，标本有：ⅡT3⑤:19、ⅡT5⑤:160、ⅡT2⑤:16、73T1⑤:139、73T1⑤:201、ⅡT5⑤:23、ⅠT3⑤:22、ⅡT2⑤:25（图2—28）。

二组：以郭家村下层第④层为代表，包括：Ⅱ式罐、鼎、盂、钵等。器形包括罐、鼎、钵、盂、杯、豆、壶、彩陶等，标本有：ⅠT1F2:1、ⅡT9④:16、ⅠT3④:21、ⅡT1④:20、ⅡT2④:24、ⅡT8④:31、ⅡT1④:23、ⅠT6④:10、ⅠT4④:20、ⅡT7④:26、73T2④:150、ⅠT2④:26、73T2④:27、ⅡT5F2:1、ⅠT3④:17、ⅡT9④:15、ⅡT9④:19（图2—28）。

三组：以郭家村下层第③层为代表，包括：Ⅲ式罐、鼎、盂、钵等。器形包括罐、鼎、钵、盂、豆、觚形器、碗、彩陶等，标本有：ⅡT3③:17、73T1③:240、ⅡT9③:17、ⅡT5③:24、ⅠT9③:18A、ⅡT6③:27、ⅡT3③:26、ⅠT9③:18、73T2③:4、ⅠT1③:26、ⅡT8③:38、ⅠT9③:22、ⅡT8③:35、ⅡT3③:24、ⅠT7③:19、ⅠT6③:11、73T1③:242、73T1③:53、ⅠT8③:19、73T2③:39、ⅡT7③:25、73T2③:1、ⅡT8③:37、ⅠT2③:28、73T1③:9、ⅡT1③:25、ⅠT8③:21、73T2③:10、ⅠT7③:14、ⅠT2③:29、73T1③:12、ⅡT7③:25、73T2③:19（图2—28）。

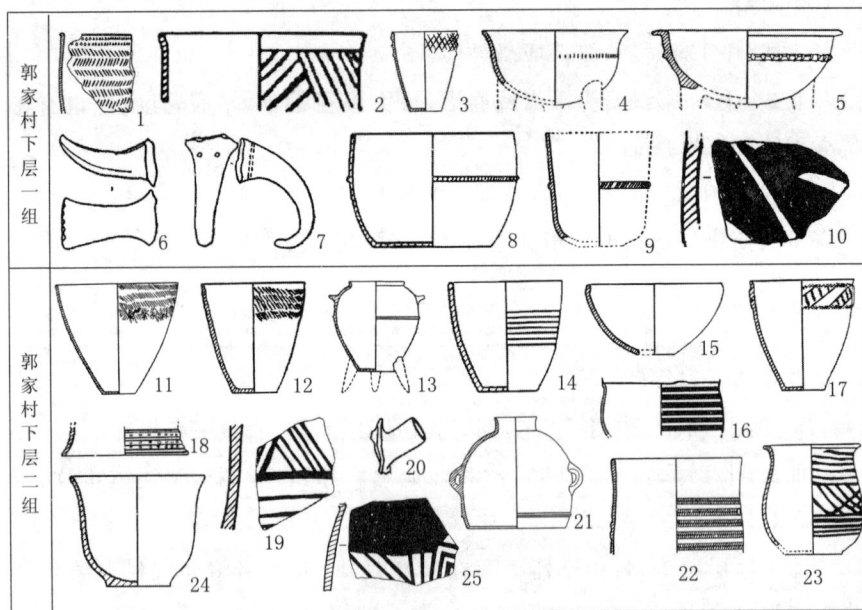

郭家村下层一组
郭家村下层二组

图 2—28　郭家村下层陶器分组图

1. 罐（ⅡT3⑤:19）；2. 罐（ⅡT5⑤:160）；3. 罐（ⅡT2⑤:16）；4. 鼎（73T1⑤:201）；

5. 鼎（ⅡT5⑤:23）；6. 杯把（ⅡT8⑤:10）；7. 杯把（ⅡT3⑤:20）；8. 钵（73T1⑤:139）；

9. 盂（ⅠT3⑤:22）；10. 彩陶（ⅡT2⑤:25）；11. 罐（ⅠT1F2:1）；12. 罐（ⅠT3④:16）；

13. 鼎（ⅡT8④:31）；14. 杯（73T2④:27）；15. 钵（ⅡT2④:24）；16. 罐（ⅡT1④:20）；

17. 罐（ⅡT1④:21）；18. 豆（ⅠT2④:26）；19. 彩陶（ⅠT4④:20）；20. 盂（73T2④:150）；

21. 壶（T5F2:1）；22. 盂（ⅡT1④:23）；23. 盂（ⅠT6④:10）；24. 盂（ⅠT3④:17）；

25. 彩陶（ⅡT7④:26）；26. 罐（ⅡT2③:17）；27. 罐（ⅡT5③:24）；28. 鼎（ⅡT6③:27）；

29. 盂（ⅠT9③:18）；30. 彩陶（ⅡT8③:37）；31. 彩陶（ⅡT7③:25）；32. 觚形器（ⅠT9③:22）；

33. 罐（73T1③:240）；34. 盂（ⅡT8③:35）；35. 盂（ⅡT3③:26）；36. 彩陶（ⅠT8③:21）；

37. 彩陶（73T2③:1）；38. 豆（ⅡT3③:24）；39. 豆（ⅠT7③:19）；40. 器盖（73T2③:39）；

41. 豆（ⅠT6③:11）；42. 彩陶（ⅠT7③:14）；43. 彩陶（ⅠT2③:29）；44. 彩陶（ⅠT2③:28）；

45. 彩陶（ⅡT7③:25）；46. 彩陶（ⅡT1③:25）；47. 彩陶（73T1③:9）；48. 彩陶（73T2③:4）；

49. 彩陶（73T2③:10）；50. 彩陶（73T1③:12）；51. 碗（73T1③:242）；52. 彩陶（ⅡT8③:38）；

53. 彩陶（ⅠT1③:26）；54. 彩陶（73T2③:19）；55. 钵（ⅠT9③:18）；

56. 碗（ⅠT8③:19）；57. 碗（73T1③:53）

2. 小珠山遗址分组

《09 简报》中，根据描述，⑫－⑮层、T1512⑦B、F1、H7、H10 等单位属

于小珠山三期文化。简报仅公布有 T1512⑦B 和 F1 出土物，F1:1 与 T1512⑦B:1 器形相似，故 F1 与⑦B 层应为同期单位，可分作一组。

《09 简报》一组：以小珠山遗址 F1、⑦B 层为典型单位，器形有筒形罐，标本有：F1:1、T1512⑦B:1、T1512⑦B:2、T1512⑦B:3、T1512⑦B:4（图 2—29）。

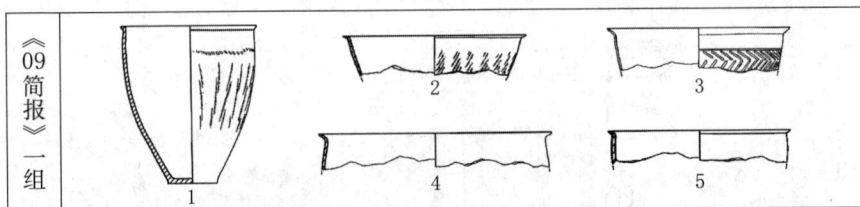

图 2—29　小珠山《09 简报》分组图

1. 罐（F1:1）；2. 罐（T1512⑦B:1）；3. 罐（T1512⑦B:2）；
4. 罐（T1512⑦B:3）；5. 罐（T1512⑦B:4）

《81 报告》将小珠山遗址分 5 层，其中的③、④层为小珠山中层文化，此外还包括 F1。根据层位关系和出土物可将其分为两组：

《81 报告》一组：小珠山遗址第④层，器形有觚形器、壶以及彩陶，标本有：T2④:22、T4④:61、T4④:63、T4④:62、T4④:60、T4④:68。

《81 报告》二组：小珠山遗址第③层，器形有筒形罐和彩陶，标本有：T4③:59、T4③:71（图 2—30）。

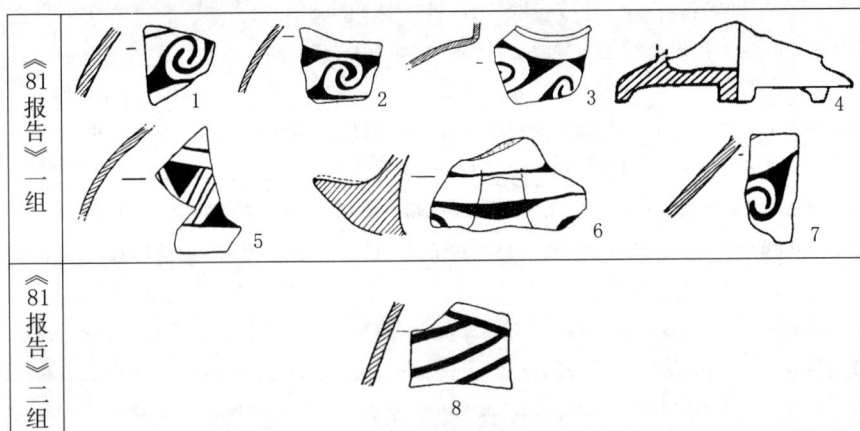

图 2—30　小珠山《81 报告》分组图

1. 彩陶（T4④:62）；2. 彩陶（T4④:60）；3. 壶（T4④:61）；4. 觚形器（T2④:22）；
5. 彩陶（T4④:68）；6. 彩陶（T1④:33）；7. 彩陶（T4④:63）；8. 彩陶（T4③:71）

3. 吴家村遗址分组

吴家村遗址共分 3 层,①层为耕土层,②、③层为文化层,其内涵单纯,均属小珠山三期文化。F1 开口于Ⅱ区 G1②层下,可知层位关系为:78Ⅱ G1②→78ⅡF1→78ⅡG1③。

故将吴家村遗物分为两组:

一组:单位有 F1,器类包括罐、壶,标本有:ⅡF1:45、ⅡF1:25、ⅡF1:29、ⅡF1:7。

二组:单位有 G1②,器类包括鬶、壶,标本有:ⅡG1②:44、ⅡG1②:43(图 2—31)。

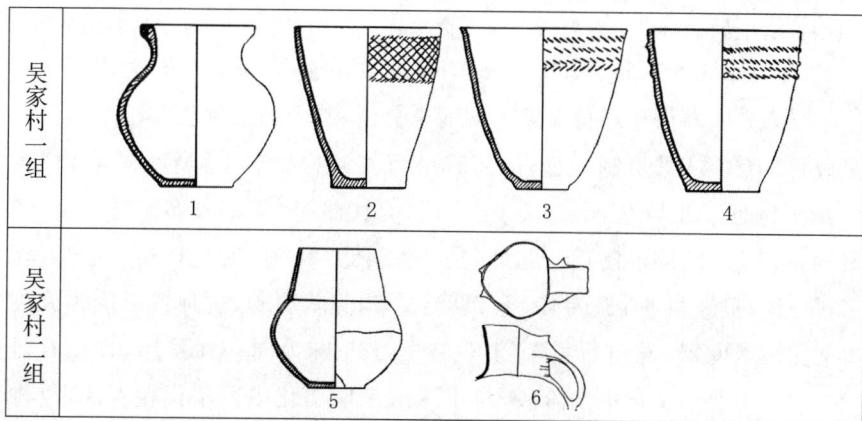

图 2—31　吴家村遗址分组图

1. 壶(ⅡF1:7);2. 罐(ⅡF1:45);3. 罐(ⅡF1:25);4. 罐(ⅡF1:29);

5. 壶(ⅡG1②:43);6. 鬶(ⅡG1②:44)

4. 东水口遗址第二期遗存

长海县东水口遗址第二期遗存属小珠山三期文化,存在明确的地层关系,即 T0518⑥C→Z1,两单位共出土陶器 8 件和贝饰 1 件。根据地层关系将东水口二期遗存分为两组:

一组:即 T0518⑥C 层,标本有 T0518⑥C:1、T0518⑥C:2、T0518⑥C:3、T0518⑥C:4、T0518⑥C:5、T0518⑥C:6。

二组:即 Z1,标本有 Z1:2、Z1:1。Z1:2、Z1:1 与 T0518⑥C:1 均为侈口筒形罐,器形相似,故 T0518⑥C、Z1 两单位年代相当,并且与《09 简报》一组陶器相近,应属于小珠山三期文化早段(图 2—32)。

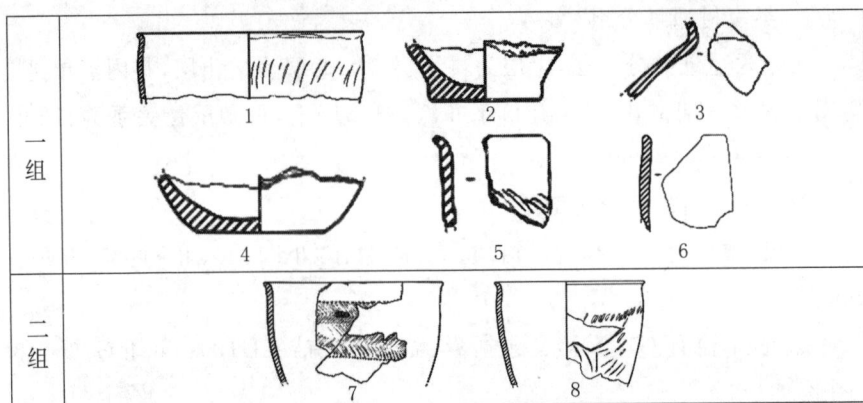

图 2—32　东水口二期分组图

1. 罐(T0518⑥C:1);2. 器底(T0518 ⑥C:4);3. 罐(T0518⑥C:6);4. 器底(T0518
⑥C:5);5. 罐(T0518⑥C:3);6. 罐(T0518⑥C:2);7. 罐(Z1:2);8. 罐(Z1:1)

　　有部分陶器由于层位关系不明而未分组,其中郭家村ⅡH8:19 鬶与吴
家村ⅡG1②:44 鬶形制一样,故将其纳入郭家村二组中;吴家村ⅠT3②:
41 罐形制近于北吴屯下层 T2③:82 罐,时代略早,应归入郭家村一组;吴
家村ⅡT1②:25 罐形制近于北吴屯上层 T4②:34 罐,时代略晚,应归入郭
家村三组;吴家村ⅡT3②:40、ⅠT1②:38 均为斜腹碗,这种器形应为大汶
口文化因素陶器,与白石村 80ⅠTG1③:135 碗为同一种器形,且白石村
TG1③属于北庄文化中期阶段,与小珠山三期文化中段年代相对应,故将
斜腹碗归入郭家村二组中;吴家村ⅡT1②:23 弧腹碗与郭家村三组 73T1
③:242 碗形制一样,故纳入郭家村三组中(图 2—33)。

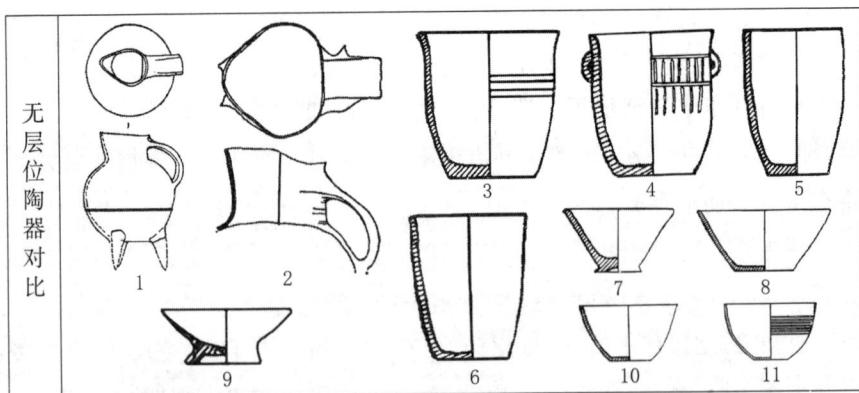

图 2—33　无层位陶器对比图

1. 鬶(郭Ⅱ H8:19);2. 鬶(吴Ⅱ G1②:44);3. 罐(吴Ⅰ T3②:41);4. 罐(北 T2③:82);

5. 罐(吴Ⅱ T1②:25);6. 罐(北 T4②:34);7. 碗(吴ⅡT3②:40);8. 碗(吴ⅠT1②:38);

9. 碗(白 80ⅠTG1③:135);10. 碗(吴Ⅱ T1②:23);11. 碗(郭 73T1③:242)

《09 简报》一组陶器均为侈口卷沿筒形罐,与郭家村一组陶器ⅡT5⑤:160 侈口筒形罐相似,因此《09 简报》一组与郭家村一组相对应。

郭家村二组ⅠT3④:16 罐与吴家村一组ⅡF1:29 罐形制一样;《81 报告》一组中的 T4④:68 彩陶纹饰与郭家村二组中的ⅠT4④:20、ⅡT7④:26 一样,均为三角形彩陶,因此《81 报告》一组与郭家村二组、吴家村一、二组相对应。

《81 报告》二组陶器 T4③:59 筒形罐与郭家村三组ⅡT9③:17 筒形罐相似;《81 报告》二组 T4③:71 彩陶纹饰与郭家村三组ⅡT7③:25、73T2③:4 一样。因此,《81 报告》二组与郭家村三组相对应。

根据以上分析,可将小珠山三期文化分为三段:

早段:包括《09 简报》一组,单位有 F1、⑦B 层;郭家村一组,单位以第③层为代表;东水口一组、二组,单位有 T0518⑥C、Z1。

中段:包括郭家村二组,单位有第④层;吴家村一组、二组,单位有 F1、G1②;《81 报告》一组,单位以第④层为代表。

晚段:包括郭家村三组,单位有第③层;《81 报告》二组,单位以第③层为代表(表 2—14;图 2—34)。

表 2—14　小珠山三期文化分段表

单位	早段	中段	晚段
《09 简报》一组	√		
《81 报告》一组		√	
《81 报告》二组			√
吴家村一组		√	
吴家村二组		√	
郭家村下层一组	√		
郭家村下层二组		√	
郭家村下层三组			√
东水口二期一组	√		
东水口二期二组	√		

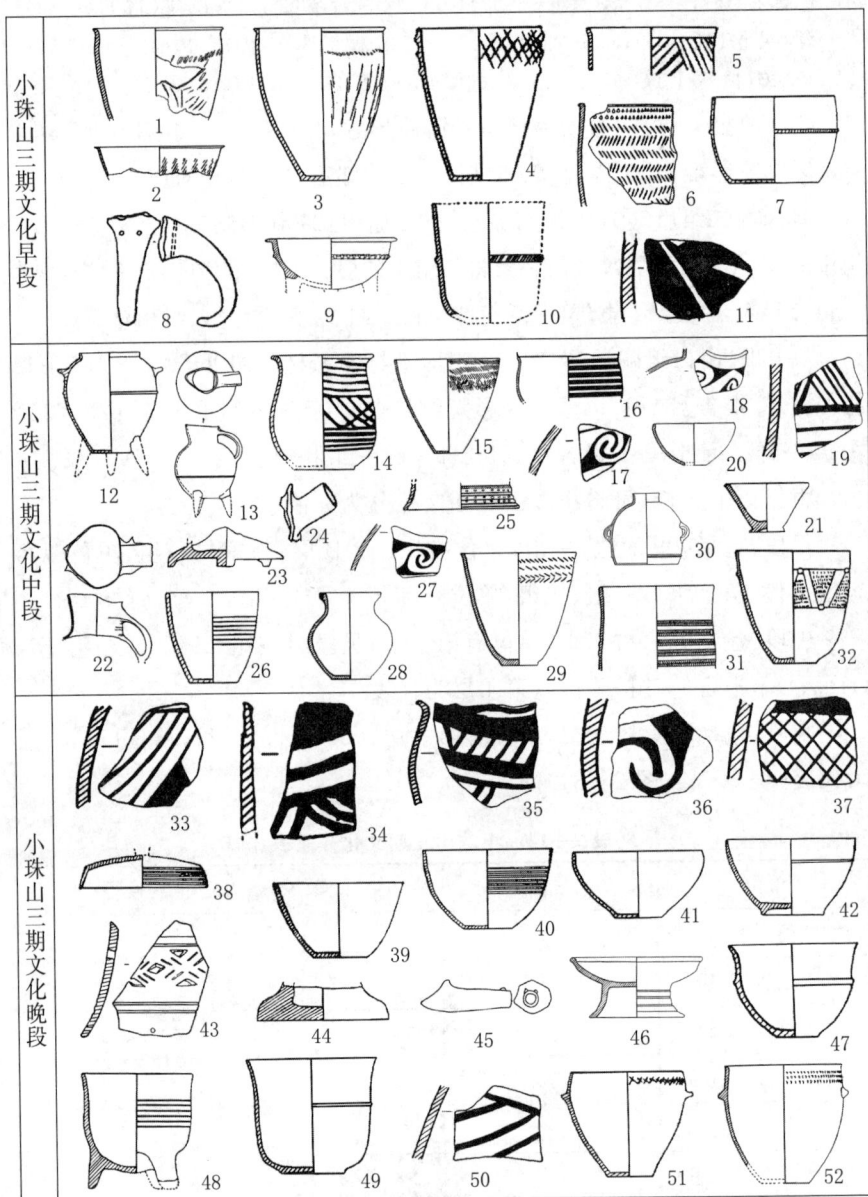

图 2—34　小珠山三期文化分段图

1. 罐(东 Z1:1);2. 罐(小 T1512⑦B:1);3. 罐(小 F1:1);4. 罐(郭Ⅱ T2⑤:16);

5. 罐(郭Ⅱ T5⑤:160);6. 罐(郭Ⅱ T3⑤:19);7. 钵(郭 73T1⑤:139);8. 杯把(郭Ⅱ T3⑤:20);

9. 鼎(郭Ⅱ T5⑤:23);10. 盂(郭Ⅰ T3⑤:22);11. 彩陶(郭Ⅱ T2⑤:25);12. 鼎(郭Ⅱ T8④:31);

13. 鬶(郭Ⅱ H8:19);14. 盂(郭Ⅰ T6④:10);15. 罐(郭Ⅰ T1F2:1);16. 罐(郭Ⅱ T1④:20);

17. 彩陶(小 T4④:62);18. 壶(小 T4④:61);19. 彩陶(郭ⅠT4④:20);20. 钵(郭ⅡT2④:24);

21. 碗(吴ⅡT3②:40);22. 鬶(吴ⅡG1②:4);23. 觚形器(小 T2④:22);

24. 盉(郭 73T2④:150);25. 豆(郭ⅠT2④:26);26. 杯(郭 73T2④:27);

27. 彩陶(小 T4④:60);28. 壶(吴ⅡF1:7);29. 罐(吴ⅡF1:25);30. 壶(郭 T5F2:1);

31. 盉(郭ⅡT1④:23);32. 罐(吴ⅠT1②:49);33. 彩陶(郭 73T2③:4);

34. 彩陶(郭 73T1③:12);35. 彩陶(郭 73T2③:19);36. 彩陶(郭ⅡT8③:38);

37. 彩陶(郭ⅠT1③:26);38. 器盖(郭 73T2③:39);39. 碗(吴ⅡT1②:23);

40. 碗(郭 73T1③:242);41. 钵(郭ⅠT9③:18);42. 碗(郭 73T1③:53);

43. 豆(郭ⅡT3③:24);44. 觚形器(郭ⅠT9③:22);45. 盉(郭ⅡT8③:35);

46. 豆(郭ⅠT6③:11);47. 碗(郭ⅠT8③:19);48. 鼎(郭ⅡT6③:27);

49. 盉(郭ⅠT3④:17);50. 彩陶(小 T4③:71);51. 罐(郭 73T1③:240);52. 罐(郭ⅡT2③:17)

　　早段陶器陶质以夹砂陶为主;陶色以红色和红褐色为主;纹饰以刻划纹为主,包括短斜线纹、短竖线纹等;有少量彩陶,为几何形平行斜线纹;器类不仅有侈口或卷沿筒形罐等土著文化因素的器类,还有鼎、盉等胶东半岛大汶口文化器类和钵等后洼上层文化因素的器类;器形以侈口或卷沿平底筒形罐为主。

　　中段陶器陶质以泥质陶和夹砂陶为主;陶色以红、红褐色为主;以素面陶为主,纹饰包括刻划横排短斜线纹、划纹间饰乳点纹等,还有部分彩陶,包括涡纹、斜线三角纹等;器类包括土著文化因素的鼓腹罐,胶东半岛大汶口文化因素的鬶、盉、器盖、觚形器、钵、碗、鼎、豆,后洼上层文化因素的筒形罐、壶、碗、杯;器形主要以口大底小的筒形罐为主。

　　晚段陶器陶质以夹细砂陶为主;陶色以褐色为主;纹饰与中段基本一致,彩陶中的纹样以网格纹、斜线几何纹居多;器类与中段基本一致;器形主要以鼓腹、微鼓腹罐为主。

四、与周边文化的交流

（一）与胶东半岛地区的交流

　　关于胶东半岛的文化序列,已有多位学者进行过讨论。《胶东原始文化初论》将胶东半岛新石器时代遗存较早时期分为"白石村一期""邱家庄一期"和"紫荆山一期"[1];《环渤海地区新石器时代考古学文化研究》将胶

---

[1]严文明:《胶东原始文化初论》,《山东史前文化论文集》,齐鲁书社,1986 年。

东半岛新石器时代考古学文化分为四个阶段:第一阶段为白石村甲类遗存;第二阶段为白石村乙类遗存;第三阶段为北庄文化;第四阶段为杨家圈文化,其中北庄文化与小珠山三期文化年代相对应①。《胶东史前文化初探》把胶东史前文化分为四个阶段:第一阶段为"邱家庄类型",第二阶段为"北庄类型",第三阶段为龙山文化,第四阶段为岳石文化;并将"邱家庄类型"分为早、中、晚三期,"北庄类型"分为早、晚两期②。《论北庄类型》将北庄遗存分为五段,与小珠山中层(三期)文化相比较后认为:1—2段与小珠山中层(三期)早段相对应;3—5段与小珠山中层(三期)文化中段相对应③。

综上所述,辽东半岛的小珠山三期文化与胶东半岛的所谓北庄文化年代大致相当。《环渤海地区新石器时代考古学文化研究》指出,北庄文化包括白石村二期文化、邱家庄二期文化(即紫荆山一期)、北庄一、二期文化、杨家圈一期文化;并将北庄文化分为七段,其中的1—3段与小珠山中层文化早段相对应,4—6段与小珠山中层文化中段相对应,7段与小珠山中层文化晚段相对应。

早期阶段:北T9④B:36罐,微斜腹,侈口,底残,饰刻划横人字纹;与《09简报》一组F1:1相似。白81ⅠTG2③:183,盆形,卷沿,锥形足,腹饰锯齿状凸弦纹;与郭家村一组73T1⑤:201相似。

中期阶段:白80ⅠTG2③:87瓠形器,残,平底,带三足;与《81报告》一组T2④:22瓠形器相似。北T7④:66鬶,仅存口沿;与吴家村二组ⅡG1②:4鬶相似。北F15:46鬶,完整器,鼓腹,有四个锥足;与郭家村二组ⅡH8:19三锥足鬶相似。白80ⅠTG2③:20钵,敛口,弧腹,平底;与郭家村二组ⅡT2④:24钵形制相近。北F15:7壶,口沿残,球腹,腹上部饰双沟涡纹彩陶;与《81报告》一组T4④:61肩腹部也饰双沟涡纹彩陶相近,该器仅存口沿与肩部,从肩部弧度来看,似球腹,器形应基本相似。北T145③C:22盂,侈口,垂腹,平底;与郭家村二组ⅠT3④:17盂形制相近。北H117:22罐,微弧腹,平底,上腹部饰刻划纹,与郭家村二组ⅠT4④:19罐形制相近。白81ⅠTG2③:37碗,斜腹,平底;与吴家村ⅠT1②:38相近。

①霍东峰:《环渤海地区新石器时代考古学文化研究》,吉林大学博士学位论文,2010年。
②韩榕:《胶东史前文化初探》,《山东史前文化论文集》,齐鲁书社,1986年。
③张江凯:《论北庄类型》,《考古研究学(三)》,科学出版社,1997年。

白80ⅠTG2③:37碗,斜腹,圈足;与吴家村ⅡT3②:40圈足碗形制相近。

晚期阶段:杨T62⑤:42罐,鼓腹,腹部饰一对錾耳;与郭家村三组Ⅱ
T2③:17形制基本一致(图2—35)。

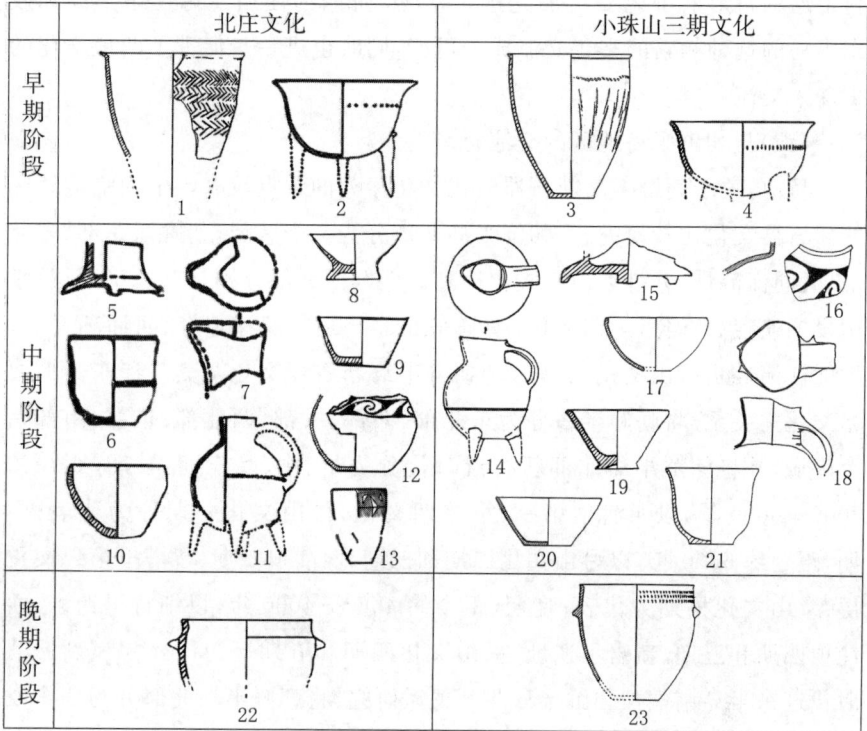

	北庄文化		小珠山三期文化	
早期阶段	1	2	3	4
中期阶段	5 6 10	7 8 9 11 12 13	14 15 17 19 20	16 18 21
晚期阶段	22		23	

图2—35 小珠山三期文化与胶东半岛大汶口文化陶器对比图

1. 罐(北T9④B:36);2. 鼎(白81ⅠTG2③:183);3. 罐(小F1:1);4. 鼎(郭73T1⑤:201);

5. 觚形器(白80ⅠTG2③:87);6. 盂(北T145③C:22);7. 鬶(北T7④:66);

8. 碗(白80ⅠTG2③:37);9. 碗(白81ⅠTG2③:37);10. 钵(白80ⅠTG2③:20);

11. 鬶(北F15:46);12. 壶(北F15:7);13. 罐(北H117:22);14. 鬶(郭ⅡH8:19);

15. 觚形器(小T2④:22);16. 壶(小T4④:61);17. 钵(郭ⅡT2④:24);

18. 鬶(吴ⅡG1②:44);19. 碗(吴ⅡT3②:40);20. 碗(吴ⅠT1②:38);

21. 盂(郭ⅠT3④:17);22. 罐(杨T62⑤:42);23. 罐(郭ⅡT2③:17)

从陶器方面来分析,在此期间辽东半岛部分陶器(尤其是筒形罐)传到
了胶东半岛,但大量含有北庄文化因素的陶器传入辽东半岛,对小珠山三期
文化的影响是强烈的,说明此一时期在文化互动方面辽东半岛主要属于文
化输入状态,而胶东半岛的北庄文化则处于文化输出状态。

从传播路线上来看,庙岛群岛处于连通胶东半岛和辽东半岛的文化交流的要道。而岛链传播则是使用舟船来完成的。《辽东半岛史前海事活动初探》中提到,后洼下层遗址和郭家村上层遗址均有舟形器出现,并且郭家村上层的舟形器工艺要更加先进一些[①]。舟船的使用使得辽东半岛和胶东半岛的这种频繁的文化交流成为可能,同时也进一步促进了两地文化的更深入交流。

(二)与朝鲜半岛地区的交流

目前,关于朝鲜半岛新石器时代文化序列的观点较多,《中朝临境地区的新石器文化比较研究》将朝鲜半岛北部分为三个区域,朝鲜西北部、东北部、大同江流域,并排列出其文化序列。朝鲜西北部分别是美松里下层、堂山早期遗存、新岩里一期文化;朝鲜东北部分别是罗津遗存、西浦项文化;大同江流域是弓山文化[②]。《试论朝鲜半岛新石器文化及其与辽东半岛原始文化之关系》将朝鲜半岛分为东北部、西部、中部、西北部、东部、南部六个区域,并将朝鲜半岛北部新石器时代分为早、中、晚三期:早期,距今约7000—6000年,以西浦项第一、第二期文化、弓山文化一期等为代表;中期,距今约5000年,以弓山文化二期和三期、西浦项三期、智塔里第二文化层、堂山文化早期为代表;晚期,距今约4500—4000年,以细竹里遗址、西浦项四期和五期、新岩里遗址、弓山文化四期和五期等为代表[③]。《新石器时代辽东半岛南端与朝鲜半岛北部关系研究》将朝鲜半岛北部分为三个发展阶段:第一阶段距今约7000—6000年,以西浦项第一期文化、第二期文化、弓山第一期文化、美松里下层文化为代表;第二阶段距今约6000—5500年,以西浦项第三期文化、弓山第二期文化、第三期文化为代表;第三阶段距今约5500—4000年,以西浦项第四期文化、第五期文化、弓山第四期文化、新岩里第一期文化为代表[④]。

归纳以上分析,可以看出小珠山三期文化与朝鲜半岛的西浦项三期文化、堂山文化早期、弓山文化二、三期、智塔里第二文化层年代大致相当。

①徐昭峰、谢迪昕:《辽东半岛史前海事活动初探》,《边疆考古研究》2016年第19辑。
②赵宾福:《中朝临境地区的新石器文化比较研究》,《边疆考古研究》2010年第9辑。
③许玉林:《试论朝鲜半岛新石器文化及其与辽东半岛原始文化之关系》,《东北亚文化研究》,中州古籍出版社,1994年。
④葛茜:《新石器时代辽东半岛南端与朝鲜半岛北部关系研究》,辽宁师范大学硕士学位论文,2014年。

　　由于材料有限,我们只根据弓山遗址、堂山遗址、西浦项遗址进行分析。

　　1. 弓山遗址

　　遗址位于平安南道龙岗郡海云面弓山里,除弓山为典型遗址外,还包括智塔里、金滩里、南京等遗址。

　　与辽东半岛的新石器文化相比较,有学者认为弓山文化最晚相当于偏堡子文化[1];最早阶段,朝鲜学者认为与小珠山下层文化相当[2],日本学者认为与小珠山中层文化相当[3],但赵宾福先生认为以弓山文化为代表的遗存早于以西浦项为代表的遗存[4]。仔细观察弓山文化,无论是流行的圜底器还是纹饰,与小珠山三期文化差异较大,因此笔者同意赵宾福先生的观点。

　　2. 堂山遗址

　　堂山遗址位于平安北道定安郡大山里,《堂山贝丘遗址发掘报告》将遗址分为上层文化和下层文化,其中的下层文化陶器以刻划纹筒形罐为主[5]。

　　由于报告中无陶器编号,故用数字来替代。如图2—36,我们可以看出左侧1号陶器与右侧6号郭家村下层73T1③:240罐器形相似;左侧2号罐、4号纹饰与右侧7号郭家村ⅡT2⑤:16相似;左侧3号纹饰与右侧5号郭家村ⅡT3⑤:19纹饰相近。

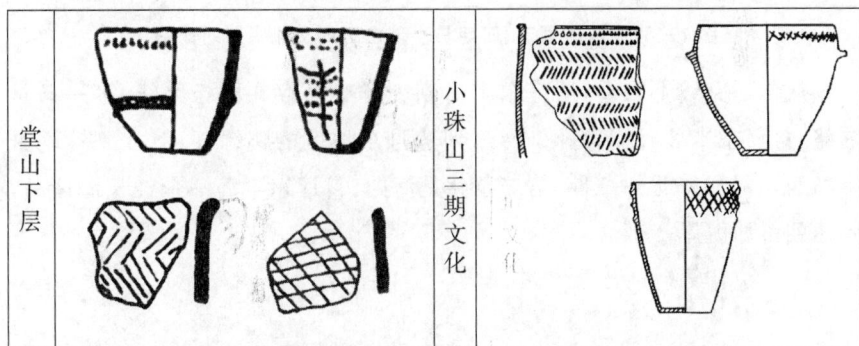

图2—36　堂山文化与小珠山三期文化陶器对比图

①宫本一夫:《朝鲜有纹土器的编年和地域性》,《朝鲜学报》1986年121卷。
②朝鲜民主主义人民共和国社会科学院考古研究所编、李云铎译:《朝鲜考古学概要》,黑龙江省文物出版编辑室,1983年。
③宫本一夫:《朝鲜有纹土器的编年和地域性》,《朝鲜学报》1986年121卷。
④赵宾福:《中朝临境地区的新石器文化比较研究》,《边疆考古研究》2010年第9辑。
⑤车达晚著,郑仙华译:《堂山贝丘遗址发掘报告》,《东北亚历史与考古信息》1995年第1期。

3. 西浦项遗址

西浦项遗址位于咸镜北道雄基郡屈浦里,1960—1964 年先后进行了五次调查和发掘,发现的遗迹有新石器时代房址 21 座,青铜时代房址 9 座,还有 2 处铁器时代古墓,报告将此文化分为五期[①]。

西浦项三期流行筒形罐,也有侈口罐,纹饰流行刻划短斜线纹,其中壶腹部饰的勾云纹与小珠山三期文化相似,虽然有变形,但相似度极高;西浦项四期中的刻划短斜线纹筒形罐、弧腹碗、弧腹钵也与小珠山三期文化相似(图 2—37)。在年代上,西浦项三期、四期大致在距今 6000—5000 年,与小珠山三期文化相当。根据陶器对比我们可以看出,西浦项三期、四期部分陶器与小珠山三期文化陶器特征相近,说明两地存在文化交流。

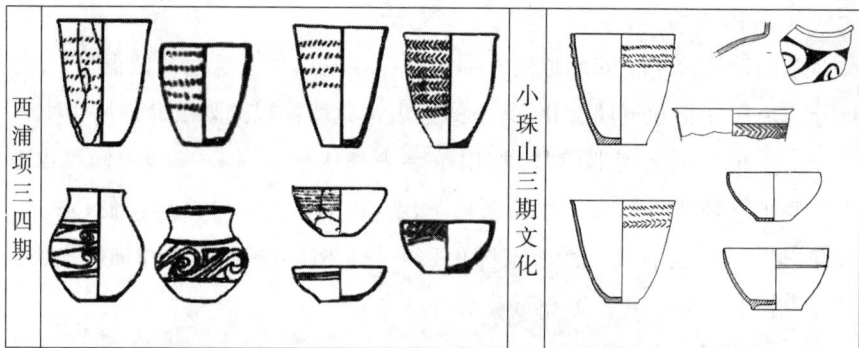

图 2—37　西浦项三、四期与小珠山三期文化陶器对比图

从传播路线上来看,从辽东半岛到朝鲜半岛存在两条路线,第一条是陆路:自辽东半岛,沿黄海海岸线,到达丹东地区的鸭绿江,渡江到达朝鲜半岛西北部和东北部一带;第二条就是海路:自辽东半岛一带经长海诸岛,到达朝鲜西海岸一带。

---

① 金勇玕、徐国泰:《西浦项原始遗址发掘报告》,《考古民俗论文集》1972 年第 4 集。

第三章　新石器时代晚期文化

第一节　小珠山四期文化

过去曾有学者将辽东半岛南部地区新石器时代器表装饰附加堆纹的陶器源头追溯至山东地区的北辛文化,认为它们与具有北辛文化风格的陶器无本质区别[1]。也有学者把以附加堆纹为显著特征的小珠山四期文化相关遗存视为偏堡子文化[2]或称之为"偏堡类型"[3],可见对于以附加堆纹为主要特征的陶器群,学者们已经意识到它们与具有北辛文化风格的陶器所存在的差异,以及与偏堡子文化的密切联系。但由于材料的不足和缺乏明确的层位关系,学者们对这类遗存的性质并未达成共识。

1982 年,大连市文物普查队在瓦房店市长兴岛进行考古调查时,发现三堂遗址,并采集和征集到一些陶片和石器。1985 和 1986 年又先后两次对该遗址进行复查。1990 年,辽宁省考古研究所、吉林大学考古系和旅顺博物馆对该遗址进行了正式发掘,并根据遗址的地层叠压和打破关系,结合出土遗物的变化,将该遗址分成两个文化,即三堂第一期文化和三堂第二期文化[4]。1992 年,大连市文物考古研究所对已遭到破坏的旅顺口区江西镇大潘家村遗址进行了发掘,经发掘认识到大潘家村典型陶器继承了小珠山下、中层文化,认为该遗址在年代上介于郭家村遗址下层和上层之间,相当于小珠山中、上层文化之间[5]。2006—2008 年,中国社会科学院考古

① 朱永刚:《辽东新石器时代含条形堆纹陶器遗存研究》,《青果集——吉林大学考古专业成立二十周年考古论文集》,知识出版社,1993 年。

② 李恭笃、高美璇:《试论偏堡文化》,《北方文物》1998 年第 2 期。

③ 华玉冰:《与"偏堡类型"相关遗存的比较研究》,《庆祝宿白先生九十华诞文集》,科学出版社,2012 年。

④ 辽宁省文物考古研究所、吉林大学考古学系、旅顺博物馆:《辽宁省瓦房店市长兴岛三堂村新石器时代遗址》,《考古》1992 年第 2 期。

⑤ 大连市文物考古研究所:《辽宁大连大潘家村新石器时代遗址》,《考古》1994 年第 10 期。

研究所等单位对小珠山遗址和吴家村遗址进行了系统发掘,根据材料将小珠山遗址分为五个期别,首次提出小珠山四期文化的命名①,进一步完善了辽东半岛地区新石器时代考古学文化的系统编年。

关于这一时期的墓葬遗存,国内外学者也展开了广泛的调查和研究。《文家屯——1942年辽东先史遗迹发掘调查报告书》②和《辽东半岛四平山积石冢の研究》③是近几年公布的1949年以前日本学者对辽东半岛积石冢的发掘资料。国内学者在充分借鉴上述材料的基础上,也对辽东半岛积石冢进行了分析④。

一、典型遗址分析

（一）小珠山遗址

1. 典型遗迹

灰坑5个,编号分别是:H1、H2、H3、H4、H9⑤。H1位于遗址中部偏南,开口于T1111⑤层下,打破第⑥层。平面呈椭圆形,近直壁,平底,坑内出土少量石镞、蚌器、骨锥、玉坠和陶片。

2. 典型遗物

小珠山遗址第四期遗存出土物包括磨制和打制的石质生产工具镞、砧、斧、刀等,还有一定数量的骨锥、蚌器、玉凿、玉坠、兽骨等。

《09简报》关于小珠山遗址第四期陶器共发表10件,分别为罐5件、钵4件、豆1件,全部出于T1512第④层。陶器总体特征为:以夹砂褐陶或黑褐陶为主,含云母。器类多见鼓腹罐,敛口,口部外侧附加截面呈扁平或三角形的泥条而形成假叠唇,微鼓腹,器壁较厚。纹饰多见附加堆纹、戳印

①中国社会科学院考古研究所、辽宁省文物考古研究所、大连市文物考古研究所:《辽宁长海县小珠山新石器时代遗址发掘简报》,《考古》2009年第5期。

②辽东先史遗迹发掘报告书刊行会:《文家屯——辽东先史遗迹发掘调查报告书》,京都大学,2002年。

③澄田正一、小野山节、宫本一夫:《辽东半岛四平山积石冢の研究》,柳原出版株式会社,2008年。

④刘俊勇、黄子文:《辽东半岛四平山积石冢探讨》,《辽宁师范大学学报》2010年第3期;高芳、华阳、霍东峰:《文家屯积石墓浅析》,《博物馆研究》2009年第3期;栾丰实:《论辽西和辽东南部史前时期的积石冢》,《红山文化研究——2004年红山文化国际研讨会论文集》,文物出版社,2006年。

⑤中国社会科学院考古研究所、辽宁省文物考古研究所、大连市文物考古研究所:《辽宁长海县小珠山新石器时代遗址发掘简报》,《考古》2009年第5期。

纹、刻划纹等。附加堆纹主要施加在口部,且在其上面饰各种刻划纹,包括纵向平行线纹、短斜线纹、交叉纹、刺点纹、锯齿纹等。腹部也有纵向平行细泥条堆纹或横向波浪形扁平附加堆纹[1]。

依据上述总体特征,回顾《81报告》一文中关于小珠山上层文化陶器的分析,可将标本81T4②:90罐纳入到小珠山四期文化。现将小珠山遗址出土的可确定为小珠山四期文化的陶器总结如下:

罐　6件。其中《81报告》发表1件,《09简报》发表5件。根据口沿形制的区别,分为两型:

A型　1件,直口。81T4②:90,直口尖唇,口沿处饰附加堆纹,附加堆纹与口沿间有一定距离,深腹,夹砂黑褐陶(图3—1)。

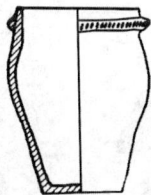

图3—1　小珠山遗址第四期遗存陶器
罐(小珠山81T4②:90)

B型　5件,敛口。09T1512④C:1,夹砂褐陶,陶质粗糙,含云母;圆唇,唇外附加截面呈三角形的泥条而形成假叠唇,溜肩,弧腹;假叠唇唇面上饰戳印窝纹,肩部饰细密的纵向篦划纹。09T1512④C:2,夹砂褐陶,陶质粗糙,含云母;圆唇,唇外附加截面呈三角形的泥条而形成假叠唇,溜肩,弧腹;假叠唇唇面上饰戳印窝纹,肩部饰细密的纵向篦划纹。09T1512④D:1,夹砂褐陶,含云母;圆唇,唇外附加截面呈三角形的泥条而形成假叠唇,溜肩;假叠唇唇面上刻划八字形缺口。09T1512④B:1,夹砂黑褐陶,尖圆唇,唇外附加截面呈三角形的泥条而形成假叠唇,溜肩,弧腹;假叠唇唇面上刻划三角形缺口。09T1512④A:1,夹细砂褐陶,陶质坚硬,尖圆唇,唇外附加截面呈三角形的泥条而形成假叠唇,溜肩,弧腹;假叠唇唇面上刻划短斜线纹,唇沿上刻划三角形缺口,肩部饰由刻划斜线纹组成的席纹。

钵　4件。均发表于《09简报》。根据口沿形制的区别,分为三型:

———————

[1]中国社会科学院考古研究所、辽宁省文物考古研究所、大连市文物考古研究所:《辽宁长海县小珠山新石器时代遗址发掘简报》,《考古》2009年第5期。

A型　2件，敛口，圆唇，折肩，斜直腹，夹砂红褐陶。09T1512④A:2，含少量滑石，器表磨光；09T1512④D:2，含少量云母。

B型　1件，敞口。09T1512④D:3，夹砂黑褐陶，器表磨光，圆唇，折肩，斜直腹。

C型　1件，直口。09T1512④B:2，夹砂黑褐陶，器表磨光，圆唇，弧肩，斜直腹。

豆　1件。发表于《09简报》。09T1512④B:3，夹砂黑褐陶，敞口，尖圆唇，折腹，口沿与折腹之间饰三周凸棱（图3—2）。

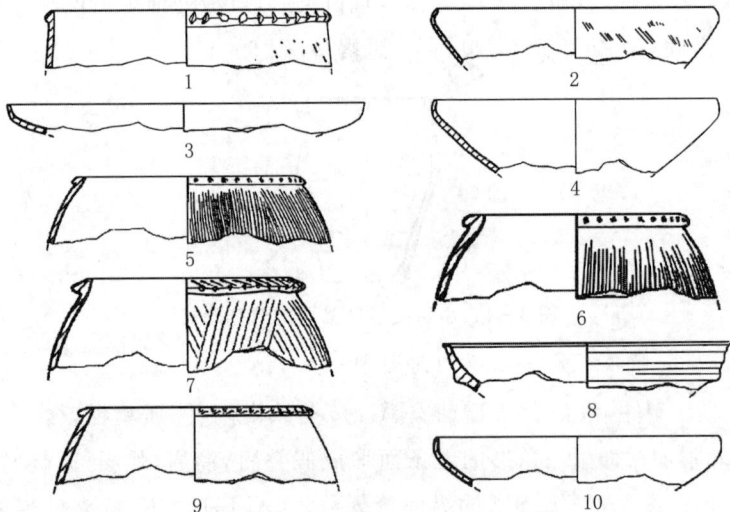

图3—2　小珠山遗址第四期遗存陶器

1、5—7、9. 罐（T1512④D:1、T1512④C:1、T1512④C:2、T1512④A:1、T1512④B:1）；
2—4、10. 钵（T1512④A:2、T1512④D:3、T1512④D:2、T1512④B:2）；8. 豆（T1512④B:3）

小珠山遗址第四期遗存为小珠山四期文化基本内涵的主体部分，《09简报》发表的第四期陶器全部出于T1512第④层，但由于其作为贝丘遗址的特性，且《09简报》中并没有T1512的相关地层图，亦不见关于四期阶段的房址、墓葬等遗迹材料，故无法分析各遗迹之间的相互关系。因此，笔者将基于陶器的共生关系视角，通过对辽东半岛地区与小珠山遗址四期阶段基本共时的有关遗存同类器物的对比，辨识和确认诸单位之间的关系。

（二）三堂遗址

三堂遗址位于大连市瓦房店西部的长兴岛三堂乡。1990年4月，辽宁省文物考古研究所等单位对该遗址进行了发掘,四个发掘区(Ⅰ—Ⅳ区)发掘总面积 875 平方米①。其中,Ⅱ区发掘探方 18 个,出土器物最为丰富。根据地层关系及出土器物的差别,将该遗址分为两期。我们推测三堂遗址第一期文化遗存Ⅱ区⑤、⑥层应属于小珠山遗址第四期文化。主要原因有以下三点:第一,从陶器器类上看,两者出土陶器器类基本一致,主要有罐、壶、钵、碗等,均以附加堆纹罐为大宗,特征也最为明显;第二,从陶器器形上看,两者典型的附加堆纹罐均有叠唇形制,钵的造型也基本相同;第三,从陶器纹饰上看,两者都普遍存在波浪形扁平附加堆纹、平行纵向泥条纹及口沿外叠唇上施纹的手法。

1. 典型遗迹

三堂一期文化遗存典型遗迹单位有灰坑、房址、墓葬。

灰坑 10 个(Ⅰ区 H5、Ⅱ区 H1—H7、H9、H10)②。多开口于⑤层下,灰坑平面以圆形为主,还有椭圆形和方形两种。除少数灰坑为筒状外,多数灰坑口大底小,呈锅底状。灰坑最大径 2.1 米。坑较浅,层位简单,基本上是一次性堆积,填大量蚌壳,杂有红烧土块和烧骨。陶片发现较少,主要是筒形罐陶片,上贴窄细条堆纹。

房址 3 座(Ⅱ区 F1、F2、F3),分别呈圆形、圆角方形和椭圆形,均为半地穴式建筑。F2 位于Ⅱ T301 东北部,开口于⑤层下,打破⑥层和生土;居住面直接压在生土之上,比较平坦;在室内西南部居住面上,有较大范围的红烧土和草木灰堆积,杂有蚌壳和木炭块,居住面上出土 1 件小陶杯;另发现柱洞 4 个。F3 位于Ⅱ T302 南部,开口于⑤层下,打破生土;平面呈椭圆形;居住面不平,中间低洼,边缘与墙壁呈斜坡状连接;室内共有两层堆积,上层为黑色土夹大量蚌壳,下层为房屋倒塌后的堆积;室内中部偏南处发现红烧土块、草木灰和木炭堆积,内含大量蚌壳;偏西位置平放一长方形的厚石板,发掘者认为其可能是柱础石;室内共出土 2 件可复原的筒形罐和 1 件盂,并发现有石镞、鱼卡、纺轮、石刀和骨镞等③。

①辽宁省文物考古研究所、吉林大学考古学系、旅顺博物馆:《辽宁省瓦房店市长兴岛三堂村新石器时代遗址》,《考古》1992 年第 2 期。

②辽宁省文物考古研究所、吉林大学考古学系、旅顺博物馆:《辽宁省瓦房店市长兴岛三堂村新石器时代遗址》,《考古》1992 年第 2 期。

③辽宁省文物考古研究所、吉林大学考古学系、旅顺博物馆:《辽宁省瓦房店市长兴岛三堂村新石器时代遗址》,《考古》1992 年第 2 期。

墓葬 2 座（Ⅱ区 M1、M2）。下文分析。

2. 典型遗物

石器种类有刀、镞、网坠、矛形器、棒形器、两端刃器、无名石器。玉器有牙璧和璜等。原料有辉长岩、砂岩、页岩、蛇纹岩等。

骨器种类有锥、鱼卡、镞、梭和匕等。角器有锥。牙器为装饰品。蚌器无法确认器形。

已发表的陶器中，可确定为小珠山四期文化的有线图器物 29 件，其中附加堆纹罐 13 件、卷沿罐 1 件、壶 5 件、钵 3 件、碗 3 件、三足钵 1 件、盂 1 件、器耳 2 件。

附加堆纹罐　13 件。根据附加堆纹所在位置的区别，可分为两型：

A 型 11 件，附加堆纹饰于口沿附近。根据附加堆纹与口沿的距离，可分为 3 式：

Ⅰ式　1 件，附加堆纹上缘与唇沿有一定距离。ⅡF3 下：23，微侈口，圆唇，口沿外饰附加堆纹，下部略向外翘，其上饰竖向、斜向平行刻划纹，腹壁贴竖向窄细条附加堆纹。

Ⅱ式　6 件，附加堆纹上缘与唇沿有较短距离。ⅡF3 上：19，微侈口，方唇，微鼓腹，口沿外饰扁平附加堆纹，下缘略外翘，其上饰竖向、斜向平行刻划纹，腹中部贴附加堆纹一周，其上饰斜向平行刻划纹，两条附加堆纹中贴竖向平行窄细条附加堆纹。ⅡF3 上：12，仅存口沿，方唇，口部附加堆纹与唇沿基本连为一体，交接处有一明显沟痕，下缘外翘，附加堆纹上饰折线加竖向平行刻划纹，腹饰稀疏窄细条堆纹。

Ⅲ式　4 件，唇与附加堆纹连为一体。ⅡF3 上：13，仅存口沿，且微内凹，下缘近平向外撇，沿外侧饰斜向刻划纹，腹饰稀疏的窄细条堆纹。

B 型　2 件，口沿附近无附加堆纹。根据口部差异，可分为两亚型：

Ba 型　1 件，侈口。ⅡT104⑤：16，圆唇，夹细砂红褐陶，腹微鼓，平底。腹上部饰一周刺点纹，下部贴波浪形附加堆纹，在刺点纹与附加堆纹之间每两道直窄细条堆纹夹一道弧曲窄细条堆纹（图 3—3）。

Bb 型　1 件，敞口。ⅡT104⑤：9，仅存口沿，夹云母红陶，圆唇，腹贴窄细条堆纹。

卷沿罐　1 件，ⅡT102⑤：8，夹细砂红褐陶，侈口，圆唇，腹微鼓，小平底，制作粗糙（图 3—4）。

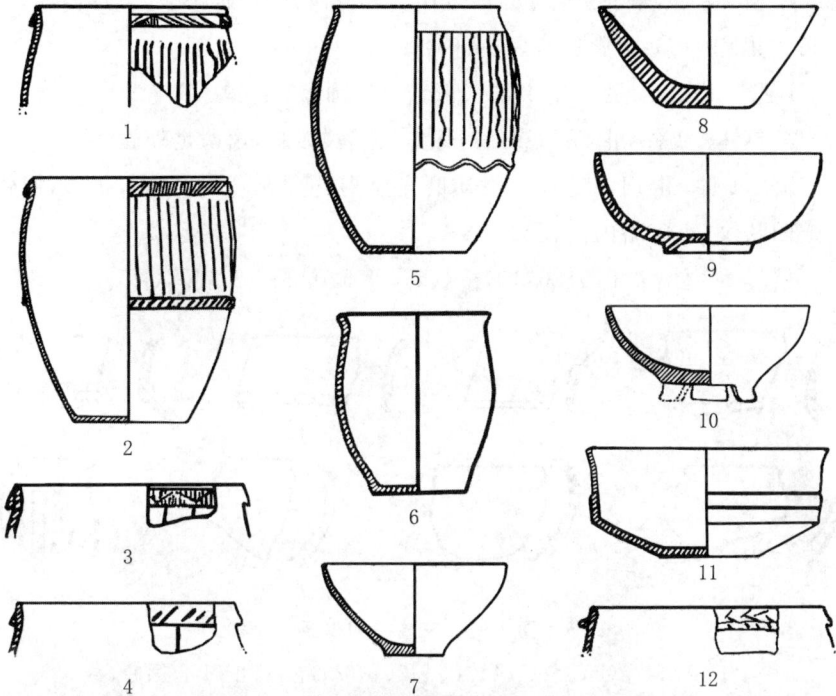

图3—3　三堂一期陶器

1. A型Ⅰ式罐（ⅡF3下：23）；2、3. A型Ⅱ式罐（ⅡF3上：19、ⅡF3上：12）；

4. A型Ⅲ式罐（ⅡF3上：13）；5. Ba型罐（ⅡT104⑤：16）；6. 卷沿罐（ⅡT102⑤：8）；

7、8. A型碗（ⅡT302⑤：10、ⅡT101⑤：2）；9. B型碗（ⅡT203⑤：2）；

10. 三足钵（ⅡT202⑤：12）；11. 盂（ⅡT104⑤：11）；12. Bb型罐（ⅡT104⑤：9）

壶　5件，均仅存口沿，根据颈肩交汇处有无附加堆纹，分两型：

A型　3件，颈肩交汇处有附加堆纹。ⅡT102⑤：9，泥质灰陶，圆唇，附加堆纹上刻划斜向平行线纹，腹饰平行斜线纹；ⅡT203⑤：1，夹云母红褐陶，圆唇，沿外卷，附加堆纹上饰平行刻划纹。

B型　2件，颈肩交汇处无附加堆纹。ⅡF3上：17，夹细砂红陶，颈壁弧，大敞口圆唇；ⅡT104⑤：12，夹细砂红褐陶，颈壁斜直，敞口圆唇。

钵　3件，根据口沿不同，分为两型：

A型　2件，敛口，仅存口沿。ⅡT104⑤：13，圆唇；ⅡT104⑤：8，方唇。

B型　1件，敞口，仅存口沿。ⅡF3上：16，尖唇。

碗　3件，根据有无圈足，分两型：

　　A 型　2件,平底。ⅡT302⑤:10,微敛口,方唇,腹略弧,下部内收,小平底。ⅡT101⑤:2,腹斜直(图3—4)。

　　B 型　1件,圈足。ⅡT203⑤:2,直口,圆唇,弧腹。

　　三足钵　1件,ⅡT202⑤:12,侈口,方唇,弧腹,扁凿足外撇。

　　盂　1件,ⅡT104⑤:11,泥质磨光黑陶,薄胎。敞口尖唇,折腹,腹饰两道凹弦纹,小底略内凹(图3—3)。

　　器耳　2件,ⅡT101⑤:10,桥状耳;ⅡT202⑤:12,扁耳(图3—5)。

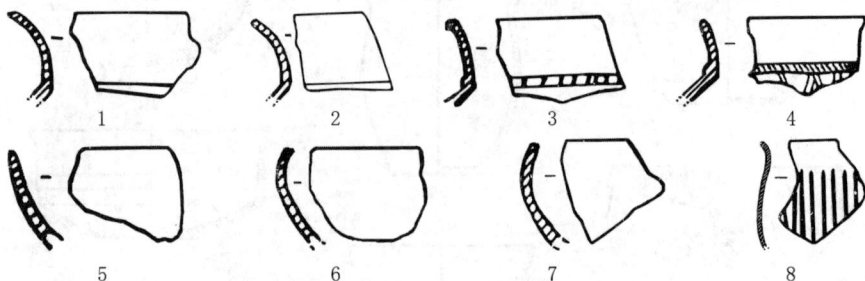

图3—4　三堂一期陶器

1—4. 陶壶(F3 上:17、T104⑤:12、ⅡT203⑤:1、ⅡT102⑤:9);

5—7. 陶钵(ⅡF3 上:16、ⅡT104⑤:8、T104⑤:13);8. 附加堆纹罐(ⅡT104⑤:9)

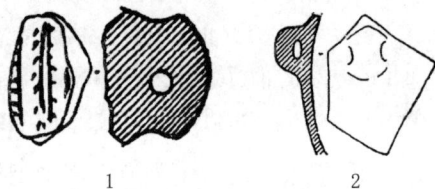

图3—5　三堂一期器耳

1. ⅡT101⑤:10;2. ⅡT202⑤:12

(三)郭家村遗址

　　郭家村遗址上层与小珠山上层遗址出土物相似①。其中郭家村遗址上层有两个文化层,而遗物大多出在第②层中。仔细审视第②层的发掘材料,可将其中的陶器分为三组,即郭家村上层一组、郭家村上层二组和郭家村上层三组。

　　郭家村上层一组的陶器以口沿处或口沿下方贴有一周附加堆纹的附

---

① 辽宁省博物馆、旅顺博物馆:《大连市郭家村新石器时代遗址》,《考古学报》1984年第3期。

加堆纹罐为代表,还包括侈口长颈壶和钵等,部分器物特征与小珠山四期文化遗存的同类器物特征基本一致,如:Ⅰ T5②:9 罐与小珠山 81T4②:90罐和三堂Ⅱ F3 下:23 罐施纹方法一致;73T1F1:212 罐与小珠山 09T1512④B:1 等施纹方法一致;Ⅱ T9②:24 钵与三堂Ⅱ F3 上:16 钵口部制法相同;Ⅰ T3②:22 罐、73T1②:30 罐与三堂Ⅱ T102⑤:8 罐形制相似;Ⅰ T6②:13 碗与三堂Ⅱ T302⑤:10 形制相似;Ⅰ T1②:28 盂与三堂Ⅱ T104⑤:11形制相似(图 3—6),故推测这些器物为小珠山四期文化遗物。附加堆纹罐的特征与小珠山遗址第四期一致,说明这些器物应属于小珠山四期文化。而郭家村上层二组、郭家村上层三组器物的特征与小珠山遗址第五期文化遗存一致,说明这些器物应属于小珠山五期文化。

郭家村上层遗址出土陶器较多。制法多为手制,部分陶器有轮修痕迹。以黑褐陶为主,红褐陶次之,还发现部分黑陶。陶器多夹砂,部分陶器夹细砂,还发现有少量蛋壳陶。纹饰以刻划纹为主,其次为弦纹和附加堆纹,还有少量水波纹、突脊纹。器形以折沿罐最多,部分陶器有附加堆纹,还发现部分器盖、碗、盘形扁凿足鼎、豆、圈足盘、盆以及钵等。

生产工具主要以磨制石器和骨器为主,打制石器较少,牙、角、蚌器较少见。有磨制扁平弧刃石斧、有肩斧、双孔刀、穿孔铲、磨盘、磨棒以及凹底石镞。石锛种类较多,出现有段锛。陶纺轮有馒头形和梯形。

在郭家村上层遗址中,可确定为第一组且有线图的器物共有 11 件,其中附加堆纹罐 3 件、壶 1 件、卷沿罐 4 件、钵 1 件、碗 1 件、盂 1 件。

附加堆纹罐　3 件,根据附加堆纹与口沿的距离,可分为两式:

Ⅰ式　1 件,附加堆纹上缘与唇沿有一定距离。Ⅰ T5②:9。

Ⅱ式　2 件,唇与附加堆纹连为一体。73T1F1:212,呈砖红色,口微敛,尖唇,深弧腹,平底,口边两侧各有一椭圆形柱状耳。

壶　1 件,Ⅱ T9②:5,泥质磨光陶,小口,直颈,折肩,肩饰弦纹,轮制。

卷沿罐　4 件,根据腹部不同,可分为两型:

A 型　1 件,微鼓腹。Ⅰ T3②:22,褐陶,卷沿,微鼓腹,口沿下有鸡冠耳。

B 型　3 件,鼓腹,卷沿,平底,有瘤状耳。73T1②:30,褐陶,两个对称瘤状耳;Ⅰ T9②:21,红褐陶,腹上部有四个瘤状耳。

钵　1 件,Ⅱ T9②:24,褐陶,直口,曲腹,平底。

　　碗　1件,ⅠT6②:13,黑褐陶,质地较粗,敞口,弧腹,矮圈足。

　　盂　1件,ⅠT1②:28,泥质磨光陶,侈口,折腹,平底凸出,饰弦纹两周(图3—6)。

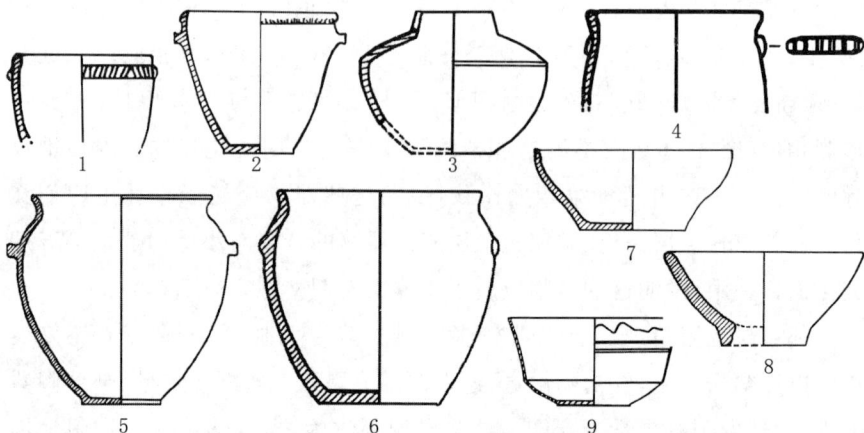

图3—6　郭家村陶器

1.Ⅰ式罐(ⅠT5②:9);2.Ⅱ式罐(73T1F1:212);3.壶(ⅡT9②:5);

4.A型卷沿罐(ⅠT3②:22);5、6.B型卷沿罐(73T1②:30、ⅠT9②:21);

7.钵(ⅡT9②:24);8.碗(ⅠT6②:13);9.盂(ⅠT1②:28)

　　(四)大潘家村遗址

　　大潘家村遗址位于大连市旅顺口区江西镇大潘家村北,1992年3—4月,由大连市文物管理委员会办公室组织旅顺博物馆等组成考古队,对大潘家村遗址进行了抢救性发掘,发掘面积约400平方米①。由于遗址已遭到破坏,因此文化层仅有第②层。仔细审视第②层的发掘材料,可见大潘家村遗址陶器器形绝大多数为罐,还有壶、钵、碗、豆等,底部形制多为平底,部分器物特征与小珠山四期文化遗存的同类器物特征基本一致,如:H1:6罐、T14②:20罐口沿下饰一周附加堆纹,与小珠山81T4②:90罐和三堂ⅡF3下:23罐施纹方法一致;T3②:6罐附加堆纹上饰纵向刻划纹,与三堂ⅡF3上:13罐施纹方法相似;T8②:36罐和T2②:25罐施有纵向泥条纹,与三堂ⅡT104⑤:16罐施纹方法一致;T06②:19钵与郭家村ⅡT9②:24形制完全一致;T8②:39钵与三堂T104⑤:13钵形制相似;T8②:38

──────────

①大连市文物考古研究所:《辽宁大连大潘家村新石器时代遗址》,《考古》1994年第10期。

钵与三堂ⅡF3：16上钵形制相似，故这些器物为小珠山四期文化遗物（图
3—7）。

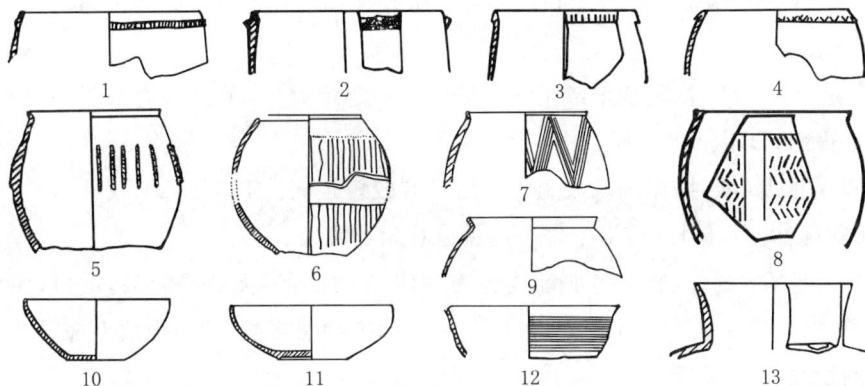

图3—7　大潘家村陶器

1. 附加堆纹罐（H1：6）；2. 附加堆纹罐（T14②：20）；3. 附加堆纹罐（T3②：6）；

4. 附加堆纹罐（F3：5）；5、6. 附加堆纹罐（T8②：36、T2②：25）；

7、8. 侈口鼓腹罐（H1：1、T04②：9）；9. 折沿鼓腹罐（F3：1）；

10、11. 钵（T8②：38、T8②：39）；12. F3：4盆；13. F3：2壶

1. 典型遗迹

可视为小珠山四期文化的遗迹有灰坑1座、房址2座。

灰坑1座，编号H1。

H1开口于第②层下，平面呈圆形。填土内出土有附加堆纹罐、侈口鼓
腹罐和刻划人字纹陶片各1件。

房址2座，编号F1、F3。

F1位于T1东北角和东隔梁内以及T2西北角；圆形双室，两室之间
通道处有一道低土坎；有一门道位于南部；东室有柱洞3个，集中在中部，
有的柱洞外面有石块挤靠；两室居住面都是黄土；西室居住面上有一堆石
块；东室居住面上有石镞3件，牙镞、残蚌刮削器各1件；填土内出土侈口
筒形罐1件。F3位于T4东南部及东、南隔梁内；椭圆形单室，直径2.1—
2.4米，中部有一道土坎，将室内分为两部分；门道位于北端，长90厘米。
穴壁高出居住面34—54厘米；居住面为黄土，未经烘烤。

2. 典型陶器

总结具有小珠山四期文化特征并有线图的陶器共14件，包括附加堆

纹罐7件、侈口鼓腹罐2件、折沿鼓腹罐1件、钵2件、盆1件、壶1件。

附加堆纹罐　7件,根据附加堆纹的施纹位置不同,分为两型:

A型　附加堆纹饰于口沿附近。根据附加堆纹与口沿的距离,可分为三式:

Ⅰ式　1件,附加堆纹上缘与唇沿有一定距离。H1:6,仅存口沿,夹砂红褐陶,口沿下饰一周方格状附加堆纹。

Ⅱ式　1件,附加堆纹上缘与唇沿有较短距离。T14②:20,仅存口沿,夹砂红褐陶,侈口,口沿下饰一周锯齿状附加堆纹。

Ⅲ式　3件,唇与附加堆纹连为一体。T3②:6,夹砂红褐陶,敛口,尖唇,附加堆纹上饰纵向刻划纹;F3:5,尖唇,夹砂黑褐陶,附加堆纹上饰交叉刻划纹。

B型　腹部饰竖排附加堆纹,口沿附近未发现附加堆纹,均仅存口沿。T8②:36,夹细砂红陶,竖排附加堆纹间绘有红彩;T2②:25,羼滑石红陶,腹上部饰一周点线纹,点线纹下为竖排附加堆纹,通体绘红彩。

侈口鼓腹罐　2件,侈口,鼓腹,均仅存口沿。H1:1,夹砂红褐陶,口沿以下饰刻划几何纹;T04②:9,夹细砂红陶,腹部饰刻划人字纹。

折沿鼓腹罐　1件。F3:l,夹砂黑褐陶,体大。

钵　2件,夹细砂红陶,敛口,表面磨光,弧壁内收。T8②:38,平底;T8②:39,假圈足。

盆　1件。F3:4,夹砂黑皮陶,腹部饰不规则弦纹数道,侈口,折沿。

壶　1件。F3:2,仅存颈部,泥质黄褐陶,表面磨光。侈口,长颈,广肩(图3—7)。

除上述4处较为典型的遗址外,还有瓦房店交流岛蛤皮地遗址、歪头山遗址、甘井子文家屯遗址、旅顺石灰窑遗址等(图3—8)。

考古报告共列举有线图陶器63件,其中饰附加堆纹陶器共36件(罐30,壶6),占总数的57.1%;素面和施其他纹饰陶器27件(筒形罐、折沿鼓腹罐、壶、钵、碗、豆、盂、盆、器耳等),占总数的42.9%。

由于已发表的资料较少,以上数据有可能存在偏差,但即便存在偏差,附加堆纹陶器在这一时期仍然占有较大比重。

通过以上对比分析,不难发现,地理位置上,三堂遗址、郭家村遗址以及大潘家村遗址与小珠山遗址非常接近,四者间陶器也存在较大共性,尤

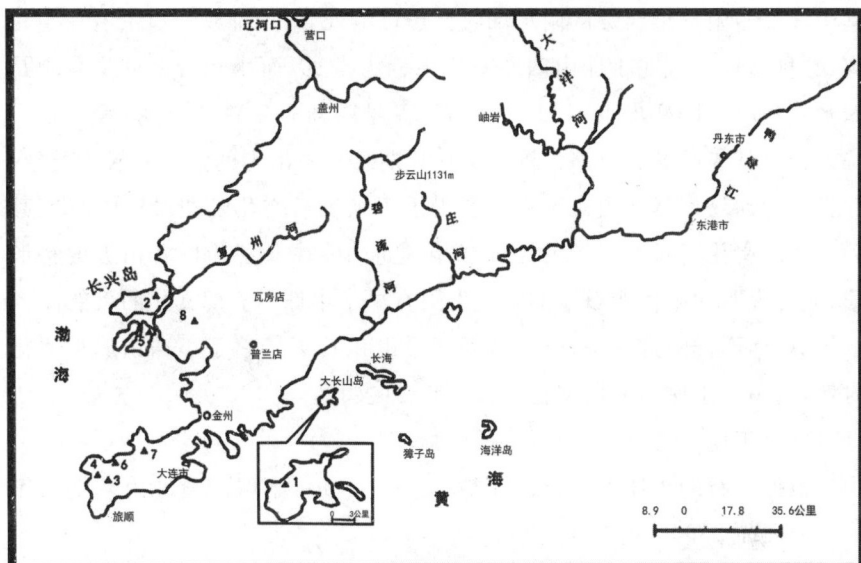

图 3—8　小珠山四期文化遗址分布图

1. 小珠山遗址；2. 三堂遗址；3. 郭家村遗址；4. 大潘家村遗址；5. 蛤皮地遗址；
6. 石灰窑遗址；7. 文家屯遗址；8. 歪头山遗址

其是附加堆纹罐的数量均较多，已经成为这一地区的主流。我们将这 4 处遗存部分陶器作为一个整体进行讨论，统称为小珠山四期文化。

（五）相关墓葬分析

关于小珠山四期文化的墓葬，截至目前少有发现。仅在三堂遗址发现墓葬两座。墓葬均开口于ⅡT0101④A 层下，均葬有一孩童。M1 为长方形竖穴土坑墓，葬式不详，仅出土几块趾骨和牙齿，其上压一长条形石板，未发现随葬品。M2 为长方形竖穴土坑墓，墓长 1.40 米，宽 0.40 米，深 0.20 米；在头部北侧发现有壶的残片，别无其它遗物；从骨骼观察，右侧骸骨明显比左侧粗大，当为生前患有残疾。这两座墓葬均发现于居住区，均为儿童墓，或可说明当时人有和其他地区一样将夭折的孩童葬于居址附近的习惯。

截至目前，辽东半岛地区发现的最早墓葬群当属四平山积石冢和文家屯积石冢，这两处积石冢的年代多被定义在"小珠山上层"时期，而近年"小珠山上层"已经进一步细化为小珠山四期和小珠山五期，所以这两处积石冢有必要进一步确定其年代。

在四平山 36 号积石冢 Q 石室出土的陶器中，有较多的附加堆纹罐。

其中302号附加堆纹罐的附加堆纹饰于口沿处,附加堆纹与口沿有一定距离,这种施纹方式在小珠山四期文化中较为常见,而小珠山五期文化中是未曾发现的。同样出土于Q石室的223号陶器是一件猪形鬶,澄田正一等人指出其与胶县三里河大汶口文化晚期墓葬中出土的猪形鬶极为类似,并且这种动物形鬶在山东半岛主要出土于大汶口文化晚期遗址中[①],在其后的龙山文化遗址和小珠山五期文化遗址中,并未发现与之相近的猪形鬶,或可说明四平山积石冢的年代上限有早于小珠山五期文化的可能性。

综上,不排除这样一种可能,即四平山积石冢始建于小珠山四期文化时期,沿用至小珠山五期文化、双砣子一期文化。

(六)年代

根据最新的小珠山遗址测年数据(表3—1),小珠山遗址第四期的年代为公元前2565—前2340年[②]。

表3—1　小珠山遗址第四期2009年出土动物骨骼样品碳十四测年数据表

序号	实验室编号	原编号	样品物质	碳十四年代(B. P.)	树轮校正年代(B. C. ,OxCal. 310,1σ)	树轮校正年代(B. C. ,OxCal. 310,2σ)
1	ZK—4021	T1412⑥	不明	3965±28	2565—2530(28.6%) 2495—2460(39.6%)	2580—2430(88.2%) 2420—2400(2.8%) 2380—2340(4.3%)
2	ZK—4022	T1412④	不明	3898±29	2470—2340(68.2%)	2470—2290(95.4%)

说明:采自《辽宁长海小珠山遗址考古学文化的年代序列》。所用碳十四半衰期为5568年,B. P. 为距1950年的年代。

小珠山四期文化的三足钵与白石村二期文化的三足钵形制极其相近,豆与海岱龙山文化的豆形制也较为相似,这些特征也说明小珠山四期文化所处的年代相当于大汶口文化晚期至海岱龙山文化早期阶段。

二、性质与类型

(一)性质

关于小珠山四期文化的性质问题,学术界存在两种不同看法。部分学

---

① 山东省文物管理处、济南市博物馆:《大汶口:新石器时代墓葬发掘报告》,文物出版社,1974年;
中国社会科学院考古研究所:《胶县三里河》,文物出版社,1988年。
② 张雪莲、金英熙、贾笑冰:《辽宁长海小珠山遗址考古学文化的年代序列》,《考古》2016年第5期。

者认为小珠山四期文化与偏堡子文化属于同一考古学文化[1]。还有人认为,小珠山四期文化是在土著文化的基础上融合外来文化的因素,形成的一种融合文化体[2]。可见,对于小珠山四期文化性质的认识,学术界还存在着分歧。

下面试对各遗址出土物所包含的文化因素进行定量分析如下(表3—2至表3—5):

表3—2　小珠山遗址第四期遗存陶器文化因素分析

器类 ＼ 文化因素	偏堡因素	土著因素	山东因素
附加堆纹罐	6		
钵			4
豆			1
合计	6		5
比例	55％		45％

小珠山遗址第四期遗存附加堆纹陶器共6件,均呈现出偏堡子文化的特征,且占大宗。钵4件、豆形器1件,应为山东文化因素。

表3—3　三堂一期陶器文化因素分析

器类 ＼ 文化因素	偏堡因素	土著因素	山东因素
附加堆纹罐	13		
卷沿罐		1	
壶	5		
碗		3	
钵			3
三足钵			1
盂			1

---

[1] 杜战伟:《中国东北南部地区新石器文化的时空框架与谱系格局研究》,吉林大学博士学位论文,2014年。

[2] 王嗣洲:《关于小珠山四期文化的几个问题》,《辽宁省博物馆馆刊》2010年第5辑。

文化因素 器类	偏堡因素	土著因素	山东因素
器耳		2	
合计	18	6	5
比例	62.1%	20.7%	17.2%

三堂遗址第一期遗存附加堆纹陶器13件、壶5件,均呈现出偏堡子文化的特征,且占大宗。卷沿罐1件、碗3件、器耳2件,属土著文化因素。钵4件、盂1件,则为山东文化因素。

表3—4 郭家村遗址陶器文化因素分析

文化因素 器类	偏堡因素	土著因素	山东因素
附加堆纹罐	2		
卷沿罐		3	
钵			1
壶		1	
碗		1	
盂			1
合计	2	5	2
比例	22.2%	55.6%	22.2%

郭家村遗址上层出土附加堆纹罐2件,为偏堡子文化因素。卷沿罐3件、圈足碗1件、直口壶1件,为土著文化因素。钵1件、盂1件,为山东文化因素。

表3—5 大潘家村陶器文化因素分析

文化因素 器类	偏堡因素	土著因素	山东因素
附加堆纹罐	7		
侈口鼓腹罐	2		
钵			2
折沿鼓腹罐		1	
壶	1		
盆		1	

续表

文化因素　　　　器类	偏堡因素	土著因素	山东因素
合计	10	2	2
比例	72.4%	14.3%	14.3%

大潘家村遗址出土附加堆纹罐 7 件、侈口鼓腹罐 2 件、壶 1 件,属偏堡子文化因素。折沿鼓腹罐 1 件、盆 1 件,为土著文化因素。钵 2 件,为山东文化因素。

在对各典型遗址进行分析的基础上,将其纳入到一个整体进行定量分析,数据见表 3—6。

表 3—6　小珠山四期文化因素比例表

因素　　　器类	偏堡因素	土著因素	山东因素	总量
陶器(件)	36	13	14	63
所占比例	57.14%	20.64%	22.22%	100%

根据上述统计数据显示,小珠山四期文化陶器以卷沿罐、碗、盆等为代表的陶器总计 13 件,具有土著文化的特征,约占总数的 20.64%。以钵、盂、豆为代表的陶器呈现出山东大汶口文化的特点,约占总数的 22.22%。以附加堆纹罐、敞口壶为代表的陶器具有明显的偏堡子文化风格,约占总数的 57.14%。综上,小珠山四期文化由偏堡子文化、土著文化和山东大汶口文化三部分构成,但其主体部分具有明显的偏堡子文化风格,所以小珠山四期文化应归属于偏堡子文化的范畴。

关于偏堡子文化的分期,将根据具有明确地层关系的三堂遗址一期遗存进行分析如下:

根据地层与遗迹的叠压打破关系,可将三堂一期分为早、晚两段。早段为Ⅱ区的第⑥层和开口于第⑤层下的 F1—F3,晚段为Ⅱ区的第⑤层和Ⅰ区的 H5。早晚两段陶器中,附加堆纹罐和壶的发展演变序列清晰。

三堂一期文化早段以Ⅱ区的 F3 为代表。这一时期附加堆纹罐的附加堆纹与其唇部有一定距离。ⅡF3 下:22,附加堆纹上饰斜向平行刻划纹,腹部贴稀疏窄细条堆纹。ⅡF3 下:23,附加堆纹上饰竖向、斜向平行刻划纹,腹壁贴竖向窄细条堆纹。ⅡF3上:19,附加堆纹上饰竖向、斜向平行刻划纹,腹中部贴附加堆纹一周,饰斜向平行刻划纹。

　　三堂一期文化晚段以Ⅱ区第⑤层为代表。这一时期装饰于口沿外侧的附加堆纹已与唇部抹平,成为一体(或称为叠唇)。ⅡT104⑤:15,附加堆纹上饰刻划纹。ⅡT302⑤:11,附加堆纹上饰交错刻划纹。ⅡT302⑤:12,附加堆纹上饰刻划人字纹加斜向平行纹(图3—9)。

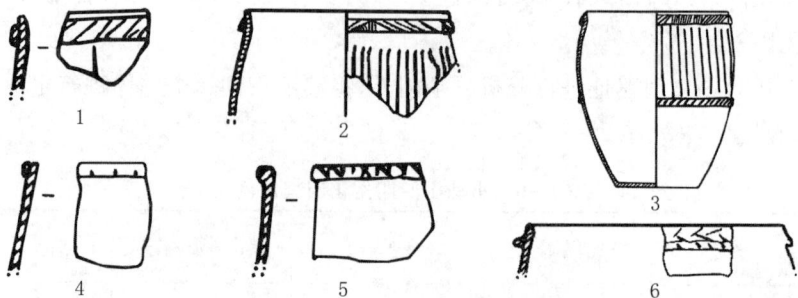

图3—9　三堂一期附加堆纹罐

1—3. 早段(三堂ⅡF3下:22、ⅡF3下:23、ⅡF3上:19);

4—6. 晚段(三堂ⅡT104⑤:15、ⅡT302⑤:11、ⅡT302⑤:12)

　　综上,三堂一期贴附加堆纹罐的变化趋势为:口沿外侧附加堆纹上缘与口沿连接处抹平,与唇有一段距离,逐渐发展为附加堆纹上移与唇部距离缩小,最后与唇连为一体。口沿外附加堆纹泥条也由凸面渐变为平面,最后形成内凹的弧面。堆纹下缘经刮抹与器壁形成一定空隙,下部略外撇,逐渐演变为近平向外撇,最后完全平向,变化规律相当清楚。壶无完整器,仅见口沿和腹残片,腹残片上有平行双线组成的三角纹带,内填平行线纹。总体变化规律为:口部由大变小,由敞口演变为侈口[①](图3—10)。

图3—10　三堂一期陶壶演变图

1、2. 早段(三堂ⅡF3上:17 、三堂ⅡF3上:18);

3、4. 晚段(三堂ⅡT102⑤:9 、三堂ⅡT203⑤:1)

---

①陈全家、陈国庆:《三堂新石器时代遗址分期及相关问题》,《考古》1992年第3期。

　　以此变化规律为基准,我们对偏堡子文化诸遗址的年代早晚关系进行分析如下。

　　新民偏堡遗址位于沙丘地带,地层属冲积层,出土遗物混杂,既有新石器时代遗物,也有青铜时代遗物。从文字和图版看,陶器中唯深腹筒形罐属新石器时代。筒形罐腹部微鼓,口沿下部的附加堆纹泥条距离口沿较远(图3—11)。较三堂一期早段的附加堆纹罐(三堂ⅡF3下:23)的附加堆纹位置偏下,其时代应早于三堂一期早段,是我们现在认识到的偏堡子文化当中年代最早者。

图3—11　偏堡遗址
附加堆纹罐

　　新民东高台山遗址中,74H731:2和74H731:3等的附加堆纹与唇部距离较远,与偏堡遗址筒形罐相近,两者时代应该相当[①]。80北扩⑤:1等附加堆纹罐的附加堆纹与唇部距离和三堂一期早段相近,两者时代应相当。80T1⑤:20附加堆纹罐唇部与口沿重合[②](图3—12),和三堂一期晚段附加堆纹罐相近,两者时代应相当。也就是说,新民高台山遗址偏堡子文化包含有早、中、晚三段的遗存。

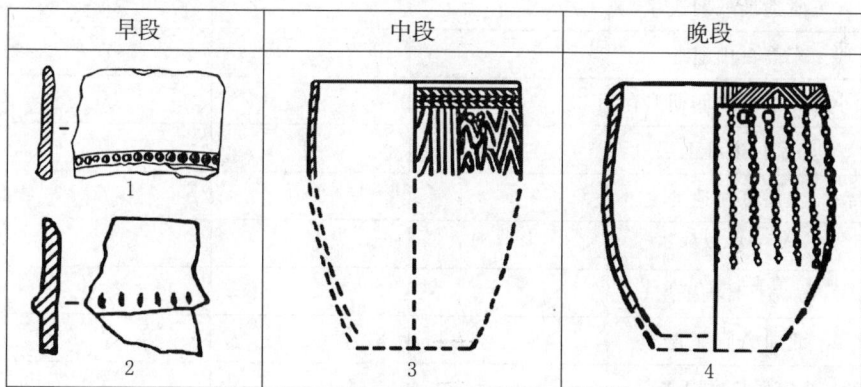

早段	中段	晚段
1 2	3	4

图3—12　东高台山遗址附加堆纹罐分段
1. 74H731:2;2. 74H731:3;3. 80北扩⑤:1;4. 80T1⑤:20

---

① 沈阳市文物管理办公室:《沈阳新民县高台山遗址》,《考古》1982年第2期。
② 沈阳市文物管理办公室:《新民东高台山第二次发掘》,《辽海文物学刊》1986年第1期。

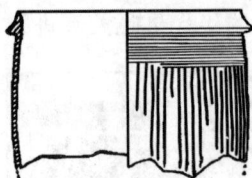

图 3—13　肇工街遗址
附加堆纹罐

沈阳肇工街遗址附加堆纹罐口沿外侧的附加堆纹基本都与唇部连为一体[1]（图 3—13），是故其年代与三堂一期晚段相当。

小珠山遗址第四期遗存附加堆纹罐多数口沿外侧的附加堆纹与唇部连为一体，仅有一件附加堆纹上缘与唇部有一段距离，推测小珠山遗址第四期的年代既有早段也有晚段，但以晚段为主。

郭家村遗址和大潘家村遗址附加堆纹罐的附加堆纹所处位置大体同于三堂一期，也就是说，既有三堂一期早段也有三堂一期晚段的特点。

马城子 B 洞下层、北甸 A 洞下层、张家堡 A 洞下层这三处洞穴遗址[2]的附加堆纹所处位置大体特征和三堂一期相似，推测年代相当。

综合分析各遗址典型陶器特征，特别是附加堆纹罐的演变规律，可将偏堡子文化分为早、中、晚三个阶段。各遗址早晚关系如表 3—7。

表 3—7　偏堡子文化各遗址早、中、晚段对应关系

偏堡子文化 典型遗址	早	中	晚
偏堡遗址	√		
三堂遗址一期遗存		√	√
东高台山遗址	√	√	√
小珠山遗址第四期遗存			√
郭家村遗址上层			√
大潘家村遗址		√	√
肇工街遗址			√
马城子 B 洞下层		√	√
北甸 A 洞下层		√	√
张家堡 A 洞下层		√	√

①中国社会科学院考古研究所东北工作队：《沈阳肇工街和郑家洼子遗址的发掘》，《考古》1989 年第 10 期。
②辽宁省文物考古研究所等：《马城子：太子河上游洞穴遗存》，文物出版社，1994 年。

（二）文化类型

偏堡子文化分布和影响的范围都比较广,北至辽宁中部下辽河流域平原地区,南面到辽东半岛渤海、黄海沿岸诸岛屿,东到辽东山地和鸭绿江畔。由于地理位置和自然环境的差异,以及与不同邻境地区的考古学文化之间的交互影响等原因,该文化不同区域之间的文化特征有所差异。据此,我们将偏堡子文化暂时分为三个类型。

以下辽河沈阳一带为主要分布区的偏堡类型。典型遗址有:新民偏堡遗址、东高台山遗址、沈阳肇工街遗址,典型器物包括附加堆纹筒形罐、壶、钵等。以饰附加堆纹的罐和壶多见,次为饰几何纹的罐和壶,纹饰还有斜线纹、斜点纹、交叉纹等,且多在同一器物上复合应用,肇工街遗址还有属于北方篦划纹系统的密集型纹饰。器耳有瘤状耳、桥状耳、鋬耳、鼻状耳。

以辽东半岛为主要分布区的小珠山类型。典型遗址有:小珠山遗址第四期遗存、三堂遗址第一期遗存、大潘家村遗址、郭家村遗址上层第一组。陶器多含滑石和云母,多为夹砂褐陶。以附加堆纹罐为大宗,平底,深腹,根据形制又可细分为筒形罐和鼓腹罐两种。其次有壶、钵、碗、盂、豆等。壶多在颈肩处施纹,敞口。纹饰方面普遍存在波浪形扁平附加堆纹、平行纵向泥条纹及口沿外叠唇上施纹的方式。

以本溪太子河流域为主要分布区的马城子类型。典型遗址有:马城子B洞下层、北甸A洞下层、张家堡A洞下层。赵宾福、杜战伟二位先生曾撰文对其进行分组和文化辨识,通过辨识,包括该区水洞遗址在内的这些遗存实际是三种不同的考古学文化,分别是水洞下层文化、偏堡子文化和北沟文化,其中的偏堡子文化包括该文所分的北甸A洞下层乙组、马城子B洞下层乙组和张家堡A洞下层乙组,是内涵单纯的偏堡子文化遗存①。可观察器形为筒形罐,口沿多叠唇,器表施或竖或斜的附加堆纹(图3—14)。

偏堡子文化三个地方类型分布如图3—15。

---

① 赵宾福、杜战伟:《太子河上游三种新石器文化遗存的辨识——论本溪地区水洞下层文化、偏堡子文化和北沟文化》,《中国国家博物馆馆刊》2011年第10期。

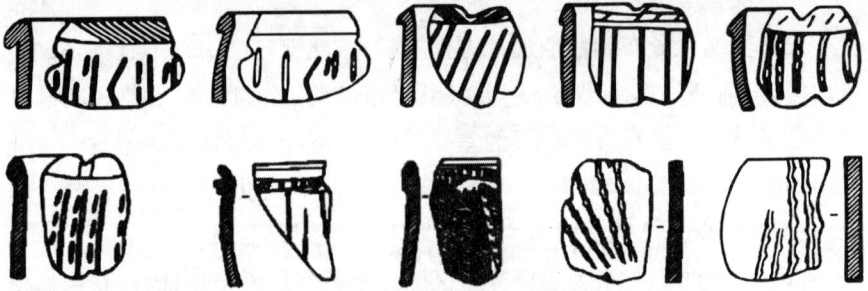

图3—14　马城子类型陶器

（采自《太子河上游三种新石器文化的辨识》）

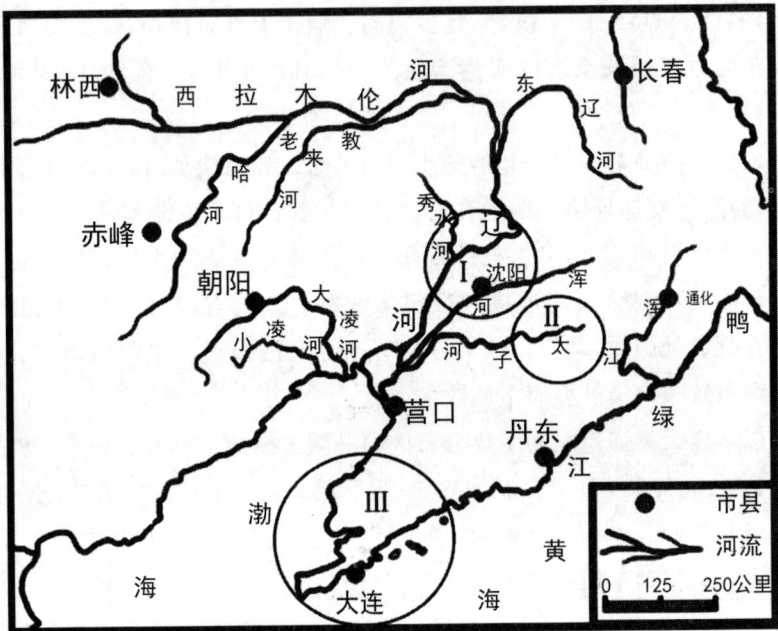

图3—15　偏堡子文化三个地方类型分布示意图

Ⅰ偏堡类型；Ⅱ马城子类型；Ⅲ小珠山类型

从上文的分析可以看出，偏堡子文化三个类型当中的偏堡类型涵盖早、中、晚三个阶段的遗存，辽东半岛的小珠山类型涵盖中、晚两个阶段的遗存，太子河流域马城子类型仅有晚段遗存。故此，偏堡子文化的产生及发展关系明确，最早产生于以沈阳地区为中心的偏堡类型，接着向南发展形成小珠山类型，向东发展形成马城子类型。

三、来源和流向

（一）来源问题

小珠山四期文化的来源问题学术界探讨颇多。除本地区与小珠山四期文化有叠压关系的小珠山三期文化可能是其直接来源外,有学者认为其是受到来自胶东半岛文化因素的影响才得以形成[①],还有学者认为它的形成源头可追溯到辽宁腹地的偏堡子文化[②]。下面探讨这三支考古学文化与小珠山四期文化来源之间的关系。

1. 小珠山三期文化

小珠山四期文化叠压于小珠山三期文化之上[③]。两者在分布地域上重叠,均以辽东半岛南部为主要分布区。在陶质陶色方面基本一致,多为夹细砂或夹砂红褐陶、夹砂黑褐陶,多含云母、滑石。石器特征比较接近,如磨制石器较多,打制石器较少;石器的器类基本一致,都有镞、铲、刀、斧、网坠等,且形制相似。

在陶器器形方面,小珠山四期文化存在着诸多与小珠山三期文化有承袭关系的因素。小珠山四期文化典型陶器中的豆和碗的形态与小珠山三期文化同类器形态基本一致。小珠山四期文化的筒形罐(郭家村73T1F1:212)口沿两侧各有一椭圆柱状耳,与小珠山三期文化筒形罐(郭家村73T1⑧:240)形态接近,只是唇部特征在发展过程中稍有变化,体现出一定的传承关系。小珠山四期文化肩饰弦纹的小口壶(三堂ⅡT9②:25),应由小珠山三期文化的高领壶(吴家村ⅡG1②:43)演变而来(图3—16)。

在陶器纹饰方面,小珠山三期文化的刻划纹、人字纹、短斜线纹、短竖线纹、弦纹、刺点纹等,在小珠山四期文化中均得以延续。

通过以上分析,不难看出,两者之间存在着较多的相同因素。小珠山

---

①王嗣洲:《关于小珠山四期文化的几个问题》,《辽宁省博物馆馆刊》2010年第5辑;张翠敏:《辽东半岛新石器时代晚期文化区系类型遗迹与周边文化的关系》,《辽宁省博物馆馆刊》2009年第4辑。

②朱永刚:《辽东地区新石器时代含条形堆纹陶器遗存研究》,《青果集——吉林大学考古专业成立二十周年考古论文集》,知识出版社,1999年;陈国庆、陈全家:《三堂新石器时代遗址分期及相关问题》,《考古》1992年第3期;李恭笃、高美璇:《试论偏堡文化》,《北方文物》1998年第2期。

③中国社会科学院考古研究所、辽宁省文物考古研究所、大连市文物考古研究所:《辽宁长海县小珠山新石器时代遗址发掘简报》,《考古》2009年第5期。

四期文化中的部分石器,陶器当中的豆、碗、罐、壶等器形及部分纹饰源于小珠山三期文化。可以说,小珠山三期文化是小珠山四期文化的来源之一。

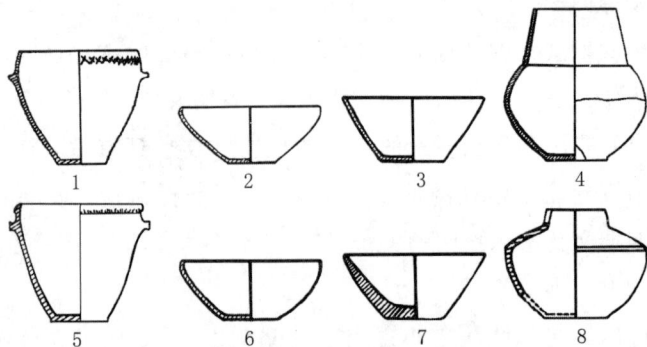

图3—16　小珠山三期文化与小珠山四期文化陶器之比较

1—4.小珠山三期(郭家村73T1⑧∶240、郭家村ⅡT7④∶23、吴家村ⅠT1②∶38、吴家村ⅡG1②∶43);5—8.小珠山四期(郭家村73T1F1∶212、大潘家村T8②∶38、三堂ⅡT101⑤∶2、ⅡT9②∶25)

2. 大汶口文化

大汶口文化主要分布于海岱地区,北到辽东半岛,东至黄渤海,西达河南中部,南抵江苏和安徽北部[①]。至今,大汶口文化发现的遗址达近百处,经过正式发掘的遗址主要有山东泰安大汶口[②]、曲阜西夏侯[③]、胶县三里河[④]、诸城呈子[⑤]、长岛北庄[⑥]等。大汶口文化的碳十四测年数据较多,除去一部分测年明显偏早或偏晚的数据之外,多数在距今6100—4600年间[⑦]。栾丰实先生将大汶口文化分为早、中、晚三期。其中,早期阶段约为距今6100—5500年,中期阶段约为距今5500—5000年,晚期阶段约为距今

①张鑫:《大汶口文化研究》,吉林大学博士学位论文,2015年。
②山东省文物管理处、济南市博物馆:《大汶口》,文物出版社,1974年;山东省博物馆:《山东滕县岗上新村新石器时代墓葬试掘报告》,《考古》1963年第7期;山东省文物考古研究所:《大汶口续集——大汶口遗址第二、三次发掘报告》,科学出版社,1997年。
③中国科学院考古研究所山东队:《山东曲阜西夏侯遗址第一次发掘报告》,《考古学报》1964年第2期;中国社会科学院考古研究所山东队:《西夏侯遗址第二次发掘报告》,《考古学报》1986年第3期。
④中国社会科学院考古研究所:《胶县三里河》,文物出版社,1988年。
⑤昌潍地区文物管理组、诸城县博物馆:《山东诸城呈子遗址发掘报告》,《考古学报》1980年第3期。
⑥北京大学考古队等:《山东长岛北庄遗址发掘简报》,《考古》1987年第5期。
⑦栾丰实:《大汶口文化的发现与研究》,《海岱地区考古研究》,山东大学出版社,1997年。

5000—4600 年[①]。从数据来看，大汶口文化早期、中期，在年代上均早于小珠山四期文化。这里仅就大汶口文化中期略作比较。

大汶口文化中期阶段主要器形有罐形鼎、钵形鼎、盆形鼎、鬶、三足或圈足觚形杯、浅盘镂空豆、单耳杯等。而这些因素均不见于小珠山四期文化。小珠山四期文化的主要器形为附加堆纹罐、壶等，也不见于大汶口文化中期，是为两者最主要的差异。

尽管在文化面貌上差异显著，但是两者之间也存在一定的共同因素。小珠山四期文化卷沿鼓腹罐与大汶口文化中期同类罐基本一致。小珠山四期文化的三足钵（三堂ⅡT101⑤:2）在当地找不到来源，而与大汶口文化中期的三足钵十分相似，此外小珠山四期文化圈足钵（碗）与大汶口文化同类器接近。由此推测，小珠山四期文化的卷沿鼓腹罐、三足钵、圈足钵（碗）应源于大汶口文化，也就说，大汶口文化也是小珠山四期文化的来源之一（图 3—17）。

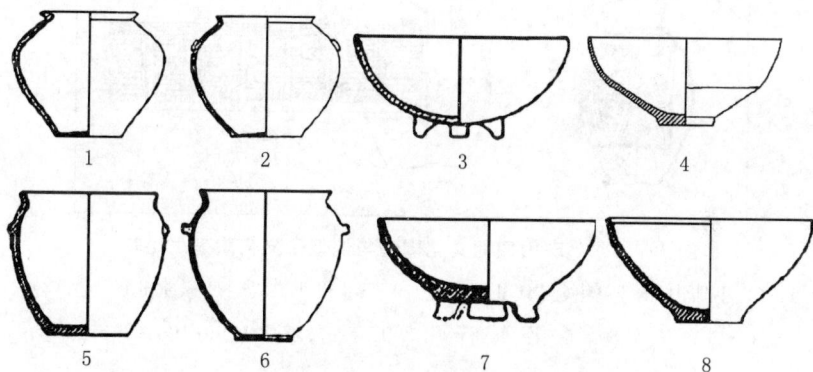

图 3—17　大汶口文化与小珠山四期文化陶器之比较

1—4. 大汶口文化中期（杨家圈 T4⑤:9、TG1:7、白石村 81ⅠTG3③:156、

白石村 81ⅠTG2②:1）;5—8. 小珠山四期文化（郭家村ⅠT9②:21、

郭家村 73T1②:30、三堂ⅡT101⑤:2、三堂ⅡT302⑤:10）

3. 偏堡子文化

偏堡子文化主要分布于辽宁省中部的沈阳地区，该文化因 1956 年调查发现的新民县偏堡遗址[②]而得名。属该类型的遗存除偏堡遗址之外，还有

①栾丰实：《大汶口文化的发现与研究》，《海岱地区考古研究》，山东大学出版社，1997 年。

②东北博物馆文物工作队：《辽宁新民县偏堡沙岗新石器时代遗址调查记》，《考古通讯》1958 年第 1 期。

东高台山遗址①、沈阳肇工街遗址②等。目前,偏堡子文化不见碳十四测年数据,多数学者将其年代估定为公元前3000年至前2000年左右③。

　　偏堡子文化的陶器多见羼滑石粉或云母的夹砂陶,泥质陶比较少见。制陶技法较原始,主要为手制,多采用泥条盘筑法。除少数钵、盆、壶外,最常见的器类是弧腹筒形罐。此类罐口部微敛,口沿外往往贴一周宽边泥条,其上压划几何纹样。筒形罐腹部一般均有纹饰,最常见的是一种贴附多道细泥条的所谓竖凸棱纹,同时下腹还贴有一周横向泥条,与各条竖凸棱纹的下端相接(图3—18)。筒形罐上流行刻划几何纹,还有平行短斜线纹、人字纹、网格纹、点纹、席状纹、叶脉状纹等。竖凸棱纹与刻划纹互补并用、共施一器的实例也比较多(图3—19)。

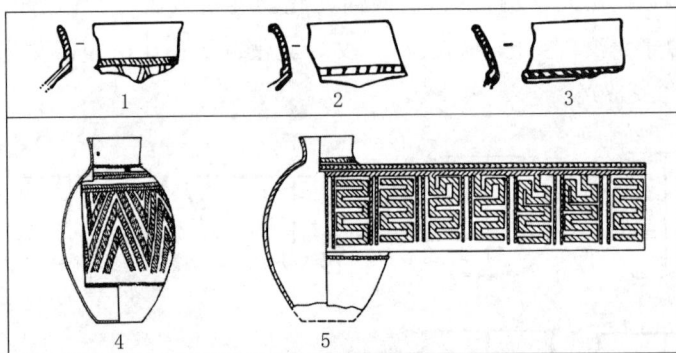

图3—18　小珠山四期文化陶壶与偏堡子文化陶壶之比较

1—3. 小珠山四期文化(三堂ⅡT102⑤:9、三堂ⅡT203⑤:1、三堂ⅡF3上:18);

4、5. 偏堡子文化(东高台山80T1⑤:1、东高台山 T1⑤:2)

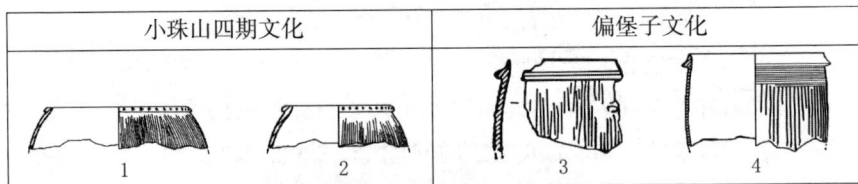

图3—19　篦划纹之比较

1、2. 小珠山;3、4. 肇工街

---

① 沈阳市文物管理办公室:《新民东高台山第二次发掘》,《辽海文物学刊》1986年第1期。

② 中国社会科学院考古研究所东北工作队:《沈阳肇工街和郑家洼子遗址的发掘》,《考古》1989年第10期。

③ 中国社会科学院考古研究所:《中国考古学·新石器时代卷》,中国社会科学出版社,2010年。

前文已论及小珠山四期文化归属于偏堡子文化小珠山类型。偏堡子文化最早产生于以沈阳地区为中心的偏堡类型,小珠山类型是偏堡类型南向发展的结果,是故小珠山四期文化的主要来源为偏堡子文化偏堡类型。

综上,小珠山四期文化的来源,主体为偏堡子文化偏堡类型,海岱地区的大汶口文化和本土的小珠山三期文化也分别是其来源之一。

(二)流向问题

小珠山五期文化是小珠山四期文化消亡后,在本地形成的一支新的考古学文化。从辽东半岛考古学序列来讲,关于小珠山四期文化的流向,应该与小珠山五期文化具有一定关系。

小珠山遗址第五期遗存的陶器以黑陶为主,褐陶次之,多夹砂或夹细砂,部分陶器含少量云母,部分黑陶有轮修痕迹且器表经磨光处理。该遗址出土多种器类,以平底鼓腹罐为最多,其余还常见钵、盆等器物。鼓腹罐以折沿为主,发现较多双唇。纹饰以平行凹弦纹为主,存在部分素面陶,还有少量的刻划纹。石器以磨制为主,打制很少。器形有网坠、斧、锛、刀、镞、杵、磨棒、砥石等[①]。

小珠山五期文化叠压于小珠山四期文化之上,在较早阶段的发掘中,曾将两种文化视为同一文化[②]。小珠山五期文化的附加堆纹罐即是由小珠山四期文化直接发展而来;而小珠山五期文化的折沿罐,也极有可能是在小珠山四期文化的卷沿罐基础上演变而来;至于小珠山五期文化的钵,也是来源于小珠山四期文化(图3—20)。也就是说,小珠山四期文化的一部分因素被小珠山五期文化所承袭,小珠山五期文化是小珠山四期文化的流向之一,但小珠山五期文化的主要来源应为山东龙山文化,在此不进行展开探讨。

四、与周边诸文化的关系

(一)北沟文化

北沟文化得名于北沟遗址。该遗址位于辽宁省岫岩县岫岩镇西北营

---

① 中国社会科学院考古研究所、辽宁省文物考古研究所、大连市文物考古研究所:《辽宁长海县小珠山新石器时代遗址发掘简报》,《考古》2009 年第 5 期。

② 辽宁省博物馆、旅顺博物馆、长海县文化馆:《长海县广鹿岛大长山岛贝丘遗址》,《考古学报》1981 年第 1 期。

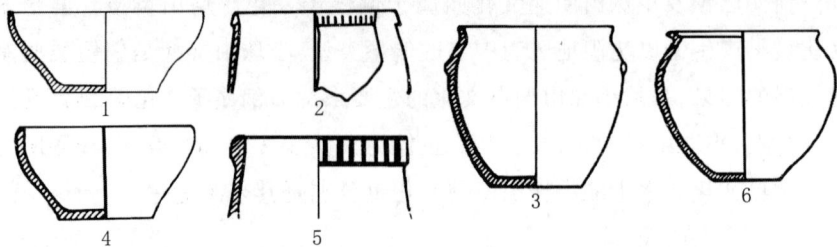

图 3—20　小珠山四期文化与小珠山五期文化陶器之比较

1—3. 小珠山四期（郭家村Ⅱ T91②：24、大潘家村 T3②：6、郭家村Ⅰ T9②：21）；

4—6. 小珠山五期（小珠山 T2②：27、小珠山Ⅱ T1②：26、蛎碴岗 T5②：48）

子村。北沟文化主要分布于辽东半岛北部、千山东麓和鸭绿江下游及其支流地区。主要遗存除北沟遗址①外，还有东沟石佛山遗址②和西泉眼遗址③等。

北沟文化的年代目前仅有北沟遗址的 3 个碳十四测年数据，分别为距今 4390 ± 150 年、4210 ± 110 年、4650 ± 100 年④，大体上相当于黄河下游地区的大汶口文化晚期和龙山文化阶段，同时也印证了该文化与小珠山四期文化、小珠山五期文化均存在共时。

北沟文化陶器胎壁较厚，多含滑石粉。以黑褐陶和红褐陶居多，磨光黑陶和红衣陶较少。陶器均为手制，烧制火候较高。纹饰多施于器身上部，主要为刻划纹，其次是附加堆纹。刻划纹中数量较多的是席纹、人字纹、梳齿纹和几何纹。器物种类有罐、壶、碗、圈足盘、三环足盘和镂空豆等。其中，罐和壶是最主要的器类。罐多折沿或卷沿。壶有大壶和小壶、高领和矮领之别，有的还附有对称的双耳，而且耳上部施纹。器表纹饰多施于腹身上部，腹身下部至底无纹⑤。

工具主要为磨制石器，主要有石斧、双孔石刀、石镞、石剑、石凿、磨盘和磨棒等。打制石器见有锄、盘状器和石球。压制石器有长条刮削器和三角凹底石镞。此外还发现了少量的陶网坠、陶纺轮。装饰品发现 1 件绿松石坠。

---

①许玉林、杨永芳：《辽宁岫岩北沟西山遗址发掘简报》，《考古》1992 年第 5 期。

②许玉林：《辽宁东沟县石佛山新石器时代晚期遗址发掘简报》，《考古》1990 年第 8 期。

③许玉林：《东沟县西泉眼新石器时代遗址调查》，《辽海文物学刊》1988 年第 1 期。

④许玉林、杨永芳：《辽宁岫岩北沟西山遗址发掘简报》，《考古》1992 年第 5 期。

⑤中国社会科学院考古研究所：《中国考古学·新石器时代卷》，中国社会科学出版社，2010 年。

　　值得一提的是,石佛山遗址ⅠT3:19、ⅠT3:8、ⅠT3:20、ⅠT4:36 这 4
件陶罐(图 3—21),其口沿外侧均为条形附加堆纹,条形附加堆纹与唇部
连为一体而形成叠唇。这种装饰风格与小珠山四期文化的装饰风格几乎
完全一致。而北沟文化的北沟遗址出土的陶罐口沿均为侈口,已不见叠唇
口沿。石佛山遗址的陶壶ⅡT1:21 与小珠四期文化陶壶施纹手法十分相
似,均在陶壶颈肩交接处施附加堆纹,而口沿残片表明两者在形制上存在
差异。在侈口鼓腹罐方面,石佛山遗址ⅠT4:19 鼓腹罐与大潘家村遗址
H1:1 鼓腹罐纹饰相似,石佛山遗址ⅠT4:38 鼓腹罐与大潘家村 T04②:9
鼓腹罐在形制和纹饰上都表现出相似的特征。而北沟文化的杯、圈足盘、
镂空豆、碗、三环足盘等,与小珠山四期文化的交流并不明显。从横向的互
动传播关系看,这些陶器在胶东半岛地区的大汶口文化晚期和海岱龙山文
化早期中是具有代表性的器物。

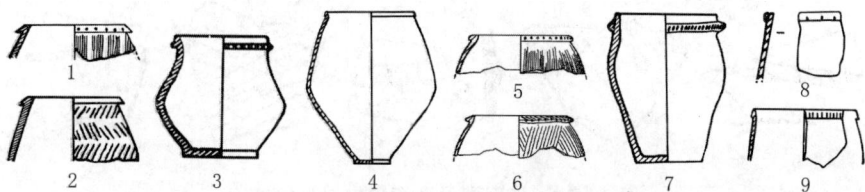

图 3—21　北沟文化与小珠山四期文化附加堆纹罐之比较
1—4. 北沟文化(石佛山ⅠT3:19、石佛山ⅠT3:8、石佛山ⅠT3:20、石佛山ⅠT4:36);
5—9. 小珠山四期文化(小珠山 09T1512④C:1、小珠山 09T1512④C:2、
小珠山 81T4②:90、三堂ⅡT104⑤:15、大潘家村 T6②:64)

　　通过上述分析可以得出,小珠山四期文化和北沟文化的交流是非常密
切的。陶器器形及其纹饰特征表明文化的交流是以小珠山四期文化向北
沟文化输出为主,而北沟文化存在的胶东半岛因素,应是其北上传播到辽
东半岛南部地区的小珠山四期文化,再向北传播到北沟文化的结果。

　　(二)胶东半岛诸文化

　　1. 大汶口文化晚期

　　大汶口文化晚期,小珠山四期文化与胶东半岛杨家圈类型交流密切。
杨家圈类型陶器中夹砂陶数量甚多,陶土羼合料多用滑石粒、屑,亦有羼合
沙、云母、贝壳等。因烧制和使用过程中的原因,大部分器物器表颜色斑
驳,呈红褐或灰褐色,颜色纯正的红陶和黑陶数量较少,灰陶数量最少。泥

质陶数量不多,颜色较为纯正,似乎烧制火候较高,胎土的淘洗也较细。器表装饰以素面或素面磨光为主,少量陶器施红衣,施纹陶器仅占 10％ 左右。主要纹饰有刻划纹、附加堆纹、拍印纹、戳印纹等(图 3—22)。刻划纹中以单线条或几条平行线组成的凹弦纹最为常见,两组弦纹之间或饰刻划的水波纹、网带纹、斜向平行线纹等,从而构成较宽的纹饰带。附加堆纹有齿状附加堆纹条和泥饼或泥突饰两种,常见于罐类深腹器之肩腹部。拍印纹中仅见篮纹一种,数量很少。有少量彩陶。陶器基本手制,主要器形有鼎式甗、鼎、鬶、夹砂深腹罐、大口罐、盆、钵、豆、尊等[①]。

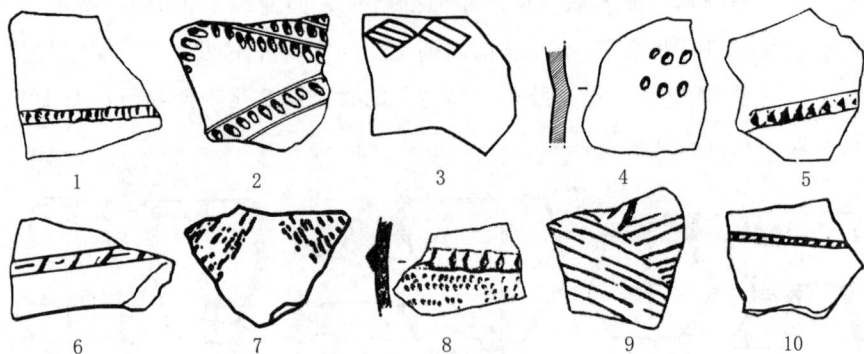

图 3—22　杨家圈类型紫荆山遗址纹饰[②]

1、5、6、10. 各式堆纹;2. 划纹和锥刺纹;3、7. 划纹;

4. 锥刺纹;8. 堆纹和锥刺纹;9. 压纹

2. 海岱龙山文化早期

这一时期的胶东半岛地区总体以圜底器、三足器和素面少纹陶器为主流因素,与小珠山四期文化附加堆纹罐为主流因素不同。尽管没有对小珠山四期文化起到决定性的影响,但是交流仍十分紧密,主要体现在器形和纹饰上。小珠山四期文化的卷沿罐与龙山文化早期卷沿罐形制相似,三足钵在外形上与海岱龙山文化三足钵几乎一致,豆则与海岱龙山文化早期豆接近。

(三)朝鲜半岛诸文化

1. 新岩里一期文化

新岩里遗址位于朝鲜平安北道龙川郡。该遗址经过多次发掘,识别出

---

①栾丰实:《大汶口文化的分期与类型》,《海岱地区考古研究》,山东大学出版社,1997 年。

②山东博物馆:《山东蓬莱紫荆山遗址试掘简报》,《考古》1973 年第 1 期。

一期、二期两种文化。新岩里一期文化包含有新岩里遗址一期(第一地点第一文化层)、堂山晚期遗存和双鹤里遗址,主要以新岩里遗址一期为代表,推测其年代应该在公元前 3000—前 2000 年间[1]。

新岩里一期文化陶器以罐、壶为基本器物组合。陶罐的特点表现为:口沿外侧的附加堆纹带与口沿基本重合形成叠唇,器身饰有纵向附加细泥条堆纹。陶壶的特点表现为:直口或敞口,颈部不见纹饰,腹部饰有雷纹或纵向附加细泥条堆纹。新岩里一期文化的几何纹陶器具有明显的辽东半岛几何纹陶器特征。这种呈 V 字形纹带的几何纹,在纹带里填划斜线,常见于偏堡子文化,而且壶和罐颈部上的刻划附加堆纹及其下部所饰纹带,与小珠山四期文化和偏堡子文化的陶器一致(图 3—23)。但附一对桥状耳的壶、罐却不见于同一时期的辽东半岛地区,这或可理解为是时间上的差异造成的。可以说在这一阶段,辽东半岛、沈阳地区和朝鲜半岛三地考古学文化之间的联系是比较紧密的。

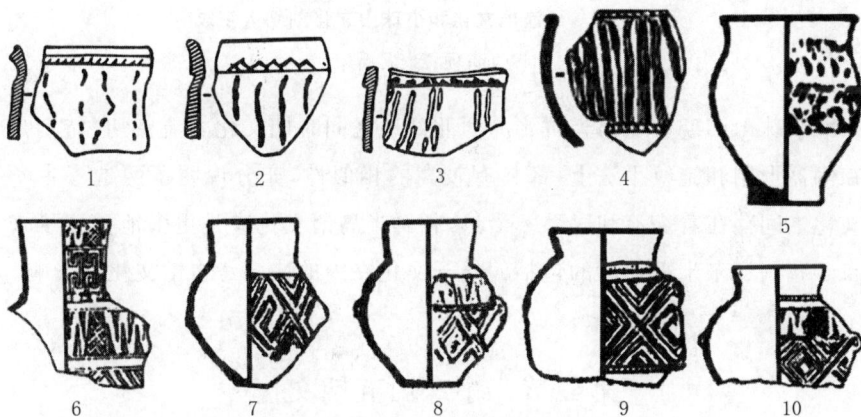

图 3—23　新岩里一期文化陶器[2]

1—4. 外叠唇罐;5. 侈口鼓腹罐;6—10. 壶;1.2. 堂山;3.4. 双鹤里;5—10 新岩里

2. 西浦项文化

西浦项遗址是一处贝丘遗址,位于朝鲜东北部咸镜北道雄基郡的图们江口处。该遗址地层清楚,堆积较厚。依照朝鲜学者的分期可从早至晚分为五个期别,其中一、二期为早期,三期为中期,四、五期为晚期。经比较,

---

①赵宾福:《中朝邻境地区的新石器文化比较研究》,《边疆考古研究》2010 年第 9 辑。
②赵宾福:《中朝邻境地区的新石器文化比较研究》,《边疆考古研究》2010 年第 9 辑。

赵宾福先生将西浦项遗址出土的五期遗存统称为西浦项文化,并将其中的一、二期定义为早期,三期定义为该文化的晚期一段,四、五期定义为该文化的晚期二段。西浦项文化晚期一段的年代约为公元前3000—前2500年[①],与小珠山四期文化共时。

西浦项文化晚期一段陶器器形除了平底筒形罐外,还见有壶、碗等。纹饰主要以刻划和压印的斜线纹、人字纹、点线纹、螺旋纹为主。西浦项文化饰人字纹这一特征和小珠山四期文化的陶器遍饰横向人字纹这一特征相一致(图3—24)。

图3—24　西浦项文化和小珠山文化刻划人字纹

1. 西浦项;2. 大潘家

小珠山四期文化与朝鲜半岛西北部地区同时期文化交流密切,特别是在陶器形制和施纹手法上,都具有较高的相似性,充分说明了两地考古学文化之间存在着交流和联系。当然,朝鲜半岛诸文化应是更多地受到了来自于我国辽东半岛地区的包括偏堡子文化在内的诸多考古学文化的影响。

第二节　小珠山五期文化

小珠山五期文化是受山东龙山文化强烈影响,并继承发展了部分土著文化而形成的一支新石器时代考古学文化。这一时期出现的积石冢这一独特的墓葬形制,成为辽东半岛地区石构墓葬的开端。

早在1981年的相关考古报告中就提出了"小珠山上层文化"的概念[②],并在相当长一个时期内被学界广为认同。进入21世纪,有学者根据新的

①赵宾福:《中朝邻境地区的新石器文化比较研究》,《边疆考古研究》2010年第9辑。
②辽宁省博物馆、旅顺博物馆、长海县文化馆:《长海县广鹿岛大长山岛贝丘遗址》,《考古学报》1981年第1期。

发掘资料在原有"三期说"抑或"四期说"的基础上,将"小珠山上层文化"进一步拆分为小珠山四期文化和小珠山五期文化①。而在其后的相关研究文章中均提及小珠山五期文化的概念②,说明小珠山五期文化这一概念正被学术界逐渐认可。关于小珠山五期文化的性质,有学者认为它属于山东龙山文化范畴,并将其命名为"龙山文化郭家村类型"③。也有研究者认为它是在继承土著的小珠山四期文化的基础上,同时受到偏堡子文化和山东龙山文化的强烈影响,发展而成的新的文化阶段④。

关于辽海地区的辽东半岛和辽西地区积石冢的关系,有学者认为辽东半岛是积石冢的发源地,此后逐渐向北或者东北传播,直至消失⑤。更多的学者认为两地积石冢有着千丝万缕的联系,认为辽东半岛积石冢的突然出现和红山文化积石冢的消失存在着直接联系⑥。

一、典型遗址

小珠山五期文化是环渤海地区新石器时代晚期文化的重要组成部分,迄今发现的相关遗存有:小珠山遗址、郭家村遗址、三堂村遗址、大潘家村遗址、蛎碴岗遗址、南窑遗址、上马石遗址中层、蛤皮地遗址以及新金县乔东遗址等(图3—25)。

---

① 中国社会科学院考古研究所、辽宁省文物考古研究所、大连市文物考古研究所:《辽宁长海县小珠山新石器时代遗址发掘简报》,《考古》2009年第5期。

② 徐昭峰:《辽东半岛新石器时代人类生存状况观察》,《东アジア地域の历史文化と现代社会》,桂书房,2012年;王嗣洲:《辽东半岛公元前3000年前后考古学文化现象初探》,《北方文物》2012年第2期;张翠敏:《小珠山三期文化与双砣子一期文化再认识》,《北方文物》2012年第4期。

③ 王青:《试论山东龙山文化郭家村类型》,《考古》1995年第1期。

④ 中国社会科学院考古研究所、辽宁省文物考古研究所、大连市文物考古研究所:《辽宁长海县小珠山新石器时代遗址发掘简报》,《考古》2009年第5期。

⑤ 徐光辉:《辽东石构墓葬的类型及相互关系》,《环渤海考古国际学术讨论会论文集》,知识出版社,1996年。

⑥ 李亨求著,姚义田译:《东北亚的石墓文化》,《北方文物》1998年第2期;徐子峰:《红山文化积石冢与辽东半岛石墓文化》,《大连海事大学学报》(社会科学版)2006年第3期;栾丰实:《辽西地区积石冢与辽东半岛积石冢》,《红山文化研究——2004年红山文化国际研讨会论文集》,文物出版社,2006年;霍东峰:《旅大地区史前时期积石墓的考古学观察》,《北方文物》2011年第4期;徐昭峰、李浩然:《红山文化积石冢与辽东半岛积石冢关系辨析》,《第八届红山文化高峰论坛论文集》,辽宁大学出版社,2014年。

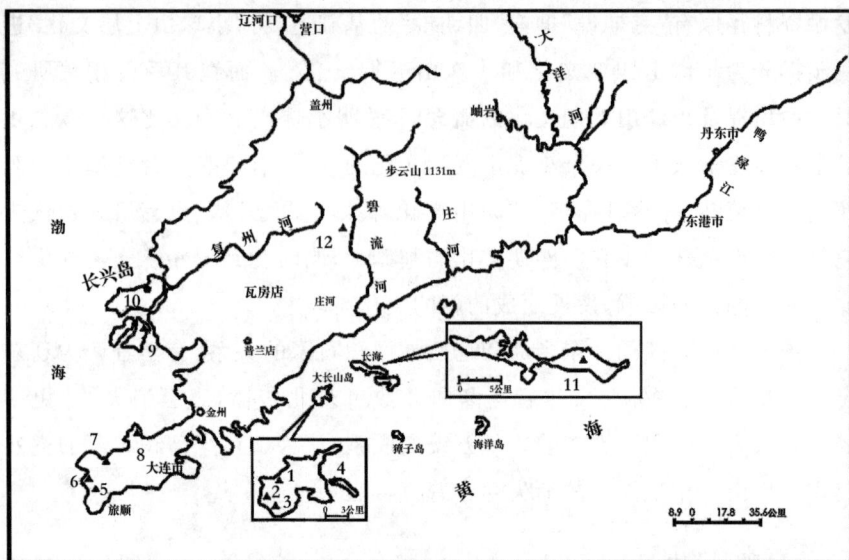

图 3—25　小珠山五期文化遗址分布图

1. 小珠山遗址；2. 蛎碴岗遗址；3. 南窑遗址；4. 洪子东遗址；5. 四平山积石冢；

6. 郭家村上层遗址；7. 大潘家村遗址；8. 文家屯积石冢；9. 蛤皮地遗址；

10. 三堂村二期遗址；11. 上马石中层遗址；12. 新金县乔东遗址

(一)小珠山遗址

通过对五期说的研究我们可以发现，该简报中的小珠山四期文化具有明显的偏堡子文化特点，而小珠山五期文化则是具有明显的山东龙山文化特点①。根据这一发现，我们可以将《81 报告》中的小珠山上层文化中具有偏堡子文化特点的一组陶器，划分到小珠山四期文化，而具有山东龙山文化特点的陶器，划分到小珠山五期文化②。

仔细审视小珠山遗址第五期出土的陶器，可将其分为两组。第一组主要有折沿鼓腹罐、长领鼓腹罐，这些器物具有典型的本土特征，与小珠山四期文化一脉相承；第二组器物有盆、豆和钵，这些器物与山东龙山文化出土的盆较为接近，具有山东龙山文化因素(图 3—26)。

小珠山遗址第五期遗存的陶器以黑陶为主，褐陶次之，多夹砂或夹细

①中国社会科学院考古研究所、辽宁省文物考古研究所、大连市文物考古研究所：《辽宁长海县小珠山新石器时代遗址发掘简报》，《考古》2009 年第 5 期。

②辽宁省博物馆、旅顺博物馆、长海县文化馆：《长海县广鹿岛大长山岛贝丘遗址》，《考古学报》1981 年第 1 期。

砂,部分陶器含少量云母,部分黑陶有轮修痕迹且器表经磨光处理。该遗址出土多种器类,以平底鼓腹罐为最多,其余还常见钵、盆等器物。鼓腹罐以折沿为主,发现较多双唇。纹饰以平行凹弦纹为主,存在部分素面陶,还有少量的刻划纹。石器以磨制为主,打制很少。器形有网坠、斧、锛、刀、镞、杵、磨棒、砥石等。骨器发现较少,仅发现骨锥一种。另外,在该遗址还发现有较多兽骨,有猪、鹿、狗、獐子等,以猪骨为最多。此外,还有大量贝壳和四片鲸鱼骨。

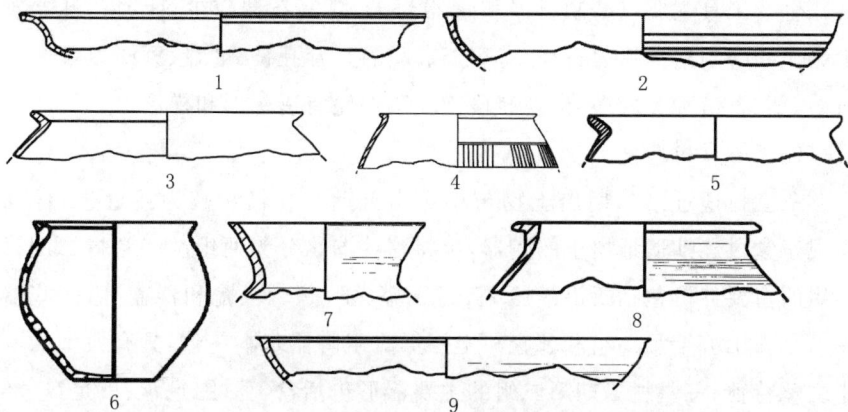

图 3—26　小珠山遗址五期典型陶器图

(采自《辽宁长海县小珠山新石器时代遗址发掘简报》)

1. 盆(T1212③:8);2、9. 钵(T1212③:7、T1212③:6);

3—8. 罐(T1212③:2、T1212③:1、T1212③:5、T1211③:17、T1212③:4、T1212③:3)

（二）郭家村遗址

郭家村上层遗址有两个文化层,而遗物大多出在第②层中①。仔细审视第②层的发掘材料,可将其中的陶器分为三组,即郭家村上层一组、郭家村上层二组和郭家村上层三组。郭家村上层一组的陶器以口沿处或口沿下方贴有一周附加堆纹的附加堆纹罐为代表,属于小珠山四期文化;郭家村上层二组的陶器包括鼓腹折沿罐、鼎、豆、器盖、圈足盘、盆等,它们与小珠山五期遗存的器物基本一致;郭家村上层三组陶器数量较少,包括ⅠT5②:28 鬲足、ⅡT9②:25 敛口直颈壶和 ⅡT6②:39 圈足盘、ⅠT2②:31、ⅡT6

①辽宁省博物馆、旅顺博物馆:《大连市郭家村新石器时代遗址》,《考古学报》1984 年第 3 期。

②:36子母口豆等,这些陶器在山东龙山文化中均可找到相似或相近的器物,具有典型的山东龙山文化特征。

小珠山五期文化时期陶器制法多为手制,部分陶器有轮修痕迹。以黑褐陶为主,红褐陶次之,还发现部分黑陶。陶器多夹砂,部分陶器夹细砂,还发现有少量蛋壳陶。纹饰以刻划纹为主,其次为弦纹和附加堆纹,还有少量水波纹、突脊纹。器形以折沿罐为最多,部分陶器有附加堆纹,还发现部分器盖、碗、盘形扁凿足鼎、豆、圈足盘、盆以及钵等。

生产工具主要以磨制石器和骨器为主,打制石器较少,牙、角、蚌器较少见。有磨制扁平弧刃石斧、有肩斧、双孔刀、穿孔铲、磨盘、磨棒以及凹底石镞等。石锛种类较多,出现有段锛。陶纺轮有馒头形和梯形。

(三)三堂村遗址

三堂村遗址第二期出土物与小珠山五期文化器物较为接近①。仔细审视三堂村二期遗址出土的陶器,可将这些器物分为两组。三堂村二期第一组的主要器形包括折沿鼓腹罐、高领罐、壶、碗、钵、瓮和器盖等,这些器物与小珠山五期第一组和郭家村上层第二组陶器基本一致,具有典型的本土文化特征;三堂村二期第二组的主要器形包括盆、豆、圈足盘、三足盘、环足盘等,这些器形中部分与郭家村上层三组相似,均可在山东龙山文化中找到同类器物,具有典型的山东龙山文化特征。

三堂村二期陶器以夹砂红褐陶为主,夹砂灰褐陶次之,也有少量的夹砂黑陶、泥质红陶和泥质灰陶,极少量陶器羼滑石粉和云母。纹饰以刻划的弦纹、网纹为主,有一定数量的篦划纹、刺点纹和在刻划纹上贴小泥饼。制法主要为手制,部分陶器经轮修。三足器、环足器的足及一些器耳是采用榫卯法安在器体上。器形以平底居多,也有一定数量的圈足器、三足器。器类主要是大折沿鼓腹罐、长领鼓腹罐,此外还有碗、豆、钵、盆、环足盘、圈足盘、三足盘、瓮和器盖等。

玉石器种类有斧、锛、凿、刀、剑、杵、镞、网坠、磨盘、磨棒、砺石、环和璜等。原料有辉长岩、砂岩、页岩、蛇纹岩等。

骨器种类有锥、鱼卡、鱼镖、镞、矛状器等。角器有锥。牙器数量较多,

①辽宁省文物考古研究所、吉林大学考古学系、旅顺博物馆:《辽宁省瓦房店市长兴岛三堂村新石器时代遗址》,《考古》1992年第2期。

除獐牙刮削器外，都是以猪獠牙剖半制成。

（四）上马石中层遗址

上马石中层遗址位于大长山岛东部，北依山，南临海，总发掘面积为300平方米①。

仔细审视上马石中层出土陶器，依然可将其分为两组。上马石中层第一组代表器形有折沿鼓腹罐和平底钵，器形与小珠山五期一组、郭家村上层二组基本一致；上马石中层第二组代表器为环足器、鼎和豆，均具有典型的山东龙山文化特征。

上马石中层第二组陶器均为夹砂陶，以黑褐陶为主，红褐陶和黑皮陶次之。制法多为手制，普遍轮修口沿。纹饰多为刻划纹、弦纹和乳丁弦纹，弦纹多数饰在黑皮陶器上。器形主要有折沿鼓腹罐、钵形鼎、环足器、豆等。

石器绝大部分都是磨制的，仅个别为打制，石质有辉长岩、板岩、砂岩、透闪石、石角岩、蛇纹岩、云母页岩等。骨器包括骨锥、骨镞、尖状骨器等。角器仅有1件鹿角磨制的角锥。

（五）大潘家村遗址

大潘家村遗址的第②层，文化面貌比较复杂，还有进一步划分的必要②。

典型遗物。

先前曾有学者对大潘家村遗址的出土资料进行过细致的研究，并得出"三期说"③和"二期说"④的结论。"三期说"的观点是将大潘家村遗址的陶器甄别出五类四组，并分为三个期别：第一期相当于小珠山中层（小珠山三期）文化和偏堡子文化时期；第二期相当于小珠山上层（小珠山五期）文化时期；第三期相当于双砣子一期文化时期。"二期说"的观点与"三期说"略有不同，认为第一期即小珠山四期文化，第二期为小珠山五期文化，而第三期未必可成立。

---

① 辽宁省博物馆、旅顺博物馆、长海县文化馆：《长海县广鹿岛大长山岛贝丘遗址》，《考古学报》1981年第1期。

② 大连市文物考古研究所：《辽宁大连大潘家村新石器时代遗址》，《考古》1994年第10期。

③ 高芳、华阳、霍东峰：《辽宁大连大潘家村出土遗存再认识》，《博物馆研究》2009年第2期。

④ 王嗣洲：《关于小珠山四期文化的几个问题》，《辽宁省博物馆馆刊》2010年第5辑。

　　我们认为以上两种分期方法都有失偏颇,尤其是对大潘家村遗址起始和结束时代的认识。笔者认为"三期说"中关于 D 类陶器为鼓腹平折沿罐,其形制与小珠山五期文化的同类器基本相同,与双砣子一期文化还是存在一些区别的,故应将 D 类归入 C 类陶器,同属小珠山五期文化;而 E 类陶器时代为双砣子一期。

　　(六)其他遗址

　　乔东遗址的发掘资料主要是两座房址内出土的遗物,其中 F1 属小珠山五期文化时期。F1 内出土的陶器有环足器、杯、钵、叠唇罐和折沿鼓腹罐。F1:37 环足器的形制与上马石中层的 T6④:49 一致,其年代相当,应为小珠山五期文化。这些器物同样可以分为两组,第一组陶器钵、叠唇罐和折沿鼓腹罐,均具有典型的本土特征;第二组包括环足器和杯,均具有山东龙山文化特点[①]。

　　蛎碴岗遗址有两类特征不同的陶器,第一类以附加堆纹罐为代表;第二类以鼓腹折沿罐、环足器、鼎、豆、器盖、三足杯等具有山东龙山文化风格的陶器为代表。第一类陶器的附加堆纹多位于口沿处,器表多素面,特征与小珠山遗址第四期一致,我们可把这类陶器作为蛎碴岗一组。第二类陶器与小珠山五期等一致,我们可把这类陶器作为蛎碴岗二组[②]。

　　南窑遗址出土的陶器较少,器形有鼓腹罐、瓮、壶、盆和器盖,属小珠山五期文化,与小珠山第五期、三堂第二期、郭家村上层等遗存的年代大体相同[③]。

　　蛤皮地遗址共发现三类特征不同的陶器,其中乙类陶器以夹砂黑褐陶为主,器类有壶、折沿罐、碗、豆等[④]。这些器物均与小珠山五期文化陶器形制相近。

———————

①旅顺博物馆:《大连新金县乔东遗址发掘简报》,《考古》1983 年第 2 期。

②辽宁省博物馆、旅顺博物馆、长海县文化馆:《长海县广鹿岛大长山岛贝丘遗址》,《考古学报》1981 年第 1 期。

③辽宁省博物馆、旅顺博物馆、长海县文化馆:《长海县广鹿岛大长山岛贝丘遗址》,《考古学报》1981 年第 1 期。

④辽宁省文物考古研究所、吉林大学考古系、大连市文物管理委员会办公室:《瓦房店交流岛原始文化遗址试掘简报》,《辽海文物学刊》1992 年第 1 期。

二、典型器物的型式变化

1. 鼓腹罐。鼓腹罐是出土数量最多的一类器物,依口沿的不同分为四型:

A 型　折沿,溜肩,鼓腹。可分三式:

Ⅰ式　斜折沿,无颈。标本小珠山 T1212③:2、T1212③:5、三堂 ⅡH8:1、IG1:4 等。

Ⅱ式　平折沿,无颈。标本四平山 Z36ME:317 等。

Ⅲ式　平折沿,短颈。标本三堂 IT205④A:16、大潘家村 T7②:74、T1②:27 等。

B 型　卷沿,大口,微鼓腹,深腹。标本蛎碴岗 T5②:48 等。

C 型　侈口,长领,尖圆唇。标本小珠山 T1212③:4、蛎碴岗 T6②:19、郭家村 ⅡT5F1:14 等。

D 型　敛口或微敛口,微鼓腹,平底,口沿饰一周附加堆纹。标本郭家村 ⅡT5F1:5、ⅡT1②:26 等。

鼓腹罐的变化规律是:在四期有较多发现的 B 型卷沿罐逐渐发展为 A 型折沿罐,A 型折沿罐则是由无颈逐步向短颈发展;C 型带领罐(壶)在四期多发现有附加堆纹,五期尚未发现该形制;四期最具代表性的 D 型叠唇罐到了第五期逐渐减少并消失。

2. 环足器。依器形的变化可分二型:

A 型　敞口,弧腹,圜底。标本上马石 IT6④:49。

B 型　敞口,直腹,平底。标本上马石 IT5④:41、三堂 IT205④A:12。

环足器的演变规律可以归纳为:腹部由弧腹到直腹;底部由圜底到平底。

3. 鼎。鼎均为盆形鼎,鼎足为扁凿足,依腹部的不同可分二型:

A 型　斜腹。可分三式:

Ⅰ式　大敞口,斜直腹,平底,扁凿足较长。标本蛎碴岗 T5②:45、郭家村 ⅡT4②:38、大潘家村 T4②:16。

Ⅱ式　侈口,斜直腹,平底,扁凿足较短。标本上马石 IT6④:51。

Ⅲ式　敞口,斜弧腹,平底,扁凿足较短。标本郭家村 ⅡT7②:21。

B 型　敞口,折腹。仅 1 件。标本郭家村 ⅡT2②:23。

鼎的演变规律可归纳为:口沿由大敞口到侈口,再到敞口;腹部由斜直腹到斜弧腹;扁凿足由长到短。

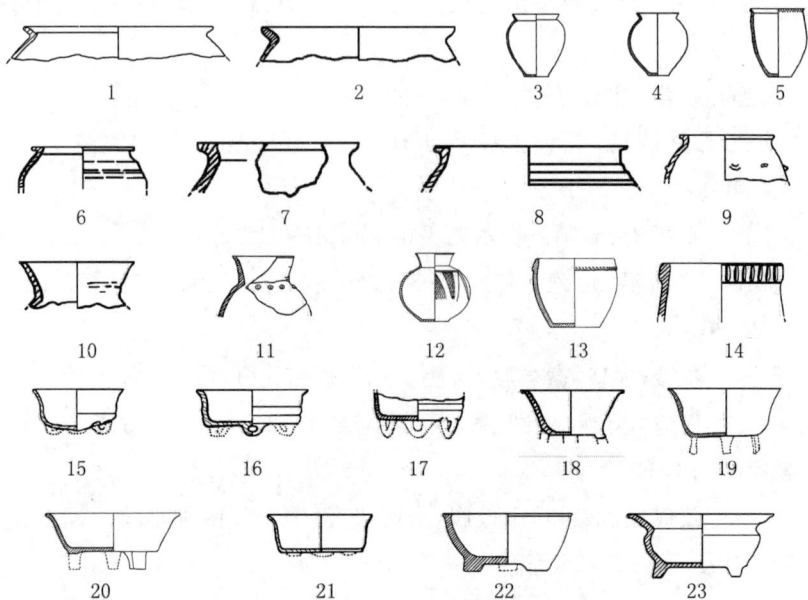

图 3—27　小珠山五期文化典型器物图(一)

1—4. A 型 I 式罐(小 T1212③:2、小 T1212③:5、三 IIH8:1、三 IG1:4);

5. B 型罐(蛎 T5②:48);6. A 型 II 式罐(四 Z36ME:317);7—9. A 型 III 式罐

(三 IT205④A:16、大 T7②:74、大 T1②:27);10—12. C 型罐(小 T1212③:

4、蛎 T6②:19、郭 IIT5F1:14);13、14. D 型罐(郭 IIT5F1:5、郭 IIT1②:26);

15. A 型环足器(上 IT6④:49);16、17. B 型环足器(上 IT5④:41、三 IT205④A:

12);18—20. A 型 I 式鼎(大 T4②:16、蛎 T5②:45、郭 IIT4②:38);21. A 型 II 式鼎

(上 IT6④:51);22. A 型 III 式鼎(郭 IIT7②:21);23. B 型鼎(郭 IIT2②:23)

4. 豆。依豆盘可分为折腹豆和钵(碗)形豆。

A 型　折腹豆,可分二式:

I 式　敞口或大敞口,浅盘。标本郭家村 IIT5F1:10、上马石 T5④:45。

II 式　口微敞,盘较浅,折腹位置接近口沿。标本大潘家村 T4②:26、小珠山 T3②:26。

B 型　钵(碗)形豆,可分二式:

Ⅰ式　无子母口或子母口不明显。标本大潘家村 T6②:62。

Ⅱ式　有子母口。标本郭家村 ⅡT6②:35。

A 型豆的演变规律可归纳为:口沿由大敞口到敞口,再到口微敞;腹部由深向浅变化;折腹线逐渐从下往上转移。

B 型豆的演变规律可以归纳为:腹部由浅到略深;子母口从无或不明显到有子母口。从山东龙山文化豆的流行阶段看,A 型豆和 B 型Ⅰ式豆主要流行于 1—5 段(即第一期—第三期),而 B 型Ⅱ式豆从第 6 段(即第四期)开始出现[①],因此 B 型Ⅱ式豆要晚于 A 型豆。

5. 碗。根据腹之不同,分二型:

A 型　喇叭口,圆唇,内弧腹。标本三堂 ⅠT106③:1、上马石 ⅠT6③:48。

B 型　敞口,圆唇,斜腹。标本三堂 ⅡT101④A:1。

6. 钵。按口部不同,分三型:

A 型　敞口,尖圆唇,弧腹内收。标本小珠山 T1212③:6、大潘家村 T8②:15。

B 型　敛口或微敛口,尖圆唇,弧腹内收。标本小珠山 T1212③:7、三堂 ⅠT206④A:6、ⅠT204④A:2。

C 型　直口,斜沿,圆唇,弧腹。标本三堂 ⅠT204④B:1。

7. 盆。按口部不同,分二型:

A 型　敞口,圆唇,折腹。标本小珠山 T1212③:8、郭家村 ⅡT5F1:12。

B 型　折沿,微弧腹,平底。标本郭家村 ⅡT5F1:11。

8. 盂。按腹部不同,分二型:

A 型　尖唇外侈,口大底小,筒形腹,圜底。标本上马石 ⅠT3④:22。

B 型　侈口,折腹,平底。标本郭家村 ⅡT3②:31。

9. 器盖。按口部不同,分二型:

A 型　喇叭状口,平顶,上有环纽,弧腹。标本南窑 F1:9、蛎碴岗 T5②:14、三堂 ⅠT205④A:10。

B 型　敞口,圆唇,平顶,上有环纽,斜腹。标本三堂 ⅠT206④A:7。

----

①栾丰实:《海岱龙山文化的类型和分期》,《海岱地区考古研究》,山东大学出版社,1997 年。

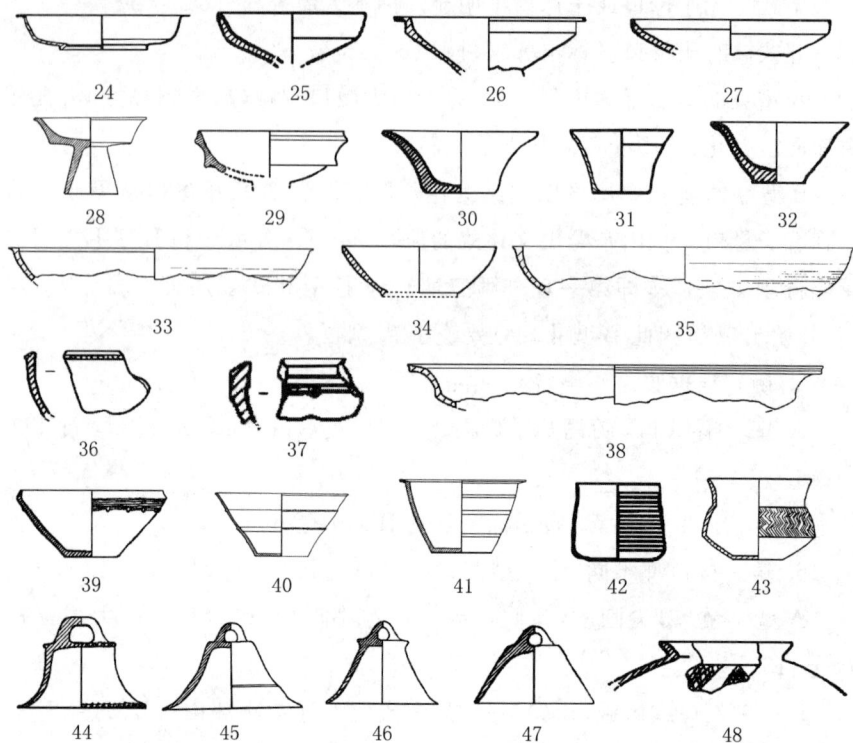

图 3—28　小珠山五期文化典型器物图(二)

24、28.A 型 I 式豆(上 T5④:45;郭 IIT5F1:10);25、26.A 型 II 式豆(大 T4②:

26、小 T3②:26);27.B 型 I 式豆(大 T6②:62);29.B 型 II 式豆(郭 IIT6②:35);

30、31.A 型碗(三 IT106③:1、上 IT6③:48);32.B 型碗(三 IIT101④A:1);

33、34.A 型钵(小 T1212③:6、大 T8②:15);35、36、39.B 型钵(小 T1212③:

7、三 IT206④A:6、三 IT204④A:2);37.C 型钵(三 IT204④B:1);38、40.A 型盆

(小 T1212③:8、郭 IIT5F1:12);41.B 型盆(郭 IIT5F1:11);42.A 型盂(上 IT3④:22);

43.B 型盂(郭 IIT3②:31);44—46.A 型器盖(南 F1:9、蛎 T5②:14、三 IT205④A:10);

47.B 型器盖(三 IT206④A:7);48.A 型瓮(三 IG1:5)

10.瓮。按腹部不同,分二型:

A 型　侈口圆唇,球形腹。标本三堂 IG1:5。

B 型　侈口,矮领,折肩,折腹,小平底。标本南窑 F1:11。

11.杯。依口沿,分五型:

A 型　圆唇,深腹,平底。标本上马石Ⅳ F1:9、三堂 IG1:13、乔东

F1:19。

B型 尖圆唇,敞口,斜壁,浅腹,平底。标本乔东F1:17、18。

C型 直壁,三足,深腹。标本蛎碴岗T2②:15。

D型 圈足外撇。标本三堂IF1:8。

E型 单耳,敞口或直口,鼓腹或直腹。标本郭家村ⅡT3②:28、文家屯东大山Z1M1:1。

12. 三足盘。弧腹,小平底下加三乳钉足。标本三堂ⅢT202③:1。

13. 盘。按底部不同,分二型:

A型 敞口,斜腹,平底。标本郭家村IT1H6:31。

B型 浅盘,粗圈足。标本郭家村IT3②:26。

14. 鬶。仅发现1件。分裆,袋足,颈较细高,口边捏出微向上的流。标本郭家村ⅡT5②:28。

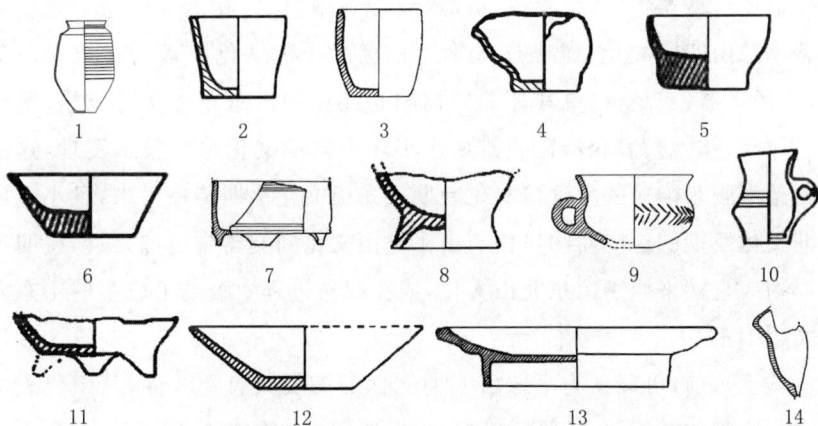

图3—29 小珠山五期文化典型器物图(三)

49.B型瓮(南F1:11);50—52.A型杯(上ⅣF1:9、三IG1:13、乔F1:19);53、54.B型杯(乔F1:17、18)55.C型杯(蛎T2②:15)56.D型杯(三IF1:8);57、58.E型杯(郭ⅡT3②:28、文东大山Z1M1:1);59.三足盘(三ⅢT202③:1);60.A型盘(郭IT1H6:31);61.B型盘(郭IT3②:26);62.鬶(郭ⅡT5②:28)

15. 陶制品。共发现三类。

陶纺轮 可分二型:

A型 中间厚,周边薄,单面有纹饰。标本蛎碴岗T2①:3。

B型 平边,两面均有纹饰。标本蛎碴岗T4②:1。

陶饼　夹细砂黑褐陶,饰刺点纹,周边有凹槽。标本蛎碴岗 T5②:16。

陶珠　夹砂红褐陶,中穿孔。标本蛎碴岗 T4②:10。

三、小珠山五期文化性质

小珠山五期文化经正式发掘并已发表资料的主要包括小珠山等上述诸遗址,墓葬形式则为积石冢,主要有四平山积石冢和文家屯积石冢。

遗址的文化面貌基本相同。陶器均以夹砂黑褐陶和黑陶为主,其次是褐陶和红褐陶。器类较多,主要有罐、鼎、豆、盆、碗、钵、瓮、杯、器盖、盂形器等。积石冢出土陶器与以上遗址相比略有差异,陶质陶色有泥质黑陶、红褐陶、灰陶和夹细砂的红褐陶,器类有杯、罐、鼎、豆、盆、鬶和器盖等。

上述典型器物中,叠唇罐、折沿罐、带领罐(壶)、卷沿罐等器物是直接承袭小珠山四期文化,属于辽东半岛地区的土著文化因素;而鬶、扁凿足鼎、三环足器、三足盘、单耳杯等器物则是纯正的山东龙山文化风格;至于鼎、豆、碗、钵、盆、盂和器盖等器物在小珠山四期文化也有较多发现,这些器物是由胶东半岛的大汶口文化晚期或龙山文化早期传播而来,且小珠山五期文化发现的这些器物风格与山东龙山文化同类器物更加接近,说明这些器物或直接来源于山东龙山文化,或在制作过程中吸纳了较多的山东龙山文化因素。

截至目前,可确认为小珠山五期文化的陶器共有 133 件,其中代表本土文化因素的叠唇罐、折沿罐等器物共 46 件,占总数的 34.6%;具有山东龙山文化因素的器物如鼎、豆等共 87 件,占总数的 65.4%,在这 87 件器物中,纯粹的山东龙山文化舶来品如鬶、三环足器等共 11 件,占总数的 8.3%。器物具体数量如表 3—8。

而墓葬中,出土的陶器则是以山东龙山文化陶器为主。如四平山积石冢 Z36ME,共发表陶器 71 件,其中代表本土因素的叠唇罐、折沿罐等器物共 18 件,占总数的 25.3%;具有龙山文化因素的鬶、双耳杯、单耳杯、豆等器物共 45 件,占总数的 63.4%;不可确定的器物如器底和器腹共 8 件,占总数的 11.3%[①]。

---

① 澄田正一、小野山节、宫本一夫:《辽东半岛四平山积石冢の研究》,柳原出版株式会社,2008 年。

表 3—8　小珠山五期文化诸遗址器物统计表

	小珠山五期	上马石中层	砺碴岗	南窑	郭家村上层	三堂二期	大潘家村	乔东	蛤皮地
折沿罐	5	1	2		5	8	4		1
带领罐(壶)	1		1		1	3			2
叠唇罐					5				
卷沿罐			2	1	1				1
鼎		1	1		5		1		
豆	1	2	2		2	2	3		2
环足器		2	1			1	1	1	
碗		1	6			2			1
钵	3	2	2		3	3	2		
盆	1			1	2				
盂		1			1				
器盖			1		1	1	1		
瓮			1						
杯		1	1		2	2	1	3	
鬶					1				
盘					2				
三足盘					1				
纺轮			5						
陶饼			2						
陶珠			1						

　　根据如上数据分析,可以发现,小珠山五期文化的陶器有较多的山东龙山文化风格,其与同时期的山东龙山文化杨家圈类型关系最为密切。在注意到两者之间的相似性的同时,我们也应该看到两者之间存在的较大差异。

　　陶器方面,小珠山五期文化陶器以夹砂黑褐陶和黑陶为主,其次是褐陶和红褐陶,有部分素面陶和磨光黑陶,纹饰以刻划纹为主,其次为弦纹、附加堆纹和网纹等,器类以罐、豆、碗、钵、杯、鼎、环足器多见,此外还见有盆、器盖、瓮、盂形器、盘等。龙山文化杨家圈类型陶器中黑陶占绝对多数，次为灰陶，以圈足器、三足器和平底器为主，多为轮制，器表以素面和素面磨光最多，有纹饰者所占比例低，纹饰主要有弦纹、镂空、划纹、锯齿纹、网纹、三角形纹、篮纹、窝纹、斜线纹等，另有盲鼻、铆钉等装饰，器形有鼎、鬶、盆、盘、罐、杯、碗、钵、瓮、豆、甗及器盖等。两者在陶质陶色、制法、器表装饰等陶系特征上存在着明显差异，同时在器形和器物组合上也存在着明显差异。

小珠山五期文化，石器以磨制为主，打制很少，器形有网坠、斧、锛、刀、镞、杵、磨盘、磨棒、砥石等，其中包括有肩斧和有段锛；骨、牙、角、蚌器较少，骨器包括锥、鱼卡、鱼镖、镞、矛状器等，角器有锥，牙器主要是猪獠牙。龙山文化杨家圈类型，石器多打制或琢制粗磨，通体磨光较少，器形有斧、铲、锛、锤、刀、凿、矛和镞等，石斧长方形或梯形，石铲多呈扁椭圆形；骨器有凿、镞、针、鱼镖、鱼钩等，牙、角、蚌器较少。两者在石器制法、石器和骨器的器形、器类上也存在着明显差异。

房屋建筑方面，两者也差异明显。龙山文化杨家圈类型房屋建筑，分地面起建和半地穴式两种，平面方形，四周挖有深达 2 米左右的基槽，槽内柱洞排列密集，有的洞底部铺垫天然扁平石板或碎陶片，门向多朝南，面积可达 30—50 平方米，房址建于生黄土上，地面经加工，房内多垒椭圆形灶。小珠山五期文化房址多为圆形半地穴式，少数为椭圆形和近方形，柱洞沿房址的墙壁分布，大多为木骨泥墙，注重居住面的处理，居住面多经过处理，并有抹草拌泥的现象，灶址并不是每个房址中都有，面积多在 30 平方米以下，出现双室房子。

墓葬差异更为显著。小珠山五期文化墓葬均为积石冢，一般会选择在海拔较高的山上建造，顶部都用封石来封固，基岩之上筑墓，都存在等级较高的中心墓葬，后续建的墓室分布在其四周，都存在石棺结构的墓室，其上铺有石盖板，以单人仰身直肢葬为主要葬式，还存在捡骨葬、多人葬等葬式，随葬品包括小型陶器叠唇罐、折沿罐、鬶、杯、豆和玉石器牙璧、环等。龙山文化杨家圈类型墓葬较少，均为单人长方形土坑竖穴墓，葬式主要是仰身直肢，亦有屈肢葬，墓内随葬品较少，其中大口遗址有的人骨上面还压石块,个别骨架上填一层马蹄螺,并夹海砺壳和小石子①。

综上,我们可以看出,小珠山五期文化出土的具有海岱区龙山文化因素陶器在数量上虽然占据较大比例,但两者在陶系、器形和器物组合上均存在着明显差异,石器和骨器在制法和器类上也存在着明显差异,作为一个文化重要组成部分的遗迹如房址和墓葬等方面差异更为显著,似不应将小珠山五期文化简单地归入山东龙山文化,小珠山五期文化应该是受山东龙山文化极大影响的地方性文化,还应以小珠山五期文化称之为宜。

小珠山五期文化与其他文化陶器对比详见图3—30。

四、小珠山五期文化的年代及源流

(一)小珠山五期文化的年代

关于小珠山上层文化的年代,既往测年数据包括郭家村上层、上马石中层、王屯南窑等8个,校正年代基本处在距今4800—4300年范围内②。小珠山五期文化最新的碳十四测年数据如表3—9所示,根据这一测年结果,将其时代定为公元前2830—前2130年,年代大致为距今4800—4100年③。但若考虑小珠山遗址第四期的年代为公元前2565—前2340年,则应将小珠山五期文化的年代估定在距今4300—4100年。

表3—9　小珠山遗址第五期2009年出土动物骨骼样品碳十四测年数据表

序号	实验室编号	原编号	样品物质	碳十四年代(B. P.)	树轮校正年代(B. C.,OxCal.310,1σ)	树轮校正年代(B. C.,OxCal.310,2σ)
1	ZK—3668	T1713③A	小型鹿	3835±30	2350—2270(37.7%) 2260—2200(30.5%)	2460—2190(95.4%)
2	ZK—3677	T1513⑤A	鹿?	3765±25	2270—2250(5.1%) 2210—2130(63.1%)	2290—2130(89.7%) 2090—2050(5.7%)
3	ZK—4037	F9①	小型鹿	4058±29	2830—2820(3.1%) 2630—2560(45.7%) 2530—2490(19.5%)	2840—2810(7.1%) 2680—2480(88.3%)

说明:采自《辽宁长海小珠山遗址考古学文化的年代序列》。所用碳十四半衰期为5568年,B. P. 为距1950年的年代。

---

①何德亮:《山东龙山文化的类型与分期》,《考古》1996年第4期。
②许明纲:《试论大连地区新石器和青铜文化》,《中国考古学会第六次年会论文集》,文物出版社,1990年。
③张雪莲、金英熙、贾笑冰:《辽宁长海小珠山遗址考古学文化的年代序列》,《考古》2016年第5期。

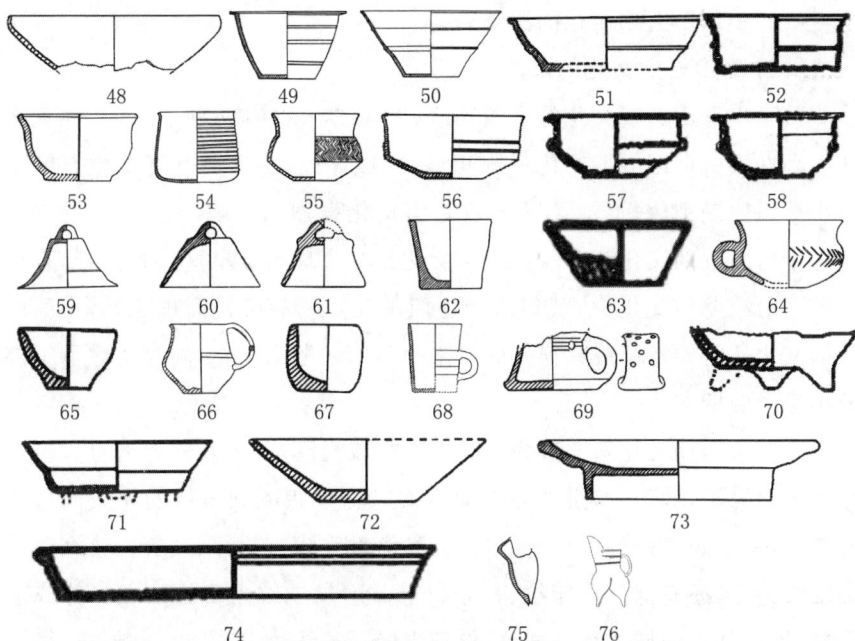

图 3—30　小珠山五期文化与其他文化陶器对比

1—7. 折沿鼓腹罐(三 ⅡH8：1、四 Z36ME：317、大 T7②：74、杨家圈 T1A③：3、杨家圈 T2③：48、双砣子 T4：45、双砣子 T2：75)；8—10. 卷沿鼓腹罐(蛎 T5②：48、三 ⅡT102⑥：8、双砣子 T4：44)；11—15. 长领鼓腹罐(壶)(郭 ⅡT5F1：14、三 ⅡF3 上：18、杨家圈 T3③：21、杨家圈 T41②：48、双砣子 T1：9)；16—19. 叠唇罐(郭 ⅡT5F1：5、郭 ⅡT1②：26、小 T1512④C：2、小 T4②：90)；20. 直口罐(大嘴子 T33④：36)；21—24. 环足器(上 IT6④：49、上 IT5④：41、丁公 T2⑪B：5、西吴寺 H235：7)；25—30. 鼎(郭 ⅡT4②：38、上 IT6④：51、郭 ⅡT2②：23、尚庄 H205：1、杨家圈 T1A③：2、杨家圈 QY：03)；31—38. 豆(郭 ⅡT5F1：10、小 T3②：26、郭 ⅡT6②：35、小 T1512④B：3、杨家圈 T82③：27、杨家圈 T71②：26、双砣子 T3：4、双砣子 T5：40)；39—44. 碗(三 IT106③：1、三 ⅡT101④A：1、三 ⅡT203⑤：2、三 ⅡT101⑤：2、庙山 T4④：4、大嘴子 T6⑤：6)；45—48. 钵(大 T8②：15、三 IT204④A：2、小 T1512④B：2、小 T1512④D：2)；49—53. 盆(郭 ⅡT5F1：11、郭 ⅡT5F1：12、杨家圈 T22②：27、丁公 H1142：22、双砣子 T5：27)；54—58. 盂(上 IT3④：22、郭 ⅡT3②：31、三 ⅡT104⑤：11、姚官庄西 AT3：1、姚官庄西 BT5：13)；59—61. 器盖(蛎 T5②：14、三 IT206④A：7、双砣子 T4：36)；62—69. 杯(上 ⅣF1：9、乔 F1：18、郭 ⅡT3②：28、杨家圈 T92③：33、西吴寺 H584：11、双砣子 T2：70、双砣子 T4：48、双砣子 T1：4)；70、71. 三足盘(三 ⅢT202③：1、杨家圈 H6：9)；72—74. 盘(郭 IT1H6：31、郭 IT3②：26、杨家圈 H4：4)；75、76. 鬶(郭 ⅡT5②：28、西吴寺 H652：6)

（二）小珠山五期文化的源流

1. 小珠山五期文化的来源

关于小珠山五期文化的来源问题,学术界大概有两种观点:一种观点认为小珠山一期至五期文化一脉相承,自成序列,小珠山五期文化是继承于小珠山四期文化,但受到了山东龙山文化强烈的影响①;另一种观点则认为小珠山五期文化与小珠山四期文化作为小珠山上层这一整体,是直接来源于山东龙山文化②。我们认为这两种观点均有值得商榷之处,小珠山五期文化从陶器特征观察很多因素来源于山东龙山文化,同时也继承了部分小珠山四期文化。

小珠山四期文化陶器多为夹砂黑褐陶或褐陶,部分陶器含云母。器类以平底罐为主,敛口,口沿外侧附加截面呈扁平状或三角形的泥条而形成假叠唇,微鼓腹,器壁厚。其他器类有卷沿鼓腹罐、鼎、钵、豆等。纹饰以附加堆纹为主,还有部分戳印纹、刻划纹等。附加堆纹主要施加在口部或上腹部,且在其上面饰各种刻划纹,包括纵向平行线纹、交叉纹、刺点纹、短斜线纹、锯齿纹等。腹部也有纵向平行细泥条堆纹或横向波浪形扁平附加堆纹③。

山东龙山文化陶器多为夹砂陶和泥质陶,陶色多不纯正,黑色居多,灰色和红色次之,陶胎内多羼云母或滑石。制法以轮制为主,器表多磨光。

小珠山五期文化诸遗址中,具有山东龙山文化因素的鼎、豆、圈足器、环足器等占总数的 65.4％,而代表本土小珠山四期文化因素的叠唇罐、折沿罐等占总数的 34.6％,这个比例可以说明,陶器中山东龙山文化是小珠山五期文化的主要来源,但代表本土文化的小珠山四期文化因素也同样占有较大比重。墓葬中的陶器也同样具有如上特点。

但遗迹方面,小珠山五期文化房址应源于当地,墓葬积石冢则源于辽西。

所以我们认为小珠山五期文化的来源是复杂的,多元的,是在山东龙

---

①中国社会科学院考古研究所、辽宁省文物考古研究所、大连市文物考古研究所:《辽宁长海县小珠山新石器时代遗址发掘简报》,《考古》2009 年第 5 期。

②栾丰实:《海岱地区考古研究》,山东大学出版社,1997 年。

③中国社会科学院考古研究所、辽宁省文物考古研究所、大连市文物考古研究所:《辽宁长海县小珠山新石器时代遗址发掘简报》,《考古》2009 年第 5 期。

山文化、本土小珠山四期文化和辽西区以积石冢为代表的多元文化共同碰撞形成的一支新的考古学文化。小珠山五期文化与其他文化陶器对比详见图3—30。

2. 小珠山五期文化的流向

关于小珠山五期文化的流向问题,学术界有比较一致的观点,双砣子一期文化作为小珠山五期文化的后续文化已经被学术界普遍认同。

双砣子一期文化的陶器以夹砂黑褐陶为主,黑陶次之,还有少量夹砂红褐陶,极少见泥质陶。制法以手制为主,使用泥条盘筑法,有些器物口沿经慢轮修整。器物多厚重,器底多为平底,除豆之外,不见圈足器和三足器。器表多磨光,纹饰以弦纹为主,部分陶器弦纹间饰乳点纹、刺点纹、镂孔等,还发现少量彩绘陶。器形有罐、壶、碗、网坠等。

双砣子一期的典型器物如高领壶,就是由小珠山五期文化的带领罐(壶)发展而来,而单耳杯等器物,也是由小珠山五期文化继承而来。

双砣子一期文化的墓葬包括老铁山·将军山积石冢,还有持续使用的鞍子山积石冢、王宝山积石冢以及张家岚后山积石冢等,这种独特的墓葬形制与四平山积石冢和文家屯积石冢非常接近,说明这种墓葬形制也是直接继承于小珠山五期文化。

这两支不同的考古学文化陶器中都包含有较多的山东龙山文化因素,小珠山五期文化中的龙山文化风格陶器多与山东龙山文化早、中期相吻合,而双砣子一期文化中的龙山文化风格陶器则多与山东龙山文化晚期相吻合。

综上,小珠山五期文化与双砣子一期文化之间有着极为密切的关系,小珠山五期文化的主要流向就是双砣子一期文化。

五、与周边诸文化的交流

(一)与山东半岛诸文化的交流

1. 与杨家圈二期文化的交流

杨家圈二期文化处于龙山文化的早期阶段,年代距今约4500—4200年[1]。

---

[1]北京大学考古实习队、山东省文物考古研究所:《栖霞杨家圈遗址发掘报告》,《胶东考古》,文物出版社,2000年。

　　杨家圈二期文化的陶器以夹砂陶和泥质陶为主,陶色多不纯正,黑色居多,灰色和红色次之,陶胎内多羼云母或滑石。制法以轮制为主,器表多磨光,陶器底部可见有圆状割痕。陶器制作工艺水平整体高于小珠山五期文化。器类主要有鼎、罐、瓮、盆、豆、杯、碗、鬶、盘和器盖等。鼓腹罐多折沿,与小珠山五期文化的折沿鼓腹罐相类似。壶多侈口,弧领与小珠山五期文化的带领罐(壶)较接近。鼎直口或敞口,腹部可分两段,或双弧腹,或上腹斜直下腹微鼓,器形与四平山积石冢较接近,而鼎足有扁凿形、"V"字形和圆锥形,后两者不见于小珠山五期文化,部分扁凿形足上饰纵向链状附加堆纹或压按椭圆形凹坑,这种纹饰在小珠山五期文化也没有发现。而小珠山五期文化的环足鼎不见于杨家圈二期。豆有折腹和弧腹两种,与小珠山五期较接近。三足单耳杯多侈口,斜直腹较深,形制与四平山积石冢出土的同类器较接近。器盖有平顶喇叭形和圈足顶覆盘形,与小珠山五期文化同类器较接近。纹饰方面,杨家圈二期极少见刻划纹,种类有带状网格纹、三角纹和水波纹等。

　　综上,杨家圈二期文化应与小珠山五期文化年代相当,且两者关系密切。

　　2. 与大口一期文化的交流

　　大口遗址位于山东省长岛县砣矶岛的大口村以北、穷人顶南麓①。根据地层叠压打破关系和出土遗物,该遗址可分为两期,第一期文化属龙山文化时期,第二期文化相当于岳石文化阶段。

　　大口一期文化的陶器有夹砂陶和泥质陶,陶色多褐色和灰色,黑色次之,红色最少。制法以轮制为主,器表多磨光。器形有鼎、罐、瓮、豆、壶、钵、盆、单耳杯、甗、碗和器盖等。鼓腹罐多折沿,直颈,颈部施多周平行弦纹,腹部素面,其形制和纹饰均与小珠山五期文化折沿罐相近。鼎足有扁凿形、环形、圆锥形和鸟头形,前两种在小珠山五期文化较为常见,而后两者均不见于小珠山五期文化,部分环形足和扁凿形足上贴有一条纵向附加堆纹,这种纹饰在小珠山五期文化也没有发现。豆敞口,弧腹较深,腹壁有一折棱,圆柱形或竹节状豆柄,喇叭形圈足,其形制与小珠山五期文化略有差别。三足单耳杯与四平山积石冢出土的同类器十分接近。瓮小口,溜

---

①中国社会科学院考古研究所山东队:《山东省长岛县砣矶岛大口遗址》,《考古》1985年第12期。

肩,肩部饰平行凹弦纹,与郭家村上层的瓮相近,唯后者的口沿下饰一周附加堆纹稍有差异。器盖的数量较少,平顶,腹斜弧内收,不同于小珠山五期文化。纹饰方面,大口一期文化的刻划纹数量极少,仅见竖排人字纹。

通过以上对陶器的比较,大口一期文化与小珠山五期文化关系较为密切。

（二）与北沟文化的交流

北沟文化主要分布于辽东半岛的北部,千山东麓和鸭绿江下游及其支流地区。主要遗址有岫岩县北沟西山[①]和东沟县石佛山[②],此外经调查,在东沟县龙王庙镇西泉眼[③],北井子乡柞木山,新农乡蚊子山、石固山、城山顶,新力乡潘北,十字街乡十字街,合隆乡龙头山,岫岩县前营砖瓦厂,宽甸县下露河乡老地沟,丹东市振安区老温头山[④]等地,也发现有该文化遗存。根据赵宾福先生的研究,北沟文化可分为早、晚两期。早期以北沟西山遗址的第③、④层为代表,晚期以北沟西山遗址的第②层为代表[⑤]。此外,从出土陶器特征看,石佛山遗址的部分遗存也属于早期。早期的年代相当于大汶口文化晚期,距今约 4700 年。晚期的年代相当于山东龙山文化,距今约 4500—4000 年。

北沟文化晚期的陶器以夹砂黑褐陶和红褐陶为主,少量磨光黑陶,陶胎中多含滑石粉。制法仍为手制,但磨光技术比较普遍。器类有折沿、卷沿鼓腹罐、壶、碗、杯、环足鼎、豆、圈足盘和杯等,其中罐、壶类腹部贴附加堆纹的作风仍比较盛行。而小珠山五期文化仍有少量叠唇罐的发现。北沟文化折沿鼓腹罐的数量最多,均为斜折沿,不见平折沿,也不见双唇的形制。腹部纹饰除附加堆纹外,还常见施以刻划横排人字纹、斜线三角纹、几何纹等。这些纹饰在小珠山五期文化虽也存在,但已不占主流,而以平行凹弦纹为主。北沟文化壶的数量仅次于罐类,颈部有直、弧和内弧,并常施以由平行双线内填斜线纹构成的几何纹,肩部饰弦纹或带状网格纹,腹部每隔一段距离饰纵向的篦划纹;这种形制的壶很少见于小珠山五期文化,

①许玉林、杨永芳:《辽宁岫岩北沟西山遗址发掘简报》,《考古》1992 年第 5 期。
②许玉林:《辽宁东沟县石佛山新石器时代晚期遗址发掘简报》,《考古》1990 年第 8 期。
③许玉林:《东沟县西泉眼新石器时代遗址调查》,《辽海文物学刊》1988 年第 1 期。
④许玉林、金石柱:《辽宁丹东地区鸭绿江右岸及其支流新石器时代遗存》,《考古》1986 年第 10 期。
⑤赵宾福:《东北石器时代考古》,吉林大学出版社,2003 年。

同类纹饰虽见于小珠山五期文化，但载体已发生转移，多施于罐上。此外，小珠山五期文化的器盖、鬶、盅形器、带把杯等器形不见于北沟文化晚期。

综合以上分析，北沟文化晚期与小珠山五期文化应处于同一时段。但它们之间文化面貌差异较大，属不同的考古学文化。

六、小珠山五期文化积石冢

小珠山五期文化的墓葬全部表现为积石冢这一墓葬形制。这一时期的积石冢多分布在山脊上，山顶点处多为中心冢，其余各冢逐次沿山脊排列，如四平山遗址，共发现积石冢 60 座，其中 Z11、Z36、Z49 和 Z60 分别处于 4 处山顶，其余各冢有序地排列在这四座中心冢附近的山脊上。这一时期的积石冢多依山势而呈现长方形，长方形冢内部墓葬多成排分布，如四平山 Z35，冢体外形为长方形，内含 7 座墓室一字排开[①]。

这一时期的积石冢可大致分为三型：

A 型　基岩底石壁顶有盖板。

此类墓葬的特点是，以山脊上较为平整的基岩为底，然后垒砌石块或石板为墓壁，填土后以石板封顶，形成封闭石棺。

B 型　石板底石壁顶有盖板。

此类墓葬的特点是，先将地面简单修整平铺或挖浅坑，然后以石板铺底，用石板或石块垒砌出墓壁，最后用石板或石块垒砌在墓壁之上，形成封闭的石棺。

C 型　无石底石壁顶有盖板。

此类墓葬的特点是，先将地面简单修整平铺或挖浅坑，然后垒砌石块或石板为墓壁，填土后以石板封顶，形成封闭石棺[②]。

截至目前，被认为属于小珠山五期文化的积石冢包括四平山积石冢、文家屯积石冢和老铁山·将军山积石冢。但我们认为老铁山·将军山积石冢应属于双砣子一期文化，故以下只介绍四平山积石冢和文家屯积石冢。

（一）四平山积石冢

四平山积石冢位于大连市营城子黄龙尾半岛上，南、北两座山峰构成

---

① 澄田正一、小野山节、宫本一夫：《辽东半岛四平山积石冢の研究》，柳原出版株式会社，2008 年。
② 徐昭峰、李浩然：《红山文化积石冢与辽东半岛积石冢关系辨析》，《第八届红山文化高峰论坛论文集》，辽宁大学出版社，2014 年。

了四平山的主脉,积石冢分布于连接两峰的主脉及向西延伸的支脉上。据《辽东半岛四平山积石冢の研究》[①]介绍,依 1941 年日本学者森修的调查,从四平山南端开始向北转,至其西延支脉的这部分积石冢依次编号为 1—31 号冢,回到主峰南麓向北至北峰的积石冢依次编号为 32—42 号冢,从北峰向西延伸支脉上的积石冢依次编号为 43—60 号冢。

华阳等认为该遗址的年代为大汶口文化晚期—龙山文化中期,并将出土的陶器分为三组,第一组为当地土著文化,主要器形有附加堆纹罐、盂、碗、钵等;第二组为具有大汶口文化风格的陶器,主要是 3 件豆;第三组是具有龙山文化风格的陶器,包括盆形鼎、环足盘、圈足盘、单把杯、鬶、高柄杯等[②]。我们认为第三组陶器为该墓葬群的主体,各类器形在龙山文化第一期至第三期中均能找到相同或相似者,而且鼓腹罐的器形与小珠山五期文化中的小珠山遗址、三堂村遗址、郭家村遗址、大潘家村遗址等的同类器基本一致,因此四平山积石冢的年代下限为龙山文化第三期,与上述小珠山五期文化的主要遗存处于同一时期。虽然该组陶器大部分为具有山东龙山文化特征的器物,但也有少量折沿鼓腹罐是具有本土特征的。而第一组陶器中最具代表性的附加堆纹罐,是典型的小珠山四期文化陶器,所以第一组陶器的时代应为小珠山四期文化时期;而第二组陶器具有大汶口文化特点,且数量极少,时代上又与第一组重合,所以我们认为宜将第一组和第二组陶器合并为一组。如上,将四平山积石冢的器物重新进行分组,将原第一组和第二组具有偏堡子文化特征和大汶口文化特征的陶器合并为第一组,时代为小珠山四期文化时期。将原第三组具有本土特色的折沿鼓腹罐和原第三组典型的龙山文化器物盆形鼎、环足盘、圈足盘、单把杯、鬶、高柄杯等划分为第二组,时代为小珠山五期文化时期。

(二)文家屯积石冢

文家屯遗址位于大连市甘井子区营城子镇四平山南麓,积石冢主要分布于该遗址西南至东北的山岭上,即东葫芦山、东大山以及张墓后山等山脉的山脊上,这些积石冢被统称为文家屯积石冢。积石冢的分布情况为:东葫芦山 14 座,东大山 6 座,张墓后山 35 座。

---

①澄田正一、小野山节、宫本一夫:《辽东半岛四平山积石冢の研究》,柳原出版株式会社,2008 年。
②华阳、霍东峰、付珺:《四平山积石墓再认识》,《赤峰学院学报》(汉文哲学社会科学版)2009 年第 2 期。

高芳等在《文家屯积石墓浅析》①中认为该遗址的年代与四平山积石冢大致相当，我们同意这一观点。根据四平山积石冢的分组方法，将文家屯积石冢同样分为二组。将具有偏堡子文化特征和大汶口文化特征的陶器分为第一组，时代为小珠山四期文化时期。将具有本土特色的折沿鼓腹罐和典型的龙山文化器物盆形鼎、环足盘、圈足盘、单把杯等划分为第二组，时代为小珠山五期文化时期。

其他该时期积石冢还有鞍子山积石冢和王宝山积石冢等，惜资料未发，此处暂不予以讨论。

第三节　新石器时代考古学文化编年与谱系

一、新石器时代考古学文化编年

根据具有地层叠压打破关系的典型遗址，整合类型学和测年数据，初步可将辽东半岛的新石器时代考古学文化分为 7 期。

小珠山一期文化：陶器陶质以夹砂陶为主，同时夹大量滑石、云母，陶色以红褐色为主，其余依次为黑褐、黄褐、灰褐等。陶器陶色斑驳不均现象突出。器类绝大多数为平底筒形罐，器形大，直口，直壁，器壁厚，平底；少量碗。纹饰主要是压印纹，包括之字纹、席纹、网格纹；以单一的压印之字纹占多数，之字纹与压印席纹、网格纹、人字纹、波浪纹、斜线纹等组成的复合纹饰数量少，还有少量刻划纹。

后洼下层文化：陶器以夹砂红褐陶和黑褐陶为主，其次为黑陶和红陶；纹饰方面，以压印纹占绝对多数，高达 90% 以上，刻划纹少。压印纹主要为席纹和之字纹，还见有横线纹、网格纹、人字纹、斜线纹、叶脉纹，以及由上述纹饰组合而成的复合纹。刻划纹有网格纹、席纹、人字纹、横线纹、斜线纹、斜线三角纹、环带纹、锯齿纹等，以刻划网格纹为最多。陶器多含滑石粉，手制。器类以筒形罐为大宗，还有鼓腹罐、壶、碗、钵、杯、勺、盘和舟形器等。后洼下层文化的一些陶罐和壶的腹部上侧往往有对称的小瘤状耳，极富特征。

---

① 高芳、华阳、霍东峰：《文家屯积石墓浅析》，《考古与文物》2009 年第 3 期。

小珠山二期文化：陶质以夹砂灰褐陶和红褐陶为主，含少量滑石或云母，其次还有少量的褐陶、黑褐陶。纹饰以刻划纹和压印纹为主，刻划纹包括横线纹、席纹、斜线纹、竖线纹、斜线三角纹、纵向平行线纹，以及由上述几种纹饰组成的复合纹，还有戳印纹；压印纹包括弧线纹、斜线三角纹、之字纹、席纹、横线纹和组合纹；施纹面积大，纹饰一般布满器身。器类以筒形罐为绝对多数，还见有钵、鼓腹罐等。筒形罐以大型敞口为主，斜直壁或直壁，平底，一些筒形罐微弧腹。陶器的制法为手制，常见穿孔。

后洼上层文化：陶器陶胎较薄，陶色多不纯正，手制。以夹砂红褐陶和夹砂黑褐陶为主，含滑石粉陶数量少。纹饰以刻划纹为主，有斜线纹、几何纹、网格纹、人字纹、席纹、三角纹、竖条纹、点纹及组合纹饰等。陶器多侈口，还有敞口、直口和平沿；器类以罐为最多，罐当中又以筒形罐为大宗，其余器类还包括有肩罐、鼓腹罐、直口直领圆腹壶、碗、盘、舟形器和杯等。部分陶器有对称竖鋬耳。

小珠山三期文化：陶器以手制夹砂陶为主，泥质陶次之，并带有一定数量的彩陶；陶色以红褐色、红色、褐色为主，有少量黑褐陶；纹饰以刻划纹和由刻划纹组成的几何纹为主，包括短斜线纹、竖向斜线纹、网格纹等，还有少量的压印纹和绳索纹；器形以刻划纹筒形罐为主，包括侈口或卷沿筒形罐和底径小于口径的筒形罐，还有部分鼓腹罐，不仅含有后洼上层文化因素的壶、碗等器物，还有含胶东半岛大汶口文化因素的鼎、豆、鬶、盉等器物。根据层位关系，可将之分为早、中、晚三段：早段陶器陶质以夹砂陶为主；陶色以红色和红褐色为主；纹饰以刻划纹为主，包括短斜线纹、短竖线纹等；有少量彩陶，为几何形平行斜线纹；器类不仅有侈口或卷沿筒形罐等土著文化因素的器类，还有鼎、盉等胶东半岛大汶口文化器类和钵等后洼上层文化因素的器类；器形以侈口或卷沿的平底筒形罐为多数。中段陶器陶质以泥质陶和夹砂陶为主；陶色以红、红褐色为主；陶器多素面，纹饰包括刻划横排短斜线纹、划纹间饰乳点纹、涡纹、斜线三角纹等，还有部分彩陶；器类包括土著文化因素的鼓腹罐，胶东半岛大汶口文化因素的鬶、盉、器盖、觚形器、钵、碗、鼎、豆，后洼上层文化因素的筒形罐、壶、碗、杯；器形主要以口大底小的筒形罐为主。晚段陶器陶质以夹细砂陶为主；陶色以褐色为主；纹饰与中段基本一致，彩陶中的纹样以网格纹、斜线几何纹较多；器类与中段也基本一致；器形主要以鼓腹、微鼓腹罐为主。

　　小珠山四期文化:陶器多含滑石和云母,多为夹砂褐陶。以附加堆纹罐为大宗,平底,深腹,根据形制又可细分为筒形罐和鼓腹罐两种。其次有壶、钵、碗、盂、豆、三足钵等。壶多在颈肩处施纹,敞口。纹饰方面普遍存在波浪形扁平附加堆纹、平行纵向泥条堆纹及口沿外叠唇上施纹的方式。还见有刻划纹、人字纹、短斜线纹、短竖线纹、弦纹、刺点纹等。

　　小珠山五期文化:陶器均以夹砂黑褐陶和黑陶为主,其次是褐陶和红褐陶。有部分素面陶和磨光黑陶,纹饰以刻划纹为主,其次为弦纹、附加堆纹和网纹等。器类较多,主要有罐、鼎、豆、盆、碗、钵、瓮、杯、器盖、盂形器等。积石冢出土陶器与遗址相比略有差异,有泥质黑陶、红褐陶、灰陶和夹细砂的红褐陶,器类有杯、罐、鼎、豆、盆、鬶和器盖等(图3—31)。

二、新石器时代考古学文化谱系

　　根据上述研究,可基本将辽东半岛的新石器时代考古学文化谱系划分为四类:黄渤海以北地区的压印纹系统、刻划纹系统、堆纹系统和海岱区文化系统;其中,黄渤海以北地区的压印纹系统、刻划纹系统、堆纹系统均应归属于北方地区的平底罐文化系统,而海岱文化系统区则应归入三足器文化系统,分别代表着不同文化区系的典型特征。

　　(一)压印纹系统

　　小珠山一期文化和后洼下层文化,是绝对以压印纹为主的平底罐文化系统。小珠山一期文化的来源,有研究者认为其源于新乐下层文化,若往前追溯,早于新乐下层文化的兴隆洼文化应是小珠山下层文化的渊源[1];有学者认为小珠山下层文化压印之字纹风格与赵宝沟文化之字纹十分相似,应看做是受到以赵宝沟为代表的辽西区文化影响的产物[2]。新乐下层文化与小珠山一期文化特征完全不同。从陶器组合来看,新乐下层文化陶器组合为筒形罐、鼓腹罐、斜口器和钵等;而小珠山一期文化器物基本仅见筒形罐一种。从器物形态上来看,新乐下层文化筒形罐主要包括直腹或斜腹两类,口部微侈或口沿微出;而小珠山一期文化筒形罐则是微敛口或直口,直壁。从纹饰上来看,新乐下层文化筒形罐一般饰以压印的组合纹

---

①《大连通史》编纂委员会:《大连通史·古代卷》,人民出版社,2007年,第111—112页。
②朱延平:《东北地区南部公元前三千纪初以远的新石器考古学文化编年、谱系及相关问题》,《考古学文化论集(四)》,文物出版社,1997年,第7页。

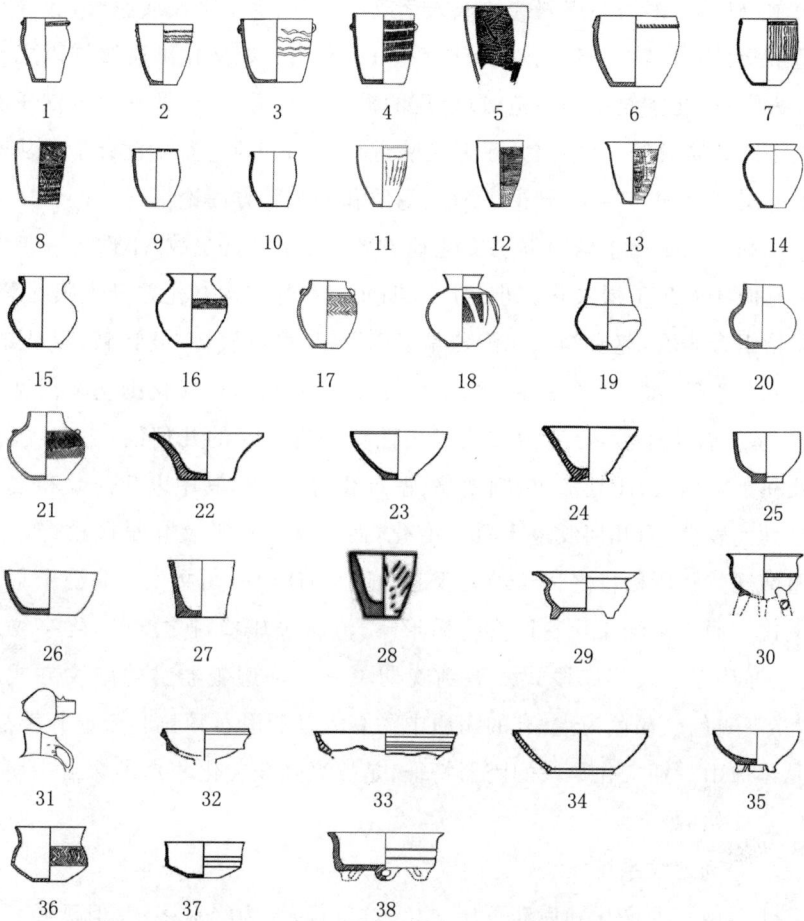

图 3—31　考古学文化编年及其典型器物

1. 小珠山 T4②:90;2. 吴家村Ⅱ F1:29;3. 北吴屯 T3②:2;4. 后洼 VT23④:28;
5. 小珠山 T1612②:6;6. 郭家村Ⅱ T5F1:5;7. 三堂Ⅱ F3 上:14;8. 小珠山 T3⑤:23;
9. 蛎碴岗 T2③:14;10. 三堂Ⅱ T102⑤:8;11. 小珠山 F1:1;12. 后洼Ⅰ T2②:33;
13. 小珠山 T1⑤:27;14. 郭家村Ⅱ T5F1:4;15. 吴家村Ⅱ F1:7;16. 上马石Ⅲ F1:8;
17. 后洼Ⅲ T4④:10;18. 郭家村ⅡT5F1:14;19. 吴家村ⅡG1②:43;20. 后洼ⅡT1②:39;
21. 后洼Ⅳ T1④:27;22. 三堂ⅠT106③:1;23. 三堂ⅡT302⑤:10;24. 吴家村ⅡT3②:40;
25. 后洼Ⅰ T8②:90;26. 后洼Ⅴ T22④:52;27. 上马三ⅣF1:9;28. 后洼Ⅰ T2④:52;
29. 郭家村Ⅱ T2②:23;30. 吴家村采:1;31. 吴家村ⅡG1②:44;32. 郭家村Ⅱ T6②:35;
33. 小珠山 T1512④B:2;34. 大潘家村 T8②:15;35. 三堂Ⅱ T202⑤:12;
36. 郭家村Ⅱ T3②:31;37. 三堂Ⅱ T104⑤:11;38. 小珠山 T1512④D:3

饰为主,口沿下多为一周斜线纹或人字纹,腹部通饰之字纹或弦纹,腹部纹饰呈带状排列规整并与口和底保持平行;小珠山一期文化早段纹饰以之字纹最为常见,之字纹压印规范,以竖压的横之字纹为主,也见有少量横压的竖之字纹和席纹等,之字纹几乎遍及除近口沿部分的全器。也有学者从小珠山下层文化陶器器类、器形、纹饰、陶质和陶色等方面论证辽中区新乐下层文化和辽东半岛小珠山下层文化地方差异突出①。是故,小珠山一期文化不是源于新乐下层文化。小珠山一期文化和赵宝沟文化差异也很显著。从器物组合来看,赵宝沟文化陶器是以筒形罐、椭圆底罐、鼓腹罐、圈足钵、圈足或平底碗、盆、尊形器等为基本组合,而小珠山一期文化则基本仅见筒形罐;从纹饰上来看,赵宝沟文化代表性纹饰有压印的几何纹、之字纹、动物纹和指甲窝纹、压划形纹、刷划纹、篦点纹、弦纹等,其中以几何纹和之字纹最具代表性,而几何纹最多且多变化,而小珠山一期文化早段纹饰以通体遍饰规整竖压横排之字纹最为普遍,显示小珠山一期文化并非源于赵宝沟文化。而兴隆洼文化晚期盛行筒形罐,流行竖压横排之字纹,之字纹规整,纹饰从三段式到二段式发展到晚期单一纹饰遍施器身的施纹方式出现,器表颜色以褐色为主,有的陶质中掺有大量的滑石颗粒和云母等特征,正是小珠山一期文化早段的陶器特征,是故兴隆洼文化才是小珠山一期文化的重要始源。

(二)刻划纹系统

小珠山一期文化和后洼下层文化虽以压印纹为绝对多数,但已经有了少量的刻划纹,至小珠山二期文化时期,刻划纹几乎与压印纹平分秋色,后洼上层文化和小珠山三期文化陶器纹饰则均以刻划纹为主。关于后洼上层文化的渊源,赵宾福先生较早时期就提出,后洼上层文化不是由后洼下层文化发展而来。以马城子 B 洞下层为代表的遗存年代上早于后洼上层文化,两种文化遗存分布地域比较接近,在陶器纹饰和形态、生产工具、经济形态等面貌上存在着很多的共性,据此认为后洼上层文化应该是由本溪地区以马城子 B 洞下层为代表的遗存发展而来②。后杨占风先生提出,后洼上层文化的主要器物一种是刻划横线纹罐,另一种是直领圆腹壶。当地

①张翠敏、王宇:《辽东半岛地区小珠山下层文化陶器比较研究》,《东方考古》2009 年第 6 集。
②赵宾福:《东北石器时代考古》,吉林大学出版社,2003 年,第 316—320 页。

较早阶段的后洼下层文化就发现有鼓腹壶,后洼上层文化的壶应该是由后洼下层文化的鼓腹壶直接发展而来。刻划横线纹罐从其侈口及纹饰特点看,与新乐(下层)文化编号为 8306F2:14 及 8306F4:4 的筒形罐整体风格相似。所以,后洼上层文化的直领圆腹壶遗存来自于当地的后洼下层文化,而刻划横线纹罐遗存则来自新乐(下层)文化。因此,后洼上层文化是在后洼下层文化和新乐(下层)文化双重作用下产生的一种新文化①。其后,赵宾福、杜战伟二位先生撰文对太子河上游本溪地区的新石器时代洞穴遗存重新进行整理和分析,从中析出三种不同的新石器时代考古学文化,把以马城子 B 洞下层、北甸 A 洞下层、张家堡 A 洞下层和水洞下层等地点出土的刻划横线纹筒形罐遗存独立定名为水洞下层文化,认为水洞下层文化和小珠山下层文化、左家山下层文化以及新乐下层文化不仅存在着较为密切的联系,而且年代应该与它们大体相当,即处在公元前 4000 年以前②。随后,杜战伟、赵宾福、刘伟三位先生再次撰文,对后洼上层文化的渊源与流向进行探讨,提出辽东地区新石器时代的水洞下层文化、后洼上层文化和小珠山中层(三期)文化均是以施刻划纹陶器为代表的考古学文化。从陶器的亲缘关系上看,后洼上层文化是由水洞下层文化发展而来的,并演变为小珠山中层文化,它们属于前后相继、一脉相承的同一文化系统③。若此分析无误的话,刻划纹应源于丹东以北的水洞下层文化,是从辽东半岛东端自东向西向辽东半岛南端传播的。

(三)堆纹系统

小珠山四期文化为典型的堆纹文化系统。小珠山四期文化遗存共列举有线图陶器 63 件,其中饰附加堆纹陶器共 36 件(罐 30,壶 6),占总数的 57.1%;素面和饰其他纹饰陶器 27 件(筒形罐、折沿鼓腹罐、壶、钵、碗、豆、盂、盆、器耳等),占总数的 42.9%。由于已发表的资料较少,以上数据有可能存在偏差,但即便存在偏差,附加堆纹陶器在这一时期仍然占有较大比重。根据上文的论述,小珠山四期文化属于偏堡子文化。偏堡子文化中

① 杨占风:《后洼上层文化研究》,《辽宁省博物馆馆刊》2008 年第 3 辑。
② 赵宾福、杜战伟:《太子河上游三种新石器文化遗存的辨识——论本溪地区水洞下层文化、偏堡子文化和北沟文化》,《中国国家博物馆馆刊》2011 年第 10 期。
③ 杜战伟、赵宾福、刘伟:《后洼上层文化的渊源与流向》,《北方文物》2014 年第 1 期。

的新民偏堡遗址①和新民东高台山遗址②都有早于辽东半岛小珠山遗址第四期和三堂遗址第一期的文化遗存，表明偏堡子文化应起源于辽东北部的沈阳一带，偏堡子文化的传播是从辽东北部地区自北向南传播至辽东半岛，因此，辽东半岛该时期的堆纹系统当源于其北的偏堡子文化。

（四）海岱区文化系统

从出土物来看，小珠山二期文化时期，辽东半岛南端和胶东半岛应该有了一定的接触，但交流并不深入，也不频繁。小珠山三期文化出现了一些明显带有胶东风格的器物，如觚形器、鬶、盆形鼎、蘑菇状把手等；还有与大汶口文化风格相似的彩陶片。对典型遗址的陶器统计分析表明，小珠山三期文化是在承袭土著文化因素基础上、同时吸收了后洼上层文化因素以及胶东半岛的大汶口文化因素，是在这三种文化因素共同作用下产生的一支新的考古学文化。辽东半岛地区出土的海岱区陶器的质地、颜色以及彩陶的花纹构图和施彩方法等几乎与山东地区没什么区别，这种相似性并非是仿造的结果，可能是陶器本身的移动所造成的③，也或许是贸易而来。上文据对小珠山四期文化陶器的分析表明，小珠山四期文化虽以堆纹陶器为主，性质属于偏堡子文化，但海岱区大汶口文化、龙山文化特征的陶器约占总数的 20.7%，说明直至小珠山四期文化时期，海岱区文化对辽东半岛南端的影响仍然很大。小珠山五期文化遗址出土的 133 件陶器中，具有海岱区龙山文化因素的器物 87 件，占总数的 65.4%。且小珠山五期文化墓葬中出土的陶器中，具有海岱区龙山文化陶器占比与遗址相近④。上述变化能够清晰反映出，随着时间的推移，海岱区文化系统对辽东半岛南端的影响越来越大，两地之间的文化互动与交流越来越密切、越来越深入。

三、文化的交汇、冲突与融合

从辽东半岛新石器时代考古学文化的谱系分析中，我们可以观察到这一地区在新石器时代是一个文化交汇、冲突与融合的典型区域。

---

① 东北博物馆文物工作队：《辽宁新民县偏堡沙岗新石器时代遗址调查记》，《考古通讯》1958 年第 1 期。

② 沈阳市文物管理办公室：《新民东高台山第二次发掘》，《辽海文物学刊》1986 年第 1 期。

③ 冈村秀典：《辽东半岛与山东半岛史前文化的交流》，《环渤海考古国际学术讨论会论文集》，知识出版社，1996 年，第 108—111 页。

④ 澄田正一、小野山节、宫本一夫：《辽东半岛四平山积石冢の研究》，柳原出版株式会社，2008 年。

（一）文化的交汇、冲突与融合

根据论证，小珠山一期文化源于辽西区的兴隆洼文化，而非辽东北部沈阳一带的新乐下层文化。兴隆洼文化晚期，开始向辽河以东地区输出以之字纹平底筒形罐为主要物质载体的文化影响，这种文化输出应该伴随着人口的迁徙，包括辽东北部地区的新乐下层文化、辽东南部地区的小珠山下层文化、第二松花江流域的左家山下层文化[1]和太子河上游地区的水洞下层文化[2]。小珠山一期文化时期以辽西区的压印纹平底筒形罐占绝对优势，并东向传播，形成后洼下层文化。以压印纹平底筒形罐为主要特征的小珠山一期文化在东向传播的同时，也受到了应是来自太子河上游地区水洞下层文化中刻划纹系统的影响，是故小珠山一期文化和后洼下层文化中均存在极少量的刻划纹，这一以压印纹为主、包含极少量刻划纹的状态表现的应是文化的交汇、交流及融合。

在压印纹系统与刻划纹系统交流与融合的过程中，刻划纹系统所占比重不断增大，至小珠山二期文化时期，辽东半岛刻划纹与压印纹所占比重基本持平。发展至后洼上层文化时期，刻划纹系统已成为主流，压印纹系统所占比重极低；这一态势延续至小珠山三期文化时期。从压印纹转变为刻划纹，是辽东半岛西部地区和东部地区文化交汇交流而后逐渐融合的结果，还是由于文化的交汇冲突而后逐渐融合的结果？我们在对辽东半岛新石器时代考古学文化进行研究的过程中，更多的认识是文化的自西向东影响。其实仔细分析后洼下层文化和后洼上层文化，就会发现辽东半岛东部地区的这两支考古学文化是较为发达的；抑或说辽东半岛东部地区的后洼下层文化和后洼上层文化是较辽东半岛西部地区同时期的考古学文化更为发达的两支考古学文化，如后洼下层文化和后洼上层文化中遗址规模较大、遗存丰富，而且与原始巫术有关的玉石器、人像、动物雕像等遗物丰富，不排除刻划纹系统在辽东半岛从最开始的极少量到最终的绝对多数，不仅仅是文化和平交流的结果，还应有文化冲突形成的融合。

辽东半岛南端文化交汇冲突的激烈时期是在小珠山三期文化、小珠山四期文化和小珠山五期文化时期。对小珠山三期文化典型遗址小珠山、吴

---

[1] 赵宾福：《东北石器时代考古》，吉林大学出版社，2003年，第401页。

[2] 赵宾福、杜战伟：《太子河上游三种新石器文化的辨识——论本溪地区水洞下层文化、偏堡子文化和北沟文化》，《中国国家博物馆馆刊》2011年第10期。

家村和郭家村陶器统计表明,后洼上层文化因素、土著文化因素和大汶口文化因素这三种文化因素占比分别为14％、73％和13％;若将比例过于悬殊的小珠山遗址排除在外,仅以吴家村和郭家村的资料进行统计,则后洼上层文化因素、土著文化因素和大汶口文化因素占比分别为33％、39％和28％。数据显示小珠山三期文化的性质是在承袭土著文化因素基础上、同时吸收了后洼上层文化因素以及胶东半岛的大汶口文化因素而成。这一时期除承袭本土文化外,小珠山三期文化还受到了来自东部的后洼上层文化和来自海岱区大汶口文化的冲击与影响,三种势力呈现出一种冲突或者说角力状态,物化的就是小珠山三期文化中三种文化因素基本持平的混合态势。至小珠山四期文化时期,陶器中的土著文化因素占比20.64％,海岱区大汶口文化、龙山文化因素占比22.22％,偏堡子文化因素占比57.14％。这一时期除继承本土文化因素外,来自东部地区的刻划纹系统在几支势力的竞争中影响力最终被排除在外,海岱区文化仍有较强影响力,而来自辽东北部地区的偏堡子文化强势进入辽东半岛,成为整个辽东半岛地区的主导文化。各种文化势力在辽东半岛南端的竞争并未停止,至小珠山五期文化时期,海岱区龙山文化以更为强势的态势影响着辽东半岛南端,辽东北部地区的文化影响几乎完全消退。历经小珠山五期文化的蜕变,辽东半岛南端进入青铜时代。从双砣子一期文化到双砣子二期文化,辽东半岛南端逐渐被纳入海岱区文化系统,至上马石瓮棺葬类型和双砣子三期文化时期,海岱区文化从辽东半岛南端撤离,土著文化才得以重新崛起。而在小珠山三期、四期和五期文化这一较长时间段的文化交汇与激烈冲突时期,文化的融合也同样在进行,我们所谓的小珠山三期文化中的土著文化,就包含有小珠山二期文化和后洼下层文化因素;小珠山四期文化中的土著文化因素就包括小珠山三期文化因素和后洼上层文化因素;小珠山五期文化中土著文化因素就包括小珠山四期文化因素和该地区更早就存在的高领罐、折沿罐等因素。从文化发展态势上观察,小珠山一期、三期、四期和五期文化的形成,应非简单的文化传播和交流所致,更可能是伴随着人口迁徙带来的文化碰撞萌生出的新的文化。

（二）文化互动的背景观察

　　辽东半岛在新石器时代成为多种文化交汇、交流、冲突与融合的集中区域,首先是因其极为重要的地理区位。辽东半岛南端与山东半岛隔渤海相望,东接朝鲜半岛,北与东北腹地贯通,优越的地理位置,使得辽东半岛南端成为东西、南北文化交汇的枢纽。东西路线是辽西——辽东——朝鲜半岛、俄罗斯远东滨海边区——日本列岛,南北路线是山东半岛——辽东半岛——东北腹地。中原地区和中亚西亚经欧亚大草原与朝鲜半岛和日本列岛的东西交流,也是经辽西走廊、辽东半岛得以连接的。而山东沿海——辽东半岛——朝鲜半岛西海岸——日本列岛这一海上交通线,还被称为"北方海上丝绸之路"①。所以从远古开始,以辽东半岛为中心的中外文化交流就极为活跃和广泛,留下了大量的实物资料。其次是因其丰富的海洋生物资源和陆地动物资源。黄渤海一带不仅鱼类众多,利于捕捞,而且其他可食用海洋生物资源也极为丰富。但在捕捞和追逐鱼群的过程中,黄渤海地区的先民极易到达其他文化分布区,而不同文化区的先民本就处于争夺食物资源的激烈竞争中,孤军深入非本文化分布区就显得极为危险。同时,辽东半岛南端气候适宜,人口稀少,动物资源丰富,不但是重要的肉食来源,其皮毛也是先民为冬季保暖或换取其他资源的重要猎取对象。据学者研究,东周时期,齐国与海北的贸易活动可以确定输入了名贵毛皮②,应是这一传统贸易活动的延续。再次是因山东地区获取岫岩玉的需要。研究表明,山东地区大汶口文化和龙山文化出土的岫岩玉应来自于辽东半岛③;不唯如此,良渚文化玉料有相当一部分来自于岫岩玉,其运输路线就是从辽东半岛到达胶东半岛中转,再到东南地区的④。

　　上述论述还解决了一些原本不太清晰的认识。如小珠山二期文化和一期文化的关系问题,后洼下层文化和后洼上层文化的关系问题等。原小珠山下层文化能否细分为小珠山一期文化和小珠山二期文化,一些学者是存疑的。通过上文的论述可知,小珠山二期文化不仅仅是由小珠山一期文化发展而来,它的来源有两个:陶器器形主要来自小珠山一期文化;纹饰主要源于后洼下层文化的刻划纹,以及部分小珠山一期文化的压印纹。这样,小珠山二期文化和小珠山一期文化的细分就水到渠成,毋容置疑了。后洼下层文化主要源于小珠山一期文化,但同时也应受到了其他文化如水

①徐昭峰:《我国北方海上丝绸之路的产生》,《光明日报》理论版2017年4月24日14版。
②王青:《〈管子〉"发、朝鲜之文皮"的考古学探索》,《东方考古》2015年第11集。
③王强:《海岱地区新石器时代玉料来源及琢玉工艺初探》,《华夏考古》2008年第2期。
④张美玲:《山东地区出土新石器时代玉器研究》,烟台大学硕士学位论文,2013年。

洞下层文化等的影响。而后洼上层文化一般都认为不是直接从后洼下层文化发展而来的,通过上文分析我们知道,后洼上层文化的渊源有三个:即当地的后洼下层文化、辽东半岛南端的小珠山二期文化和太子河上游地区的水洞下层文化,它是在这三种文化影响下产生的一支新的考古学文化,地层学和类型学得出的文化编年也支持这一认识。

就我国北方地区来说,西北地区的丝绸之路或者早期的玉石之路、中原地区的郑洛地区、太行山的东西两麓、燕山南麓、东北地区的辽西走廊和辽东半岛地区,都是文化交汇、冲突、交流、融合的关键地区,原因虽有差异,但地理区位的重要性都不言而喻,均是扼守文化交流通道的重要地区。如上文所言,因为地理区位的重要性,辽东半岛地区成为东北亚文化交流的桥头堡。激烈的文化冲突在该区域不断的发生,推动着该区文化的持续发展和深度融合。就该区小珠山五期文化时期的文化态势看,生业模式在承袭本区传统的渔猎、海洋捕捞和粟作农业外,还吸收了来自海岱区的稻作农业,可能还有麦类,形成多种生业模式并存共生发展的局面。农业多样性和生业模式的多样性又是保证本区文化持续发展的强大经济基础。陶器特征以海岱区龙山文化占据较大比例,但墓葬形制应源于辽西区的积石冢这一文化因素,虽然积石冢的形制由于时间的推移发生了一些变化,表明小珠山五期文化是一种混合态的文化。积石冢、玉石器、成组的陶礼器、农业和生业模式的多样性、水陆并行的远距离交流,无不说明辽东半岛的新石器时代考古学文化的发展进入了一个全新的时期。而这种文化冲突激烈的区域文明起源模式是否可以用文化冲突理论进行诠释,还值得进一步探讨。

第四章　青铜时代考古学文化

第一节　双砣子一期文化

双砣子一期文化遗存的发现，一般认为可上溯到20世纪初日本学者对辽东半岛地区包括旅顺老铁山积石冢和双砣子遗址等进行的调查。1949年以后对其中的一些遗址进行了复查和试掘[①]。1963年，中国社会科学院考古研究所东北工作队对双砣子遗址进行调查，采集了大批的石器和陶片。1964年5—10月，对双砣子遗址及该区域内的其他遗址进行了发掘。发掘者依据双砣子遗址堆积层内遗迹和遗物的变化，将其归纳为四大层，并划分为三个大的发展阶段，即"第一期文化""第二期文化"及"第三期文化"，用以代表双砣子遗址的文化性质及其发展顺序[②]。报告中的所谓"第一期文化"即双砣子一期文化。除双砣子遗址外，与之相关的还有于家村下层遗存[③]、高丽城山遗存[④]、小黑石砣子A类遗存[⑤]、金州庙山早期遗存[⑥]、大嘴子遗址1987年发掘的第一期遗存[⑦]和大嘴子遗址1992年发

① 旅顺博物馆、辽宁省博物馆：《旅顺于家村遗址发掘简报》，《考古学集刊》1981年第1集；许明纲：《旅大市金县发现新石器时代遗址》，《考古》1960年第2期。

② 中国社会科学院考古研究所：《双砣子与岗上——辽东史前文化的发现和研究》，科学出版社，1996年，第3—4页。

③ 旅顺博物馆、辽宁省博物馆：《旅顺于家村遗址发掘简报》，《考古学集刊》1981年第1集。

④ 旅顺博物馆、辽宁省博物馆：《旅顺于家村遗址发掘简报——附高丽城山遗址》，《考古学集刊》1981年第1集。

⑤ 刘俊勇：《大连市旅顺口区小黑石砣子古代遗址破坏纪实》，《辽宁文物》1981年第1期；王玠：《小黑石砣子遗址被破坏地段清理简报》，《辽宁文物》1982年第3期；刘俊勇、王玠：《辽宁大连市郊区考古调查简报》，《考古》1994年第4期。

⑥ 吉林大学考古学系等：《金州庙山青铜时代遗址》，《辽海文物学刊》1981年第1期。

⑦ 大连市文物考古研究所：《大嘴子——青铜时代遗址1987年发掘报告》，大连出版社，2000年，第2页。

掘的早期遗存①、大王山遗址第一期遗存②,以及老铁山·将军山积石冢③等。

关于双砣子一期文化的性质及发展阶段问题,尚存在着较大争议。如有学者认为双砣子一期文化与小珠山上层文化(即我们所说的小珠山五期文化)虽然年代相当,但文化内涵却有相当多的差异,双砣子一期文化所特有的彩绘陶等均不见于小珠山上层文化,而富有龙山文化因素的环足盘等也为双砣子一期文化所不见。而二者又有很多相似的器形,在石器方面也有更大的一致性。以上的异同表明,双砣子一期文化和小珠山上层文化不属于同一文化谱系,甚至可能另有渊源,既同时并存又相互交流④;其中一些学者不仅认为双砣子一期文化是受山东龙山文化影响的土著文化,而且进入了青铜时代⑤,但同时也有学者认为双砣子一期文化是受到山东龙山文化影响的一支新石器时代考古学文化⑥,或否认双砣子一期文化大嘴子遗址出土铜器的可靠性,认为其为新石器时代末期或铜石并用时期,双砣子一期文化进入青铜时代的证据不充分⑦;另外一些学者认为,小珠山上层文化(即我们所说的小珠山五期文化)和双砣子一期文化是山东龙山文化的不同发展阶段,为新石器时代末期或铜石并用时期,并将其划入山东龙山文化范畴⑧,或者称其为"山东龙山文化郭家村类型"⑨。而关于老铁山·将军石积石冢的性质归属问题,有学者认为老铁山积石冢可能是郭家

①辽宁省文物考古研究所等:《辽宁大连市大嘴子青铜时代遗址的发掘》,《考古》1996 年第 2 期。

②辽宁省文物考古研究所、大连市文物考古研究所:《辽宁大连市大王山青铜时代遗址发掘简报》,《东北史地》2014 年第 2 期。

③旅大市文物管理组:《旅顺老铁山积石墓》,《考古》1978 年第 2 期。

④中国社会科学院考古研究所:《双砣子与岗上——辽东史前文化的发现和研究》,科学出版社,1996 年,第 5 页。

⑤许玉林:《辽宁商周时期的青铜文化》,《考古学文化论集(三)》,文物出版社,1993 年;许明纲:《试论大连地区新石器和青铜文化》,《中国考古学会第六次年会论文集》,文物出版社,1990 年,第 50—66 页;赵宾福:《中国东北地区夏至战国时期的考古学文化研究》,科学出版社,2009 年,第 89—91 页。

⑥霍东峰:《环渤海地区新石器时代考古学文化研究》,吉林大学博士学位论文,2010 年。

⑦张翠敏:《小珠山三期文化与双砣子一期文化再认识》,《北方文物》2012 年第 4 期。

⑧栾丰实:《海岱地区考古研究》,山东大学出版社,1997 年。

⑨王青:《试论山东龙山文化郭家村类型》,《考古》1995 年第 1 期。

村遗址上层文化(即我们所说的小珠山五期文化)人们的公共墓地[①];也有人认为它与郭家村上层和双砣子一期文化都有密切的联系[②];还有学者认为老铁山·将军山积石冢并不是小珠山上层文化的墓葬,而应该是双砣子一期文化的墓葬[③]。

双砣子一期文化诸如上述问题,都存在进一步探讨的空间。

一、典型遗址

截止目前,已经发掘的双砣子一期文化遗址数量并不多,主要包括双砣子遗址、于家村遗址、大嘴子遗址、金州庙山遗址、小黑石砣子、高丽城山遗址、大王山遗址等。

(一)双砣子遗址[④]

双砣子遗址位于大连市甘井子区营城子乡后牧城驿村北,因地形为两个相邻的山丘而得名。双砣子遗址主要集中在北砣子的南坡和部分东坡上,面积约20000平方米。该遗址文化层堆积共分4大层,划分为三个阶段,分别为第一、二、三期文化。第④层属于双砣子一期文化,堆积厚度2.1—3.5米,其下部为生土,上部被双砣子二期文化叠压。

1. 遗迹

在南坡发现3座房址(F14、F15—16、F18—19),均为双室半地穴式。其中以F15—16保存较好,而且还有一部分塌下来的屋顶,可作为这一类房址的代表。

F15—16位于T9内,被F14打破。两室东西并排,均呈不规则的椭圆形,中间有一道隔墙。两室的北壁上面有一个平台,与隔墙齐平。室内壁稍向外斜,壁面已不甚平整。两室各开一门,东室门向东,西室门向南,门

①许明纲:《试论大连地区新石器和青铜文化》,《中国考古学会第六次年会论文集》,文物出版社,1990年,第50—66页;许玉林、许明纲、高美璇:《旅大地区新石器时代文化和青铜时代文化概述》,《东北考古与历史》1982年第1期;旅大市文物管理组:《旅顺老铁山积石墓》,《考古》1978年第2期。

②中国社会科学院考古研究所:《双砣子与岗上——辽东史前文化的发现和研究》,科学出版社,1996年,第65—66页。

③赵宾福:《中国东北地区夏至战国时期的考古学文化研究》,科学出版社,2009年,第89—91页;高芳、华阳、霍东峰:《老铁山·将军山积石墓浅析》,《内蒙古文物考古》2009年第1期。

④中国社会科学院考古研究所:《双砣子与岗上——辽东史前文化的发现和研究》,科学出版社,1996年,第3—26页。

口均有由外往里的斜坡门道。室内居住面平整坚硬。每室设有一个灶址，西室位于东北部，灶坑中间倒埋一个罐口，底铺石板，周围也用石板镶砌。东室位于北半部，坑内也倒埋一个罐口。发掘者推测这种灶坑除炊事之外，可能还作为取暖兼保存火种之用。屋内出土遗物有杯、碗、罐、斧、凿、矛以及陶纺轮等。房址的周围及中间隔墙上共发现 15 个柱洞，其中东壁 4 个，西壁 5 个，南壁 2 个，北壁 1 个，隔墙 3 个。柱洞的大小不一，直径 10—28 厘米不等，深 15—64 厘米。洞的结构有三种形式，其中北壁的一个在底部垫有石柱础，周围砌石；隔墙上有两个洞壁涂抹光滑，十分坚硬；其余的 12 个都是一般的土洞。柱洞中填土较松，多遗有木炭痕迹。房址的北部保存有一整片烧土，东西长 5 米，南北宽 4 米，厚 0.18—0.2 米，覆盖在两室的北半部和平台上，由北向南倾斜。烧土的表面平整，下面有排列整齐的空洞，经过解剖和用石膏翻出模型，基本上弄清了它的结构，空洞作南北向和东西向交错排列，南北向木痕较细，排列密集，间隙很小，每根直径为 1.5—3 厘米，当为木椽。东西向的木痕较粗，间距大，从一根保存较好的木痕观察，直径为 4—5 厘米，当为木柄。在柄与椽的交叉处，有明显的用绳子之类的结扎的痕迹。以上的红烧土属于塌陷的屋顶遗存，根据现存的屋顶结构和柱洞的分布判断，两室当由同一个屋顶所覆盖，可能是北高南低的一面坡式的屋顶。至于房屋上部的墙壁，从屋内堆积物观察，似用草泥土堆抹而成。室内堆积共两层，第①层为灰褐土，第②层为碎烧土块。出土陶片多经火烧变形，并因氧化而变成红褐色，结合屋顶和墙壁都被烧成红烧土，甚至柱洞内也遗留着木炭等现象，说明这座房子是被火烧毁的。

其他两座房址均较残破。F14 仅存一室，椭圆形，叠压在 F15 的上面，以后者塌下的屋顶作为居住面，遗有倒埋罐口的灶址一个。出土物有碗、罐、锛、刀、矛以及陶网坠等。上部已被第三期文化的 F5 所破坏。F18—19 位于 T6 内，南边大部分被第三期文化的 F17 所打破。西室（F18）仅存北壁一段，东室（F19）尚存北半部，在西北角上有一个倒埋罐口的灶址，其结构与 F15—16 的相同。出土物有碗、罐、斧、刀等。

2. 遗物

陶器的陶土中羼有大量的细砂，以黑褐陶为主，红褐陶和黑陶等次之。黑褐陶的表面常夹杂有褐斑，胎内一般均作灰褐色。红褐陶的表里一致。黑陶的表面为纯黑色的陶衣，陶胎呈红褐色。另外房子里出土的陶器，由于房子被火焚烧,绝大部分也被烧变形,并因氧化作用而变成红褐色。器形主要有罐、碗、豆、杯等,共 51 件。制法皆为手制,一般用泥条筑成,个别小型的器物则用手捏塑。罐均为敞口、鼓腹、平底,以高领罐比较突出,附双耳者仅见一例。罐的口部常有明显的慢轮修整的痕迹。杯为深腹单耳,杯底扩张与器耳相连接的形制尤为特殊。碗为敞口、斜壁,有平底和假圈足之分,底部周缘往往刻有一圈锯齿纹。陶胎较厚,一般器壁为 0.3—1 厘米。器表全部磨光,仅在局部加饰纹饰。碗一般为素面,有的在底部刻有锯齿纹。豆多为浅盘高圈足镂孔。杯和罐等均在颈部及腹部饰弦纹,有的在弦纹中还加饰乳点纹(用附加的泥丸压入器壁)。此外,还有一些刺点纹、划纹和小圆圈纹,篦纹仅有个别发现。在这一期文化层中还出有较多的彩绘陶片。其中仅 T2、T4 两探方即出 270 多片,但无法复原。这种彩绘陶都是在陶器烧好以后才彩绘的,因而颜色容易脱落。有红、白、黄三种颜色绘成的三角形、方形、菱形和条形等几何形图案。有的用红色或白色的单彩涂绘,有的用红、黄两彩兼绘,也有的用红、白两彩兼绘,其中有的彩绘就画在刺点纹或划纹之上。

石器共 39 件,主要有斧、锛、铲、刀和环状石器等,其中以斧、锛较多,均为磨制。石斧以长身的厚石斧比较突出,石刀形制不规整,很像直背弧刃半月形石刀的变体。石料以辉绿岩为主,凝灰岩次之,也有少量的页岩,砥石则都用砂岩。骨、蚌器出土数量较少,骨锥 3 件,骨针 1 件,穿孔蚌壳 1 件。

(二)大嘴子遗址[①]

大嘴子遗址位于大连市甘井子区大连湾镇李家村东北约 2 公里处黄海北岸的半岛顶端台地上,三面环海,东、南为临海断崖,高出海面约 10 米,当地俗称"大嘴子",故名。

1987 年发掘部分,根据地层堆积和出土器物,将该遗址分为第一、二、三期文化,分别对应双砣子一、二、三期文化。其中第④、⑤层及灰坑 H2、H7 属于大嘴子一期文化。1992 年发掘部分,实际发掘面积达 205 平方米,但最后只将 T2、T6 两个探方清理至生土。地层堆积达 6 层,分成早、

---

①大连市文物考古研究所:《大嘴子——青铜时代遗址 1987 年发掘报告》,大连出版社,2000 年;辽宁省文物考古研究所等:《辽宁大连市大嘴子青铜时代遗址的发掘》,《考古》1996 年第 2 期。

中、晚三个阶段,也分别与双砣子一、二、三期文化相对应。第⑤、⑥层及房址 F11、F12 属于大嘴子早期文化。

1. 遗迹

灰坑 2 个(87H2、87H7)。H2 开口于③B 层下,口略呈椭圆形。坑内堆积有贝壳杂灰土。出土物为残的器口、器底和一把石刀。

房址 2 座(92F11、92F12),均开口于第⑥层下,打破生土。两座房屋仅存居住面和柱洞,因未完全清理,整体形状不清。从已清理的部分看,F11 大体为方形,F12 近似圆形。F12 位于 T2 西半部,发现柱洞 25 个,最外圈呈圆形分布,大小深浅不一;大柱洞较少,周围有小柱洞无规律分布,可能具有辅柱的作用;大柱洞最大径 17 厘米,最深者 25 厘米;小柱洞一般直径 10 厘米,深 10—15 厘米;居住面不甚规整,直接建于生土之上,未发现遗物,仅在 16 号柱洞内发现一红、黄相间的彩绘陶片。

2. 遗物

1987 年发掘报告公布陶器以夹砂黑褐陶为主,黑皮陶次之,还有少量因火候不均产生的夹砂红褐陶,极少见泥质陶。制法皆为手制,使用泥条盘筑法,有的器物口沿经慢轮修整。器物一般都比较厚重,器底多为平底,除豆之外,不见圈足和三足器。器表磨光,纹饰以弦纹为主,还有弦纹间饰乳点纹、刺点纹、镂孔等,还出现了用红、白、黄三种颜料在烧好的陶器上绘出三角形、方形、条状等几何形图案的彩绘陶,彩绘陶共 21 片,因是烧好后绘上的,所以色彩极易脱落。器形有罐、壶、碗、网坠等。

石器 31 件,主要有斧、刀、戈、镞、研磨器、磨石、环等,多为磨制。石器质料有辉绿岩、板岩、砂岩等。石斧为棒形弧刃和梯形弧刃;石刀均为双孔刀,双孔对钻,有弧背直刃和直背直刃;石戈 1 件,略残,援两侧呈弧形,均为双面刃。下侧弧度大于上侧,尾端呈弧形,下侧近尾端有半圆形凹槽。援及前锋磨光,尾部粗磨,横剖面呈尖梭形。骨器仅有鱼卡 2 件。

铜戈 1 件,前锋和尾部残去,只剩援部,援下侧斜面微曲,上侧弧度大于下侧,整体横向微曲,两面中间起脊,脊略偏,脊棱不高,剖面呈圆形,当系合范铸成。近宽端有竖木质条纹,当是秘留下的痕迹。残长 8.4 厘米,宽 3.4 厘米,脊厚 0.3 厘米。

1992 年发掘报告公布陶器以夹细砂灰褐陶为主,黑褐陶次之,有少量夹粗砂灰褐陶,不见泥质陶。多为手制,泥条盘筑,有的口沿经轮修。多为平底,凹底和假圈足少见。纹饰有弦纹、点线纹等。见有彩绘陶,由红、白、黄三色或红、黄色相间组成的几何形图案常见,红、白相间的较少。器类有碗、壶、罐和网坠等。

石器数量较少,仅 5 件,有斧、刀、凿和网坠。骨角器 6 件,有骨笄、骨锥、骨鱼卡和角器。

（三）于家村遗址[①]

于家村遗址位于大连市旅顺口区老铁山西北的于家村西南,此地有一突起小丘伸入海内,东、南和西北三面临海,东北连接陆地,形成一个长约500 米,宽约 300 米的小半岛,当地俗称"砣头"。遗址坐落在砣头东南坡的平缓地带,面积约 5000 平方米,周围是悬崖峭壁。

整个遗址厚薄不均,东薄西厚,根据地层堆积和出土器物,分为上、下层文化,其中下层文化属于双砣子一期文化,上层文化对应双砣子三期文化。第③层和房址 F2—F7 属于于家村下层文化,另有灰坑 4 个。

1. 遗迹

房址 6 座,T2 发现 1 座,T3 发现 5 座,编号 F2—F7。F3—F7 这 5 座房址相互叠压,有的是在旧房址的基础上建起新房,但都属于下层文化,时间也不会相差太远。5 座房址中以 F5 保存比较完整,大体可以复原。F5平面呈不规则方形,圆角,半地穴式,房址地面西高东低,门向不清。从地势推测,门可能在东南面略低处。房址东北地面保存很大一块红烧土,厚约 20 厘米,覆盖在地面上,应是失火后塌落的屋顶残存。屋顶塌下来的木椽痕迹很整齐。木椽是由西北向东南排列。从以上观察,F5 屋顶应是西高东低一面坡式。房址地面下铺有 3—4 厘米粗的木棍,每根间距 2—5 厘米,南北整齐排列。四壁也同样用 3—4 厘米粗的木棍整齐排列成木栅,然后将地面和四壁用草拌泥抹平。地面坚硬,红黑不匀。地面下木棍已烧成木炭这种现象应是当时人们防潮取暖的一种措施。房屋四周现存 10 个柱洞,粗细和深度不等。在西南的地面上埋有陶壶口做成的灶圈,发掘者推测当为取暖兼保存火种之用。遗物集中出在东面和北面,有陶器壶、罐、碗、杯、豆和石器斧、锛、矛等。

灰坑共 4 个,都是不规则圆形。以 T3H3 为例,椭圆形,开口于第②层

①旅顺博物馆、辽宁省博物馆:《旅顺于家村遗址发掘简报》,《考古学集刊》1981 年第 1 集。

下,坑底打在 F5 地面,平底。距地表深 1—1.4 米。出土遗物以夹砂黑褐陶为主,器形有壶、罐、杯、豆、碗等,纹饰有弦纹乳点等。

2. 遗物

陶器一般都羼有大量的细砂,胎较厚。以夹砂黑褐陶为主,黑皮陶次之。黑褐陶表面多呈黑灰色,胎多是灰褐色。房址内出土的陶器都经过二次火烧氧化,变成了红褐陶。发现两片红色彩绘几何纹陶片。制法一般为手制,壶和罐的口部有的经慢轮修整。器形主要有罐、壶、碗、杯、豆、钵等。除豆外,绝大多数是平底,仅个别碗是凹底和圈足。绝大部分为素面,表面磨光,纹饰有弦纹、弦纹乳点、划纹和镂孔等。弦纹和弦纹乳点一般饰于罐、壶的颈、肩部和杯的下部。划纹多饰于罐的肩部。镂孔多用于豆柄上,有圆、长方、三角形等。

石器 50 多件,主要见有斧、锛、矛、环状石器、镞、网坠等,以斧、锛为最多。棒形弧刃斧、扁平锛、长方形双孔刀、有茎矛都是极具特点的遗物。制法除个别网坠为打制外,其余均为磨制。石器原料有辉绿岩、辉长岩、辉石角闪岩、泥灰板岩和砂岩等。钻孔石器都是采用对钻法和管钻法。骨、牙、角器 50 多件,主要见有骨锥、骨铲、骨凿、骨针、骨钓针、刮削器、钩形器等。

(四)高丽城山遗址[①]

高丽城山遗址位于大连市长海县大长山岛高丽城山西北麓,北面隔海与貔子窝相望。发掘地点位于海边断崖和坡地上。开探方三个,编号为 T1—T3,均属于双砣子一期文化。

1. 遗迹

该遗址所开的 3 个探方普遍发现房址,但均遭到人为和自然破坏。以 F2 为例,北半部已被挖掉,从仅存的南半部观察,系方形圆角半地穴式。屋内地面南高北低,呈斜坡状。在南面有门过道,屋内堆积 20 厘米厚的烧土,系房屋失火屋顶坍塌所落。地面光滑坚硬。地面被烧成黑色,厚 5—20 厘米。在房屋中心埋有一陶壶口做成的灶圈。房屋内出土有经二次火烧的夹砂红褐陶片,还有石斧、磨石等。

---

① 旅顺博物馆、辽宁省博物馆:《旅顺于家村遗址发掘简报——附高丽城山遗址》,《考古学集刊》
　　1981 年第 1 集。

灰坑 1 个。圆形,平底,开口于第②层下,出土有夹砂黑褐陶片、彩绘陶片、石刀以及牡蛎、红螺等贝壳。

2. 遗物

陶器以夹砂黑褐陶为主,夹砂黑皮陶次之。手制。有的器物表面磨光。纹饰以弦纹为主,还有用红、白彩绘的几何图案陶片。器形有罐、壶、灶圈、豆。仅灶圈 F2∶1 相对完整,系用陶壶口做成。从残片看,陶罐分侈口和直口两种,肩部通常带有 2—5 道弦纹;陶壶主要是高领圆肩,有的肩部饰弦纹或颈部绘彩,也有的肩部饰附加堆纹;豆为浅盘,盘上往往饰一条凸弦纹,也有的饰弦纹刺点纹,豆柄均为喇叭状,多镂孔。

石器 4 件,器形有斧、刀和磨石。

（五）金州庙山遗址①

庙山遗址位于大连市金州区北部,地属七顶山乡老虎山村,海拔 175米。北临渤海,西南与老虎山相邻,东面同七顶山相望。近顶部裸岩遍布,山腰四周则多为层层梯田,青铜时代陶片和石器散见于地表。1989 年,因地质部门曾在山之南、东、西三面开掘了数条自山下直贯山顶的探槽,故至今仍可在探槽两壁上见到石筑房基、红烧土块和陶片等。山顶尚存积石冢 3 座。根据地表遗物散布和探槽内遗迹暴露情况分析,估计遗址总面积可达 2 万平方米左右。

该遗址地层堆积有 4 层,分为早晚两期,第④层属于庙山早期,其相对年代大体与双砣子一期文化相当。未见房址等遗迹。晚期遗址又分 A、B两类,与双砣子二、三期文化对应。

陶器以夹砂黑褐陶和灰褐陶为主,有少量磨光黑陶、黑皮陶和红褐陶。多数因烧制火候不均而颜色不匀。素面为主,也有少量带凹弦纹、弦纹加薄泥饼者。仅见一片在夹细砂灰褐陶上绘桔红色交错三角纹的彩绘陶。陶片内壁上多见有泥条盘筑的痕迹,有的器物口沿经慢轮修整。器类较少,有大敞口壶、矮圈足碗、罐、单把杯,多为平底器,有的底微内凹。

石器 14 件,主要有斧、刀、磨石等,器身多经粗磨,刃部细磨。石材多为辉长岩、角闪岩、砂岩等。骨锥 1 件,牙器 1 件。

---

①吉林大学考古学系等:《金州庙山青铜时代遗址》,《辽海文物学刊》1981 年第 1 期。

（六）小黑石砬子遗址[①]

小黑石砬子遗址位于旅顺口区三涧堡镇小黑石村西北海边的一个三面临海的砬子上。1980年由大连市文物普查队发现。遗址发现时保存完好，后遭破坏，遂于1981年进行清理。

根据地层堆积、出土遗物遗迹分析，该遗址共分三期，但清理的只是破坏地段的底部和边缘部分。仅有一、二期文化遗存。第③、④层为一期文化，年代与双砣子一期文化一致。

1. 遗迹

房址7座，均遭破坏，无一完整者，多属一期文化。F6残存面积约有15平方米，可见红烧土地面，系草拌泥涂抹后火烧。中央和东部各有一柱洞。

2. 遗物

陶器分为A、B两类，A类对应双砣子一期文化，B类对应双砣子二期文化，故笔者使用"小黑石砬子A类遗存"称该遗址中属于双砣子一期文化的部分。陶器以夹砂黑褐陶为主，也有少量的黑皮陶。制法一般为手制，个别壶、罐口部经慢轮修整。胎较厚。除豆外绝大部分为平底。素面占绝大部分，纹饰有弦纹、弦纹乳丁纹、刻划纹等。器形主要有罐、碗、杯、壶、豆等。除上述陶器外，可辨的器形还有大口短颈鼓腹壶、乳钉的平沿罐，以及肩部饰刻划斜十字纹的黑皮陶束颈罐等。

石器55件，绝大部分为采集所得，有斧、锛、凿、刀、钺、矛、镞、球、棍棒头、网坠、纺轮等。石料多为辉长岩，还有蛇纹岩、板岩、绿泥片岩、变质砂岩等。

骨器3件，有锥和匕。

（七）大王山遗址[②]

大王山遗址位于大连市甘井子区大连湾街道拉树房村西南的大王山（又名大旺山）南坡上，南距大连市区约15公里，东北距金州区约11公里，北距渤海约2公里，南距黄海约6公里。该遗址在1980年第二次全国文物普查时发现，2012年10月—2013年5月进行正式发掘，地层堆积分为3层两个时期。第一期即双砣子一期文化，主要包括第③层堆积及出土遗

①刘俊勇、王珧：《辽宁大连市郊区考古调查简报》，《考古》1994年第4期。

②辽宁省文物考古研究所、大连市文物考古研究所：《辽宁大连市大王山青铜时代遗址发掘简报》，《东北史地》2014年第2期。

物,该时期未发现遗迹,只有遗物,主要是陶器、石器和骨器三大类。

陶器陶质均夹砂,陶色主要是黑色和黑褐色,少量红褐色和灰褐色。均手制,胎体多厚重,外壁多抹光,内壁较粗糙,手捏痕迹和泥片套接痕迹清晰。以素面为主,纹饰多在陶器颈部或肩部,有凹弦纹、戳刺凹点纹、刻划斜线纹、网格纹、锯齿纹等,此外,有用红、黄、白三色彩绘陶,彩绘不易保存,多脱落,可辨图案有三角形、长方形、菱形等。器形有罐、壶、碗、豆、器盖、纺轮和网坠等。

石器以磨制为主,少数打制。器形主要有斧、锛、刀、钺、凿、剑、环刃器、端刃器、穿孔石器、纺轮、锤、砧和磨石等。

骨器利用动物的肢骨、腓骨或肋骨等磨制而成。器形主要是骨锥,其次为骨笄和匕,少量管、鱼卡和针等。角器利用鹿角制成,器形主要是角锥。牙器利用动物獠牙制成,器形主要是牙锥。

二、老铁山·将军山积石冢属双砣子一期文化墓葬

早期发掘的 M1 原来顶部封石已被破坏,从保留部分来看积石冢都是由大小石块砌叠而成,平面略呈圆角三角形。冢内共发现 9 个墓室,都是长方形的竖坑,分南、中、北 3 排,排列整齐。各墓室保存情况已不甚完整,遗物极少。随葬器物以陶器为主,也有个别的石、玉器。陶器多属小件器物,完整和复原的共 23 件。绝大部分采用手制,轮制的很少,主要为黑陶杯、豆等器物;个别的罐在手制之后,也有在口部加以轮修的。陶器按质地和颜色的不同,可以分为泥质黑陶、泥质白陶、泥质红褐陶、细砂红褐陶以及泥质灰陶等几种。其中以红褐陶占多数,黑陶次之,白陶数量较少,泥质灰陶只有很少几片。另有几片厚仅 0.1 厘米的黑色磨光蛋壳陶片。器表一般为素面,磨光仅见于黑陶和部分灰陶。纹饰见有弦纹、划纹、堆纹和乳点纹等几种,其中以弦纹较为多见;有凹凸两种,施于杯、盆、罐、豆和器盖的钮部。乳点纹则用于盆腹和罐的颈部以及鬶的流旁。划纹和堆纹仅见于个别的残陶片。陶器可辨器形有杯、盆、罐、碟、豆、环足盘、三足器、鬶和器盖等①。

① 中国社会科学院考古研究所:《双砣子与岗上——辽东史前文化的发现和研究》,科学出版社,1996年,第57—66页。

后期发掘的 6 座积石冢中，M1、M2、M5 属于单排一次筑成的积石冢，M3、M4、M6 属于双排和多排多次筑成的积石冢。墓室底部均铺不规整的石块，墓顶为厚 0.6—1 米不规则的方形大石块所覆盖。由于破坏严重，这一现象仅能从个别积石冢的残存顶部见到。随葬品以陶器为主，并有生产工具和装饰品。陶器中小冥器较多，大部分器物为手制，轮制仅限于蛋壳陶和黑陶。陶色以褐色为主，也有黑色、红色和少量淡黄色、白色等，陶器中除黑色、白色和蛋壳陶外，一般火候较低。纹饰以素面为主，并有斜方格纹、划纹、平行划纹、弦纹、锯齿纹、乳点纹、镂孔等。陶器可辨认的器形有罐、杯、豆、环足器、三足器、器盖、壶、盆、盘、鬶、纺轮等。白陶仅出 2 片残片，细泥磨光，似为器物的颈部。石器有锛、凿、矛、网坠等；装饰品仅出滑石珠一串。器物大部分出自 M1 的（6）室和 M2 的中间墓室南壁外面[①]。

老铁山·将军山积石冢的性质一直颇受争议，各方意见归纳起来有以下几种意见：

（1）认为其属于山东龙山文化[②]；

（2）认为其属于龙山文化，可能是郭家村上层文化的公共墓地[③]；

（3）认为其属于双砣子一期文化[④]，并进一步分析其墓主人可能为山东龙山文化居民，或本地地位较高的土著[⑤]。

老铁山·将军山积石冢出土的陶器以小型器物多见，几乎不见大型器物；陶质分为夹砂和泥质两类。陶色以褐色为主，次为黑色，少量白色；纹饰以素面为主，也有弦纹、划纹和乳点纹等；制法主要为手制，轮制多为蛋壳陶和黑陶；器形有杯、罐、豆、盆、环足盘、鬶、三足器、器盖和壶等。

通过分析我们不难发现，老铁山·将军山积石冢出土的陶器与小珠山五期文化陶器共见的器类有杯、豆、环足盘、鬶、器盖和罐，老铁山·将军山积石冢不见小珠山五期文化的碗、盂、鼎、钵和堆纹罐，小珠山五期文化不见老铁山·将军山积石冢极具特色的觚形杯、直筒形单把杯；两者除环足盘和一些小杯、豆见有形态相近者外，其余同类器形态均不一致。

①旅大市文物管理组：《旅顺老铁山积石墓》，《考古》1978 年第 2 期。

②王青：《再论龙山文化郭家村类型》，《北方文物》1998 年第 3 期。

③旅大市文物管理组：《旅顺老铁山积石墓》，《考古》1978 年第 2 期。

④赵宾福：《中国东北地区夏至战国时期的考古学文化研究》，科学出版社，2009 年，第 123—124 页。

⑤高芳、华阳、霍东峰：《老铁山·将军山积石墓浅析》，《内蒙古文物考古》2009 年第 1 期。

　　老铁山·将军山积石冢和双砣子一期文化的陶器之间则有更多的共性，主要体现在两个方面：首先它们的陶器组合基本相同，双砣子一期文化以双砣子遗址为代表，器类包括罐、豆、碗、杯、盆、器盖和壶等，遗址中不见环足盘和鬶这样的礼器；其次同一类型的陶器中，造型相似的器物数量很多。赵宾福先生曾对此有过详细的比较，罐类中，出自老铁山 M1(6) 的 I 式罐、将军山 M1A：8 罐和双砣子 T2：76、87 大嘴子 T33④：36 相比，形制相近；老铁山 M1(6) 的 II 式罐和双砣子 T2：75 形制相近；豆类中，老铁山 M1(6) 的陶豆、将军山 M1A：18 和双砣子 T3：4 相似。杯类中，将军山 M1B：1 单耳杯、老铁山 IV 式单耳杯同双砣子 T5：36 单耳杯形制完全一样；老铁山 II 式筒形单耳杯和双砣子 T4：48 筒形单耳杯形制完全一样；将军山 M1C：2 亚腰形单耳杯和于家村 T2④：13、T3③：13 亚腰形单耳杯形制相近，唯把位置不同。另外，老铁山·将军山积石冢出土的无耳杯等，也可以在双砣子一期文化的遗址中，找到基本相同或相近的器形①（图 4—1）。

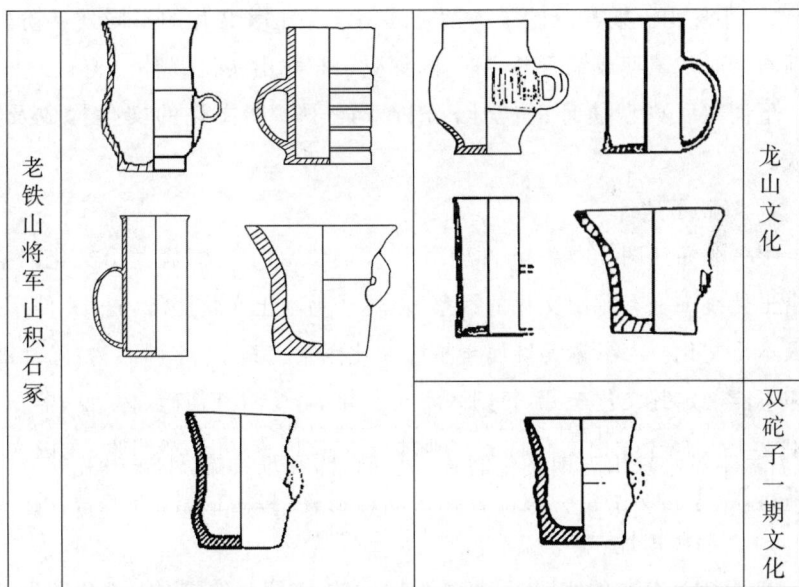

图 4—1　老铁山·将军山积石冢与龙山文化、双砣子一期文化陶杯比较图

（采自霍东峰《环渤海地区新石器时代考古学文化研究》）

---

①赵宾福：《中国东北地区夏至战国时期的考古学文化研究》，科学出版社，2009 年，第 123—124 页。

综上,老铁山·将军山积石冢并不是小珠山五期文化的墓葬,而应是双砣子一期文化墓葬。

三、双砣子一期文化的性质与发展阶段

(一)性质

关于双砣子一期文化的文化性质尚存争议,归纳起来主要有四种意见:

(1)双砣子一期文化属于郭家村上层文化,是山东龙山文化在辽东半岛地区的一个区域类型[①]。

(2)双砣子一期文化和小珠山文化五期是两支同时期却不同内涵的考古学文化,它们同时并存又相互交流[②]。

(3)双砣子一期文化是辽东半岛南部地区处于夏代初始阶段的一支青铜文化[③]。

(4)小珠山五期与双砣子一期是辽南同一土著文化的不同发展阶段,为新石器时代末期或铜石并用时期,深受山东龙山文化影响[④]。

下面拟以典型遗址的统计,分析双砣子一期文化的文化构成及其性质。

1. 双砣子遗址

报告公布线图 39 幅,14 件罐当中,T4:45 和 T2:75 属龙山文化因素,其余虽然纹饰上有龙山文化的因素,但器形为本土文化因素,这 12 件罐均纳入本土文化。海参罐无疑属于本土文化因素。其余 24 件器物,除灶圈、器座不能确定其文化来源,暂归入本土文化因素外,其他碗、杯、豆、器盖等22 件器物均属于龙山文化因素。则本土文化因素占比 38.5%,龙山文化因素占比 61.5%。

2. 大嘴子遗址

87 大嘴子公布的线图,可复原陶器 4 件,陶罐 2 件属本土文化因素,陶

---

①王青:《再论龙山文化郭家村类型》,《北方文物》1998 年第 3 期。

②中国社会科学院考古研究所:《双砣子与岗上——辽东史前文化的发现和研究》,科学出版社,1996 年,第 57—66 页。

③赵宾福:《中国东北地区夏至战国时期的考古学文化研究》,科学出版社,2009 年,第 125 页。

④张翠敏:《小珠山三期文化与双砣子一期文化再认识》,《北方文物》2012 年第 4 期。

碗 2 件,属龙山文化因素。92 大嘴子复原陶器 6 件,其中的 T6⑤:13、T6
⑥:11 壶和 T2⑤:7 罐属本土文化因素,而 2 件碗、T6⑤:8 罐则属于龙山
文化因素。如此,大嘴子遗址本土文化因素占比 50%,龙山文化因素占
比 50%。

3. 于家村遗址

于家村下层报告公布陶器线图 24 件,可以确定属于龙山文化因素的
器物包括直口罐 T4:13、T2④:15、T3③:99 和 T3③:16,其中后两件报告
称之为壶;T3④:25 素面卷沿罐也应属于龙山文化因素;T2④:37 和
T3H2:5 与龙山文化的夹砂中口罐形制相近;T3③:17 折腹钵、T2④:13、
T3③:13 杯、F5:7、T3③:15 豆均为龙山文化因素;T2④:5、F5:11、T2④:
6、T4③:11 碗和 T2④:16 盆也均为龙山文化因素,共 17 件,占比 70.8%,
余者罐、壶、钵、灶圈可归入本土文化因素,占比 29.2%。

4. 高丽城山遗址

报告公布陶器线图 7 件,可以确定属龙山文化因素的器物包括:T3
④:5 和 T3④:6 罐、T3④:1、T1②:2 和 T3④:3 豆,占比 71.43%;其余 2
件壶、灶圈等可归入本土文化因素,占比 28.57%。

5. 小黑石砬子遗址

简报公布的 9 件陶器中,采:67 肩部饰弦纹、乳钉的平沿罐,形制相近
的采:56 素面大口微侈折肩平底罐和采:9 罐,T1④:3 夹砂黑褐陶碗,采:
57 圆筒状带把杯,以及采:58 带一周凸棱弦纹的夹砂黑皮陶豆等,6 件均
应属于龙山文化因素,占比 66.67%,其余壶、罐 3 件,可归入本土文化因
素,占比 33.33%。

6. 大王山遗址

大王山遗址复原陶器 18 件,其中 T0708③:2、T0608③:4、T0311②:
12、T0608③:8、T0311②:14A 型罐和 T0608③:5 三足罐以及 T0915③:
19、T0513③:18 豆和 T0510③:9、T0608③:10、T0410②:7 器盖共 11 件,
均为龙山文化因素,占比 61.1%。其余可归入本土文化因素,占
比 38.9%。

金州庙山遗址出土物过于单薄,不再统计。

把上述 6 个遗址的统计结果制成表格(表 4—1)。如表 4—1,双砬子
一期文化中的龙山文化因素合计占比 63.55%,本土文化因素合计占比

36.45％。毫无疑问，双砣子一期文化遗址中陶器的山东龙山文化因素占比较高。

表 4—1　双砣子一期文化遗址文化因素统计表

		双砣子遗址	大嘴子遗址	于家村遗址	高丽城山遗址	小黑石砣子遗址	大王山遗址	合计
龙山文化因素	件数	24	5	17	5	6	11	68
	占比	61.5％	50％	70.8％	71.43％	66.67％	61.1％	63.55％
本土文化因素	件数	15	5	7	2	3	7	39
	占比	38.5％	50％	29.2％	28.57％	33.33％	38.9％	36.45％

从老铁山·将军山积石冢资料来看，将军山 M1 报告描述陶器可辨器形有杯、盆、罐、碟、豆、环足盘、三足器、鬶和器盖等 23 件，但线图公布有 34 件，其中的 D:5、D:3 罐属本土文化因素，其余 32 件均应属于龙山文化因素。老铁山公布罐 8 件、杯 14 件、豆 14 件、环足器 3 件、三足器 1 件、二足器 1 件、器盖 7 件、壶 2 件、盆 1 件、盘 3 件，此外还有鬶等，惜未公布线图。从老铁山报告线图和照片来看，似乎均为龙山文化因素的器物。如此，双砣子一期文化墓葬——积石冢内出土物龙山文化因素占比应在 90％以上的绝对高值，说明墓葬中的龙山文化因素较遗址更高。

张家岚后山积石冢的保持情况极差[①]，出土物绝大部分为采集品，暂不作统计。

从统计的数据来看，双砣子一期文化一如小珠山五期文化，陶器当中有较多的山东龙山文化因素，其与同时期的山东龙山文化杨家圈类型关系同样最为密切，但在看到两者之间相似性的同时，同样也应该注意到两者之间存在的差异。陶器方面，双砣子一期文化陶器的陶土中羼有大量的细砂，以黑褐陶为主，红褐陶和黑陶次之。黑褐陶的表面常夹杂有褐斑，红褐陶的表里一致。黑陶的表面为纯黑色的陶衣，陶胎呈红褐色。器形主要有罐、碗、豆、杯、壶、钵、器盖等。制法皆为手制，一般用泥条筑成，个别小型的器物则用手捏塑。以素面为主，纹饰多在陶器颈部或肩部，纹饰有弦纹、弦纹乳点、刻划纹和镂孔等。彩绘陶都是在陶器烧好以后才彩绘的，因而

①大连市文物考古研究所、瓦房店博物馆、金州博物馆：《大连张家岚后山积石冢发掘简报》，《北方文物》2015 年第 4 期。

颜色容易脱落。有红、白、黄三种颜色绘成的三角形、方形、菱形和条形等几何形图案。积石冢出土陶器以泥质陶为主，红褐陶占多数，黑陶次之，白陶和泥质灰陶数量较少。陶器可辨器形有杯、盆、罐、碟、豆、环足盘、三足器、鬶和器盖等。龙山文化杨家圈类型陶器中黑陶占绝对多数，次为灰陶，以圈足器、三足器和平底器为主，多为轮制，器表以素面和素面磨光最多，有纹饰者所占比例低，纹饰主要有弦纹、镂空、划纹、锯齿纹、网纹、三角形纹、篮纹、窝纹、斜线纹等，另有盲鼻、铆钉等装饰，器形有鼎、鬶、盆、盘、罐、杯、碗、钵、瓮、豆、甗及器盖等。两者在陶质陶色、制法、器表装饰等陶系特征上同样存在着明显差异，同时在器物组合和器类上存在着明显差异。双砣子一期文化石器以磨制占绝对多数，打制很少，器形有斧、锛、铲、刀、凿、戈、镞、钺、矛、球、剑、棍棒头、环状石器、磨石、网坠、纺轮等，其中戈、镞、钺、矛、球、剑、棍棒头等武器形石器以及环状石器是极具本土特色的，骨、牙、角、蚌器较少，骨器包括锥、针、笄、鱼卡、铲、凿、匕等，角、牙器主要有锥等；龙山文化杨家圈类型石器多打制或琢制粗磨，通体磨光较少，器形有斧、铲、锛、锤、刀、凿、矛和镞等，骨器有锥、鱼卡、鱼镖、镞、矛状器等，牙、角、蚌器较少。两者在石器制法、石器组合和器类上以及骨器的器类上也存在着明显差异。房屋建筑方面两者也差异明显。龙山文化杨家圈类型房屋建筑分地面起建和半地穴式两种，平面方形，四周挖有深达 2 米左右的基槽，槽内柱洞排列密集，有的洞底部铺垫天然扁平石板或碎陶片，门向多朝南，面积可达 30—50 平方米，房址建于生黄土上，地面经加工，房内多垒椭圆形灶。双砣子一期文化房址多为圆角方形半地穴式，在双砣子遗址发现 3 座双室半地穴式房址，房址四周有柱洞，居住面多经过处理，房内设灶，灶坑内埋罐口或壶口做成的灶圈，大多为木骨泥墙，并用抹草拌泥涂抹。从于家村遗址的发现来看，屋顶排列木椽，其中的 F5 屋顶应是一面坡式屋顶，双室房址中间有一道隔墙，两室各开一门，都有由外向内的斜坡门道，房址内部每室均设有灶。墓葬差异同样显著，双砣子一期文化承袭了小珠山五期文化的积石冢，一些积石冢从小珠山五期文化延续使用至双砣子一期文化；龙山文化杨家圈类型墓葬较少，均单人长方形土坑竖穴[1]。综上，我们可以看出，双砣子一期文化出土的具有海岱区龙山文化因素陶

---

[1]何德亮：《山东龙山文化的类型与分期》，《考古》1996 年第 4 期。

器在数量上虽然占据绝对多数,但两者在陶系、器物组合和器类上均存在着较大差异,石器、骨器在制法、器物组合以及器类上也存在着较大差异,遗迹方面如房址和墓葬等差异更为显著,是故双砣子一期文化应如小珠山五期文化一样,也应该是受山东龙山文化极大影响的地方性文化,仍应以双砣子一期文化称之为宜。

(二)发展阶段

1. 年代与分期

双砣子一期文化的年代,之前做过一些测定,数据见表4—2。

表4—2　双砣子一期文化各遗址碳十四测年数据表

遗址名称	标本编号	出土层位	距今年代(BP)	树轮校正(BC)
双砣子下层	ZK—78	双砣子 F16 房柱	4010±95	2561—2280
于家村下层	ZK—731	于家村 T3F3 内	4225±150	2900—2470
于家村下层	ZK—566	于家村 T3F3 地面上	3655±80	2028—1771
于家村下层	ZK—567	于家村 T3F3 地面下	4085±100	2600—2355
于家村下层	BK78033	于家村 T3F3	3630±85	2015—1748
高丽城山	BK78065	T3F1	3710±100	2135—1829
高丽城山	BK78068	T3③	3860±100	2330—2030
高丽城山	ZK—732	T1F1	3120±100	1420—1130
高丽城山	ZK—734	T3F1	3345±100	1670—1430

关于双砣子一期文化的年代,双砣子发掘报告估定为公元前3000—前2000之间[1];有学者分析其年代为公元前2200—前1900[2];还有学者分析其为公元前2100—前1900年之间[3]。参看表4—2,双砣子一期文化的年代集中于公元前2300—前1800年。前文小珠山五期文化最新的测年数据显示其年代下限为公元前2100年,而晚于双砣子一期文化的双砣子二期文化年代上限为公元前1900年,故我们赞同赵宾福先生关于双砣子一期文化的年代分析,即公元前2100—前1900年之间。

---

①中国社会科学院考古研究所:《双砣子与岗上——辽东史前文化的发现和研究》,科学出版社,1996年,第145页。
②霍东峰:《环渤海地区新石器时代考古学文化研究》,吉林大学博士学位论文,2010年。
③赵宾福:《中国东北地区夏至战国时期的考古学文化研究》,科学出版社,2009年,第125页。

如是,双砣子一期文化的时代和山东龙山文化晚期时代相当。

关于双砣子一期文化的分期,张翠敏先生做过讨论,认为双砣子一期文化的分期可以对应于山东龙山文化的三期至六期[1],这一分析我们基本赞同。如图4—2,我们也对双砣子一期文化出土的代表性器物与山东龙山文化进行对比,发现双砣子一期文化的发展基本对应了山东龙山文化的三期至六期这样的发展阶段。

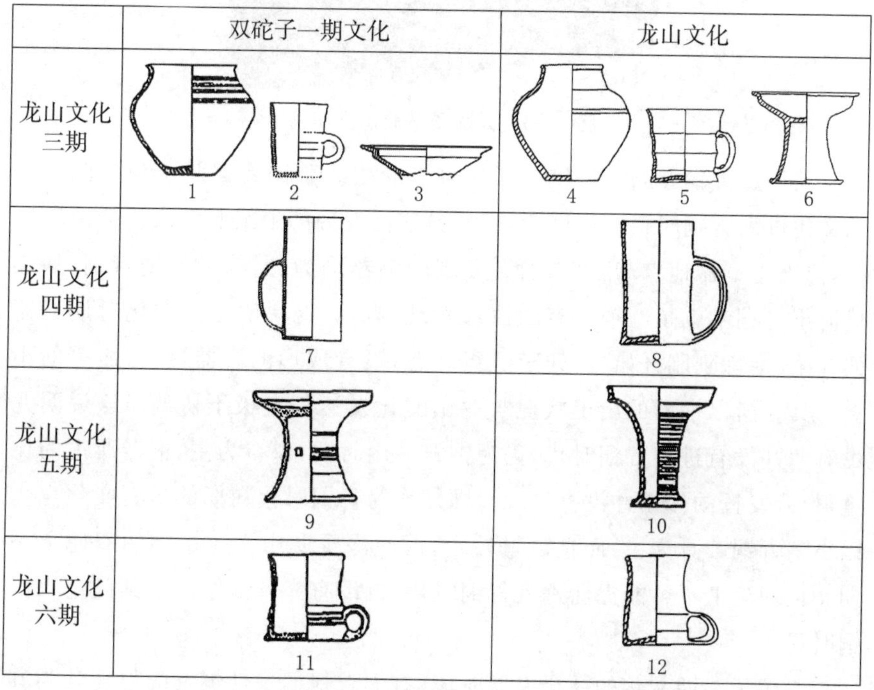

	双砣子一期文化			龙山文化		
龙山文化三期	1	2	3	4	5	6
龙山文化四期		7			8	
龙山文化五期		9			10	
龙山文化六期		11			12	

图4—2　双砣子一期文化与龙山文化分期对比图

1. 双砣子 T4:44 罐;2. 双砣子 T4:48 杯;3. 双砣子 T3:4 豆盘;4. 西吴寺 J10:45 罐;

5. 西吴寺 H1046:2 杯;6. 西吴寺 H226:32 豆;7. 老铁山Ⅱ式杯;8. 尹家城 H776:8 杯;

9. 于家村 T3③:15 豆;10. 尹家城 M130:1 盘口杯;11. 于家村 T3③:13 杯;

12. 尹家城 H472:14 杯

2. 青铜器的发现与社会发展阶段

根据《大嘴子》遗址发掘报告[2],在大嘴子遗址一期探方 T33 的第④层

---

①张翠敏:《小珠山三期文化与双砣子一期文化再认识》,《北方文物》2012年第4期。

②大连市文物考古研究所:《大嘴子——青铜时代遗址1987年发掘报告》,大连出版社,2000年。

内发现铜戈 1 件,标本 T33④:21 戈。其前锋和尾部断去,仅存援部,援下侧斜而微曲,援上侧与下侧比较则弧度较大,器体横向微曲,两面中间起脊,脊略扁,剖面呈圆形,系合范铸成。近宽端处有竖木质条纹,应是柲留下的痕迹。残长 8.4 厘米,宽 3.4 厘米,脊厚 0.3 厘米(图 4—3)。

图 4—3　大嘴子一期出土铜戈

关于这件铜戈,赞成者有之,质疑者有之。赞同者据此认为双砣子一期文化进入青铜时代。质疑者认为,目前已发现的山东龙山文化遗址比较多,但出土铜器地点却不多,而且发现的铜器均为红铜,未发现青铜,如三里河出土铜锥就是红铜。有的遗址发现铜渣。这说明龙山文化时期铜器的开采、冶炼刚刚开始,尚处于低级状态,没有成形的容器,仅为简单的小型器具。所以铜器的出土状况与龙山文化发达程度极不协调。这说明龙山时期并没有进入青铜时代,仍为铜石并用时期,以石为主,铜器所占的比重很小,发挥的作用并没有显现。即便作为青铜时代初期的岳石文化也仍以小型青铜工具为主,而且数量较少,因此深受龙山文化影响的双砣子一期文化理论上不可能提前进入青铜时代,也没有充分证据证明其已进入青铜时代[1]。

双砣子一期文化的社会发展阶段,有学者根据这件铜戈的发现认为其已经进入青铜时代[2];也有学者认为其属于新石器时代[3];还有人认为其进入新石器时代末期或铜石并用时期[4]。笔者认为,虽然学界有质疑大嘴子遗址第一期出土铜戈的合理性,但尚没有确凿的证据可以推翻这一发现。除

①张翠敏:《小珠山三期文化与双砣子一期文化再认识》,《北方文物》2012 年第 4 期。
②许玉林:《辽宁商周时期的青铜文化》,《考古学文化论集(三)》,文物出版社,1993 年;许明纲:《试论大连地区新石器和青铜文化》,《中国考古学会第六次年会论文集》,文物出版社,1990 年,第 50—66 页;赵宾福:《中国东北地区夏至战国时期的考古学文化研究》,科学出版社,2009 年,第 89—91 页。
③郭大顺、马沙:《以辽河流域为中心的新石器文化》,《考古学报》1985 年第 4 期;霍东峰:《环渤海地区新石器时代考古学文化研究》,吉林大学博士学位论文,2010 年。
④张翠敏:《小珠山三期文化与双砣子一期文化再认识》,《北方文物》2012 年第 4 期。

此之外,在双砣子一期文化大嘴子遗址第一期出土遗物中,还有 1 件石戈T106④:18,略残,援两侧呈弧形,均为双面刃。下侧弧度大于上侧,尾端呈弧形,下侧近尾端有半圆形凹槽。援及前锋磨光,尾部粗磨,横断面呈尖棱形,长 18.8 厘米,宽 6.8 厘米,厚 1.5 厘米[①]。这件石戈,磨制精细,制作规整,应是仿制铜戈制成,该件石戈可以作为双砣子一期文化进入青铜时代的有力佐证。基于此,笔者将双砣子一期文化纳入青铜时代,而非新石器时代。

双砣子一期文化的老铁山·将军山积石冢,冢内的出土物主要是山东龙山文化的典型礼器。早于双砣子一期文化的小珠山五期文化的四平山、文家屯积石冢,冢内即已存在墓室规模、随葬品多少和贵重的差异,说明小珠山五期文化时期即已有了贫富分化,或者开始有了阶级的分化,文明的种子已开始萌发。双砣子一期文化的墓葬公布不多,除老铁山·将军山积石冢外,还有张家岚后山积石冢,但由于破坏严重,资料过简。期待已经发掘但资料尚未公布的鞍子山积石冢、王宝山积石冢等更多考古资料的刊布,以便深化本区该阶段文明化进程的研究。

四、文化交流

(一)与山东地区的交流

从上文的论述可以看出,双砣子一期文化与山东龙山文化的交流极为频繁和深入。双砣子一期文化从统计学量化分析的角度来看,陶器方面与山东龙山文化的关系极为密切。从之前的小珠山三期文化开始,山东地区的大汶口文化对辽东半岛地区的考古学文化施加着越来越大的影响,这种影响更多的可能是贸易和部分人群的流动。但到了小珠山五期文化和双砣子一期文化阶段,可能存在的是山东地区对辽东半岛地区的强力文化输出,这种输出往往伴随着族群的流动或者势力的扩张,而非前一阶段的和平贸易所能解释得通的。而在这一过程中,辽东半岛地区对山东地区的影响是微弱的,只在山东地区的一些遗址中发现有些许辽东半岛地区的文化因素,如北庄遗址中的筒形罐等。

在这一过程中,积石冢中的山东龙山文化因素表现更为突出。辽东半

① 大连市文物考古研究所:《大嘴子——青铜时代遗址 1987 年发掘报告》,大连出版社,2000 年,第105 页。

岛地区的积石冢这种墓葬形式当源于辽西区的红山文化,但和红山文化积石冢主要用于埋葬各聚落上层人物不同的是,辽东半岛地区的积石冢可能是聚落内所有成员的公共墓地,主要依据是辽东半岛地区的积石冢一般和临近的聚落相呼应。若此,生前的双砣子一期文化居民日常生活中在更多接受山东龙山文化的基础上还保留较多本土文化因素,归葬后的双砣子一期文化居民则主要以随葬山东龙山文化的礼器为时尚。这就是遗址和墓葬在文化因素构成上的差异的原因。

(二)与朝鲜半岛新岩里一期文化的交流

辽东半岛与朝鲜半岛西北部皆临黄海,东西相对,北端以鸭绿江为界。两半岛古代文化的交流由来已久。从发现情况来看,朝鲜半岛西北部的新岩里一期文化与辽东半岛的双砣子一期文化有一些共同之处。

新岩里一期文化以平安北道龙川郡新岩里遗址下层命名[①]。石器有磨制的石斧、梭形石刀、石镰、环状石器、石镞、纺轮等。陶器以夹云母的红褐陶为主,并有一定数量的黑皮陶。陶器表面多刻划三角纹、雷纹、网纹、弦纹等多种纹饰构成的组合纹饰,还有弦纹乳点和附加堆纹等。后者多见于罐和壶的颈部或腹部。壶、罐的腹部多见竖桥状双耳。器类有壶、罐、豆、碗等。壶、罐多为束颈、鼓腹,下部急收成小平底。豆为矮柄。

新岩里一期文化与双砣子一期文化均有相当数量的磨光黑皮陶,器形以壶、罐和碗为主,两者的束颈鼓腹壶、广口鼓腹罐和碗的器形也很相似(图4—4);两者壶和罐多饰有弦纹和乳钉纹。新岩里一期也出过彩绘陶,外叠厚唇的作风在一度衰落后又流行起来。新岩里一期文化石器也与双砣子一期文化有较多相似者,如长方形石斧、长方形或半月形石刀、磨制扁平凹底石镞等。这些相似之处充分说明,两种文化之间发生过接触和交流。位于两地区之间的丹东小娘娘山遗址,发现了与新岩里一期文化完全相同的刻划几何纹,表明此时鸭绿江两岸的文化遗存关系密切。在丹东地区还发现了属于辽东半岛南部文化因素的三环足器[②]。这一自西向东的发现,正为我们勾勒出了双砣子一期文化沿黄海北岸地区向东传播直至朝鲜半岛的路径。

---

①李顺真:《新岩里遗址发掘中间报告》,《考古民俗》1965 年 3 号;金用玕等:《1965 年度新岩里遗迹发掘报告》,《考古民俗》1967 年 3 号。
②丹东市文化局文物普查队:《丹东市东沟县新石器时代遗址调查和试掘》,《考古》1984 年第 1 期。

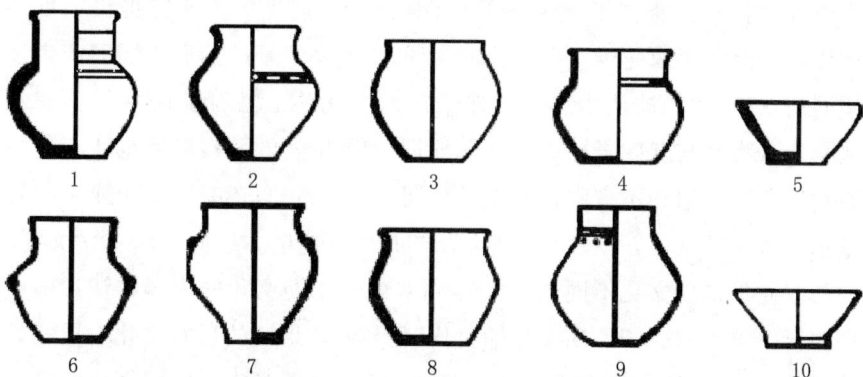

图 4—4　双砣子一期文化和新岩里一期类型陶器比较图

1、6.壶；2—4、7—9.罐；5、10.碗；1—5 双砣子一期文化，6—10 新岩里一期文化

上述表明，在公元前 2000 年前后，辽东半岛文化遗存的确直接影响到了鸭绿江左岸。双砣子一期文化因素应系经由丹东地区的黄海沿岸传播至朝鲜西北部[①]。

第二节　双砣子二期文化和上马石瓮棺葬类型

一、双砣子二期文化研究现状

双砣子二期文化是辽东半岛青铜时代一支重要的考古学文化。这一文化的发现可上溯至 1949 年以前望海埚遗址[②]和貔子窝遗址[③]的发现。1949 年以后，相继发掘了与之有关的双砣子遗址第二期[④]、大嘴子遗址第二期[⑤]、大砣子遗址第一期[⑥]、小黑石砣子 B 类遗存[⑦]、庙山晚期 A

---

①王巍：《夏商周时期辽东半岛和朝鲜半岛西北部的考古学文化序列及其相互关系》，《中国考古学论丛》，科学出版社，1993 年。

②滨田耕作：《貔子窝》，《东方考古学丛刊》第一册，1929 年。

③金关丈夫、三宅宗悦、水野清一：《羊头洼》，《东方考古学丛刊》乙种第三册，1942 年。

④中国社会科学院考古研究所：《双砣子与岗上——辽东史前文化的发现和研究》，科学出版社，1996 年，第 1—36 页。

⑤辽宁省文物考古研究所等：《辽宁大连市大嘴子青铜时代遗址的发掘》，《考古》1996 年第 2 期；大连市文物考古研究所：《大嘴子青铜时代遗址 1987 年发掘报告》，大连出版社，2000 年，第 117—126 页。

⑥大连市文物考古研究所、辽宁师范大学历史文化旅游学院：《辽宁大连大砣子青铜时代遗址发掘报告》，《考古学报》2006 年第 2 期。

⑦刘俊勇、王珖：《辽宁大连市郊区考古调查简报》，《考古》1994 年第 4 期。

类遗存①等,极大丰富了该文化的内涵,也为我们进一步研究提供了更多的资料。但关于双砣子二期文化的内涵,因一些遗址的归属不同而产生了不同的认识,比如被认为属于双砣子二期文化的上马石瓮棺葬②,就有一些学者认为其与双砣子二期文化非属同一考古学文化③,笔者也认为上马石瓮棺葬一类遗存不应归入双砣子二期文化的范畴;还有就是单砣子一号墓和二号墓的性质,一些学者也认为与上马石瓮棺葬属同一考古学文化,而与双砣子二期文化不同④。如是,则双砣子二期文化的内涵在认识上存在差异。关于双砣子二期文化的时代,是与海岱地区的岳石文化发展相始终还是有所差异,也存在不同的认识⑤。还有关于双砣子二期文化的来源

①吉林大学考古学系等:《金州庙山青铜时代遗址》,《辽海文物学刊》1992年第1期。
②旅顺博物馆、辽宁省博物馆:《辽宁长海县上马石青铜时代墓葬》,《考古》1982年第6期。关于上马石瓮棺葬的归属问题,一些学者将其归入双砣子二期文化,如许玉林、许明纲、高美璇:《旅大地区新石器时代文化和青铜时代文化概述》,《东北考古与历史》第1辑,文物出版社,1982年,第32页;徐光辉:《旅大地区新石器时代晚期至青铜时代文化遗存分期》,《考古学文化论集(四)》,文物出版社,1997年,第189页;赵宾福:《中国东北地区夏至战国时期的考古学文化研究》,科学出版社,2009年,第126页。
③陈光:《羊头洼类型研究》,《考古学文化论集(二)》,文物出版社,1989年,第130—132页;王巍:《夏商周时期辽东半岛和朝鲜西北部的考古学文化序列及其相互关系》,《中国考古学论丛》,科学出版社,1993年,第198—201页;栾丰实:《辽东半岛南部地区的原始文化》,《海岱地区考古研究》,山东大学出版社,1997年,第400页;朱永刚:《东北青铜文化的发展阶段与文化区系》,《考古学报》1998年第2期;段天璟:《胶东半岛和辽东半岛岳石文化的相关问题》,《边疆考古研究》2002年第2辑。
④王巍:《夏商周时期辽东半岛和朝鲜西北部的考古学文化序列及其相互关系》,《中国考古学论丛》,科学出版社,1993年,第198—201页;栾丰实:《辽东半岛南部地区的原始文化》,《海岱地区考古研究》,山东大学出版社,1997年,第400页。
⑤如一般将其时代与海岱地区的岳石文化进行对比,认为其时代大致同于岳石文化,如安志敏:《辽东半岛史前文化》,《大连文物》1992年第1期;王青:《辽东半岛的獐与古环境变迁》,《考古与文物》1999年第5期;段天璟:《胶东半岛和辽东半岛岳石文化的相关问题》,《边疆考古研究》第2辑,科学出版社,2004年;刘俊勇:《辽东半岛新石器至早期青铜时代文化与周围文化关系》,《东北史地》2008年第3期;赵宾福:《中国东北地区夏至战国时期的考古学文化研究》,科学出版社,2009年,第129页。即使这样,对岳石文化的年代也存在不同的认识,参见赵宾福:《中国东北地区夏至战国时期的考古学文化研究》,科学出版社,2009年,第129页;《双砣子与岗上》发掘报告认为,双砣子二期文化的存在的时间可能比较短暂;笔者曾著文谈及双砣子二期文化的时代,认为其时代大致与岳石文化一、二期相当,大体与二里头文化二、三期一致,见拙文《试论岳石文化北向发展态势》,《考古与文物》2012年第2期;段天璟先生认为其年代跨度大体相当于岳石文化第一至三期,见《二里头文化时期的中国》,社会科学文献出版社,2014年,第156页。

问题,存在不同认识①;最重要的是关于双砣子二期文化的性质,主要存在着土著文化论②和岳石文化论③两种不同的认识。

　　这其中,一部分学者认为双砣子二期文化是受到了岳石文化的影响或者说与岳石文化有密切的关系。如许玉林先生认为,双砣子二期文化与山东平度东岳石文化相似,可能受到了岳石文化影响④。徐基先生认为辽东半岛是受岳石文化波及和影响的地区⑤。陈国庆、华玉冰二位先生认为双砣子遗址中层(双砣子二期文化)的陶器既具有地域特点,又受到来自于山东半岛岳石文化的强烈影响⑥。徐光辉先生认为,双砣子中层(双砣子二期文化)与岳石文化的照格庄类型相近,表明它在很大程度上受到了岳石文化的影响⑦。安志敏先生认为,双砣子二期文化陶器的特征与山东的岳石文化相当一致,但石器显然承袭双砣子一期文化,或许表明它的出现受岳石文化的影响⑧。日本学者宫本一夫、千叶基次等也认为,双砣子二期

———————

①一些学者认为双砣子二期文化源于岳石文化,如陈光:《羊头洼类型研究》,《考古学文化论集(二)》,文物出版社,1989年,第147页;吴玉喜:《岳石文化地方类型初探——从郝家庄岳石遗存的发现谈起》,《考古学文化论集(三)》,文物出版社,1993年,第270—310页;徐光辉:《旅大地区新石器时代晚期至青铜时代文化遗存分期》,《考古学文化论集(四)》,文物出版社,1997年,第189页;段天璟:《二里头文化时期的中国》,社会科学文献出版社,2014年,第155页。一些学者认为双砣子二期文化源于当地的双砣子一期文化和岳石文化,如安志敏:《辽东半岛史前文化》,《大连文物》1992年第1期;赵宾福:《中国东北地区夏至战国时期的考古学文化研究》,科学出版社,2009年,第126页。

②中国社会科学院考古研究所:《双砣子与岗上——辽东史前文化的发现和研究·结语》,科学出版社,1996年;大连市文物考古研究所:《大嘴子青铜时代遗址1987年发掘报告·结语》,大连出版社,2000年;赵宾福:《中国东北地区夏至战国时期的考古学文化研究》,科学出版社,2009年,第129页。

③陈光:《羊头洼类型研究》,《考古学文化论集(二)》,文物出版社,1989年,第130—132页;吴玉喜:《岳石文化地方类型初探——从郝家庄岳石遗存的发现谈起》,《考古学文化论集(三)》,文物出版社,1993年,第270—310页;栾丰实:《辽东半岛南部地区的原始文化》,《海岱地区考古研究》,山东大学出版社,1997年,第400页;朱永刚:《东北青铜文化的发展阶段与文化区系》,《考古学报》1998年第2期;徐昭峰:《试论岳石文化北向发展态势》,《考古与文物》2012年第2期;段天璟:《二里头文化时期的中国》,社会科学文献出版社,2014年,第153—154页。

④许玉林:《辽东半岛商周时期青铜文化概述》,《辽海文化学刊》1989年第2期。

⑤徐基:《试论岳石文化》,《辽海文物学刊》1993年第1期。

⑥陈国庆、华玉冰:《大连地区早期青铜时代考古文化》,《青果集》,知识出版社,1993年,第256—261页。

⑦徐光辉:《旅大地区新石器时代晚期至青铜时代文化遗存分期》,《考古学文化论集(四)》,文物出版社,1997年,第189页。

⑧安志敏:《东亚考古论集》,中国考古艺术研究中心、香港中文大学,1998年,第85页。

文化与山东岳石文化关系较为密切①。

　　也有明确提出双砣子二期文化是受岳石文化强烈影响的一支地方性土著文化。如《大嘴子青铜时代遗址1987年发掘报告》结语中提出,大嘴子第二期文化(双砣子二期文化)与胶东地区的岳石文化有所区别,但受到了岳石文化的深刻影响②。张翠敏先生认为双砣子二期文化就是岳石文化移民辽东半岛与当地土著文化融合的产物,但她认为尽管双砣子二期文化在岳石文化的势力范围控制下,虽然其土著文化因素仅占次要地位,其文化性质仍应归属于辽东土著文化系统③。赵宾福先生认为双砣子二期文化应该是受到来自山东半岛岳石文化强烈影响的一支地方性土著文化④。

　　一部分学者认识到双砣子二期文化具有浓厚的岳石文化特点。《双砣子与岗上》发掘报告在结语部分认为,双砣子二期文化的陶器非常接近于胶东岳石文化,它的出现显然与胶东的影响有关,但存在的时间可能比较短暂,双砣子二期文化石器却继承当地传统与岳石文化不甚一致⑤。王锡平先生认为,双砣子二期文化虽然保留了一部分地方传统,但大部分因素是来自胶东半岛的岳石文化⑥。郭大顺、张星德二位先生认为,双砣子中层文化(双砣子二期文化)具有浓厚的山东岳石文化特点⑦。

　　还有一部分学者明确提出双砣子二期文化的性质应归属于岳石文化。如王迅先生认为,辽东半岛在夏代可能分布着来自山东地区的岳石文化的

①宫本一夫著,贺伟译:《中国东北地区史前陶器的编年与地域性》,《辽海文物学刊》1995年第2期;千叶基次著,陈光译:《辽东青铜时代的初期——关外青铜器文化综合考察之一(续)》,《北方文物》2000年第3期。

②大连市文物考古研究所:《大嘴子青铜时代遗址1987年发掘报告·结语》,大连出版社,2000年,第268页。

③张翠敏:《双砣子二期文化再探讨》,《博物馆研究》2005年第2期。

④赵宾福:《中国东北地区夏至战国时期的考古学文化研究》,科学出版社,2009年,第129页;《关于双砣子一、二期文化的三点新认识》,《东北史地》2010年第6期。

⑤中国社会科学院考古研究所:《双砣子与岗上——辽东史前文化的发现和研究》,科学出版社,1996年,第152页。

⑥王锡平:《试论环渤海地区史前文化的关系与文明》,《考古学文化论集(四)》,文物出版社,1997年,第100页。

⑦郭大顺、张星德:《东北文化与幽燕文明》,江苏教育出版社,2005年,第355页。

某种类型①。陈光先生认为,鉴于双砣子中层类型(双砣子二期文化)与岳石文化有大同小异的文化面貌,似可认为双砣子中层类型(双砣子二期文化)是岳石文化的一个地方类型②。王巍先生认为,双砣子二期文化面貌与胶东半岛岳石文化照格庄类型十分相似,属岳石文化系统③。吴玉喜先生认为,双砣子二期文化已非当地土著文化而同于岳石文化照格庄类型,至少也应视其为照格庄类型的地方变体④。栾丰实先生认为双砣子二期遗存等的文化面貌和照格庄类型最为接近,暂将其划归照格庄类型,至于其和照格庄类型的差别,可以以类型下的亚型区别之⑤。张翠莲先生在相关文章中将辽东半岛以双砣子二期文化为代表的遗存纳入到岳石文化鲁东区,可归为岳石文化照格庄类型⑥。朱永刚先生认为,以双砣子中层为代表的文化系统与山东岳石文化十分相似,属岳石文化系统⑦。赵海涛先生认为,从双砣子二期文化与岳石文化的相似器物之多、相似程度之高这两点上看,岳石文化曾经进入过辽东半岛南部⑧。段天璟先生认为,双砣子二期等文化遗存与胶东岳石文化遗存极为相似,其性质系处于辽东半岛上的岳石文化遗存⑨。刘俊勇先生认为山东岳石文化对双砣子二期文化的影响非常强烈,并以其强势最终取代了当地的土著文化,成为主体文化⑩。张锟先生认为双砣子遗址第二期遗存和大嘴子遗址第二期遗存属岳石文化范畴,但也具有一定的地方特点,总体上属照格庄类型,也可考虑将其作为照格庄类型下的一个地区亚型⑪。笔者在相关文章中也认为,双

①王迅:《试论夏商时期东方地区的考古学文化》,《北京大学学报(哲学社会科学版)》1989年第2期。
②陈光:《羊头洼类型研究》,《考古学文化论集(二)》,文物出版社,1989年,第130—132页。
③王巍:《夏商周时期辽东半岛和朝鲜西北部的考古学文化序列及其相互关系》,《中国考古学论丛》,科学出版社,1993年,第198—201页
④吴玉喜:《岳石文化地方类型初探——从郝家庄岳石遗存的发现谈起》,《考古学文化论集(三)》,文物出版社,1993年,第270—310页。
⑤栾丰实:《岳石文化的分期和类型》,《海岱地区考古研究》,山东大学出版社,1997年,第337页。
⑥张翠莲:《论岳石文化的分期和地方类型》,《中原文物》1998年第1期。
⑦朱永刚:《东北青铜文化的发展阶段与文化区系》,《考古学报》1998年第2期。
⑧赵海涛:《试论岳石文化与周围同时期文化的关系》,中国社会科学院研究生院硕士学位论文,2002年,第25页。
⑨段天璟:《胶东半岛和辽东半岛岳石文化的相关问题》,《边疆考古研究》2002年第2辑。
⑩刘俊勇:《辽东半岛新石器至早期青铜时代文化与周围文化的关系》,《东北史地》2008年第3期。
⑪张锟:《东夷文化的考古学研究》,中国社会科学院研究生院博士学位论文,2010年,第37页。

砣子二期文化属岳石文化系统①。

凡此种种,还有相似的观点不能一一列举。需要我们在现有材料基础上、在现有研究基础上,对双砣子二期文化的相关问题进行必要的梳理与讨论,以深化对该问题的研究。

二、双砣子二期文化典型遗址

1. 双砣子遗址第二期②

双砣子遗址位于大连市西部,地处渤海之滨的甘井子区营城子乡牧城驿村北。该地为两个相邻的山丘,当地称为"双砣子"。该遗址第二期属双砣子二期文化,其堆积分两小层,③A层和③B层,土色分别为黄褐和浅红。共发现5个灰坑。

双砣子遗址第二期文化遗存陶器主要为黑陶和黑灰陶,以泥质陶为主,也有部分羼和细砂。陶器的表面有的施一层光亮的黑衣,但陶胎多为红褐色或灰色,也有的呈黑色。另外还有少量细砂黑褐陶,但作为炊器的陶甗则含有较粗大的砂粒。陶器制法主要为轮制,只有少数为手制。陶器的颜色较纯,说明在控制火候方面有了很大进步,陶胎一般较薄,厚0.4—0.8厘米。器表以素面磨光为主,常见的纹饰为弦纹,也有少量的划纹、附加堆纹和乳点纹,乳点纹附于器壁表面。陶器的颈部起棱和器壁下部折成棱角的现象显著。器形有甗、鼎、罐、尊、盆、豆、盂和较多的器盖。

石器共92件,均为磨制,有斧、锛、刀、矛、环状石器、纺轮和网坠等。骨、角、蚌器26件,骨器有锥、针、角锄、凿和笄等③。

2. 大嘴子遗址第二期

大嘴子遗址位于大连市甘井子区大连湾镇政府所在地东南约2公里处的黄海北岸半岛尖端。半岛尖端自西向东深入大连湾,南、北、东三面环海,西面与陆地相连,当地人俗称"大嘴子"。遗址总面积约10000平方米,堆积可分为三期,该遗址第二期文化属双砣子二期文化范畴。该遗址先后

---

① 徐昭峰:《试论岳石文化北向发展态势》,《考古与文物》2012年第2期。
② 中国社会科学院考古研究所:《双砣子与岗上——辽东史前文化的发现和研究》,科学出版社,1996年,第1—36页。
③ 北京大学考古实习队、烟台市博物馆:《烟台芝水遗址发掘报告》,《胶东考古》,文物出版社,2000年,第119—124页。

于 1987 年和 1992 年进行过两次发掘。

从 1987 年的发掘报告看[1]，石器共 21 件，主要有斧、锛、刀、镞、纺轮、饼、磨石等，骨器有鱼卡 1 件。

陶器以夹砂灰褐陶为主，夹砂红褐陶次之，还有黑皮陶和泥质黑灰陶，制作方法为泥条盘筑，多为手制，有的泥质黑灰陶为轮制。器底多为平底，还有鼎、甗之类的三足器。从公布的线图看，陶器多素面，纹饰有弦纹、刺点纹、附加堆纹等。从陶片观察，器形有罐、壶、鼎、甗、豆、碗、尊、器盖和杯等。

1992 年的发掘报告[2]，公布有房址 1 座，出土物有陶碗、石斧、石刀、残石器和骨针各 1 件、骨鱼卡 2 件。

陶器以夹粗砂灰褐陶为主，黑褐陶次之，有一定数量的泥质黑皮磨光陶。多手制，泥条盘筑，也见有轮制和口沿经轮修的陶器。器底有平、微凹和假圈足三种。纹饰有凸棱纹、弦纹、刻齿纹、点线纹、附加堆纹和小泥饼等。器类有罐、壶、器盖和碗等。

3. 大砣子遗址第一期[3]

大砣子遗址位于大连市旅顺口区北海镇北海村东南三面临海的砣子上，高出海平面 10 余米，当地称之为大砣子或东海砣子。遗址分布于整个砣子上，北高南低，面积约 30000 平方米。该遗址发现于 1980 年，1996 年和 1998 年先后两次对该遗址进行了发掘，共发掘面积约 530 平方米。其中的第一期文化遗存属双砣子二期文化，发现灰坑 3 座，其中 H1 和 H2 均有出土物。

石器出土 34 件，主要有斧、锛、刀、铲、纺轮、球等。与烟台芝水一期石器相比，共有和形制相近的石器有斧、锛、铲、刀、研磨器、圆饼、球等，特别是半月形双孔石刀，本就是岳石文化的典型器。大砣子一期中的骨锥和骨匕也同于烟台芝水一期同类器[4]。

---

① 大连市文物考古研究所：《大嘴子青铜时代遗址 1987 年发掘报告》，大连出版社，2000 年，第 117—126 页。

② 辽宁省文物考古研究所等：《辽宁大连市大嘴子青铜时代遗址的发掘》，《考古》1996 年第 2 期。

③ 大连市文物考古研究所、辽宁师范大学历史文化旅游学院：《辽宁大连大砣子青铜时代遗址发掘报告》，《考古学报》2006 年第 2 期。

④ 北京大学考古实习队、烟台市博物馆：《烟台芝水遗址发掘报告》，《胶东考古》，文物出版社，2000 年，第 119—124 页。

陶器以泥质磨光黑皮陶和灰陶占多数,还有部分夹砂黑皮陶和黑褐陶。甗多为夹砂褐陶,也有夹砂灰陶,陶胎掺有较粗大的砂粒。泥质陶多为轮制,夹砂陶多为手制,个别口沿经轮修。泥质陶器表较纯,偶有因火候关系烧成的黄褐色。泥质陶器表多磨光,多素面,纹饰较少,以弦纹为主,还有少量刻划纹、附加堆纹和乳钉。泥质陶器起棱和器壁下部折棱是其重要特点。器形有罐、壶、碗、盂、器盖、豆、杯、尊形器、甗等。

4. 小黑石砣子 B 类遗存[1]

遗址位于旅顺口区三涧堡镇小黑石村西北海边的一个三面临海的砣子上。1980 年发现,1981 年进行了清理。根据地层关系,双砣子二期文化遗存包含 2 个灰坑 H4 和 H5,遗物部分的石器方面,绝大部分为采集品,地层无法判断,故其文化归属也无法断定。因此,小黑石砣子遗址与双砣子二期文化可以进行讨论的就是具有典型特征的 B 类陶器遗存。

陶器以泥质磨光黑陶为主,还有因火候所致的泥质黄褐陶,以及少量的夹砂黑褐陶。泥质陶多轮制,夹砂陶多手制,个别口沿经轮修。素面占绝大多数,纹饰主要有弦纹,器类包括罐、尊、盂、豆、器盖和碗等,共公布 9件陶器。

5. 庙山晚期 A 类遗存[2]

庙山位于大连市金州区北部,地属七顶山乡老虎山村,海拔 175 米。北临渤海,西南与老虎山相邻,东面同七顶山相望,遗址面积约为 2 万平方米。该遗址发现于 20 世纪 70 年代,1991 年先后两次对该遗址进行了试掘,发掘面积 382 平方米。

陶器以夹砂黑褐陶为主,少量红褐陶和黑灰陶,手制,泥条盘筑,器物口沿多经慢轮修整。纹饰有戳印纹、点线纹、凸棱纹、刻齿纹、弦纹,器形有子母口罐、鼎、刀削凿形圈足器等。

6. 望海埚[3]

遗址位于现大连市保税区亮甲店街道金顶村赵王屯。1939 年,日本人发掘了该遗址,资料公布于《羊头洼》发掘报告中。从公布的资料看,该遗址应该包含了四种不同的文化(或类型),试加以分析。

---

①刘俊勇、王玖:《辽宁大连市郊区考古调查简报》,《考古》1994 年第 4 期。
②吉林大学考古学系等:《金州庙山青铜时代遗址》,《辽海文物学刊》1992 年第 1 期。
③金关丈夫、三宅宗悦、水野清一:《羊头洼》,《东方考古学论丛》乙种第三册,1942 年。

　　双砣子二期文化:图版四九公布了望海埚遗址数量众多的半月形双孔石刀,如图版四九中1、2、3、4、5、7、9等,有的磨损严重,有的残了,但形制同于岳石文化同类器。从公布的陶器线图看,一些是具有双砣子二期文化因素的器物,如图版五二(1),似为瓿腰。图版五二(6、7),似为三足罐的下腹和底足部。图版五三(9、10),应为子母口器盖。图版五三(11),子母口,斜腹,腹有两周凸棱,应为尊。图版五三(14),豆盘近底部凸棱显著,是双砣子二期文化豆的典型特征。这些均为双砣子二期文化典型器,与岳石文化同类器相似。还可以归入到双砣子二期文化的有图版五三(13)陶豆豆柄,因双砣子二期豆柄高,而三期豆柄低。图版五二(9)钵、图版五三(20)碗,也和双砣子二期文化同类器同(图4—5)。

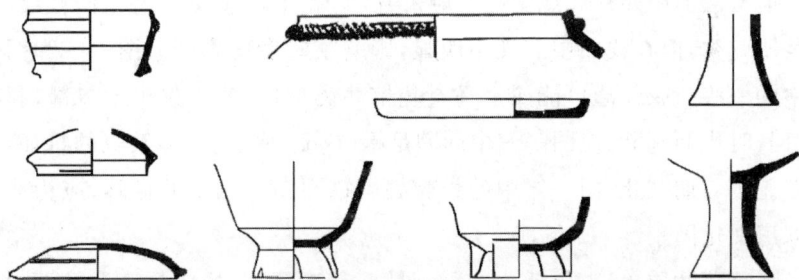

图4—5　望海埚遗址中的双砣子二期文化因素

　　上马石瓮棺葬类型:陶器有图版五二(8),中口罐,同于上马石瓮棺葬瓮 M9∶1罐[1]。图版五三(1、2、3)直口弦纹罐,可归入上马石瓮棺葬类型。图版五三(5、6、7)罐,其鼓腹最大径应在器物中部或靠下,这一作风和双砣子三期文化中壶、罐最大径多靠近上部不同,倒和上马石瓮棺葬的同类器相近。

　　双砣子三期文化:陶器有图版五二(10、11、12、13、14、15)豆,可分为四类:图版五二(10)豆,曲腹;图版五二(11、13)豆,折腹;图版五二(12、15)豆,斜直腹;图版五二(14)豆,敛口。这四类豆,近于双砣子三期文化豆。图版五二(16)弧腹罐,已变形,特征近于双砣子三期文化于家村砣头积石墓地 M46∶3弧腹罐。图版五三(12)豆柄,柄低矮,属双砣子三期文化陶豆特征。图版五三(15)豆柄,似有镂空,为双砣子三期文化陶豆特征。图版

①旅顺博物馆、辽宁省博物馆:《辽宁长海县上马石青铜时代墓葬》,《考古》1982年第6期。

五三(16、17、18、19)圈足碗,图版五三(21、22、23)圈足壶底,均应归入双砣子三期文化。

其他文化:图版五二(2、3、4)直口叠唇瓮,图版五二(5)罐,图版五三(4)折沿束颈罐,图版五三(8)壶,图版五三(24)器底等,暂不宜归属上述三种文化(或类型),其时代可能更晚。

7. 单砣子及高丽寨遗存[①]

貔子窝遗址,含单砣子和高丽寨两处遗址,遗址位于大连市普兰店城子坦镇碧流河入海口一带。1927 年日本人调查并发掘了该遗址。

单砣子遗址和墓葬应该分开予以讨论。遗址略显复杂,应该包含了至少三种不同的考古学文化:上马石瓮棺葬类型、双砣子三期文化和双房文化。但从该书中照片和线图的对应来看,似略有偏差,如一些是凸弦纹,一些是凹弦纹,但在线图中表现不明显,影响了笔者的判断。图一一和图一二中的一些凸弦纹罐可能属上马石瓮棺葬类型;一些壶仅出土口部,影响了对其时代的判断,但图一三中的圈足罐(或壶)底、绝大多数豆的特征,均为双砣子三期文化;图一二中的鼓腹叠唇罐和图一三中的横耳,应为典型的双房文化因素。

而墓葬性质单一,包括单砣子一号墓和二号墓,均应属于上马石瓮棺葬类型。分析见下文。

高丽寨早期遗存有学者进行了分组研究,主要是陈光[②]和蔡凤书[③]两位先生。两位先生的分组略有差异,如陈光先生的Ⅰ、Ⅱ、Ⅲ组基本对应三种考古学文化:双砣子二期文化、双砣子三期文化和双房文化;蔡凤书先生所分的三组基本也对应三种考古学文化:龙山文化、双砣子二期文化和双房文化。但总体而言,都认为包含有双砣子二期文化,这一认识笔者现在看还是准确的,但关于高丽寨遗址中包含的双砣子二期文化的遗物需要整合:甗计 4 件以上,《貔子窝》报告中的图版三九、四〇、四一公布的甗单体应在 10 件左右,但报告中公布的线图可见 4 件,图二四公布有 3 件甗,加上图二六(21)甗。尊形器 2 件,1 件为图二七(33)凸棱显著的尊上部,1 件为图二八(1)尊的底部。豆 1 件,图二九(20)豆,盘内壁折棱明显,属双砣子二

①滨田耕作:《貔子窝》,《东方考古学丛刊》第一册,1929 年。
②陈光:《羊头洼类型研究》,《考古学文化论集(二)》,文物出版社,1989 年,第 135 页图一六。
③蔡凤书:《关于〈貔子窝〉的陶器》,《辽海文物学刊》1993 年第 2 期。

期文化豆的典型特征；而图二九(26)豆，其特征与双砣子二期文化陶豆作风并不十分符合，可以剔除。器钮1件，图二九(12)，这是双砣子二期文化中子母口器盖的典型特征。鼓腹罐1件，图二七(30)罐，其特征完全同于烟台芝水T6⑦:31鼓腹罐①。以上诸器皆同于岳石文化同类器(图4—6)。可归入该文化的还有碗3件，图二五(10、19、20)碗，其中的图二五(20)碗上部有折棱，系受岳石文化影响的器物，这3件碗总体上属土著文化因素。

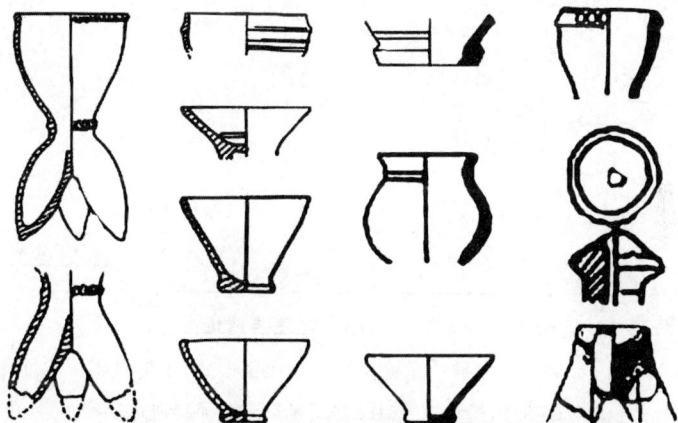

图4—6　高丽寨遗址中的双砣子二期文化因素

需要说明的是，高丽寨遗址中存在的半月形双孔石刀，一部分应属双砣子二期文化。

双砣子二期文化遗址分布示意图参见图4—7。

三、上马石瓮棺葬类型探讨

(一)典型遗址

1. 上马石瓮棺葬②

上马石瓮棺葬位于大连长海县大长山岛东部，北依山，南临海，地属三官庙村。瓮棺发现于1974年，1975年进行了调查，1977、1978年先后两次进行了清理与发掘。瓮棺葬共发现17座，开口不详，打破上马石遗址中层，其中瓮棺口部朝上者6座，口部向下者11座。

---

① 北京大学考古实习队、烟台市博物馆：《烟台芝水遗址发掘报告》，《胶东考古》，文物出版社，2000年，第106页图八(4)。

② 旅顺博物馆、辽宁省博物馆：《辽宁长海县上马石青铜时代墓葬》，《考古》1982年第6期。

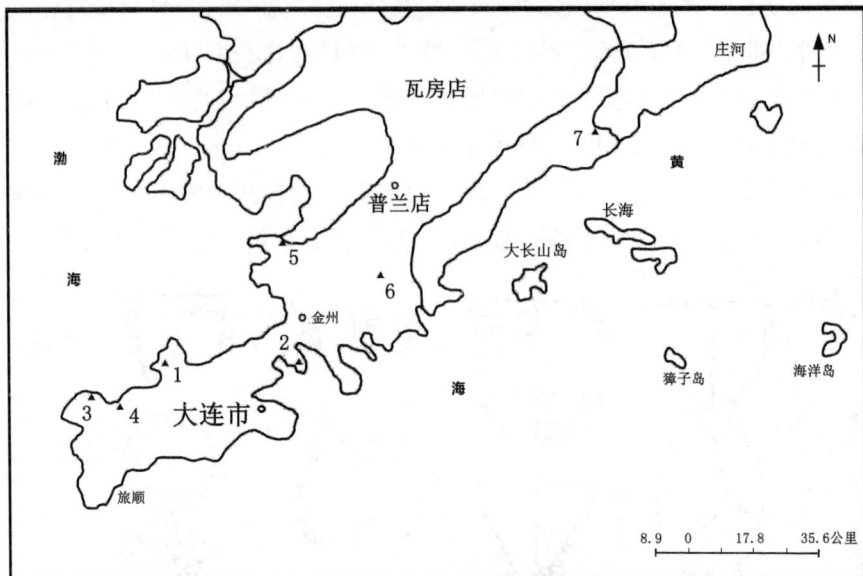

图 4—7　双砣子二期文化主要遗址分布图

1. 双砣子遗址；2. 大嘴子遗址；3. 大砣子遗址；4. 小黑石砣子遗址；

5. 庙山遗址；6. 望海埚遗址；7. 魏子窝遗址

　　上马石瓮棺葬除葬具瓮之外，随葬品以壶、罐为主，还有少量碗。陶质以夹砂黑褐陶和夹砂黑皮陶为主，轮制，表面打磨，多素面，仅个别陶器上有弦纹、弦纹乳点装饰等。共发现罐 3 件、壶 7 件、碗 2 件和瓮 3 件，和双砣子二期文化无论在器物组合、器形器类，还是在陶质陶色、纹饰上均完全不同（图 4—8），是故上马石瓮棺葬的文化性质不同于双砣子二期文化，它应是辽东半岛另一支青铜时代考古学文化，我们暂称之为上马石瓮棺葬类型。关于这一认识，陈光先生[①]、王巍先生[②]、陈国庆和华玉冰先生[③]、栾丰实先生[④]、朱永刚先生[⑤]、段天璟先生[⑥]等已有相关论述，此不赘述。

[①] 陈光：《羊头洼类型研究》，《考古学文化论集（二）》，文物出版社，1989 年，第 130—132 页。

[②] 王巍：《夏商周时期辽东半岛和朝鲜西北部的考古学文化序列及其相互关系》，《中国考古学论丛》，科学出版社，1993 年，第 198--201 页。

[③] 陈国庆、华玉冰：《大连地区早期青铜时代考古文化》，《青果集》，知识出版社，1993 年，256—261 页。

[④] 栾丰实：《辽东半岛南部地区的原始文化》，《海岱地区考古研究》，山东大学出版社，1997 年，第 400 页。

[⑤] 朱永刚：《东北青铜文化的发展阶段与文化区系》，《考古学报》1998 年第 2 期。

[⑥] 段天璟：《胶东半岛和辽东半岛岳石文化的相关问题》，《边疆考古研究》2002 年第 2 辑。

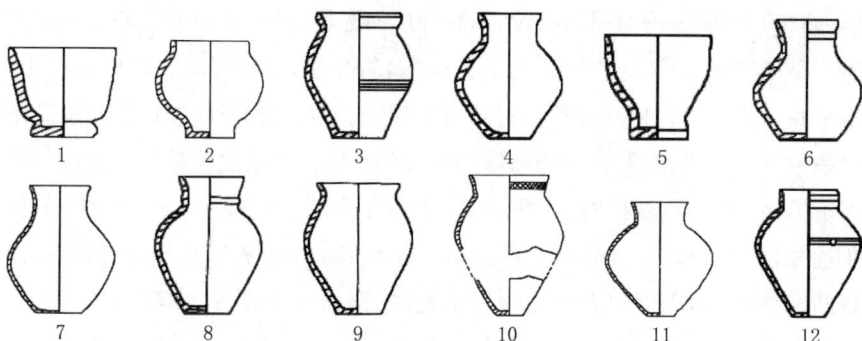

图 4—8　上马石瓮棺葬出土陶器

1. 瓮 M17:1;2. 瓮 M11:1;3. 瓮 M1:1;4. 瓮 M15:1;5. 瓮 M17:2;6. 瓮 M12:1;

7. 瓮 M13:1;8. 瓮 M16:1;9. 瓮 M9:1;10. 瓮 M14;11. 瓮 M11;12. 采集品

2. 望海埚①遗址中的上马石瓮棺葬类型陶器(图 4—9)

分析见上文望海埚遗址部分。

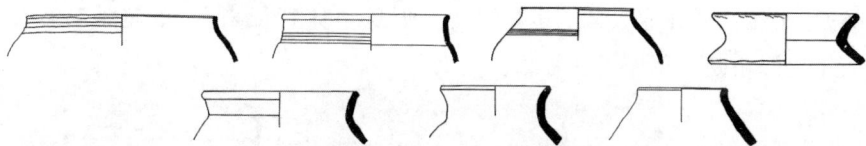

图 4—9　望海埚遗址上马石瓮棺葬类型陶器

3. 单砣子遗存②

王巍先生认为单砣子一号墓与上马石瓮棺葬属同一考古学文化,而与双砣子二期文化不同③。栾丰实先生也认为单砣子和高丽寨遗址出土陶器与双砣子二期相比有相当差别,但明确提出上马石瓮棺葬与岳石文化有相当差别,不宜归入岳石文化④。

单砣子一号墓,出土器物 3 件,从照片观察,2 件似为磨光黑陶,1 件应为黑灰陶或黑褐陶。长颈壶 1 件,似为磨光黑陶,外饰 6 周凸弦纹,形成凸棱,高颈、鼓腹、平底。子母口罐 1 件,似为磨光黑陶,颈饰凸棱一周形成子母

①金关丈夫、三宅宗悦、水野清一:《羊头洼》,《东方考古学论丛》乙种第三册,1942 年。

②滨田耕作:《貔子窝》,《东方考古学丛刊》第一册,1929 年。

③王巍:《夏商周时期辽东半岛和朝鲜西北部的考古学文化序列及其相互关系》,《中国考古学论丛》,科学出版社,1993 年,第 198—201 页。

④栾丰实:《辽东半岛南部地区的原始文化》,《海岱地区考古研究》,山东大学出版社,1997 年,第 400 页。

口,鼓腹,平底,腹饰两周凹弦纹,其间饰以两泥饼,同于双砣子二期文化同类器。小平底壶 1 件,应为黑灰陶或黑褐陶,斜直颈,鼓腹部位在腹中部以上,小平底。上马石瓮棺葬发掘简报结语中说,上马石瓮棺葬陶瓮造型与单砣子第一号墓大型壶相同,也有颈部饰凸弦纹的装饰。是故瓮棺葬的年代应与单砣子第一、第二号墓相同[1]。笔者认为单砣子一号墓和上马石瓮棺葬不仅年代相同,器物以壶、罐为主、素面磨光作风,陶器以黑陶或黑褐陶为主、流行凸棱作风等,表明二者文化性质也相同,同属于上马石瓮棺葬类型。

单砣子二号墓,出土器物 6 件,其中近于一号墓的长颈壶 1 件。翻缘平底壶 3 件,虽大小有异,但形制相近,均翻缘,颈略长,颈部饰以凹弦纹,鼓腹部位在腹部正中略靠上,平底,形制近于上马石瓮棺葬 M16:1 I 式壶。附加堆纹罐 2 件,形制相近,1 件直口,颈饰以戳印附加堆纹,近似子母口,鼓腹,平底;另 1 件侈口,因戳印附加堆纹过于靠近口部而似叠唇,形制近于上马石瓮棺葬 M1:1 II 式罐。故单砣子二号墓的时代同于上马石瓮棺葬类型,文化性质亦应一致(图 4—10)。但从整体特征来看,单砣子二号墓的年代似略晚于单砣子一号墓。

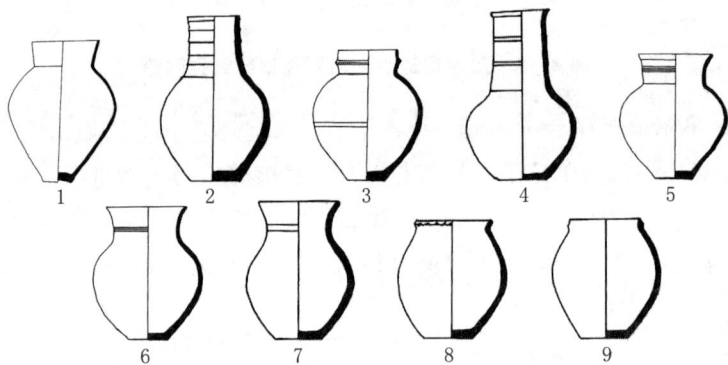

图 4—10　单砣子一号墓、二号墓出土陶器

(1—3. 单砣子一号墓;4—9. 单砣子二号墓)

4. 羊头洼遗址[2]

羊头洼遗址已经有学者注意到了其内在的早晚关系,而且有学者通过对羊头洼陶器的分类观察,进行了分组。A 组陶器主要器形有大口壶、长

---

①旅顺博物馆、辽宁省博物馆:《辽宁长海县上马石青铜时代墓葬》,《考古》1982 年第 6 期。
②金关丈夫、三宅宗悦、水野清一:《羊头洼》,《东方考古学论丛》乙种第三册,1942 年。

颈壶、小口罐、敞口罐、豆和甑,此外还有折腹碗、大型敛口器等。该组陶器最突出的特征是带有一条或多条比较明显的凸棱纹,但凸起的程度远没有双砣子中层陶器高,有些器物上同时还配有简单的划纹、凹弦纹、点线纹或小泥饼,并有少量很短的类似藕节的纵向或斜向泥条纹。同时认为该组陶器不见于双砣子二期文化典型遗存中,但形制相近的小口罐、豆柄、豆盘等却见于高丽寨遗址,该组陶器可能和双砣子遗址中层组一类陶器具有一定的递嬗演变关系①。是故该文将羊头洼 A 组纳入到双砣子二期文化中,而将羊头洼 B 组纳入到双砣子三期文化中。

笔者观察到,双砣子三期文化中的典型遗址如双砣子遗址、大嘴子遗址、大砣子遗址等,的确存在一部分具有凸棱作风的陶器,所以仅依据这些具有凸棱作风的陶器进行文化内涵的界定,恐有失偏颇。况且正如学者认识的那样,文化的传承性正是其递嬗演变关系的具体反映。上马石瓮棺葬类型的文化内涵,必须用文化内涵单纯的遗存进行界定,从现阶段来看,既不能否认羊头洼遗址存在上马石瓮棺葬类型,同样也不能予以肯定,只能待资料丰富后再做具体分析。

(二)上马石瓮棺葬类型的内涵及其年代

1. 内涵

从现今 3 处上马石瓮棺葬类型遗存来看,上马石瓮棺葬类型的墓葬见有两种形式:瓮棺葬和竖穴土坑墓。瓮棺葬的葬法在上马石遗址有发现,分口部向上和口部向下两种:口部向上的葬法,一般是先挖好圆形竖穴,把装有幼童或未成年人的瓮棺放在竖穴内;口部向下式的葬法是,先挖好竖穴,然后把瓮底砸掉,瓮口向下放在已挖好的圆形竖穴里,再把小孩或未成年人及随葬品放在瓮中,再将瓮底盖上。在瓮 M5 和瓮 M12 中部发现了瓮底落入瓮内的现象。其他的口向下式均不见底部,亦可证明当时人们是有意识地将瓮底砸掉的②。竖穴土坑墓在单砣子遗址有发现,单砣子一号墓和二号墓均为长方形竖穴土坑墓。其中一号墓为中年男性,随葬有陶壶 3 件;二号墓随葬陶壶 4 件、陶罐 2 件、石钺 1 件、玉石装饰品 3 件③。由于

---

① 徐光辉:《旅大地区新石器时代晚期至青铜时代文化遗存分期》,《考古学文化论集(四)》,文物出版社,1997 年,第 194—195 页。

② 旅顺博物馆、辽宁省博物馆:《辽宁长海县上马石青铜时代墓葬》,《考古》1982 年第 6 期。

③ 滨田耕作:《貔子窝》,《东方考古学丛刊》第一册,1929 年,第 31—33 页。

资料有限,对其文化遗存的认识仅局限于此。

上马石瓮棺葬类型陶器的陶质以夹砂陶为主,次为泥质陶,以黑褐陶和黑皮陶为主,轮制,表面多打磨,多素面,个别陶器上有凸弦纹形成的凸棱、弦纹及附加堆纹装饰等。器物组合为罐、壶、碗、瓮等。上马石瓮棺葬类型陶器特征和双砣子二期文化与双砣子三期文化既有联系也有区别。受资料所限,对其文化内涵的分析仅是有限的墓葬资料,缺少必要的生产生活资料,难免有挂一漏万之嫌,需要进一步的考古资料支撑。

需要说明的是,岳石文化也发现有墓葬,目前可以确定的有11座[①],均为长方形土坑竖穴墓,以头向东的仰身直肢葬为主,均无随葬品,大口岳石文化墓葬还有在骨架上填一层马蹄螺和压小石块的习俗,这与上马石瓮棺葬和单砣子一、二号墓墓葬制度不同,也从另外一个方面说明上马石瓮棺葬和单砣子一、二号墓与属于岳石文化系统的双砣子二期文化不属于同一考古学文化。

2. 年代

上马石瓮棺葬类型和双砣子二期文化相比,在陶器方面两者存在一定的共性,如都存在一定的夹砂陶和泥质陶,都见有黑褐陶、黑皮陶和磨光黑陶,器表多素面,纹饰都有凸棱和弦纹,一部分的罐、碗形制相近。但不同之处更为显著,双砣子二期文化器类多样,而上马石瓮棺葬类型器类较单一;双砣子二期文化中陶器凸棱、子母口作风显著,而上马石瓮棺葬类型虽也有表现,但不明显;双砣子二期文化陶器典型器类子母口罐、鼎、三足罐、盂、子母口器盖、浅盘折棱豆、杯、凸棱尊形器、腰饰附加堆纹的甗等,不见于上马石瓮棺葬类型;双砣子二期文化不仅常见平底器,还见有三足器和袋足,而上马石瓮棺葬类型仅见罐、壶、瓮、碗等器类,不见三足器和袋足。

上马石瓮棺葬类型和双砣子三期文化相比,在陶器方面两者存在一定的共性,如都存在一定的夹砂陶和泥质陶,陶色都存在颜色不纯的现象,器表都存在一定的素面;一部分的罐、壶、碗形制相近;一部分陶罐的凸棱作风和壶的弦纹作风近于双砣子三期文化的同类器。但不同之处更为显著,

<hr>

① 中国社会科学院考古研究所山东队:《山东长岛县砣矶岛大口遗址》,《考古》1985年第12期;孙波等:《山东彭家庄遗址发现岳石文化墓葬和制陶作坊区》,《中国文物报》2009年4月1日第2版。

上马石瓮棺葬类型器类较单一,而双砣子三期文化器类多样;上马石瓮棺葬类型陶器凸棱作风若与双砣子三期文化相比则略为明显;上马石瓮棺葬类型陶器纹饰简单,多见弦纹,而双砣子三期文化纹饰多样,多见网状、羽状、波状、折线、斜线等划纹和刺点纹、乳点纹等;上马石瓮棺葬类型以平底器多见,不见圈足器、三足器和袋足,而双砣子三期文化圈足发达,也有平底器、一部分三足和袋足器;上马石瓮棺葬类型仅见罐、壶、瓮、碗等器类,而双砣子三期文化器类以罐、壶、簋、碗、豆、钵、碗、杯为主,也有一定的甗和三(多)足器。同被认定为双砣子三期文化墓葬的于家村砣头墓地出土物相比[1],上马石瓮棺葬类型和于家村砣头墓地的差异也是显著的。如于家村砣头墓地墓葬形式是辽东半岛常见的积石冢,而上马石瓮棺葬为瓮棺和竖穴土坑墓;于家村砣头墓地器物组合为钵口壶、侈口簋、弧腹罐、折腹罐为主,还见有豆、带把(耳)钵和圈足碗等;上马石瓮棺葬器物组合以鼓腹长颈壶、鼓腹有领罐为主,还见有鼓腹束颈罐、弧腹堆纹罐、凸棱罐以及假圈足碗等;纹饰方面于家村砣头墓地以凹弦纹、竖条或马鞍形的堆纹、带状刺点纹或网格纹、花边状堆纹等多见,有部分素面,上马石瓮棺葬以素面为主,纹饰有凹弦纹、凸棱和附加堆纹等。是故上马石瓮棺葬类型是区别于双砣子二期文化和双砣子三期文化的一支独立的考古学类型,这一独立的考古学类型是受双砣子二期文化影响的一支土著文化。

时代上,不管是持上马石瓮棺葬类型归属于双砣子二期文化的学者,还是持上马石瓮棺葬类型属于与双砣子二期文化有别的一支文化或类型的学者,基本都认为其与双砣子二期文化年代相当。但笔者认为上马石瓮棺葬类型应晚于双砣子二期文化而早于双砣子三期文化。表现在:其一,在陶器特征上上马石瓮棺葬类型也有双砣子二期文化的一些作风,如子母口罐、一些器物的凸棱作风、素面作风和磨光黑陶等,说明上马石瓮棺葬类型源于双砣子二期文化;其二,上马石瓮棺葬类型的器物组合、器类与双砣子二期文化相比发生了根本性变化,其罐、壶多见的作风近于双砣子三期,是故其时代具有从双砣子二期文化向双砣子三期文化的过渡性;其三,双砣子三期文化圈足作风显著,壶、罐、碗都有一部分的圈足,而双砣子二期

①赵宾福:《中国东北地区夏至战国时期的考古学文化研究》,科学出版社,2009年,第149—
　154页。

文化不见这类圈足器,上马石瓮棺葬也不见,是故双砣子三期文化晚于双砣子二期文化和上马石瓮棺葬类型;其四,双砣子二期文化壶、罐在其整体器物组合中居于次要地位,而上马石瓮棺葬类型壶、罐为其主要组合,双砣子三期文化壶、罐也是最主要的器类,但上马石瓮棺葬类型壶、罐最大径基本在腹中部,而双砣子三期文化壶、罐最大径多在腹中部以上的部位而形成广肩作风,演变关系明确(图4—11)。这一切均说明上马石瓮棺葬类型上承双砣子二期文化,下启双砣子三期文化,其时代应晚于双砣子二期文化而早于双砣子三期文化。具体说,上马石瓮棺葬罐的最大径在中部或中部略偏下,这与栾丰实先生关于岳石文化分期中第四期罐的特征近似或略晚[1],而岳石文化的第四期的下限基本在早商文化第三期和中商文化第一期之间,时代基本在商代早中期。

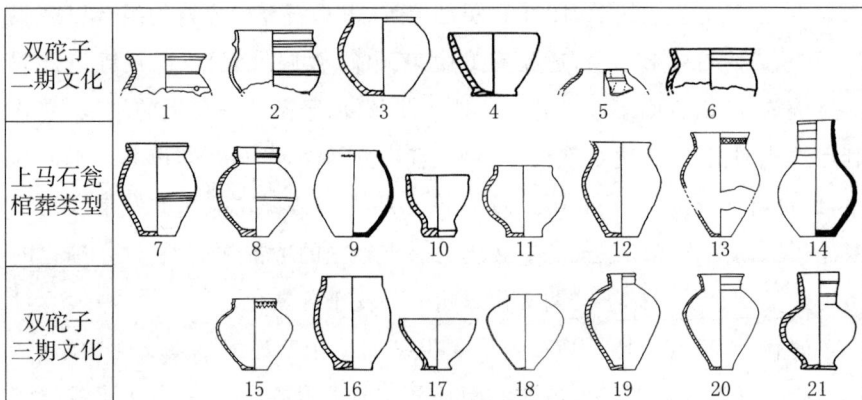

图4—11　三种文化间陶器演变

1. 大嘴子92T2④:5罐;2. 双砣子 H6:6 罐;3. 大嘴子 92T2④:4 罐;

4. 小黑石砣子采:65 碗;5. 大嘴子 92T2④:12 罐;6. 双砣子 T2:72 罐;

7. 上马石瓮 M1:1 罐;8. 单砣子一号墓子母口罐;9. 单砣子二号墓叠唇罐;

10. 上马石瓮 M17:2 碗;11. 上马石瓮 M11:1 罐;12. 上马石瓮 M9:1 罐;

13. 上马石瓮 M14 壶;14. 单砣子一号墓长颈壶;15. 大嘴子 87F17:3 罐;

16. 于家村砣头墓地 M25:1 罐;17. 大嘴子 87T85③A:1 碗;18. 双砣子 F17:3 罐;

19. 大嘴子 87F27:9 壶;20. 大嘴子 87F2:2 壶;21. 大嘴子 92F3:10 壶

---

①栾丰实:《岳石文化的分期与类型》,《海岱地区考古研究》,山东大学出版社,1997年,第318—347页。

四、双砣子二期文化的内涵与性质

（一）内涵

双砣子二期文化在辽东半岛的黄渤海沿岸均有分布，迄今可以确认的遗址有 7 处，笔者姑且利用这些有限的资料对双砣子二期文化的内涵与性质作一探讨。

从资料看，双砣子二期文化遗迹较少。灰坑形状有 3 种，以圆形或近圆形多见，次为椭圆形和不规则形。房址在大嘴子发现 1 处，92F10 为土坑半地穴式，整体形状不清，发现有柱洞和保存较好的居住面。

石器方面，从层位关系明确的双砣子遗址、大嘴子遗址和大砣子遗址来看，绝大多数为磨制，器类有斧、锛、刀、镞、矛、环状石器、饼、磨石、纺轮、球、棍棒头、铲、网坠和石环等，其中以斧、锛、刀、镞、磨石等多见，以及极具土著特色的矛、镞、环状石器、棍棒头等，构成了双砣子二期文化石器的本土特色。

骨角蚌牙器，在遗址中均有发现，但数量不多。骨器类见有锥、钓针、针、鱼卡、凿、笄等；角器有角锄、匕等；蚌器见有穿孔蛤壳；牙器见有牙饰等。

陶器方面，各遗址表现有所差异，总体来看，夹砂陶应多于泥质陶，夹砂陶以黑褐陶多见，次为灰褐陶、红褐陶和黑皮陶，制作方法为泥条盘筑，多为手制，个别口沿经轮修，甗的陶胎多掺有较粗大的砂粒。泥质陶主要为黑陶和黑灰陶，表面有的施一层光亮的黑衣，多为轮制。器表以素面磨光为主，常见的纹饰为弦纹、刺点纹、附加堆纹、凸棱纹、小泥饼和少量的划纹等。素面、凸棱、子母口是陶器的典型特征。器形主要有罐、壶、鼎、甗、尊、盂、豆、碗、盆、器盖和杯等，器底多为平底，也有一部分三（多）足和袋足。

（二）性质

双砣子遗址第二期根据发掘报告，共发现复原陶器 26 件。2 件甗腰、2 件袋足和一些陶甗残片，甗腰都附加一圈堆纹，有的在一圈堆纹下面还有三条竖行的堆纹（向裆部延伸），袋足长大。鼎仅残存底部和鼎足，鼎足共发现 21 件，多呈上宽下窄的梯形或扁平长方形，少数呈圆柱状或侧面呈三角形，一般较矮。罐公布 5 件，其中子母口罐 3 件，直口、鼓腹，颈部有一周凸棱而形成子母口①；T2：72 中口罐也同于岳石文化同类中口罐，而 H10：6 直口罐，则同于照格庄 H9：20 直口罐②。盂均为泥质陶，表面有斑点，敞口或唇稍内折形成微敛口，近底部急收成平底，有凸棱。盆敞口，浅腹，平底，唇沿宽平。陶豆豆盘敞口深腹，壁斜直，下为较高的圈足。器盖多为覆钵形，多蘑菇形钮，口部近直或内敛，腹颈部凸棱显著形成子母口，同于岳石文化器盖。报告公布的 7 件所谓鼎足，或应同于胶东半岛的三足罐。上述器类中，甗、鼎、盂、蘑菇形钮覆钵形子母口器盖、三足罐等，非辽东半岛土著文化因素，当为岳石文化因素无疑。辽东半岛罐类发达，但此 5 件陶罐均为岳石文化因素。陶豆作风不同于一般的岳石文化凸棱盘，但也不同于本土豆的形制，总体而言还是近于岳石文化豆盘壁斜直的作风，近于王推官⑥：8 豆③的特征。陶盆和 3 件陶网坠，应为土著文化因素。此外还有用陶片制成的纺轮等（图 4—12）。

大嘴子遗址 1987 年发掘报告④，公布的 7 件罐中，多直口或微侈，鼓腹，5 件为子母口且颈部起棱，与岳石文化同类器相近；2 件叠唇罐则为本土文化因素。公布 5 件壶，壶本身为本土文化因素，但壶多磨光，3 件颈部有凸棱，则显系受到岳石文化的影响，或者同于照格庄的 T2②：11 有领陶罐⑤。碗 1 件，敞口，圆唇，弧壁，与烟台芝水 H40：3 钵形制相近⑥。公布的 5 件豆中，4 件为夹砂灰褐陶，从复原的豆盘看，斜壁，浅盘，3 件盘内有一周凸棱，均与岳石文化同类器相近。鼎复原 1 件，鼎足 2 件；复原的鼎敞口，圆唇，斜壁，近底处折棱下收，平底，底有 3 长方形足；2 件鼎足均长方形，与岳石文化同类器相近。5 件盂中，3 件为口沿，2 件为底，多直口，腹部有折棱，平底，与岳石文化同类器相近。甗 2 件，1 件口部饰附加堆纹形

①中国社会科学院考古研究所：《双砣子与岗上——辽东史前文化的发现和研究》，科学出版社，1996 年，第 1—36 页。

②中国社会科学院考古所山东队、烟台市文管会：《山东牟平照格庄遗址》，《考古学报》1986 年第 4 期。

③山东省文物考古研究所：《山东章丘市王推官庄遗址发掘简报》，《华夏考古》1996 年第 4 期。

④大连市文物考古研究所：《大嘴子青铜时代遗址 1987 年发掘报告》，大连出版社，2000 年，第 117—126 页。

⑤中国社会科学院考古所山东队、烟台市文管会：《山东牟平照格庄遗址》，《考古学报》1986 年第 4 期。

⑥北京大学考古实习队、烟台市博物馆：《烟台芝水遗址发掘报告》，《胶东考古》，文物出版社，2000 年，第 111 页图一—（12）。

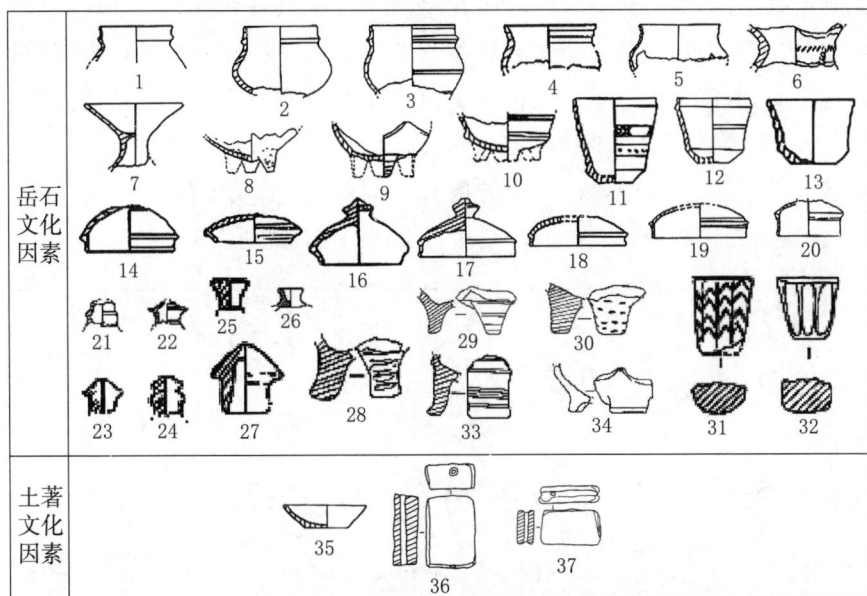

图 4—12　双砣子遗址中的岳石文化因素和土著文化因素

1. T1:37;2. H5:3;3. H6:6;4. T2:72;5. H10:6;6. T7:43;7. T8:19;8. T11:23;
9. H5:5;10. T2:73;11. H10:4;12. H10:5;13. T2:7;14. T8:23;15. H6:8;16. T11:38;
17. T11:43;18. T8:24;19. H8:1;20. T4:51;21. H10:8;22. T2:73;23. T8:28;
24. T11:53;25. T8:27;26. T12:29;27. T8:10;28. T1:38;29. H5:4;30. T11:54;
31. H6:10;32. H6:9;33. T8:25;34. T12:28;35. T1:32;36. H10:1;37. T7:22

成厚叠唇,1 件甗腰饰以附加堆纹,与岳石文化同类器相近。三足器底 1
件,该三足器在芝水遗址中称之为三足罐①。9 件器盖中,4 件为覆钵,5 件
仅存钮;覆钵直口或内敛,腹颈部凸棱显著,形成子母口;钮为蘑菇钮,与岳
石文化同类器相近。器底 2 件,实为尊底,磨光,底缘外撇,平底或凹底,下
腹凸棱或折棱,与岳石文化同类器相近。

　　1992 年发掘报告②,陶罐复原 1 件,口沿残片 25 件,其中的 A 型,敞
口,高颈,厚叠唇,折颈处有一周凸棱,肩饰凹弦纹加小泥饼,其特征近于岳
石文化的中口罐;B 型 21 件,直口,短沿,方唇,标本 T2④:12 罐,其特征与

①北京大学考古实习队、烟台市博物馆:《烟台芝水遗址发掘报告》,《胶东考古》,文物出版社,2000
　年,第 110 页。
②辽宁省文物考古研究所等:《辽宁大连市大嘴子青铜时代遗址的发掘》,《考古》1996 年第 2 期。

土著陶罐不同,也与岳石文化陶罐有异,略近于长岛砣矶岛大口 T1③:123
陶瓮[①];C 型 3 件,应为土著文化因素。碗 3 件,尖唇或圆唇,斜直腹,假圈
足或平底,假圈足者为土著文化因素,平底者可在岳石文化中找到同类器。
甗 2 件,束腰处贴附加堆纹一道,其上饰刻齿纹,与岳石文化同类器相近。
器盖 2 件,泥质磨光黑陶,口沿外侧有一周凸棱,形成子母口。器盖钮 1
件,泥质磨光黑皮陶,边缘起棱,与岳石文化同类器相近(图 4—13)。

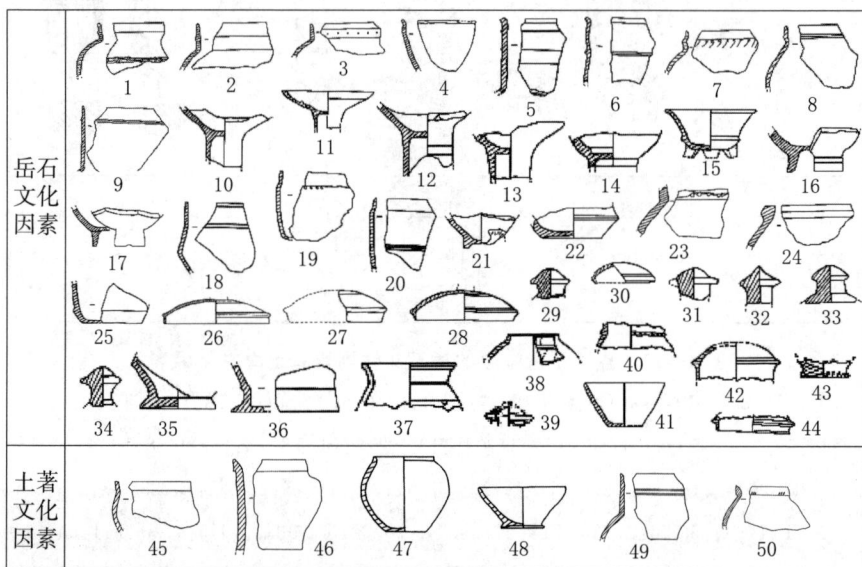

图 4—13　大嘴子遗址中的岳石文化因素和土著文化因素

1.87T33③B:9;2.87T33③B:10;3.87T51③B:17;4.87T122③B:12;5.87T8③B:37;
6.87T51③B:16;7.87T94③B:28;8.87T122③B:13;9.87T33③B:8;10.87T33③B:12;
11.87T51③B:18;12.87T8③B:39;13.87T8③B:46;14.87T51③B:19;15.87T33③B:7;
16.87T51③B:20;17.87T80③B:9;18.87T33③B:13;19.87T8③B:42;20.87T80③B:10;
21.87T8③B:40;22.87T8③B:41;23.87T33③B:14;24.87T51③B:22;25.87T51③B:21;
26.87T33③B:15;27.87T8③B:45;28.87T80③B:7;29.87T8③B:43;30.87T80③B:8;
31.87T86③B:23;32.87T33③B:16;33.87T51③B:23;34.87T122③B:15;35.87T122③B:21;
36.87T33③B:11;37.92T2④:5;38.92 T2④:12;39.92 T2④:16;40.92 T2④:15;
41.92 T2④:1;42.92 T6④:7;43.92 T2④:18;44.92 T2④:17;45.87T122③B:22;
46.87T122③B:12;47.92 T2④:4;48.92F10:1;49.87T86③B:22;50.87T8③B:38

---

①中国社会科学院考古研究所山东队:《山东省长岛县砣矶岛大口遗址》,《考古》1985 年第 12 期。

　　大砣子遗址第一期[1]，报告公布罐8件，其中的 G3③:9、T1③:8、T1③:5、T11③:60、T11③:68、T1③:6 罐在纹饰和器形乃至陶质陶色上，均与岳石文化同类器相近；G3③:10 与烟台芝水一期 T6⑪:16 相近[2]，T11③:73 可能是唯一1件具有土著文化因素的陶罐。盂4件，敞口、斜壁、深腹、下部折收，形成凸棱，显系岳石文化因素。碗5件，A 型2件和 B 型1件系承袭双砣子一期文化因素；C 型2件，T11③:44 和 T11③:43 皆敛口、圆唇、弧壁、深腹、小平底，特别是 T11③:43 泥质黑皮陶是岳石文化的典型特征，其形制与烟台芝水一期 T6⑨:18 杯[3]相近。器盖3件，均应为子母口，其中的 G1③:50 子口残。豆报告公布3件，其中的 G3③:14，浅盘，盘内起棱；T11③:63，残，深盘、斜壁，盘内微起棱，此2件豆盘特征与岳石文化常见豆盘内起棱特征一致；G2③:3，直口，折盘出棱，则与岳石文化另一类豆如尹家城 T162⑦:9 豆特征一致。甗，报告公布6件，其中2件为足，1件为口沿，3件为裆部残片，其裆部装饰风格以及甗器物本身及甗足均应为岳石文化因素。杯3件，黑皮陶或黑灰陶，底部向外凸出，把残，岳石文化因素特征明显。尊形器3件，有口沿者子口显著，凸棱明显，仅余底部；1件下腹折收，凸棱明显；1件有3弧形矮足，底部有刮抹痕迹，底部折出形成凸棱，均具有岳石文化因素。壶5件，G2③:4 子母口作风显著，可能是岳石文化的子母口罐；其余4件均为罐口，特征不显著，暂定为土著文化因素。其余还有器底、器足等，均可以在岳石文化中找到同类器（图4—14），彩绘陶片1片，罐口位置，施红彩，这种彩绘在大连双砣子一期文化和岳石文化中均有发现，无法确知其来源。

　　小黑石砣子 B 类遗存[4]，共公布9件陶器。罐3件，采:70 罐，大口，圆腹，素面，同于岳石文化中的夹砂中口罐，采:60 罐，圆唇，直口，直颈，鼓腹，平底，非土著文化因素，与岳石文化泗水尹家城 T278⑦:22 高领罐[5]形

①大连市文物考古研究所、辽宁师范大学历史文化旅游学院:《辽宁大连大砣子青铜时代遗址发掘报告》,《考古学报》2006年第2期。

②北京大学考古实习队、烟台市博物馆:《烟台芝水遗址发掘报告》,《胶东考古》,文物出版社,2000年,第109页图一〇(5)。

③北京大学考古实习队、烟台市博物馆:《烟台芝水遗址发掘报告》,《胶东考古》,文物出版社,2000年,第116页图一五(17)。

④刘俊勇、王玖:《辽宁大连市郊区考古调查简报》,《考古》1994年第4期。

⑤山东大学历史系考古专业教研室:《泗水尹家城》,文物出版社,1990年,第217页图一四五(9)。

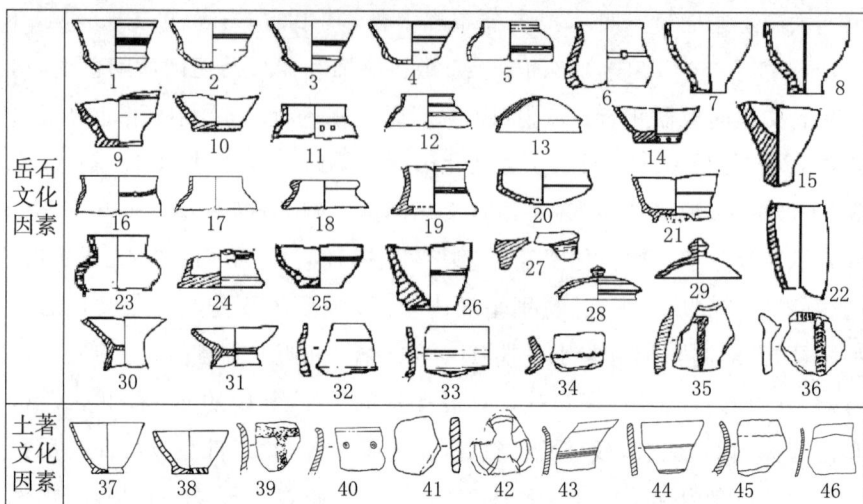

图 4—14　大砣子遗址中的岳石文化因素和土著文化因素

1. H2:5;2. H2:3;3. T11③:29;4. H1:1;5. T11③:60;6. T1③:6;7. T11③:44;8. T11
③:43;9. T11③:62;10. G2②:2;11. G3③:19;12. T1③:5;13. T11③:71;14. T11③:
70;15. G1③:51;16. T1③:8;17. G3③:10;18. T3③:16;19. G1③:53;20. G2③:3;
21. T11③:62;22. G1③:52;23. T11③:68;24. H1:5;25. T3③:17;26. T11③:61;27. G3
③:15;28. H2:2;29. G1③:50;30. T11③:63;31. G3③:14;32. T11③:69;33. G2③:4;
34. T11③:66;35. T11③:65;36. T11③:67;37. H4:1;38. G3③:49;39. T11③:72;
40. T11③:73;41. H2:1;42. G3③:13;43. G3③:12;44. T1③:7;45. G3③:11;46. G3③:16

制相近,惟尹家城 T278⑦:22 罐鼓腹近底部,而小黑石砣子采:60 罐鼓腹
近中部,故其应是受岳石文化影响的器物;采:69 壶,子母口,颈部饰凸弦
纹,实为岳石文化的典型器——子母口罐的口沿部分。尊 1 件,采:61,泥
质磨光黑陶,大口外侈,腹斜直下收,近底部外折成棱,平底,底部有三弧形
矮足,器身饰凹弦纹两周,与岳石文化同类器一致。盉 2 件,均为泥质磨光
黑陶,敛口,子母口,平底,身饰弦纹,形制有异;采:62,腹斜收至近底部外
折形成凸棱,下有三弧形矮足;而采:71,则腹上部内收,下部外折,形成两
周凸棱,束腰,与岳石文化同类器一致。豆 1 件,采:63,子母口,圆唇,近口
部有凸棱弦纹一周,高圈足粗柄,属岳石文化中的另一类型陶豆的形态,与
泗水尹家城 T244⑦:6 盖豆[①]形制相近。器盖 1 件,采:64,泥质磨光黑陶,

①山东大学历史系考古专业教研室:《泗水尹家城》,文物出版社,1990 年,第 228 页图一五二(16)。

子母口,蘑菇钮,与岳石文化同类器一致。碗1件,采:65,圆唇侈口,深腹平底,底部外凸,应为土著文化因素(图4—15)。

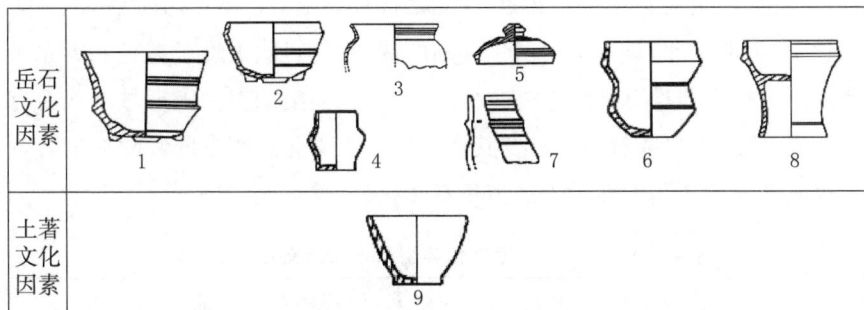

图4—15　小黑石砣子遗址中的岳石文化因素和土著文化因素

1. 采:61;2. 采:62;3. 采:70;4. 采:60;5. 采:64;6. 采:71;7. 采:69;8. 采:63;9. 采:65

庙山晚期A类遗存[①],公布有子母口罐6件,其中A型5件,直口圆唇,标本T5③:29,夹砂黑褐陶,唇缘外饰一周凸棱,形成子母口,下饰两周凹弦纹,上加等距离戳印纹,与岳石文化子母口罐形制一致;B型1件,标本T10②:1,敛口尖唇,夹砂红褐陶,口下部外折出棱形成子母口,颈外侧置对称竖耳,其子母口风格显系岳石文化作风,但颈外侧置对称竖耳,岳石文化则不见。鼎足2件,采:49,夹砂红褐陶,舌状,内侧外弧;T5③:28,夹砂黑褐陶,乳丁状足;均与岳石文化同类器相似。所谓T2③:14刀削凿形圈足器,应为岳石文化胶东半岛地区常见的三足罐底部。该遗存B类陶器中的T7②A:6A盂,夹砂黑褐陶,敞口尖唇,折腹,假圈足,平底,口沿外侧饰一周凸棱,下腹转折明显;采:48B盂的子母口作风等,其特征和形态近于岳石文化陶尊,或应归入双砣子二期文化,或者是双砣子三期文化时期岳石文化影响子遗的反映(图4—16)。

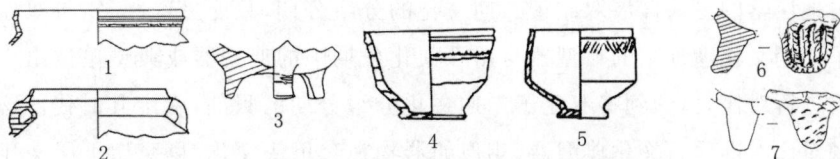

图4—16　庙山晚期遗址中的岳石文化因素

1. T5③:29;2. T10②:1;3. T2③:14;4. T7②A:6;5. 庙采:48;6. 庙采:49;7. T5③:28

①吉林大学考古学系等:《金州庙山青铜时代遗址》,《辽海文物学刊》1992年第1期。

　　望海埚[①]和高丽寨遗存[②]中的双砣子二期文化陶器,上文已分析(见图4—5、图4—6)。综合以上特别是具有确切层位关系的诸遗址,笔者观察到,双砣子二期文化中陶器的岳石文化特征显著,土著文化因素寥寥(表4—3)。不惟如此,具有确切层位关系的双砣子遗址、大嘴子遗址和大砣子遗址出土的石器虽有部分土著文化因素,或是器类的多少因地域不同而有所差异,但绝大多数石器器类及其形制与岳石文化是相近的。故此笔者认为双砣子二期文化的性质无疑为岳石文化。

表4—3　双砣子二期文化典型遗址陶器文化因素统计

	双砣子遗址	大嘴子遗址	大砣子遗址	小黑石砣子遗址	庙山遗址	总计
岳石文化因素(%)	34(89.5%)	45(84.9%)	32(80%)	8(88.9%)	9(100%)	128(85.9%)
土著文化因素(%)	4(10.5%)	8(15.1%)	8(20%)	1(11.1%)		21(14.1%)

五、双砣子二期文化的分期与年代

(一)双砣子二期文化的分组与分期

　　查看双砣子二期文化典型遗址,具有叠压打破关系的只有两处:一处是双砣子遗址,报告将双砣子③A层和③B层合并为双砣子二期文化,另外也发现有灰坑5个,可惜的是报告并未按照③A层和③B层公布器物,而是仅给出探方内的小号,同时也没有给出5个灰坑和地层的关系;另一处是1992年发掘的大嘴子遗址,双砣子二期文化房址F10开口于双砣子二期地层第④层下,惜F10仅公布1件陶碗。上述状况让笔者无法按照考古地层学的方法开展双砣子二期文化的分组分期,只能另辟蹊径,将双砣子二期文化遗址中的典型器与岳石文化分期中的典型器或典型单位出土物进行对比,以达到将双砣子二期文化分组分期的目的,确定其时代。这种对比不惟岳石文化典型器,相似的器物在二里头文化、夏家店下层文化中也可以找到。

────────────

①金关丈夫、三宅宗悦、水野清一:《羊头注》,《东方考古学论丛》乙种第三册,1942年。
②滨田耕作:《貔子窝》,《东方考古学丛刊》第一册,1929年。

关于岳石文化的分期,先后有二期分法、三期分法和四期分法等几种认识,以四期分法的认识较有代表性①。笔者曾参照诸家意见,结合岳石文化相关发掘简报、报告及其所反映的地层学和类型学方面有关器物组合、器物演变规律,将岳石文化分为五期,这五期各有代表单位②。岳石文化五期分法基本能简要地反映其整体文化的演变过程。笔者在双砣子二期文化的分组分期上,也参照栾丰实和方辉二位先生关于岳石文化的分期成果。

双砣子遗址中,T1:37子母口罐,子母口高且直,凸棱显著,凸棱以下束颈,同于照格庄H11:68子母口罐,为岳石文化第二期,可划为第二组。双砣子H6:6子母口罐,子母口高且直,凸棱显著,无颈,近于照格庄T10③:9子母口罐,时代当略早于双砣子T1:37子母口罐,可划为第一组。双砣子子母口器盖T8:23,近于照格庄H35:15器盖;双砣子H6:8、T11:38器盖,近于照格庄H14:12器盖;双砣子T11:43器盖,近于照格庄H5②:26器盖;双砣子T8:24、H8:1器盖,近于照格庄G2②:16器盖;双砣子T4:51器盖,近于照格庄T5④:38器盖。总体而言,双砣子遗址器盖的时代不出第一组、第二组的时代。双砣子T2:72中口罐,近于照格庄H5:14罐;双砣子H10:6罐,近于照格庄H9:20罐。双砣子遗址出土的所谓盂,不同于岳石文化盂,而是和岳石文化中的尊形器有某些相似之处,如双砣子H10:5尊形器,敛口,腹部有两周转折,若不考虑凸棱作风,几近清凉山的岳石文化H32:3尊形器③,时代约在岳石文化第二期,若考虑岳石文化独有的凸棱作风开始退化,则双砣子遗址的类尊形器时代应略晚,或可晚至岳石文化第三期,而双砣子H10:4类尊形器,若不考虑凸棱作风,则其形态近于照格庄H15:14尊形器,其时代当早于双砣子H10:5尊形器。

大嘴子1987年发掘报告中的子母口罐,子母口高直,凸棱明显,无颈,形态不出岳石文化一、二期。豆形态不典型,多残破,盘内壁凸棱明显,凸棱至盘心的凹坑略深,如87T51③B:19豆;或者凸棱至盘心的凹坑虽不明

---

① 王迅:《东夷文化与淮夷文化研究》,北京大学出版社,1994年,第7—13页;栾丰实:《岳石文化的分期与类型》,《海岱地区考古研究》,山东大学出版社,1997年,第318—347页;方辉:《岳石文化的分期与年代》,《考古》1998年第4期。

② 徐昭峰:《夏夷商三种文化关系研究》,科学出版社,2013年,第33—39页。

③ 北京大学考古学系、商丘地区文管会:《河南夏邑县清凉山遗址1988年发掘简报》,《考古》1997年第11期。

显,但凸棱至盘底较高,如 87T51⑤B:18 和 87T8⑤B:46 豆均为此种形态,此均为岳石文化一、二期豆的特征。器盖发现的钮数量多,器身覆钵形,多残破不全,形态多为岳石文化第二期子母口器盖。其余盂、甗、三足器等均无法进行对应分组。总之,大嘴子 1987 年发掘报告中的双砣子二期文化器物不出岳石文化一、二期。1992 年大嘴子遗址中的双砣子二期文化陶器数量不多,可资对比的是 1 件夹砂中口罐,2 件子母口罐。92T2④:5 中口罐,形态近于尹家城 T215⑦:17 夹砂中口罐,时代约为岳石文化第二期。92T6④:7 子母口器盖,近于双砣子 H6:6 器盖;92T2④:17 子母口器盖,近于双砣子 T1:37 器盖。这一分组结果和 1987 年的分组结果相同。

　　大砣子遗址中,B 型盂虽唇部和 A 型盂有异,但基本形态相近,时代应相当,如大砣子 H2:3 盂形态近于郝家庄 H14:67 盂,时代约为岳石文化第二期。大砣子 H2:2 器盖,形态近于尹家城 H527:2 子母口器盖;大砣子 T11③:71 器盖,形态近于郝家庄 H13:6 子母口器盖,时代均约为岳石文化第二期;而大砣子 G1③:50 覆碗形器盖,与照格庄遗址 H11:82 器盖形制相似,惜照格庄遗址该件器盖钮残,也与二里头遗址属二里头文化第四期的 VT201③:1 覆碗形器盖形制相近,是故其时代在二里头文化四期,对应笔者分组中的第三组。大砣子 T11③:61 豆,深盘,斜壁,凸棱不明显;大砣子 G3③:14 豆,浅盘,盘内有棱,凸棱至盘底,凹坑略浅,这些应是岳石文化陶豆略晚的特征,基本可归入笔者第三组。其他罐、碗、甗、尊、壶等,均无法进行对应分组。总之,大砣子遗址中的双砣子二期文化基本可归入笔者的二、三组。

　　小黑石砣子遗址中,可资对比的器物,如采:69 子母口罐,子母口高且直,凸棱明显,无颈,形态和岳石文化第一期子母口罐相近。采:61 尊,去掉三足外,形态近于大砣子 H2:3 盂,时代约为岳石文化第二期。采:62 盂,去掉三足外,形态近于双砣子 H10:5 尊形器,二者时代也应相当。采:63 豆,形态与泗水尹家城 T244⑦:6 盖豆形制相近,方辉先生将其时代归入岳石文化晚期三段①。是故小黑石砣子遗址归入笔者分组的一、二、三组。

---

①方辉:《岳石文化的分期与年代》,《考古》1998 年第 4 期。

高丽寨遗址中的双砣子二期文化,炮弹形足甗,时代可归入笔者第三组(图4—17)。

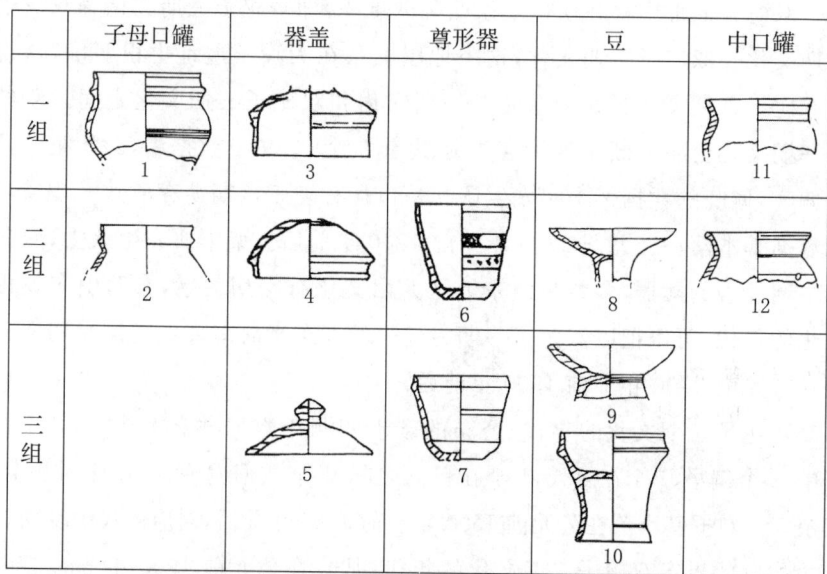

	子母口罐	器盖	尊形器	豆	中口罐
一组	1	3			11
二组	2	4	6	8	12
三组		5	7	9 10	

图4—17　双砣子二期文化器物分组图

1. 双砣子H6:6;2. 双砣子T1:37;3. 双砣子T4:51;4. 双砣子T8:23;5. 大砣子 G1③:50;6. 双砣子H10:4;7. 双砣子H10:5;8. 大嘴子87T51⑬:18;9. 大砣子 G3③:14;10. 小黑石砣子采:63;11. 双砣子T2:72;12. 大嘴子92T2④:5

综合以上分组结果,双砣子二期文化大致可分为三组(表4—4),分别对应岳石文化的一、二、三期①,也就是说辽东半岛以双砣子二期文化为代表的岳石文化和海岱区的岳石文化发展并不完全一致,岳石文化在辽东半岛的衰落早在岳石文化的第三期。

表4—4　双砣子二期典型遗址分组对应关系表

双砣子	大嘴子	大砣子	小黑石砣子	高丽寨
一组	一组		一组	
二组	二组	二组	二组	
		三组	三组	三组

①徐昭峰:《夏夷商三种文化关系研究》,科学出版社,2013年,第33—39页。

（二）双砣子二期文化的年代

1. 从层位关系分析

双砣子遗址中存在层位关系明确的堆积，即双砣子三期文化→双砣子二期文化→双砣子一期文化，这一地层关系在大嘴子遗址也很明确，这说明双砣子二期文化当介于双砣子一期文化和双砣子三期文化之间。双砣子一期文化公布的碳十四测年数据共有 9 个①。9 个数据中，3 个偏早，2 个偏晚，偏晚的数据栾丰实先生认为是包含有晚于该期遗存所致②，其余 4 个数据基本落在公元前 2300 年—前 1800 年前后。栾丰实先生认为，双砣子一期发表的陶器，多数与山东地区龙山文化有密切关系，参照山东龙山文化的年代，可以把以双砣子一期为代表的辽东半岛南部地区该时期文化定在公元前 2300 年—前 1900 年前后③。

双砣子三期文化的年代，公布的碳十四测年数据共有 8 个④。8 个数据中，2 个偏早，1 个在夏代，1 个在夏商之际；1 个数据偏晚，约在西周初期。其余 5 个数据基本落在公元前 1500 年—前 1050 年前后，对应商代中晚期。

如以此界定双砣子二期文化的年代，基本在公元前 1900 年—前 1500 年前后。同时，前文笔者论证双砣子二期文化、上马石瓮棺葬类型和双砣子三期文化之间具有一定的承袭演变关系，而上马石瓮棺葬类型的时代约同于岳石文化第四期，是故将双砣子二期文化年代暂定为公元前 1900 年—前 1500 年前后是可以的。

2. 从双砣子二期文化与岳石文化的对应关系分析

关于岳石文化的年代，可以碳十四测年数据作参考（表 4—5）。表 4—5 中岳石文化的碳十四测年数据共有 26 个，其中有 13 个树轮校正年代数据上下限的平均值在公元前 2000—前 1500 年之间。碳十四测年数据树轮校正年代超过公元前 2000 年的，多集中于尹家城和北城子两个遗址，显然

①中国社会科学院考古研究所：《中国考古学中碳十四年代数据集（1965—1991）》，文物出版社，1991 年，第 68—72 页。

②栾丰实：《辽东半岛南部地区的原始文化》，《海岱地区考古研究》，山东大学出版社，1997 年，第 386 页。

③栾丰实：《辽东半岛南部地区的原始文化》，《海岱地区考古研究》，山东大学出版社，1997 年，第 382—386 页。

④中国社会科学院考古研究所：《中国考古学中碳十四年代数据集（1965—1991）》，文物出版社，1991 年，第 68—72 页；辽宁省文物考古所等：《辽宁大连市大嘴子青铜时代遗址的发掘》，《考古》1996 年第 2 期。

偏早,其原因可能与木炭的树龄、木炭来自心材而非边材等因素有关[①]。岳石文化照格庄遗址的 5 个碳十四测年数据树轮校正年代均在公元前 1900—前 1500 年之间,则将岳石文化的上限推定为公元前 1900 年当无大的问题。岳石文化的下限,郝家庄遗址的两个碳十四测年数据树轮校正年代落在公元前 1500—前 1300 年之间,一般认为较晚。但一则郝家庄类型位于鲁东地区,岳石文化在该区域内结束时间较晚;二则商文化东渐的时间应始于仲丁征蓝夷,则山东东部地区的岳石文化的下限应晚于该时期,仲丁征蓝夷对应的考古学文化是二里岗上层二期即中商文化第一期,早于该期的二里岗上层一期的年代,常规碳十四测年数据和 AMS 测年数据均在公元前 1500—前 1400 年之间[②],最有说服力的是二里岗上层一期采自郑州电力学校水井的井圈木的时代,经碳十四测年为公元前 1400 年[③]。则仲丁时期应在公元前 1400 年前后。岳石文化第五期的下限约为公元前 1350 年。那么,岳石文化一至五期的年代可初步厘定为公元前 1900 年—前 1350 年,在泰沂山系以北的鲁北地区及胶东半岛,岳石文化结束的时间或约延至殷墟文化时期。

表 4—5　岳石文化碳十四测年数据表

实验室编号	标本号	材料	测定年代	校正年代
ZK－868	照格庄 T12②下 H6	木炭	3550±90	1889—1677
ZK－869	照格庄 T11②下 H7	木炭	3520±80	1878—1641
ZK－870	照格庄 T6③下 H42	木炭	3430±80	1737—1521
ZK－871	照格庄 T5④	木炭	3530±80	1880—1673
ZK－872	照格庄 T5④下 H41	木炭	3435±80	1740—1523
ZK－1017	尹家城 T226⑧、T216⑤、⑦	木炭	3445±85	1745—1524
BK87033	尹家城 T221⑦A	木炭	4175±80	2855—2476
BK87034	尹家城 T231⑦C	木炭	4300±80	2904—2619

---

① 仇士华、蔡莲珍、冼自强:《有关所谓"夏文化"的碳十四年代测定的初步报告》,《考古》1983 年第 10 期。

② 夏商周断代工程专家组:《夏商周断代工程 1996—2000 年阶段成果报告(简本)》,世界图书出版公司,2000 年,第 63—65 页表十四、表十五。

③ 张雪莲、仇士华:《关于夏商周碳十四年代框架》,《华夏考古》2001 年第 3 期。

续表

实验室编号	标本号	材料	测定年代	校正年代
BK87037	尹家城 T278⑦A	木炭	3290±70	1520—1403
BK87038	尹家城 H238	木炭	4280±100	2900—2590
BK87133	尹家城 T201⑦C	木炭	4100±70	2584—2459
BK87134	尹家城 H750	木炭	4420±70	2923—2678
BK87135	尹家城 H210	木炭	3860±70	2289—2042
BK80035	前寨 T9②B	木炭	3400±80	1685—1514
BK80036	东岳石火灶中	木炭	3370±70	1670—1463
BK82027	北庄 T7②	木炭	3370±100	1680—1440
BK84022	郝家庄 T9H14④	木炭	3230±100	1520—1310
BK84023	郝家庄 T9H14②	木炭	3280±100	1599—1400
ZK－2307	北城子 T214②	木炭	3615±130	2030—1680
ZK－2308	北城子 T224②A	木炭	4025±75	2556—2305
ZK－2309	北城子 T231②	木炭	3865±70	2301—2044
ZK－2310	北城子 T232②	木炭	3690±130	2140—1761
ZK－2311	北城子 T111②B	木炭	3865±145	2460—1976
ZK－2312	北城子 T112②B	木炭	3940±85	2461—2143
ZK－2313	北城子 T112②B	木炭	4110±80	2601—2459
ZK－2314	北城子 T234②B	木炭	4185±160	2888—2460

　　说明:表中测定数据按半衰期 5730 年,为距今年代;树轮校正值为高精度校正年代,为公元前年代。

　　双砣子二期文化大致可分为三组,分别对应于岳石文化一、二、三期。岳石文化第三期的时代与二里头文化四期至早商文化第一期约略相当或可延至早商文化第二期早段①,这也与笔者上文分析双砣子二期文化年代基本为公元前 1900—前 1500 年前后是吻合的。但考虑到双砣子二期文化中的大砣子 G1③:30 覆碗形器盖与二里头遗址属二里头文化第四期的 VT201③:1 覆碗形器盖形制相近,则双砣子二期文化的下限可定在二里头文化四期,即岳石文化第三期的前段,则双砣子二期文化对应年代约为

① 徐昭峰:《夏夷商三种文化关系研究》,科学出版社,2013 年,第 35 页。

公元前 1900—前 1600 年前后。

六、双砣子二期文化在辽东半岛的出现与消退

（一）岳石文化双砣子类型的提出

双砣子二期文化的性质属岳石文化。关于岳石文化的分布，从现有资料看，范围已较为明确，基本上东至大海，南达江淮地区，西到鲁西南和豫东的杞县、淮阳一线，北抵冀东及辽东半岛的南端。在这一广阔的区域内，除了基本的文化面貌较为一致外，还可以划分为不同的类型。对此，早在岳石文化确认之初的 20 世纪 80 年代初期就有研究者给予了必要的注意[①]。20 世纪 80 年代中期以后，随着山东及其临近地区岳石文化资料的积累，学者们开始了对岳石文化类型划分的研究。岳石文化的类型综合来说主要有三种[②]、四种[③]、五种[④]、六种[⑤]和七种[⑥]等几种分法。笔者曾认同将岳石文化划分为 7 个类型比较符合客观实际，这 7 个类型以较为独立的地理小单元存在，分别是：分布于胶莱平原以东的胶东半岛及沿海的一些岛屿以及辽东半岛的照格庄类型；以潍河流域为中心，西到弥、淄河流域，东至胶莱平原，南抵沂山，北至莱州湾的郝家庄类型；分布于泰山北侧鲁西北地区的城子崖类型；分布于泰山以南汶河和泗河中上游地区的尹家城类型；以鲁东南的沂、沭河中上游为主，同时包括日照和连云港市北部沿海一带沂蒙地区在内的土城类型；分布于鲁西南、豫东和皖西北地区的安邱堌堆类型；分布于苏北淮河下游地区的万北类型[⑦]。这其中辽东半岛的双砣

---

①严文明：《夏代的东方》，《夏史论丛》，齐鲁书社，1985 年，第 159—180 页；韩榕：《胶东史前文化初探》，《山东史前文化论文集》，齐鲁书社，1986 年，第 96—119 页。

②吴玉喜：《岳石文化地方类型初探：从郝家庄岳石遗存的发现谈起》，《考古学文化论集（三）》，文物出版社，1993 年，第 270—310 页；方辉：《岳石文化的分期、类型及其与周围同时代文化的关系》，山东大学硕士学位论文，1987 年。

③张国硕：《岳石文化的类型划分》，《郑州大学学报》1992 年第 2 期。

④王迅：《东夷文化与淮夷文化研究》，北京大学出版社，1994 年，第 8 页；严文明：《东夷文化的探索》，《文物》1989 年第 9 期；张学海：《论四十年来山东先秦考古的基本收获》，《海岱考古》第一辑，山东大学出版社，1989 年，第 325—343 页；中国社会科学院考古研究所：《中国考古学·夏商卷》，中国社会科学出版社，2003 年，第 447—454 页。

⑤徐基：《试论岳石文化》，《辽海文物学刊》1993 年第 1 期。

⑥栾丰实：《岳石文化的分期和类型》，《海岱地区考古研究》，山东大学出版社，1997 年，第 318—347 页。

⑦徐昭峰：《夏夷商三种文化关系研究》，科学出版社，2013 年，第 41—46 页。

子二期文化被归入到照格庄类型(图 4—18),学界同意双砣子二期文化属于岳石文化者一般认同这一观点,也有一些学者注意到了双砣子二期文化和照格庄类型的差异,提出双砣子二期文化应为一独立类型或照格庄亚型的认识。笔者经过谨慎审视这一认识,发现辽东半岛的双砣子二期文化虽然与岳石文化照格庄类型相似性最强,但其地域特色仍不容忽视,即使以照格庄类型双砣子亚型称之仍不能突出其特色,今以考古学文化类型命名原则,不妨以岳石文化双砣子类型称之。如是,岳石文化可分为 8 个类型(图 4—18)。

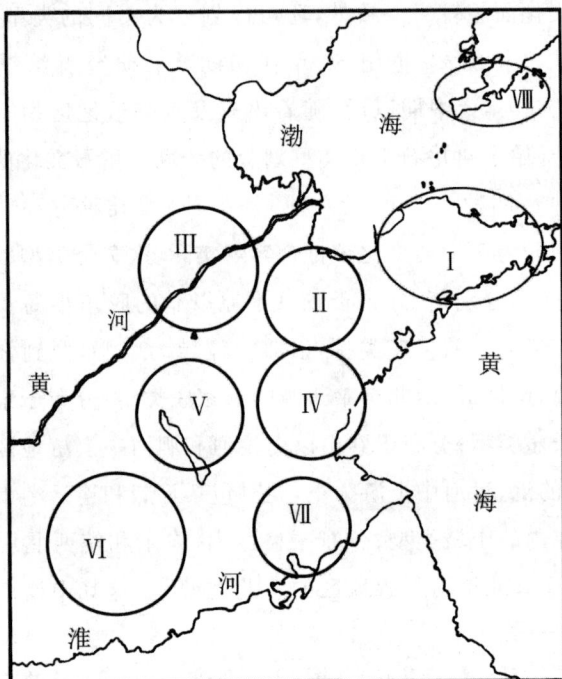

图 4—18　岳石文化诸类型的分布

(采自《海岱地区考古研究》而有改动)

Ⅰ.照格庄类型;Ⅱ.郝家庄类型;Ⅲ.城子崖类型;Ⅳ.土城类型;

Ⅴ.尹家城类型;Ⅵ.安邱堌堆类型;Ⅶ.万北类型;Ⅷ.双砣子类型

照格庄类型在胶东半岛的典型遗址有照格庄[①]、海阳司马台和邵家[②]、

---

①中国社会科学院考古研究所山东发掘队:《山东牟平照格庄遗址》,《考古学报》1986 年第 4 期。

②北京大学考古实习队、烟台地区文物管理委员会:《海阳、莱阳、莱西、黄县原始文化遗址调查》,《胶东考古》,文物出版社,2000 年,第 277—279 页。

乳山小管村①、烟台芝水②、栖霞后炉房和乳山冯家③、长岛大口④等。

照格庄类型以胶东半岛地区为核心。其文化特征是:陶器以褐陶居多,次为灰陶、黑陶和黑皮陶。夹砂陶和泥质陶在各遗址中所占比例有异,但总体相当。陶器中夹云母是其突出特点,还有少量的夹滑石陶,陶器中的黑皮陶颜色斑驳不一。陶器素面磨光、凸棱和子母口很发达,平底器、三足器、袋足器都很盛行。其中素面占绝大多数,纹饰以弦纹数量最多,次为堆纹,还有少量的刻划纹、戳刺纹、按窝纹和彩绘等。器形主要有甗、大口罐、子母口罐、有领罐、三足罐、束颈罐、尊、盂、豆、盒、子母口器盖、盆、杯、碗、圈足罐、钵、盘等,还有网坠、纺轮、圆陶片等。其中的有领罐、舌形三足罐、束颈罐、圈足罐、乳头状足甗及盘内凸棱粗而高、圈足较粗的浅盘豆等,不见于岳石文化的其他类型;数量较少的筒形罐和壶亦不见于其他类型。石器器形有铲、刀、斧、锛、凿、楔、镞、锤以及研磨器、砺石、纺轮和装饰品等,其中石刀和石铲数量约占总数的一半,石刀以半月形双孔石刀多见,还有梭形、长方形等双孔石刀。骨器有铲、凿、刀、匕、锥、针、镞、鱼钩等,还见有卜骨和装饰品等。角器有锄、锥和器柄等。还有牙器、蚌器和铜锥等。

综合双砣子类型诸遗址,陶器总体特征相似而略有差异,陶器素面磨光、凸棱和子母口作风发达,和胶东半岛平底器、三足器、袋足器盛行不同的是,辽东半岛地区的器底多为平底,也有一部分三足,袋足较少。陶器中的褐陶和黑陶、灰陶数量相当,还有一部分黑皮陶,但磨光黑陶发达。有泥质陶中羼和细砂的现象,但不见胶东半岛地区的夹云母陶和夹滑石陶。器表以素面占绝大多数,纹饰主要见有弦纹、附加堆纹、刻划纹、刺点纹、点线纹和极少量的彩绘。陶器器形有甗、三足罐、子母口罐、大口罐、尊形器、盆、豆、子母口器盖、碗、壶、杯、夹砂中口罐、鼎、盂、子母口豆和网坠等。其中,罐、壶、碗多为辽东半岛土著因素,鼎和子母口豆则几乎不见于胶东半岛,盒等少见或不见,盂的形态与岳石文化典型陶盂有别。石器有斧、锛、

①北京大学考古实习队、烟台市文物管理委员会:《乳山小管村的发掘》,《胶东考古》,文物出版社,2000年,第235—242页。
②北京大学考古实习队、烟台市博物馆:《烟台芝水遗址发掘报告》,《胶东考古》,文物出版社,2000年,第96—124页。
③北京大学考古实习队、烟台市文物管理委员会:《栖霞、乳山,荣成、蓬莱新石器时代遗址调查》,《胶东考古》,文物出版社,2000年,第285—297页。
④中国社会科学院考古研究所山东队:《山东长岛县砣矶岛大口遗址》,《考古》1985年第12期。

刀、矛、镞、环状石器、纺轮、网坠、棍棒头、石环、砥石、饼、磨石、铲、球等,与胶东半岛相比,共有和形制相近的石器有斧、锛、铲、刀、纺轮、研磨器、圆饼、球等。石器中有所差异的是,辽东半岛最多的是斧、锛、刀,而胶东半岛多凿、铲和刀;辽东半岛存在具有本土特征的矛、镞、石剑、环状石器、有刃器以及棍棒头等。骨器中锥、针乃至角锄两地也近同,但辽东半岛尚未发现卜骨。

和岳石文化其他类型相比,双砣子类型和岳石文化胶东半岛的照格庄类型亲缘关系最为密切,两者陶器在陶质、陶色、器类、器形、器表作风、纹饰上具有较多相似性,但如上文所言,也存在差异。石器、骨器、角器等亦如此。究其原因,虽然岳石文化突入辽东半岛地区,岳石文化的东夷族人随之涌入辽东半岛,但土著部族当依然存在,双砣子类型中的土著文化因素即是其反映。不仅土著文化因素存在,辽东半岛地区传统的以渔猎采集为主、农业经济为辅的经济形态虽然开始发生变化,但和海岱区的岳石文化以农业经济为主的经济模式也不尽相同。如胶东半岛地区的照格庄类型,石器中铲和刀的数量约占石器总数的一半以上,就是农业经济发达的具体表现;而辽东半岛双砣子类型石器中的斧、锛、刀占多数,与农业耕作有关的石器少,而武器形石器如矛、镞、棍棒头、球和等网坠等有一定发现,说明渔猎经济发达。从考古发现来看,山东地区自新石器时代开始,农业就很发达,旱作农业粟、黍和稻作农业间种,是以农业为主的经济形态,岳石文化时期依然如此;而辽东半岛也发现有粟、黍等旱作农业和稻作农业,但数量少,显示其农业并不发达[①],这也与上述石器等工具的发现相对应。正是这些因素的存在才导致了两半岛地区文化上的这些差异。是故可以把辽东半岛的双砣子二期文化独立为岳石文化的一个类型,不妨称之为双砣子类型。

(二)双砣子二期文化在辽东半岛的出现

双砣子二期文化对应的是岳石文化三期前段,而夏至早商时期,以山东为中心的海岱区分布的是岳石文化。

岳石文化以西为二里头文化。二里头文化的分布范围,东至开封杞县

---

① 靳桂云、栾丰实、张翠敏、王宇:《辽东半岛南部农业考古调查报告——植硅体证据》,《东方考古》2009年第6集。

境内与商、夷文化相接,北面沿黄河一线到达武陟、沁阳一线的沁水沿岸与先商文化隔河而望,再北则大致沿晋中南的襄汾—长治一线与晋中的光社文化相接;西接华山;南至豫西南的南阳盆地,东南至豫东南的驻马店、周口一带。在豫东地区,杞县境内的二里头文化始于二里头文化二期,而止于二里头文化四期。也就是说,从岳石文化开始,岳石文化和二里头文化就交汇于杞县一带直至夏亡①。

岳石文化西北部的太行山东麓一带是先商文化。先商文化的分布范围,黄河以北地区西起太行山、沁水,东至冀东、山东一带与岳石文化相接壤;北至拒马河、大清河一线;黄河以南地区,夏代晚期主要分布于豫东郑州至开封一带②。

岳石文化冀东以北则为夏家店下层文化。夏家店下层文化是分布于燕山南北的一支青铜文化,其分布范围,大致北起内蒙古西拉木伦河一线,西至冀西北的张家口、蔚县一线,南抵拒马河、天津一线,东至医巫闾山、渤海地区③。

应该说这就是当时黄河中下游地区的基本态势。二里头文化是当时最为发达的考古学文化,与二里头文化相比,岳石文化相对弱势。故岳石文化没有实力在西部向二里头文化分布区扩展。在这样的情况下,东靠大海的岳石文化只能向南北两个方向扩展。在岳石文化北向扩展的过程中,之所以沿渤海西岸北向冀东,而没有深入冀中南腹地,根本原因在于豫北和冀中南这一区域主要是先商文化分布区。从文献记载来看,先商和东夷这两个族群终夏一代并未发生冲突,而是各自发展,相互交好。在这种情况下,岳石文化避开豫北冀中南的先商文化,而沿渤海西岸北上,与夏家店下层文化相遇于津、唐一带。由于燕山南北的夏家店下层文化也是同时期较为发达的一支青铜文化,所以岳石文化也无力再向北扩展,而止于唐山一带。与此同时,岳石文化在胶东半岛则沿渤海海峡渡海北上,到达辽东半岛。胶东半岛和辽东半岛这种文化上的交流早在白石村一期文化对应的小珠山二期文化即已发生,小珠山三期文化之时,来自大汶口文化的因素在辽东半岛日趋增强,这一趋势在小珠山五期文化、双砣子一期文化时

①徐昭峰、李丽娜:《夏商之际王朝文化北向传播的通道及背景探析》,《中原文物》2009年第5期。
②徐昭峰:《夏夷商三种文化关系研究》,科学出版社,2013年,第57—64页。
③徐昭峰:《夏家店下层文化卜骨的初步研究》,《文物春秋》2010年第4期。

期表现显著。岳石文化时期,仅是延续了龙山文化时期对辽东半岛南段的扩展政策①,但有所不同的是这一时期辽东半岛最终纳入海岱区文化的分布区域,这就是以双砣子二期为代表的岳石文化在辽东半岛出现的背景。

(三)双砣子二期文化在辽东半岛的消退

双砣子二期文化并未像海岱区的岳石文化一样始于二里头文化而延至中商文化前后,而是止于岳石文化第三期的前段即二里头文化四期。一般认为岳石文化的收缩始于仲丁征蓝夷的中商时期,但这种认识笔者认为有可商之处。

据《国语·晋语一》史苏语:"昔夏桀伐有施,施人以妹喜女焉。"《楚辞·天问》也载:"桀伐蒙山,何所得焉? 妹喜何肆,汤何殛焉?"王逸注:"桀伐蒙山得妹喜。"《左传》昭公四年:"夏桀为仍之会,有缗叛之。"昭公十一年还言:"桀克有缗,以丧其国。"记载的当是夏末夏桀东征岳石文化东夷诸族之事。从文献记载可以看出,夏桀东征东夷取得了胜利,但也因东征东夷而导致最终亡国。这是因为夏桀东征东夷损耗了国力,同时极大伤害了东夷诸族的感情,直接导致了东夷诸族的分裂,一部分东夷族叛夏而与商族结成联盟,主要是位于鲁西南、豫东地区的几个原夏之方国或与国,即有施、有仍、有缗、有莘氏、薛国及卞国等②。

《左传》昭公四年云:"夏启有钧台之享,商汤有景亳之命,周武有孟津之誓。"《史记·殷本纪·正义》引《括地志》云:"宋州北五十里大蒙城为景亳,汤所盟也,因景山为名。"《帝王世纪》亦云:"蒙有北亳,即景亳,汤所盟处。"有学者认为"景亳之会"是商汤利用夏王朝与东方夷族关系破裂之际联合东方诸族所进行的一次会盟活动。"景亳之会"形成了以商汤为首的、包括商族和众多东方部族组成的灭夏联军,"南关外期"一类遗存便是这个联军到达郑州后的遗留。"景亳之会"的结果最终导致了夏王朝的灭亡。因此,它在商代历史上具有举足轻重的地位。经考证"景亳之会"的会盟地点约当今菏泽曹县北境的梁堌堆遗址③。

从上述文献记载可以看出,岳石文化的第一次收缩当在夏末。辽东半岛以双砣子二期文化为代表的岳石文化存在时间在岳石文化一期至三期

---

① 徐昭峰:《试论岳石文化北向发展态势》,《考古与文物》2012 年第 2 期。
② 田昌五、方辉:《"景亳之会"的考古学观察》,《殷都学刊》1997 年第 1 期。
③ 田昌五、方辉:《"景亳之会"的考古学观察》,《殷都学刊》1997 年第 1 期。

前段之间,对应于二里头夏文化的二、三、四期;冀东容城白龙岳石文化遗址①和唐山大城山岳石文化遗址②,特别是时代略晚的大城山岳石文化遗址最晚与二里头夏文化晚期对应③,也说明岳石文化的收缩在二里头文化的晚期。笔者曾著文认为双砣子二期文化对应的是岳石文化一、二期,现经详细论证实为岳石文化一期至三期前段之间,但这一结果与原来认为"岳石文化的收缩当与夏末夏桀东征东夷事件有关,而与中商时期的仲丁东征东夷事件无涉"的观点并不矛盾④。

具体说,双砣子二期文化在辽东半岛的消退在二里头文化四期,背景是夏末夏桀东征东夷事件。

双砣子二期文化经我们的详细梳理,典型遗址并不包括上马石瓮棺葬和单砣子一号墓、二号墓。上马石瓮棺葬和单砣子一号墓、二号墓以及望海埚部分遗存具有共同的陶器组合和特征,是时代上略晚于双砣子二期文化的一个文化类型,但它和双砣子二期文化具有承袭关系。

是故双砣子二期文化内涵应该有一个重新的界定,根据我们对双砣子二期文化典型遗址的详细分析,双砣子二期文化绝大部分遗物属岳石文化典型器或受岳石文化影响的器物,故其性质应归属于岳石文化。双砣子二期文化和岳石文化胶东半岛的照格庄类型亲缘关系虽然最为密切,但差异性是存在的,故可以独立为一个类型,不妨称之为双砣子类型。

双砣子二期文化大致可分为三组,分别对应于岳石文化一、二、三期。双砣子二期文化年代上限为岳石文化第一期,约为公元前1900年;双砣子二期文化的下限可定在二里头文化四期,即岳石文化第三期的前段,对应年代约为公元前1600年前后。

以双砣子二期文化为代表的岳石文化在辽东半岛出现的背景,是岳石文化在与分布于其西的二里头文化交往过程中,因二里头文化的强势而无力向西发展,只能向南北两翼扩展。岳石文化北向发展一路沿冀东向北与夏家店下层文化相遇于津、唐一带而止,一路越过渤海海峡达到辽东半岛。而以

①河北省文物研究所:《河北容城县午方新石器时代遗址试掘》,《考古学集刊》第5集,中国社会科学出版社,1987年,第61—78页。
②河北省文物管理委员会:《河北唐山市大城山遗址发掘报告》,《考古学报》1959年第3期。
③张锟:《试析大城山遗址》,《文物春秋》2002年第5期。
④徐昭峰:《试论岳石文化北向发展态势》,《考古与文物》2012年第2期。

双砣子二期文化为代表的岳石文化在辽东半岛的消退则在二里头文化四期，背景是夏末夏桀东征东夷事件，而与中商时期的仲丁东征东夷事件无涉。

第三节　双砣子三期文化研究

双砣子三期文化是辽东半岛南端继双砣子二期文化和上马石瓮棺葬类型之后的又一支青铜时代考古学文化。该文化和本区之前的考古学文化重要的区别之一就是外来文化因素极少，而本土文化则全面崛起。

双砣子三期文化[①]，又称为双砣子上层文化类型[②]、于家村上层文化[③]、于家村上层类型[④]、羊头洼类型[⑤]等。对该文化进行过深入研究的，如陈光先生的《羊头洼类型研究》，认为羊头洼类型产生于夏末、终止于商末，分布于整个旅大地区，是东北地区的一支具有浓厚地方特色的青铜文化，根据地层关系和器物组合、器物形态的演变可分为早晚两期。双砣子三期文化是在双砣子中层类型和上马石瓮棺葬遗存的共同作用下融汇而成，在商周之际以羊头洼类型为主、汲取庙后山上层的部分文化因素，形成了双房文化[⑥]。徐光辉先生对双砣子三期文化的分期和年代进行过讨论，认为双砣子三期文化的时代约为距今3500年—3200年[⑦]。赵宾福先生在《中国东北地区夏至战国时期的考古学文化研究》一书中，也对双砣子三期文化的分期与年代着力进行了讨论，在对典型遗址和墓葬逐一分组的基础上，将双砣子三期文化分为早晚两期，并将双砣子三期文化的年代推定为公元前1400年—前1100年[⑧]。

我们将在此基础上，对双砣子三期的文化内涵、聚落与社会等问题进

---

①安志敏：《略论三十年来我国的新石器时代考古》，《考古》1979年第5期。

②许明纲：《大连地区原始文化编年及其研究中的问题》，《辽宁省考古、博物馆学会成立大会会刊》1981年。

③旅顺博物馆、辽宁省博物馆：《旅顺于家村遗址发掘简报》，《考古学集刊》1981年第1集。

④许玉林、许明纲、高美璇：《旅大地区新石器时代文化和青铜时代文化概述》，《东北考古与历史》1982年第1期。

⑤陈光：《羊头洼类型研究》，《考古学文化论集（二）》，文物出版社，1989年，第113—151页。

⑥陈光：《羊头洼类型研究》，《考古学文化论集（二）》，文物出版社，1989年，第113—151页。

⑦徐光辉：《旅大地区新石器时代晚期至青铜时代文化遗存分期》，《考古学文化论集（四）》，文物出版社，1997年，第188—210页

⑧赵宾福：《中国东北地区夏至战国时期的考古学文化研究》，科学出版社，2009年，第130—158页。

行探讨。

一、双砣子三期文化的典型遗址及墓葬

（一）典型遗址

双砣子三期文化的典型遗址主要有：双砣子遗址第三期、大嘴子遗址第三期、于家村遗址上层、羊头洼遗址、大砣子遗址第二期、大王山遗址第二期等。

1. 双砣子遗址第三期

遗迹

共发现房址 14 座，均是长方形半地穴式的单室房址。房基一般保存完整，分布十分密集，大体上沿着山坡呈横行排列，似有一定的布局。大部分房址都是被火烧过而废弃，新的房址往往就地重建，有的还利用旧房子的一部分墙基，因此叠压和打破关系比较复杂。房址都砌有墙，都是利用天然的石块依半地穴的穴壁砌筑石墙。墙皆为单排垒砌，上部一般都向外倾斜，石块平整的一面朝里。保存情况不一，最高的石墙有 1 米余。室内居住面多为砂土硬面，一般都比较平坦，少数的中间低凹，部分屋内还保存有灶址。绝大多数房址都发现有数量不等的柱洞，其中周围的柱洞有的就砌在石墙里。洞的结构有三种：一种是一般土洞；一种是在洞内空隙间填小石块；还有一种是在洞内空隙间填小石块或薄石片，同时在洞底部放置石块作为柱础。至于房址的门道方向，则随所处的地势而有不同，南坡的向南，东坡的向东。其中有的房址还保存有向外伸出的门道，均在西南角，周围砌石，中间铺以石块作为台阶。大部分房址的室内堆积都有黑土和烧土，所出的陶片亦多经火烧变形而氧化成红褐色。室内大部分陶器都可以复原，有的甚至还保存着完整的器形，从 1 件到 10 余件不等。这些情况说明房屋被烧毁时，留在室内的日用陶器未来得及搬出，因而被火烧压碎或完整地保存下来。

窖穴共发现 5 个，都在南坡。有圆形和椭圆形两种，所出遗物全是碎陶片[①]。

---

① 中国社会科学院考古研究所：《双砣子与岗上——辽东史前文化的发现和研究》，科学出版社，2009 年，第 9—15 页。

遗物

陶器多为夹细砂陶,泥质陶较少。陶色以灰褐色为主,有的陶器颜色不纯,多夹有褐斑。制法绝大多数为手制,部分口沿经过慢轮修整,仅有个别的为轮制。器物表面以磨光为主,纹饰以划纹较为常见,见有网状、羽状、波状、折线、斜线等几种,多饰于罐和簋的颈、腹部;刺点纹也占一定比例;此外还见有凸起纹、乳点纹、指甲纹和小圆圈纹。器形以罐类为主,并有碗、簋、豆、甗、杯、盆等,还有网坠和纺轮等。圈足的比例较大,有的圈足被削成三个小缺口。

生产工具以磨制石器为主,此时的石器富有地方特征,规整的扁平石斧和半月形的双孔石刀占多数,还有一定数量的锛、凿、矛、镞等,以及锥、砥石、网坠、纺轮和带圆窝石器[①],其中的武器形石器占有一定比例是其突出特色。

2. 大嘴子遗址第三期

遗迹

大嘴子遗址 1987 年发掘房址 39 座[②],1992 年发掘房址 9 座[③],两次共发掘房址 48 座。1987 年发掘的 39 座房址中,方形石筑房址 10 座,多在平地用石块砌筑石墙,房址内地面没有遗物,也没有发现柱洞和灶址,地面比较平坦。半地穴式房址主要为圆形和方形两种,还见有不规则形。半地穴式房址内都有柱洞,多为火烧后房屋倒塌而废弃,房址内有陶器和石、骨器。1992 年发掘的 9 座房址,5 座为土坑半地穴式,4 座为土坑半地穴式石砌房址。土坑半地穴式房址均被火烧,房址内出土遗物丰富;土坑半地穴式石砌房址未经火烧,出土遗物少,均打破土坑半地穴式房址,年代相对晚一些。房址形状有圆形、方形和长方形三种,其中石砌房址均为方形,土坑半地穴式房址见有圆形和长方形。出现的石墙,有学者推断具有防御性

①中国社会科学院考古研究所:《双砣子与岗上——辽东史前文化的发现和研究》,科学出版社,2009 年,第 36—51 页。

②大连市文物考古研究所:《大嘴子青铜时代遗址 1987 年发掘报告》,大连出版社,2000 年,第 5—100 页。

③辽宁省文物考古研究所、吉林大学考古学系、大连市文物管理委员会:《辽宁大连市大嘴子青铜时代遗址的发掘》,《考古》1996 年第 2 期。

作用[①]；也有学者认为属挡风墙之类[②]。

遗物

据 1987 年发掘报告，陶器以夹细砂灰褐陶为主，还有少量的黑皮陶和泥质灰黑陶。绝大多数为手制，部分口沿经过慢轮修整，个别为轮制。陶器素面多，纹饰多在壶的颈、肩、腹部和簋的肩、腹部。刻划纹数量显著增加，种类也繁多，主要有刺点纹、点线纹、弦纹、人字纹、网格纹、乳点纹、三角纹、水波纹或多种纹样组成的复合纹等。此期仍有彩绘陶，彩绘颜料见有红、白、黄三种，图案见有方形、三角形、梯形和条状等几何形。大型陶壶、陶罐数量多，还有碗、豆、簋、盆、甗、舟形器等。圈足器数量较多，器类主要为罐、壶、簋等。

大嘴子三期文化石器出土多，1987 年发掘出土 840 件。主要有斧、锛、凿、杵、刀、钺、戈、矛、磨棒、纺轮、磨石、穿孔器、有刃器、研磨器、带窝石等。绝大多数磨制，极少数琢制或打制。石器质料主要有辉绿岩、板岩、砂岩，还有蛇纹石化大理岩、薄层大理岩、灰岩等。斧 257 件，以扁平斧居多；石刀数量多，以半月形或近半月形的双孔石刀多见；长身弧脊石锛特点明显；石戈、石矛、石剑、石钺、石镞、棍棒头、环刃器等石兵占有一定比例；带窝石也占一定比例。铜器仅出土一件铜镞，形体较大，具有地方特点。此外，还发现有少量的骨、牙器和陶网坠等[③]。

3. 于家村遗址上层

遗迹

房址仅发现 1 座，即 F1，残留一半。房址为半地穴式，西高东低。房顶是用草拌泥抹成，从塌下来的烧土块观察，有木檩和木椽。墙壁为泥土堆筑。地穴上部西侧有一排不规则石块，可能是石墙。房址周围现有柱洞 23 个，大小深浅不一，基本上是按内外两圈两排排列。灶坑在房址西北，有两个深浅不一相连的火塘，系用三块扁平石板铺成，中间有一矮圈足豆，是保存火种用的。遗物大部分集中在东南壁和西南角，除生产工具外，还有经二次火烧的红褐陶片。灰坑发现 1 个，椭圆形，平底。

---

① 佟柱臣：《大嘴子青铜时代遗址的学术意义》，《大连文物》1987 年 2 期。
② 徐昭峰、易航舟：《再论大连大嘴子遗址第三期聚落形态》，《文物春秋》2011 年第 4 期
③ 大连市文物考古研究所：《大嘴子青铜时代遗址 1987 年发掘报告》，大连出版社，2000 年，第 127—267 页。

遗物

陶器以夹砂黑褐陶为主,亦有少量夹砂灰褐陶,多为手制,有的口沿和器底经慢轮修整。器壁薄而坚硬。纹饰主要为划纹、划纹刺点、凸棱纹和镂空等。陶器主要有壶、罐、矮足镂孔豆、簋、杯、甗等。器底均为圈足,有的圈足还切割成三瓣。圈足碗的形态及纹饰与羊头洼和大嘴子晚期所出土的相类似,可见其年代应与羊头洼遗址及大嘴子晚期年代相当[①]。值得一提的是弦纹壶这一类器物,被认为是辽东山区石棺墓相同器物的源头之一[②],在此后的文化遗存及墓葬中存在很长一段时间。目前在于家砣头积石墓出土的器物中,有形体较大、纹饰为弦纹的器类,鉴于家村砣头墓地与于家村上层遗址的相互关系可以认为,此时的这种器物属于弦纹壶的早期形式。

石器主要有斧、锛、刀、纺轮、网坠等,均为磨制,原料有辉绿岩、辉长岩、泥灰板岩等。钻孔石器采用对钻法和管钻法。此外还有骨器和牙器等[③]。

4. 岗上墓地下层遗址

岗上墓地位于大连市甘井子区营城子乡后牧城驿村的附近,这座土丘大体上呈圆形,西南面已成断崖,东北面为坡度不大的斜坡,东西长约100米。墓地就筑在这座土丘的上面,而在它的下部还压有双砣子三期文化的遗址[④]。

地层堆积与遗迹

墓地下部的堆积被上面的许多墓葬和石墙所覆盖,第④层属于双砣子三期的堆积(即墓地⑥层)。此层仅在探沟的北半部发现,南边被 H2 打破。出土物有素面和带划纹的陶片,能看出器形的有碗、罐、豆等,另外还有一些石、骨器。发现的遗迹有房址和窖穴。房址 1 座,位于 T12、T13内,但仅残存居住面,其南边尚压在墓地下面,已清理部分东西长 4 米,南北宽 2 米。居住面上堆积有零散的红烧土,厚约 20 厘米。有的上面还遗

① 赵宾福:《中国东北地区夏至战国时期的考古学文化研究》,科学出版社,2009 年,第 143 页。
② 张翠敏:《于家村砣头积石墓地再认识》,《东北史地》2009 年第 1 期。
③ 旅顺博物馆、辽宁省博物馆:《旅顺于家村遗址发掘简报》,《考古学集刊》1981 年第 1 集。
④ 中国社会科学院考古研究所:《双砣子与岗上——辽东史前文化的发现和研究》,科学出版社,2009 年,第 67 页。

留有宽约 2—3 厘米的木椽或枝条的痕迹,当为墙壁和屋顶部分倒下来的堆积。居住面上有用石板砌成的灶址,周围散布许多陶片,其间还有两件石斧。窖穴 4 个,除 H1、H2 全部清理外,另两个只清理了探方内部分。H1 位于 T1 方内,圆形;H2 位于 T11 方内,呈不规则椭圆形[①]。

遗物

陶器完整或复原的共 8 件。有碗、钵和罐,其余皆为残片。陶胎一般都含细砂。呈红褐色或灰褐色;其中在 F1 居住面上出的陶片,有不少被火烧成红色(二次烧的)。也有的表面被烧变黑、器形变样的器物。纹饰除素面外,有划纹、弦纹、网纹、刻齿纹、凸条纹以及乳丁纹等。其中有的纹饰常二三种配合使用,可见于同一器物上。除完整的器形外,在陶片上还有饰刻齿纹或带镂孔的豆把,灰褐色夹砂的甗足,以及把状器耳等,另外还出土纺轮 4 件。在 F1:12 中出土的大口罐与双砣子上层的 F4:34 出土的罐在口部特征及整体造型上基本一致;在 F1:14、F1:15 中出土的素面圈足碗在形制上与大嘴子晚期晚段的碗相近;在 H2:26、H2:27 中出土的竖条堆纹圈足碗,口稍内敛,在形制上与双砣子晚期的一组同类器相近。种种迹象表明,岗上遗址的下层遗存与双砣子三期的文化性质相同[②]。此外还有石器、骨器、角器以及一些装饰品等[③]。

5. 大砣子遗址第二期

遗迹

房址 8 座,均为半地穴式,有圆角方形和圆形两种,均有出土物。其中圆角方形房址 5 座,房址长宽在 4—6 米,地穴底部分布有柱洞,地面经过铺垫处理,未发现灶址。有门,并有石板或石块作为台阶。从烧土块上的印痕观察,当时房顶有加工过的方木、圆木作檩、椽的痕迹,并涂以草拌泥。圆形房址 3 座,形制及大小与圆角方形房址相类似,未见门道。灰坑 1 个,平面呈椭圆形,平底。

————————————

①中国社会科学院考古研究所:《双砣子与岗上——辽东史前文化的发现和研究》,科学出版社,2009 年,第 88—89 页。

②赵宾福:《中国东北地区夏至战国时期的考古学文化研究》,科学出版社,2009 年,第 141 页。

③中国社会科学院考古研究所:《双砣子与岗上——辽东史前文化的发现和研究》,科学出版社,2009 年,第 89—94 页。

遗物

陶器以夹砂陶为最多,泥质陶少见,夹砂陶又以灰褐陶为主,还有一定数量经二次火烧氧化而成的红褐陶,部分陶器因火候不匀往往夹有褐色斑。大部分为手制,有的口沿经过轮修。一般采用泥条盘筑法。从大型陶器断茬分析,器壁往往做成斜茬,以便再加泥条盘筑时容易粘接,部分器物的圈足和器身是分开制作的,除了平底外,还出现了一定数量的圈足、刀削三瓣足,有极个别二瓣、四瓣、六瓣足。除素面外,纹饰以弦纹刺点乳钉居多,还有刻划水波纹、网格纹、压印点纹、弦纹、斜线三角纹、复线内填平行线纹及外帖泥条制成的凸棱纹等。凡饰凸棱的陶器,胎质都较硬。还发现1片白彩陶片。器形有壶、罐、碗、甗、盆、簋、钵、豆、灶圈以及网坠、纺轮、饼等。

石器147件。主要有斧、锛、刀、钺、铲、剑、镞、有刃器、棍棒头、网坠、纺轮、磨石、球、饼等。石质有辉绿岩、蛇纹石化大理岩、板岩、石英岩、砂岩等。其中,斧33件,以扁平梯形最为常见;刀22件,分双孔刀和无孔刀两种,以双孔刀为主;钺、剑、镞、有刃器、棍棒头等武器形石兵器占有一定比例。其他还见有骨、角、牙器等[①]。

6. 大王山遗址第二期

大王山遗址位于大连市甘井子区大连湾街道拉树房村西南的大王山(又名大旺山)南坡上,南距大连市区约15公里,东北距金州区约11公里,北距渤海约2公里,南距黄海约6公里。该遗址最早是在1980年第二次全国文物普查时发现的[②],2012—2013年对该遗址进行正式发掘,发掘面积为2875平方米。共发掘房址55座、石砌平台5座、道路数条,出土陶器、石器、骨器等各类遗物和标本2000多件[③]。

遗迹

石砌平台的作用是使陡峭山体形成平整的活动面,便于人们构建房屋和生产生活。平台外壁是一道大石块垒砌的护坡墙,在护坡墙内侧铺垫土

---

①大连市文物考古研究所、辽宁师范大学历史文化旅游学院:《辽宁大连大砣子青铜时代遗址发掘报告》,《考古学报》2006年第2期。
②刘俊勇、王珖:《辽宁大连市郊区考古调查简报》,《考古》1994年第4期。
③辽宁省文物考古研究所、大连市文物考古研究所:《辽宁大连市大王山青铜时代遗址发掘简报》,《东北史地》2014年2期。

和碎石形成活动面。共有 5 座平台,从上至下,呈阶梯状,所发现的房址多分布在这些平台上。

道路是用于连接各石砌平台和房屋之间的通道,规模较小,数量较多,保存较差,垒砌简单,总体数量未作具体统计。

房址多石筑,平面多呈长方形或方形,大小不一,大者面积约 16 平方米,小者仅约 4 平方米。墙体是用石块夹杂红烧土块错缝单层垒砌而成,建于基岩或护台垫土层上。房屋地面为垫土形成的平整活动面,未发现灶址,有门,屋内出土物丰富。

遗物

遗物数量众多,主要以陶、石器为主,骨、角器次之,铜器只出土一枚铜镞。地层内出土遗物主要是小型陶器、石器和骨器等,而完整和可复原的大型陶器,多出土于房址内。

陶器质地以夹细砂为主,极少数为泥质陶。陶色主要是灰褐色,少量红褐色(多因二次火烧变红),火候多不均,灰褐色中夹杂黄褐色或红褐色斑块,另有少量的磨光黑陶、黑皮陶、彩绘陶等。制法多手制,个别轮制,胎体轻薄,制作规整,较大型器物口沿经轮修,外壁多抹光。器表以素面为主,纹饰主要集中在器物口沿、颈部和肩部,主要以刻划纹为主,刻划纹的样式繁多,单体纹饰如波浪纹、网格纹、弦纹、斜线纹、叶脉纹、人字纹等;另外有以各种单体纹饰组成的复合纹饰,如连续交错三角内填平行线纹、连续交错方格内填平行线纹、连续交错方格内填网格纹、连续菱形内填网格纹、多重菱形内填平行线纹、多重人字纹等,此外,还有一些戳刺凹点纹和附加堆纹。彩绘陶是用红、黄、白三种颜色绘制在器物表面,多易脱落,单体图案有三角形、长条形和折条形等,相互组合形成复合图案。器形以罐和壶为主,此外有盆、簋、豆、碗、杯、瓶、甑、鼎、器盖、器耳以及纺轮和网坠等。

石器出土数量较多,器形丰富。制法主要以磨制为主,极少数为打制。器形有斧、锛、刀、凿、钺、剑、镞、棍棒头、环刃器、端刃器、纺轮、网坠、穿孔石器、锤、杵、砧和磨石等。石器质料主要有辉绿岩、闪长岩、板岩、砂岩、白云质大理岩和石英砂岩等。

骨器器形主要是锥占绝大多数,其次为笄,少量的匕、镞、鱼卡、管和骨料等。角器主要是锥和镞。牙器主要有刀和饰品。

7. 庄河平顶山遗址[①]

位于大连庄河市徐岭镇大房身村平顶子小队西的平顶山的南坡上,平顶山西、北两面为断崖,东、西两面为缓坡。

遗迹

发现房址 11 座,半地穴式,有圆形、椭圆形和不规则圆形。房内有柱洞,还发现有可能是灶的支石遗存。灰坑共揭露 9 个,形状有圆形、椭圆形、不规则形。

遗物

陶器均为夹砂陶,以红褐陶为主,灰褐陶、黑陶较少。有的器物表面磨光,器耳发现较少,有鋬耳、桥状耳和贴耳三种。纹饰不发达,有附加堆纹和几何划纹,另有凹弦纹的特征与庙山遗址、单砣子遗址中发现的纹饰特征相似。制法以泥条盘筑和手制为主,也有少量轮制器。器形主要有盆、壶、罐、盘、碗等。

石器以磨制为主,种类主要有刀、镰、斧、凿、镞、磨石等。

8. 庙山晚期 B 类

遗迹

发现房址 12 座,往往两两相邻,分布有规律,除 1 座带石板柱础的地面建筑外,其余均为半地穴式,穴壁砌石墙。

遗物

陶器以夹细砂黑褐陶为主,灰褐陶次之,有一定数量的黑皮陶和磨光陶,房址内的陶器多为二次氧化的红褐陶。器形以陶壶为主,碗、甗、豆次之,有少量的簋、舟形器和甑形器等。遗址中 F5 出土的折腹盆与折腹假圈足碗在造型上与大嘴子晚期的 F15 和 F3 出土的碗的造型相似,F4 出土的花边口鼓腹罐在形态上也与大嘴子晚期的花边口圆腹罐相似。因此,通过比较发现,庙山晚期 B 类遗存的年代与双砣子三期和大嘴子晚期的年代相同[②]。

石器以双孔石刀和石兵器较多,也有锄形器[③]。

9. 尹家村遗址第一期遗存

位于大连市旅顺口区于家村西南的南河北岸。在它的附近有将军山

①辽宁省文物考古研究所:《大连庄河平顶山青铜时代遗址发掘简报》,《北方文物》2011 年第 1 期。
②赵宾福:《中国东北地区夏至战国时期的考古学文化研究》,科学出版社,2009 年,第 143 页。
③吉林大学考古学系等:《金州庙山青铜时代遗址》,《辽海文物学刊》1992 年第 1 期。

积石冢、郭家村、大坞崖遗址以及著名的牧羊城遗址等。

遗迹

窖穴共发现 8 个,有圆形、椭圆形和不规则三角形三种。墓葬共发现 3座,均为火葬的小土坑,保存都不好。

遗物

陶器呈褐色或灰褐色,陶土夹砂,大部分手制,个别的经过轮修,器形有杯、碗、罐、豆、甗等,经复原的陶器和纺轮共 13 件,其中有的器物还加饰划纹,纹饰中的三角纹、网格纹等是双砣子三期文化中比较常见的纹饰[①]。尹家村一期的圈足碗,在形制上也与大嘴子晚期后段的圈足碗相近,并与岗上墓地下部文化层出土的圈足碗相同。由此可见,尹家村一期遗存应与大嘴子晚期、双砣子三期以及岗上墓地下部文化层的年代相同[②]。

石器共 6 件,包括镟、刀、镰和锤。骨器仅发现 1 件骨锥[③]。

除上述遗址外,还有羊头洼遗址和单砣子遗址 A2 类遗存[④]。

(二)典型墓葬

于家村砣头积石墓地是双砣子三期文化的典型墓地。对于其分期,有以陶器各主要部位(口、腹、底)之间的比例关系为视角,通过测量、统计和比较分析,然后排定一部分陶器之间的型式演化序列,进而将整个墓地自早至晚划分成Ⅰ、Ⅱ、Ⅲ组,并认为Ⅰ、Ⅱ、Ⅲ组的年代均晚于双砣子、羊头洼和于家村等遗址出土的材料[⑤];也有从整个墓地积石墓的大小、结构和平面布局出发,推理出墓葬垒砌顺序的先后,然后再以此为线索,通过对墓内随葬陶器的型式分析,进而将其区分为 A、B、C 三组,并认为 A、B 两组的年代与双砣子三期文化的遗址材料同时,C 组的年代略晚[⑥];还有通过对 25 座具有出土物的墓葬单纯依靠类型学的方法,通过对随葬陶器的型式分析,考察彼此间存在的差异,划分出一组的 10 座墓葬 M9、M13、M15、

①中国社会科学院考古研究所:《双砣子与岗上——辽东史前文化的发现和研究》,科学出版社,2009 年,第 126—129 页。

②赵宾福:《中国东北地区夏至战国时期的考古学文化研究》,科学出版社,2009 年,第 141 页。

③中国社会科学院考古研究所:《双砣子与岗上——辽东史前文化的发现和研究》,科学出版社,2009 年,第 119—122 页。

④赵宾福:《中国东北地区夏至战国时期的考古学文化研究》,科学出版社,2009 年,第 138 页。

⑤陈光:《羊头洼类型研究》,《考古学文化论集(二)》,文物出版社,1989 年,第 113—151 页。

⑥徐光辉:《旅大地区新石器时代晚期至青铜时代文化遗存分期》,《考古学文化论集(四)》,文物出版社,1997 年,第 188—210 页。

M21、M24、M25、M41、M42、M44、M50，二组的 12 座墓葬 M3、M8、M11、
M28、M30、M31、M33、M36、M40、M46、M48、M51；其余 3 座墓葬（M38、
M39、M55）由于找不到可供与其对比的器形，无法判别其组别[①]。

于家村砣头积石墓地仅根据现有线图判断其营建的先后，虽然是一种
有益的尝试，但很难说准确。还应该以类型学的方法进行判定。

二、分期与年代

（一）分期

迄今为止，具有分期意义、地层关系明确的典型遗址主要有双砣子遗
址第三期和大嘴子遗址第三期，其他遗址或因出土物不丰富而无法进行分
期研究，或因地层关系交代不清而无法进行地层分析。而双砣子遗址第三
期和大嘴子遗址第三期的分期以赵宾福先生论述最为详尽，笔者赞同其分
期结果。

1. 大嘴子遗址

根据大嘴子遗址 1987 年发掘报告显示的层位关系，赵宾福先生将属
于第三期的遗存分为 7 组，并从层位关系出发，刨除未出陶器的遗迹单位，
整合各出土单位的陶器特征，将这 7 组合并为具有文化分期意义的两大
组。第一组包括③A 层、14 座房址 F1、F2、F4、F11、F20、F23、F25、F26、
F27、F30、F31、F32、F33、F37 和 3 个灰坑 H5、H6、H8。第二组包括②层、
25 座房址 F3、F5、F6、F7、F8、F9、F10、F12、F13、F14、F15、F16、F17、F18、
F19、F21、F22、F24、F28、F29、F34、F35、F36、F38、F39 和 3 个灰坑 H1、
H3、H4。这两组陶器的器物组合基本相同[②]，从器物早晚关系的演变看，
变化并不显著（图 4—19）。

大嘴子遗址 1992 年发掘资料显示与 1987 年基本一致，其中属于大嘴
子第三期的包括各探方的第②层和第③层、9 座房址 F1—F9 和 3 个灰坑
H1—H3，赵宾福先生根据叠压打破关系将其分为三组。以此为基础，整
合各单位出土遗物的情况，将之分为具有分期意义的第一组和第二组。第

---

① 赵宾福：《中国东北地区夏至战国时期的考古学文化研究》，科学出版社，2009 年，第 149—
　　154 页。
② 赵宾福：《中国东北地区夏至战国时期的考古学文化研究》，科学出版社，2009 年，第 130—
　　132 页。

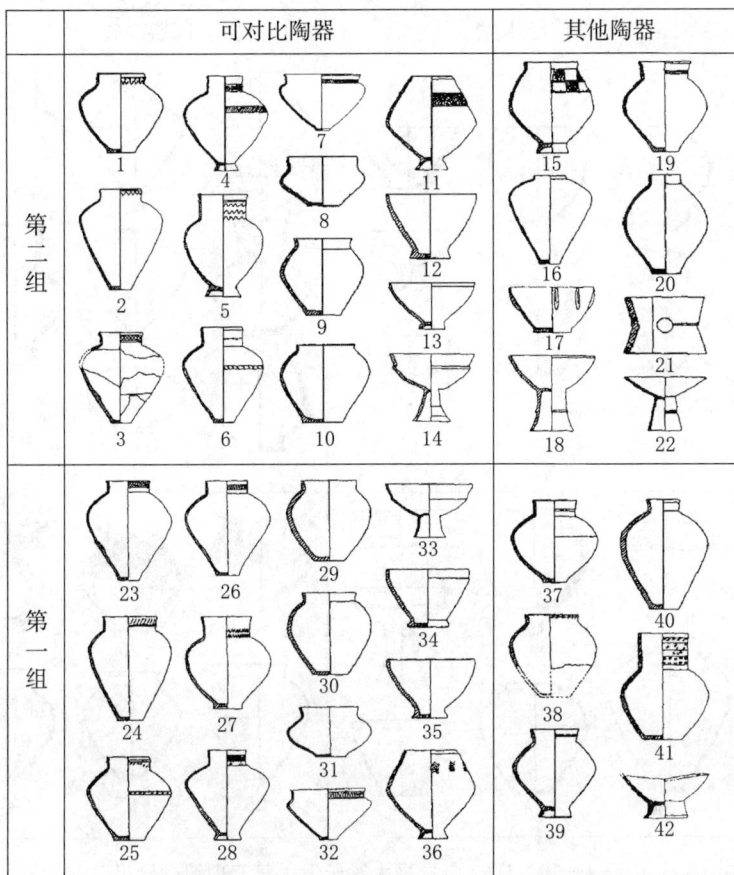

图 4—19　1987 年发掘大嘴子遗址第三期遗存分组

（采自赵宾福《中国东北地区夏至战国时期的考古学文化研究》）

1、15. F17：3，2；2. T8②：50；3. F6：6；4，7、9、16. F15：1，6、13，3；5. T2②：4；6，19. F3：5，2；
8、18. F8：6，10；10. F13：16；11、14. F21：8，6；12、13. F22：7，30；15. F17：2；17. T115②：1；
20. F12：2；21. F36：6；22. T19②：1；23、25、26. F37：17，11，10；24、32、36. F30：14，12，3；
27、28. F25：6，5；29、31、33、37. F2：16，31，15，11；30、39、40. F27：6，3，9；34、35. T85③A：9，1；
38. T94③A：42；41. T8③A：32；42. F1：4

一组包括 F4、F5 和第③层；第二组包括 H1、F3、F4 上、F8 和 T2、T3、T5、
T6 的第②层[①]。分组关系如图 4—20 所示。

―――――――――――

①赵宾福：《中国东北地区夏至战国时期的考古学文化研究》，科学出版社，2009 年，第 132—
　135 页。

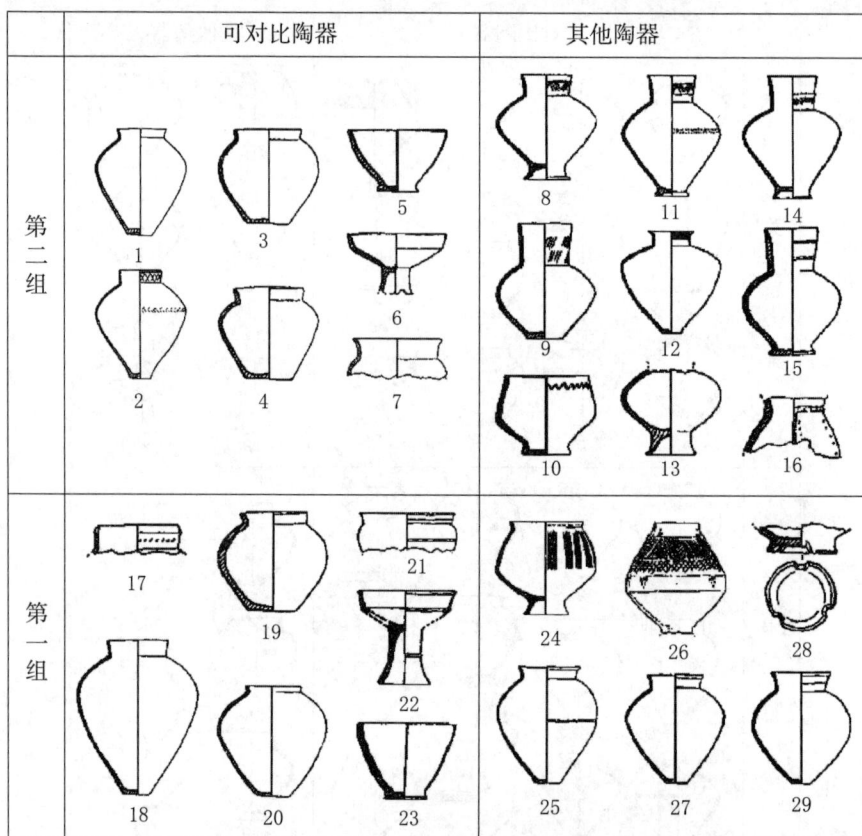

图 4—20　1992 年发掘大嘴子遗址第三期遗存分组

（采自赵宾福《中国东北地区夏至战国时期的考古学文化研究》）

1、3. F4 上：10、12；2、4、5、8—12、14、15. F3：35、15、37、4、18、17、22、34、36、10；

6、16. T6②：1、8；7. T②：1；13. H1：8；17、20、22、25、28、29. F5：37、30、2、11、8、20；

18、24、26、27. F4：22、8、7、13；19、21、23. F1：4、10、3

2. 双砣子遗址

双砣子遗址属双砣子三期文化的单位共有 19 个，包括房址 14 座和灰坑 5 个，以及少量探方内的出土物。赵宾福先生将其归纳为 9 组，刨除未见陶器发表的单位外，具有实际分组意义层位关系的只有 4 组，根据这些单位之间的层位关系整合陶器的变化，将之分为具有分期意义的第一组和第二组。第一组包括 F2、F7、F8、F17；第二组包括 F4 和 F6①。分组关系如图 4—21

①赵宾福：《中国东北地区夏至战国时期的考古学文化研究》，科学出版社，2009 年，第 135—137 页。

所示。

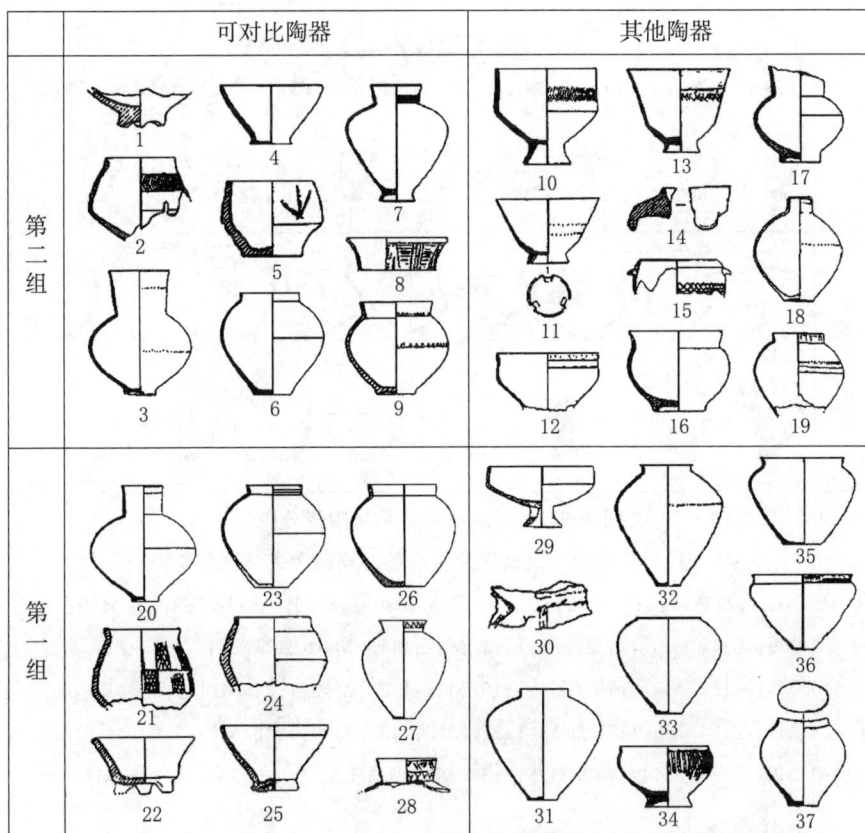

图 4—21 双砣子遗址第三期遗存分组

（采自赵宾福《中国东北地区夏至战国时期的考古学文化研究》）

1. T12:16;2—4、6、7、9—12、16—18. F4:32、3、7、34、22、19、21、33、5、18、1、26；

5. T5:35;8. T2:70;13—15. F6:2、11、12;19. F1:5;20、25、35. F12:2、5、4；

21. T6:64;22、23. F2:1、4;24、34. T4:50、49;26、28、30、37. F11:9、1、16、6；

27、31、32. F17:6、3、5;29. T11:41;33. F8:3;36. F7:4

3. 于家村砣头积石墓

赵宾福先生对该墓地 58 座墓葬进行过系统分析，其中 23 座墓内未见陶器，剩余 35 座出土有陶器的墓葬当中，发表材料的有 25 座，相互之间无叠压或打破关系，从类型学分析的角度对这 25 座墓葬的出土物进行分组，如图 4—22 所示。

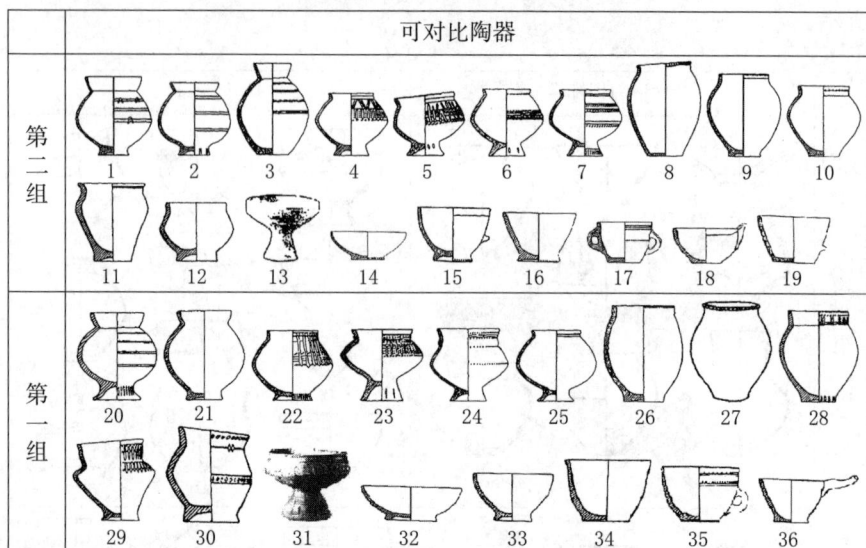

图 4—22　于家村砣头墓地陶器分组

（采自赵宾福《中国东北地区夏至战国时期的考古学文化研究》）

1. M40:1;2. M36:1;3. M30:2;4. M3:2;5. M30:1;6. M8:2;7. M31:2;8. M46:3;
9. M51:4;10. M51:3;11. M8:1;12. M48:1;13. M40:2;14. M33:1;15. M3:4;
16. M31:4;17. M8:4;18. M51:5;19. M11:1;20. M42:1;21. M21:2;22. M21:5;
23. M15:2;24. M9:1;25. M13:1;26. M25:1;27. M50:1;28. M44:3;29. M42:8;
30. M24:1;31. M44:1;32. M25:1;33. M44:2;34. M21:6;35. M41:1;36. M41:2

4. 其他遗址

上述三处具有分期意义的遗址、墓葬陶器分组,基本涵盖了双砣子三期文化的分期。以此为基础,根据其他各遗址陶器特征比对上述分期结果,基本可以确定双砣子三期文化各遗存的分组。

单砣子遗址 A2 遗存相当于双砣子三期文化一组;羊头洼遗址相当于双砣子三期文化的二组;岗上遗址下层相当于双砣子三期文化的二组;尹家村一期相当于双砣子三期文化的二组;于家村上层相当于双砣子三期文化的二组;庙山晚期 B 类相当于双砣子三期文化的二组;于家村砣头墓地涵盖双砣子三期文化的一组和二组;王宝山积石冢相当于双砣子三期文化二组[①]。

[①] 赵宾福:《中国东北地区夏至战国时期的考古学文化研究》,科学出版社,2009 年,第 137—157 页。

庄河平顶山遗址，所有房址均开口于①层下，其地层关系为①→F1—F11→②。查看②层内出土物，如 T0703②：2、T0404②：2、T0502②：1 罐，均为叠唇，特征更接近于双房文化的叠唇罐。而晚于第②层的 F10：15 罐，也为叠唇。是故庄河平顶山遗址分组应属于双砣子三期文化的第二组。墓葬方面，M1：1、M2：3 均有叠唇罐出土，形制与遗址中的 T0404②：2 叠唇罐相近，时代也应相当（图 4—23）。故庄河平顶山遗址和墓葬时代均可归入双砣子三期文化第二组①。

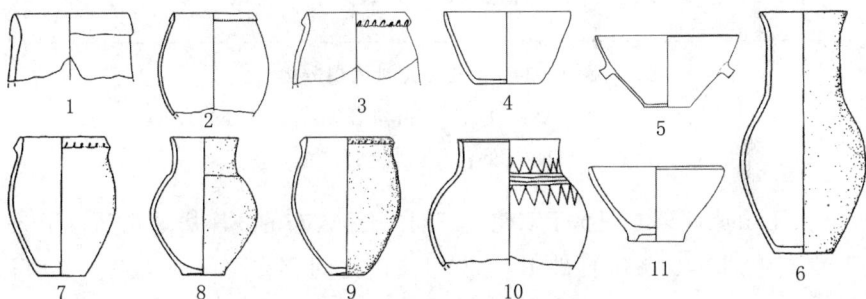

图 4—23　平顶山遗址出土陶器

1. T0703②：2；2. T0404②：2；3. T0502②：1；4. F1②：5；5. F4：5；
6. M2：1；7. M1：1；8. M2：2；9. M2：3；10. F4：7；11. F10：12

大砣子遗址，遗迹之间的叠压打破关系交代不明，其中 F3 打破 F4，F7 开口于②层下并打破第③层。从出土陶器特征来看，大砣子遗址第二期包含有双砣子三期文化第一组和第二组的器物：如 F8：4 圈足壶与大嘴子 87F25：6 壶形制一致，F6：4 壶与双砣子 87F17：3 瓮形制一致，这两件器物均可归入双砣子三期文化分组中的第一组；F5：1 壶与大嘴子 87F36：3 壶形制一致，F7：1 豆与大嘴子 87F8：10 豆形制一致，F6：7 簋与大嘴子 92F3：17 簋形制相近，T12②：3 簋与双砣子 F4：21 簋形制相近，F4：12 簋与双砣子 F1：5 簋形制相近，T12②：33 钵与岗上 H2：26 钵形制相近，这 6 件器物均可归入双砣子三期文化分组中的第二组（图 4—24）。故大砣子遗址涵盖有双砣子三期文化的第一组和第二组②。

①辽宁省文物考古研究所：《大连庄河平顶山青铜时代遗址发掘简报》，《北方文物》2011 年第 1 期。
②大连市文物考古研究所、辽宁师范大学历史文化旅游学院：《辽宁大连大砣子青铜时代遗址发掘报告》，《考古学报》2006 年第 2 期。

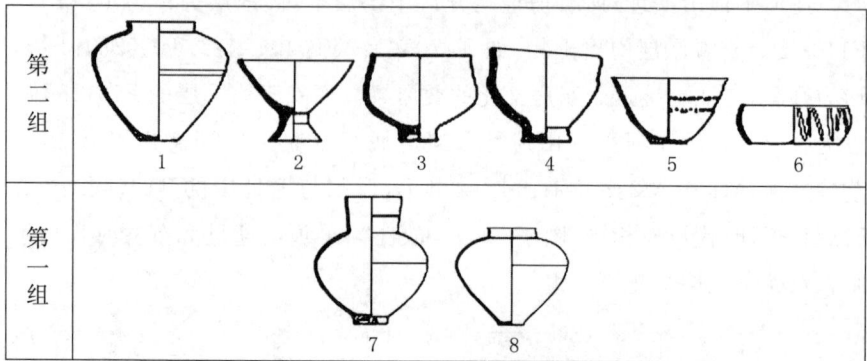

图 4—24　大砣子遗址陶器分组

1.F5:1 壶;2.F7:1 豆;3.F6:7 簋;4.T12②:3 簋;5.F4:12 簋;

6.T12②:33 钵;7.F8:4 壶;8.F6:4 壶

大王山遗址第二期属于双砣子三期文化,公布的 3 座房址均开口于②层下,其中的 F45 叠压打破 F41,说明遗迹之间存在着早晚关系。其中,F37:15 罐与大嘴子 87F2:11 平底壶形制相近,F48:4 壶与双砣子 F12:2 壶形制相近,T0914②:14 豆与大嘴子 87F1:4 豆形制相近,T1006②:5 碗与大嘴子 87T85③A:1 碗形制相近,T0512②:17、T0814②:30 甗腰与双砣子 F11:16 甗腰形制相近,以上皆可归入双砣子三期文化第一组;F4:4 罐与大嘴子 87F15:3 瓮形制相近,F4:13 罐与双砣子 F4:34 罐形制相近,F39:6、F4:10 壶与大嘴子 92F3:34 壶形制相近,F43:4 豆与大嘴子 92T6②:1 豆形制相近,T0812②:8 豆与大嘴子 87T19②:1 豆形制相近,以上均可归入双砣子三期文化第二组(图 4—25)。故大王山遗址涵盖有双砣子三期文化的第一组和第二组[①]。

综合上述遗址、墓葬资料的分组情况,并根据其相互间的对应关系,双砣子三期文化基本可分为早、晚两期,分别对应各遗址、墓葬分组中的第一组和第二组。如表 4—6 所示。

[①] 辽宁省文物考古研究所、大连市文物考古研究所:《辽宁大连市大王山青铜时代遗址发掘简报》,《东北史地》2014 年 2 期。

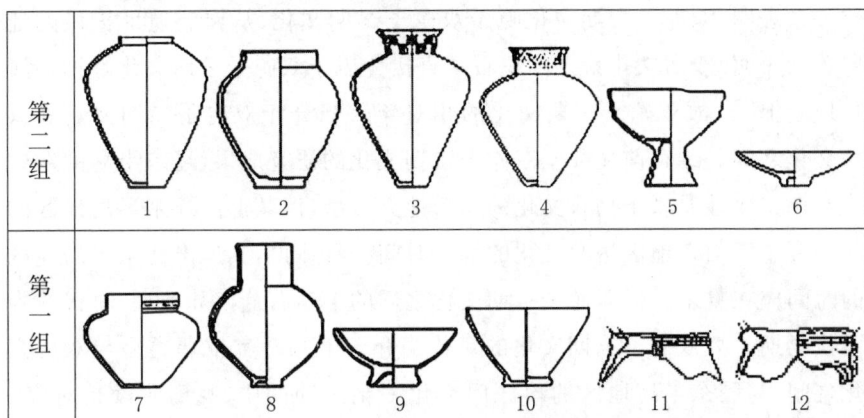

图 4—25　大王山遗址陶器分组

1.F4:4 罐；2.F4:13 罐；3.F39:6 壶；4.F4:10 壶；5.F43:4 豆；6.T0812②:8 豆；

7.F37:15 罐；8.F48:4 壶；9.T0914②:14 豆；10.T1006②:5 碗；

11.T0512②:17 甗腰；12.T0814②:30 甗腰

表 4—6　双砣子三期文化分期及遗址、墓葬分组对应关系

遗址、墓葬	早期	晚期
	第一组	第二组
双砣子三期	√	√
87 大嘴子三期	√	√
92 大嘴子晚期	√	√
单砣子 A2 类遗存	√	
羊头洼遗址		√
岗上遗址下层		√
尹家村一期		√
于家村上层		√
庙山晚期 B 类		√
于家村砣头墓地	√	√
王宝山积石冢		√
庄河平顶山遗址		√
大砣子遗址第二期	√	√
大王山遗址第二期	√	√

（二）年代

从相对年代来说，双砣子遗址、大嘴子遗址和大砣子遗址等提供的层

位关系表明,双砣子三期文化晚于双砣子二期文化;从岗上遗址提供的地层关系表明,双房文化早期的积石冢直接叠压于双砣子三期文化晚期的居住址之上①。故双砣子三期文化的相对年代当介于双砣子二期文化和双房文化之间。结合前文关于双砣子二期文化的研究成果,辽东半岛的双砣子二期文化性质属于岳石文化的一个地方类型,但其退出辽东半岛地区的时间要早于山东地区岳石文化的消亡时间。具体说,其退出辽东半岛地区的时间应在夏末。但双砣子二期文化之后的上马石瓮棺葬类型,时代约为商代早期。故双砣子三期文化的年代当介于上马石瓮棺葬类型与双房文化之间,与胶东半岛地区的珍珠门文化一至三期的中、晚商阶段相对应②(图4—26)。

图4—26 双砣子三期文化时期主要遗址和文化分布示意图
(采自许宏《夏商考古之八:周边地区的考古发现及其认识》)

---

①中国社会科学院考古研究所:《双砣子与岗上——辽东史前文化的发现和研究》,科学出版社,2009年,第67页。
②刘延常:《珍珠门文化初探》,《华夏考古》2001年第4期。

从绝对年代来说,双砣子三期文化可供参考的碳十四测年数据共计 8 个①,基本数据参见表 4—7。

表 4—7　双砣子三期文化碳十四测年数据表

序号	遗址标本	样品物质	距今(年)	树轮校正值
1	92 大嘴子 F1	木炭	3384±92 年	公元前 1691—前 1459 年
2	87 大嘴子 F1	木炭	3170±75 年	公元前 1431—前 1264 年
3	岗上遗址下层	木炭	3285±90 年	公元前 1591—前 1405 年
4	于家村上层 F1(ZK—0565)	木炭	3230±90 年	公元前 1516—前 1317 年
5	于家村上层 F1(BK—78031)	木炭	3280±85 年	公元前 1527—前 1408 年
6	双砣子 F4	木炭	3120±90 年	公元前 1416—前 1137 年
7	92 大嘴子 F4(上)	木炭	3053±86 年	公元前 1373—前 1051 年
8	87 大嘴子 F3	木炭	2945±75 年	公元前 1157—前 923 年

赵宾福先生根据上述数据,认为双砣子三期文化的测年数据除较早和较晚的两个数据外,其余均落在公元前 1591—前 1051 年之间的商代。同时考虑到双砣子二期文化的年代跨度在公元前 1900—前 1400 年,故推测双砣子三期文化的年代上限应该不早于公元前 1400 年,其整个文化的年代为公元前 1400—前 1100 年,相当于商代中、晚期。双砣子三期文化的早期约为公元前 1400—前 1300 年,晚期约为公元前 1300—前 1100 年②。

笔者关于双砣子二期文化的认识虽然与赵宾福先生有出入,但关于双砣子三期文化的年代则赞同赵宾福先生的观点。双砣子三期文化遗址出土的陶簋,与珍珠门文化的商文化因素陶簋有相似之处(图 4—27),而此

图 4—27　珍珠门文化陶簋与双砣子三期文化陶簋对比

1. 赵铺 M1:1;2. 后李 M93:4;3. 大嘴子 F22:2;4. 双砣子 F6:2

①中国社会科学院考古研究所:《中国考古学中碳十四年代数据集(1965—1991)》,文物出版社,1991 年;辽宁省文物考古研究所等:《辽宁大连市大嘴子青铜时代遗址的发掘》,《考古》1996 年第 2 期。

②赵宾福:《中国东北地区夏至战国时期的考古学文化研究》,科学出版社,2009 年,第 158 页。

类陶簋非辽东半岛文化因素,当是双砣子三期文化受到了珍珠门文化影响的反映。这一文化的交流也反映了双砣子三期文化的时代为中、晚商时期。

三、文化内涵

（一）文化内涵

双砣子三期文化聚落规模空前扩大,如大嘴子遗址发现该时期房址48座,大王山遗址发现该时期房址55座,意味着该时期人口的大量增多。房址均为半地穴式,主要形状有方形、长方形和圆形等。总体而言,石筑房址当居多数,其中非石筑房址半地穴底部多分布有柱洞,地面多经过铺垫处理,部分屋内保存有灶址。有的房址发现有门,并有石板或石块作为台阶。除房址外,在大王山遗址还发现有石砌平台、道路,在大嘴子遗址还发现有石墙。遗址基本都有灰坑的发现。

双砣子三期文化陶器以夹砂灰褐陶最多,少量黑皮陶和泥质灰陶,还有一定数量经二次火烧氧化而成的红褐陶。陶器以手制为主,有的器物口沿轮修,也有少数陶器轮制。陶器纹饰多饰于壶、圈足罐、簋和盆、钵等器物的颈、肩、腹部和圈足上,镂空多饰于豆柄。纹饰主要有刺点纹、点线纹、弦纹、人字纹、网格纹、乳点纹、三角纹、水波纹和多种纹样组成的复合纹等。还见有少量用红、白、黄三种颜料绘制的彩绘陶,纹饰有方形、三角形、梯形和条状等各种几何形图案。器类丰富,体型变大,圈足器多见,以大型的壶、罐组合尤为突出,以大敞口罐、折肩壶、细长颈鼓腹壶、侈口鼓腹罐、大敞口盆、敛口钵、圈足(假圈足)簋、短柄豆、带流钵等构成具有鲜明本土特色的器物群,此外还有碗、甗、杯、瓮、鼎等,除日常用品外还有纺轮和网坠;以于家村砣头积石冢为代表的墓葬陶器,则以钵口簋(壶)、圈足簋(壶)、弧腹罐、折腹罐、带流钵等构成具有鲜明特色的器物群。

石器制法主要是以磨制为主,极少数为打制。出土数量较多,器类丰富。器形有斧、锛、刀、凿、铲、钺、剑、镞、棍棒头、环刃器、端刃器、球、纺轮、网坠、穿孔石器、锤、杵、砧和磨石等。石器质料主要有辉绿岩、闪长岩、板岩、砂岩、白云质大理岩和石英砂岩等。

铜器在大嘴子遗址发现1件青铜镞,另在于家村砣头积石墓地发现青铜镞2件、泡饰2件、鱼钩1件、环1件。这些发现说明,双砣子三期文化毫无疑问进入青铜时代。

双砣子三期文化的墓地包括于家村砣头墓地、王宝山积石墓地和土龙积石墓地等,均是积石冢的形式。有学者认为于家村砣头墓地 M24 位于积石冢的中央,规模较大,当是中心大墓①。从规模来看,居于边缘的 M54、M58 规模不比 M24 小,M6 规模当大于 M24;从出土物来看,未见标注身份的礼仪性器物的出现。于家村砣头墓地也由于资料的限制,墓室之间的早晚关系不能够说得很清楚。是故墓葬方面的一些问题,需要新的资料予以补充,才能深化。

(二)生业与社会

从农业生产工具的大量发现、聚落规模的急剧扩张、更重要的是粮食种子的大量发现、猪狗鸡等家畜家禽饲养业的兴盛,均表明双砣子三期文化的经济形态是以农业为主、渔猎采集经济为辅的。如大砣子遗址第二期,发现石器 147 件,其中与农业有关的生产工具斧、刀、铲等 57 件;1987年发掘的大嘴子遗址第三期,发现石器 840 件,其中与农业有关的生产工具斧、刀、磨棒、杵等 440 件。炭化谷物的发现,也证明了大嘴子遗址第三期的农业较为发达。在大嘴子遗址第三期的 F3 中发现有 6 个陶壶盛装炭化谷物,经鉴定为粳稻、高粱或黍米等种属,均为本地栽培②。这种稻米籽粒充实饱满,侧面有较深的纵沟,可见当时的土壤肥沃。羊头洼遗址饲养有猪、狗、鸡等家畜家禽;大嘴子遗址中发现有比重高达 60% 的人工饲养的猪、狗等家畜的骨骼③;大王山遗址发现有饲养的家畜猪、狗等的骨骼④。家畜饲养业的兴盛也是农业发达的一种表现。

除农业经济外,渔猎采集和海洋捕捞业占有较大比重。在双砣子三期文化各遗址中均发现陶、石网坠,还发现有骨针、鱼卡等可以体现渔猎的工具。尤其以大砣子遗址 F17 中出土的完整的百余条白色鱼骨和 1987 年发掘的大嘴子遗址 F10、F37 中多达 10 余罐、壶的鱼头及鱼骨的发现,可证当时的捕渔活动的发达,不仅可以保证日常食用,还有剩余予以储存。在大

①王嗣洲:《辽东半岛积石冢研究》,《旅顺博物馆馆刊》,吉林文史出版社,2006 年。

②大连市文物考古研究所:《大嘴子——青铜时代遗址 1987 年发掘报告》,大连出版社,2000 年。

③大连市文物考古研究所:《大嘴子——青铜时代遗址 1987 年发掘报告》,大连出版社,2000 年,第271 页。

④辽宁省文物考古研究所、大连市文物考古研究所:《辽宁大连市大王山青铜时代遗址发掘简报》,《东北史地》2014 年 2 期。

王山遗址发现海产动物主要以软体动物为主,有牡蛎、脉红螺、锈凹螺、菲律宾蛤仔、文蛤、青蛤、毛蚶、魁蚶、砂海螂、疣荔枝螺等,此外还有马鲛、海豹、褐牙鲆、燕魟和鲟等;陆生动物除家猪和狗之外,还有鹿、獐、狍、野猪、羊等野生动物,应为狩猎所获[1]。

手工业方面,双砣子三期文化出土数量众多的锛,应是制作玉石器的工具,而双砣子三期文化石器制作精良,特别是一大批磨制细腻、制作规整、刃部锋利的武器形石器钺、剑、镞、棍棒头、环刃器等的出土,可证该时期玉石器加工工业的发达。铜器发现有镞、泡饰、鱼钩、环等青铜小件,但出现了合范制作青铜器。这说明双砣子三期文化的青铜冶铸业不仅成为一个独立的工业,而且制作技术达到了一个新的高度。

(三)文化交流

1. 与马城子文化的交流

马城子文化是位于辽东半岛中北部地区的一支青铜文化,主要分布在以太子河上游为中心的千山地区,并波及到抚顺、沈阳、法库、康平、丹东及朝鲜西北部等地区[2]。

马城子文化包括遗址和墓葬两部分,墓葬多见于太子河两岸的石灰岩洞穴中,不挖穴、不封土,大多无任何葬具。少数墓有石棺、石圹等石质葬具。就丧葬习俗而言,以拣骨火葬为主,由此形成了独具特色的洞穴墓葬遗存。随葬陶器以壶、罐、钵(碗)组合为其特色,不见鼎、豆、甗等器物。遗址多分布在河流两岸向阳的山坡或台地上,房址多为方形或圆形的地面建筑,未见半地穴式;陶器组合与墓葬有所不同,见有鼎、豆、甗等器物[3]。根据遗址和墓葬及出土陶器的特点,可将马城子文化分为早、晚两段:早段相当于夏至早商时期,而晚段则相当于晚商时期[4]。

马城子文化晚段在时间上与双砣子三期文化相当,在地域上又比较接近,故二者理应有文化上的交流。马城子文化晚段墓葬的北甸 A 洞 M2:4敛口折腹罐(图 4—28,1),上腹部造型与双砣子三期文化的大嘴子 92F4:7

---

①辽宁省文物考古研究所、大连市文物考古研究所:《辽宁大连市大王山青铜时代遗址发掘简报》,《东北史地》2014 年 2 期。

②辽宁省文物考古研究所、本溪市博物馆:《马城子》,文物出版社,1994 年。

③张春梅、赵希英:《从马城子文化看辽东地区的早期青铜文化》,《文化学刊》2010 年第 4 期。

④赵宾福:《马城子文化新论——辽东北部地区夏商时期遗存的整合研究》,《边疆考古研究》2007 年第 6 辑。

敛口圈足器物非常相似；马城子文化晚段墓葬的马城子 A 洞 M12:9 和大梨树沟出土的两件圈足碗（图 4—28,2、6），与双砣子三期文化大嘴子 92F4:8 圈足簋（图 4—28,10）和双砣子 T4:49 圈足碗（图 4—28,9）相比，形制非常接近；马城子文化晚段墓葬的马城子 A 洞 M5:18 假圈足钵（图 4—28,3），形态和双砣子三期文化大嘴子 92F3:37（图 4—28,7）基本相同；马城子晚段墓葬的马城子 B 洞 M5:22 和马城子 C 洞的两件侈口罐口部残片（图 4—28,4、5），形态与双砣子三期文化大嘴子 92F4 上:12 侈口罐（图 4—28,8）的口部完全一样[1]。

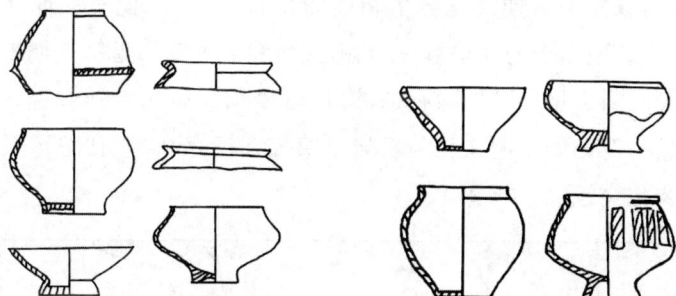

马城子文化晚期陶器　　　　双砣子文化晚期陶器
图 4—28　双砣子文化晚期陶器与马城子文化晚期陶器对比

在马城子文化晚段以前，两者均几乎不见对方的文化成分，但在马城子文化晚段较早的遗存中，开始出现少量的双砣子三期文化的钵口弦纹壶，而后者则不见有前者的文化成分，可见，这一时期双砣子三期文化对马城子文化的影响应该是单向的[2]。

2. 与胶东半岛的交流

晚商时期的双砣子三期文化，对应的是胶东半岛地区的珍珠门文化一至三期[3]，该时期属于东夷文化的衰落阶段。自中商以来商王朝对东夷300 余年的持续征战，使得晚商时期纯粹的东夷族文化主要分布于胶东半岛和鲁东南地区。衰落阶段的东夷族再无实力实现对辽东半岛的控制，所以这一阶段两地的交流应是以和平的方式进行的。从珍珠门文化来看，既

① 赵宾福：《马城子文化新论——辽东北部地区夏商时期遗存的整合研究》，《边疆考古研究》2007 年第 6 辑。
② 张春梅、赵希英：《从马城子文化看辽东地区的早期青铜文化》，《文化学刊》2010 年第 4 期。
③ 刘延常：《珍珠门文化初探》，《华夏考古》2001 年第 4 期。

有本土文化因素,又有商文化因素。其中的商文化因素陶簋可能代表了商文化中的重要礼仪,而夏商周时期文化传播中的所谓核心就是代表礼制的礼器,所以辽东半岛的双砣子三期文化主要吸收了代表珍珠门夷人文化礼制的陶簋,如图 4—27。从现在的发现来看,这种文化交流并不深入,而且仅见胶东半岛对辽东半岛的影响。

　　3. 与朝鲜半岛的交流

　　双砣子三期文化和早期"陀螺形陶器文化"在磨制石器的器类上大体相同;在墓葬形制上属于早期"陀螺形陶器文化"遗址的黄州郡沈村里遗址也发现了与双砣子三期文化葬俗相同的积石墓①。双砣子三期文化于家村砣头积石墓地出土的钵口簋(壶)、弧腹罐和朝鲜新岩里第三期遗存的同类器相近,唯新岩里第三期遗存的钵口簋(壶)、弧腹罐带耳或錾。这些证据足可说明,双砣子三期文化与新岩里第三期遗存和早期"陀螺形陶器文化"存在文化交流(图 4—29)。

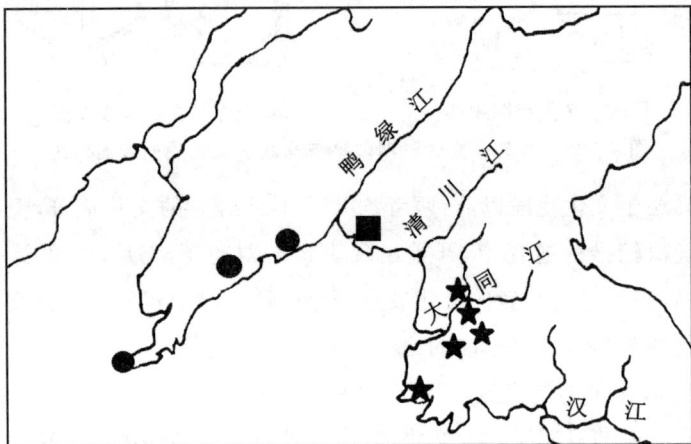

图 4—29　双砣子三期文化、"陀螺形陶器文化"、新岩里三期类型部分遗址分布
●双砣子三期文化遗址;★"陀螺形陶器文化"遗址;■新岩里三期类型遗址

四、以大嘴子遗址为代表的聚落研究

　　大嘴子遗址位于大连市甘井子区大连湾镇李家村东北约 2 公里黄海

①王巍:《商周时期辽东半岛与朝鲜大同江流域考古学文化的相互关系》,《青果集》,知识出版社,1993 年。

北岸伸向大连湾的一处半岛台地上,半岛南、北、东三面环海,西面与陆地相接,当地俗称"大嘴子"。大嘴子遗址发现于 1959 年[①],1987 年[②]和 1992 年[③]先后两次进行发掘(文中资料均见这两次的考古发掘报告),两次发掘面积达 3500 余平方米,先后发现房址 51 座,石墙 4 道。其中 48 座房址属发掘报告所分的第三期,4 道石墙也属第三期,第三期的房址之间有相互打破的关系。从这一发现情况来看,大嘴子遗址第三期是其繁荣期,而且延续有一定的时间。

据《报告》,大嘴子遗址第三期的年代为距今 3300—3100 年,正相当于中原地区的商末。大嘴子遗址是辽东半岛该时期聚落遗址的重要发现,发掘面积大,揭露房址多,对探讨该时期辽东半岛的聚落形态具有重要意义,有学者对大嘴子第三期的聚落进行过较为全面的研究[④],我们在前人研究的基础上,对大嘴子第三期聚落的相关问题进行探讨。

(一)房址发现情况及其分期

大嘴子遗址第三期的房址,先后两次发掘共发现 48 座。48 座房址当中,石筑房址约 14 座,石筑房址有平地起建,也有土坑半地穴式,平面多呈方形。其余均为半地穴式房址,平面多呈方形或近方形,其余如圆形、椭圆形或不规则形等。绝大多数房址有出土物,陶器以壶、罐为主,此外还见有器底、碗、豆、盆、簋和网坠等,以及少量钵、舟形器及器座等;石器以石斧、石刀、石球、磨石多见,少量石钺、石镞、石剑、石锛等,偶见石矛、纺轮、石杵等;贝类器物见有项链、勺等;骨器主要是鱼卡和骨锥等。出土物主要是日常陶质器皿,包括盛储器如壶、罐、盆等;食器碗、豆、钵和勺等;礼器陶簋(另文讨论);生产及狩猎工具网坠、石斧、石刀、石锛、石矛、石剑、石镞、石球、磨石、纺轮、石杵以及鱼卡和骨锥等,其中的矛、镞、戈、钺、剑还有可能是武器;装饰品有项链等。房址中的 1987F37 和 1992F3 很可能是该聚落的储藏室。

这 48 座房址分别开口于第①层下、第②层下和第③A 层下。其中开口于第③A 层下的目前仅 1987F33 这 1 座;开口于第②层下的两次共发现

①许明纲:《大连市金县发现新石器时代遗址》,《考古》1960 年第 2 期。
②大连市文物考古研究所:《大嘴子——青铜时代遗址 1987 年发掘报告》,大连出版社,2000 年。
③辽宁省文物考古研究所等:《辽宁大连市大嘴子青铜时代遗址的发掘》,《考古》1996 年第 2 期。
④张翠敏:《大嘴子第三期文化聚落遗址研究》,《华夏考古》2006 年第 3 期。

22座,相互之间还有打破关系;开口于第①层下的两次共发现25座,相互之间也存在打破关系。由于该遗址遭受了破坏,同时考虑到发掘面积,这三个小的阶段当仍有部分房屋未发掘或遭到了破坏。但我们从上述的发现情况来看,大嘴子第三期从最早的少量房址到中段的大量增加,一直到晚段的持续增多,反映了该聚落人口的持续增长。

大嘴子第三期房址可以进行进一步的分段,如表4—8所示。

表4—8　大嘴子第三期早、中、晚三段房址分期

晚段 (开口于①层下)	87F3、87F5、87F6、87F7、87F8、87F9、87F10、87F12、87F13、87F14、87F15、87F16、87F17、87F18、87F19、87F21、87F22、87F24、87F28、87F29、87F34、87F35、87F36、87F38、87F39
中段 (开口于②层下)	87F1、87F2、87F4、87F11、87F20、87F23、87F25、87F26、87F27、87F30、87F31、87F32、87F37、92F1、92F2、92F3、92F4、92F5、92F6、92F7、92F8、92F9
早段 (开口于③A层下)	87F33

说明:87指1987,92指1992,下同。

(二)聚落形态考察

1. 大嘴子第三期房址形态

大嘴子第三期房址,有学者曾依据其大小分为三个类型[①],大型房址的长、宽均在5—6米,中型的长、宽在3.5—5米,长、宽在3.5米以下的属小型房址。石筑房址多为小型,土坑半地穴式房址包括了大、中、小三类。依据此标准,可以称之为大房子的有87F2、87F10、87F15、87F22、97F4等,这其中的一些也只能说勉强算作大房子,因为它们的宽度在5米以下。但也不排除其余破坏严重的房屋不是大房子,只因破坏过于严重而无法窥其原貌。一般而言,大房子出土物多,小房子(87F37和92F3这两个储藏室除外)出土物则略少。

48座房子从发现情况看,似可分为斜坡状顶和伞形顶。一般而言,圆形房址多为伞形顶。如87F13,为不规则圆形半地穴式,地穴上口处的东、南、北三面向外伸出一个平台,居住面平而坚硬;房内堆积的红烧土中的檩

————————

①张翠敏:《大嘴子第三期文化聚落遗址研究》,《华夏考古》2006年第3期。

椽痕迹明显,门向西,有门道;柱洞分布在四周平台和地穴内,共计 19 个,其中的 48 号柱洞位于地穴中间,构成支撑柱,四周平台上的柱洞呈小于 70°角向内倾斜。但也有例外,如 87F8 虽为圆形半地穴式,却为斜坡式顶。其余方形、长方形、椭圆形等则多为斜坡式顶,一般以檩椽进行架构。92F4,为不规则近圆形,土坑半地穴式,门向西;柱洞发现 19 个,从发现情况看,约可分为 4 排,故该房应为斜坡式顶;有意义的是在室内堆积中发现有墙壁,两面抹平,上有立柱的凹痕;屋顶由四层层次分明的烧土层和草拌泥层组成,隐约可见屋顶最下层的檩、椽痕迹。

48 座房址分为土坑半地穴式、土坑半地穴石筑墙基式和石筑三类,前两种形状近似,墙基部分砌石墙是为了增加坚固性①。可以称之为石筑房址的有 87F9、87F14、87F16、87F23、87F28、87F32 以及 92F7 等,均为中小型房址,这类房址均没有发现日常生活器皿和生产工具(仅 92F7 发现砥石 3 件),同时这类房址建造时间从地层关系来看多较晚。如 87F9、87F14、87F16、87F28 等均开口于①层下,87F23、87F32 以及 92F7 则开口于②层下。考虑到半地穴式房址绝大多数毁于火灾,则这类石筑房址似是为防火而修建的,且无出土物出土,时代又晚,或可以解释为该聚落的人群有意识迁徙而把日常生活器皿和生产工具一起搬走。

2. 大嘴子第三期石墙及其用途分析

大嘴子第三期石墙前后两次共发现 4 道。1987 年发现 3 道,第一道石墙开口于①层下,以大石块筑砌,从发掘区东中部呈东北—西南方向延伸约 20 米后折而南行,总长 39 米,宽 2.5—3.5 米,残高 0.4 米;第二道石墙也开口于①层下,位于发掘区的西南部,基本呈南北走向,用不规则的中、小石块堆积,长 19 米,宽 0.8—1.2 米,残高 0.3 米;第三道石墙开口于②层下,南北走向,发掘的该道石墙系护坡墙,高度为 1 米左右,向发掘区的南、北两侧延伸。1992 年发掘石墙一道,开口于②层下,略呈东北—西南走向,石墙长约 9.6 米,宽 0.6—0.9 米,残高 0.35 米,墙两侧用石块垒砌而成,中间填塞黄褐土。据发掘报告,1992 年的发掘区域当位于 1987 年发掘区的南部,1987 年发掘的第三道石墙和 1992 年发掘的石墙均开口于②层下,石墙的延伸和垒砌情况相近,不排除这是同一道石墙的可能性。

---

① 张翠敏:《大嘴子第三期文化聚落遗址研究》,《华夏考古》2006 年第 3 期。

石墙的功能是什么？一般认为是防御体系，如佟柱臣先生认为从大嘴子石墙的发现来看，说明战争具有一定规模，而且相当频繁，已越过原始社会解体阶段，进入军事民主主义时期①。有学者认为其功能主要是为了防御外来部族的攻击和战争，包括部族之间的争夺②。

从发现情况来看，此一认识有一定道理。房址及地层内发现了大量的武器形石器及少量铜质武器。据不完全统计，大嘴子遗址发现武器形石器117件（不包括石球），种类有钺、戈、戚、剑、矛、镞、环刃器、棍棒头等③。武器数量、种类都比较丰富，很多使用痕迹明显，有大量的残断和磨损，说明使用的频繁和过度，正是战争激烈的反映。而有的制作精良，磨制精细，但没有使用痕迹，如87T53②:1石钺，很可能是作为权杖使用的。大嘴子不仅发现数量众多的石镞，还发现铜镞1件，87T13②:30，形体较大，平面近三角形，长铤，较为独特的是双叶底角有一对称圆孔。完全消耗型的石镞及铜镞的发现更说明了战争的频繁。

但另外一个方面，若作为一个防御体系，最少应该和该聚落南、北、东三面的大海相接，形成一个较完善的防御系统，才能真正起到防御的作用。特别是该遗址西面同陆地相连，若是纯粹的防御设施，当建于遗址的西面，才能起到防御功能。从现在的发掘情况看，尚不明确。除具有防御作用外，笔者认为一个重要的作用是挡风。从可以确定门的朝向的房子来看，有东北向的、有北向的、有西北向的、有西向的、有西南向的，唯独没有东向和东南向的，而石墙主要集中于东南部，它的用途笔者认为主要是用来挡风的。我们知道，大连半岛冬季的寒风还是相当寒冷的，临海的大嘴子聚落建挡风墙是必要的。石墙的设置在三道以上，正是因为寒风来临时风力太强，多建几道可以减弱风力，对房子也有保护作用。从这样一个角度看，在该聚落的外围东南部应该还建有石墙，发掘报告中Ⅰ区T109东南角有呈东北—西南方向的石块堆积，可能是一条重要的线索。

3. 大嘴子第三期经济形态

大嘴子第三期的经济形态应以农业为主，渔猎采集经济和家畜饲养作为经济生活的一部分，占有一定比重。

---

① 佟柱臣：《大嘴子青铜时代遗址的学术意义》，《大连文物》1987年第2期。
② 张翠敏：《大嘴子第三文化聚落遗址研究》，《华夏考古》2006年第3期。
③ 张翠敏：《大嘴子第三文化聚落遗址研究》，《华夏考古》2006年第3期。

大嘴子第三期渔猎生产工具出土数量较多，主要是陶网坠和骨鱼卡。陶网坠形制较小，应是较小的网在浅海进行的作业。鱼卡是一种钓具，相当于现在的鱼钩一类渔具。在87F38中出土2件陶舟形器，是大嘴子第三期先民乘渔船出海捕鱼的写照。在87F10和87F37屋内都发现有以陶罐、壶盛装的鱼的残骸，多达10余陶罐、壶，鱼头和鱼骨清晰可见。在92F5的3件陶壶内发现有鱼的脊椎骨；92F3的3号陶壶内发现有10余条排列整齐的鱼脊椎骨，近底部鱼骨较零散。这说明当时的人们不仅日常食用鱼，而且将一部分剩余的鱼储藏起来留待日后食用。不仅如此，大嘴子第三期还发现有海豚尾椎骨、鲟类体背骨板等大型海洋动物的遗骸。此外，软体动物种类更多，如牡蛎、锈凹螺、朝鲜花冠小月螺、脉红螺、蛤仔、魁蚶、毛蚶、砂海螂等。大嘴子第三期先民依赖的大连湾是优良的不冻港湾，海洋资源极为丰富，而且适于捕捞。大嘴子第三期先民选择伸向大连湾的半岛作为他们的栖息地，正是看中了大连湾丰富而且取之不尽的海洋资源，使之成为他们日常生活的一个极重要的食物来源。

当冬季来临，刺骨的寒风和恶劣的天气使得大嘴子第三期先民不能出海捕鱼，这时期最重要的食物来源就是农作物。1987年在大嘴子第三期87F3发现有6件陶壶内盛装有谷物，经鉴定一种为水稻，另一种作物为粟，或为黍。1992年在92F3的2号陶壶内发现有谷物，可能是粟，其他一些陶器底部还发现有白色粉面，不知为何物。粟和黍就是北方地区常见的粮食作物，而稻作应该是自胶东半岛经渤海海峡传至辽东半岛一带[1]。经专家的鉴定，这些谷物均是当地栽培。大嘴子第三期大量石质生产工具如石斧、石锛、石凿、石刀等的发现，也是大嘴子第三期农业较为发达的反映。

在渔猎和农业之外，狩猎采集和家畜饲养也作为食物来源的有益补充。狩猎的对象见有貉、猫、赤鹿、斑鹿、獐、麝、狍、野猪等。狩猎工具如弓箭、石球、石矛等。饲养的家畜有猪、狗、羊等，特别是家猪，累计发现个体达30头之多，成为人们重要的肉食来源之一。采集的对象既有植物的根、茎和果实、种子，还应有海生植物，它们同样构成当时人类的食物来源之一。

---

[1] 徐昭峰：《我国稻作农业的北传》，《光明日报》2009年12月1日12版。

（三）聚落相关问题分析

1. 大嘴子第三期的社会形态

大嘴子第三期的社会形态，从发现的情况看，虽然青铜器的出现标志着已进入青铜时代，战争也很频繁，但该聚落似乎仍处于原始的氏族公有制阶段。

大嘴子第三期仍处于原始的氏族公有制阶段的表现，一是房子虽有大中小之分，出土物也有多少的差别，但没有表现出明显的贫富分化。其次，大嘴子第三期房址均没有发现灶，说明该聚落就餐不是以家庭为单位构成的一个个小单元，而很可能是共同劳动、集体就餐的原始公有制形式。房址内都没有发现灶以及炊器等，但在地层中发现有甗、鼎等炊器，说明当时应是集体野外就餐的方式。这种野外就餐的方式在早于大嘴子遗址第三期的长海县小珠山遗址有发现，2006 年和 2008 年先后两次对小珠山遗址的发掘中，发现了 10 座野外灶址[1]。第三是公共储藏室的存在。87F37 和 92F3 从发现情况看，应是储藏粮食、鱼类等食物和生产生活用具的公共储藏室，表明该聚落实行的是财产集体所有的原始公有制社会。

48 座房子中，保存较为完好的房址特别要注意的是 87F22 和 92F4 这 2 座，这 2 座房子均属前文所分的大型房址。87F22，椭圆形半地穴式，地穴上口南北直径 4.95 米，东西直径 5.5 米，地穴深 0.5 米，居住面垫一层黄土。门向西南，斜坡门道，以 8 块石板形成台阶。出土物丰富，陶器有簋 3 件、碗 1 件、壶 1 件、钵 1 件，石器有钺 1 件、镞 2 件、刀 4 件、斧 1 件、杵 1 件、磨石 2 件和带窝石 1 件。前文笔者曾说簋是大嘴子第三期的陶质礼器，这 1 套 3 件的陶礼器正是该房子主人身份的象征，除此之外的钺和镞这类武器表明房子的主人是一名善战的男子。其他房子除储藏室 92F3 有 1 套 3 件礼器陶簋外，其余发现陶簋的房子均仅出现 1 件。另外，87F22 基本处于该聚落的中心，又紧邻石砌挡风墙，位置特殊。故笔者从房子的规模和修整状况、出土物特征以及该房子所处的位置分析，87F22 的主人很可能是该氏族首领。92F4 位于聚落的南部，土坑半地穴式建筑，上口直径 5.7—6 米，深约 1 米，居住面铺垫一层黄土。门向正西，门道经过修整，并

---

[1] 中国社会科学院考古研究所、辽宁省文物考古研究所、大连市文物考古研究所：《辽宁长海县小珠山新石器时代遗址发掘简报》，《考古》2009 年第 5 期。

铺石板。发现有倒塌的墙壁,屋顶分四层,用檩、椽架构。该房子建筑考究。出土物中陶器有壶 8 件、罐 2 件、簋 1 件、网坠 1 件,石器有砥石 1 件、斧 3 件、刀 4 件、镞 1 件、石球 1 件、戈 2 件、凿 1 件、磨石 2 件和环刃石器 1 件。该房子也出土有 1 件陶礼器簋,其他出土物也较为丰富,是该聚落西南部一带体量最大者,同时处在挡风墙以内,又紧邻 87F37 和 92F3 这 2 座储藏室,故笔者认为 92F4 的主人极有可能是负责掌管仓库的上层管理人员。

2. 聚落信息分析

大嘴子遗址南、北、东三面环海,据报告说由于海浪冲击或地震等原因,在临海的三面形成了陡峭的断崖,断崖上可见残破房址,这说明当时大嘴子先民居住时遗址规模要远大于现今的发掘规模。同时,在当时的生产水平并不发达的情况下,先民在选择聚落居住时,会稍稍远离大河或大海,以免河(海)水暴涨危及其安全。内陆黄河流域和长江流域两侧的早期遗址多分布在离河有一定距离的二级台地上,就是很好的说明。而且渤海在历史上也屡次发生海侵。所以大嘴子遗址聚落设置反映出当时的地貌和现今的地貌有所变化。对大连地区临海遗址进行近海调查,探讨地貌的变迁等相关地质信息对古人生存的影响,正是下一步工作的重点。

前文我们提到,大嘴子遗址第三期房址开口于不同的层位,而且很多房址间还存在打破关系,据此可以将第三期房址分为三个小段。其中,略早的房子多属半地穴式,支撑是用木柱,房顶是茅草,海风又极易引发火灾,而且易在焚烧中坍塌,严重危及人身及财产安全,故略晚建造的房子多是石筑,地面的火种不容易引发火灾,房屋坚固不易坍塌,这应是大嘴子先民适应海边生活的反映。同时期双砣子三期遗址,其房子的发现情况与大嘴子第三期相似,它的大部分房址也是被火烧后废弃,新房址往往就地重建,有的还利用旧房子的一部分墙基,故房址之间存在着复杂的叠压打破关系。双砣子三期房子多是砌筑石墙,但仍不敌海风屡屡造成的火灾而最终废弃①。辽东半岛的史前沿海遗址多选择在背风向阳的缓坡上,大嘴子遗址也基本属此种情况。从发掘资料来看,大嘴子遗址东部朝向大海,西

①中国社会科学院考古研究所:《双砣子与岗上——辽东史前文化的发现和研究》,科学出版社,1996 年,第 9 页。

部则是连绵的丘陵,更为重要的是,大嘴子遗址北面和西面均是千山山脉余脉的南延地段,这些连绵起伏的山脉给大嘴子先民提供了很好的挡风作用,大连湾迄今为止仍是一处优良的渔港,这样一处地方是极适宜渔猎采集兼营农耕的大嘴子第三期先民居住生活的。但主要来自东南部海洋的海风还是给大嘴子先民造成了很多的不便,所以他们在东南部一带筑起石墙来阻挡海风。

3. 大嘴子第三期文化的发展

大嘴子遗址同双砣子遗址一样可以分为三期,第一期文化特征与山东龙山文化有较多相似性,第二期文化特征与山东岳石文化有较多相似性,第三期文化特征则主要是地方土著文化。一些学者认为双砣子一、二期文化分别是山东地区同期考古学文化的一部分,另一些学者则主张双砣子一、二期文化是深受山东地区同时期考古学深刻影响的地方土著文化。但无论怎样,双砣子一、二期文化之时,大连地区的考古学文化是深受山东地区同时期考古学文化影响的。双砣子二期文化的结束,意味着大连地区长期以来受山东地区同时期考古学文化控制的局面不复存在,以双砣子三期文化为代表的大连土著文化开始蓬勃发展。

从大嘴子遗址和双砣子遗址的发现来看,第三期文化都是其规模最大、遗迹遗物最为丰富的时期,房址发现较多,而且具有一定的布局。这一切都说明,摆脱了山东地区长时期的影响乃至控制后的大连土著文化不仅人口增多了,而且社会组织、文化生活也得到了长足发展。大连地区以大嘴子三期文化为代表的土著文化的全面发展,为其后以曲刃青铜短剑为代表的"双房文化"[①]的北向发展奠定了坚实基础。

以大嘴子第三期为代表的土著文化的持续发展,是与其优越的地理位置有关的。从考古资料来看,早在小珠山一期文化时,大连地区和山东地区就通过庙岛群岛建立起一定的联系,越往后这种联系越广泛、深入,以致有学者认为从小珠山文化上层文化(小珠山五期文化)直至双砣子二期文化,大连地区成为山东龙山文化和岳石文化的分布区[②]。山东地区的文化势力退出大连地区后,两地的交流不会因此而中断。商周之际,商文化和

①赵宾福:《中国东北地区夏至战国时期的考古学文化研究》,科学出版社,2009年,第158页。
②栾丰实:《辽东半岛南部地区的原始文化》,《海岱地区考古研究》,山东大学出版社,1997年,第402—403页。

姬周文化持续向海岱地区与辽西地区渗透,与辽东北部地区远离中原王朝文化的影响相比,大连地区更易通过胶东半岛受到中原王朝文化的影响。在先进文化的影响下,大连地区的土著文化终于挟"曲刃青铜短剑"的利刃,北向扩张。

大嘴子遗址第三期如前所述,是一处近海、主要以农业兼营渔捞采集、狩猎和家畜饲养作为经济辅助来源的聚落址。虽然已进入青铜时代,但实行的仍然是原始的氏族公有制。在山东地区的文化势力撤离大连地区后,以大嘴子遗址第三期为代表的土著文化开始蓬勃发展。大嘴子遗址第三期聚落的房址,从发现情况看,绝大多数毁于火灾,这当与该遗址紧邻大海、不能很好地防范海风引发的火灾有关。虽然这里紧邻大连湾,是海洋资源极为丰富的地方,同时他们也建立挡风墙抵御海风,但频发的火灾最终仍迫使大嘴子第三期的居民选择放弃了这个优越的生存环境,而搬迁他处。

五、礼制问题

从双砣子三期文化典型遗址大嘴子、双砣子和大砣子等的发现情况来看,大型的陶罐、壶、盆等一般靠边放置,因为头重脚轻,重心偏上,不易搬动,往往埋入半地下,因而只能作储存器[1]。碗、豆则为日用食器。大嘴子、双砣子遗址的房址内不见灶,可能设于屋外,炊器从地层的发现来看,应为甗和鼎等。陶簋这种器物毫无疑问也应是盛储器,但其用途是什么?我们认为,陶簋属于大嘴子遗址第三期文化中仅见的陶礼器,其主要用途应是祭祀用器。

(一)陶簋的发现

大嘴子遗址第三期陶簋主要发现于房址内,在地层内也有发现。1987年发掘出土的陶簋,出土于3座房址内,分别是F8、F15和F22,以及地层第②层内。F8内发现1件,F8:21,位于房址的南部偏西,夹砂红褐陶,敞口,平底,腹下部折收成圈足,口沿下饰一道弦纹,间饰刺点纹,腹部饰以刺点纹;口径20.4厘米,高16厘米,足径5.2厘米。F8是1处圆形半地穴式房址,门在西北,房址内发现陶器以壶、罐为主,簋、豆各1件,陶器底3

---

①张翠敏:《大嘴子第三期文化聚落遗址研究》,《华夏考古》2006年第3期。

件,其余还有陶网坠1件和石器如斧、纺轮、矛、刀、剑、磨石和石球等①。

F15内发现1件,F15:14,位于房址的北部偏东,从报告的线图来看,陶簋是口部倒向一侧的横置状态。夹砂灰褐陶,直口,圆唇,腹下部折收,圈足;腹部饰10组竖行人字纹;口径26.4厘米,高24厘米,足径10厘米。F15是1座方形圆角半地穴式房址,门在西南角,房址内发现陶器以壶、罐、盆为主,簋1件,陶器底3件,石器有斧、刀、磨石、石球和石盖等②。

F22内发现3件,集中置于房址西部中间近门的位置,编号分别为F22:1、F22:2和F22:31。均为夹砂褐陶,颜色略有不同;均敞口、圆唇、斜弧壁,折腹,圈足。F22:1,腹部折棱,圈足饰五个三角形孔,口径22厘米,残高15厘米。F22:2,口径24厘米,高18厘米,足径10.4厘米。F22:31,腹部饰2道弦纹,中间饰刺点纹,折腹处饰刺点纹,圈足上部饰刺点纹;口径11.8厘米,高7.2厘米,足径4.5厘米。F22是1座椭圆形半地穴式房址,门在西南角,房址内发现陶器以壶、罐为主,簋3件,碗、钵各1件,陶器底1件,其余石器有斧、刀、镞、钺、杵以及磨石等③。

第②层内出土的陶簋有2件可以复原。T82②:6,夹砂灰陶,敞口,圆唇,弧壁,折腹,圈足,口沿下饰一道凸弦纹,腹部饰弦纹,间饰刺点纹,圈足外饰三角纹;口径22.4厘米,高18.8厘米,足径8厘米。T51②:8,夹砂灰褐陶,直口,圆唇,直壁下折,假圈足;口沿下饰一道弦纹,腹部饰二道弦纹,口沿下弦纹与腹部弦纹之间饰人字纹;口径15.2厘米,高11.4厘米,足径5.2厘米。此外,还公布有6件簋的口沿残片,3件夹砂陶,3件泥质陶,器型不出上述陶簋④。

1992年发掘陶簋4件,均出土于房址内。其中F3有3件,F4仅1件。F3的3件编号分别为F3:17、F3:6和F3:14,1件位于房址西侧中部,2件位于房址中部。F3:17,夹细砂灰褐陶,敛口,尖唇,折腹,器壁内侧近底处

①大连市文物考古研究所:《大嘴子——青铜时代遗址1987年发掘报告》,大连出版社,2000年,第22—24页。

②大连市文物考古研究所:《大嘴子——青铜时代遗址1987年发掘报告》,大连出版社,2000年,第41—44页。

③大连市文物考古研究所:《大嘴子——青铜时代遗址1987年发掘报告》,大连出版社,2000年,第50—57页。

④大连市文物考古研究所:《大嘴子——青铜时代遗址1987年发掘报告》,大连出版社,2000年,第246—247页。

下凹,外侧形成假圈足外撇,平底;口沿下饰波形纹一道;口径 12.2 厘米,底径 7 厘米,腹径 14 厘米,高 11.2 厘米。F3:6,泥质红褐陶,敛口,圆唇,折腹,矮圈足;口沿至腹折处各饰一道戳印纹,其间每三个菱形网格纹为一组间断为一周排列,每组中间一个菱形网格纹,上下各贴乳钉一个;口径 15.4 厘米,底径 7.6 厘米,腹径 16.8 厘米,高 14 厘米。F3:14,夹细砂灰褐陶,敛口,圆唇,折腹,平底;口径 13.5 厘米,底径 6 厘米,高 9.7 厘米。F3 为圆形土坑半地穴式房址,未发现门;房址内陶器加上生产工具共有 40 余件,陶器以罐、壶为主,陶簋 3 件,陶碗和器座各 1 件,残陶器 7 件,另有网坠 1 件和石器如锛、刀、磨石。

F4 上:8,位于房址中部略偏东,从简报的线图来看,陶簋是口部倒向一侧的横置状态;泥质红褐陶,敛口,尖唇,折腹,口沿下有一周凸棱纹,其下饰四道波形纹,口径 14.4 厘米。F4 为近圆形土坑半地穴式房址,门在正西,房址内陶器以壶和罐为主,陶簋 1 件,石器见有斧、刀、镞、戈、凿、砺石、石球、环刃石器以及磨石等[①]。

此外,这类陶簋在双砣子遗址第三期和大砣子遗址第二期也有发现。双砣子遗址第三期共发现陶簋 4 件[②],分布于 2 座房址之内,其中 F4 发现 3 件,3 件形制有所不同。F4:21,直口,尖唇,折腹,圈足;腹部饰羽状划纹,口径 21 厘米,高 19.8 厘米。F4:33,敞口,圆唇,下腹微折,圈足削成三个小缺口;腹部饰两道刺点纹,口径 27 厘米,高 16.5 厘米。F4:5,近直口,圆唇,折腹,底残;口部有刺点纹,口径约 25 厘米。F6 内 1 件,F6:2 陶簋,泥质灰褐陶,敞口,圆唇,下腹折收,圈足;口部饰两排乳点状纹及三个为一组的圆点纹,腹部饰有网状划纹;口径 29 厘米,高 22.5 厘米。

大砣子遗址第二期共发现 3 件陶簋[③],1 件见于地层内,另 2 件各出土于 1 座房址内。T12②:3,夹砂灰陶,口微侈,圆唇,折腹,假圈足;口径 11.9 厘米,高 10.2 厘米,足径 5.5 厘米。F6:7,夹砂灰褐陶,敛口,圆唇,垂腹,矮圈足;口径 10.6 厘米,高 9.3 厘米,足径 4.2 厘米。F4:12,

---

①辽宁省文物考古研究所等:《辽宁大连市大嘴子青铜时代遗址的发掘》,《考古》1996 年第 2 期。

②中国社会科学院考古研究所:《双砣子与岗上——辽东史前文化的发现和研究》,科学出版社,1996 年,第 41 页。报告中陶簋 5 件,其中 T4:49 陶器,报告称之为簋,其形制和所有陶簋均不符,而更似钵,故我们将其排除于陶簋之外。

③大连市文物考古研究所、辽宁师范大学历史文化旅游学院:《辽宁大连大砣子青铜时代遗址发掘报告》,《考古学报》2006 年第 2 期。

夹砂灰陶,敞口,平唇,圈足残,腹微折出棱;器身饰弦纹和戳印圆点纹及压印米粒纹;口径 26.8 厘米。

这些陶簋依据口部变化可分为 A、B 两个类型,即 A 型敞口碗形簋和 B 型近直口的铙形簋。

A 型簋,碗形,此类簋形体一般较大。敞口,斜直壁,下腹折收,圈足。大嘴子 87T82②:6,双砣子 F6:2、F4:33,大砣子 F4:12 归属该型。

B 型簋,铙形,形体小于 A 型。根据其口部的细微变化又可分为 Ba 亚型侈口、Bb 亚型直口和 Bc 亚型敛口。

Ba 亚型,侈口,壁斜直或微弧,折腹,圈足或假圈足。大嘴子 87F8:21、F22:1、F22:2 和 F22:31,大砣子 T12②:3 归属该型。

Bb 亚型,直口,直壁,折腹,圈足或假圈足。大嘴子 87 F15:14、T51②:8,双砣子 F4:5、F4:21 归属该型。

Bc 亚型,敛口,斜直壁,折腹,圈足、假圈足或平底。大嘴子 92 F3:17、F3:6、F3:14、F4 上:8 和大砣子 F6:7 归属该型。

根据有学者的研究①,结合大嘴子、双砣子和大砣子遗址的地层关系,B 型铙形陶簋的演变规律基本是敛口演变为直口,再演变为侈口。A 型敞口碗形簋出现及沿用时间贯穿于大嘴子遗址第三期文化的始末,形制变化不大。

(二)陶簋的用途

一般而言,古人对鬼神和天地万物都比较敬畏,有祭祀的传统。先秦的各地考古学文化当中均发现有陶质礼器,这类礼器即是祭祀鬼神和天地万物的祭器。

大嘴子第三期一类文化发现的陶簋,数量有限,集中于房址内,在地层内也有发现。一般而言,作为口大底小的器物如罐、壶、盆等,正如发掘者所言,要将底部置于挖好的坑内,起到固定的作用。但陶簋这种口大底小的器物,从发现情况看,似是不固定于地下,而是作为一种可以移动的器物放置的,说明它不是固定于房屋内的地下作为盛储器使用的。同时,房址内发现的陶簋一般饰有纹饰,保存状况一般比较良好,说明房屋的主人对这类器物比较爱惜,也说明了它的贵重。古人不仅敬畏鬼神和天地万物,

---

① 张翠敏:《大嘴子第三期文化聚落遗址研究》,《华夏考古》2006 年第 3 期。

而且对祭祀用器也心存敬畏,爱护有加。我们在前文已从考古发现说明除陶簋以外的陶器用途,均是日常生活器皿。大嘴子第三期文化的古人必也制作有专用的祭器,那么制作精细的陶簋应当就是他们的专用祭器,而非实用器。史前及夏商周三代,陶簋不仅作为陶礼器长期存在,商周时期的铜簋与铜鼎配套使用更是作为重要的礼仪制度。

我们在研究此类陶簋时,发现一种规律。也就是陶簋在房址内是以奇数出现的。具体说,一般房址内仅发现1件,如大嘴子遗址第三期1987年F8、F15和1992年F4,双砣子遗址第三期F6和大砣子遗址第二期F6、F4;也有3件一组的,如大嘴子遗址第三期1987年F22、1992年F3(图4—30)和双砣子遗址第三期F4。这当表明它的使用数目,祭祀时一般使用1件即可,隆重者使用3件一组。特别是大嘴子1987年F22和1992年F3使用的3件一组,形制相近而大小依次递减。如大嘴子1987年F22的3件,属Ba亚型侈口铙形陶簋,形制相近,依次为:F22:2,口径24厘米,高18厘米;F22:1,口径22厘米,残高15厘米;F22:31,口径11.8厘米,高7.2厘米。大嘴子1992年F3的3件,属Bc亚型敛口铙形簋,形制相近,惟F3:14陶簋平底。大小依次为:F3:6,口径15.4厘米,高14厘米,F3:14,口径13.5厘米,高9.7厘米;F3:17,口径12.2厘米,高11.2厘米。

这种形制相近、大小依次递减、成组出土的陶簋已具有中国成套礼器的基本特征。大嘴子遗址第三期文化的年代为距今3300—3100年左右,正是中原地区的晚商时期,商代晚期墓葬已出现了成套铜礼器随葬的现象。考古发现辽东半岛在史前即已通过渤海海峡和胶东半岛建立了广泛的联系,夏商时期更为频繁而深入。同时,在辽西地区发现有商末周初的青铜器窖藏坑。说明商王朝对辽东半岛的影响可以通过陆路和海路两个通道到达,所以大嘴子遗址第三期文化发现成套的以陶簋为载体的祭器并不奇怪。从上文的相关论述可知,双砣子三期文化的陶簋和胶东半岛珍珠门文化的商式陶簋形态相近,故双砣子三期文化的陶簋当源于珍珠门文化的商式陶簋。

这种铙形陶簋,它的形制似商周时期的乐器铜铙。在史前中原地区的河南孟津县黄河岸边相当于王湾二期文化的妯娌遗址,发现有6件形制近于大嘴子遗址第三期文化铙形陶簋的所谓铙形器,其中H141出土2件,G2出土1件,H153出土3件,可复原3件,均为H153出土。从发掘报告看,H153 的 3 件铙形器均为泥质褐陶,外表光滑,口微侈,方唇,上腹为斜壁筒形,折腹,下腹为平底喇叭形,中空。这 3 件铙形器形制相近、大小依次递减,分别为:H153:10,口径 34.5 厘米,底径 14.5 厘米,高 27 厘米;H153:9,口径 32 厘米,底径 13 厘米,高 24 厘米;H153:8,口径 31 厘米,底径 12.5 厘米,高 23.5 厘米。发掘者认为这类所谓铙形器和大型石璧均属礼器[1](图 4—30)。有研究者认为妯娌遗址 H153 出土的铙形器,1 套 3件,形制相近,大小相依。同时,H153 是一座形制特殊的所谓"子母坑",位置居于居住场所与氏族墓地之间的隔离带,临近墓地,所以 H153 很可能是一处祭祀亡灵的场所,铙形器则属专用的祭祀器具[2]。

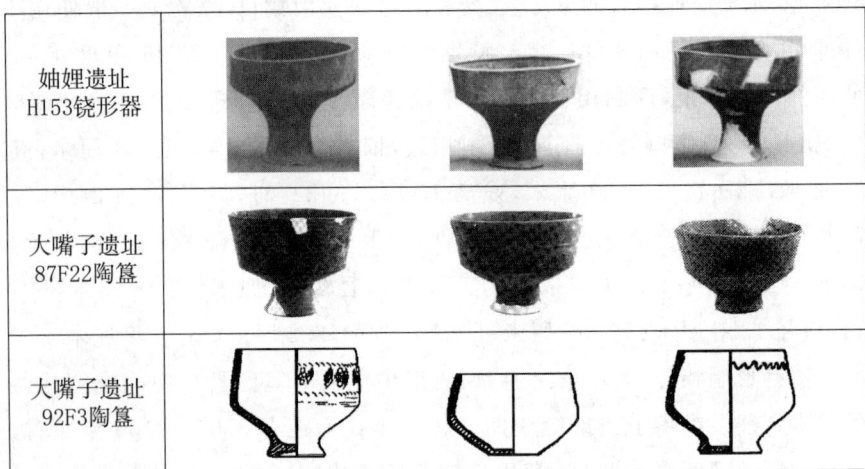

妯娌遗址 H153铙形器			
大嘴子遗址 87F22陶簋			
大嘴子遗址 92F3陶簋			

图 4—30　妯娌遗址成套铙形器和大嘴子遗址成套陶簋对比图

据此,大嘴子遗址第三期发现的与妯娌遗址铙形器形制相近、又具有"列簋""编铙"性质的 1 套 3 件陶簋,应是专用的祭器。古代一般民众祭祀对象有先祖及天地万物自然之神。《周礼·祭法》说:"庶士、庶人立一祀,或立户,或立灶。"大嘴子遗址第三期房址内发现的陶簋,应是日常祭祀其先祖或门神、灶神等的祭器,祭祀完毕后陈放于室内留待以后继续使用。《周礼·祭法》还说:"相近于坎、坛,祭寒暑也。……四坎、坛,祭四方也。山林、川谷、丘陵能出云,为风雨,见怪物,皆曰神。"生活于海边的大嘴子先民还应该要祭祀海神。地层内发现的陶簋,应是该聚落集体祭祀本氏族或

---

①洛阳市文物工作队、郑州大学考古系:《妯娌与寨根》,中州古籍出版社,2006 年,第 35—156 页。
②李国强、卓庆跃:《妯娌遗址出土的铙形器》,《中原文物》2009 年 4 期。

部落共同的先祖、天地四方、自然之神或海神后掩埋于坎中形成的。四川三星堆 2 个祭祀坑大量祭祀用器的发现即是明证。

第四节　双房文化研究

双房文化,又名"双房遗存"或"双房类型"①。双房遗存是指以辽宁省大连市普兰店市双房遗址发现的石棚、大石盖石棺墓为代表的考古学文化遗存。赵宾福先生经过系统论述,将此类遗存命名为"双房文化"②。双房文化的石构墓葬和青铜短剑墓遗存主要有:普兰店双房石棚和大石盖墓③、普兰店碧流河大石盖墓④、普兰店王屯石棺墓⑤、瓦房店铧铜矿石棚⑥、盖州石棚⑦、大连双砣子青铜短剑墓、大连岗上、楼上、卧龙泉积石冢、大连尹家村二期遗存⑧、大连营城子黄咀子、旅顺小潘家村、蒋家村、旅顺后牧城驿⑨、长海县上马石青铜短剑墓⑩、长海县上马石遗址上层遗存⑪、长海徐家沟⑫、金州亮甲店赵王村、本溪梁家村⑬、本溪刘家哨⑭、本溪通江峪与龙头山石棺墓、本溪南芬火车站土坑墓与沙窝石棺墓⑮、本溪上堡青铜短剑墓⑯、本

①朱永刚:《东北青铜文化的发展阶段与文化区系》,《考古学报》1998 年第 2 期;王巍:《双房遗存研究》,《庆祝张忠培先生七十岁论文集》,科学出版社,2004 年。
②赵宾福:《中国东北地区夏至战国时期的考古学文化研究》,科学出版社,2009 年。
③许明纲、许玉林:《辽宁新金县双房石盖石棺墓》,《考古》1983 年第 4 期;许玉林、许明纲:《新金双房石棚和大盖石棺墓》,《文物资料丛刊》第 7 辑,文物出版社,1983 年。
④旅顺博物馆:《辽宁大连新金县碧流河大石盖墓》,《考古》1984 年第 8 期。
⑤刘俊勇、戴廷德:《辽宁新金县王屯石棺墓》,《北方文物》1988 年第 3 期。
⑥辽宁省文物考古研究所:《辽东半岛石棚》,辽宁科学技术出版社,1994 年。
⑦辽宁省文物考古研究所:《辽东半岛石棚》,辽宁科学技术出版社,1994 年。
⑧中国社会科学院考古研究所:《双砣子与岗上——辽东史前文化的发现和研究》,科学出版社,1996 年。
⑨旅顺博物馆:《旅顺口区后牧城驿战国墓清理》,《考古》1960 年第 8 期。
⑩旅顺博物馆、辽宁省博物馆:《辽宁长海县上马石青铜时代墓葬》,《考古》1982 年第 6 期。
⑪辽宁省博物馆、旅顺博物馆、长海县文化馆:《长海县广鹿岛大长山岛贝丘遗址》,《考古学报》1981 年第 1 期。
⑫许明纲:《大连市今年来发现青铜短剑及相关的新资料》,《辽海文物学刊》1993 年第 1 期。
⑬魏海波:《辽宁本溪发现青铜短剑墓》,《考古》1987 年第 2 期。
⑭梁志龙:《辽宁本溪刘家哨发现青铜短剑墓》,《考古》1992 年第 4 期。
⑮梁志龙:《辽宁本溪多年发现的石棺墓及其遗物》,《北方文物》2003 年第 1 期。
⑯魏海波、梁志龙:《辽宁本溪县上堡青铜短剑墓》,《文物》1998 年第 6 期。

溪县新城子墓地[①]、岫岩真武庙 B 区[②]、辽阳二道河子石棺墓[③]、辽阳亮甲山土坑墓、鞍山海城大屯[④]、辽阳接官厅石棺墓[⑤]、沈阳郑家洼子青铜短剑墓[⑥]、沈阳郑家洼子遗址和土坑墓及遗址下层[⑦]、沈阳郑家洼子第一地点[⑧]、法库石砬子石棺墓[⑨]、新民公主屯后山 F1[⑩]、抚顺大甲邦石棺墓[⑪]、抚顺大伙房祝家沟、八宝沟、小青岛石棺墓、抚顺塔峪乡土坑墓、李家乡莲花堡石棺墓[⑫]、清原斗虎屯石棺墓、清原夏家卜、李家卜、土口子中学石棺墓[⑬]、清原门脸石棺墓[⑭]、西丰金山屯石棺墓、诚信村石棺墓、消防队院内石棺墓[⑮]、西丰和隆阜丰屯和忠厚屯石棺墓[⑯]、开原李家台遗址[⑰]、昌图翟家村[⑱]、宽甸赵家堡、东港大房身、凤城小陈家[⑲]、凤城东山大石盖墓[⑳]、凤城西山大石盖墓[㉑]、集安五道沟门[㉒]，以及吉林的东辽县腰岭子石棺墓[㉓]等。

　　王巍先生指出双房遗存的分布范围是一个动态的发展过程，最早出现在辽东半岛南部，之后逐渐向北、向东扩展。至西周晚期，已遍布辽东地

①岫岩满族自治县博物馆：《辽宁岫岩真武庙西山青铜时代遗址试掘简报》，《北方文物》2000 年第 3 期。

②辽宁省文物考古研究所、本溪市博物馆：《辽宁本溪县青铜时代墓地》，《考古》2010 年第 9 期。

③辽阳市文物管理所：《辽阳二道河子石棺墓》，《考古》1977 年第 5 期。

④孙守道、徐秉琨：《辽宁寺儿堡等地青铜短剑与大伙房石棺墓》，《考古》1964 年第 6 期。

⑤辽阳市文物管理所：《辽阳市接官厅石棺墓群》，《考古》1983 年第 1 期。

⑥沈阳故宫博物院等：《沈阳郑家洼子的两座青铜时代墓葬》，《考古学报》1975 年第 1 期。

⑦中国社会科学院考古研究所东北工作队：《沈阳肇工街和郑家洼子遗址发掘》，《考古》1989 年第 10 期。

⑧沈阳市文物工作站：《沈阳地区出土的青铜短剑资料》，《考古》1964 年第 1 期。

⑨徐志国、庄艳杰、魏春光：《法库石砬子遗址及石棺墓调查》，《辽海文物学刊》1993 年第 1 期。

⑩周阳生：《新民公主屯后山青铜时代遗址调查》，《辽海文物学刊》1990 年第 2 期。

⑪徐学国：《辽宁抚顺市甲帮发现石棺墓》，《文物》1983 年第 5 期；抚顺市博物馆考古队：《抚顺地区早晚两类青铜文化遗存》，《文物》1983 年第 9 期。

⑫佟达、张正岩：《辽宁抚顺大伙房水库石棺墓》，《考古》1989 年第 2 期。

⑬清原县文化局等：《辽宁清原县近年发现一批石棺墓》，《考古》1982 年第 2 期。

⑭清原县文化局：《辽宁清原县门脸石棺墓》，《考古》1981 年第 2 期。

⑮辽宁省西丰县文物管理所：《辽宁西丰县新发现的几座石棺墓》，《考古》1995 年第 2 期。

⑯裴跃军：《西丰和隆的两座石棺墓》，《辽海文物学刊》1986 年创刊号。

⑰辽宁铁岭地区文物组：《辽北地区原始文化遗址调查》，《考古》1981 年第 2 期。

⑱裴跃军：《辽宁昌图县发现战国、汉代青铜器及铁器》，《考古》1989 年第 4 期。

⑲许玉林、赵连春：《丹东地区出土的青铜短剑》，《考古》1984 年第 8 期。

⑳许玉林、崔玉宽：《凤城东山大石盖墓发掘简报》，《辽海文物学刊》1990 年第 2 期。

㉑崔玉宽：《凤城东山、西山大石盖墓 1992 年发掘简报》，《辽海文物学刊》1997 年第 2 期。

㉒集安县文物管理所：《集安发现青铜短剑墓》，《考古》1981 年第 5 期。

㉓金旭东：《东辽河流域的若干种古文化遗存》，《考古》1992 年第 4 期。

区,到春秋与战国相交之际或稍晚,双房遗存衰亡;双房遗存应是双砣子三期文化与庙后山文化(马城子文化)相互碰撞形成的一支新的考古学文化,对应的可能是貊族的遗存①。赵宾福先生通过对双房文化中的陶器以及青铜器进行分析,进一步将双房文化分为三期;在属于双房文化第一期的33 种陶器当中,有 18 种陶器可以在双砣子三期文化晚期陶器中找到各自鼻祖,有 9 种与马城子文化晚期同类陶器存在明显承袭关系②。吴世恩先生分别探讨了双房文化的分期和源流问题,将双房文化分为三期:早期年代约在西周中期到晚期,中期年代约在春秋早期到春秋中期,晚期年代约在春秋晚期到战国前期;他认为双房文化应源于庙后山文化(马城子文化),而衰落原因是来自辽西地区的一股强大北方青铜文化进入了辽东半岛,导致双房文化陡然衰退③。

一、分布范围和类型划分

(一)分布范围

关于双房文化的分布范围,有学者认为其北抵辽宁抚顺、清原一带,西达下辽河东岸的辽阳左近,南到辽东半岛南部,东达鸭绿江下游左岸的朝鲜半岛西北部④。

有学者认为在辽东地区青铜时代中、晚期存在四种类型遗存,双房类型、新城子类型、尹家村类型和东山类型⑤。从该文的各类型分布图可以看出,双房类型大致分布于辽东半岛;新城子类型大致分布于本溪太子河附近;尹家村类型大致分布于大连旅顺口区;东山类型大致分布于丹东附近、鸭绿江西北。综合以上可以看出,这四种类型的大致范围在太子河流域以南、鸭绿江西北部的整个辽东半岛地区。

我们将上述墓葬点、遗址点标注于地图上,可以更直观地看出双房文化的分布范围(图 4—31)。双房文化最北可达法库—西丰地区,最西达辽河以东沿岸,最南达辽东半岛黄海北岸,最东达鸭绿江附近。

①王巍:《双房遗存研究》,《庆祝张忠培先生七十岁论文集》,科学出版社,2004 年。
②赵宾福:《中国东北地区夏至战国时期的考古学文化研究》,科学出版社,2009 年,第 158—193 页。
③吴世恩:《关于双房文化的两个问题》,《北方文物》2004 年第 2 期。
④王巍:《双房遗存研究》,《庆祝张忠培先生七十岁论文集》,科学出版社,2004 年。
⑤华玉冰、王来柱:《新城文化初步研究——兼谈与辽东地区相关考古遗存的关系》,《考古》2011 年第 6 期。

图 4—31　双房文化墓葬、遗址分布图

1. 岗上 M2、7、12、13、14、16、19；2. 楼上 M5、6；3. 营城子黄咀子；4. 旅顺小潘家村；

5. 伙家窝堡 1 号；6. 双房 2 号、M6；7. 抚顺塔峪乡；8. 抚顺大甲邦；

9. 抚顺八宝沟 M6；10. 西丰消防队；11. 本溪龙头山；12. 瓦房店铧铜矿石棚；

13. 清原李家卜；14. 清原门脸；15. 金州赵王村；16. 本溪梁家村 M1、M2；

17. 旅顺蒋家村 M1；18. 西丰和隆阜丰屯；19. 本溪通江峪；20. 抚顺小青岛 M5；

21. 法库石砬子 M1；22. 法库黄花山 M1；23. 碧流河 M16、M23、M15；

24. 凤城东山 M6、4、5、10、1、9，西山 M1；25. 卧龙泉；26. 郑家洼子 M6512、659；

27. 西丰金山屯；28. 清原斗虎屯；29. 西丰诚信村；30. 新金王屯 M1、2、3；

31. 东辽腰岭子；32. 西丰和隆阜丰屯忠厚屯；33. 大伙房 1956 年 1 号；

34. 岫岩县西房身；35. 清原土口子中学；36. 清原夏家卜马家店；

37. 法库长条山 M4、5、9；38. 上马石 M2、3、4；39. 辽阳亮甲山 M1、3、5；

40. 本溪南芬火车站；41. 尹家村 M12；42. 辽阳二道河子 1 号；43. 本溪上堡 M1、2、3、4；

44. 辽阳接官厅 M11；45. 抚顺祝家沟 M2、3、4；46. 本溪沙窝；47. 本溪刘家哨；

48. 宽甸赵家堡；49. 抚顺马架子；50. 凤城小陈家；51. 本溪北台；52. 本溪虎沟；

53. 旅顺后牧城驿 M1、3；54. 本溪新城子墓地；55. 上马石 I T1②、Ⅱ T1②、I T6②；

56. 沈阳新民公主屯后山 F1；57. 开原李家台；58. 郑家洼子 T7；

59. 铁岭昌图翟家村；60. 岫岩真武庙 B 区；61. 大连瓦房店巍山遗址

（二）区域类型划分

关于双房文化区域类型的研究仅有少数学者进行讨论，且没有定论，我们主要通过对各区域墓葬类型、墓葬中的器物组合变化、各区域间存在的空间隔断等特征，来分析其区域类型。如图4—31，可以看出，这些墓葬点与遗址点多数分布在江河附近，且较为密集。其一是辽东半岛，墓葬及遗址有一部分分布在长海县广鹿岛上；一部分分布在旅顺口区左近；一部分分布在碧流河流域；一部分在丹东地区的大洋河、叆河附近，这些墓葬形制丰富，包括石棚、大石盖墓、石棺墓以及土坑竖穴墓。其二是太子河流域，不见遗址，墓葬主要分布在本溪市及辽阳市附近，墓葬形制包括石棺墓、土坑竖穴墓。其三是浑河流域，遗址、墓葬主要分布在沈阳、抚顺以及清原一带，墓葬形制主要包括石棺墓、土坑竖穴墓；遗址主要分布在沈阳附近。其四是西丰—法库一线，遗址、墓葬主要分布在西丰、法库两地附近，墓葬形制均为石棺墓。

根据以上分布来看，石棺墓是双房文化最为流行的墓葬形制。辽东半岛的双房文化墓葬种类较多，石棚、大石盖墓应为该区特有的墓葬；太子河流域和浑河流域均流行石棺墓和土坑竖穴墓；法库—西丰地区仅有石棺墓。是故从墓葬形制上来看，辽东半岛、太子河流域和浑河流域、法库—西丰地区存在着一定差异，均有各自的特点。

从器物组合上来看，辽东半岛主要器物组合包括：无耳壶、横耳壶、竖耳壶、叠唇罐、无耳罐、豆、青铜剑、青铜斧；太子河流域主要器物组合包括：无耳壶、横耳壶、无耳罐、青铜剑、青铜斧；浑河流域主要器物组合包括：无耳壶、横耳壶、无耳罐、鋬耳罐、青铜剑、青铜矛、青铜斧；法库—西丰地区的主要器物组合包括：无耳壶、横耳壶、青铜剑、青铜斧。以上四个地区均出现了无耳壶、横耳壶、青铜剑以及青铜斧。故我们认为无耳壶、横耳壶、青铜剑、青铜矛应为双房文化的基本器物组合，典型器物组合则为无耳壶、横耳壶、无耳罐、青铜剑、青铜斧。

辽东半岛出现的叠唇罐、竖耳壶、豆，在其他三个地区均未见到，豆是小珠山三期文化时期从山东半岛输入辽东半岛的，自此后至双房文化时期均存在该器类，说明辽东半岛的双房文化拥有明显的地域特点。太子河流域不见竖耳壶、叠唇罐以及豆，说明太子河流域的双房文化与辽东半岛的双房文化存在一定差异。浑河流域出现了新器形鋬耳罐、青铜矛，这说明浑河流域的双房文化与太子河流域和辽东半岛均存在一定差异。法库—西丰地区为双房文化最北端，出土器形十分单调，即使与临近的浑河流域也存在较大差异。

以上四个地区各有特点：辽东半岛的大石盖墓、石棚等墓葬形制是其他地区不见的，叠唇罐、竖耳壶、豆等器类也是其他地区不见的；太子河流域主要流行石棺墓，横耳壶为其最为典型的陶器，辽东半岛双房文化早期不见横耳壶，中期才见到，故推测辽东半岛的横耳壶应源于太子河流域；浑河流域墓葬流行石棺墓和土坑竖穴墓，但出现了新器类錾耳罐和青铜矛；法库—西丰地区仅流行石棺墓，器类较为简单。

根据以上分析，辽东半岛、太子河流域、浑河流域、法库—西丰这四个区域的墓葬形制、器物组合均有一定差异，故可将双房文化划分为四个地方类型，分别暂定名为双房文化辽东半岛类型、双房文化太子河类型、双房文化浑河类型和双房文化法库—西丰类型。

遗址的发现情况也支持上述墓葬的类型划分。

双房文化的遗址主要有大连瓦房店巍山遗址[1]、长海县上马石上层、新民公主屯后山 F1、开原李家台、尹家村、郑家洼子、铁岭昌图翟家村遗址、岫岩真武庙 B 区等。

辽东半岛区的遗址出土器物主要有壶、罐、豆、碗、尊形器、甗等陶器，有斧、刀、锛等石器，有镞、鱼钩、锥、凿等骨器以及网坠；太子河流域尚未发现遗址；浑河流域遗址出土器物有罐、钵等陶器，有石斧等石器以及纺轮和网坠；法库—西丰地区遗址出土器物有罐、壶、钵、碗、豆等陶器，有镞、剑等铜器以及铁镢和骨镞等。

双房文化遗址目前在辽东半岛发现最多，浑河流域、法库—西丰地区亦有发现，虽然遗址内出土器物不同，但同样都以生活器具为主。其中辽东半岛地区临海，所以出现了大量捕鱼工具，其他地区则少见。在法库—西丰地区发现早期铁器，说明该地区较早受到燕文化的影响。

双房文化青铜剑、斧、矛以及镞、刀等武器的出现，不仅说明当时人类社会文明迅速发展，青铜器广为使用，还说明当时的武装冲突频繁和战争的常态化，正和东周时期天下大势相一致。

---

① 王玙：《辽宁省瓦房店市谢屯乡青铜时代遗址调查》，《北方文物》1992年第1期。

二、分期

关于双房文化的分期问题,王巍先生将双房文化分为两期:一期相当于西周时期,二期相当于春秋时期①。赵宾福先生分别以陶器和青铜器为视角,其中陶器主要包括壶、罐、豆三类,青铜器包括剑、斧、矛三类,将双房文化分为三期:早期遗存以岗上墓地、碧流河石棺墓、双房2号石棚、凤城东山石棺墓等为代表,年代相当于西周时期;中期遗存以公主屯后山遗址、郑家洼子M6512、抚顺针织厂、旅大卧龙泉等为代表,年代相当于春秋时期;晚期遗存以大连尹家村、辽阳亮甲山、双房M6、抚顺祝家沟等为代表,年代相当于战国时期②。朱永刚先生也将双房文化分为三期,早期年代可以早到西周中期;中期年代定为西周晚期至春秋早期;晚期年代推定在春秋中期或偏晚③。吴世恩先生同样将双房文化分为三期,早期年代约在西周中期到晚期;中期年代约在春秋早期到春秋中期;晚期年代约在春秋晚期到战国前期④。笔者赞同赵宾福先生的分期观点。

赵宾福先生通过类型学方法,根据器物的演变规律,将双房文化的典型陶器、青铜器进行分组。典型陶器为壶、罐、豆三种(图4—32)。

壶分为无耳壶、横耳壶、竖耳壶三类。

无耳壶分为A型细高颈和B型矮粗颈两型;根据腹部的早晚变化规律而分为三式:Ⅰ式鼓腹、Ⅱ式圆腹、Ⅲ式坠腹。

横耳壶分为A型侈口、B型钵口、C型碗口三型;根据耳的早晚变化将其分为三式:Ⅰ式平耳、Ⅱ式平耳、Ⅲ式翘耳。

竖耳壶分为三式:Ⅰ式壶颈很矮,内侧折角处弧圆,橄榄形腹;Ⅱ式壶颈稍高,内侧弧折,下腹微收;Ⅲ式壶颈较高,内侧折收,下腹内收明显。

罐分为无耳罐、錾耳罐、叠唇罐三种。

无耳罐分为两型:A型口沿外叠,B型口沿外敞。在此基础上根据叠唇外侧有无花边将A型分为两个亚型。再根据口沿和器壁的早晚变化将Aa型分为三式:Ⅰ式口沿内敛,器口内壁平直;Ⅱ式口沿外翻,器口内壁弧

①王巍:《双房遗存研究》,《庆祝张忠培先生七十岁论文集》,科学出版社,2004年。
②赵宾福:《中国东北地区夏至战国时期的考古学文化研究》,科学出版社,2009年,第158—193页。
③朱永刚:《辽东地区双房式陶壶研究》,《华夏考古》2008年第2期。
④吴世恩:《关于双房文化的两个问题》,《北方文物》2004年第2期。

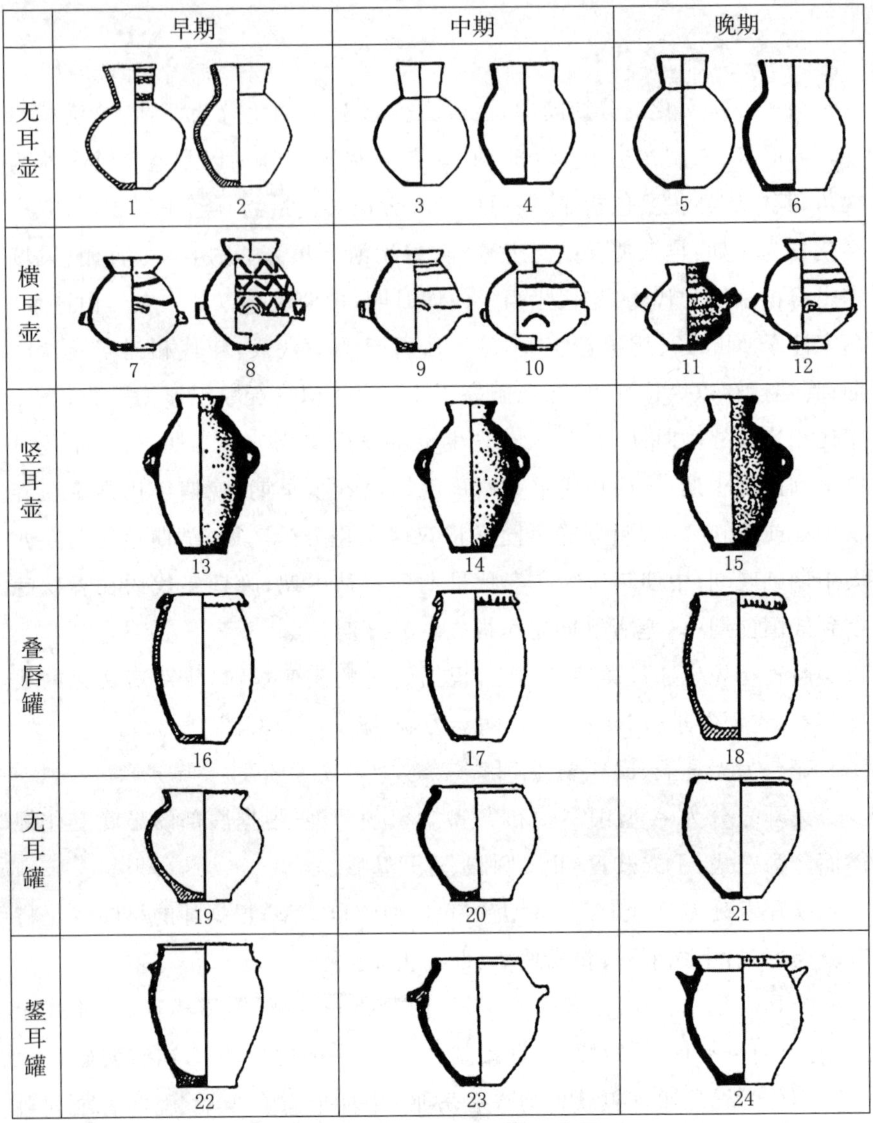

图 4—32　双房文化陶器分期图

（采自《中国东北地区夏至战国时期的考古学文化研究》）

　1. 岗上 M13:4;2. 伙家窝堡 1 号石棚;3. 郑家洼子 M6512:63;4. 上马石 M4:1;

　5. 亮甲山 M5:1;6. 尹家村 M12:5;7. 大甲邦石棺墓;8. 西丰消防队院内石棺墓;

　9. 李家台出土;10. 西丰诚信村石棺墓;11. 凤城东山 M9:1;12. 双房 M6:1;

13. 凤城东山 M6:3;14. 凤城东山 M4:1;15. 凤城东山 M9:2;16. 伙家窝堡 3 号石棚;

　17. 王屯 M1:3;18. 尹家村 M12:1;19. 岗上 M19:5;20. 公主屯后山 F1:3;

　21. 郑家洼子 T7:3;22. 太平乡 M1:4;23. 公主屯后山 F1:4;24. 亮甲山 M5:2

圆；Ⅲ式口沿外翻，器壁弧直，底较大。根据腹部和底的早晚变化而将 Ab 型分为两式：Ⅰ式筒状，上腹微收，底较大；Ⅱ式筒状，上腹较直，底小。B 型根据腹部的不同分为三个亚型：Ba 型筒腹，Bb 型鼓腹，Bc 型弧腹；Ba 型根据上腹和口沿的早晚变化分为三式：Ⅰ式上腹外敞，沿外翻；Ⅱ式上腹内收，沿外翻；Ⅲ式上腹内收，沿外卷。Bb 型根据口沿和腹的早晚变化分为三式：Ⅰ式口沿较长，腹圆鼓；Ⅱ式口沿较短，腹折鼓；Ⅲ式口沿为直口，腹弧圆。Bc 型也根据口沿和腹部的早晚变化分为三式：Ⅰ式沿平折外敞，腹弧圆；Ⅱ式沿弧敞，腹较矮；Ⅲ式沿外敞，腹较高，下腹内收。

鋬耳罐分为三式：Ⅰ式鋬耳较小，上腹弧收，呈筒状；Ⅱ式鋬耳较大，上腹内收；Ⅲ式鋬耳上翘，沿较长，下腹内收。

豆分两式：Ⅰ式豆盘较深，圈足较矮，足下部外撇；Ⅱ式豆盘较浅，圈足较高，足壁较直。

基本演变规律是：无耳壶，早期腹部不规整；中期腹部较为圆润；晚期高领，凹圜底。横耳壶早期器耳平直，器口稍大；中期器耳平直，器口稍小；晚期器耳上翘。鋬耳罐早期器耳平直，微鼓腹；中期器耳平，鼓肩；晚期器耳上翘，鼓肩[①]。

青铜剑为双房文化最为典型的器物，其各个部位的演变规律为：脊突从有到无；节尖从有到无；尖峰从无到有；剑尖从锐到钝；后叶从宽肥到窄瘦。从整体上看变化规律为：由曲刃剑发展为直刃剑；由两段式发展到一段式；由三角形发展到长条形；由整体似矛发展为整体似剑。青铜剑早期形态为无锋三角形曲刃剑；中期形态为有锋长条形曲刃剑；晚期形态为有锋长条形直刃剑。

方銎斧早期形态为斧身比较宽短，平面形状近似于方形；晚期形态为斧身较为窄长，平面形状近似于长方形；中期形态介于早、晚两者之间（图4—33）。

根据以上陶器与青铜器的变化规律，将双房文化分为三期。早期年代相当于西周时期；中期年代相当于春秋时期；晚期年代相当于战国时期[②]。

①赵宾福：《中国东北地区夏至战国时期的考古学文化研究》，科学出版社，2009 年，第 158—193 页。
②赵宾福：《中国东北地区夏至战国时期的考古学文化研究》，科学出版社，2009 年，第 158—193 页。

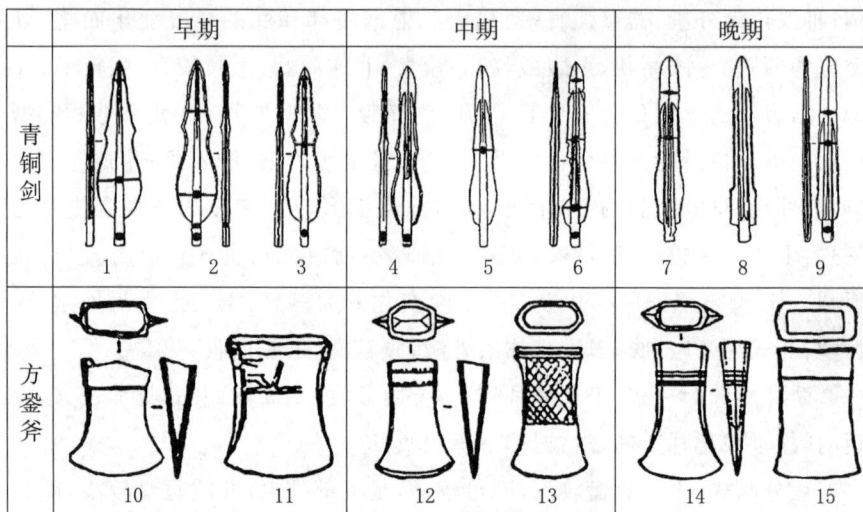

图 4—33　双房文化青铜器分期图

（采自《中国东北地区夏至战国时期的考古学文化研究》）

1. 清原李家；2. 辽阳二道河子；3. 岗上 M6∶7；4. 东辽腰岭子；5. 旅大卧龙泉；6. 沈阳
郑家洼子 M6512∶2；7. 本溪沙窝；8. 昌图翟家村；9. 大连尹家村 M12∶8；10. 和隆阜
丰屯石棺墓；11. 长海大长山四块石镇出土；12. 大伙房石棺墓 1956 年调查 1 号墓；
13. 郑家洼子 M6512 出土；14. 二道河子 1 号石棺墓发掘前出土；15. 后牧城驿出土

三、双房文化的渊源及其衰亡

(一)渊源

关于双房文化的来源问题，目前主要有三种观点。第一种观点认为，
双房文化是由双砣子三期文化与庙后山文化(马城子文化)相互碰撞形成
的[1]；第二种观点认为，双房文化源于双砣子三期文化，但受到马城子文化
一定的影响[2]。第三种观点认为，双房文化应源于庙后山文化(马城子文
化)，后在来自于辽西地区的一股强大北方青铜文化进入辽东半岛的情况
下，陡然衰退[3]。

以上三种观点均有一定道理，但有几种器形需要注意。

---

[1] 王巍：《双房遗存研究》，《庆祝张忠培先生七十岁论文集》，科学出版社，2004 年。
[2] 赵宾福：《中国东北地区夏至战国时期的考古学文化研究》，科学出版社，2009 年，第 158—
　　193 页。
[3] 吴世恩：《关于双房文化的两个问题》，《北方文物》2004 年第 2 期。

1. 叠唇罐

《双房类型叠唇罐及相关问题初探》[1]中,将双砣子三期文化中的叠唇罐与双房文化中的叠唇罐进行分析研究,认为双房文化中的叠唇罐与双砣子三期文化中的叠唇罐是有亲缘关系的。而辽东半岛的叠唇罐应始于小珠山四期文化,由于小珠山五期文化和双砣子一期文化受到了山东龙山文化的强烈影响,双砣子二期文化成为山东岳石文化的一个地方类型,因此,属于本土因素的叠唇罐等器形减少或消失。但随着岳石文化在辽东半岛的衰亡,辽东半岛的土著文化双砣子三期文化兴起,随之原属于土著文化因素的叠唇罐等器形重新出现。于家村砣头积石墓地有较为典型的叠唇罐,这种叠唇罐在太子河流域的马城子文化有少量发现,推测应是双砣子三期文化与马城子文化交流所产生的,这也说明在双房文化之前,两地就已经有文化上的交流了。进入双房文化时期,本土文化因素更是勃然兴起,并强力发展传播。

2. 竖耳壶与横耳壶

双房文化中的竖耳壶仅在丹东地区出现,而在双砣子三期文化中不见,且在马城子文化中能找到其鼻祖。横耳壶,双房文化早期不见,到中期时才出现;双砣子三期文化中不见横耳壶,但在马城子文化中能看到其鼻祖,这说明横耳壶的源头应在马城子文化。这两种器形能更进一步说明,双房文化的产生受到了马城子文化的影响。

根据上述分析可以看出,双房文化的源头应有两个,其一是双砣子三期文化,其二是马城子文化。其中,双砣子三期文化应为双房文化的主要源头,马城子文化则为次源头。

(二)衰亡

关于双房文化的衰亡问题,从文献资料和出土遗物我们可以看出,双房文化不是急剧消失的,其消亡有一个过程,这个过程应和燕文化东进辽东有很大关系。

1. 文献资料

关于文献资料,我们可以从两个历史事件了解,双房文化是在燕文化入驻辽东半岛后,逐渐被燕文化融合后消亡的。《史记·匈奴列传》记载:

---

① 张翠敏:《双房类型叠唇罐及相关问题初探》,《东方考古》2013年第10集。

"燕有贤将秦开，为质于胡，胡甚信之。归而袭破走东胡，东胡却千余里，与荆轲刺秦王秦舞阳者，开之孙也。燕亦筑长城，自造阳至襄平。置上谷、渔阳、右北平、辽西、辽东郡以拒胡。"①此文记载了两个重要事件，一是燕将秦开率兵攻打东胡，开疆拓土千余里；二是燕在其地设置郡县，并修筑长城以御外敌。

关于秦开却胡的时间问题，学术界有多种说法。《秦开东拓与修筑燕北长城时间新考》一文中介绍了六种说法：一是"燕昭王十二年或十三年"；二是"燕昭王三十二年"；三是"燕惠王六年"；四是"燕武成王"；五是"燕孝王末年或燕王喜初年"；六是"燕王喜十一年"。该文推定秦开东拓时间为武成王七年至燕王喜三年②。但我们认为秦开却胡时间推定在燕昭王至燕武成王更为合适。

燕所筑长城，根据考古发现与文献考证，这条长城西起今河北省的独石口北滦河南的大滩一带，东经围场、赤峰、敖汉，由奈曼、库伦南部进入阜新，又经彰武、法库至开原一带，跨越辽河，又向东南走，经新宾、宽甸，然后进入朝鲜境内，沿昌城江、大宁江而至博川③。

《山海经·海内西经》记载："东胡在大泽东。夷人在东胡东。貊国在汉水东北，地近于燕，燕灭之。"④《魏略》中记载："昔箕子之后朝鲜侯，见周衰，燕自尊为王，欲东略地，朝鲜侯亦自称为王，欲兴兵逆击燕以尊周室。其大夫礼谏之，乃止。使礼西说燕，燕止之，不攻。后子孙稍骄虐，燕乃遣将秦开攻其西方，取地二千余里，至满番汗为界，朝鲜遂弱。"⑤

刘子敏先生认为，秦开也灭掉了辽东地区一些貊人建立的部落或小国，但它们不能算是"近燕"。《山海经》中所说的灭临近的貊国，应是秦开却胡至满番汗以后的事⑥。

苗威先生认为，"满番汗"所处的位置在燕长城的最东端，为辽东之貊

---

①司马迁：《史记》，中华书局，2003年，第2885—2886页。

②李树林、李妍：《秦开东拓与修筑燕北长城时间新考》，《通化师范学院学报》2013年第1期。

③李文信：《中国北部长城沿革考》，《社会科学辑刊》1979年第1期；李殿福：《东北境内燕秦长城考》，《黑龙江文物丛刊》1982年第1期。

④方韬译注：《山海经》，中华书局，2009年。

⑤鱼豢撰，张鹏一辑：《魏略辑本》，陕西文献征辑处，1924年。

⑥刘子敏、金荣国：《〈山海经〉貊国考》，《北方文物》1995年第4期。

与箕氏朝鲜的分界线,应是今朝鲜半岛的清川江①。顾铭学先生指出,"满番汗"应在大宁江与清川江的西岸与北岸②。刘子敏先生认为,"满番汗"的"汗"应为"汗水","貊国在汉水东北"中的"汉水"与"汗水"发音相同,且应为同一条江河,也就是今朝鲜半岛清川江东北地区③。

通过上述分析,《山海经》中所说的"貊国在汉水东北,地近于燕,燕灭之"这一事件与《魏略》中所记载的"燕乃派将秦开攻其西方,取地二千余里,至满番汗为界,朝鲜遂弱"可能为同一历史事件。也就是说秦开曾先后共两次东进辽东,第一次却胡千余里并设置郡县、修筑长城;第二次灭貊国,疆土扩至清川江一带。两次事件均发生在战国末期。多位学者认为双房文化的族群应为辽东之貊。如王绵厚先生认为,貊族人流行的陶器组合主要为罐、壶、钵,而双房文化墓葬中多数为罐与壶,而钵在遗址中出现过;貊族人流行的墓葬形制为石构墓葬,有石棺墓、积石墓等④,双房文化的墓葬与貊族人的墓葬形制基本一致。是故双房文化的族属有可能为貊族。

2. 考古资料

考古资料显示,真武庙、尹家村 M12 中的"燕式豆"⑤,本溪上堡 M1、2、3 中的"燕式罐"⑥,燕王职戈⑦、后牧城驿出现的燕明刀⑧、翟家村出土的三柄燕式剑⑨等,证明燕在战国中晚期入驻辽东,并对辽东地区产生了深远影响。

秦开却胡后,燕文化开始广泛分布于辽东地区,如喀左大城子眉眼沟战国墓⑩就应为秦开却胡后的墓葬。辽阳新城战国墓 M2 为典型燕文化墓

①苗威、韩亚男:《战国辽东郡考述》,《北方文物》2012年第4期。

②顾铭学、南昌龙:《战国时期燕朝关系的再探讨》,《社会科学战线》1990年第1期。

③刘子敏、金荣国:《〈山海经〉貊国考》,《北方文物》1995年第4期。

④王绵厚:《辽东"貊系"青铜文化的重要遗迹及其向高句丽早期文化的传承演变——关于高句丽早期历史的若干问题之四》,《东北史地》2006年第6期。

⑤岫岩满族自治县博物馆:《辽宁岫岩真武庙西山青铜时代遗址试掘简报》,《北方文物》2000年第3期;中国社会科学院考古研究所:《双砣子与岗上——辽东史前文化的发现和研究》,科学出版社,1996年。

⑥魏海波、梁志龙:《辽宁本溪县上堡青铜短剑墓》,《文物》1998年第6期。

⑦张震泽:《燕王职戈考释》,《考古》1973年第7期。

⑧旅顺博物馆:《旅顺口区后牧城驿战国墓清理》,《考古》1960年第8期。

⑨裴耀军:《辽宁昌图县发现战国、汉代青铜器及铁器》,《考古》1989年第4期。

⑩朝阳地区博物馆、喀左县文化馆:《辽宁喀左大城子眉眼沟战国墓》,《考古》1985年第1期。

葬,出土具有燕文化风格的遗物 70 余件①。凌源修杖子一次出土燕国早期货币尖首刀化 14.3 公斤②;抚顺巴沟一次出土燕国明刀币 50 余斤③;锦西邵集屯一次出现燕明刀币 13.5 公斤④。辽东半岛出土了大量的燕文化铁制农具、"鱼骨盆"等陶器、柳叶形直刃剑、戈、矛等青铜器以及大量的燕国与周边的赵、韩、魏等国货币,这是燕文化东进辽东半岛的直接物质文化反映⑤。

从上述材料我们可以看出,燕人驻辽东后,不仅将燕文化输入辽东,同时将与之相关的周边赵、韩、魏等国青铜武器和货币输入辽东,特别是与农业有关的铁质农具的输入、与商品贸易有关的货币的输入和与战争有关的先进武器的输入,使辽东地区很快成为燕文化分布区,导致了本土双房文化的消亡。

双房文化的最终消亡,是燕国入主辽东所致,还是秦国灭燕据有辽东地区所致,作为一个问题,还需要深入探讨。

四、墓葬形制及器物组合的演变

(一)四个类型的早晚演变

根据考古资料,分别对不同类型早中晚三期的墓葬形制以及出土器物组合的演变进行归纳如下:

1. 双房文化辽东半岛类型

墓葬形制:早期积石墓、石棺墓、石棚、大石盖墓;中期积石墓、石棺墓、大石盖墓、土坑竖穴墓;晚期石棺墓、大石盖墓、土坑竖穴墓(图 4—34、35、36)。

器物组合:早期为无耳壶、竖耳壶、叠唇罐、无耳罐、豆、青铜剑以及青铜斧组合;中期为无耳壶、横耳壶、竖耳壶、叠唇罐、无耳罐以及青铜剑组合;晚期为无耳壶、横耳壶、竖耳壶、叠唇罐、无耳罐、豆、青铜剑以及青铜斧

①李庆发:《辽阳新城战国墓》,《中国考古学年鉴·1984》,文物出版社,1985 年;辽宁省文物研究所:《辽宁近十年来文物考古新发现》,《文物考古工作十年》,文物出版社,1991 年。

②范品青:《辽宁凌源县出土一批尖首刀化》,《考古与文物》1980 年第 3 期。

③辽宁省抚顺市博物馆:《辽宁省抚顺县巴沟出土燕国刀币》,《考古》1985 年第 6 期。

④锦州市文物管理委员会:《辽宁锦西邵集屯发现战国刀币》,《考古学集刊》第 2 集,中国社会科学出版社,1982 年。

⑤许明纲:《大连地区燕文化遗迹》,《文物春秋》1997 年第 2 期。

组合(表4—9)。

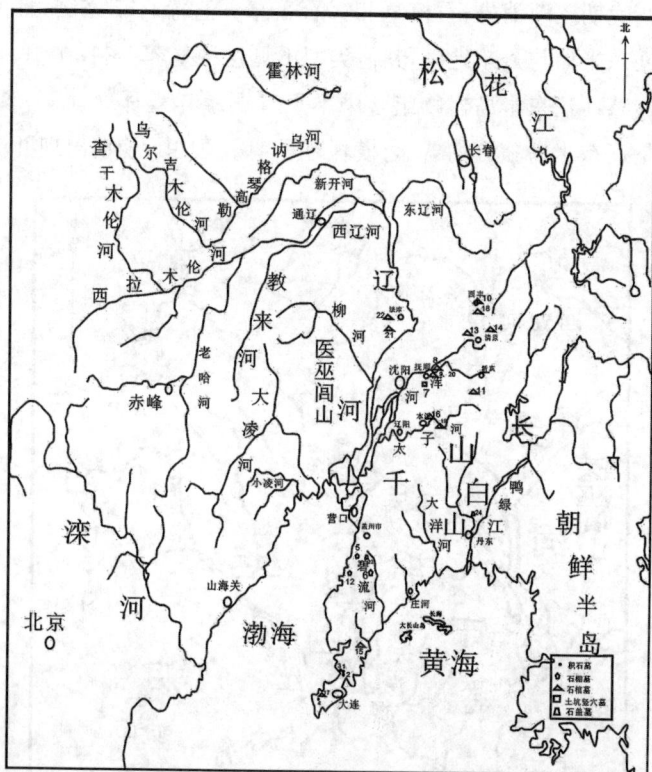

图4—34　双房文化早期墓葬分布图

1. 岗上 M2、7、12、13、14、16、19；2. 楼上 M5、6；3. 营城子黄咀子；4. 旅顺小潘家村；

5. 伙家窝堡1号；6. 双房2号；7. 抚顺塔峪乡；8. 抚顺大甲邦；9. 抚顺八宝沟 M6；

10. 西丰消防队；11. 本溪龙头山；12. 瓦房店铧铜矿石棚；13. 清原李家卜；

14. 清原门脸；15. 金州赵王村；16. 本溪梁家村 M1；17. 旅顺蒋家村 M1；

18. 西丰和隆阜丰屯；19. 本溪通江峪；20. 抚顺小青岛 M5；21. 法库石砬子 M1；

22. 法库黄花山 M1；23. 碧流河 M16、M23；24. 凤城东山 M6

表4—9　辽东半岛类型器物组合表

		陶器							青铜器		
		无耳壶	横耳壶	竖耳壶	叠唇罐	无耳罐	鋬耳罐	豆	剑	斧	矛
辽东半岛类型	早	√		√	√	√		√	√	√	
	中	√	√	√					√		
	晚	√				√	√	√	√	√	

　　根据以上分析可以看出,双房文化辽东半岛类型早期流行的积石墓与石棚,在中、晚期逐渐消失;石棺墓和大石盖墓一直流行于该区,且大石盖墓仅出现在辽东半岛与丹东地区,其他类型不见这种墓葬形制;在中、晚期又出现土坑竖穴墓。辽东半岛器物组合中不见青铜矛与錾耳罐,而叠唇罐、竖耳罐和豆则是辽东半岛独有的器形;横耳罐早期不见,中、晚期出现并流行。

图 4—35　双房文化中期墓葬分布图

1. 卧龙泉;2. 郑家洼子 M6512、659;3. 西丰金山屯;4. 清原斗虎屯;5. 西丰诚信村;
6. 新金王屯 M1、2、3;7. 辽源腰岭子;8. 西丰和隆阜丰屯和忠厚屯;
9. 大伙房 1956 年 1 号;10. 岫岩县西房身;11. 清原土口子中学;
12. 清原夏家卜马家店;13. 法库长条山 M4、5;14. 凤城西山 M1;
15. 凤城东山 M4、5、10;16. 碧流河 M15;17. 上马石 M3、4

2. 双房文化太子河类型

墓葬形制:早期石棺墓;晚期土坑竖穴墓、石棺墓(图 4—34、36)。

器物组合:早期为横耳壶、无耳罐、青铜剑以及青铜斧组合;晚期为无耳壶、横耳壶、无耳罐、青铜剑以及青铜斧组合(表 4—10)。

表 4—10　太子河类型器物组合表

		陶器							青铜器		
		无耳壶	横耳壶	竖耳壶	叠唇罐	无耳罐	鏊耳罐	豆	剑	斧	矛
太子河类型	早		✓			✓			✓	✓	
	中										
	晚	✓	✓			✓			✓	✓	

根据以上分析可以看出,由于发掘材料有限,并未在双房文化太子河类型发现中期墓葬。太子河类型主要流行石棺墓,到晚期才出现土坑竖穴墓。太子河类型的器物组合早期器类仅见横耳壶、无耳罐、青铜剑以及青铜斧,晚期增加无耳壶;其与辽东半岛类型一样不见青铜矛与鏊耳罐,也不见辽东半岛类型的叠唇罐、竖耳罐与豆。

3. 双房文化浑河类型

墓葬形制:早期土坑竖穴墓、石棺墓;中期土坑竖穴墓、石棺墓;晚期土坑竖穴墓、石棺墓(图 4—34、35、36)。

器物组合:早期为横耳壶和青铜剑组合;中期为无耳壶、无耳罐、鏊耳罐、青铜剑、青铜斧以及青铜矛组合;晚期为无耳壶、横耳壶、无耳罐、青铜剑以及青铜矛组合(表 4—11)。

根据以上分析可以看出,浑河类型墓葬形制较为单一,从早期到晚期仅流行土坑竖穴墓和石棺墓这两种形制的墓葬。浑河类型的器物组合早期器类较少,仅为横耳壶和青铜剑;中期器类最多,增加了无耳壶、无耳罐、鏊耳罐、青铜斧和青铜矛;晚期较中期略少,鏊耳罐和青铜斧消失。浑河类型进入双房文化中期后,开始出现了鏊耳罐与青铜矛,而鏊耳罐、青铜矛应属于本地特有器物,其他三个类型均不见。

表 4—11　浑河类型器物组合表

		陶器							青铜器		
		无耳壶	横耳壶	竖耳壶	叠唇罐	无耳罐	鏊耳罐	豆	剑	斧	矛
浑河类型	早		✓						✓		
	中	✓				✓	✓		✓	✓	✓
	晚	✓	✓			✓			✓		✓

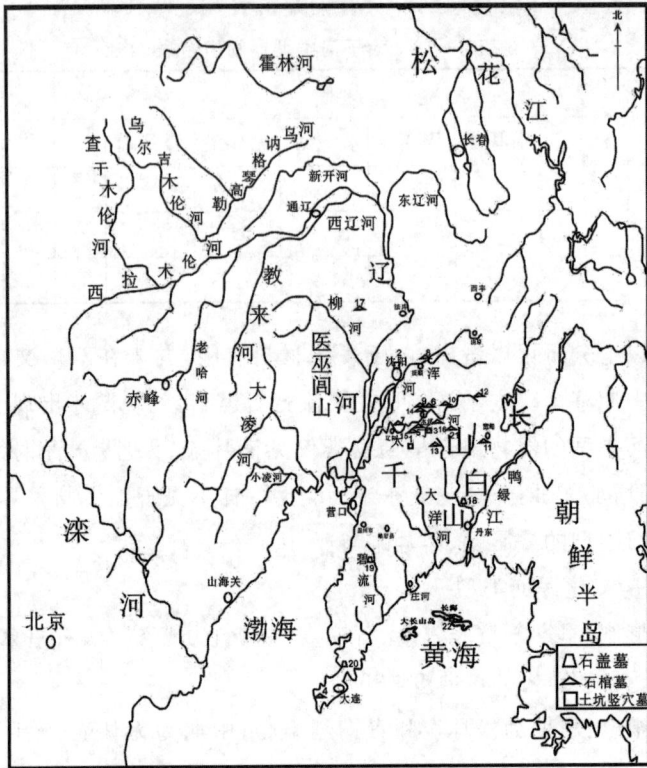

图4—36　双房文化晚期墓葬分布图

1. 亮甲山M1、3、5；2. 郑家洼子M2；3. 本溪南芬火车站；4. 尹家村M12；

　5. 辽阳二道河子1号；6. 本溪上堡M1、2、3、4；7. 辽阳接官厅M11；

8. 抚顺祝家沟M2、3、4；9. 本溪沙窝；10. 本溪刘家哨；11. 宽甸赵家堡；

　12. 抚顺马架子；13. 凤城小陈家；14. 本溪梁家村M2；15. 本溪北台；

　16. 本溪虎沟；17. 法库长条山M9；18. 凤城东山M1、9；19. 双房M6；

　20. 旅顺后牧城驿M1、3；21. 本溪新城子墓地；22. 上马石M2

4. 双房文化法库—西丰类型

墓葬形制：早期石棺墓；中期石棺墓；晚期石棺墓（图4—34、35、36）。

器物组合：早期为横耳壶；中期为横耳壶、无耳壶以及青铜斧组合；晚期为青铜剑和青铜斧组合（表4—12）。

从以上分析可以看出，法库—西丰类型的墓葬形制更加单一，仅流行石棺墓；从器物组合看，早期不见青铜器，晚期不见陶器，陶器只有横耳壶和无耳壶两种。

表 4—12　法库—西丰类型器物组合表

		陶器							青铜器		
		无耳壶	横耳壶	竖耳壶	叠唇罐	无耳罐	錾耳罐	豆	剑	斧	矛
法库—西丰类型	早		√								
	中	√	√							√	
	晚								√	√	

由于双房文化分布地域较广,存在时间较长,文化自身的发展不平衡等因素,越往北,双房文化本体影响越弱。各个区域类型双房文化的遗存丰富程度,可以进一步证明双房文化应发源于辽东半岛,并向北扩展。在北向扩展过程中,双房文化不断受到北方各文化的影响与冲击,逐渐在扩展过程中产生变异,像叠唇罐、竖耳罐以及豆等土著器形在北向扩展时逐渐消失,像积石墓、石棚、大石盖墓等墓葬形制未能传到北方,同时还不断吸收来自北方的器形,如横耳壶、錾耳罐、青铜矛等。

(二)文化整体的早晚演变

1. 墓葬分析

纵观整个双房文化可以看出,早期墓葬形制较为丰富,包括积石墓、石棺墓、石棚、大石盖墓和土坑竖穴墓;中期墓葬形制仅不见石棚、且积石墓仅有一处;晚期墓葬形制仅有大石盖墓、土坑竖穴墓以及石棺墓。

根据以上分析可以总结出双房文化墓葬的演变规律:

其一,双房文化早期墓葬形制较为丰富,随着时间的推移,越晚墓葬形制越单一;

其二,积石墓、石棚、大石盖墓仅出现在辽东半岛以及丹东地区,双房文化偏北地区不见;

其三,石棺墓为双房文化最为流行的墓葬形制,此墓葬形制在整个文化分布区以及各期段均存在。

器物组合较为复杂,早期为无耳壶、横耳壶、竖耳壶、叠唇罐、无耳罐、豆、青铜剑和青铜斧组合(表 4—13);中期为无耳壶、横耳壶、竖耳壶、叠唇罐、无耳罐、錾耳罐、青铜剑、青铜斧和青铜矛组合(表 4—14);晚期为无耳壶、横耳壶、竖耳壶、叠唇罐、无耳罐、錾耳罐、豆、青铜剑、青铜斧和青铜矛组合(表 4—15)。从表 4—13、14、15 可以看出,双房文化早期没有发现錾耳罐和青铜矛,中期才开始出现。横耳壶、无耳壶、无耳罐、青铜剑、青铜斧这几种器物分布较广,数量较多,应为双房文化典型器。

表 4—13　双房文化墓葬早期器物组合表

	陶器							青铜器		
	无耳壶	横耳壶	竖耳壶	叠唇罐	无耳罐	錾耳罐	豆	剑	斧	矛
辽东半岛	√		√	√	√		√	√	√	
太子河流域		√			√			√		
浑河流域								√		
法库—西丰		√								

表 4—14　双房文化墓葬中期器物组合表

	陶器							青铜器		
	无耳壶	横耳壶	竖耳壶	叠唇罐	无耳罐	錾耳罐	豆	剑	斧	矛
辽东半岛	√	√	√	√	√			√		
太子河流域										
浑河流域	√			√	√			√		
法库—西丰	√	√							√	

表 4—15　双房文化墓葬晚期器物组合表

	陶器							青铜器		
	无耳壶	横耳壶	竖耳壶	叠唇罐	无耳罐	錾耳罐	豆	剑	斧	矛
辽东半岛	√	√	√	√	√		√	√	√	
太子河流域	√	√			√			√	√	
浑河流域	√	√			√					√
法库—西丰								√	√	

根据以上分析可以总结出双房文化器物组合的演变规律:

其一,叠唇罐、竖耳壶、豆为辽东半岛及丹东地区特有的陶器器形,其他地区不见;

其二,横耳壶是该文化偏北区域特有的陶器器形,双房文化中期以后传入至辽东半岛;

其三,錾耳罐、青铜矛为浑河流域特有器形,其他地区不见,其产生于双房文化中期;

其四,在双房文化晚期,法库—西丰和太子河流域发现铁器;辽东半岛以及丹东地区发现"燕式豆";太子河流域发现"燕式罐",均说明双房文化受到燕文化的强烈影响。但辽东半岛大量的铁器农具、中原式青铜武器和货币的出现是在燕入辽东之后还是秦灭燕之后,还需深入探讨。

2. 遗址分析

双房文化早期遗址有大连瓦房店巍山遗址;中期遗址有上马石ⅠT1②、上马石ⅡT1②、开原李家台、新民公主屯后山F1;晚期遗址有上马石ⅠT6②、尹家村H11、郑家洼子T7、铁岭昌图翟家村、岫岩县真武庙B区(图4—37)。

图4—37　双房文化遗址分布图

1. 上马石ⅠT1②、ⅡT1②;2. 新民公主屯后山F1;3. 开原李家台;4. 上马石ⅠT6②;

5. 郑家洼子T7;6. 铁岭昌图翟家村;7. 岫岩真武庙B区;

8. 大连瓦房店巍山遗址;9. 尹家村H11

早期遗址仅一处,分布在辽东半岛地区;中、晚期遗址辽东半岛、浑河流域、法库—西丰地区均有出现。从遗址的分布和数量上来看,"双房人"早期主要生活在辽东半岛沿海地区;中期扩展到了浑河以北地区;晚期遗址分布遍及全区。

　　早期遗址出土遗物主要有壶、罐、碗、尊形器、石斧、石镞、石刀、网坠；中期遗址出土遗物主要有壶、瓿、罐、钵、碗、豆、石斧、石镞、网坠等；晚期遗址出土遗物主要有罐、豆、壶、骨锥、骨簪、骨鱼钩、骨钓针、骨凿、石刀、棍棒头、网坠、纺轮、铜剑、铜镞、铁镢。

　　将遗址中出土物与墓葬中的遗物相比较可以看出，壶和罐是双房文化最为流行的陶器组合；遗址中很少出现青铜器，墓葬中普遍出现。其中，墓葬中的出土物有陶器和青铜器的巨大差异，如岗上墓地 M2、M12、M13 均出土陶器，而 M14、M16、M19、M7 均有青铜器出现，出土铜器的墓葬均靠近中心墓葬 M7；其他墓地也普遍存在此类情况，说明该时期的社会组织关系和双砣子三期文化完全不同，贫富差别和严格的等级制度在双房文化时期已经是社会的普遍现象。

第五章　文化与社会

辽东半岛的新石器时代至青铜时代,是该区考古学文化产生和初步发展的时期。文化的产生和发展离不开生业等经济支撑,同时文化的发展带动着社会的进步。社会的进步不是该区的先民孤立进行着的,而是在与周边文化的互动中不断碰撞、吸收、融合,萌生出新的文化因素,推动着社会的不断进步。

第一节　生业与社会

一、农业的产生与发展

（一）农业工具的发现

1. 新石器时代

辽东半岛新石器时代文化序列主要以小珠山一至五期为主,我们通过总结小珠山一期文化到小珠山五期文化之间农业工具的变化(表5—1),来观察辽东半岛新石器时代农业的发展与变化。

从表5—1可以看出,小珠山一、二期文化农具比例为1.5%,说明早期辽东半岛先民以采集或狩猎等方式作为获取食物的主要手段;小珠山三期文化农业工具占比27.6%,农业生产工具急剧增加,说明当时农业已经开始快速发展,从侧面也可看出在小珠山三期文化时期,人口大量增加;小珠山四期文化农具占比20.7%,由于小珠山四期文化的遗址发现数量较少,故农具数量和比重不是很明确;小珠山五期文化农具占比50.2%,农具数量和比重再次急剧增加,说明当时先民对农业种植越来越重视,农业已经发展成熟。根据农具的数量变化,可以推测出:小珠山一、二期文化农业刚刚进入人们的视野;小珠山三期文化农业开始真正走进人类的生活,并得到了快速的发展;小珠山四期文化,农业基本处于稳定发展状态;到小珠山五期文化,我们可以看到农业已经成为人们生活中获取食物的重要手段,农业发展基本处于成熟阶段。

表 5—1　小珠山一至五期文化农业工具统计表

	小珠山一、二期	小珠山三期	小珠山四期	小珠山五期	总计
农业工具	6	112	84	204	406
比例(%)	1.5%	27.6%	20.7%	50.2%	100%

2. 青铜时代

因双房文化几乎不见遗址,暂无法讨论其农业发展与变化。故笔者讨论的青铜时代农业主要是早期的双砣子一、二、三期文化时期。双砣子遗址农业生产工具种类较少,主要包括铲、斧、刀、杵、磨棒等(表5—2)。

刀主要在农业上作为收割工具使用;斧作为远古农业时代最重要的生产工具,出土的数量很多,主要用来开垦荒地、砍伐森林、加工木材、制造木器等;铲是一种直插式的整地农具,是农业的主要挖土工具之一,铲的出现大大方便了农业的翻土播种,提高了早期农业的生产效率;石杵是一种用石头制成的用来碾磨或捣碎研钵内物质的棒状农业加工工具;磨盘和磨棒配套使用,用以碾碎放在盘面上的谷物。

表 5—2　双砣子遗址一至三期农业工具统计表

器类　　遗址	斧	铲	刀	总计	比例
双砣子一期文化	16	1	5	22	9.6%
双砣子二期文化	26	1	19	46	20.1%
双砣子三期文化	99		62	161	70.3%
总计				229	100%

由表5—2可知,双砣子一、二、三期出土石斧、石铲、石刀共计229件。其中双砣子一期文化三种石质农业工具共计22件,比例为9.6%,说明此时农业经济占比较低。双砣子二期文化共46件,比例为20.1%,可以看出该期的农业经济较双砣子一期文化有一定进步。而双砣子三期文化共有161件,占比70.3%,占据相当大的比重,说明该期的农业经济与前两期相比获得了较大发展。

大嘴子遗址一、二、三期的统计结果与双砣子遗址相似,如表5—3。

大嘴子一、二、三期出土石质工具共计 500 件。其中大嘴子一期石质农业工具共计 9 件，比例为 1.8％；大嘴子二期石质农业工具共 10 件，比例为 2％；而大嘴子三期石器农业工具共有 481 件，占 96.2％。

双砣子一期与大嘴子一期、双砣子二期与大嘴子二期、双砣子三期与大嘴子三期年代一致、文化性质相对应。从农具的比例来看，双砣子一期与大嘴子一期数量和比例最少，说明此时农业发展较为薄弱；双砣子二期与大嘴子二期农业比重有所增加，说明农业又开始发展起来；双砣子三期与大嘴子三期农具比重陡然增多，占比更是分别超过 70％、90％，说明该时期农业在辽东半岛已经成为主要的经济形态。

表 5—3　大嘴子遗址一至三期农业工具统计表

器类 遗址	大嘴子一期			大嘴子二期		大嘴子三期				总计
	石刀	石斧	石杵	石刀	石斧	石刀	石斧	石杵	磨棒	
大嘴子遗址	1	6	2	4	6	193	276	6	6	
各类总计	9			10		481				500
比例(％)	1.8％			2％		96.2％				100％

（二）农业遗存的发现

1. 新石器时代

新石器时代，辽东半岛地区一直延续着以粟、黍为主的旱作农业[1]。黍、稷为禾本科一年生草本作物。生育期短，喜温暖，抗旱力极强，特别适合在我国北方地区种植[2]。麦的遗存目前最早只在新石器时代晚期的遗址中发现，其中甘肃省民乐县东灰山新石器时代遗址出土了小麦和大麦的炭化籽粒，距今 5000 年左右[3]。

小珠山一、二期文化农业遗存尚没有公布，具体情况不明。在遗址中发现有农业生产工具，说明农业已经出现，但份额很低。另在遗址中发现了大量的贝壳堆积、动物遗骸以及海产生物，充分说明了在距今 7000—6000 年，辽东半岛先民的生活方式应以海洋捕捞和狩猎采集经济为主。

小珠山三期文化时期，主要遗址有吴家村遗址、郭家村下层遗存、王家

①马志坤：《中国北方粟作农业形成过程》，中国科学院大学博士学位论文，2014 年。
②陈文华：《中国原始农业的起源和发展》，《农业考古》2005 年 1 期。
③靳桂云：《中国早期小麦的考古发现与研究》，《农业考古》2007 年第 4 期。

村遗址等,根据最近浮选资料,该时期有大量的植物种子和少量农业种子的发现。

王家村遗址位于大连市旅顺口区北海镇的王家村,通过浮选共发现该遗址出土粟 346 粒,约占农作物总数 60.9%,出土概率 32.9%。黍共发现209 粒,约占农作物总数 36.8%,出土概率 37.3%[①],但这是把小珠山三期文化和小珠山五期文化的农业种子合并统计。具体到小珠山三期文化时期,如表 5—4,我们可以看出,仅发现有粟和黍这两种旱作农业,且数量极少,不见水稻和小麦。发现有豆类遗存。

表 5—4　王家村遗址浮选统计表(单位:粒)

植物遗存		时代	
		小珠山三期	小珠山五期
粟		12	334
黍		16	191
水稻			5
小麦			7
豆类	野大豆	10	21
	黄耆属	2	23
	豇豆属		1
	其他		9
茄科	酸浆属	1	1
蔷薇科	野山楂		3
	樱桃		1
	李属		2
	悬钩子属		8
	其他		3

说明:采自《大连王家村遗址炭化植物遗存研究》。

吴家村遗址位于广鹿岛中部一处丘陵台地,是一处性质单纯的小珠山三期文化遗址。2010 年度浮选出土的植物种子共计 1030 粒。经鉴定,出

---

①马永超、吴文婉、王强等:《大连王家村遗址炭化植物遗存研究》,《北方文物》2015 年第 2 期。

土的炭化植物种子包括粟、黍、小麦、大豆等农作物的籽粒合计 319 粒,占所有出土植物种子总数的 31%。粟数量最多,共发现 161 粒,占出土农作物总数的 50.5%;黍 111 粒,占农作物总数的 34.8%;浮选出土的炭化小麦共发现 9 粒,约占农作物的 2.8%;大豆 38 粒,约占农作物的 11.9%[1](表 5—5)。

表 5—5　吴家村遗址浮选出土植物种子统计表(单位:粒)

植物种属	数量
粟	161
黍	111
小麦	9
大豆	38
酸模属	424
藜科	50
其他	237
合计	1030

说明:采自《吴家村遗址 2010 年度浮选结果及分析》。

从王家村和吴家村的浮选结果来看,农作物包括粟、黍、小麦和大豆这些旱作农业。关于小麦的发现,非常重要,但由于出土的数量较少,出土单位特殊,所以报告认为其年代和来源有待进一步测试和分析。旱作农业中,粟和黍占绝对多数,说明辽东半岛承袭了北方地区传统的农业种植。但无论如何,小珠山三期文化时期的农业出现了多样化这一特征,正是农业开始在辽东半岛快速发展的时期。其中的小麦和大豆的发现为研究农业的传播提供了重要的资料。

农业在整个浮选的植物种子中所占比重低,说明该时期农业虽已开始发展,但仍以采集经济为主。报告认为,藜属植物和酸模属可能都是当时重要的食材,野山楂、李属、酸浆属、悬钩子属等应为先民们为丰富食物的多样性而采食的水果[2]。

---

[1]马晓娇、金英熙、贾笑冰等:《吴家村遗址 2010 年度浮选结果及分析》,《东方考古》2014 年第 11 集。
[2]马永超、吴文婉、王强等:《大连王家村遗址炭化植物遗存研究》,《北方文物》2015 年第 2 期。

小珠山四期文化的遗址较少,其农业遗物几乎未见,期待今后的浮选资料对这一问题作出回答。

小珠山五期文化时期,如表5—4,不仅出土粟和黍这些北方地区的传统农业种子,还发现有确定的小麦种子。正如报告所说,此次发现的小麦是目前发现的纬度最高的史前麦类遗存,处于小麦东传路线的最东端,遗存年代也较早,对于研究小麦在我国的传播具有重要意义。但豆类种子少于同时期中原地区的豆类,说明海岱地区豆类的驯化刚刚起步,驯化进程慢于同时期的中原、关中地区①。小珠山五期文化时期农业方面的一个重要发现是水稻遗存的发现,如在王家村遗址发现了炭化水稻的种子5粒。水稻在山东地区的大汶口文化时期已有较多发现,至龙山文化时期已相当发达,目前可以确定在龙山文化时期水稻已经传入辽东半岛②。

小珠山五期文化时期,农业与小珠山三期文化相比已经相当发达,粟和黍的数量有大幅提高,同时出现了大豆、小麦和水稻这些粮食作物,真正出现了农业的多样化。

2. 青铜时代

小黑石砣子、于家村、双砣子、高丽寨等青铜时代遗址均做过浮选,其中于家村遗址包含有双砣子一、三期文化,小黑石砣子遗址包含有双砣子二、三期文化,双砣子遗址包含有双砣子一、二、三期文化,高丽寨下层应为双砣子三期文化。结果显示,这一时期的农业包括水稻、粟和黍等,农作物中水稻的比重大于粟和黍③。

大嘴子遗址第三期文化即双砣子三期文化,做了浮选和检测工作,我们通过对大嘴子第三期文化的农业遗物进行分析,来进一步观察辽东半岛青铜时代农业的发展。

大嘴子遗址第三期F3出土了大量炭化谷物,盛装在6个陶罐内,经过鉴定,炭化谷物为稻米(属粳稻)和黍米或高粱。两类谷物各装在3个陶罐

---

① 马永超、吴文婉、王强等:《大连王家村遗址炭化植物遗存研究》,《北方文物》2015年第2期。

② 靳桂云、栾丰实、张翠敏、王宇:《辽东半岛南部农业考古调查报告——植硅体证据》,《东方考古》2009年第6集。

③ 靳桂云、栾丰实、张翠敏、王宇:《辽东半岛南部农业考古调查报告——植硅体证据》,《东方考古》2009年第6集。

内,数量相近。虽然大连地区还未发现稻或黍的古代种植田,但根据大嘴子遗址发现的大量具有收割用途的石器以及谷物加工工具,几乎可以确定这两种作物是在本地种植收获的,而非野生[1]。

大嘴子遗址第三期出土的稻米米粒呈椭圆形、短圆形或卵形,米粒小但籽粒饱满,大小较为整齐,表面纵沟不明显,证明当时种稻的土地非常肥沃。这一发现也为研究中国栽培稻向朝鲜半岛、日本的传播路线提供了重要的证据支持[2]。

除稻米外,另一类谷物的鉴定尚有争议。若谷物为高粱,将成为东北地区所发现最早的高粱实物标本,可将中国东北地区种植高粱的历史提前至少1000年[3]。而谷物若为黍米,也可表明当时先民继承了辽东半岛新石器时代流传下来的黍米种植技术。

大嘴子遗址第三期是双砣子三期文化中具有相当规模的一处遗址,通过出土的大量石制农具以及谷物可以看出大嘴子遗址第三期的农业非常发达,从而可以承载更多的人口数量。

与新石器时代所发现的农业遗物相比较,青铜时代的农业更为发达,从大嘴子遗址发现储存的粮食作物和庞大的聚落及大量的农业工具,均能够明显地观察到这种发展。同时,农业构成也发生了改变,稻作农业在龙山文化时期传入辽东半岛后,逐渐取代传统的旱作农业粟和黍,一跃成为主要的农作物。

(三)动物遗存

家庭饲养是农业经济中重要的肉食来源之一。在新石器时代的辽东半岛,家庭饲养业已经出现,并迅速发展,在农业经济中占有一定比例。

1. 新石器时代

小珠山一、二期文化发现的兽骨,以鹿为最多,其次为獐和狗,鹿是主要的狩猎对象[4]。在上马石下层房址中出土有完整的小狗骨架,应该是驯养的。北吴屯下层发现的猪骨,经鉴定是人工饲养的家猪。说明在小珠山

①大连市文物考古研究所:《大嘴子——青铜时代遗址1987年发掘报告》,大连出版社,2000年。
②大连市文物考古研究所:《大嘴子——青铜时代遗址1987年发掘报告》,大连出版社,2000年。
③大连市文物考古研究所:《大嘴子——青铜时代遗址1987年发掘报告》,大连出版社,2000年。
④辽宁省博物馆、旅顺博物馆、长海县文化馆:《长海县广鹿岛大长山岛贝丘遗址》,《考古学报》1981年第1期。

下层文化时期,是以狩猎为主,猪、狗的驯养已经开始。

小珠山三期文化发现兽骨有鹿、獐、狗、猪等。以鹿为最多,其次为猪和狗。郭家村下层遗存中,共出土猪骨 200 余块,下层猪骨出土数量占全部猪骨的 50.5%[①]。另外,在郭家村遗存下层房址内,出土一具完整的猪骨架。狗也是驯养最早的家畜之一,在郭家村遗址中共发现 20 余具狗骨架。以上均能说明在小珠山三期文化时期,家庭饲养业已经开始快速发展起来。

小珠山四、五期文化遗存中,兽骨有猪、鹿、狗、獐,以猪骨为最多,此外,还有大量贝壳和四片鲸鱼骨[②]。从猪骨最多可以看出,家庭饲养主要以猪为主。郭家村上层遗存中的猪骨数量占猪骨总数的 76.8%,并在上层房址里出土几个陶猪,正是家庭饲养业发达的反映。

从上述来看,家庭饲养业在辽东半岛新石器时代的小珠山一、二期文化开始产生并逐渐发展,晚期已经较为发达,成为稳定的肉食来源,也成为经济生活重要的组成部分。

2. 青铜时代

大嘴子遗址出土的动物遗骨种类包括家狗、猫、貉、家猪、赤鹿、斑鹿、獐、麝、狍、羊等,其中家畜数量占动物总量的 60%。家猪骨骼出土最为丰富,总计 88 块,其中可以确定年龄的上、下颌骨以及牙齿共有 30 个个体,占家猪骨骼总数的 30.6%,可划分为 5 个年龄段(表 5—6)。家狗骨骼少于猪骨,出土共 54 块,数量也相对较多[③]。通过对家猪的统计可以得知,大嘴子先民并不急于宰杀家猪,而是一般将其饲养一年后再进行宰杀;通过对家狗骨骼数量统计来看,家狗也有着相当的数量,这也体现了当时先民饮食结构的多样性。而通过大嘴子遗址出土的家畜数量占出土动物总量的比重可以得知,此时大嘴子先民更倾向于以饲养家畜为主、狩猎野生动物为辅的模式。

①傅仁义:《大连郭家村遗址的动物遗骨》,《考古学报》1984 年第 3 期。
②辽宁省博物馆、旅顺博物馆、长海县文化馆:《长海县广鹿岛大长山岛贝丘遗址》,《考古学报》1981 年第 1 期。
③大连市文物考古研究所:《大嘴子——青铜时代遗址 1987 年发掘报告》,大连出版社,2000 年。

表 5—6　猪的死亡年龄统计①

	左下颌	右下颌	联合部	左上颌	右上颌	小计
5个月内		3	1			4
6—8个月	1	2				3
9—12个月	4	4	2		1	11
13—16个月	5					5
2岁左右	3	2		1	1	7
总计	13	11	3	1	2	30

　　大王山遗址的两期文化层和房址堆积中都出土了动物遗骸。陆生动物种类主要有鹿、獐、狍、野猪、家猪、狗、羊等。相比出土的海产动物遗骸而言，陆生动物遗骸在大王山第一期文化堆积即双砣子一期文化层中数量相对较少。而在大王山第二期文化堆积即双砣子三期文化层中，陆生动物遗骸数量大大增加，而海产动物遗骸相对减少。从陆生动物和海产动物的比重变化上，可以看出当时社会的生产方式和经济来源发生了转变，农业生产的比重大大增加，成为当时经济生活的主要来源，从而更好地承担自然环境变化、聚落规模扩大以及人口增长等方面带来的生存压力②。

　　羊头洼遗址出土的动物遗骸有兽骨、鸟骨、鱼骨和贝壳等。兽骨中狼、獾的数量较少，而狗、狸、猪、满洲鹿、麋鹿的骨骼非常多。满洲野猪和现在的家猪几乎没有区别，但满洲野猪在完全成为家猪之前，还保留些野猪的痕迹。狗已驯养成为家畜，除做为猎犬和看家使用的狗以外，当有专为了吃肉或用皮而饲养的，这可以从杂乱的、敲碎的、烧焦的狗骨头得到的证实。鼠骨很多，其中不少留有鼠咬的痕迹。从羊头洼遗址的周边环境上看，附近丘陵草木丛生，沼泽环绕，人们在此广泛地饲养猪、鸡、狗等家畜家禽，这就充分地说明了该时期已不是停留在单纯狩猎和捕鱼生活阶段，而是已经有了家畜饲养的生业方式③。

----

①大连市文物考古研究所：《大嘴子——青铜时代遗址1987年发掘报告》，大连出版社，2000年。
②辽宁省文物考古研究所、大连市文物考古研究所：《辽宁大连市大王山青铜时代遗址发掘简报》，《东北史地》2014年第2期。
③东亚考古学会：《羊头洼》，《东方考古学丛刊》，1941年乙种第三册。

（四）农业的发展演变

根据以上分析，我们可以看出辽东半岛的农业是从无到有，从发展缓慢到发展迅速，从农作物品种单一到农业的多样性这一演变规律。

新石器时代，小珠山一、二期文化时期尚未发现农作物籽粒，但多见一些果实的果壳或种子，这说明农业刚刚出现，采集仍然是获取食物的主要手段。小珠山三期文化时期出现了北方典型农作物种子粟、黍以及极少量小麦，但是数量少；说明农业种植已经开始，初步出现农业的多样化，此时期农业初步形成并有一定的发展。小珠山四、五期文化时期仍以北方旱作农物为主，但出现了水稻，农业所占份额明显加大，农业多样化特征显著，农业较为发达。青铜时代，受考古资料限制，双砣子一期文化和双砣子二期文化不很清楚，但相关浮选资料表明该时期农业存在稻作农业和粟、黍旱作农业，稻作农业较旱作农业比重大。双砣子三期文化发现了成坛的农作物种子，说明该时期农业生产进入到一个新的阶段，农业发达。另外，双砣子三期文化聚落庞大，人口众多，也是农业发达的一个反映。

新石器时代，小珠山一、二期文化时期出现了大量的鹿骨，仅见少量猪骨和狗骨，说明该时期先民是以狩猎来获取肉食的，家庭饲养刚刚出现。小珠山三期文化时期仍然发现大量鹿骨，但同时发现大量的猪骨和一定数量的狗骨，在房址内还发现了陶猪和猪骨架，猪是典型的圈养牲畜，说明家庭饲养业已经产生并得到了快速发展。小珠山四、五期文化时期发现了大量的猪骨，但鹿骨数量仍然较多，说明家庭饲养已经成为先民获取稳定肉食来源的重要手段之一。就鹿骨的数量变化来看，狩猎一直是当时人类获取食物的重要手段之一。青铜时代，特别是双砣子三期文化时期，辽东半岛地区的家庭饲养已经成熟并稳定发展，从早期的仅饲养猪和狗，到后来的饲养猪、狗、鸡、羊等家畜家禽，家畜饲养业也出现了品种多样化，这也是家庭饲养业成熟发达的表现。

综合以上动态分析可以看出，辽东半岛地区新石器时代到青铜时代农业从无到有，从传统的粟、黍旱作农业到稻作农业和旱作农业共存，农业种植的多样性越发凸显，农业不断发展，农业所占比重不断提高，并最终在双砣子三期文化时期成为以农业为主的经济形态。家庭饲养业从品种单一到品种多样，逐渐成为先民稳定的肉食来源，这也是农业发展并日趋发达的一个反映。

二、聚落和手工业的发展

（一）新石器时代

小珠山下层文化时期的小珠山第一期,陶器为手制,烧制火候较低,陶胎中含大量滑石。发现玉斧 2 件,在一座房址内发现有石器铲、刮削器、磨盘、磨棒和锤等[①]。聚落内共发现房址 3 排 10 座和少量野外灶址,房址之间距离较近,分布密集。平面多为圆角方形,个别为圆形,皆为半地穴式,内有灶址[②]。这一时期陶器制作的原始性反映了该时期生产力的不发达。农业生产工具的发现说明农业开始出现,为定居的村落。

小珠山二期文化时期,发现主要用于农业生产的工具有石锄、石刀,用于农作物加工的工具有石磨盘、石磨棒、石杵。其中北吴屯发现的石锄入土深度约有 7 厘米,可见北吴屯先民们已掌握了锄耕技术。从发现的石网坠、沟磨石来看[③],渔业与海洋捕捞毫无疑问成为当时人们赖以生存的基础。农业的发展表明,该时期的先民从事定居生活。小珠山遗址第二期房址共两排,第一排 3 座,第二排 2 座,形制和第一期一致,但房址间距离较第一期疏散[④]。滨海的庄河北吴屯下层发现房址 5 座,形制均为圆形半地穴式,房屋直径最小 4 米,最大 8.2 米,房址均有门道,内置柱洞,柱洞数量基本都在 10 个以上。发掘区北端山坡上有围栏址两道,走向大体是由西向东,稍有偏斜,全长 13.1 米。这几座房址位置集中,排列相对规整,还有围栏址两道,可见当时的聚落是有一定规划和布局的。

工具制造加工业在此时也有一定规模,如北吴屯遗址下层石器工业以磨制为主就反映出了该时期石器加工工业的规模化。更重要的是,小珠山

①中国社会科学院考古研究所、辽宁省文物考古研究所、大连市文物考古研究所:《辽宁长海县小珠山新石器时代遗址发掘简报》,《考古》2009 年第 5 期。

②傅兵兵、金英熙:《辽宁长海县广鹿岛小珠山贝丘遗址发掘与收获》,《中国文物报》2010 年 3 月 12 日 4 版。

③辽宁省博物馆、旅顺博物馆、长海县文化馆:《长海县广鹿岛大长山岛贝丘遗址》,《考古学报》1981 年第 1 期;许玉林、傅仁义、王传普:《辽宁东沟县后洼遗址发掘概要》,《文物》1989 年第 12 期;辽宁省文物考古研究所、大连市文物管理委员会、庄河市文物管理办公室:《大连市北吴屯新石器时代遗址》,《考古学报》1994 年第 3 期。

④中国社会科学院考古研究所、辽宁省文物考古研究所、大连市文物考古研究所:《辽宁长海县小珠山新石器时代遗址发掘简报》,《考古》2009 年第 5 期;傅兵兵、金英熙:《辽宁长海县广鹿岛小珠山贝丘遗址发掘与收获》,《中国文物报》2010 年 3 月 12 日 4 版。

二期文化时期各遗址普遍发现有玉器。小珠山遗址出土有长身玉斧;北吴屯下层出土有玉锛、玉凿等。这些玉器的出现标志着辽东半岛玉器制造业的萌芽。

在小珠山遗址还发现一处制骨作坊遗址。作坊中靠近北墙出土了大量的鹿科动物骨骼,在房址的中部发现了鹿骨、鹿角制作的骨器、角制品以及它们的半成品。房址中,还发现了各类加工骨器使用的石器。这是在辽东半岛发现的迄今为止年代最早的制骨作坊,为研究该地区史前时期人类的社会分工以及社会生产力发展水平提供了珍贵资料[①]。

制陶业较小珠山一期文化时期有一定发展。这一时期的陶器原料都是选择含有滑石粉末的陶土为主,质地坚硬,火候虽高但不均匀,往往出现色斑。虽然仍具有较早陶器的特征,但和第一期相比已有了较大提高。

小珠山三期文化时期,农业生产明显提高,农业生产工具制作精良,均以磨制为主,数量显著增多。饲养业方面的变化是猪骨和狗骨数量的明显增加。郭家村下层2号房址居住面下发现有为房屋奠基所埋葬的猪骨架,说明猪不仅仅作为肉食,还被当作祭祀牺牲。渔猎经济也有了长足发展,在小珠山三期文化各遗址普遍出土有编织鱼网的工具——网梭,应是网鱼普遍存在和渔猎经济获得较大发展的明证。网鱼表现的是一种大规模的捕捞,这样可以极大增加人类从海洋获取食物的能力。此时期狩猎采集仍是先民一种重要的经济辅助手段。

玉、石器制作技术也有了长足的进步。磨制石器在该时期占据绝对优势,打制石器处于次要地位;种类也有显著增多,在选料、加工方面,已臻于成熟。玉器制作方面进步更为突出,在小珠山、吴家村、北吴屯、郭家村、北海王家村[②]等遗址均有玉器出土,种类仍以斧、锛、凿及装饰品如绿松石、玉鸟等多见,但出现了主要用于祭祀的玉器如牙璧、环等,说明该时期辽东半岛的先民对玉器有了一定的认识,进入到了玉器工业的孕育阶段。

这一时期制陶业也有了长足的进步。郭家村下层出现了陶拍[③],这样

①中国社会科学院考古研究所、辽宁省文物考古研究所、大连市文物考古研究所:《辽宁长海县小珠山新石器时代遗址发掘简报》,《考古》2009年第5期;傅兵兵、金英熙:《辽宁长海县广鹿岛小珠山贝丘遗址发掘与收获》,《中国文物报》2010年3月12日4版。

②王嗣洲:《璇玑·辽东半岛与山东半岛之比较》,《旅顺博物馆学苑》,吉林文史出版社,2008年。

③辽宁省博物馆、旅顺博物馆:《大连市郭家村新石器时代遗址》,《考古学报》1984第3期。

制作的陶器胎体结构更致密,更坚固。小珠山三期文化普遍出现了经过淘洗的泥质陶,并出现了轮制技术。这一时期还出现了彩陶。

小珠山三期文化的房址一般为方形半地穴式建筑或圆角方形半地穴式建筑。其中,北吴屯上层3座,郭家村11座,吴家村1座,小珠山2座。在小珠山遗址中部发现了20余座野外灶址,遗址偏南部还发现近30个柱洞。小珠山遗址的野外灶址灰烬堆积较薄,灶底松散,说明是短时间或临时使用。发掘者认为该阶段小珠山遗址主要作为加工贝类的加工场所使用,也就是从这一阶段开始,小珠山遗址才成为真正意义上的贝丘遗址[①]。该时期不仅有日常居住的聚落存在,还出现了临时性或季节性据点。

小珠山四期文化时期,农业并不发达,渔猎工具则相对丰富,三堂遗址仅石镞就多达24件,其他如矛形器、石网坠、骨镞、骨鱼卡和骨梭等均有发现。出土的动物骨骼较少,有猪、鹿和獐等;海产动物有常见的红螺、牡蛎等。这些有限的资料显示的是三堂遗址经济形态以渔猎业为主,农业和采集次之。陶纺轮的发现,说明纺织业的存在。

在三堂遗址发现有玉器牙璧和璜各1件;小珠山遗址发现有玉器凿和坠各1件。玉器虽然由于发掘面积有限出土数量较少,但制玉总体水平基本与小珠山三期文化时期持平。

三堂遗址房址均为半地穴式建筑,均设门道,形制有圆形、方形圆角和椭圆形三种。墓葬在三堂遗址发现2座,均系小孩墓,为长方形竖穴土坑墓,无葬具,从M2来看,该墓小孩生前患有残疾。

小珠山五期文化时期,石质农业生产工具进一步增多,绝大多数为磨制,尤以半月形刀、有肩斧、有段锛最具特色,农业发达。这一时期各遗址中房址非常密集,打破、叠压关系复杂,说明随着生产力的提高,人口数量有了大幅增加。郭家村遗址上层发现48座灰坑,发掘者认为绝大多数是窖穴,个别较大的窖穴发现有柱坑,其用途一般认为是窖藏粮食等。家畜饲养业也迅猛发展。渔猎业在经济生活中仍占有重要地位,发现的网坠数量多,更重要的是出现了形体硕大的巨型石网坠,重达2公斤以上,形制多样,显然是用于深水捕捞的。郭家村、吴家村遗址还出土有舟形陶器,应是

①中国社会科学院考古研究所、辽宁省文物考古研究所、大连市文物考古研究所:《辽宁长海县小
　珠山新石器时代遗址发掘简报》,《考古》2009年第5期;傅兵兵、金英熙:《辽宁长海县广鹿岛小
　珠山贝丘遗址发掘与收获》,《中国文物报》2010年3月12日4版。

舟船的缩影,表明该时期辽东半岛的先民已经使用舟船出海捕捞。

在郭家村上层出土有许多外壁有角状突起且造型类似海参的小型陶罐——"海参罐",这种推崇和陶猪雕塑的道理一样,反映了先民对海参营养价值的认识和海参在先民心目中的重要地位。郭家村上层还出土有海胆的遗骸,这是辽东半岛先民较早进行海产品开发和食用的实证。

这一时期有较多数量玉器的发现,种类有锛、凿、环、璜、牙璧、锥形器等。其中以四平山积石冢和文家屯发现的玉器较为丰富,四平山积石冢发现有牙璧9件、环10件、钏1件、钻孔指环3件、珠8件、戈形器1件、管状玉器5件、锥形器2件、垂饰4件、笄形器2件、斧3件以及玉粒1件和玉废料2件等①。文家屯发现的玉器有牙璧1件、环3件、锥形器3件、尖状器2件、盘状玉废料16件,45件小型石锛中有部分是岫岩玉制成的②。该时期玉器不仅数量增多,种类丰富,用途也有了极大改变。一改此前以生产工具为主,变为以祭祀用玉为主,在凿、斧之外,发现了更多的环、璜、牙璧等。结合较多玉废料的出土和制玉工具石锛的发现,有研究者认为该时期文家屯和郭家村聚落是辽东半岛的两处玉器制作地③。果如此,辽东半岛的玉石工业分化当在小珠山五期文化时期。

该时期制陶业也达到了高峰。种类增多,制作工艺更加娴熟,如出土了数量众多的山东龙山文化因素的黑陶。

该时期小珠山遗址房址多为圆形或圆角方形,均为半地穴式建筑,直径在5—6米。郭家村上层F1虽已残破,但仍可辨出是圆角方形。该时期发现了大量的积石冢。积石冢分布在临海的山丘顶部或海岸砣头上。平面呈长方形、方形或椭圆形的多室墓,冢的长度不等,一般7—20米,最大的长达120米。其中以老铁山·将军山和四平山积石冢最为典型。积石冢各墓室大多出土有随葬品。以陶器为主,少数墓中还出土有玉器。反映了该时期的贫富分化和等级差别。辽东半岛的文明化开始显现。

生活在辽东半岛的新石器时代的先民们,主要依靠的生业方式是渔猎

---

① 澄田正一、小野山节、宫本一夫:《辽东半岛四平山积石冢の研究》,柳原出版株式会社,2008年,第94—102页。

② 冈村秀典:《辽东半岛与山东半岛史前文化的交流》,《环渤海考古国际学术讨论会论文集》,知识出版社,1996年,第109页。

③ 冈村秀典:《辽东半岛与山东半岛史前文化的交流》,《环渤海考古国际学术讨论会论文集》,知识出版社,1996年,第109页。

业和农业。考察辽东半岛新石器时代遗址的分布与经济形态的关系,有两点表现尤为突出:其一是海洋性经济形态显著,海洋捕捞和采集在各个阶段都占有比较高的比例。其二是经济形态根据遗址所处的位置可以分为两个有较大差异的类型,即海岛型经济形态和滨海型经济形态,海岛型经济形态基本以海洋渔业捕捞和采集为主,农业为辅;而滨海型经济形态则基本以农业为主,但渔猎业始终在经济生活中起着极为重要的作用。

不管是海岛型经济形态还是滨海型经济形态,农业都在不断进步和发展,相对海岛型经济形态,滨海型经济形态的农业发展更快,而且基本上占据着主要地位,农业从最开始的初级阶段一步步走向成熟。与此同时,先民的渔猎业并未因为农业进步而萎缩,反而同步向前发展。随着渔猎工具的进步和渔猎技术的提高,渔猎业也越来越成熟,网渔和深海捕捞成为一种趋势。

辽东半岛之所以成为新石器时代人类生活的一个重要区域,就是其优越的生态环境和生存环境。小珠山下层、北吴屯下层出土了鹿、獐、狍等动物遗骸,这些动物适宜生活在温热湿润、雨量充沛的地区,说明辽东半岛新石器时代的温度较现在温暖湿润,这样的气候条件非常适宜人类生产生活。

但生活在辽东半岛的新石器时代先民面临的主要问题是灾难性的海侵、海侵后的土地盐碱化、凛冽的海风、淡水问题和近海资源的枯竭等。

辽东半岛的海侵,大约在距今 6500—5000 年时达到最高值,深入内陆最远可达 14 公里,一般范围可达 7 公里左右。距今 5000 年后开始海退[1]。当海侵来临,辽东半岛的先民为了近距离进行海洋渔猎,选择居住生活在海拔较高的山顶或砬头一带。不仅如此,还将墓葬置于更高的山顶顶部,如老铁山·将军山积石墓地、四平山积石墓地等。但是不管居住的海拔有多高,必须要近海,表明的是辽东半岛的先民临海而居,对大海的强烈依赖。有学者认为海侵造成了近海地区的盐碱地,使得人类放弃了农业生产而从事捕猎经济,这一认识与考古发掘显示当时先民的实际情况不符。首先是考古发现证实海侵事件发生后,人类并没有放弃近海生活或岛屿生活,农业经济并没有衰退而是持续发展。只是海侵来临后,人类退居近海

①杨文才、林景星:《辽东半岛东南岸全新世海进的认识》,《地质科学》1985 年第 2 期。

的高地继续生活。海侵后的土地盐碱化问题，可能是在长期的生产生活当中找到了适宜种植的粮食作物和土地酸碱中和的方法予以解决。而且我们应该注意到，人类的生存环境均选择河流旁的台地作为聚居地，一是解决吃水用水问题；二是这一区域属冲积地带，土地肥沃；三是河流一般有水生生物如鱼、虾等，可以补充食物来源。不仅如此，这一时期的家畜饲养也在持续发展，表明的是一种农业的进步。除此之外，狩猎和采集一直就是经济的重要辅助。

对于冬季滨海地区凛冽的寒风，居地的选择和房屋的设计很重要。新石器时代辽东半岛的聚落遗址多建在背风的坡地，同时房址的门道朝向选择一般都南向并略微偏东。建在背风的坡地是为了防风，门道朝向的设置也主要是为了避风。我们知道，辽东半岛多北风，门道朝南并略偏东，就是因为辽东半岛冬季多西北风。同时，门道向南并略微向东也适于采光。海边空气潮湿，所以需要依赖日照来去除室内湿气。考古资料显示门道主要朝南的这种情况从新石器时代中期一直延续到末期。

浩瀚的大海对辽东半岛新石器时代有限的人口来说，资源基本可以说是取之不竭的。但任何生物都有生长周期，长时间集中于近海捕捞，会使近海资源由于得不到休整而枯竭。针对这种情况，辽东半岛的先民决意进军深海，来获取更多的海洋资源。小珠山遗址第五期出现的形体硕大的巨型石网坠，显然是用于深水捕捞的，可以看做是这一时期渔猎业走向深海的标志。

辽东半岛新石器时代一个最重要的特点就是海洋性经济形态显著。渔猎业从辽东半岛最早的小珠山一期文化开始就一直占据着重要的地位，不管聚落处于海岛之上还是陆地的滨海地区。捕捞的方法渐趋多样化，随着近海资源的枯竭，又将目光投向浩瀚的深海，充分体现了辽东半岛先民征服自然的勇气和能力。

辽东半岛的先民不仅渔猎业发达，而且随着对海洋资源认识的深入，经过长时期的尝试与观察，发现了诸如海参、海胆等营养极为丰富的海产品的功效，并推崇备至，"海参罐"的大量发现就是很好的反映。

在经济持续发展的同时，辽东半岛新石器时代的社会组织也出现了复杂化趋势。由于发现有限，加之破坏较大，辽东半岛新石器时代的聚落分化尚不明确。但在小珠山五期文化之时的老铁山·将军山和四平山积石墓地的发现,却显示了等级的分化和私有制的产生。但这种等级的分化和私有制的产生是本土文化的自然延续,还是胶东半岛先进的考古学文化北传的结果,尚不可知。

这一状况显示了辽东半岛文明化进程的特征,即山东地区同时期的考古学文化对辽东半岛文明化进程的深刻影响,它打乱了本地区土著文化的自然发展进程,使得辽东半岛的文明化进程在该时期深深烙上了外来文化的因素而与山东地区同步发展,并最终被山东地区的考古学文化所取代,其文明化进程的本土起源断裂。但在夏末商初之际,岳石文化的势力撤出辽东半岛之后,辽东半岛的土著文化得以蓬勃发展,以辽东半岛土著文化曲刃青铜短剑为特征的双房文化开始兴盛,并持续北向、东进,向外扩张,成为一支颇具影响力的青铜文化。

(二)青铜时代

双砣子一期文化时期,在双砣子遗址发现 3 座房址,均为双室半地穴式,内有灶址,根据现存的屋顶结构和柱洞的分布来判断,两室当由同一个屋顶所覆盖。大嘴子遗址发现房址 2 座,由于破坏严重情况不甚明确。于家村遗址发现房址 6 座;高丽城山遗址在所开的 3 个探方内均发现有房址;小黑石砣子遗址发现房址 7 座,基本每个遗址都有数量不等的房址。从辽东半岛社会发展规律来看,该时期应是农业较为发达的时期,是故双砣子一期文化的先民应是过着以农业为主的定居生活。

双砣子一期文化陶器中特别是如老铁山·将军山积石冢出土的陶器,多数属于龙山文化的典型器,包括一部分的磨光黑陶和蛋壳陶,遗址里还发现一部分彩绘陶,说明该时期制陶业发达。制石业同样发达,一方面钻孔石器都是采用对钻法和管钻法;另一方面出现了一批磨制精细的武器形石器如戈、镞、钺、剑、矛、环状石器、棍棒头等。骨、角、牙器的制作也较为发达,主要器形有锥、铲、凿、针、钓针、刮削器、钩形器等。

该时期的积石冢与小珠山五期文化形制相近,见证了辽东半岛文明化进程中的贫富分化和阶级分化,特别是该时期武器形石器的大量出现,表明武装冲突的加深,这一过程虽然和黄河、长江流域龙山时代相比并不典型,但我们从中可以窥得中原地区之外文明化进程的过程和特点,文明的种子在辽东半岛已开始萌发。

双砣子二期文化发现的遗迹较少,其中房址在大嘴子发现 1 处,编号

92F10，为土坑半地穴式，整体形状不明，发现有柱洞和保存较好的居住面。但从论述中我们知道，双砣子二期文化属于岳石文化的一部分，岳石文化已经进入青铜时代，是以农业经济为主、过着定居生活的，准此，双砣子二期文化应与之相当，但尚未发现该时期的青铜器和较为典型的聚落遗址。

陶器制作方面，泥质陶主要为黑陶和黑灰陶，表面有的施一层光亮的黑衣，多为轮制。器表以素面磨光为主，素面、凸棱、子母口是陶器的典型特征。这些特征是该时期制陶业发达的一个标志。石器方面，绝大多数为磨制，锛、磨石多见，以及极具土著特色的矛、镞、环状石器、棍棒头等武器形石器，构成了双砣子二期文化石器的本土特色。其中的武器形石器磨制尤为精良。骨、角、蚌、牙器在遗址中均有发现，但数量不多，见有锥、钓针、针、鱼卡、凿、笄、锄、匕和饰品等。

双砣子三期文化，聚落规模空前扩大，如大嘴子遗址发现该时期房址48座，大王山遗址发现该时期房址55座，双砣子遗址发现房址14座，于家村和岗上墓地下层各发现房址1座，大砣子遗址发现房址8座，庄河平顶山发现房址11座，庙山晚期发现房址12座，总计达150座。房址数量的空前增多，意味着人口的大量增多。略早房址均为半地穴式，其后石筑房址居多数。除房址外，在大王山遗址还发现有石砌平台、道路，在大嘴子遗址还发现有石墙。

双砣子三期文化农业生产工具的大量发现、聚落规模的急剧扩张、更重要的是粮食种籽的大量发现，猪狗鸡等家畜家禽饲养业的兴盛，均表明双砣子三期文化是以农业为主、渔猎采集经济为辅的定居生活。

双砣子三期文化的陶器以大型的壶、罐多见，器类丰富，还有一部分的彩绘陶，均显示制陶业的发达。石器多为磨制，不仅数量极多，而且种类丰富。如1987年发掘的大嘴子遗址第三期，仅石器就发现840件；其中出土数量众多的锛，应是制作玉石器的工具。而双砣子三期文化石器制作精良，特别是一大批磨制细腻、制作规整、刃部锋利的武器形石器钺、剑、镞、棍棒头、环刃器等的出土，可证该时期玉石器加工工业的发达。铜器发现有镞、泡饰、鱼钩、环等青铜小件，但出现了合范制作青铜器；这说明双砣子三期文化的青铜冶铸业不仅成为一个独立的工业，而且制作技术达到了一个新的高度。

双砣子三期文化的墓地包括于家村砣头墓地、王宝山积石墓地和土龙积石墓地等,均是积石冢的形式。有学者认为于家村砣头墓地出现了中心大墓[①]。

总之,双砣子三期文化是本土文化重新崛起的重要阶段,在聚落、人口、手工业制造等方面均表现出强劲的发展态势。

双房文化时期,虽然有零星遗址的发现,包括房址的发现,但总体以发现的各种类型的墓葬为主。墓葬中既有陶器墓的发现,也有铜器和陶器伴出的墓葬的发现,还有中心大墓的出现。如岗上墓地,M2、M12、M13均出土陶器,而M14、M16、M19、M7均有青铜器出现,出土铜器的墓葬均靠近中心墓葬M7[②]。石棚群中,一般存在特大型石棚和中小型石棚伴出的情况,如普兰店石棚沟石棚是由1座大石棚和3座小石棚构成;双房石棚是由6座石棚构成;盖州伙家窝堡是由5座石棚构成[③]。这些墓地应与居址相对应,但居址发现单薄,是否说明双房文化时期的居民是以较小的聚落存在,一个具有一定规模的墓地是周边小聚落的公共墓地和祭祀活动场所? 但毫无疑问的是,社会组织中出现了中心大墓(大石棚),墓葬随葬品中出现了青铜器这样代表等级和地位的情况大量涌现,石棚中的大石棚可能是一定区域内的公共祭祀场所,贫富差别和严格的等级制度在双房文化时期已经是社会的普遍现象,社会进入到一个全新的发展阶段,具有方国的内涵和性质。

在旅顺口区铁山镇刁家村和于家村之间的丘陵地带发现1座始筑于战国时期、兴盛于西汉时期、衰落于东汉初期的城址,即牧羊城城址,亦称木羊城。城址呈长方形,东西宽98米,南北长133米,面积为1842平方米,残存城墙高出地面2—3米。城墙基础由石头砌筑,城墙由夯土层层夯筑而成[④]。《盛京通志》记载:“木羊城,城(金州)西南一百五十里,周围二百五十四步,门一。”城址北面有宽约12米的缺口,应为城门。城址内发现的铜斧石范和双房文化的同类器相近;明字刀钱、明刀圆钱均为燕国货币;铜器当中的镞、镦应为战国时期器物;陶器中横向的环状耳应为双房文化

①王嗣洲:《辽东半岛积石冢研究》,《旅顺博物馆馆刊》,吉林文史出版社,2006年。

②中国社会科学院考古研究所:《双砣子与岗上——辽东史前文化的发现和研究》,科学出版社,2009年,第67—97页。

③辽宁省文物考古研究所:《辽东半岛石棚》,辽宁科学技术出版社,1994年,第5—44页。

④刘美晶:《辽东半岛第一城——旅顺牧羊城城址》,《东北史地》2007年第3期。

的器物残片;遗址中的半瓦当据报告认为同于易县燕下都战国半瓦当①。陶器当中还有更早的如双砣子三期文化的遗物,可能是筑城时从周边取土带过来的。同时,在城址附近的尹家村、刁家村、刘家村等分布着许多战国至汉代的土坑墓、贝墓、砖室墓、瓮棺墓和石墓等,这些墓葬应与该城的使用相对应。以上可以基本说明该城应始建于战国时期,与战国晚期燕人驻辽东相关。

双房文化的手工业方面,陶器在大范围内大量的发现,形制相近,说明制陶业成为了一个专门的部门,有专门的匠人负责烧制,可能还有专司贸易的商人群体的存在。遗址中出土有石斧、石锛、石刀、石镞、棍棒头、网坠和纺轮等,墓葬中则集中出土大量的武器形石器,磨制精细,制作精良锋利,有的器体硕大,特别是分布广泛的石范的发现,显示双房文化时期石器制作工艺的进步。双房文化发现数量较大的青铜器如脊柱短剑、方銎斧、曲刃矛、镞、刀等,使用合范法,说明青铜器冶铸业不仅发达,而且已经成为与制陶业、石器加工业并存的行业部门,社会分工进一步细化。除此之外,还有少量铁器的发现,如铁镢等,至燕东进辽东后,更多的铁质农具、货币在辽东半岛出现,特别是海防城市牧羊城的出现,标志着辽东半岛的发展基本与中原地区同步。

第二节　辽东半岛玉石器研究

一、玉、石工业的分化

玉,作为石之美者,从普通石器中分离出来,从最初单纯的审美饰品,发展成为沟通神灵的法物,最后被赋予道德内涵和政治内涵,成为礼制文化的重要表征和物化载体,在我国历史发展中始终占据着重要的地位。王国维先生说"礼"是事神致福,象二玉在器之形,是盛玉以奉神人之器②。

玉、石分化问题已有多位学者进行过讨论。我们认为,不同地域玉、石分化的背景不同,时间有异。现对辽东半岛地区的玉、石分化问题略作

---

① 东亚考古学会:《牧羊城——南满洲老铁山麓汉及以前遗迹》,《东方考古学丛刊》第二册,1931年。
② 王国维:《释礼》,《观堂集林》,河北教育出版社,2001年,第177页。

探讨。

（一）新石器时代玉器的发现概况

辽东半岛新石器时代文化谱系较为清晰，基本为小珠山一、二期文化时期——小珠山三期文化时期——小珠山四期文化时期——小珠山五期文化时期。

小珠山一、二期文化时期，出土玉器有：

小珠山遗址[①]，出土斧 2 件，呈绿色。仅存刃部，推测平面呈长方形，剖面近椭圆形，器体两侧长边磨出平面，通体磨光，双面弧刃。残长 5.3 厘米，刃宽 8.9 厘米，厚 2.4 厘米。

北吴屯遗址下层[②]，出土磨制锛 4 件、凿 2 件，均为岫岩玉质。玉锛呈扁平梯形，可分二型：弧刃 2 件，均残，残长 2 厘米，刃宽 3.5 厘米；窄弧顶 2 件，长 5.8 厘米，刃宽 3.4 厘米。玉凿呈窄长条形，可分二型：1 件横剖面呈椭圆形，长 2.7 厘米，宽 0.9 厘米；另 1 件已残，体扁平，残长 4.3 厘米，宽 1 厘米。

后洼遗址下层[③]，出土斧 24 件，多以玉石和石灰岩为料；凿 32 件，均为玉石质，大都直刃或斜刃，侧锋，列举的 2 件标本分别为长 6 厘米、宽 2 厘米和长 10 厘米、宽 1.4 厘米；锥 5 件，玉石质，长条扁圆形，前端有扁圆尖，均残；另有玉质装饰品，鸟形坠饰 1 件和竹节形坠饰 1 件。

小珠山三期文化时期，出土玉器有：

吴家村遗址，出土斧 1 件、锛 2 件、玉凿 1 件、牙璧 1 件、环 1 件。

北吴屯遗址上层，出土锛 7 件、凿 2 件。玉锛为岫岩玉质，分二型：A 型 2 件，刃残，形制略大，弧顶，残长 8.2 厘米；B 型 5 件，扁平，形制比 A 型略小，其中 4 件为平刃，平面近三角形，宽刃，长 5 厘米，刃宽 3 厘米；另 1 件已残，平面近长方形，弧刃，一侧有磨割痕，残长 5.9 厘米，刃宽 3.5 厘米。玉凿均残，呈长条形，横剖面为梯形和椭圆形，残长 3.5 和 3.7 厘米。该遗址还出土了 1 件原始艺术品玉鸟，圆首隆起，略扁，有对钻圆孔为眼，

---

① 中国社会科学院考古研究所、辽宁省文物考古研究所、大连市文物考古研究所：《辽宁长海县小珠山新石器时代遗址发掘简报》，《考古》2009 年第 5 期。

② 辽宁省文物考古研究所、大连市文物管理委员会、庄河市文物管理办公室：《大连市北吴屯新石器时代遗址》，《考古学报》1994 年第 3 期。

③ 许玉林、傅仁义、王传普：《辽宁东沟县后洼遗址发掘概要》，《文物》1989 年第 12 期。

羽翅短尖略上翘,尾较长而圆尖,底面平,造型首大身小,形似雏鸟,长 6.3 厘米,最高 2.7 厘米。

郭家村遗址下层[①],出土绿松石珠 3 件,深绿色,对钻孔,直径 0.7—0.8 厘米。有孔绿松石坠 3 件,深绿色,孔对钻,分三型:扁平圆角方形者,长 1.2 厘米;扁平梯形者,长 1.4 厘米;弯月形者,长 2.5 厘米。

后洼遗址上层,有凿 28 件,均为玉石质,侧锋,直刃或弧刃;玉石制装饰品少量。

小珠山四期文化时期,出土玉器有:

小珠山遗址,出土凿 1 件;坠 1 件,呈绿色。其中凿平面近梯形,剖面近长方形,弧顶,双面弧刃,长 4.1 厘米,宽 2.2 厘米,厚 0.4 厘米;近顶端有一单面钻圆孔,外径 0.5 厘米,内径 0.25 厘米;器体中央有一纵向双面对磨形成的柳叶形长孔,孔外长径 2.2 厘米,短径 0.7 厘米,孔内长径 1.9 厘米,短径 0.3 厘米。

三堂村遗址一期[②],出土牙璧 1 件,已残,玉石磨制,呈墨绿色,扁平近圆形,可见一齿,中间有圆孔。璜 1 件,已残,黄色,孔为管钻,长 3.8 厘米。

大潘家村遗址[③],出土孔雀石制坠饰 1 件,体小,呈方柱状,长 1.5 厘米,宽 0.7 厘米。玉石制坠饰 1 件,长方体,残长 1 厘米,宽 0.6 厘米,厚 0.35 厘米。

小珠山五期文化时期,出土玉器有:

郭家村遗址上层,出土玉凿 1 件,岫岩玉,长条形,横剖面呈圆角方形,双面弧刃,通体磨光,残长 3 厘米,宽 1.4 厘米。

三堂村遗址二期,出土环 1 件,玛瑙磨制,一面钻大孔,直径 3.5 厘米,孔径 1.8—2 厘米。璜 2 件,灰白色,扁平弧形,两端各有一对钻圆孔,长 5.8 厘米,宽 1.2 厘米,厚 0.4 厘米。

四平山积石冢发现玉器较为丰富[④],计有牙璧 9 件、环 10 件、钏 1 件、钻孔指环 3 件、珠 8 件、戈形器 1 件、管状玉器 5 件、锥形器 2 件、垂饰 4 件

①辽宁省博物馆、旅顺博物馆:《大连市郭家村新石器时代遗址》,《考古学报》1984 年第 3 期。
②辽宁省文物考古研究所等:《辽宁省瓦房店市长兴岛三堂村新石器时代遗址》,《考古》1992 年第 2 期。
③大连市文物考古研究所:《辽宁大连大潘家村新石器时代遗址》,《考古》1994 年第 10 期。
④澄田正一、小野山节、宫本一夫:《辽东半岛四平山积石冢の研究》,柳原出版株式会社,2008 年,第 94—102 页。

（包括长方形和近椭圆形两种）、笄形器 2 件、斧 3 件，以及玉粒 1 件和玉废料 2 件等。

文家屯发现的玉石器也比较丰富，包括牙璧 1 件，玉环 3 件，锥形器 3 件，尖状器 2 件，盘状玉废料 16 件，45 件小型石锛中部分为岫岩玉[①]。

除上述遗址外，在东沟县的阎坨子、蜊蚁坨子、赵坨子和徐卜[②]，岫岩县的北沟[③]等地也都出土了新石器时代的玉器。

在近年发掘的王宝山积石冢和鞍子山积石冢中，发现有大量的小珠山五期文化至双砣子一期文化的玉器，包括牙璧、环、坠、锛等器类，由于资料未整理，具体情况不明。

（二）玉、石工业的分化

小珠山一、二期文化时期，辽东半岛玉器开始有所发现，在小珠山、北吴屯和后洼均有发现，器类主要有斧、锛、凿、锥及少量坠饰。从此一时期玉器的种类与用途来看，均是生产工具类，反映的是这一时期玉器制作与石器制作并没有分离开来，玉器并没有和身份、财富、地位等相关联，尚没有形成用玉制度，玉器尚没有上升为礼制文化的一部分。

小珠山三期文化时期，辽东半岛的玉器工业尚处于孕育阶段。在吴家村、北吴屯、郭家村、后洼等遗址有一定数量玉器的发现。种类仍主要是斧、锛、凿及装饰品如玉鸟、绿松石珠等。但有所不同的是，有了用于祭祀的玉器如牙璧、环等的出现，说明小珠山三期文化时期的先民对玉器有了一定的认识。小珠山四期文化时期，玉器发现的数量和种类与小珠山三期文化时期几乎没有差别。故这一阶段属于玉器工业的孕育阶段。

在小珠山五期文化和双砣子一期文化时期，玉器不仅数量增多，发现的遗址也增多，同时种类丰富了，用途也有了极大改变。玉器的用途一改此前以生产工具为主，变为以祭祀用玉为主。在凿、斧之外，发现了更多的环、璜、牙璧等，特别是四平山积石冢，不仅发现有传统的斧以及各种饰品，还发现了数量众多的牙璧、环、锥形器等，还有一些新器形如钏、戈形器等。

四平山 35 号积石冢和 36 号积石冢是出土玉器最多的多室积石冢，而

①冈村秀典：《辽东半岛与山东半岛史前文化的交流》，《环渤海考古国际学术讨论会论文集》，知识出版社，1996 年，第 109 页。
②丹东市文化局文物普查队：《丹东市东沟县新石器时代遗址调查和试掘》，《考古》1984 年第 1 期。
③许玉林、杨永芳：《辽宁岫岩北沟西山遗址发掘简报》，《考古》1992 年第 5 期。

且玉器多具有祭礼性质,随葬品中的陶器也多为含有礼器性质的鼎、杯、鬶等,显示该家族具有的地位和权力。37 号积石冢是单独成冢,仅有一室,出土牙璧 1 件、玉环 1 件、玉珠 3 件、玉钏 1 件和管状玉器 2 件,还有可能是制作玉器时的玉粒废料 1 件和玉废料 2 件。在 38 号冢也发现有少量玉器。这一情况并非偶然,35、36、37、38 号冢不仅位于该组积石冢的中心,从调查情况看,也位于整个墓地的中心位置,这一状况值得我们深思。而37 冢出土了一定数量的玉粒和玉废料,一些学者认为很有可能该墓墓主生前就是专门从事玉器制作的匠人[①]。

　　邻近四平山积石冢的文家屯遗址的发现证明,玉石器的钻孔方法可分为两类:一类是用锥状工具穿孔的,尖状器可能就是这种锥状穿孔工具;另一类是管状工具穿孔(管钻),可以穿出比较大的孔,其工具还没发现,而遗址内发现的盘状玉废料,可能是用这种穿孔方法穿孔后所残留下的圆芯部的废料。牙璧和玉环可能是用管钻法制成的。从采集到的这种圆芯形玉器的数量和玉废料来看,有相当多的玉石器就是在这里生产的。文家屯玉石器的材料是绿色半透明的岫岩玉或白云山大理岩。在四平山积石冢和东大山积石冢出土的牙璧和环、锥形器,很可能就是在文家屯制作的[②]。小型石锛一般认为是制作玉器的雕刻器,在文家屯发现多达 45 件的该类石锛,进一步说明文家屯就是一处玉器制作地。

　　从报告公布的资料看[③],在郭家村遗址上层发现有石锛多达 33 件,而所谓的未穿孔的半成品石纺轮 3 件,其中的上采:21 石纺轮呈盘状,上底面小于下底面、斜边,其形态和文家屯盘状玉废料完全一致,而和纺轮形态相异,应该就是管钻穿孔所留下的圆盘状芯废料。郭家村遗址有学者认为也出土有带磨切痕的玉废料和管钻穿孔所留下的圆盘状芯废料(原报告误认为是纺轮半成品)。同文家屯遗址邻近四平山和东大山积石冢一样,郭家村遗址邻近同时期的老铁山·将军山积石冢。由此可见,在辽东半岛南

①澄田正一、小野山节、宫本一夫:《辽东半岛四平山积石冢の研究》,柳原出版株式会社,2008 年,第 142 页。
②冈村秀典:《辽东半岛与山东半岛史前文化的交流》,《环渤海考古国际学术讨论会论文集》,知识出版社,1996 年,第 109 页。
③辽宁省博物馆、旅顺博物馆:《大连市郭家村新石器时代遗址》,《考古学报》1984 年第 3 期。

端,该时期文家屯并没有独占玉器生产,郭家村聚落也同样进行着玉器生产①。

这些事实说明,辽东半岛的玉器工业真正从石器工业中独立出来,应在小珠山五期文化时期。如上文所述,该时期辽东半岛存在不止一处独立的玉器生产聚落,这些玉器已脱离了早期农业生产的用途,基本上是专为权贵随葬所用,玉器的用途更多的是用于祭祀和象征身份、地位。正如有学者所言,"到新石器时代晚期,玉和巫之间发生了紧密的联系,玉被赋予某种神秘的力量,在宗教礼仪中具有重要的用途,常常作为巫师手中的法器或祭祀的礼器,或者作为随葬品埋于墓中。所谓的'藏礼于玉',就充分反映了玉的深层次的文化内涵"②。

(三)辽东半岛新石器时代玉器的一点认识

辽东半岛的新石器时代玉器具有独特性的一面。不仅发现有一定数量的鸟形饰,更重要的是发现相当数量的牙璧和锥形器。

在后洼遗址下层、北吴屯遗址上层均发现有玉鸟。而且在诸多遗址还发现数量更多的鸟形雕塑和鸟纹图案。鸟这种动物,是新石器时代许多部族的图腾,或者是他们尊崇的某种神物。不仅东夷诸族有以鸟为图腾的习俗,商族也是以鸟为图腾的,而辽东半岛有人认为是东北夷部族的分布区,是故鸟形玉饰的出现有其传统信仰因素在内。

牙璧这种玉器,很多学者都曾论述过。有人认为牙璧象征鸟,若此则和前述意义相近。还有学者总结牙璧的用途,包括装饰、祭祀和宗教礼器、其他特殊用途③。还有学者指出,辽东半岛的牙璧实际包括4种,而堪称牙璧的只有2种,可以称为"玉牙器",而四平山玉牙器是能够确认的唯一的"海洋玉器"④。我们认为,从山东胶县三里河大汶口M2110:46彩陶罐"涡纹"的式样看⑤,和四平山积石冢出土的两牙牙璧形态几乎完全一致。"涡纹"这种图案动感极强,应取材于河流或海洋中的漩涡。而三牙的牙璧从其栩栩如生的旋转形态看,更似写实的漩涡。从考古发现来看,辽东半岛

①冈村秀典:《辽东半岛与山东半岛史前文化的交流》,《环渤海考古国际学术讨论会论文集》,知识出版社,1996年,第109页。

②张得水:《史前玉礼器的起源与发展》,《东南文化》2000年第11期。

③栾丰实:《牙璧研究》,《文物》2005年第7期。

④杨伯达:《大连四平山积石冢出土"牙璧"新论》,《旅顺博物馆学苑》,吉林文史出版社,2009年。

⑤中国社会科学院考古研究所:《胶县三里河》,文物出版社,1988年,第64页图三六,16。

和山东半岛的交流和联系极为密切,这种交流是通过渤海海峡以海上交通的方式实现的。两地在进行交流的过程中,要通过可怕而且神秘莫测的大海,特别是汹涌的海浪和湍急的漩涡极易对行船构成安全威胁。牙璧这种特殊的玉器是发端于辽宁和山东两地的特有玉器,作为一种礼玉,它的祭祀对象当与两地所处的海洋环境有密切关系。据此,因为敬畏大海而祭祀祈求平安,应是牙璧的作用之一。

锥形玉器在四平山积石冢发现2件,文家屯发现3件。其基本特征是长条形,一端呈圆锥形,另一端呈尖形或似铤的细铤状,有的在铤部钻一小孔。锥形玉器最早出现于鲁中地区的大汶口文化中期,大汶口文化晚期是其鼎盛时期,在鲁中南和胶东半岛地区都有较多发现,并且形制丰富。至龙山文化时期,锥形玉器在山东地区已成衰微之势[1]。辽东半岛发现的锥形玉器形制和山东地区的同类器完全一样,时代又晚,很明显是受山东地区影响的结果。在胶县三里河大汶口文化墓葬中有32座墓主人手握各种质类的长条形器,包括蚌器、獐牙、骨锥和锥形玉器。《周易》有云:"獗豕之牙,吉。"意思是说手执野猪的獠牙,吉利。以其他质类的尖状长条形器替代野猪的獠牙进行随葬,是因为野猪的獠牙毕竟有限。还有墓主人口含锥形玉器,也应具有特殊的含义。有先生讨论了三代时期的玉柄形器,其中的C型锥状柄形玉器认为源于新石器时代的坠饰或簪,笔者认为可能受山东地区的这类锥形玉器影响更大,而其A型部分柄形玉器的一端呈圆锥状或铤状也可能是受这类锥形玉器的影响[2]。

二、辽东半岛武器形石器研究

尽管在青铜器时代已经出现青铜铸造技术,使用青铜器的范围与比例逐渐扩大,逐步提高,但石材依然是当时生产生活的主要原料,尤其是大量武器形石器的生产与使用,成为研究当时社会的重要资料,分析其发展与消亡过程,有助于了解当时的社会生产发展水平以及区域间的文化交流与联系。

辽东半岛位于中国东北南部,与朝鲜半岛、山东半岛等地临近,是东北

---

① 周晓晶:《辽东半岛地区新石器时代玉器的初步研究》,《北方文物》1999年第1期。
② 曹楠:《三代时期出土柄形玉器研究》,《考古学报》2008年第2期。

文化区的重要组成部分,也是研究东北亚古代文化交流的重要区域。按照一般看法,辽东地区主要由辽东山地区与辽东半岛组成,其中辽东半岛又可以细分为辽东半岛北部与辽东半岛南部,半岛南端是指千山山脉南端及碧流河、复州河流域地区,即现在大连市及其周边地区[①],该区域也是本书所研究的范围。

按照近年来学术界的主流看法,辽东半岛的青铜时代一般可以分为四个阶段,分别是双砣子一期文化时期、双砣子二期文化时期、双砣子三期文化时期和双房文化时期,年代从夏代的初始期延至战国时期[②]。

(一)辽东半岛武器形石器出土情况

按照前文的时空设置,辽东半岛青铜时代各时期武器形石器出土状况介绍如下:

1. 双砣子一期文化时期

出土有武器形石器的遗址包括双砣子一期、老铁山·将军山积石冢、大嘴子一期、旅顺于家村下层等。

双砣子一期:遗址位于大连市甘井子区后牧城驿村北,石器见有斧、锛、凿、铲、刀、矛、环状石器、砥石、纺轮等。武器形石器有矛2件,1件略残[③]。

老铁山·将军山积石冢:遗址位于大连市旅顺口区老铁山、将军山、刁家村北山山脊上。老铁山出土石器有锛、矛、凿、网坠和纺轮等,其中武器形石器有石矛2件[④];将军山出土石矛1件[⑤]。

大嘴子一期:遗址位于大连市甘井子区大连湾镇政府东南约2公里处的黄海北岸半岛尖端,第一期出土石器共31件,主要有斧、刀、戈、镞、研磨器、磨石、环等,多为磨制,石器质料有辉绿岩、板岩、砂岩等。武器形石器包括石戈1件,石镞1件[⑥]。

①华玉冰:《辽东地域青铜时代考古学文化系统的研究》,(韩)《考古学探究》2010年7号。
②赵宾福:《中国东北地区夏至战国时期的考古学文化研究》,科学出版社,2009年,第194页。
③中国社会科学院考古研究所:《双砣子与岗上——辽东史前文化的发现和研究》,科学出版社,1996年,第25页。
④旅大市文物管理组:《旅顺老铁山积石墓》,《考古》1978年第2期。
⑤中国社会科学院考古研究所:《双砣子与岗上——辽东史前文化的发现和研究》,科学出版社,1996年,第64页。
⑥大连市文物考古研究所:《大嘴子——青铜时代遗址1987年发掘报告》,大连出版社,2000年,第102—108页。

旅顺于家村下层：遗址位于大连市旅顺口区的于家村，石器见有斧、锛、铲、矛、刀、凿、环状石器、网坠、镞、纺轮、环、磨棒等。除个别网坠为打制外，均为磨制。石器原料有辉绿岩、辉长岩、辉长角闪岩、泥灰板岩和砂岩等，钻孔石器都是采用对钻法和管钻法。武器形石器包括石矛 3 件，石镞 10 件[①]。

大王山遗址一期：遗址位于大连市甘井子区大连湾街道拉树房村西南的大王山（又名大旺山）南坡上，该期出土的石器以磨制为主，少数打制。器形主要有斧、锛、刀、钺、凿、剑、环刃器、端刃器、穿孔石器、纺轮、锤、砧和磨石等。其中武器形石器有石钺 1 件，石剑 6 件等[②]。

2. 双砣子二期文化时期

出土有武器形石器的遗址包括小黑石砣子、双砣子二期、大嘴子二期、貔子窝、望海埚等。

小黑石砣子：遗址位于大连市旅顺口区小黑石村西北滨临渤海的砣子上，石器有斧、锛、凿、刀、钺、矛、镞、球、棍棒头、网坠、纺轮等。石质多为辉长岩，还有蛇纹岩、板岩、绿泥片岩、变质砂岩等。武器形石器包括石钺 1 件，石矛 1 件，石镞 1 件[③]。

双砣子二期：遗址位于大连市甘井子区后牧城驿村北，共出土石器 92 件，均为磨制，有斧、锛、铲、刀、矛、镞、棍棒头、砥石、环、环状石器、纺轮和网坠等。其中武器形石器包括矛 4 件，均已残缺；棍棒头 1 件，镞 2 件[④]。

大嘴子二期：遗址位于大连市甘井子区大连湾镇政府东南约 2 公里处的黄海北岸半岛尖端。出土石器共 21 件。主要有斧、锛、刀、镞、纺轮、饼、磨石等，多磨制。石器质料有辉绿岩、板岩、蛇纹石化大理岩等。其中可归入武器形石器的有石镞 3 件[⑤]。

貔子窝（含单砣子、高丽寨）遗址：遗址位于大连市普兰店城子坦镇碧

[①] 旅顺博物馆、辽宁省博物馆：《旅顺于家村遗址发掘简报》，《考古学集刊》1981 年第 1 集。

[②] 辽宁省文物考古研究所、大连市文物考古研究所：《辽宁大连市大王山青铜时代遗址发掘简报》，《东北史地》2014 年 2 期，简报中未列出本期出土石器及具体数量。

[③] 刘俊勇、王珐：《辽宁大连市郊区考古调查简报》，《考古》1994 年第 4 期。

[④] 中国社会科学院考古研究所：《双砣子与岗上——辽东史前文化的发现和研究》，科学出版社，1996 年，第 31—35 页。

[⑤] 大连市文物考古研究所：《大嘴子——青铜时代遗址 1987 年发掘报告》，大连出版社，2000 年，第 117—119 页。

流河入海口一带。单砣子出土石器包括斧、锛、刀、纺轮、杵、网坠、带窝石、钺、戈、矛、镞等。其中武器形石器包括钺、剑、矛、镞等，可以分辨出单砣子公布的钺 2 件，剑 1 件，矛 1 件等。高丽寨遗址出土石器包括刀、斧、锛、凿、环状器、纺轮、矛、镞、尖状器、球、网坠、杵等。可辨识出的武器形石器中矛超过 3 件，镞超过 7 件①。

望海埚：遗址位于大连市保税区亮甲店街道金顶村赵王屯。遗址出土石器包括戈、矛、钺、斧、锛、刀、网坠、纺轮、环状器、石球、凿、镞等。可辨识出武器形石器包括石戈 3 件，石矛 1 件，石镞 10 件②。

3. 双砣子三期文化时期

出土武器形石器的遗址包括金州庙山、金州大沟头、双砣子三期、岗上墓地下部文化层、尹家村一期、大砣子二期、大嘴子三期、旅顺羊头洼、于家村上层、于家村砣头积石墓地、王宝山积石冢等。

金州庙山：遗址位于大连市金州区七顶山乡老虎村。出土石器主要有斧、刀、锛、凿、矛、棍棒头、环刃器、网坠、球等。其中武器形石器包括：矛 6 件，棍棒头 2 件③。

大沟头：遗址位于大连市金州区杏树屯镇杏林村西北。石器多磨制，个别石斧采用器身琢制、刃部磨制的制作方法，器类主要有斧、锛、刀、镞、凿、饼、球、杵、砥石、磨石、棍棒头、磨棒等。石质主要有辉长岩、蛇纹岩、石英岩、砂岩、板岩、页岩等。武器形石器包括：石镞 4 件④。

双砣子三期：遗址位于大连市甘井子区后牧城驿村北，出土石器 218 件，均为磨制，出土有较多的刀和扁平斧。另外还有锛、凿、矛、镞、带窝石器、网坠、纺轮等，质料与双砣子二期和一期相同。武器形石器包括：石矛 4 件，石镞 13 件⑤。

岗上墓地下部文化层：遗址位于大连市甘井子区后牧城驿村附近最北

---

①滨田耕作：《貔子窝》，《东方考古学丛刊》第一册，1929 年，图版一九－图版二一、图版三五－图版三八。

②金关丈夫、三宅宗悦、水野清一：《羊头洼》，《东方考古学丛刊》乙种第三册，1942 年，图版四五－图版五一。

③吉林大学考古学系等：《金州庙山青铜时代遗址》，《辽海文物学刊》1992 年第 1 期。

④吉林大学考古学系等：《金州大沟头青铜时代遗址试掘简报》，《辽海文物学刊》1992 年第 1 期。

⑤中国社会科学院考古研究所：《双砣子与岗上——辽东史前文化的发现和研究》，科学出版社，1996 年，第 47 页。

的一个土丘上,出土石器共 22 件,以刀、斧、锛和纺轮居多,此外还有镞、环状石器、石坠等。武器形石器仅见镞 1 件[1]。

尹家村一期:遗址位于大连市甘井子区后牧城驿村北,出土石器 6 件,见有镞、刀、镰、锤、纺轮,武器形石器仅见镞 1 件[2]。

大砣子二期:遗址位于大连市旅顺口区北海村东南三面临海的砣子上。出土石器 147 件。主要有斧、锛、刀、钺、铲、剑、镞、有刃器、棍棒头、网坠、纺轮、磨石、球、饼等。石质有辉绿岩、蛇纹石化大理岩、板岩、石英岩、砂岩等。其中武器形石器有:石剑 10 件,石镞 3 件,石钺 4 件,棍棒头 1 件[3]。

大嘴子三期:遗址位于大连市甘井子区大连湾镇政府东南约 2 公里处的黄海北岸半岛尖端,1987 年出土石器共 840 件,主要有斧、锛、刀、钺、戈、镞、剑、矛、球、磨棒、杵、纺轮、饼、带窝石、磨石、穿孔器、有刃器等。绝大多数磨制,极少数琢制或打制。石器质料主要有辉绿岩、板岩、砂岩,还有蛇纹石化大理岩、薄层大理岩、绢云绿泥大理岩、灰岩、绿帘石化闪长岩等。这一时期在大嘴子遗址武器形石器发达,种类多,数量大。包括钺、戈、戚、镞、剑、矛等。其中,石钺 18 件,石戈 7 件,石戚 2 件,石剑 31 件,石矛 2 件,石镞 23 件,报告中描述的一些残破严重的有刃器,看不出器形,其中一些应为钺[4]。

1992 年出土石器有斧、锛、刀、磨石、钺、戈、矛、环刃器、砍砸器、球、砥石、镞等。其中武器形石器有石钺 1 件,石戈 3 件,石矛 1 件,石镞 2 件[5]。

羊头洼:遗址位于大连市旅顺口区的羊头洼,处于伸入渤海湾中半岛形的山丘上面。遗址出土石器有戈、钺、戚、斧、锛、环状器、凿、刀、网坠、镞等。其中可辨识出武器形石器有石戈超过 7 件,钺超过 2 件,镞超过 12

①中国社会科学院考古研究所:《双砣子与岗上——辽东史前文化的发现和研究》,科学出版社,1996 年,第 91 页。

②中国社会科学院考古研究所:《双砣子与岗上——辽东史前文化的发现和研究》,科学出版社,1996 年,第 128 页。

③大连市文物考古研究所、辽宁师范大学历史文化旅游学院:《辽宁大连大砣子青铜时代遗址发掘报告》,《考古学报》2006 年第 2 期。

④大连市文物考古研究所:《大嘴子——青铜时代遗址 1987 年发掘报告》,大连出版社,2000 年,第 188—219 页。

⑤辽宁省文物考古研究所等:《辽宁大连市大嘴子青铜时代遗址的发掘》,《考古》1996 年第 2 期。

件,另有铤镞 2 件等①。

于家村上层:遗址位于大连市旅顺口区的于家村,出土石器有斧、锛、刀、矛、棍棒头、镞、网坠、纺轮、穿孔石器、磨棒等。石器原料有辉绿岩、辉长岩、泥灰板岩等,钻孔石器采用对钻法和管钻法。其中武器形石器有石矛 1 件,棍棒头 2 件,石镞 1 件②。

于家村砣头积石墓地:墓地位于大连市旅顺口区于家村西南 500 米临海的一个小半岛上,东北方约百米即是于家村遗址。墓地出土石器有斧、锛、环状石器、刀、矛、纺轮等。其中武器形石器有石矛 1 件③。

王宝山积石冢:墓地位于大连市金州区大魏家镇后石灰窑村王宝山上。墓地出土石器有环、锛、镞等。其中武器形石器有石镞 2 件④。2013年,辽宁省文物考古研究所联合大连市文物考古研究所等单位对其进行了第二次发掘,也出土了大量武器形石器,详细报告正在编写中⑤。

庄河平顶山:遗址位于大连市庄河大房身村西的平顶山南坡上。石器以磨制为主,种类较多,主要有刀、镰、斧、凿、镞、磨石等。其中武器形石器有石镞 2 件,石矛 1 件⑥。

大王山遗址二期:遗址位于大连市甘井子区大连湾街道拉树房村西南的大王山(又名大旺山)南坡上,该期出土的石器数量较多,器形丰富。制法主要是以磨制为主,极少数为打制。器形有斧、锛、刀、凿、钺、剑、镞、棍棒头、环刃器、端刃器、纺轮、网坠、穿孔石器、锤、杵、砧和磨石等。石器质料主要有辉绿岩、闪长岩、板岩、砂岩、白云质大理岩和石英砂岩等。其中武器形石器有石钺 23 件,石剑 32 件,石镞 13 件,棍棒头 4 件等⑦。

4. 双房文化时期

出土有武器形石器的遗址包括瓦房店药王庙、长海县上马石上层、岗

①金关丈夫、三宅宗悦、水野清一:《羊头洼》,《东方考古学丛刊》乙种第三册,1942 年,图版一三一图版一六。

②旅顺博物馆、辽宁省博物馆:《旅顺于家村遗址发掘简报》,《考古学集刊》第 1 集,中国社会科学出版社,1981 年,第 97—98 页。

③旅顺博物馆、辽宁省博物馆:《大连于家村砣头积石墓地》,《文物》1983 年第 9 期。

④王冰、万庆:《辽宁大连市王宝山积石墓试掘简报》,《考古》1996 年第 3 期。

⑤笔者实见。

⑥辽宁省文物考古研究所:《大连庄河平顶山青铜时代遗址发掘简报》,《北方文物》2011 年第 1 期。

⑦辽宁省文物考古研究所、大连市文物考古研究所:《辽宁大连市大王山青铜时代遗址发掘简报》,《东北史地》2014 年 2 期,简报中未列出具体数量。

上墓地、楼上墓地、卧龙泉墓地、尹家村二期、薛家村青铜时代石器窖藏、新金县王屯石棺墓、旅顺黑嘴子积石冢等。

药王庙：遗址位于瓦房店市长兴岛大古山西面山脚下，出土石器 10件，有斧、钺、锛、石球等。其中武器形石器有石钺 2 件[1]。

上马石上层：遗址位于长海县大长山岛东部南面临海的地方，出土石器为磨制，有扁平斜刃石斧、锛、镰、平底镞、有铤镞、柳叶形凹底镞、网坠、环形器、矛、纺轮、环、坠等。其中武器形石器有平底镞 30 件，石矛 1 件[2]。

岗上墓地：遗址位于大连市甘井子区后牧城驿村附近最北的一个土丘上，墓地出土石器共 49 件，其中以石镞的出土数量最多，纺轮次之，其余还有加重器、棍棒头、石范、磨石等。另有石珠、佩饰等。其中武器形石器有石镞 30 件，棍棒头 3 件，与武器形石器有关的加重器 2 件。

墓地封土及扰土中出土石器共 24 件，主要有镞、刀、斧、磨棒和纺轮等。其中武器形石器有石镞 2 件，形制与墓葬出的相同[3]。

楼上墓地：墓地位于大连市甘井子区后牧城驿村附近东边靠近村子的一个土丘上。墓地出土石器有镞、磨石、纺轮、石珠、石坠等，其中武器形石器有石镞 8 件[4]。

卧龙泉墓地：墓地位于大连市普兰店的卧龙泉村附近。墓地出土石器有加重器、磨石、纺轮、石珠等，其中与武器形石器有关的加重器 1 件，器形与岗上、楼上墓地所出土者一致[5]。

尹家村二期：遗址位于大连市甘井子区后牧城驿村北，出土石器 5 件，见有刀、棍棒头、范等，其中武器形石器有棍棒头 2 件[6]。

薛家村石器窖藏：遗址位于大连市瓦房店薛家村东南约 100 米的土坡

[1]刘俊勇：《辽宁瓦房店市长兴岛青铜文化遗址调查》，《考古》1997 年第 12 期。

[2]辽宁省博物馆、旅顺博物馆、长海县文化馆：《长海县广鹿岛大长山岛贝丘遗址》，《考古学报》1981 年第 1 期。

[3]中国社会科学院考古研究所：《双砣子与岗上——辽东史前文化的发现和研究》，科学出版社，1996 年，第 81，86—87 页。

[4]中国社会科学院考古研究所：《双砣子与岗上——辽东史前文化的发现和研究》，科学出版社，1996 年，第 106 页。

[5]中国社会科学院考古研究所：《双砣子与岗上——辽东史前文化的发现和研究》，科学出版社，1996 年，第 117 页。

[6]中国社会科学院考古研究所：《双砣子与岗上——辽东史前文化的发现和研究》，科学出版社，1996 年，第 131 页。

上,这批石器共 10 件,均为磨制,制作精细。器形有斧、剑、矛、棍棒头、环刃石器等。其中武器形石器有石剑 4 件,石矛 1 件,棍棒头 1 件[①]。

王屯石棺墓:墓地位于大连市普兰店市北约 100 公里处的偏僻山沟里。墓地征集到的石器包括钺、斧等。其中武器形石器有石钺 1 件[②]。

滨町贝冢:遗址位于今大连市中山区黑嘴子积石冢。出土的石器包括戚、钺、棍棒头、环状石器、纺轮、锛、斧、凿、匕、环、戈、刀等。其中武器形石器有石戚 7 件,石戈 2 件[③](图 5—1)。

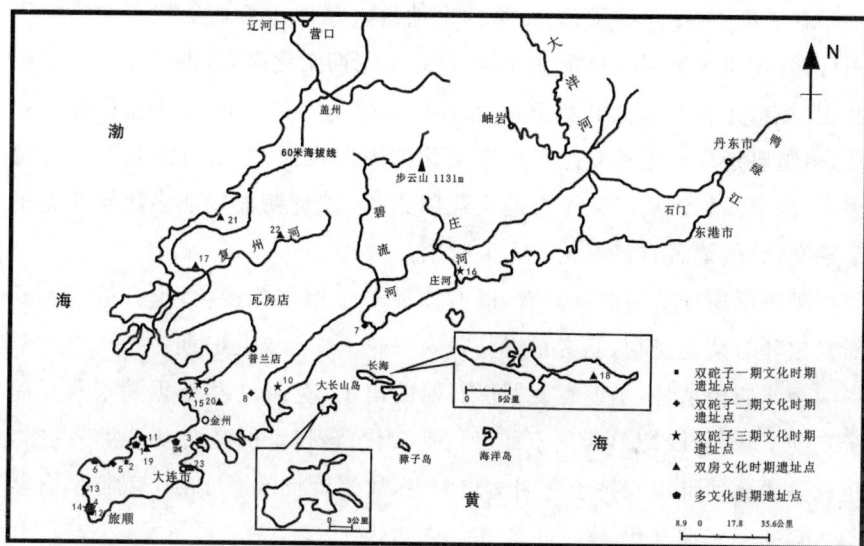

图 5—1 辽东半岛武器形石器遗址分布示意图

1. 双砣子一期、双砣子二期、双砣子三期;2. 将军山积石冢;

3. 大嘴子一期、大嘴子二期、大嘴子三期;4. 旅顺于家村下层、于家村上层;

5. 小黑石砣子;6. 大砣子一期、大砣子二期;7. 貔子窝(包括单砣子、高丽寨两处遗址);

8. 望海埚;9. 金州庙山;10. 大沟头;11. 岗上墓地下部文化层、岗上墓地;

12. 尹家村一期、尹家村二期;13. 羊头洼;14. 于家村砣头积石墓地;

15. 王宝山积石冢;16. 庄河平顶山;17. 药王庙遗址;18. 上马石上层;

19. 楼上墓地;20. 卧龙泉墓地;21. 薛家村石器窖藏;22. 王屯石棺墓;

23. 滨町贝冢;24. 大王山一期、二期

①赵云积、燕戈:《辽宁瓦房店市薛家村青铜时代石器窖藏》,《北方文物》1994 年第 3 期。
②刘俊勇、戴廷德:《辽宁新金县王屯石棺墓》,《北方文物》1988 年第 3 期。
③金关丈夫、三宅宗悦、水野清一:《羊头洼》,《东方考古学丛刊》乙种第三册,1942 年,图版五九—图版六〇。

此外,在庄河大荒地、普兰店石棚沟刘屯、三台子、金州区小关屯、瓦房店榆树房等石棚所在地的遗址多属于双房文化遗存,出土有凹尾石镞、石矛、石棍棒头等①。在大连普兰店马小店西山发现曲刃青铜短剑窖藏一处,出土曲刃青铜短剑 3 件、石加重器 1 件等;在大连瓦房店赵屯乡曲屯村长条地发现曲刃青铜短剑 3 件、石加重器 1 件②。

(二)辽东半岛武器形石器性质与特点

1. 尚存争议遗址时代确认

貔子窝,包括单砣子、高丽寨两个遗址。单砣子遗址从公布的器物线图可知,应属于不同文化系统,既有双砣子二期文化因素,也有双砣子三期文化因素,还有双房文化因素。高丽寨遗存基本如蔡凤书先生分析的那样,甲组属于辽东半岛双砣子一期文化的因素,乙组器物可能属双房文化因素,丙组器物则属双砣子二期文化因素③。遗址陶器特征多数属双砣子二期文化,故笔者将该遗址归入该时期。

望海埚遗址从陶器特征看,既有双砣子二期文化遗物,也有近于上马石瓮棺葬时期的遗物,笔者暂将其归入双砣子二期文化时期。

金州庙山遗址,早期无武器形石器的出土,晚期 A 类依据简报属双砣子二期文化,而晚期 B 类属双砣子三期文化,该遗址的晚期以 B 类为主④,也就是说该遗址以双砣子三期文化为主,故笔者将该遗址出土武器形石器归入双砣子三期文化。

羊头洼遗址、岗上墓地下层文化遗存、尹家村一期、于家村砣头积石墓地以及王宝山积石墓地,有学者进行了必要的分析,认为它们的时代均为双砣子三期文化时期,笔者从其说⑤。

薛家村石器窖藏,据简报,种类比较齐全,器形较大。扁平石斧、石剑、石矛、棒棍头、环刃石器等都具有青铜时代的特点,其下限当不晚于春秋。尤其是扁平长大石斧,与新金县碧流河水库淹没区大石盖墓出土的扁平长

---

① 许玉林:《辽东半岛石棚之研究》,《北方文物》1985 年第 3 期。
② 刘俊勇:《大连地区曲刃青铜短剑遗存研究》,《辽海文物学刊》1993 年第 2 期。
③ 蔡凤书:《关于〈貔子窝〉的陶器》,《辽海文物学刊》1993 年第 2 期。
④ 吉林大学考古学系等:《金州庙山青铜时代遗址》,《辽海文物学刊》1992 年第 1 期。
⑤ 赵宾福:《中国东北地区夏至战国时期的考古学文化研究》,科学出版社,2009 年,第 138—156 页。

大石斧、玉斧等相同①，结合四个阶段武器形石器出土的规律，可以基本认定该窖藏的时代为双房文化时期。

滨町贝冢遗址，从陶器特征看，图版五九2件陶罐，均为双房文化典型器，而图版六〇的3件陶器分别为簋、舟形器和豆，特征均为双砣子三期文化。我们暂将该遗址出土的石器归入双房文化进行讨论②。

2. 辽东半岛武器形石器的性质

从出土情况看，辽东半岛青铜时代出土石器主要包括斧、锛、刀、凿、戈、矛、剑、钺、戚、镞、棍棒头、球、磨棒、杵、纺轮、带窝石、磨石、环状石器、有刃器、饼、网坠、石加重器、石范、匕、镰、佩饰、铲、砥石等。石器质料主要有辉长岩、辉绿岩、蛇纹岩、石英岩、板岩、砂岩、页岩等，还见有蛇纹石化大理岩、薄层大理岩、绢云绿泥大理岩、灰岩、绿帘石化闪长岩、辉石角闪岩、泥灰板岩、绿泥片岩、变质砂岩等。钻孔石器都是采用对钻法和管钻法。

这些出土的石器中，我们仅讨论武器形石器和与之有关的石器。首先是斧钺戚，这三类器物在古代文献均有记载，许慎《说文》："钺，大斧也。"《汉书》颜师古注戚云："钺、戚皆斧属。"也就是说，斧、钺、戚其实均是斧类，其差别可能在于尺寸大小、形态特征及使用方法、使用场合的不同。或者如有学者所认识的那样，既有相对大小之别，又有以长宽比例为主要内容的形态特征差异，其长宽比例基本情况为：斧一般约为 2：1，戚型斧一般约为 3：1，钺型斧一般约为 1—1.5：1。钺、戚当是由斧演变而来，而斧最早是作为砍伐工具出现的。作为砍伐工具的石斧在新石器时代还有另外一个功能——武器，这是新石器时代随着部落间冲突引发的战争的必然结果。而石斧在新石器时代作为手持武器不仅有文献支持，也有考古学证据。但随着史前先民认识水平的提高和战争兵器日渐专门化，至新石器时代晚期石斧也发生了分化：体态厚重结实、横断面近椭圆形、磨制相对不甚精致且通常没有穿孔的石斧，作为砍伐生产工具使用的可能性很大；体态相对轻薄锋利、横断面近长方形、磨制较为精致且常有穿孔或呈有肩石斧者，明显不大适合木材砍伐，而穿孔或有肩则说明先民还非常重视斧体与

①赵云积、燕戈：《辽宁瓦房店市薛家村青铜时代石器窖藏》，《北方文物》1994 年第 3 期。
②金关丈夫、三宅宗悦、水野清一：《羊头洼》，《东方考古学丛刊》乙种第三册，1942 年，图版五五—图版五八。

木柄联结的牢固性,可能多属于斧钺类兵器的范畴①。进入青铜时代,斧钺类分化更为显著,既存在作为砍伐工具的常型石斧,也存在功能具有延续性的石质和玉质钺、戚,还新出现青铜质的钺、戚。玉质和青铜质的钺、戚更多作为礼仪用具和王权象征,而石质的钺、戚仍然是重要的武器。从以上论述我们认为,辽东半岛青铜时代的斧钺类石器中,隶定为钺、戚的石器可以作为武器形石器看待。同时,一些制作精美、几无使用痕迹的钺、戚类石器也可能作为王权象征的礼仪性武器。

棍棒头也是辽东半岛青铜时代常见的石器,但关于其性质,是存在争议的。如有人认为是古代制作绳索的一种纺锤②;但一般认为是一种武器,是文献所载的"殳",也是宋元时期所谓的"骨朵"的源头③,或者说是最早的"骨朵"④。笔者赞同石棍棒头是一种武器的观点。

剑作为一种近身格斗的手持武器应该是不存在争议的,在我国的青铜时代有大量的青铜剑的出土。戈和矛作为两种手持的长兵也是不存在争议的,戈这种武器在我国的青铜时代同样有大量的青铜质料的发现,而且成为最为重要的一种长兵。而石矛则既可投掷,也可手持使用。在新石器时代,石矛最初当多以投掷方式普遍用于狩猎,故其作为兵器使用时,可能较多沿袭着投掷使用的特点。即使进入青铜时代,矛在很多地方仍然作为投掷兵器使用⑤,但无论如何,辽东半岛地区青铜时代的石矛无疑是武器的一种。

镞(弓箭)在新石器时代乃至旧石器时代已经被用于狩猎活动。随着冲突和战争的频发,也成为一种武器,而且是用于远射的远程兵器。镞(弓箭)的使用比较普遍和广泛,它在我国整个冷兵器时代的战争中占据着极为重要的地位。

石加重器,也有称之为枕状器、剑把头的,一般认为与曲刃青铜短剑有关。从出土情况看,石加重器一般与曲刃青铜短剑伴出,成为青铜短剑的一个有机组成部分,其作用是通过增加剑体的重量来增强刺伤力,达到有

---

①钱耀鹏:《中国古代斧钺制度的初步研究》,《考古学报》2009年第1期。
②张绍维:《我国东北地区的环状石器》,《黑龙江文物丛刊》1984年第1期。
③许玉林:《试谈辽宁出土的环状石器与石棍棒头》,《考古与文物》1983年第2期,图一4,11。
④陆思贤:《释"骨朵"》,《考古与文物》1982年第5期。
⑤钱耀鹏:《中国古代斧钺制度的初步研究》,《考古学报》2009年第1期。

效杀伤敌人的作用。所以笔者也将其归入武器形石器的行列。

要之,辽东半岛地区青铜时代的武器形石器包括钺、戚、戈、矛、剑、棍棒头、镞等,其中镞和球为远射武器,矛可能多为投掷武器,钺、戚、戈、棍棒头为手持长兵,而剑则为手持短兵,石加重器仅是青铜短剑的一个有机组成部分。

3. 辽东半岛武器形石器的特点

据不完全统计,双砣子一期文化时期,辽东半岛的武器形石器出土遗址点有 5 个,种类主要有矛、戈、镞、钺、剑及球,其中矛 8 件、戈 1 件、镞 11 件、钺 1 件、剑 6 件、球 3 件。

伴出的武器形石器组合为:矛 3 组;矛、镞 1 组;戈、镞 1 组;钺、剑 1 组。

双砣子二期文化时期,辽东半岛的武器形石器出土遗址点有 6 个,种类主要有钺、矛、戈、镞、球、棍棒头,其中钺 6 件、矛超过 10 件、戈 4 件、剑 1 件、镞超过 30 件、棍棒头 2 件。

伴出的武器形石器组合为:钺、矛、镞、球、棍棒头 1 组;矛、棍棒头、镞 1 组;镞 1 组;钺、剑、矛、镞 1 组;矛、镞 1 组;戈、矛、钺、球、镞 1 组。

双砣子三期文化时期,辽东半岛的武器形石器出土遗址点有 12 个,种类主要有钺、矛、戈、戚、剑、镞、棍棒头、锤斧,其中钺超过 48 件、矛 16 件、戈超过 17 件、戚超过 4 件、剑 73 件、镞超过 77 件、棍棒头 12 件、锤斧 1 件。

伴出的武器形石器组合为:矛、棍棒头 1 组;镞、棍棒头 1 组;矛、镞 2 组;镞 3 组;剑、镞、钺、棍棒头 1 组;钺、戈、戚、镞、剑、矛、棍棒头 1 组;钺、戈、矛、镞 1 组;戈、钺、戚、镞 1 组;矛、棍棒头、镞 1 组;矛 1 组;钺、剑、镞、棍棒头 1 组。

双房文化时期,辽东半岛的武器形石器出土遗址点在 9 个以上,种类主要有钺、矛、戈、戚、剑、镞、棍棒头、加重器、锤斧,其中钺 6 件、矛超过 4 件、戈 1 件、戚 7 件、剑 4 件、镞超过 33 件、棍棒头超过 8 件、加重器 5 件、锤斧 1 件。

伴出的武器形石器组合为:钺 1 组;镞、矛 1 组;镞、棍棒头、加重器 1 组;加重器、镞 1 组;棍棒头 1 组;剑、矛、棍棒头 1 组;钺 1 组;戚、钺、棍棒头、戈 1 组等。而一些文章中提及、介绍及征集的武器形石器组合不明(图

5—2)。

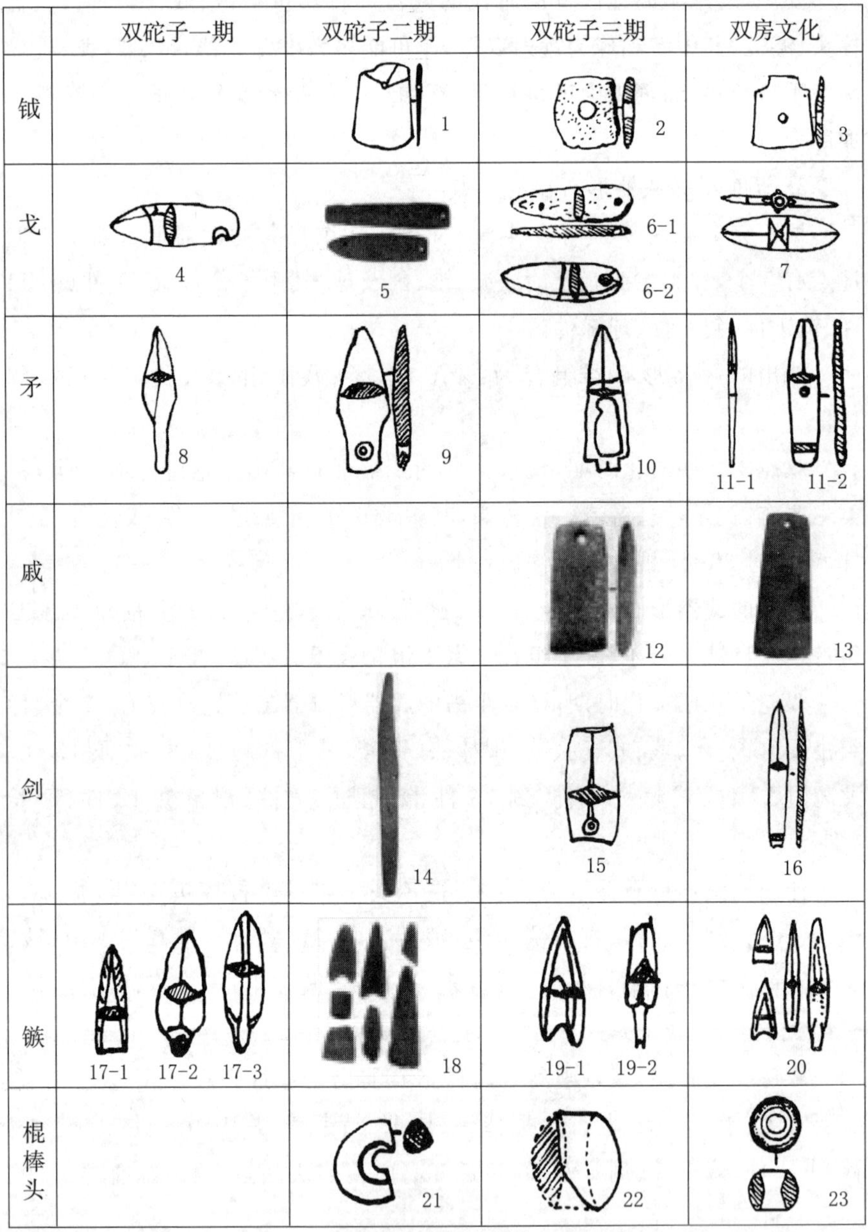

	双砣子一期	双砣子二期	双砣子三期	双房文化
钺		1	2	3
戈	4	5	6-1 6-2	7
矛	8	9	10	11-1　11-2
戚			12	13
剑		14	15	16
镞	17-1　17-2　17-3	18	19-1　19-2	20
棍棒头		21	22	23

图 5—2　辽东半岛武器形石器部分器物图

1. 小黑石砣子采:49 钺;2. 大嘴子 92T4②:1 钺;3. 有内钺(普兰店同益镇);

4. 大嘴子 87T106④:18 戈;5. 望海埚出土矛;6—1. 大嘴子 92F4 上:14 戈;

6—2. 大嘴子 87T16②:26 戈;7. 銮安秘镐形戈(瓦房店东港镇);8. 双砣子 F14:9 矛;

　9. 小黑石砣子采:50 矛;10. 大嘴子 87T93②:5 矛;11—1. 矛(普兰店瓦窝镇);

　　11—2. 薛家村薛窖:7 矛;12. 羊头洼戚;13. 滨町贝冢戚;14. 单砣子出土剑;

　15. 大嘴子 87T102②:18 剑;16. 薛家村薛窖:3 剑;17—1. 大嘴子 87T94④:49 镞;

17—2. 于家村下层 T2④:24 镞;17—3. 于家村下层 T2④:27 镞;18. 单砣子出土石镞;

19—1. 大嘴子 87T91②:4 镞;19—2. 大嘴子 87T703A:7 镞;20. 上马石上层出土镞;

21. 小黑石砣子 H6:1 棍棒头;22. 大嘴子 87 T863A:18 棍棒头;23. 薛家村薛窖:8 棍棒头

　　从双砣子一期文化至双房文化整个青铜时代,辽东半岛地区发现的武器形石器,无论遗址数量,还是武器种类、武器数量,都呈逐渐增多的趋势。双砣子一期文化时期,不仅武器形石器遗址少,而且种类单一,数量较少,主要是矛、镞等远射武器,手持武器甚少,是否说明此一时期战争或冲突较少? 双砣子二期文化时期,武器形石器遗址增多,种类多样化,数量明显增多,仍然以矛、镞等远射武器多见,但手持武器钺、戈、戚、棍棒头增多,是否暗示该时期战争或冲突开始增多? 双砣子三期文化时期,矛、镞等远射武器仍然多见,但手持武器钺、戈、戚、剑、棍棒头与远射武器平分秋色,新出现锤斧这种武器,更为显著的是剑的大量出现,成为该时期一大特色。双房文化时期,出土武器形石器的遗址数量是多于双砣子三期文化的,众多的石棚、大石盖墓出土了大量武器形石器,该时期的一大变化是出现了加重器这种与曲刃青铜短剑有关的石器,除此外武器形石器的种类和双砣子三期没有变化,但数量似乎减少了。

　　从武器形石器的发现,可以窥得辽东半岛这一阶段的文明化进程之一斑。双砣子一期文化时期,辽东半岛地区的考古学文化与山东龙山文化有极为密切的关系,双砣子二期文化我们认为其为山东青铜时代岳石文化的一部分。至双砣子三期文化,山东地区的势力完全撤出了辽东半岛地区,土著文化开始飞速发展。进入双房文化时期,辽东半岛以石棚和曲刃青铜短剑为代表的土著文化不仅进入全盛时期,而且将其影响扩大至辽北、辽西乃至朝鲜半岛。随着文明的发展与相互间的碰撞,冲突与战争频发,武器形石器遗址数量的增多、武器种类和数量的增多无不反映这一历史进程。与上述历史背景相对应,武器形石器发生较大变化就是在双砣子三期文化时期,双房文化时期武器形石器之所以看似减少,是因为青铜短剑的大量出现,这又与双砣子三期文化石剑的突然大量出现相呼应。

　　而在双房文化时期,发现诸如薛家村石器窖藏,发掘者认为扁平长大石斧显然已不是用于生产,而是作为礼器使用[①]。而石器窖藏主要窖藏武器形石器,窖藏的出现说明了对这些武器形石器的重视及这些武器形石器所隐含的意义,不排除是具有"献俘"性质的祭祀遗存。一些精美的武器形石器如钺、戈、矛[②]等同时是具有权杖性质的礼仪用器。

　　(三)辽东半岛武器形石器与周边地区的比较分析

　　相对于辽东半岛,辽西地区该时期的武器形石器并不发达,这可能与其相对发达的青铜铸造业有关,目前见诸报导的多为石制生产工具或武器熔范等,鲜有武器形石器。辽东北部山地地区目前发现的该时期资料多为墓葬,随葬品多以陶器及少量青铜器为主,石器相对较少,武器形石器少之又少。相对于这些地区,辽东半岛周边地区出土武器形石器较多的是图们江、鸭绿江流域以及朝鲜半岛。

　　吉林和龙兴城遗址临近朝俄,位于图们江流域,该遗址属于青铜时代的遗址,出土石器共 521 件,器形包括锄、铲、斧、锛、刀、凿、磨盘、磨棒、纺轮、矛、镞、敲砸器、网坠、刮削器、切割器以及尖状器等,制法上可见打制、琢制与磨制三种,其中打制石器与磨制石器数量相当,琢制石器数量较少。器形上,属于武器形石器的石镞数量最多,大部分为黑曜岩材质的琢制石镞,也有少量页岩材质的磨制石镞,此外还有石矛等武器形石器[③]。图们江流域的金谷遗址[④]、迎花南山遗址[⑤]、南团山遗址[⑥]、水北遗址[⑦]、安田遗址[⑧]、西崴子遗址[⑨]、新光遗址[⑩]、柳庭洞遗址[⑪]、潼关洞墓地[⑫]、河西北山墓

[①] 赵云积、燕戈:《辽宁瓦房店市薛家村青铜时代石器窖藏》,《北方文物》1994 年第 3 期。

[②] 王珍仁、孙慧珍:《大连地区出土的青铜时代石质兵器》,《北方文物》1998 年第 3 期。

[③] 吉林省文物考古研究所等:《和龙兴城》,文物出版社,2001 年,第 98—128 页。

[④] 延边朝鲜族自治州博物馆:《金谷水库南山遗址试掘简报》,《博物馆研究》1985 年第 3 期。

[⑤] 吉林省图珲铁路考古发掘队:《吉林珲春市迎花南山遗址墓葬发掘》,《考古》1993 年第 8 期。

[⑥] 李云铎:《吉林珲春南团山、一松亭遗址调查》,《文物》1973 年第 8 期;宋玉彬:《图们江流域青铜时代的几个问题》,《北方文物》2002 年第 4 期。

[⑦] 吉林省文物考古研究所等:《吉林汪清县水北青铜时代遗址的发掘》,《考古》2005 年第 1 期。

[⑧] 王亚洲:《吉林汪清县百草沟遗址发掘简报》,《考古》1961 年第 8 期;侯莉闽:《汪清百草沟新出土的文物》,《博物馆研究》1984 年第 1 期。

[⑨] 朴龙渊:《汪清西崴子遗址调查》,《博物馆研究》1993 年第 3 期。

[⑩] 吉林汪延公路考古队:《吉林省延吉市新光遗址发掘简报》,《考古》1992 年第 7 期。

[⑪] 延边博物馆:《吉林延吉柳庭洞发现的原始文化遗存》,《考古》1983 年第 10 期。

[⑫] 三上次男:《豆满江流域地方におゐ箱形石棺墓》,《满鲜原始坟墓の研究》,吉川弘文馆,1961 年。

地①、郎家店墓地②、新兴洞墓地③、石岘墓地④、新华墓地⑤、金城墓地⑥、天桥岭墓地⑦、新龙墓地⑧、小营子墓地⑨等均出土有武器形石器。以上遗址出土的武器形石器以石镞、石矛居多，也有部分石剑等出土，磨制石器与打制石器出土数量相当，年代贯穿整个青铜时代。

朝鲜半岛青铜时代的武器形石器更为发达，仅磨制石剑与磨制石镞的统计，就达到 427 件与 1525 件，另有一些异形石器，其用途可能也与武器有关⑩。石剑中，一段有柄式石剑数量最多，其次是短茎式石剑；石镞中，一段菱形石镞最多，约占 70%。这些情况与辽东半岛的出土情况既有相似也有区别。石镞是两地区出土数量最多的一类武器形石器，而辽东地区石矛出土多一些，辽西地区出土石剑多一些。这种情况也提示我们结合出土遗物以及相关遗迹的考察，辽东地区青铜时代出土大量的青铜短剑，仅后牧城驿一带就有 20 把青铜短剑出土⑪，青铜短剑的发达可能与磨制石剑相对较少有关；而在朝鲜半岛大量的磨制石剑出土于墓葬中，从有些石剑的造型分析，很可能是脱离实用性的象征性遗物，这可能与当时社会的埋葬习俗有关⑫。

通过对辽东半岛出土武器形石器的材料梳理以及与周边地区的对比分析，我们初步可以判断，以石矛、石镞为代表的武器形石器在青铜时代出土遗物中占有一定比重，贯穿于辽东半岛该时期四个文化发展阶段的始终，这种现象与辽西地区以及辽东北部山地等区域有所区别，是东北地区青铜时代文化系统中辽东半岛地区独具特色的文化现象。

---

① 图珲铁路考古队：《吉林珲春市河西北山墓地发掘》，《考古》1994 年第 5 期。
② 温海滨：《珲春郎家店墓地调查》，《博物馆研究》1986 年第 3 期；李正凤：《珲春郎家店墓地再次调查》，《博物馆研究》1988 年第 3 期。
③ 吉林省文物考古研究所等：《吉林珲春新兴洞墓地发掘报告》，《北方文物》1992 年第 1 期。
④ 侯莉闽、朴润武：《吉林省图们石岘原始社会墓地的调查与清理》，《博物馆研究》1995 年第 5 期。
⑤ 侯莉闽：《汪清百草沟新出土的文物》，《博物馆研究》1984 年第 1 期。
⑥ 吉林省文物考古研究所：《吉林汪清金城古墓葬发掘简报》，《考古》1986 年第 2 期。
⑦ 李莲：《吉林延边朝鲜族自治州汪清县附近发现石圹墓》，《考古通讯》1956 年第 6 期。
⑧ 侯莉闽：《吉林延边新龙青铜墓葬及对该遗存的认识》，《北方文物》1994 年第 3 期。
⑨ 藤田亮策：《延吉小营子遗址调查报告（上、下）》，"伪满洲国"文教部，1941 年；首尔大学校博物馆：《博物馆收藏的豆满江流域先史时代遗物研究》，首尔大学校博物馆，2009 年。
⑩ 孙晙镐：《韩半岛青铜时代磨制石器研究》，高丽大学校博士学位论文，2006 年。
⑪ 成璟瑭：《吉林大学考古与艺术博物馆收藏短茎式铜剑再考》，《边疆考古研究》2016 年第 19 辑。
⑫ 成璟瑭：《韩半岛南西部支石墓出土磨制石剑研究》，全南大学校硕士学位论文，2005 年。

通过遗物组合的变化以及遗物数量的消长等分析,又可以推测当时的生产生活水平以及社会形态的演进,期待通过今后与鸭绿江、图们江流域以及朝鲜半岛、日本列岛等邻近地区相关材料的深入比较分析,勾勒出该时期东北亚文化交流的繁荣画面。

第三节　辽东半岛石构墓葬研究

一、积石冢研究

（一）新石器时代积石冢

1. 四平山积石冢

四平山位于辽东半岛南端大连市营城子镇黄龙尾半岛上,北临渤海,东侧是海拔 135 米的东大山,再往东是文家屯贝丘遗址(图 5—3)。四平山北峰海拔 192 米,为山脉最高点,60 座积石冢分布在连接北峰和南峰的主脉及向西延伸的支脉上(图 5—4)。

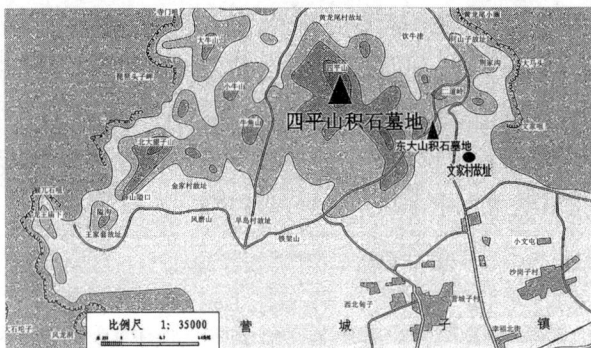

图 5—3　四平山积石冢位置示意图

（第三次文物普查资料）

报告根据踏查结果,将四平山积石冢分为 A、B、C、D 四个发掘区(图5—4)。A 区积石冢是从主脉半山腰开始修建,分布在山脊上。其中 Z8、Z10、Z11 规模较大,呈长椭圆形,Z11 长达 33 米;B 区有 18 座积石冢,没有具体描述;C 区位于四平山主峰,这一区域的积石冢规格较高且数量较多。其中,Z36 横跨山顶,大致向南北延伸,宽度 6 米,长度 120 米,呈蜿蜒曲折的蛇形状;D 区有 17 座积石冢,保存较好,Z49 和 Z60 规模较大。Z49 是长 37.8

米、宽 5.4 米的长椭圆形。位于支脉峰顶上的 Z60,长 28.8 米、宽 7.2 米。

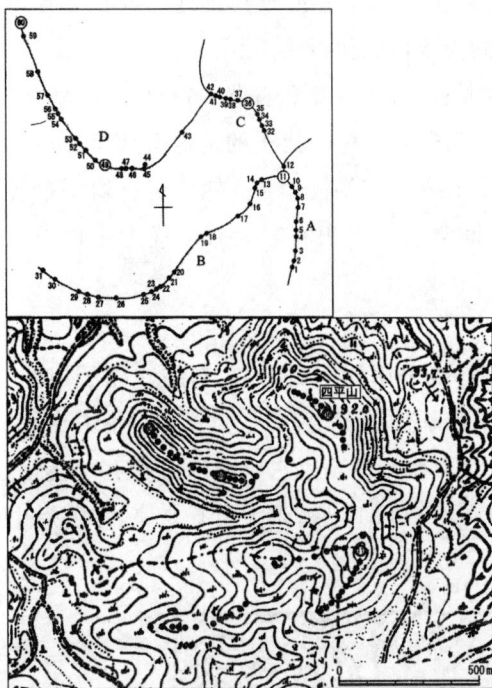

图 5—4　四平山积石冢分布示意图

（均采自《辽东半岛四平山积石冢の研究》）

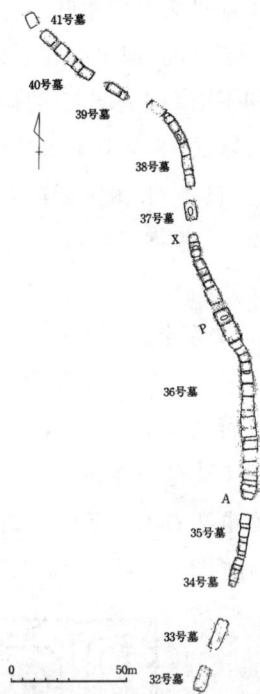

图 5—5　四平山 Z32 到 Z41 积石冢分布示意图

Z36 坐落在四平山主峰上,其南面是 Z35、Z34、Z33、Z32,西北方向是 Z37、Z38、Z39、Z40、Z41、Z42(图 5—5)。除 Z42 外(Z42 日本学者在发掘报告中没有做任何描述),Z37 和 Z41 是单冢单室墓,其余均为单列多室墓。

发掘者依积石冢保存状况的优劣,于 1941 年发掘了四平山 Z32、Z35—Z39 这 6 处积石冢中的 18 座墓室。积石冢各石室内埋葬一个个体[①]。从残存四肢骨的排列来看应为仰身直肢葬[②]。大部分墓室墓顶有石盖板,石盖板上因发现陶器相对集中,发掘者怀疑上面曾供奉过祭祀用陶器。其中 Z37 和 Z38E 墓室内壁有用石板立砌成石棺的现象。发掘者认

————————

① 宫本一夫、赵辉:《辽东半岛四平山积石墓研究》,《考古学研究》2012 年第 9 集。

② 大薮由美子、片山一道:《四平山积石冢で出土した人骨》,《辽东半岛四平山积石冢の研究》,柳原出版株式会社,2008 年。

为,单列多室墓中埋葬的死者之间存在前后相继的序列关系,而单室墓则意味着这种关系的中断。像这样以山顶为中心沿脊线排列的各积石冢以及各石室之间,似乎存在着以氏族为单位的血缘关系。

四平山积石冢出土的遗物主要有陶器、玉器和石器。1941 年发掘的 6 座积石冢的 18 个墓室单位中出土陶器 311 件。出土的玉器有牙璧、玉环、玉斧、玉镞等,其中玉牙璧有 9 件,在 37 号墓中出土 2 件残留有切割痕迹的玉料[①]。根据目前发表资料可推测四平山积石冢大致年代为小珠山五期文化。

2. 文家屯积石冢

文家屯位于大连市甘井子区营城子镇四平山南麓,东临双砣子遗址,西面能看到四平山的最高峰,东南面临近渤海,由东北、北、西三座山环抱。积石冢主要分布在东胡庐山、东大山、张墓后山这三座山的山脊上,统称之为文家屯积石冢。其中东胡庐山有积石冢 14 座,东大山有 6 座,张墓后山有 35 座(图 5—6)。

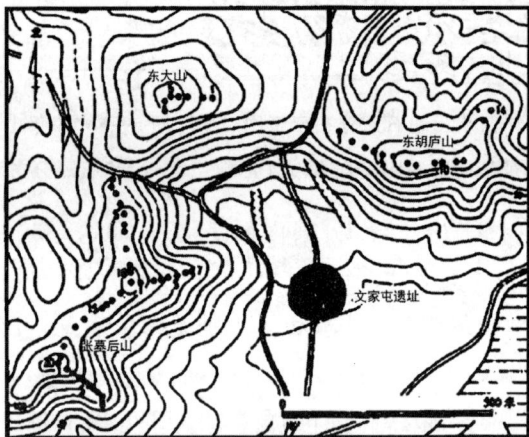

图 5—6　文家屯积石冢分布示意图

(采自《论辽西和辽东南部史前时期的积石冢》[②])

1942 年日本人仅对东大山 Z5 进行了发掘。Z5 为直径约 13 米的近圆

---

①澄田正一、小野山节、宫本一夫:《辽东半岛四平山积石冢の研究》,柳原出版株式会社,2008 年。
②栾丰实:《论辽西和辽东南部史前时期的积石冢》,《红山文化研究——2004 年红山文化国际学术研讨会论文集》,文物出版社,2006 年。

形。冢东侧后期续建了一个 12.7 米的舌形扩张部分,因此该冢的东西全长为 25.7 米。中心冢体有两座墓室 M1 和 M2,均呈南北向。M3 在扩建部分的东南角,是发掘的 3 座墓室中最大的一座,呈东西向(图 5—7)。葬式均为单人仰身直肢葬。发掘者认为该积石冢内应不只有 3 座墓室。出土物有陶器杯、罐、鬶、盘、豆、器盖、纺轮等,玉器有牙璧、环、斧、珠、饰片等,以及骨管珠和石镞等。此外还有野鸡、野兔、鹿的骨骸和大小赤螺、文蛤、圆角贝等①。从出土物观察,3 座墓的年代均应属于小珠山五期文化。

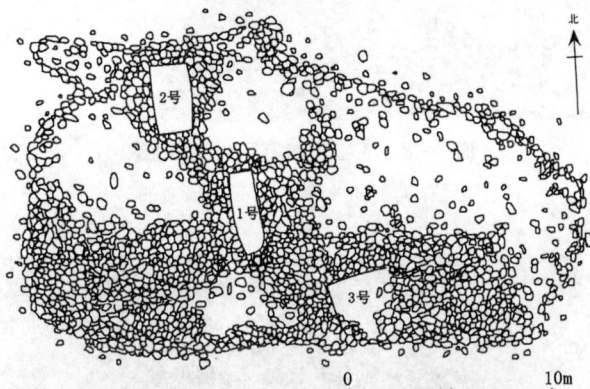

图 5—7　文家屯东大山 Z5 平面示意图
(采自《文家屯——辽东先史遗迹发掘调查报告书》)

3. 王宝山积石冢

王宝山积石冢位于大连市金州新区大魏家街道后石村小王家屯西南 600 米的王宝山上。此山最高处海拔 46.8 米,是伸入渤海金州湾的小半岛(图 5—8)。其北距台山遗址 400 米,东、西、南三面濒海,山上石灰岩裸露。

积石冢依山脊走势呈南北向排列。1991 年对其进行了调查和试掘。1992 年又对该墓地 3 座积石冢进行了清理,并将墓地上的 8 座积石冢编号为 Z1—Z8。2013 年对该墓地又进行了全面的抢救性发掘。发掘时,墓地的 Z1 已经不存在,Z2、Z3 封石被毁,最大积石冢 Z6 的中心被严重破坏,此次发掘还在 Z6 与 Z7 之间发现了一座新的积石冢,编号为 Z9(图 5—9)。

据 1992 年简报,在王宝山积石冢北面不远处有一座海拔 150 米的台

①辽东先史遗迹发掘报告书刊行会:《文家屯——辽东先史遗迹发掘调查报告书》,京都大学,2002 年。

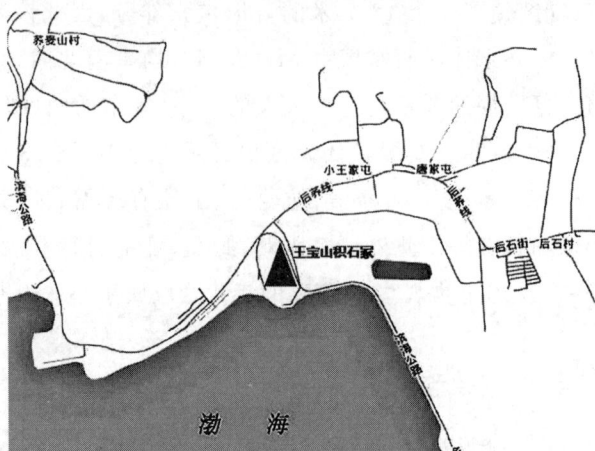

图 5—8　王宝山积石冢位置示意图

（采自大连市文物考古研究所资料）

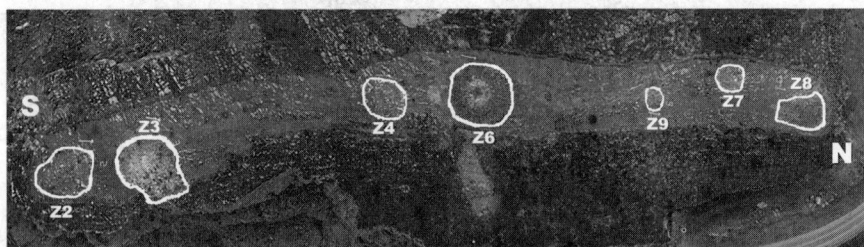

图 5—9　2013 年王宝山积石冢全景航拍

（图片由大连市文物考古研究所刘金友先生提供）

山，在其南、东坡及山顶有一处遗址，从采集的陶片标本可知，该遗址年代应属于双砣子一期文化至双砣子三期文化。积石冢内出土的陶片绝大部分时代较晚，推测应是台山遗址晚期人们的墓地，年代属于双砣子三期文化①。

　　2013 年辽宁省文物考古研究所与大连市文物考古研究所共发掘 7 座积石冢、61 座墓室，发掘总面积约 1600 平方米。各冢均有中心台结构，为最先修建。后续建的墓室分布在其四周。同一座积石冢里埋葬方式不尽相同，土葬、火葬并存。细分又包含一、二次葬，单人、双人、多人葬等。个别墓室还存在叠压打破的关系，多发现于中心台内。根据冢内遗物时代特

①王冰、万庆：《辽宁大连市王宝山积石墓试掘简报》，《考古》1996 年第 3 期。

征,发掘者分析认为其年代大致属于小珠山五期文化到双砣子一期文化,延续至双砣子三期文化①。由于资料尚未发表,暂不予以展开论述。

4. 鞍子山积石冢

从 2014 年至 2017 年,中国社会科学院考古研究所联合辽宁省文物考古研究所、大连市文物考古研究所、辽宁师范大学三家单位对鞍子山积石冢进行发掘。该冢群位于大连市甘井子区营城子街道后牧村鞍子山西侧山脊上。在鞍子山积石冢西北方向约 3.5 公里处是双砣子青铜时代遗址,7.5 公里处为四平山积石冢。

积石冢群长约 200 米,呈南北走向并沿山脊分布,总面积约为 2700 平方米。整个山脊有三个冢体,各个冢体间隔明显,相距较近(图 5—10)。山顶位置由于受到早年采矿的破坏,调查中只发现少量陶片和石器,推测山顶区域原先也应该存在积石冢。上部积石冢筑冢所用的石料较好,规格大于中部和下部积石冢。

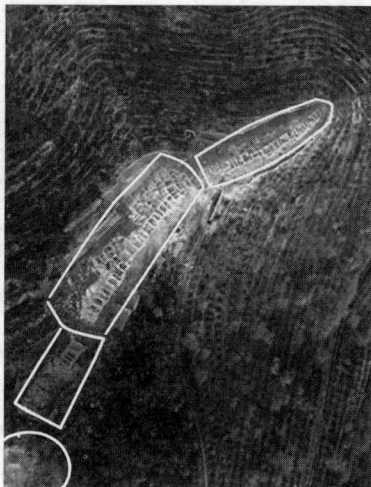

图 5—10　鞍子山积石冢航拍图
(图片由中国社会科学院考古研究所贾笑冰先生提供)

共清理墓葬 133 座。墓室平面呈长方形或方形。每个冢体早期墓室均建在突出的山脊上,其他建造偏晚的墓室沿着早期墓室向西坡续建,也有个别墓室续建在东坡。埋葬方式多为单人葬,少数墓葬发现有多人合葬

---

①资料存于大连市文物考古研究所。

或二次葬的现象,有些墓室的人骨是在他处火烧后的移骨葬。人骨朝向多为头西足东,少数头南足北。积石冢出土遗物较少。

发掘者初步认为鞍子山积石冢所属年代应为新石器时代晚期到青铜时代早期,对应小珠山五期文化到双砣子一期文化,遗物所属年代主要集中在小珠山五期文化。

5. 小岛积石冢

小岛积石冢是第三次全国文物普查时发现的,由 48 座大小不一的积石冢组成,分布在 8 座相连且较为平缓的山脊上(图 5—11)。积石冢外形呈圆堆状,目前还没有进行发掘,仅在地表采集到一些陶片,陶片有夹砂红褐陶,夹滑石的夹砂红褐陶,带竖条状附加堆纹陶,没有采集到黑陶片[1],陶器内涵较为单纯。如果冢内墓室中仅存在附加堆纹罐,则小岛积石冢的年代应属于小珠山四期文化,它将会成为大连地区目前发现的年代最早的积石冢。

图 5—11　小岛积石冢位置示意图

(转引自第三次文物普查资料)

(二)青铜时代积石冢

1. 老铁山·将军山积石冢

老铁山位于大连市旅顺口区东南,其北部山峰向西北衍伸与将军山和

---

[1]第三次文物普查资料,资料现存大连市文物考古研究所。

刁家屯北山山脊相连,形成一个长约3公里的弧形地带。赵宾福等先生认为,分布在老铁山、刁家村北山、将军山上的40多座积石冢属于同一墓地,应该放在一起研究①,并将这几处积石冢统称为老铁山·将军山积石冢。老铁山·将军山积石冢位于大连市旅顺口区铁山乡郭家村的东部,韭菜房村的南部,西距渤海岸约5公里(图5—12)。该积石冢群自1909年发现后先后进行过共计6次发掘工作。

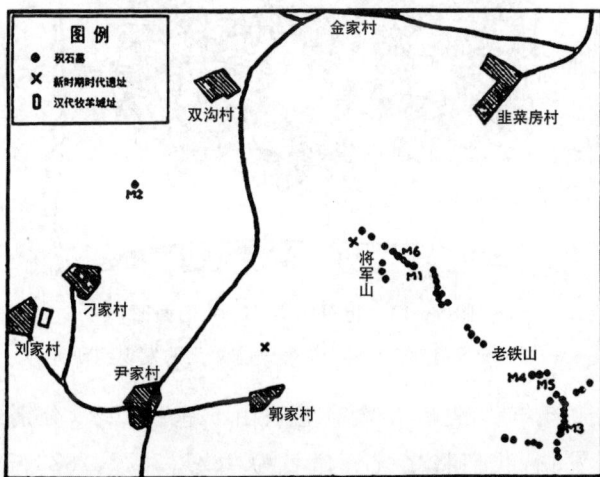

图 5—12　老铁山·将军山积石冢分布示意图
(采自《旅顺老铁山积石墓》)

中国社会科学院考古研究所于1964年在将军山东部的山脊上选择了一座较小的积石冢进行发掘,编号为M1(为区别于1978年发表的另一座将军山M1积石冢,笔者将该积石冢命名为96Z1)。从96Z1的剖面图来看(图5—13),A、B墓室的地势略高于C、D墓室,B墓室略高于H、G墓室。A、B墓室处于全冢的最高处。并且96Z1中相同墓向的墓室分布比较集中。故分析认为该积石冢应该是在山上地势较高位置先修建A、B墓室和C、D墓室。然后顺着这排墓室,接着修建F墓室。在经过一段时间之后才开始修建H、E、G、I墓室。出土遗物22件,其中陶器20件,多为小型器物,器形有杯、盆、罐、豆、环足盘、三足器、鬶和器盖等;石矛、玉璧器各

---

①赵宾福:《中国东北地区夏至战国时期的考古学文化研究》,科学出版社,2009年。

1件①。

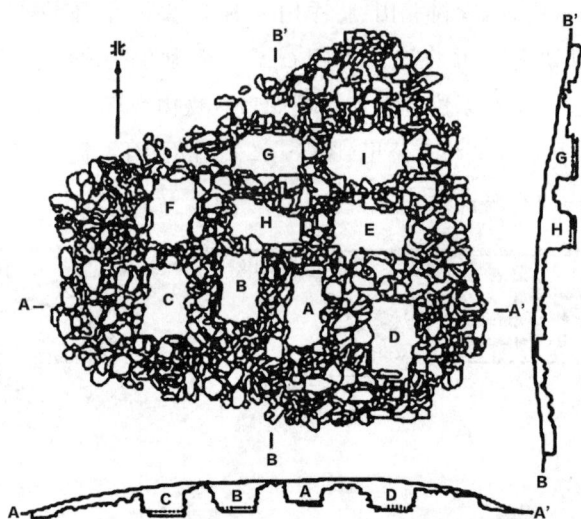

图 5—13　将军山 96Z1 平、剖面图

（采自《双砣子与岗上——辽东史前文化的发现和研究》）

　　1973—1975 年度，先后 3 次对老铁山 6 座积石冢（分别编号 M1—M6）进行了发掘，我们将之统一命名为 78Z1、78Z2、78Z3、78Z4、78Z5、78Z6。6 座积石冢按墓室排列方式可分为单排冢与多排冢两类。属于单排冢的有 78Z1、78Z2 和 78Z5，其冢体平面均呈长方形，冢内墓葬呈一字形顺山脊走向分布，墓圹均作长方形或近于方形。如 78Z1，单排 6 个墓室按序排列。其中 M4 与 M5 之间有明显续建的痕迹，M6、M5 年代应早于 M1—M4。发掘前墓室已被盗扰，除 M3、M6 墓室保存部分遗物外，其他 4 室均无遗物出土。各墓室未发现人骨，也未发现火烧痕迹，从墓室的尺寸符合人体比例来看，葬式很有可能是仰身直肢葬（图 5—14）。

　　多排冢的有 78Z3、78Z4 和 78Z6，冢体均呈方形。如 78Z4，平面近方形，冢内现存 9 座墓葬呈 2 排分布。该冢可以分为南北两个部分，其中，居北者应为早期的主冢体，冢内两排 6 座墓葬。居南者系依北侧的主冢体南外壁向南接出的后建冢体，仅存 3 座墓葬，同样分 2 排分布（图 5—15）。出

①中国社会科学院考古研究所：《双砣子与岗上——辽东史前文化的发现和研究》，科学出版社，1996 年。

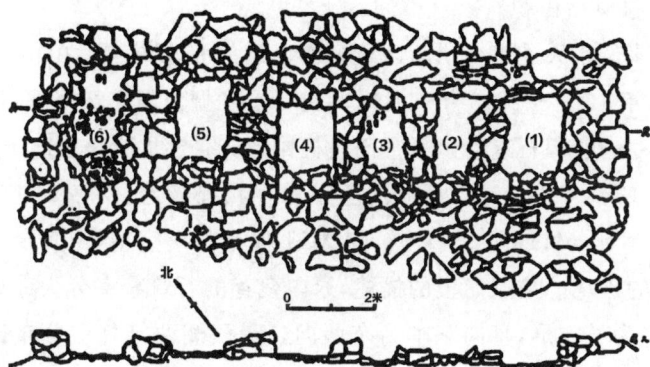

图 5—14　将军山 78Z1 平、剖面图

（采自《旅顺老铁山积石墓》）

土物以陶器为主，另有少量石器和人体佩戴物品。陶器以小型冥器居多，器形主要有罐、杯、豆、环足器、三足器、二足器、壶、器盖、盆、盘、鬶等。石器数量少，主要有矛、锛、凿、网坠和纺轮。在 78Z2 内的一个小石棺中还出土一串滑石材质的珠串。

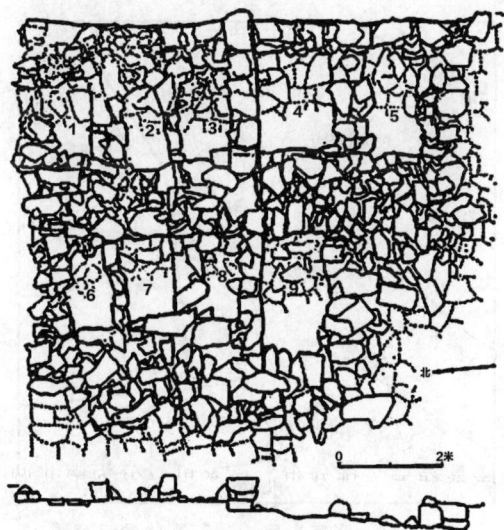

图 5—15　老铁山 78Z4 平、剖面图

（采自《旅顺老铁山积石墓》）

老铁山·将军山积石冢的时代，根据前文的论述应为青铜时代初期的双砣子一期文化。

2. 张家岚后山积石冢

积石冢位于大连市金州新区董家沟街道原张家岚屯后山山顶(图 5—16),2012 年 12 月—2013 年 1 月对其进行了发掘。因破坏严重,积石冢所在山岗仅存一座积石冢。该冢平面呈椭圆形,直径约 12.5—14.5 米,残存高度约 0.3—0.6 米。地下部分的墓室保存状况极差,仅存 11 座墓葬,分别编号为 M1—M11(图 5—17)。除 M11 保存相对完整外,其余墓室均遭不同程度的破坏。按照简报的描述,冢内残存的石筑墓室分为 3 列南北排列,平面多为长方形,墓向基本为东西向。最西侧两排墓室分布比较有规律,东侧仅发现 1 座墓葬,其方向与西侧两排墓室不一致,推测为后筑的积石冢。发掘者认为这一区域当初还应存在更多墓室。积石冢内出土的随葬物品有陶器、石器等,多数为采集品。其中,大多数陶器与双砣子一期文化相同,少量陶器与老铁山·将军山积石冢出土器物相同,说明该积石冢的年代是从小珠山五期延续至双砣子一期[①]。我们将老铁山·将军山积石冢界定为双砣子一期文化,是故张家岚后山积石冢是双砣子一期文化积石冢。这是目前大连地区黄海沿岸发现的最早的青铜时代积石冢。

图 5—16　张家岚后山积石冢位置示意图
(采自《大连张家岚后山积石冢发掘简报》)

[①] 大连市文物考古研究所、瓦房店博物馆、金州博物馆:《大连张家岚后山积石冢发掘简报》,《北方文物》2015 年第 4 期。

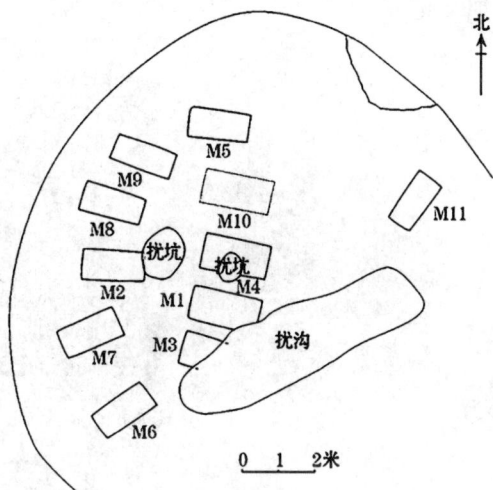

图 5—17　张家岚后山积石冢平面示意图

（采自《大连张家岚后山积石冢发掘简报》）

3. 于家村砣头积石冢

于家村砣头积石冢位于大连市旅顺口区铁山镇于家村西南 500 米临海的一处被称之为砣头的小半岛上,东北 100 米即是于家村遗址。1977 年旅顺博物馆和辽宁省博物馆对其进行了发掘。在残存约 960 平方米范围内,发现 9 排共 58 个墓室,除西南部的墓室排列显得比较凌乱外,其余大部分墓室都排列有序。发掘情况表明,分布于墓地中部和东部的墓向多为南北向,墓室平面为长方形。其余为不规则形和椭圆形。相邻墓室一般使用同一墓壁,仅少数墓室另砌墓壁从而形成双排墓壁。墓葬直接建在基岩上或者用灰土垫底然后在其上建造墓室。墓底大多数铺有海卵石和大石块,一般以海卵石覆盖于人骨架上,其上再填压灰土。墓上都以石块或卵石封顶。墓室内出土的遗物主要有陶器、石器、铜器及装饰品等。陶器器形主要有罐、豆、壶、杯、钵、盆等,石器主要有斧、锛、刀、矛、纺轮等。铜器有铜镞 2 件、泡饰 2 件、鱼钩和环各 1 件。装饰品多出土于人骨头部,有珠、坠、骨贝等。葬式为多人仰身直肢丛葬,数量多者有 20 余具,少者 2 具。同一墓室出土的人骨经鉴定,既有男性,也有女性,各个年龄段均有。发掘者认为,砣头墓地应是于家村遗址上层时期人们的公共墓地[①]。其时

---

① 旅顺博物馆、辽宁省博物馆:《大连于家村砣头积石墓地》,《文物》1983 年第 9 期。

代对应双砣子三期文化。

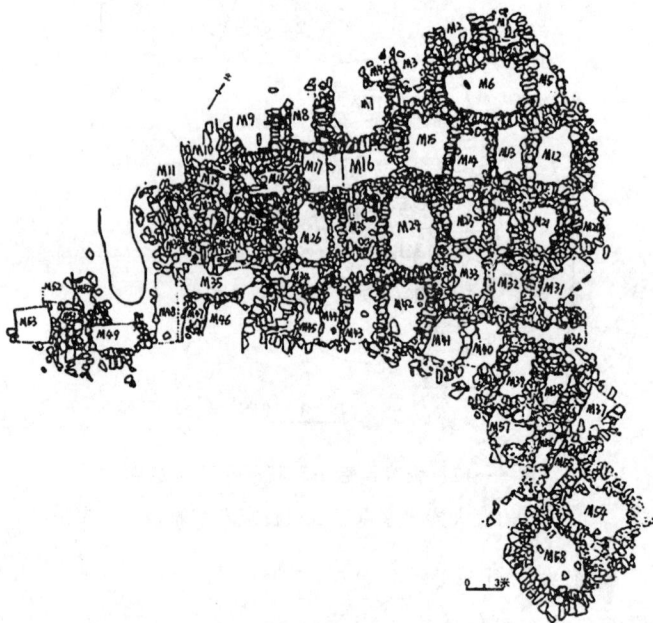

图 5—18　于家村砣头积石冢平面示意图

（采自《大连于家村砣头积石墓地》）

　　该墓地遭自然或人为损坏，所以墓壁多残缺不全。有研究者认为，该墓地各墓室的营造顺序应该是先从中心大墓 M24 开始，向东西两侧和南北两端分别扩展续建，边缘的墓葬应该晚于中部墓葬，西南部排列比较凌乱的部分可能要晚于东部排列有序的墓葬[①]。

　　4. 土龙子积石冢

　　土龙子积石冢位于大连市金州区七顶山乡渤海东岸的一个俗称为"土龙"的土岗上。1991 年，对其中的 1 号冢进行了试掘。2005 年，又发掘了 7 座积石冢的 4 座，同时将当时勘查到的 7 座积石冢统一编号为 LZ1—LZ7。

　　1991 年发掘的 1 号冢位于墓地最北端，平面呈半圆形，东壁较直，长约 17 米，最宽处 12 米。冢体依山势由东部、西部和北部三个平台组成。其中，东部平台发现连体墓葬 6 座。西部平台利用东部平台的西壁向西扩展而成，其内发现墓葬 8 座。北部平台的南壁与东台、西台的北壁相接，可

---

① 张翠敏：《于家村砣头积石墓地再认识》，《东北史地》2009 年第 1 期。

图 5—19　土龙子积石冢位置示意图

（采自《辽宁大连市土龙子青铜时代积石冢群的发掘》）

辨墓室有 3 座。冢内墓葬有相互叠压现象,且普遍流行火葬。冢内出土的遗物均为陶器盆、罐等。发掘者认为,冢内的 3 个平台并非一次建成;冢内墓葬多人火葬和多人二次葬共存,说明各台之间的葬俗不尽相同,之间可能存在着早晚关系。该冢应为庙山遗址晚期人们的聚葬之所,其性质属于双砣子三期文化[①]。

2005 年主要发掘了 LZ4、LZ5、LZ6、LZ7 这 4 座积石冢,报导以 4 号和 6 号冢为主。其中 4 号冢共有 7 个墓室,呈南北向单排一字排列。墓室皆为东西向的长方形。发掘表明,冢内 7 座墓室依建造早晚顺序可分为 4 组:其中,M1—M3 为第一组,建造时间最早;M4、M5 各为一组,建造时间晚于第一组;M6—M7 为第四组,年代最晚。7 座墓室所葬人数少者数人,多者十余人,显系丛葬,葬式均属二次葬。6 号冢共 9 个墓室,情况基本同于 4 号冢。出土陶器可辨器形有罐、碗、盆、壶、钵等;石器有斧和纺轮;贝饰有珠、坠等。关于土龙子积石冢的性质和年代,发掘者认为其应是庙山遗址上层文化时期的墓葬,属双砣子三期文化积石冢,年代距今约

---

①华玉冰、王玳、陈国庆:《辽宁大连市土龙积石墓地 1 号积石冢》,《考古》1996 年第 3 期。

3000 年[①]。

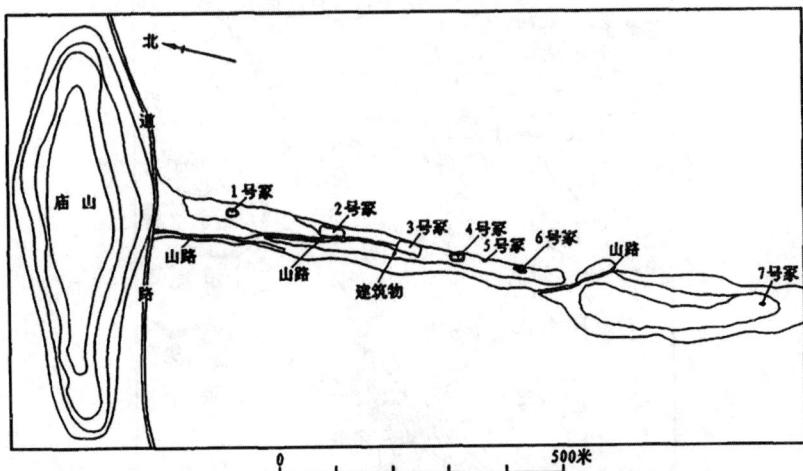

图 5—20　土龙子积石冢分布示意图
（采自《辽宁大连市土龙子青铜时代积石冢群的发掘》）

5. 岗上积石冢

　　岗上积石冢位于大连市甘井子区营城子后牧城驿北约 400 米的一座土丘之上（图 5—21）。土丘大体呈圆形，西南已成断崖，东北为斜坡，东西长约 100 米，其下叠压有双砣子三期文化的遗存。1964 年对该墓地进行了发掘，发掘总面积为 622 平方米。

　　墓地平面布局可分为两部分，即主体部分和附加部分。主体部分略呈圆角长方形，其外围以两道矮石墙，东西长约 28 米，南北宽约 20 米。在主体部分的西部有一道南北向的石墙把主体部分划分为东、中两区，东区略呈正方形，是这个墓地的主要构成部分。东区中央有一个用石墙围成的圆圈，直径约 6—7 米，高约 0.3—0.6 米，M7 即位于其中，是墓地中规模最大的一座石板底墓，以 M7 为中心在圆圈内筑有 8 道呈放射状的石墙；接着又以圆圈为中心向四周筑 16 道放射状石墙，一直延伸至此区的边缘。依发掘报告，以 M7 为中心辐射出去的内圈 8 道、外圈 16 道石墙，把此区域分为 20 多个小区域。中区略呈半月形，也被石墙分割成若干小区域。东、中两区的底部都铺有一层黄土砾石层。西区即附加部分，位于主体部分的

---

①大连市文化局文物处：《辽宁大连市土龙子青铜时代积石冢群的发掘》，《考古》2008 年第 9 期。

西边,也呈半月形,面积较小,是接着主体部分附加上去的(图 5—22)。

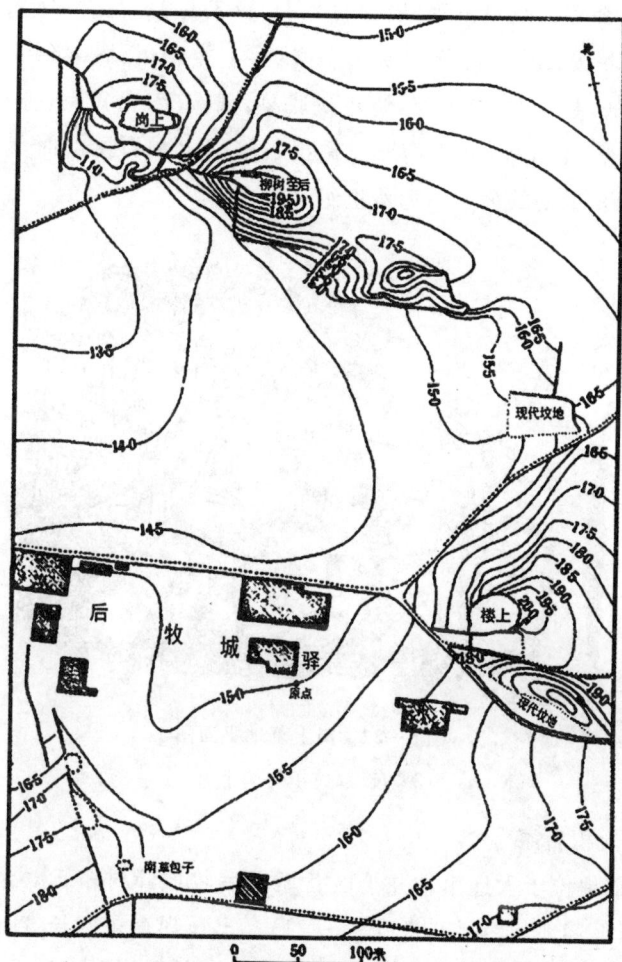

图 5—21　岗上、楼上墓地位置示意图

(采自《双砣子与岗上》)

墓葬共发现 23 座,以东区分布最为密集,排列也较为有序,有 17 座;中区 5 座,西区 1 座。这些墓葬除中区的 M3、M23 为东西向,M9 为东北向外,其余墓葬均为南北向,但略偏东或偏西。墓葬的排列,以中心区的 M7 为中心,其余墓葬呈放射状围绕 M7 分布。除 M9 叠压在 M23 之上外,其余墓葬之间无叠压或打破关系,但一些墓则打破了石墙或压在石墙上。绝大部分为火葬,仅 3 座墓人骨未经火烧。火葬人数由数人甚至十余人叠压在一起焚烧,同墓内人骨的头向也不一致,一般是南北向相对放着。

有的墓里还有小孩和成人葬在一起,人骨被烧的程度往往是上面较下面厉害。每座墓葬葬人数量不等,最少的 2 人,最多的 18 人,23 座墓葬共葬约 144 人。墓葬按其结构可分为 5 个类型:第 I 类,石板底墓,共 3 座;第 II 类,石板壁墓,共 5 座;第 III 类,烧土块底墓,共 2 座;第 IV 类,砾石底墓,共 12 座;第 V 类,土坑墓,共 1 座。发掘报告将岗上积石冢的时代判定为西周晚期至春秋早期的公元前七八世纪①。

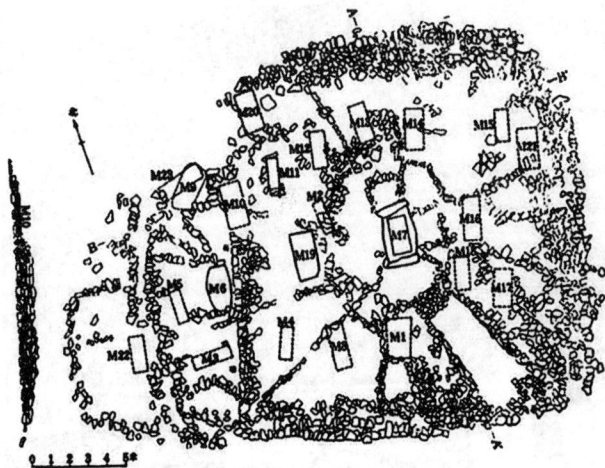

图 5—22　　岗上墓地平面图

(采自《双砣子与岗上》)

6. 楼上积石冢

楼上墓地位于大连市甘井子区营城子后牧城驿村东 100 余米的小土丘上,与岗上墓地相距 450 米(图 5—21)。土丘现存东西长 34 米,南北宽 24.2 米,高约 6.8 米。1960 年和 1964 年先后进行过两次发掘。土丘之上先用黄土砾石修成东西长 21.9 米、南北宽 21.4 米、高约 1 米的台地。台地四周略呈斜坡,下面则用大石块砌成一圈石围。在石围的里面,分别在西面、南面和东面都残存有平铺的石板。墓葬共发现 10 座,除 M5 为东西向外,其余墓葬都为南北向(图 5—23)。皆为火葬,墓室内葬人少者 2 人,多者 15 人,火葬情况和岗上墓地相近。墓葬按其结构不同,可分为三个类型:第 I 类,石椁墓,共 3 座;第 II 类,石板底墓,共 2 座;第 III 类,砾石墓,共

───────────

①中国社会科学院考古研究所:《双砣子与岗上——辽东史前文化的发现和研究》,科学出版社,1996 年。

5 座。楼上墓地石椁墓的出现是一种新的形制,青铜短剑的形制也较岗上墓地更加复杂,标志着年代可能稍晚,其年代应在春秋中、晚期,而不可能晚到战国[①]。

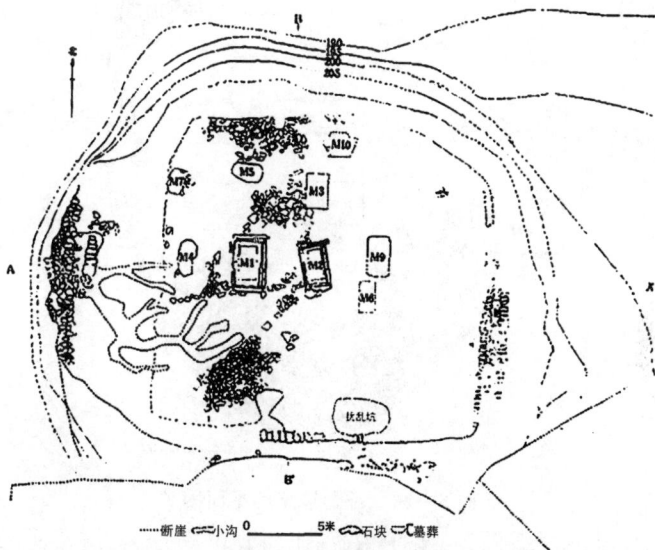

图 5—23　楼上墓地平面图

（采自《双砣子与岗上》）

7. 卧龙泉积石冢

墓地位于金州区的董家沟乡卧龙泉村。村东有一条小河,自北往南流,墓地处于河的西岸[②]。墓地呈椭圆形,南北直径 22 米,东西 14 米。共发现 5 座墓葬,均为火葬,墓坑是用碎石块砌成的,形状不规则[③]（图5—24）。

墓葬内出土物包括青铜短剑、铜斧和马具等 9 件,石器见有枕状器、磨石、纺轮、石珠等 27 件。封土内出土不少陶片,陶质全属夹砂陶,大部分是灰褐色,有的呈黄褐色。除素面外,有划纹和刺点纹,器形有碗、罐、豆三

---

①中国社会科学院考古研究所:《双砣子与岗上——辽东史前文化的发现和研究》,科学出版社,1996 年。

②中国社会科学院考古研究所:《双砣子与岗上——辽东史前文化的发现和研究》,科学出版社,1996 年。

③中国社会科学院考古研究所:《双砣子与岗上——辽东史前文化的发现和研究》,科学出版社,1996 年。

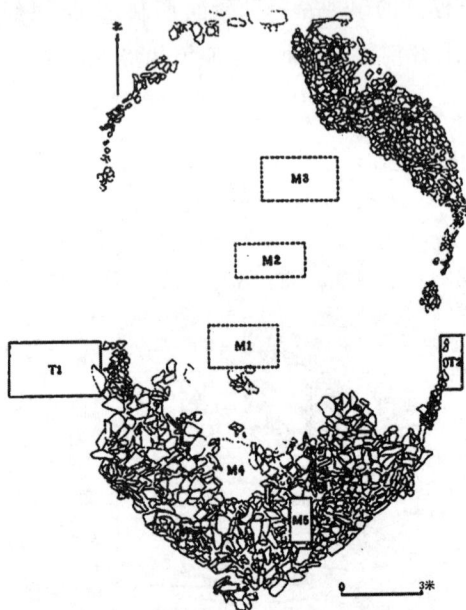

图 5—24　卧龙泉墓地平面图

（采自《双砣子与岗上》）

种。封土内的石器包括铸范、镞和纺轮等。经过发掘清理，可判断其墓地结构、墓葬习俗和随葬器物，均同岗上、楼上墓地相一致。其时代，当与楼上墓地的年代相当或稍晚[1]。

（三）辽东半岛南端积石冢的来源

辽东半岛南端新石器时代积石冢的来源问题一直是学术界热议的话题。由于目前没有在辽东半岛南端发现过这种墓葬产生的初期形制，很多学者排除本地起源说，而将目光投向地处辽西的红山文化积石冢上，认为其与辽东半岛南端新石器时代积石冢存在某种渊源关系[2]。

时间上，红山文化积石冢仅延续到距今 5000 年左右。而还没有经过

---

[1] 中国社会科学院考古研究所：《双砣子与岗上——辽东史前文化的发现和研究》，科学出版社，1996 年。

[2] 贺伟：《关于辽东半岛早期墓葬的探索》，《纪念城子崖遗址发掘 60 周年国际学术讨论会文集》，齐鲁书社，1993 年；辽东先史遗迹发掘报告书刊行会：《文家屯——辽东先史遗迹发掘调查报告书》，京都大学，2002 年；中国社会科学院考古研究所：《双砣子与岗上——辽东史前文化的发现和研究》，科学出版社，1996 年；栾丰实：《论辽西和辽东南部史前时期的积石冢》，《红山文化研究——2004 年红山文化国际学术研讨会论文集》，文物出版社，2006 年。

发掘的小岛积石冢被认为属于辽东半岛年代最早的积石冢,年代范围初步推测属于小珠山四期文化,年代上限可到距今 4800 年左右[1]。可以说,辽东半岛早期积石冢与红山文化晚期积石冢在时间上存在的缺环并不太大。空间上,红山文化积石冢地处辽西,与辽东半岛隔着渤海湾,目前两地之间未明确发现属于新石器时代的积石冢,因此积石冢在传播路径上存在一定缺环。

我们的观点与大部分学者一致,认为辽东半岛新石器时代积石冢的来源就是红山文化积石冢。

1. 积石冢的外部形制分析

根据森修在 1941 年绘制的四平山积石冢外部形制线图可知[2],四平山 Z37、Z39、Z41 呈近圆形,四平山 Z32、Z33、Z34、Z35、Z36、Z38、Z40 呈长椭圆形。根据 1942 年文家屯积石冢发掘者绘制的文家屯东大山积石冢外部形制线图可知[3],Z2、Z3、Z4 呈近圆形,Z5、Z6 呈长椭圆形;从绘制的张墓后山积石冢外部形制线图可知,分布在主脉上的 Z1、Z2、Z3、Z7 和支脉上的 Z2、Z5、Z8 均呈近圆形;从绘制的东胡庐山积石冢外部形制线图可知,Z1、Z2、Z6、Z7、Z8、Z9、Z10、Z11、Z13、Z14 呈近圆形,Z3、Z5、Z12 呈长椭圆形。根据王宝山积石冢发掘者提供的照片可知,Z2、Z3、Z4、Z6、Z7、Z8、Z9 的外部形制均呈近圆形。根据张家岚后山积石冢报告里绘制的积石冢外部形制线图可知[4],积石冢呈近圆形。根据《双砣子与岗上——辽东史前文化的发现和研究》介绍可知,1909 年将军山 78Z1 在未发掘前外部形制呈近圆形[5]。1964 年发掘的将军山 96Z1 外部形制呈近圆形[6]。根据普查资料小岛积石冢的照片可知,小岛积石冢的外部形制均呈近圆形。鞍子山积石冢在报告没有发表之前,无法对其外部形制做出准确判断,笔者依照其发

①张雪莲、金英熙、贾笑冰:《辽宁长海小珠山遗址考古学文化的年代序列》,《考古》2016 年第 5 期。
②澄田正一、小野山节、宫本一夫:《辽东半岛四平山积石冢の研究》,柳原出版株式会社,2008 年。
③辽东先史遗迹发掘报告书刊行会:《文家屯——辽东先史遗迹发掘调查报告书》,京都大学,2002 年。
④大连市文物考古研究所、瓦房店博物馆、金州博物馆:《大连张家岚后山积石冢发掘简报》,《北方文物》2015 年 11 期。
⑤中国社会科学院考古研究所:《双砣子与岗上——辽东史前文化的发现和研究》,科学出版社,1996 年。
⑥中国社会科学院考古研究所:《双砣子与岗上——辽东史前文化的发现和研究》,科学出版社,1996 年。

掘之后的照片初步将鞍子山积石冢外部形制归为长椭圆形。

依据辽东半岛南端新石器时代积石冢的外部形制，可将其分为两个类型，A 型呈近圆形，B 型呈长椭圆形。

从积石冢外部形制划分上我们可以看出，A 型积石冢分布的区域包含了 B 型积石冢分布的区域，是故 B 型应属于 A 型中存在的特殊形制（图5—25）。

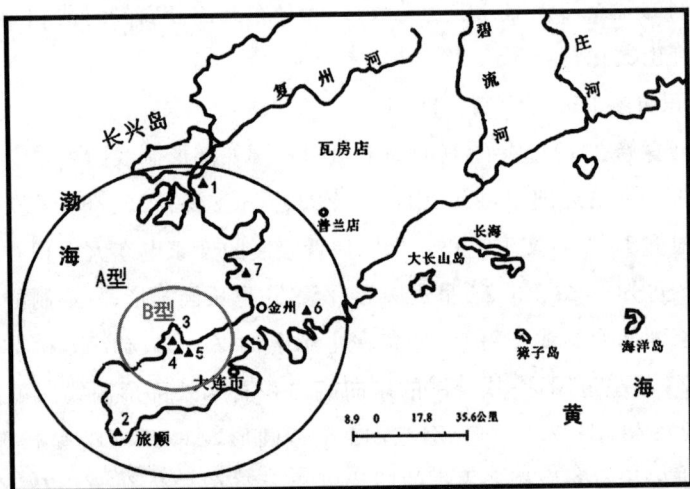

图 5—25　辽东半岛南端新石器时代积石冢外部形制类型分布示意图

1. 小岛积石冢；2. 老铁山・将军山积石冢；3. 四平山积石冢；4. 文家屯积石冢；

5. 鞍子山积石冢；6. 张家岚后山积石冢；7. 王宝山积石冢

在《辽东半岛四平山积石墓研究》中，对 Z35 修建过程进行分析后得出，列状多室墓是单独墓建成之后，各墓室之间陆续加建墓室，逐渐连接而成的[①]。Z35 五座墓室的修建顺序是：B→C→B—C→A→A—B[②]。也就是说 Z35 在修建之初，先筑造了互不相连的 B、C 墓室，依据剖面图中 B—C 墓室的墓墙高度与 B、C 墓室基本一致可知，B 墓室和 C 墓室被建成之后并没有立即封石。但到了 A 墓室修建的时候，墓墙明显高于 B、B—C、C 墓室。可知在 A 墓室修建之前，B、B—C、C 墓室已经封石。A 墓室修建完，也是呈独立墓存在，待到 A—B 墓室将 A 墓室与 B 墓室连接之后，又对

---

① 宫本一夫、赵辉：《辽东半岛四平山积石墓研究》，《考古学研究》2012 年第 9 集。

② 宫本一夫、赵辉：《辽东半岛四平山积石墓研究》，《考古学研究》2012 年第 9 集。

积石冢进行一次封石,最终形成一个长椭圆形的整体。依照这种情况分析,四平山积石冢中呈长椭圆形的冢实际上是由近圆形的冢被续建之后加长而成的。

这种续建积石冢的情况,在老铁山·将军山积石冢中也有出现,如将军山78Z1。该积石冢二次筑造痕迹明显,M6 和 M5 为最先建造(图 5—14)。将军山 78Z1 应同四平山 Z35 的情况一样,先筑造的积石冢独立呈丘,呈近圆形。后续建的 M1—M4 与早期积石冢相连接,但在二次封石之后,最终形成的是近圆形积石冢[①]。

依据四平山 Z35 和将军山 78Z1 所在的山势来看,续建完的积石冢外部形制呈长椭圆形或呈近圆形应与积石冢建造的山地地势有关,即在平缓的山地上,将军山 78Z1 的六座墓室呈"目"字形排列,积石冢的外部形制被建造成近圆形;在陡峭的山地上,四平山 Z35 的五座墓室同样呈"目"字形排列,但由于受到山地地势限制,积石冢的外部形制被建造成长椭圆形。

根据图 5—25 近圆形的积石冢分布范围更广且应用更多来看,如果在不受山地地势影响的情况下,积石冢的外部形制应该是被建造成近圆形。

牛河梁积石冢外部形制保存情况较差,但依据保存较好的 N2Z2、Z5Z1 和 Z5Z3 来看,无论积石冢内部界墙的结构是圆形还是方形,积石冢封石的外部形制均呈近圆形。这是红山文化积石冢普遍存在的外部形制。

综上所述,在辽东半岛南端新石器时代积石冢中,分布较广且应用较多的呈近圆形的外部形制与红山文化积石冢的外部形制是一样的。

2. 两地积石冢建造特征的共性

红山文化晚期积石冢在辽西一带分布较多,我们以较晚的牛河梁积石冢[②]、半拉山积石冢[③]为例,与辽东半岛新石器时代积石冢进行分析比较,可以发现两处积石冢的建造特征虽存在差异,但共性也很突出,主要表现在:

其一,都会选择在海拔较高的山上建造。

[①] 鸟居龙藏:《南满洲调查报告》,三友社,1910 年。

[②] 辽宁省文物考古研究所:《牛河梁——红山文化遗址发掘报告(1983—2003)》,文物出版社,2012 年。

[③] 辽宁省文物考古研究所、朝阳市龙城区博物馆:《辽宁朝阳市半拉山红山文化墓地的发掘》,《考古》2017 年第 7 期。

其二,积石冢顶部都用封石来封固,半拉山积石冢和辽东半岛新石器时代积石冢均建完墓室后不封土直接封石。

其三,年代较晚的半拉山积石冢为地上筑墓,这与辽东半岛新石器时代积石冢相同。

其四,积石冢都存在等级较高的中心墓葬,且在积石冢中被最早建造。与牛河梁积石冢不同,年代略晚的半拉山积石冢的中心墓并没有与后续建的墓葬分区,而是与辽东半岛新石器时代积石冢的中心墓一样,后续建的墓室分布在其四周。

其五,积石冢都存在石棺结构的墓室,都存在铺有石盖板的墓室。其中,牛河梁积石冢与辽东半岛新石器时代积石冢中都存在先平铺石墙,内壁再立置石板的墓室。半拉山积石冢 M12 和四平山 Z38E,都有石盖板压在遗物上的现象,推测石盖板下面为空腔结构。

其六,都存在单人仰身直肢葬、捡骨葬等葬式,其中都以单人仰身直肢葬为主要葬式。

从牛河梁积石冢的建造特点来看,与辽东半岛新石器时代积石冢的差异性略大;但年代略晚于牛河梁积石冢的半拉山积石冢的建造特点与辽东半岛新石器时代积石冢的共性就比较多。环顾环渤海地区,积石冢这种墓葬形制最早出现于辽西地区,周边除辽西地区外又无早于辽东半岛的积石冢被发现。因此,二者之间的共性不应该仅是巧合,而应该是存在承袭关系。

3. 从动态发展看辽东半岛新石器时代积石冢源于红山文化

(1)红山文化积石冢的发展

学术界普遍认为红山文化的年代下限为距今 5000 年左右[①]。红山文化时期的积石冢在红山文化中期出现[②],在晚期达到鼎盛,在距今 5000 年

---

① 刘国祥:《红山文化研究》,科学出版社,2016 年;杨虎:《关于红山文化的几个问题》,《庆祝苏秉琦考古五十五年论文集》,文物出版社,1989 年;朱延平:《辽西区新石器时代考古学文化纵横》,《内蒙古东部区考古学文化研究》,海洋出版社,1991 年;索秀芬、李少兵:《红山文化研究》,《考古学报》2011 年第 3 期。

② 内蒙古自治区文物考古研究所:《内蒙古林西县白音长汗新石器时代遗址发掘简报》,《考古》1993 年第 7 期;中国社会科学院考古研究所内蒙古工作队、内蒙古自治区敖汉旗博物馆:《内蒙古敖汉旗蚌河、老虎山河流域新石器时代遗址调查简报》,《考古》2005 年第 3 期。

左右消失①。

　　如图5—26可以看出,西拉木伦河与老哈河流域是红山文化中期大型聚落和小型聚落集中分布地区,大型聚落如魏家窝铺②、康家湾③、上机房

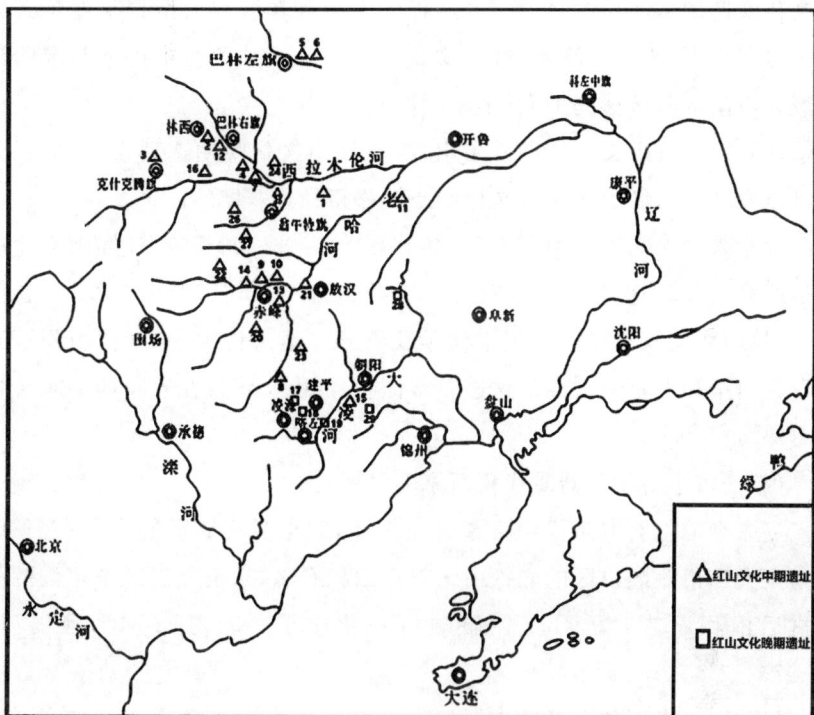

图5—26　红山文化中、晚期遗迹分布示意图

1. 海金山;2. 水泉;3. 南台子;4. 查日斯台嘎查;5. 友好村;6. 友好村二道梁;

7. 那斯台;8. 四棱山;9. 蜘蛛山;10. 西水泉;11. 大沁他拉;12. 水泉;13. 哈喇海沟;

14. 上机房营子;15. 小东山;16. 白音长汗;17. 牛河梁;18. 城子山;19. 东山嘴;

20. 魏家窝铺;21. 小山村;22. 康家湾;23. 鸟楚路;24. 撒旗花;25. 赛沁塔拉;

26. 大窝铺;27. 东拐棒沟;28. 兴隆沟;29. 半拉山

①辽宁省文物考古研究所:《牛河梁——红山文化遗址发掘报告(1983—2003)》,文物出版社,2012年;辽宁省文物考古研究所、朝阳市龙城区博物馆:《辽宁朝阳市半拉山红山文化墓地的发掘》,《考古》2017年第2期;邵国田:《草帽山祭祀遗址群》,《敖汉文物精华》,内蒙古文化出版社,2004年;李凤举:《内蒙古喀喇沁旗红山文化积石冢调查简报》,《北方文物》2013年第2期。
②段天璟:《红山文化聚落遗址研究的重要发现——2010年赤峰魏家窝铺遗址考古发掘的收获与启示》,《吉林大学社会科学学报》2011年第4期。
③席永杰、张国强:《内蒙古赤峰市康家湾红山文化及相关遗址调查报告》,《赤峰学院学报》2006年第6期。

营子①、赛沁塔拉②、查日那台③、大窝铺④、东拐棒沟⑤等,说明这一时期西拉木伦河与老哈河流域是红山文化的中心区域。到了红山文化中、晚期,教来河上游地区成为红山文化聚落分布密集区,已发现遗址 127 处⑥。红山文化晚期像牛河梁⑦、兴隆沟⑧这样的大型墓葬区和大型聚落遗址开始集中分布在大、小凌河流域,红山文化的中心已经从西拉木伦河与老哈河流域向东南方向转移到了大、小凌河流域。

积石冢在红山文化中期开始出现,在红山文化晚期达到鼎盛,通过分析可以发现它与红山文化的文化中心转移路径是一样的。

近年来发掘的半拉山积石冢,年代距今 5305—5045 年⑨,红山文化晚期最典型的墓葬遗址牛河梁积石冢,年代距今 5700—5100 年⑩。二者相比,半拉山积石冢年代略晚于牛河梁积石冢。地理位置上,半拉山积石冢位于牛河梁积石冢的东部。这进一步证明,红山文化存在着自西向东传播的态势。

(2)辽东半岛新石器时代积石冢的发展

辽东半岛新石器时代积石冢分布广泛,北至瓦房店市的小岛积石冢,西南至大连市旅顺口区的老铁山·将军山积石冢,东至金州区董家沟的张家岚后山积石冢。积石冢在旅顺口和营城子一带分布较为密集(图5—27)。

目前已经发掘的有老铁山·将军山积石冢,年代大致属于双砣子一期文化;四平山积石冢,年代属于小珠山五期文化;文家屯东大山积石冢,年

①内蒙古自治区文物考古研究所、吉林大学边疆考古研究中心:《赤峰上机房营子与西梁》,科学出版社,2012 年。
②翁牛特旗文化馆:《内蒙古翁牛特旗三星他拉村发现玉龙》,《文物》1984 年第 6 期。
③朝格巴图:《查日斯台遗址调查简报》,《内蒙古文物考古》2000 年第 2 期。
④刘国祥:《"中华第一龙"C 形玉龙文化血脉揭秘》,《中国社会科学报》2010 年 12 月。
⑤刘国祥:《"中华第一龙"C 形玉龙文化血脉揭秘》,《中国社会科学报》2010 年 12 月。
⑥刘国祥:《红山文化研究》,科学出版社,2016 年。
⑦辽宁省文物考古研究所:《牛河梁——红山文化遗址发掘报告》(1983—2003),文物出版社,2012 年。
⑧中国社会科学院考古研究所内蒙古第一工作队:《内蒙古赤峰市兴隆沟聚落遗址 2002—2003 年的发掘》,《考古》2004 年第 7 期。
⑨辽宁省文物考古研究所、朝阳市龙城区博物馆:《辽宁朝阳市半拉山红山文化墓地的发掘》,《考古》2017 年第 2 期。
⑩王芬、栾丰实:《牛河梁红山文化积石冢的分期和年代》,《中原文物》2016 年第 4 期。

图5—27　辽东半岛积石冢分布示意图

1. 小岛积石冢；2. 四平山积石冢；3. 文家屯积石冢；4. 鞍子山积石冢；

5. 老铁山·将军山积石冢；6. 张家岚后山积石冢；7. 王宝山积石冢

代属于小珠山五期文化；张家岚后山积石冢，年代属于小珠山五期文化到双砣子一期文化；王宝山积石冢，推测年代范围属于小珠山五期文化到双砣子三期文化；鞍子山积石冢，推测年代范围属于小珠山五期文化到双砣子一期文化。普查发现的小岛积石冢，因为仅发现了内涵单一的附加堆纹陶片，推测年代属于小珠山四期文化。

　　根据积石冢的年代早晚关系和地理位置关系分析可知，位于最北部的小岛积石冢年代最早；四平山积石冢、文家屯东大山积石冢位于小岛积石冢南部，年代略晚于小岛积石冢，且这一区域为积石冢分布密集地带；老铁山·将军山积石冢位于四平山积石冢的南部，年代略晚于四平山积石冢，这一区域同样也是积石冢分布密集地带。可以发现积石冢主要是沿着渤海东岸自北向南传播，随着时间的推移积石冢的数量也在不断增加。

　　（3）积石冢的东向传播

　　就现有资料来分析，朝鲜半岛积石冢有西海矢岛积石冢①、黄海道黄州郡沈村里积石冢②和江原道春城郡泉田里积石冢③。矢岛积石冢是在西

①韩炳三：《矢岛》，国立博物馆，1970年。
②黄荃德：《黄海北道黄州郡沈村里长洞支石墓》，《各地遗迹整理报告：考古学资料第3集》，科学院出版社，1963年；石光浚：《朝鲜西北地方支石墓研究》，《考古民俗论文集》1977年第7辑。
③金载元、尹武炳：《泉田里遗迹》，《韩国支石墓研究》，国立博物馆，1970年。

海上的黄海南道瓮津郡矢岛丘陵上的新石器时代贝冢中发现的。矢岛积石冢出有篦纹陶器等遗物,经碳十四测定年代大约为公元前 1500—前 1000 年①。沈村里积石冢(报告称沈村型支石墓)是由砾石或碎石建造,报告说沈村里积石冢墓地与公元前 2000 年左右的辽东半岛将军山积石冢相同,为公共墓地。沈村里积石冢出土的石剑和石斧等遗物在辽东半岛双砣子二期文化和双砣子三期文化中也可见到,推定其年代为青铜时代初期②,双砣子二期文化和双砣子三期文化属于我国中原地区的夏商时期。泉田里积石冢发掘资料较少,冢内仅发现 2—4 个小型墓葬,墓葬中出土遗物有磨制石镞、碧玉管及红褐色素面陶器等。在形制上,朝鲜半岛的矢岛积石冢、黄海道黄州郡沈村里积石冢及江原道春城郡泉田里积石冢等,同辽东半岛积石冢相近。在年代上,矢岛积石冢、沈村里积石冢和泉田里积石冢均晚于辽东半岛新石器时代积石冢和青铜时代初期的双砣子一期文化积石冢。

　　如此,基本勾勒出辽东半岛积石冢在渤海东岸自北向南发展,接着沿黄海北岸自西向东发展的传播轨迹。是故,朝鲜半岛积石冢当源于辽东半岛,是辽东半岛积石冢继续东向传播的结果。

　　综合以上分析,辽东半岛新石器时代积石冢近圆形的外部形制普遍存在,与红山文化积石冢的外部形制一样;红山文化晚期特别是最晚阶段的半拉山积石冢在葬式和墓葬结构上,与辽东半岛新石器时代积石冢存在诸多共性;从积石冢的发展态势看,存在着"辽西——辽东半岛——辽东半岛南端——朝鲜半岛"的发展路径;从时代上,辽西地区积石冢最早,辽东半岛地区的积石冢居于中间环节,朝鲜半岛的积石冢时代最晚,并且也与上述积石冢的传播路线相吻合。从半拉山积石冢到辽东半岛年代最早的小岛积石冢之间,是新石器时代积石冢发掘的空白地带,近几年考古人员在营口盖州市马连峪村踏查到几座地处较高丘陵上的积石冢,疑为新石器时代。果如此,不仅能补上辽西和辽东两地积石冢在空间上的传播缺环,同时也可以补上辽西和辽东两地积石冢在时间上的传播缺环,则辽东半岛积石冢源于辽西红山文化积石冢就毋庸置疑了。

①任孝宰:《韩国新石器时代编年》,《韩国史论》1983 年第 12 辑。
②朝鲜民主主义人民共和国社会科学院考古研究所编,李云铎译:《朝鲜考古学概要》,黑龙江省文物出版编辑室,1983 年。

（四）辽东半岛积石冢的演变

辽东半岛较早阶段的积石冢多分布在山脊上，山顶点处多为中心冢，其余各冢逐次沿山脊排列，如四平山积石冢群，共发现积石冢 60 座，其中 Z11、Z36、Z49 和 Z60 分别处于 4 处山顶，其余各冢有序排列在这 4 座中心冢附近的山脊上[①]。年代稍晚的积石冢逐渐从山脊发展到海边砣头或土丘上，如于家村砣头积石冢分布于砣头上[②]，而岗上和楼上积石冢则发现于土丘上[③]。辽东半岛积石冢冢体平面外形多因所处位置不同而呈现不同形状，分布在山脊上的积石冢多依山势而呈现长方形，而分布在砣头上的积石冢则根据砣头地势而呈现不规则形，分布在土丘上的则根据土丘顶外形不同而呈现近方形或圆形。长方形冢内部墓葬多成排分布，如四平山 Z35，冢体外形为长方形，内含 7 座墓室一字排开[④]；又如老铁山·将军山 Z4（原报告称 M4），冢体外形为近方形，内含 9 座墓分东西两排，西侧 4 座墓，东侧 5 座墓，排列整齐[⑤]，这种双排或多排结构的积石冢多为多次筑成。圆形冢体如楼上墓地和卧龙泉墓地，冢内以中心墓为中心，其余各墓围绕中心墓而建[⑥]。不规则冢体的积石冢则多为多次筑成，如于家村砣头墓地，先以 M24 为中心墓构筑冢体，而后一次性加建 M54—M58，而 M2—M4、M20 和 M31 应是在其他墓室壁基础上加建的[⑦]。本地区墓葬均为一丘多冢，一冢多墓，尚未发现一冢一墓结构的积石冢。

1. 辽东半岛积石冢的类型

根据冢内墓葬形制的不同，将其大致分为 7 个类型。

A 型，无石底石壁顶有盖板

此类墓葬的特点是，先将地面简单修整平铺或挖浅坑，然后垒砌石块或以石板为墓壁，填土后以石板封顶，形成封闭石棺。这类墓葬主要包括文家屯遗址附近的四平山、文家屯的部分墓葬和老铁山·将军山的大部分

① 澄田正一、小野山节、宫本一夫：《辽东半岛四平山积石冢の研究》，柳原出版株式会社，2008 年。
② 旅顺博物馆、辽宁省博物馆：《大连于家村砣头积石墓地》，《文物》1983 年 9 期。
③ 中国社会科学院考古研究所：《双砣子与岗上——辽东史前文化的发现和研究》，科学出版社，1996 年。
④ 澄田正一、小野山节、宫本一夫：《辽东半岛四平山积石冢の研究》，柳原出版株式会社，2008 年。
⑤ 旅大市文物管理组：《旅顺老铁山积石墓》，《考古》1978 年 2 期。
⑥ 中国社会科学院考古研究所：《双砣子与岗上——辽东史前文化的发现和研究》，科学出版社，1996 年。
⑦ 旅顺博物馆、辽宁省博物馆：《大连于家村砣头积石墓地》，《文物》1983 年 9 期。

墓葬,以及土龙子积石冢的少量墓葬,如土龙 Z1M16、M17 等。

B 型,石板底石壁顶有盖板

此类墓葬的特点是,先将地面简单修整平铺或挖浅坑,然后以石板铺底,用石板或石块垒砌出墓壁,最后用石板或石块垒砌在墓壁之上,形成封闭的石棺。这类墓葬主要包括文家屯遗址附近的四平山、东大山、张大山的部分墓葬和老铁山·将军山的少量墓葬,以及土龙子积石冢的大部分墓葬,如土龙 Z1M3、M4 等。

C 型,砾石底石壁顶有盖板

此类墓葬的特点是,先将地面简单修整平铺或挖浅坑,然后以砾石铺底,用石板或石块垒砌成墓壁,墓壁缝隙也多填充有砾石,最后再以石板盖于石棺之上。这类墓葬主要包括王宝山的大部分墓葬以及岗上、楼上积石冢的部分墓葬,如王宝山 M5、岗上 M8、M11 等

D 型,砾石填充墓室墓

此类墓葬仅见于家村砣头墓地一处。一部分墓葬直接建在基岩上,还有一部分以灰土垫底,墓底铺砾石或大石块,又以大石块为墓壁,大石块作顶,墓内填充砾石覆盖人骨后再填土。如于家村砣头 M6、M24、M45 等。这种墓葬形制应是 A、B 型墓葬向 C 型墓葬过渡而形成的一种特殊形制。

E 型,双层底石壁顶有盖板

此类墓葬的特点是,先在地表挖一浅坑或将地面修整铺平,然后平铺一层砾石,再在砾石上铺石板作为墓底,墓壁则是由砾石垒砌而成或用完整石板立砌,最后墓顶盖以石板形成封闭石棺。这类墓葬共发现 3 座,均发现于岗上积石冢,分别是 M6、M7 和 M19。

F 型,烧土块底墓

此类墓葬发现较少,仅见于岗上墓地,多为以红烧土块铺底的火葬墓。这种墓葬只有 2 座,分别是 M1 和 M10。

G 型,土坑墓

仅在岗上墓地发现 1 座,即岗上 M23。此墓直接葬于墓地底部的黄土层中,上部被其他墓葬打破。

2. 辽东半岛积石冢分期

辽东半岛积石冢,持续时间较长,分属于该地区不同年代的不同文化。根据不同积石冢所处年代的不同、文化的区别以及外在形制的差异,可将

辽东半岛已发掘的积石冢分为三期。

早期积石冢主要以文家屯遗址为中心的四平山、东大山积石冢以及以郭家村上层遗址为中心的老铁山·将军山积石冢等为代表。其中四平山和东大山积石冢年代较早，最早可追溯到小珠山五期文化或更早，而老铁山·将军山积石冢和张家岚后山积石冢年代略晚于四平山、东大山，所属年代大致为双砣子一期文化时期。墓葬类型主要为 A 型和 B 型。

中期积石冢主要包括土龙子积石冢、于家村砣头积石冢和金州王宝山积石冢。这 3 处积石冢虽然年代上均属于距今 3000 年以前的双砣子三期文化，但是墓葬形制上却有明显区别：土龙子积石冢墓葬形制主要为 A、B 两型，且多为火葬；于家村砣头积石冢则为较特殊的 D 型，无火葬；金州王宝山则以 C 型为主，多为火葬。这种形制上明显的区别或可说明，当时积石冢正处在由 A、B 型向 C 型过渡的阶段。

晚期积石冢则以岗上积石冢、楼上积石冢以及卧龙泉积石冢为代表。这一时期墓葬形制繁复多样，包括 C 型、E 型、F 型、G 型四种类型，火葬盛行。其中岗上积石冢略早于楼上和卧龙泉积石冢，根据其出土的青铜短剑推断其年代上限当为西周晚期到春秋早期，即公元前七、八世纪[1]。

现将辽东半岛地区诸文化积石冢特点概括如下：早期积石冢均分布于山脊之上，而后逐渐发展到台地或海边砣头上，总体而言均分布于地势较高处。冢丘外形包括长方形、圆形和不规则形三种。早期以石块筑冢，晚期则以砾石筑冢。积石冢皆成群分布，且每一冢内均有多座墓葬。冢内墓葬多有共用一壁现象，每冢也并非一次筑成，晚期的岗上墓地还有同一墓室多次葬人的现象。早期积石冢中心墓多分布于该遗址山脊的最高处，晚期中心墓也都分布于各冢中央，中心墓出土物丰富，修筑也最为规整，代表了墓主人崇高的身份与地位。早期墓葬均为土葬，至中期开始出现较多火葬，晚期则绝大多数墓葬为火葬。捡骨二次葬的普遍存在也是本地区积石冢的重要特征，尤其是晚期的墓葬，存在有大量的捡骨二次葬。本地区已知的积石冢附近，均能找到与积石冢内出土器物内涵相同的居址，如四平山积石冢、东大山积石冢对应的是文家屯遗址，老铁山·将军山积石冢对

---

①中国社会科学院考古研究所：《双砣子与岗上——辽东史前文化的发现和研究》，科学出版社，
　　1996 年。

应的是郭家村上层遗存,于家村砣头墓地则对应的是相距仅百米的于家村上层遗存等。

二、石棚研究

(一)辽东半岛石棚的基本情况

石棚的概念,华玉冰先生曾进行过详细的论证并进行界定[1]。我们在华玉冰先生对石棚概念界定的基础上,以狭义的传统概念界定之。本书所谓的石棚,是中国境内墓室高出地表、以整块巨石作为顶石的一类墓葬和相关祭祀设施的统称,主要流行于青铜时代。

本书所涵盖的辽东半岛石棚,具体数量有所不同。根据许明纲先生的统计,除去大连市西岗区烈士山(大佛山)石棚被否定外,在本区先后发现石棚 43 座[2]。而我们据《辽东半岛石棚》[3]一书的统计,本区先后发现石棚 46 座。《辽东半岛石棚》一书统计较为详细,以此为基础,补充该书未统计在内的许明纲罗列的石棚发现地庄河城山菜园村 1 座、荷花山河东 1 座,共 2 座。其中,庄河太平岭杨村许明纲统计 2 座,而《辽东半岛石棚》则统计 3 座,如是,整合两处统计结果,本区先后发现石棚应为 48 座。

关于本区石棚的建筑方式,许明纲先生以庄河白店子石棚为例做过论述:先将铺底石平放在地上,然后在其四周向下挖深约 1.5 米的坑,之后将东、南、北三面壁石立于坑中,用土填埋一定高度。为了使壁石与底石套合紧密,在设计加工时,在壁石与底石相对应处均凿出宽度与底石边厚度一致的横凹槽,套合时就形成了子母口式的榫卯结构。然后在壁石内外埋土,外部用土修成坡度,再将盖石从坡外拖到壁石上压在一起,去掉堆土,最后将西壁石(即封门石)合上[4]。但关于盖石的建造,华玉冰先生认为,如果这种说法纯属推断则另当别论,如果还见有埋土迹象,则不排除该石棚原有封土的可能性[5]。从现有资料看,无从知道是推断还是原有封土,但线图和照片均无封土,则分析其推断的可能性很大。但这一推断笔者是

---

①华玉冰:《中国东北地区石棚研究》,科学出版社,2011 年。

②许明纲:《大连古代石筑墓葬研究》,《博物馆研究》1990 年第 2 期。

③辽宁省文物考古研究所:《辽东半岛石棚》,辽宁科学技术出版社,1994 年。

④许明纲:《大连古代石筑墓葬研究》,《博物馆研究》1990 年第 2 期。

⑤华玉冰:《中国东北地区石棚研究》,科学出版社,2011 年。

同意的。在朝鲜半岛西北地区的一些盖石式支石墓,为保护墓室在其周围堆有积石。这种例子以黄州天真洞 1 号为代表,还有刺城洞 6、9 号,沙里院光成洞城门 1 地点 6 号、2 地点 4 号,价川墨房里 4、17、20、30 号等。这种积石设施的共同点是只见于盖石式支石墓①。辽东北部地区的抚顺赵家坟石棚,在堵立门石后,在壁外堆积石块②。抚顺河夹心的 4 座石棚,以大石板作为壁石,壁石外侧堆立河卵石,近壁石处较厚,愈外愈薄,形成丘状积石堆③。抚顺山龙石棚,M1 石棚在壁石的外侧土圹内填充卵石、块石,用以加固壁石,添加的石块超出墓圹范围,在地表形成积石堆;M2 石棚壁石外堆积有近方形的石堆④。这说明一些石棚的壁石外是堆积有石堆。从石棚的现存状况看,少数石棚的壁石和铺地石完全置于现地面上,但绝大多数石棚的铺地石和壁石的下半部是处于地面以下的。这或许说明石棚的铺地石和壁石的下半部原来应该是处于地面以下的,现今置于地面上的石棚,可能系人工取土和雨水冲刷造成的水土流失所致。

石棚之所以成为露出地面的一种遗存,其一毫无疑问是为了标识作用;其二还应该有瞻仰和祭祀的功能。从石棚出土物看,随葬品既不丰富也不贵重;而且石棚的封门石从发现情况看均是只有下部的半封之态,这说明在石棚的使用过程中并无我们现在想象的防盗意识。笔者曾在 2012年对辽东半岛的石棚进行了系统踏查,从踏查情况看,小石棚几乎均已不存,留存下来的均是中、大石棚,石棚基本都建在依山面水的低山丘陵或山前台地之上,远观可见,标识性极强。观察发现,小关屯石棚、石棚沟石棚、石棚峪石棚等均建在平整的台地上。综上,石棚不仅仅具有墓葬功能,其标识、供人瞻仰和祭祀的功能似乎更为显著。辽东半岛地区石棚的祭祀功能似乎缺乏必要的证据,但朝鲜半岛的石棚一部分具有祭祀功能则很明显。

本区石棚的年代,双房 2 号石棚出土夹砂红陶壶 1 件、石纺轮 1 件。红陶壶,有领圈足,壶领饰一圈刻划网纹带,腹身饰竖行网纹带,肩部饰两

---

① 河文植著,李勇军译:《中国东北地区与朝鲜半岛支石墓的比较研究》,《北方文物》1999 年第3 期。
② 辽宁省文物考古研究所、抚顺市博物馆:《赵家坟石棚发掘简报》,《北方文物》2007 年第 2 期。
③ 熊增龙等:《抚顺河夹心墓地发掘简报》,《辽宁省博物馆馆刊》2008 年第 3 集。
④ 武家昌:《抚顺山龙石棚与积石墓》,《辽海文物学刊》1997 年第 1 期。

排平行刺点纹,腹两侧饰对称两个乳丁,口径7厘米,高16厘米,厚0.6厘米。石纺轮为红色片麻岩,体扁平,一面钻孔,直径5.2厘米,孔径0.8厘米,厚0.8厘米。其时代,赵宾福先生将其定为双房文化的早期,年代相当于西周时期①。铧铜矿石棚出土器物有石棍棒头、2件叠唇筒形罐和1件有领鼓腹壶②。盖州伙家窝堡1号石棚出土石斧2件、玉石凿1件、叠唇筒形罐3件、陶壶1件,伙家窝堡2号石棚出土3块叠唇筒形罐陶片、石刀1件,伙家窝堡3号石棚出土石斧2件、石锛1件、叠唇筒形罐6件、陶壶1件,伙家窝堡4号石棚出土有叠唇罐和壶的残陶片,伙家窝堡5号石棚发现有几块残陶片,赵宾福先生将其时代定为双房文化早期③。伙家窝堡1号石棚出土的叠唇罐和陶壶形态基本同于庄河平顶山M2:3叠唇罐和M2:2陶壶,时代应一致,庄河平顶山M2时代发掘者定为双砣子三期文化④,其中M2还有1件高领束颈壶,在双房文化和双砣子三期文化中均不见,倒有上马石瓮棺葬类型壶的特征。是故伙家窝堡1号石棚可能具有较早的时代特征,其时代可能在商周之际,约在公元前11世纪。是故从出土物分析,本区石棚的时代最早约在商周之际。从整个东北亚其他地区石棚发现的情况来看,其他地区发现的石棚年代均晚于本区,本区应是东北亚石棚的最早产生地,之后北向辽东北部乃至吉林南部地区、东南向朝鲜半岛等地区扩散。

(二)中国东北地区石棚

东北地区是我国石棚发现最多的区域,也是世界石棚研究的主要区域。东北地区的石棚广泛分布于辽东半岛地区、鸭绿江流域以及松花江流域等地区⑤。

1. 中国东北地区石棚的形制

东北地区的石棚可根据壁石外有无碎石堆积,分为2型:

A型石棚 每个方向以独立板石作为支石,且板石周围无碎石堆积。

这类石棚广泛分布于东北地区,特点是以大块板石立支为壁石。以盖

---

① 赵宾福:《中国东北地区夏至战国时期的考古学文化研究》,科学出版社,2009年。
② 华玉冰:《中国东北地区石棚研究》,科学出版社,2011年。
③ 赵宾福:《中国东北地区夏至战国时期的考古学文化研究》,科学出版社,2009年。
④ 辽宁省文物考古研究所:《大连庄河平顶山青铜时代遗址发掘简报》,《北方文物》2011年第1期。
⑤ 华玉冰:《中国东北地区石棚研究》,科学出版社,2011年。

州石棚山石棚为例：该石棚由三块巨大板石立支为壁石，三块壁石分别位于东、西、北三个方向（图5—28，1）；又如瓦房店台子石棚：该石棚同样由东、西、北三个方向的三块巨大板石立支为壁石，在南部有一个低矮的板石作为门石（图5—28，2）①。

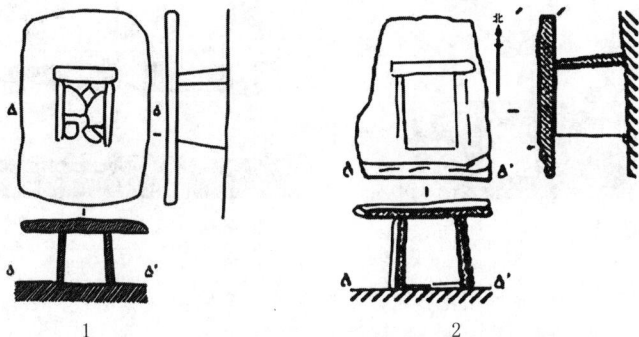

图5—28　A型石棚

1. 石棚山石棚；2. 瓦房店台子石棚

B型石棚　每个方向以独立板石作为支石，且板石周围有碎石堆积。

这类石棚在东北地区有较多发现，特点是以大块板石立支为壁石，在壁石周围发现有较多的鹅卵石、砾石等。以抚顺山龙石棚群为例：该地区共发掘石棚两座，其中M1是先在地表挖出土圹，然后以大块石板平铺作为铺底石，而后将大块板石立支作为壁石。在壁石周围的土圹内发现有大量的卵石和碎石，用以加固壁石②（图5—29，1）。又如盖州伙家窝堡石棚：该地区共发现石棚20余座，但大多已被破坏，已清理的5座均是将板石埋入地下一部分作为壁石，在壁石周围有砾石堆积层③，原报告认为这些砾石"是石棚倒塌后，人为堆放的乱石"，但通过其堆积形态，可认为这些砾石是古代先民在石棚建设中有意为之的（图5—29，2）。

2. 内涵及年代

东北地区的石棚空间上分布非常广泛，时间上有较长的延续时间，因为石棚这种独特的形制容易被人发现，所以本地区的石棚多受到严重破坏，出土物较少且多不完整。现已发现的石棚中，多出土有叠唇罐、陶壶、

①辽宁省文物考古研究所：《辽东半岛石棚》，辽宁科学技术出版社，1994年。

②武家昌：《抚顺山龙石棚与积石墓》，《辽海文物学刊》1997年第1期。

③辽宁省文物考古研究所：《辽东半岛石棚》，辽宁科学技术出版社，1994年。

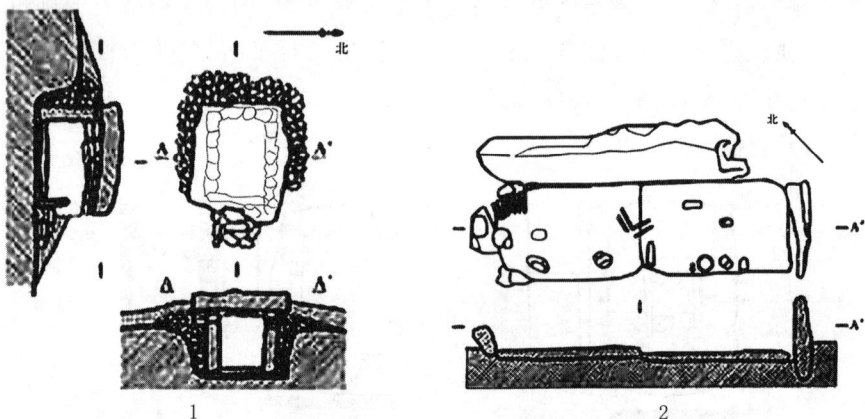

图 5—29　B 型石棚

1. 抚顺山龙石棚 M1；2. 盖州伙家窝堡石棚 M3

桥状横耳、石镞、石纺轮、石斧等器物，这些器物与东北地区青铜时期的诸
文化相一致，说明这些石棚都处于青铜时代。其中陶壶形态多和马城子文
化晚期陶壶、上马石瓮棺葬陶壶以及双砣子三期文化陶壶相近，陶罐多为
叠唇罐，叠唇罐在双砣子三期文化于家村砣头墓地中初露端倪，在双房文
化中则为典型器物之一。但庄河平顶山遗址和墓葬均出土有该类型叠唇
罐，发掘者认为其时代属于双砣子三期文化[①]。若以此为据，则辽东半岛
地区石棚最早出现的年代约为双砣子三期文化，绝对年代为公元前
1400—前 1100 年，相当于商代中、晚期。若以叠唇罐这种双房文化典型器
物之一者确认石棚年代的话，其时代在商周之际，约为公元前 11 世纪。是
故从出土物分析，本区石棚的时代最早约在商周之际。东北地区其他石棚
的年代基本处于两周时期。由此也可以认定，东北地区的石棚，是由辽东
半岛南部地区兴起，而后东南向传播至朝鲜半岛，北向传播至辽宁北部及
吉林地区。因为石棚在东北地区的流传时间较长，所以不能认定石棚是属
于任何一种文化独有的遗存，而是古代东北地区先民们共同的智慧结晶。

（三）朝鲜半岛地区及日本九州地区石棚

　　朝鲜半岛石棚是东北亚石棚分布的重点地区，也是东北亚石棚数量发
现最多的地区。截至目前，该地区发现石棚多达 3 万座以上[②]。与朝鲜半

---

① 辽宁省文物考古研究所：《大连庄河平顶山青铜时代遗址发掘简报》，《北方文物》2011 年第 1 期。
② 李荣文著，赵胤宰译：《世界文化遗产·和顺支石墓》，东北亚支石墓研究所，和顺郡，2007 年。

岛隔海相望的日本九州地区,也发现有较多的石棚,这一地区共发现石棚数百座,分布较为密集①。

1. 朝鲜半岛地区及日本九州地区石棚的形制

这一地区的石棚可根据下部支石的不同,划分为 2 型:

A 型石棚　下部以体积较大的板石作为支石。

根据每壁板石的数量以及板石外有无碎石堆积,可分为 3 亚型:

Aa 型石棚　每个方向以多块板石作为支石,且板石周围有碎石堆积。

这类石棚在朝鲜半岛地区较为多见,特点是每壁以多块板石立支作为支石,在支石附近有较多的砾石或卵石分布。以三石地区湖南里表台石棚为例:该遗址共发现 3 座石棚,其中 1、2 号石棚均以多块板石立支作为支石,支石外侧堆积卵石从而形成丘状积石堆,支石上盖以大型石板作为盖石,3 号石棚破坏较为严重,仅存铺底石和积石堆②(图 5—30)。

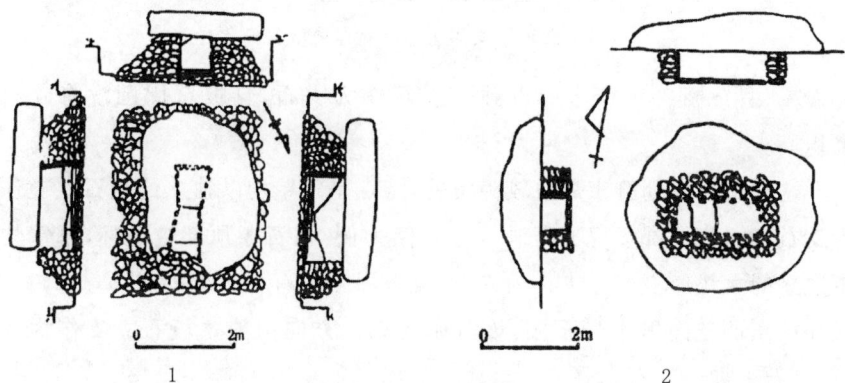

图 5—30　Aa 型石棚

1. 表台 M1;2. 表台 M2

Ab 型石棚　每个方向以独立板石作为支石,且板石周围有碎石堆积。

这类石棚在朝鲜半岛也有较多发现,特点是每壁以独立的板石立支作为支石,在支石附近有较多的砾石或卵石分布。以江东郡文兴里第 4 地址3 号石棚为例:该石棚顶部已被破坏,每壁均由独立板石立支作为支石,支石外侧堆积卵石从而形成丘状积石堆③(图 5—31)。

①王仲殊:《从东亚石棚的年代说到日本弥生时代开始于何时问题》,《考古》2004 年第 5 期。
②朴哲:《表台遗址发掘的支石墓》,《朝鲜考古研究》2010 年第 1 期。
③石光浚:《关于文兴里支石墓》,《朝鲜考古研究》1991 年第 4 期。

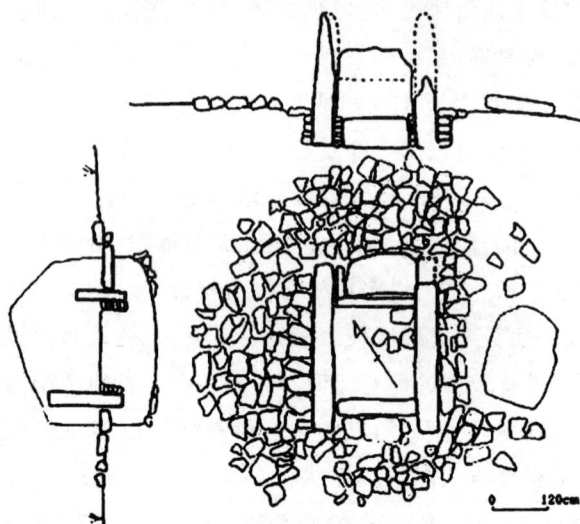

图 5—31　Ab 型石棚

江东郡文兴里第 4 地址 M3

Ac 型石棚　　每个方向以独立板石作为支石,且板石周围没有碎石堆积。

这类石棚在朝鲜半岛也较为常见,特点是每壁均以独立的板石立支作为支石。以祥原郡场里支石洞 2 号石棚为例:该石棚顶部被破坏,每壁均由独立的大块厚板石立支作为支石,支石周围没有积石堆[1](图 5—32,1)。又如江东郡花岗里 1 号石棚:该石棚的三个方向由独立板石立支作为支石,支石上加盖顶石[2](图 5—32,2)。

B 型石棚　　下部由小型板石或石块,以垒砌的方式作为支石。

根据壁石外有无碎石堆积,可分为 2 亚型:

Ba 型石棚　　壁石外侧有碎石堆积。

这类石棚在朝鲜半岛南部分布较为广泛,特点是每壁是由多块小型的板石或石块,以垒砌的方式作为支石,在支石附近,有卵石或砾石堆积。以肃川郡检山里 2 号石棚为例:该石棚每壁均由块石垒砌而形成支石,支石上加盖大型石板,支石外侧有以小石块堆积而成的积石域[3](图 5—33,1)。

①张喆满:《对于场里支石墓》,《朝鲜考古研究》1996 年 4 期。
②石光浚:《关于文兴里支石墓》,《朝鲜考古研究》1991 年第 4 期。
③石光浚:《各地支石墓调查、发掘报告》,朝鲜社会科学院出版社,2002 年。

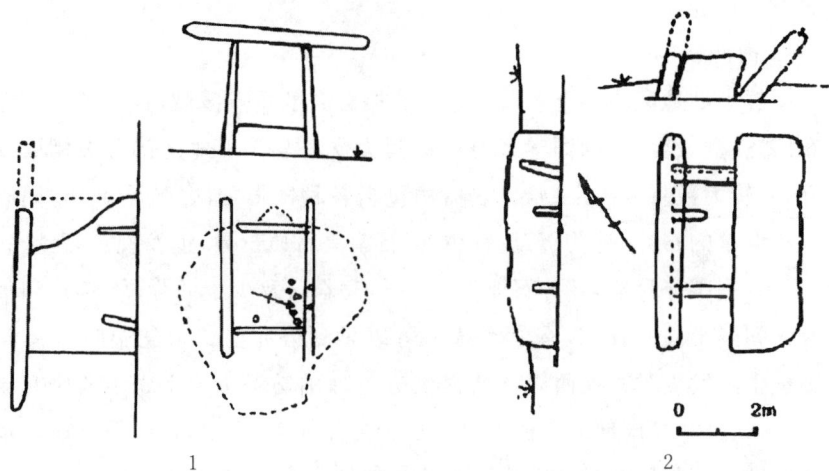

图 5—32 Ac 型石棚

1. 祥原郡场里支石洞 M2；2. 江东郡花岗里 M1

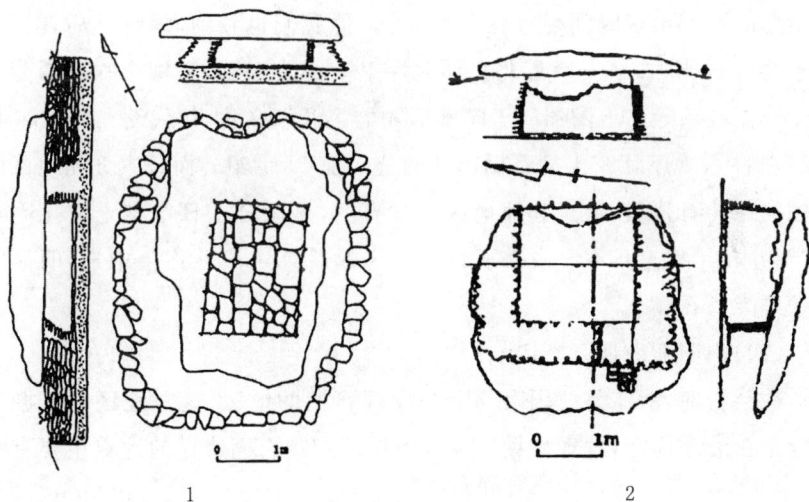

图 5—33 B 型石棚

1. 肃川郡检山里 M2；2. 顺安区域石岩 M1

Bb 型石棚 壁石外侧没有碎石堆积。

这类石棚在朝鲜半岛南部分布较为广泛，日本九州地区也有发现，特点是每壁是由多块小型的板石或石块，以垒砌的方式作为支石。以顺安区域石岩石棚群为例：该石棚群共清理石棚 20 座，除了 2 号石棚外，其余石棚均是以小型的板石或石块，垒砌成或高或低的石壁作为支石，在其上加盖大石板作为盖石①（图5—33,2）。

2.内涵及年代

朝鲜半岛地区是整个东北亚地区石棚分布的重点区域,这一地区石棚分布广泛,数量巨大,韩国学者习惯称其为支石墓。本地区部分石棚保存完好,有较大数量的出土物,代表器物包括各种陶器如陶罐、陶壶等,同时发现有大量的石斧、有孔石刀、石纺轮、石凿等石质工具,也发现有石剑、石镞、铜剑、铜镞等兵器,部分石棚还发现有玉器以及少量的牙器、骨器和贝类等。朝鲜半岛的石棚,有学者认为可以早到公元前二千纪中叶②;有学者则主张其发生时间在西周末至春秋初③;韩国学者李荣文先生的研究成果显示,朝鲜半岛南部的石棚最早出现于公元前12世纪,直到公元前3世纪铁器进入韩国后开始消失④。通过对朝鲜半岛北部地区石棚出土陶器的分析,有学者认为该地区石棚的年代上限应在公元前14世纪前后,直到公元前3世纪开始消失。但同时我们也看到,持这一观点的学者也认为朝鲜半岛的石棚出现时间晚于辽东半岛⑤。但我们也看到,朝鲜半岛真正有出土物的石棚,如平安南道北仓郡大坪里5号支石墓、平壤市祥原郡劳动里1号支石墓等出土陶器属于陀螺形陶器第Ⅱ期文化,年代约在公元前10世纪左右⑥,晚于辽东半岛石棚出现的公元前11世纪。而日本九州地区的石棚往往伴有瓮棺,这是其他地区所没有的,是融合了日本本土文化因素的产物,在年代上日本学者普遍认为在绳纹晚期末段到弥生中期,明显晚于朝鲜半岛石棚⑦。

（四）中国浙南地区石棚

截至目前,浙江是我国南部唯一发现石棚的地区,这一地区的石棚主要分布在沿海地区,发现数量较少。本地区发现石棚遗存的地点主要有瑞

①石光浚:《各地支石墓调查、发掘报告》,朝鲜社会科学院出版社,2002年。

②朝鲜民主主义人民共和国社会科学院考古研究所编,李云铎译:《朝鲜考古学概要》,黑龙江省文物出版编辑室,1983年。

③全荣来:《朝鲜半岛石棚的类型学研究》,《东北亚历史与考古信息》1991年第1期。

④李荣文著,赵胤宰译:《世界文化遗产·和顺支石墓》,东北亚支石墓研究所,和顺郡,2007年。

⑤吴大洋:《朝鲜半岛北部地区青铜时代石构墓葬研究:兼论与中国东北邻境地区之比较》,吉林大学博士学位论文,2013年。

⑥吴大洋:《朝鲜半岛北部地区青铜时代石构墓葬研究:兼论与中国东北邻境地区之比较》,吉林大学博士学位论文,2013年。

⑦王仲殊:《从东亚石棚的年代说到日本弥生时代开始为何时问题》,《考古》2004年第5期。

安市境内的莘塍镇岱石山、马屿镇棋盘山、塘下镇杨梅山和草儿山、平阳县境内的钱仓镇龙头山、苍南县境内的钱库镇铜桥和仙居县境内的安洲街道岩石殿等地[①]。

1. 中国浙南地区石棚的形制

浙南地区的石棚可根据下部支石的不同,划分为 4 型:

A 型石棚　　下部以体积较大的板石作为支石。

根据每壁板石的数量以及板石外有无碎石堆积,可分为 3 亚型:

Aa 型石棚　　每个方向以多块板石作为支石,且板石周围有碎石堆积。

这类石棚在浙南地区最为多见,特点是每壁以多块板石立支而成为支石。以岱石山 M27 为例:该石棚三面以多块板石立支拼接作为支石,一面无壁敞开,在支石周围发现较多碎石片和砾石(图 5—34,1);又如岱石山 M19,该石棚同样是三面以多块板石立支拼接作为支石,一面无壁敞开,在支石周围发现较多碎石片和砾石,在墓室内浮土下有卵石平整铺垫[②](图5—34,2)。

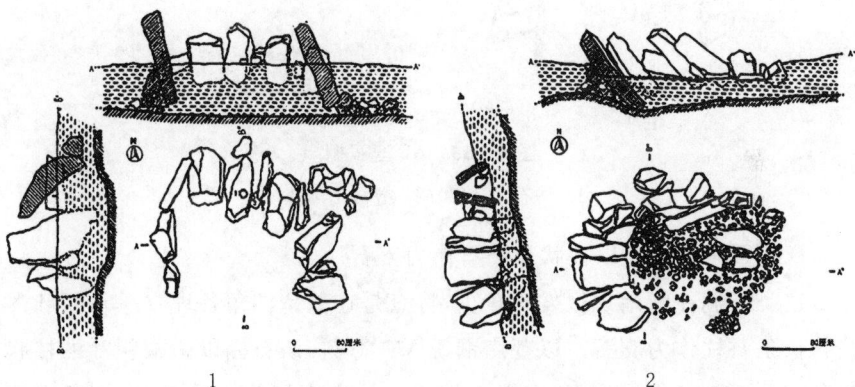

图 5—34　Aa 型石棚

1. 岱石山 M27;2. 岱石山 M19

Ab 型石棚　　每个方向以多块板石作为支石,且板石周围没有碎石堆积。

这类石棚在浙南地区发现较少,特点是每壁以多块板石立支作为支

---

①浙江省文物考古研究所等:《浙南石棚墓调查发掘报告》,文物出版社,2014 年。
②浙江省文物考古研究所等:《浙南石棚墓调查发掘报告》,文物出版社,2014 年。

石,且板石周围没有碎石堆积。以岱石山 M20 为例:该石棚仅东壁与西壁保存完好,西壁残存六块板石,东壁残存五块板石,均是立支拼接为支石[1](图 5—35,1)。

Ac 型石棚　每个方向以单块板石作为支石。

这类石棚在浙南地区仅发现一座,特点是以单块板石立支作为支石。该特例石棚是岱石山 M13,这座石棚受到严重破坏,仅存西壁,根据残存情况可以认定该石棚的东壁也是由单块板石独立作为支石的[2](图 5—35,2)。

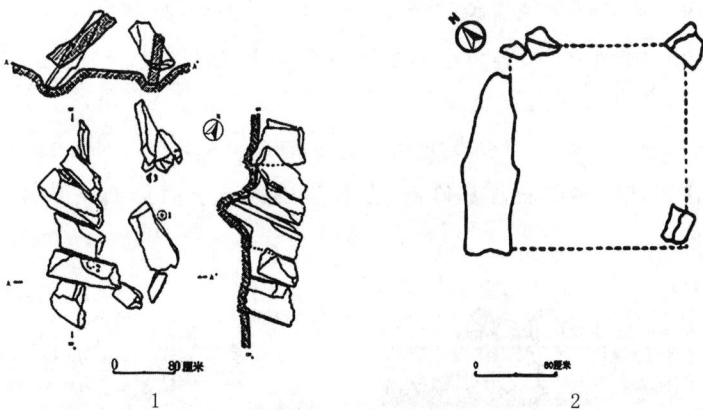

图 5—35　Ab 型石棚

1. 岱石山 M20;2. 岱石山 M13

B 型石棚　下部以柱状长条石作为支石。

这类石棚在浙南地区发现较少,特点是在墓室四角各埋立一块粗壮的柱状长条石柱作为支石。以苍南铜桥 M1 为例:该石棚以四根粗壮的柱状长条石分立四角作为支石,支石上加盖一块大石板作为盖石,在四根支石周围,未发现其他支石痕迹[3](图 5—36)。

C 型石棚　下部以巨大的块石作为支石。

这类石棚在浙南地区仅发现一座,特点是以不规则块状大石作为支石。该特例石棚是岱石山 M28:该石棚三面均用两块或三块不规则形状的

---

①浙江省文物考古研究所等:《浙南石棚墓调查发掘报告》,文物出版社,2014 年。
②浙江省文物考古研究所等:《浙南石棚墓调查发掘报告》,文物出版社,2014 年。
③浙江省文物考古研究所等:《浙南石棚墓调查发掘报告》,文物出版社,2014 年。

图 5—36　B 型石棚

大型块石直接摆放于地面之上，从而形成支石，在支石上加盖大石板作为
盖石，墓室内铺设有小块砾石①（图 5—37,1）。

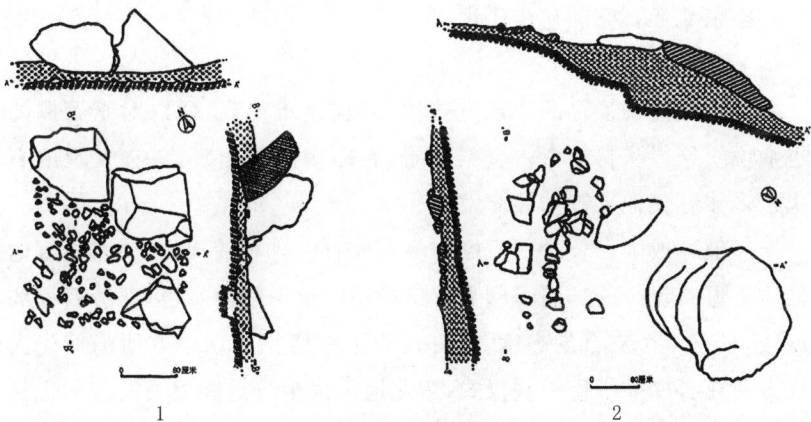

图 5—37　C 型石棚

1. 岱石山 M28;2. 岱石山 M10

D 型石棚　　下部以小型板石或石块，以垒砌的方式作为支石。

这类石棚在浙南地区也有较多发现，特点是没有以较大石材作为支
石，而是以小块石材堆积垒砌作为支石，在其上加盖大型石板作为盖石。
以岱石山 M10 为例：该石棚在移开盖石后，未发现大块支石痕迹，只发现
以小石块铺成的东西向石壁一道，这些石块普遍很小且不规则，以单层铺
设，高仅 15—20 厘米（图 5—37,2）。

———————

① 浙江省文物考古研究所等：《浙南石棚墓调查发掘报告》，文物出版社，2014 年。

2. 内涵及年代

浙南地区的石棚分布较为集中,发现数量也较少,迄今为止,共发现石棚 58 座。这些石棚大多破坏严重,出土物也不甚丰富。这些石棚中出土物最为丰富的是岱石山石棚,已知的出土物以原始青瓷为主,还发现有少量的素面硬陶和印纹硬陶,极少量的泥质陶和夹砂陶,以及部分青铜器和石器。这些遗物均与当地的土墩墓中出土物相一致,对照浙南地区土墩墓的年代①,可推断岱石山石棚的年代应与这一地区的土墩墓年代相当,即西周中期至春秋晚期。《浙南石棚墓调查发掘报告》中提到 1983 年调查的棋盘山石棚内曾采集到一件印纹硬陶片,报告编写者认为"从造型特征看,该器物的年代应属商代晚期"②。这件采集品是否属于石棚内本身包含物尚未可知,是故我们还是采信浙南地区的石棚年代为西周中期至春秋晚期。

(五)东北亚石棚的初步认识

1. 石棚性质

因为石棚这种遗存的建筑方式独特,构建难度高,所以对于石棚的性质也众说纷纭。从目前考古资料来看,石棚多成群出现,单独发现的石棚周围也多伴有其他形制的墓葬发现。

未遭破坏或破坏较少的石棚内多发现有人骨和随葬品,说明石棚的墓葬性质是毋庸置疑的。而石棚具有祭祀功能也不能被忽视,部分石棚的封门低矮,只有半个支石的高度,或许是为了在祭祀活动中方便瞻仰先人遗体或方便在石棚前举行一些仪式,东北地区很多与石棚相关的神话也从侧面佐证了石棚的祭祀功能。

2. 三个地区间石棚关系

三个地区的石棚,在文化内涵上存在较大差异。但从形制结构上看,如表 5—7,东北地区的石棚与朝鲜半岛的石棚有较多共性,而朝鲜半岛地区的石棚与浙南地区石棚也存在较多共性。东北地区最为常见的东北 A 型石棚,在朝鲜地区还有较多发现,但到了浙南地区,则已经成为孤例;而东北地区不见的朝鲜半岛 Aa 型石棚,在朝鲜半岛则成为主流,而后将影

①陈元甫:《论浙江地区土墩墓分期》,《纪念浙江省文物考古研究所建所二十周年论文集》,西泠印社,1999 年。

②浙江省文物考古研究所等:《浙南石棚墓调查发掘报告》,文物出版社,2014 年。

响范围扩大至日本九州地区和中国的浙南地区。中国浙南地区的石棚,也有学者认为是本土萌生的,但笔者认为更有可能是环渤海地区文化互动的结果。考古资料显示,早在新石器时代,中国的航运、航海技术已经产生并开始发展起来。进入青铜时代以来,中国航海技术得以更为快速地发展,使得中国的东部沿海地区和隔海相望的几个地区间的文化交流变得更为频繁和便利。东北亚地区这种航海传统可能是通过中国向外传播,也可能是各区域都有自己的航海传统,但无论如何,环渤海地区的这种航海传统和通过海路这种传播路径进行的文化交流是客观存在的。这也是产生于中国东北地区的石棚,会通过朝鲜半岛,传播至日本九州地区和中国浙南地区的原因。

表 5—7　东北亚石棚形制对比表

		有积石域	无积石域
板石	独立	中国东北 B 型、朝鲜半岛 Ab 型	中国东北 A 型、朝鲜半岛 Ac 型、中国浙南 Ac 型
	拼接	朝鲜半岛 Aa 型、中国浙南 Aa 型	中国浙南 Ab 型
垒砌		朝鲜半岛 Ba 型、中国浙南 D 型	朝鲜半岛 Bb 型
柱状			中国浙南 B 型
块石		中国浙南 C 型	

三、其他石构墓葬及其相互关系

辽东半岛地区,除积石冢、石棚外,还有大石盖墓、石棺墓等多种石构墓葬。这些石构墓葬年代上有交叉,构筑方式上也较为接近,说明这些石构墓葬之间应有密切联系。

(一)大石盖墓

华玉冰先生对此概念进行过界定,是指将墓室建于地下,以整块巨石为顶石,顶石置于原地表之上者[①]。我们赞同这一认识。

本区的大石盖墓在瓦房店、普兰店、庄河的北部有相对集中的分布,半岛南部则不见相关报道。有学者统计约有 53 处,其中瓦房店 11 处、普兰

―――――――――
①华玉冰:《中国东北地区石棚研究》,科学出版社,2011 年。

店 31 处、庄河 11 处。经过考古发掘的有普兰店市安波镇刘屯、双房,双塔镇乔屯,同益乡王屯等。并将其分为 2 型,即:

A 型　盖石石棺墓,典型墓例如双房 M6 等。

B 型　盖石土坑墓,典型墓例如普兰店乔屯 M24 等。

上述 2 型墓葬在本区内交错分布。不唯如此,华玉冰先生对中国东北地区的大石盖墓进行了系统统计和研究,他认为,从目前的考古发现看,本区所见的大石盖墓在中国东北地区年代最早:王屯 1 号墓的年代可至商代早期。鸭绿江地区所见大石盖墓较早的为东山 M3 等,年代为西周早期[①]。王嗣洲先生则认为大石盖墓最早约为距今 3000 年的商末周初[②]。徐光辉先生将大石盖墓分为五型,其中的 A、B 型主要分布于碧流河流域,C、D 型主要分布于瑷河,E 型则主要分布于辽东山区以北地区,其中 C 型墓出土的陶器更接近庙后山文化类型;通过各区大石盖墓年代的对比,认为大石盖墓的早期形式集中分布于辽东南部山区,而其晚期形式则分布于辽东山区的北部,在那里没有发现早期形式,可能表明大石盖墓曾经历过由南向北逐步传播的过程;大石盖墓的出现时代早于石棚[③]。

大石盖墓最早出现的年代,一种意见认为以王屯 1 号墓(实为石棺墓)为代表,一种意见认为以凤城东山大石盖墓为代表。我们仔细审视这两处墓葬,可以看出,王屯 1 号墓出土陶器 3 件,其中的 M1:1 壶,与赵宾福先生所分的双房文化早期无耳壶形态相近;M1:2 壶,与赵宾福先生所分的双房文化晚期竖耳壶形态相近;M1:3 叠唇罐,与赵宾福先生所分的双房文化中期无耳罐形态相近[④],是故王屯 1 号大石盖墓的时代约为双房文化的中晚期。凤城东山大石盖墓,在赵宾福先生的文化分期中,双房文化的早中晚三期均有[⑤],故其时代早者可至双房文化早期。据此,辽东半岛地区的大石盖墓时代当不早于石棚。

(二)石棺墓

唐淼女士对辽吉地区青铜时代的石棺墓进行了界定:平地向下挖长方

①华玉冰:《中国东北地区石棚研究》,科学出版社,2011 年。

②王嗣洲:《论中国东北地区大石盖墓》,《考古》1998 年第 2 期。

③徐光辉:《辽东石构墓葬的类型及相互关系》,《环渤海考古国际学术研讨会论文集》,知识出版社,1996 年。

④赵宾福:《中国东北地区夏至战国时期的考古学文化研究》,科学出版社,2009 年。

⑤赵宾福:《中国东北地区夏至战国时期的考古学文化研究》,科学出版社,2009 年。

形穴,以石板或石块构筑墓棺,数块或整块大石板封盖后掩埋地下而形成的墓葬。具体地说,需要四个要素:一是向下挖穴并埋入地下,二是以石构壁,三是板石为盖,四是独立成墓。带有石棺的墓葬不一定都称为石棺墓。符合以上四个要素才可视为石棺墓①。

石棺墓在本区的分布并不丰富,包括新金碧流河核桃沟石棺墓②、新金王屯石棺墓③、新金双房石棺墓④。关于本区石棺墓的时代,王屯石棺墓如上分析,最早约为双房文化的中晚期,约当春秋时期。新金双房石棺墓,按照赵宾福先生的分期,属于双房文化的晚期,对应战国时期⑤。也有学者将其推定为西周中期⑥。准此,石棺墓出现的时间当晚于积石冢、石棚和大石盖墓出现的时间。

(三)石构墓葬相互关系

从目前的情况来看,积石冢是辽东半岛南端最早出现的石构墓葬,其时代早在距今4500年左右。关于它的来源,多数学者认为辽东半岛地区的积石冢源于辽西的红山文化;也有学者认为辽东半岛积石冢源于山东。从上文的分析,我们倾向于辽东半岛积石冢源于辽西区的红山文化,其在辽东半岛地区的传播路线很清楚,沿渤海东岸自北向南传播至辽东半岛最南端的旅顺地区,再沿黄海北岸自西向东传播至朝鲜半岛。若此,辽东半岛地区积石冢是本区出现时代最早的石构墓葬,辽东半岛地区其他石构墓葬均晚于积石冢。换句话说,辽东半岛地区的其他石构墓葬都应是或多或少在积石冢的影响下产生和发展起来的。

本区的石棚是商周之际产生的一种新的具有祭祀和墓葬功能的石构墓葬。石棚的产生一定是受到了积石冢的影响。但积石冢当中的石板壁墓在西周晚期至春秋早期的岗上墓地才出现,其时代要晚于石棚出现的时间,所以积石冢不是石棚的直接来源。石棚的出现应与洞穴墓关

---

① 唐淼:《长白山地及其延伸地带青铜时代墓葬研究》,吉林大学博士学位论文,2009年。
② 付文才:《普兰店市核桃沟石盖石棺墓清理简报》,《大连文物》2000年第1期。
③ 刘俊勇、戴廷德:《辽宁新金县王屯石棺墓》,《北方文物》1988年第3期。
④ 许明纲、许玉林:《新金双房石棚和石盖石棺墓》,《辽宁文物》1980年第1期;许明纲、许玉林:《辽宁新金县双房石盖石棺墓》,《考古》1983年第4期。
⑤ 赵宾福:《中国东北地区夏至战国时期的考古学文化研究》,科学出版社,2009年。
⑥ 郑大宁:《中国东北地区青铜时代石棺墓遗存的考古学研究》,中国社会科学院研究生院博士学位论文,2002年。

系极大。据有学者研究,洞穴墓分布地区集中于千山山地太子河上游的本溪、新宾地区,是以洞穴为埋葬环境的墓葬,常以墓群的形式出现。千山山地太子河上游地区的洞穴墓葬以天然的洞穴为保护屏障,不挖穴,不封土,埋葬形式多为火葬,且具有自身特色的葬俗、葬式,随葬品的面貌亦较为一致。洞穴墓出现的时代在夏代晚期至商代早期①。石棚的形制类似洞穴。

　　为什么会出现石棚这一类兼具祭祀和墓葬性质的石构遗存? 笔者推测,这是基于标识的需要。不管是较早出现的积石冢还是洞穴墓,虽然墓葬规模、墓葬位置和随葬品都存在一定差别,但还没有出现极为凸显某一墓葬的情况。但西周晚期至春秋早期的岗上墓地则出现了一个墓地以一座中心大墓为中心、其余墓葬围绕中心大墓有序排列的情况,这一情况与红山文化牛河梁积石冢的排列情况相似。牛河梁积石冢一些学者认为其墓主都具有神格,是部落神或者大大小小的氏族神,但在辽东半岛地区从积石冢出现至双砣子三期文化时期,积石冢成为氏族的公共墓地,氏族首领并不被极为凸显而具有神格。西周时期是个转折时期,从积石冢的发展来看,出现了一人独尊的墓地布局形制。更重要的是,出现了极具有标识作用的石棚。石棚的功能首先是墓葬,是埋葬死者之所;其次是标识和祭祀,石棚的墓主应具有神格,也就是说这一时期祖先众神崇拜的情况再次凸显。我们从石棚的形制来看,其主体建于地面以上,三侧立石,其上覆以大盖石,正面以半石封挡,明显无防盗意识,原因为何? 笔者推测石棚的墓主是部落神或者氏族神,是供部落或氏族成员日常祭祀和祈福的地方,是安放令人敬畏和需要守护的神灵的地方,自然不需要担心盗窃行为的发生。为什么这一时期又重新出现了崇拜祖先众神的情况,可能和这一时期对外武装冲突剧烈的态势有关。从双房文化的发现来看,这一时期铸铜业突然极为兴盛,大量的青铜兵器剑、斧、镞等的发现应是武装冲突频发和剧烈的反映。这一情况会导致人口的减少和对英雄人物的崇拜,对英雄的祖先的崇拜,既有祈求人口增多的意图,也有渴望战胜敌人的强烈愿望。所以笔者认为石棚最初更具有标识和祭祀功能。其更可能是具有一定军事才能的祖先的墓葬。石棚的大小可能与祖先的地位和军功具有一定关联。

---

①唐森:《长白山地及其延伸地带青铜时代墓葬研究》,吉林大学博士学位论文,2009年。

但在石棚传入朝鲜半岛后,慢慢成为一般居民也可以享有的一种墓葬形式,其性质开始发生变化。

大石盖墓从上文的分析来看,其时代不早于石棚,是故大石盖墓有可能源于石棚。但大石盖裸露于地面之上,也具有一定的标识作用,同时也独立成墓,是故其墓主也应具有一定的身份与地位。

石棺墓的时代在本区出现时间最晚,但同时也独立成墓,有可能源于大石盖墓。

至于为何在辽东半岛地区出现如此之多的不同石构墓葬,则是一个值得探讨的问题。

第四节　辽东半岛海事活动研究

一、新石器时代海事活动研究

辽东半岛地处黄渤海交界,海岸线绵长,海洋自然成为辽东半岛居民生活中不可或缺的重要组成部分,是沿海居民生存、交往的重要平台。这里所论之海事活动,泛指新石器时代人类发生的与海洋有关的一切活动,包括渔猎、航海以及海洋文化等方面。

关于辽东半岛海事活动的研究,几无专论,只在相关研究中有所涉及。包括对辽东半岛贝丘遗址的认识、海岸线变迁及海侵海退、与周边地区通过海洋进行的文化交流、海上交通工具和路线、与海洋有关的相关活动等方面,现试在前人研究的基础上,结合一些考古新资料,对辽东半岛史前海事活动作一探讨。

（一）文化与分区

辽东半岛三面临海。该区域史前考古学文化,约略可分为三个小区,分别是辽东半岛及临近海岛区、辽东半岛东北部黄海沿岸区和辽东半岛西北侧渤海沿岸区。

1. 辽东半岛及临近海岛区

这一地区的主要考古学文化主要涵盖三个阶段:小珠山下层文化阶段、小珠山中层文化阶段和小珠山上层文化阶段,这三个阶段可细化为五期①。其中小珠山下层文化阶段已发现新石器时代遗址地点有旅顺郭家村遗址②、大潘家村遗址③、王家村东岗遗址、文家屯遗址、石灰窑村遗址④,高新区的小磨盘山贝丘,西岗区的烈士山贝丘⑤,长海县广鹿岛小珠山贝丘、吴家村贝丘、柳条沟东山贝丘遗址、东水口贝丘、门后遗址、蛎碴岗遗址、洪子东遗址、南窑遗址,大长山岛上马石贝丘、清化宫贝丘⑥,小长山岛唐家沟贝丘、旗杆山贝丘、英杰村贝丘、姚家沟贝丘,獐子岛李墙屯遗址、沙包子遗址,海洋岛亮子沟贝丘⑦。

　　小珠山下层文化阶段遗址的分布范围包括了长海县的广鹿岛、大长山岛、獐子岛、海洋岛,以及旅顺口区一带。说明小珠山下层文化时期人们已经可以进行短距离的海上航行,从陆地到达海岛,从一个海岛通往另一个海岛,海事活动已然开始。

　　小珠山中层文化阶段,主要遗址包括广鹿岛小珠山遗址、吴家村遗址,旅顺郭家村遗址下层,旅顺口区王家村东岗下层、柏岚子,甘井子区文家屯,普兰店市碧流河三砣子,庄河市北吴屯遗址上层等。分布地域也涵盖了近海陆地和海岛,同一文化间的相互联系,无疑需要通过舟船类航海交通工具才能完成。

　　小珠山上层文化阶段,遗址包括小珠山、普兰店市乔东⑧,旅顺口区三涧堡街道的蛎碴台、王家屯,甘井子文家屯⑨,瓦房店的蛤皮地⑩、歪头山,广鹿岛蛎碴岗、南窑、洪子东,大长山岛上马石中层,獐子岛李墙屯上层、沙包子上层,旅顺口区郭家村上层、官地苗圃、王家村东岗上层⑪、四平山、将

①中国社会科学院考古研究所、辽宁省文物考古研究所、大连市文物考古研究所:《辽宁长海县小珠山新石器时代遗址发掘简报》,《考古》2009年第5期。

②辽宁省博物馆、旅顺博物馆:《大连市郭家村新石器时代遗址》,《考古学报》1984年第3期。

③大连市文物考古研究所:《辽宁大连大潘家村新石器时代遗址》,《考古》1994年第10期。

④刘俊勇、王珧:《辽宁大连市郊区考古调查简报》,《考古》1994年第4期。

⑤安志敏:《记旅大市的两处贝丘遗址》,《考古》1962年第2期。

⑥辽宁省博物馆、旅顺博物馆、长海县文化馆:《长海县广鹿岛大长山岛贝丘遗址》,《考古学报》1981年第1期。

⑦旅顺博物馆:《旅大市长海县新石器时代贝丘遗址调查》,《考古》1962年第7期。

⑧旅顺博物馆:《大连新金县乔东遗址发掘简报》,《考古》1983年第2期。

⑨辽东先史遗迹发掘报告书刊行会:《文家屯——1942年辽东先史遗迹发掘调查报告书》,京都大学,2002年。

⑩辽宁省文物考古研究所等:《瓦房店交流岛原始文化遗址试掘报告》,《辽海文物学刊》1992年第1期。

⑪辽宁省博物馆、旅顺博物馆:《大连市郭家村新石器时代遗址》,《考古学报》1984年第3期。

军山①、老铁山②、大潘家村等。其中墓葬所出遗物与遗址所出的差别较大,文家屯、四平山、将军山积石冢中出土较多玉器,且出土有较多山东龙山文化特色的黑陶、蛋壳陶等。同一文化遗址分布同前两阶段一样,在临海陆地和海岛都存在,尤为重要的是,该阶段出土物反映出辽东半岛和胶东半岛之间文化交流极为密切,这种交流从考古学观察的角度来看,都是通过渤海海峡这一交通路径来完成的。

2. 辽东半岛东北部黄海沿岸区

这一小区大致包含了三种考古学文化,分别是后洼下层文化、后洼上层文化和北沟文化。

后洼下层文化典型遗址有后洼遗址等③。后洼遗址出土的舟形器是反映海事活动的一个重要物证,还发现有不少滑石雕塑艺术品、装饰品。后洼下层文化有一定分布范围,向北已延伸到鸭绿江流域的蒲石河地区,向西已达鞍山地区。丹东地区的主要遗址有后洼下层、大岗、东尖山乡山东村严家山,孤山乡谷屯村阎坨子、王坨子、蜊碴坨子,黄土坎乡石灰窑地下岩洞;宽甸县永甸乡臭梨崴子,庄河市的北吴屯下层也属于后洼下层文化。

后洼上层文化,无论是陶器器形还是纹饰都有自己的特点,并不是从后洼下层文化演变而来,而是从本溪水洞下层文化发展而来,是独立发展的一支文化④。其来源应包括水洞下层文化、后洼下层文化和小珠山二期文化。主要遗址包括宽甸县永甸乡臭梨崴子、牛毛坞张家碴子,本溪县水洞和北甸子乡北崴子,海城县小孤山仙人洞等。

北沟文化,典型遗址为北沟西山,年代距今 4500 年左右。北沟文化的分布范围包括了丹东、庄河、海城、本溪、鞍山等。遗址包括丹东市东沟县石佛山、潘北,新农乡蚊子山、石固山,龙王庙乡的西泉眼,北井子镇的柞木山;宽甸县下露河乡的老地沟、大台子,鼓楼子乡刘家街;岫岩县西山、前营;海城市马风乡团山,析木镇羊角峪;庄河县高阳镇华沟,蓉花山镇窑南,

①郭大顺、马沙:《以辽河流域为中心的新石器文化》,《考古学报》1985 年第 4 期。
②旅大市文物管理组:《旅顺老铁山积石墓》,《考古》1978 年第 2 期。
③许玉林、傅仁义、王传普:《辽宁东沟县后洼遗址发掘概要》,《文物》1989 年第 12 期。
④杜战伟、赵宾福、刘伟:《后洼上层文化的渊源与流向——论辽东地区以刻划纹为标识的水洞下层文化系统》,《北方文物》2014 年第 1 期。

大郑镇南山,大营子乡后岗、北山及步云山乡龙庙山等①。

　　3. 辽东半岛西北侧渤海沿岸区

　　包含所谓三堂一期文化和三堂二期文化②。

　　三堂一期文化,典型遗址即瓦房店市长兴岛三堂村。根据我们的研究,其与小珠山四期文化性质一致,应归属于偏堡子文化的小珠山类型。

　　三堂二期文化,常见器类与小珠山遗址上层和郭家村遗址上层出土同类器相同。

　　(二)经济模式反映出的海事活动

　　辽东半岛的贝丘遗址主要是海洋捕捞活动所堆积而成的遗存,是新石器时代先民海事活动的见证。这种渔业类型与农业初期的采集农业性质相同,只是将采集的地点放到海洋,采集的物种变成了贝类、鱼类等③,是渔业发展的初期形式。贝丘遗址内包含的软体动物均为海生品种,种类有白笠贝、盘大鲍、锈凹螺、蝾螺、纵带锥螺、扁玉螺、红螺、疣荔枝螺、脉红螺、魁蚶、贻贝、僧帽牡蛎、密鳞牡蛎、长牡蛎、大连湾牡蛎、蛤仔、青蛤、蛏蜓等④。为辽东半岛周边海域常见品种,栖息于潮间带、浅砾石海底、泥质海底以及 10 米深的珊瑚礁附近。除软体动物外,贝丘遗址中还发现有长约 8 厘米等鱼类的鳍刺、鲟鱼骨和鳖甲⑤。这些证据表明早在小珠山下层文化时期的先民就已经掌握了潮汐规律,捡拾采集贝壳、海螺、牡蛎等海产品来补充食物。

　　不同材质和大小各异的网坠表明远在新石器时代,辽东半岛的居民就已经掌握了精湛的捕鱼技术,拥有了专门的渔业活动作为生计的来源之一。而且单一的捡拾渔业逐渐发展成为捕捞渔业,这从各个遗址出土的大量网坠可见一斑。辽东半岛所出网坠没有标准的规格和形制,材质也多为

---

①苏小幸:《辽东半岛新石器时代晚期文化的再认识》,《考古》1994 年第 6 期。

②辽宁省文物考古研究所、吉林大学考古学系、旅顺博物馆:《辽宁省瓦房店市长兴岛三堂村新石器时代遗址》,《考古》1992 年第 2 期。

③袁晓春等:《山东蓬莱贝丘遗址的海洋生物研究》,《胶东考古研究文集》,齐鲁书社,2004 年,第 150—155 页。

④傅仁义:《大连郭家村遗址的动物遗骨》,《考古学报》1984 年第 1 期;《大连市北吴屯遗址出土兽骨的鉴定》,《考古学报》1994 年第 3 期。

⑤辽宁省文物考古研究所、大连市文物管理委员会、庄河市文物管理办公室:《大连市北吴屯新石器时代遗址》,《考古学报》1994 年第 3 期。

就地取材。

　　通过观察可以发现网坠大小的变化呈现出一定的规律：随着时间的推移网坠的规格逐渐增大。新石器时代中期的遗址网坠的长度基本在 5—9 厘米之间，大的不超过 10 厘米。晚期遗址的网坠规格增大，长约 10 厘米。一般而言，体积较小的网坠应为捕捞体型较小鱼类或近海捕捞时使用。郭家村遗址出土有重达两公斤、形如石锁的巨型石网坠[①]，可以想见当时的捕鱼规模。如此巨大的网坠应该是出于深海捕捞的目的而制作的。后洼下层文化还出土了带有刻划鱼纹的网坠，这些均反映出当时人们对海洋的开发和利用的探索过程。

　　从不同时期遗址分布的密度来看，到小珠山上层文化时期人口的数量要远大于小珠山下层文化时期，可能是由于人口数目的增长使得近海渔业资源枯竭，迫使人类向远海寻求资源。但这种近、远海捕捞的变化也有可能是当时的居民出于保护近海有限的渔业资源而做出的选择，是辽东半岛居民在长时间的海事活动中适应自然、探索自然的结果。

　　远海捕捞需要有船才能实现，虽然在辽东半岛地区未见船只的实物，但从后洼下层、北吴屯、郭家村遗址出土的舟形陶器来看，当时是有舟船存在的，并且除了用于捕鱼维持生计外，还成为连通海岛和海岛、海岛和陆地、远距离区域间如辽东半岛和胶东半岛的重要交通工具。

　　随着人类对海洋及鱼类活动等认识的提高，辽东半岛的捕鱼工具和捕鱼活动也开始呈现多元化。在小珠山中层文化时期辽东半岛的渔猎工具多为网坠，说明当时是以网捞为主，形式比较单一。晚期的三堂一期出土了 5 件骨鱼卡，而到了小珠山五期文化开始普遍出现骨鱼卡、鱼叉、鱼镖等不同的捕鱼工具，网坠的规格也更大，表明渔业的发展更趋向成熟和多元化。在郭家村下层和吴家村遗址发现的前端磨出平刃或弧刃、另一端保有骨节、报告中称为骨凿的器物很有可能就是织网用的骨梭[②]。

　　新石器时代渔业这种海事活动在辽东半岛沿岸居民的生活中占有十分重要的地位。人们在对海洋的不断探索过程中逐渐发展出比较完善的捕鱼产业。网坠大小的变化反映了先民对海洋的探索过程，另一方面由于

①傅仁义：《大连郭家村遗址的动物遗骨》，《考古学报》1984 年第 1 期。
②于临祥、王宇：《从考古发现看大连远古渔业》，《中国考古学会第六次年会论文集》，文物出版社，1990 年。

人口数量的增多和对食物需求的加大使得人们开始向着更深的海域进发。

（三）拟形器反映出的海事活动

辽东半岛地区共出土新石器时代舟形器 9 件，其中 6 件出自后洼下层，另 3 件分别出自大岗遗址、郭家村上层和吴家村遗址[①]（图 5—38）。一般出有舟形器的遗址还出有陶猪、陶鸟一类的雕塑艺术品，由此推断舟形器应是舟船的模拟品。

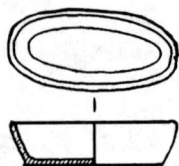

图 5—38　舟形器
郭家村Ⅱ T9②:23

独木舟的制作是将原木用火烤过之后再用石斧、石锛一类工具挖出凹槽。而沿海地区所出的有段石锛就是专门的造船工具[②]。小珠山上层遗址就有有段石锛的出土。造船工具的发现也表明了这一时期辽东半岛地区有舟船的存在。

这几件舟形器形制不同，所属的年代也不同。后洼下层、大岗所出的舟形器较短，器身稍宽，两端呈圆弧状；郭家村上层所出舟形器年代略晚，器形较长，器身较窄，两端较尖，平底。结合河姆渡发现的榫卯结构的木板房屋[③]，推测小珠山上层文化时期已能够利用木板或木材制造承载量更大的木板船。由于舟船的应用，辽东半岛的文化才得以蓬勃发展起来。

除了舟形器以外，贝丘遗址中出土的另一种模拟实物的拟形器也间接反映了当时的海事活动痕迹。郭家村遗址、大潘家村、文家屯遗址都出土带有乳突的深腹小罐，高不过 8 厘米，口径 2—4 厘米，平底，形似海参（图5—39）。虽然目前这类海参罐的具体用途还不明确，但从将其作为生活用陶的造型可以确定海参在当时十分受当地人推崇。海参罐上布满乳突，应是对刺参形象的模拟。现在长海县还是刺参的著名产地，以肉质鲜美营养

---

①许玉林：《从辽东半岛黄海沿岸发现的舟行器谈我国古代舟船的起源与应用》，《辽海文物学刊》1986 年第 2 期。

②林惠祥：《中国东南区新石器文化特征之一：有段石锛》，《考古学报》1958 年第 3 期。

③浙江省文物管理委员会等：《河姆渡遗址第一期发掘报告》，《考古学报》1978 年第 1 期。

丰富著称。海参罐的发现说明先民对海参这种营养丰富的海洋生物有了一定的认识。

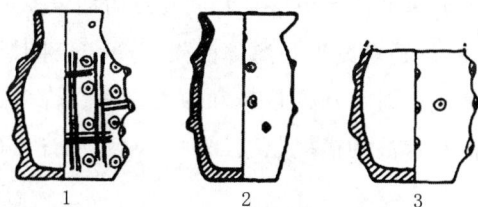

图 5—39　海参罐

1. 郭家村上采:66;2. 郭家村上采:62;3. 郭家村Ⅱ T7①:30

此外辽东半岛发现的与海事活动有关的拟形器还有牙璧,一共 16 件,吴家村遗址、四平山积石冢①、文家屯东大山②、郭家村遗址、瓦房店三堂遗址都有发现(图 5—40)。除郭家村出土 2 件为陶制外,其余均为玉石制,中间呈圆环状,外部一般有 2 至 4 个同一方向旋转的牙,有的牙上还有凸起的 4 至 6 个细小的齿,形似漩涡。新石器时代牙璧的分布以辽东半岛和山东半岛最为密集,辽东半岛发现的年代最早的牙璧出自小珠山中层文化时期。

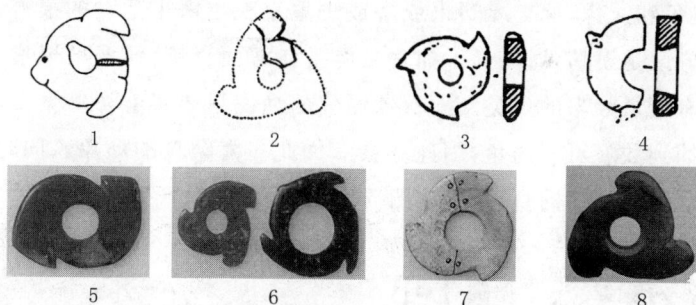

图 5—40　辽东半岛出土牙璧

1. 吴家村采:12;2. 三堂Ⅱ 203⑤:10;3. 郭家村Ⅰ T9③:15;4. 郭家村Ⅰ T8③:17;
5、6、7 四平山积石冢;8. 东大山 3 号石室墓 37

关于牙璧的定名和性质问题学界多有争论,清代学者吴大澂最早称呼这类圆孔状有齿的器物为"璇玑",并认为是天文仪器,可观星象③。这一

①澄田正一、小野山节、宫本一夫:《辽东半岛四平山积石冢の研究》,柳原出版株式会社,2008 年。
②辽东先史遗迹发掘报告书刊行会:《文家屯——1942 年辽东先史遗迹发掘调查报告书》,京都大学,2002 年。
③夏鼐:《所谓玉璇玑不会是天文仪器》,《考古学报》1984 年第 4 期。

观点一度受到西方许多颇有影响力的学者支持。1984年夏鼐先生正式提出玉璇玑不是天文仪器，并将"璇玑"更名为"牙璧"①。杨伯达先生则倾向于辽东及山东半岛所出的牙璧应该是对风及海的抽象模拟，牙璧的形象既像风又像海中的漩涡，是对风神和海神的崇拜②。这种对风神海神的崇拜也印证了辽东半岛先民对海洋的依赖和敬畏。而在许多遗址中出土的纺轮上有类似于漩涡和水波的模拟花纹（图5—41），或许可以看做是风神海神崇拜的佐证。

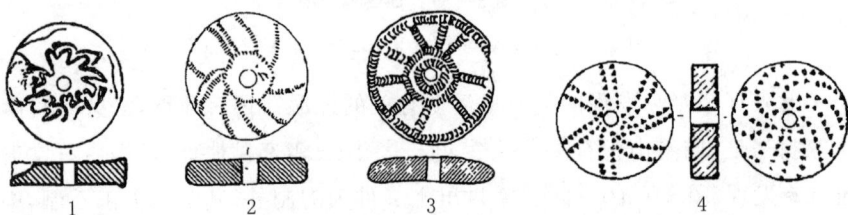

图5—41　纺轮

1. 郭家村ⅡT3③:10;2. 郭家村ⅡT2④:7;3. 吴家村ⅠF1:39;4. 郭家村ⅠT1④:15

另外在后洼下层、郭家村遗址都发现有一定数量的陶塑、石塑的鸟（图5—42）、鱼和人像，这类雕塑也或多或少地反映出海事活动的痕迹。雕塑中的鸟应该是海鸟，海鸟为了捕食会经常在海面盘旋，而海鸟聚集的地方一般都有数量颇丰的鱼类。新石器时代的渔民只要跟着海鸟聚集的地方就可以捕到数量可观的鱼，因此才会有如此多陶塑鸟的形象。同时，鱼形雕塑更是海洋捕捞的直接反映（图5—43）。

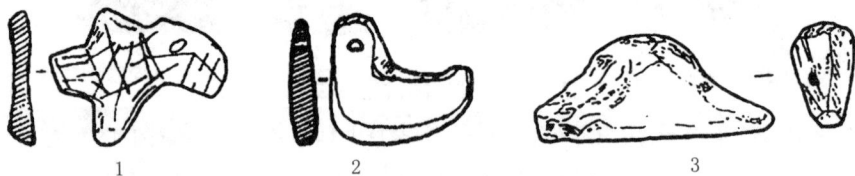

图5—42　鸟类雕塑

1. 后洼ⅢT10④:12;2. 后洼ⅤT24④:4;3后洼ⅣT1②:25

---

①杨伯达:《"璇玑""玉牙璧"辨析——兼论"夷玉"与岫岩玉的关系》,《旅顺博物馆学苑》,吉林文史出版社,2008年,第8—17页;夏鼐:《所谓玉璇玑不会是天文仪器》,《考古学报》1984年第4期。
②杨伯达:《"璇玑""玉牙璧"辨析——兼论"夷玉"与岫岩玉的关系》,《旅顺博物馆学苑》,吉林文史出版社,2008年,第8—17页。

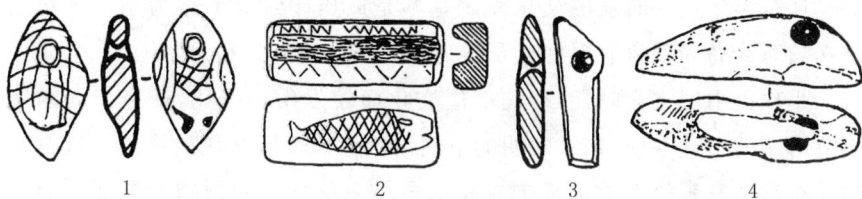

图 5—43 鱼形雕塑

1. 后洼Ⅴ T13④:17;2. 后洼Ⅰ T4④:6;3. 后洼Ⅲ T5④:26;4. 后洼上Ⅴ T3③:16

（四）文化分布与文化交流反映出的海事活动

1. 文化分布

贝丘遗址的分布并不是一成不变的,最初的小珠山下层文化基本集中在长海诸岛以及黄海北岸的碧流河一带,海事活动主要在近海陆地与海岛之间展开;辽东半岛东北部的后洼下层文化基本分布范围也在黄海沿岸地势平坦的缓坡之上,遗址分布多集中于庄河、大洋河、鸭绿江流域。而辽东半岛西侧的渤海沿岸尚无贝丘遗址的发现(图5—44)。

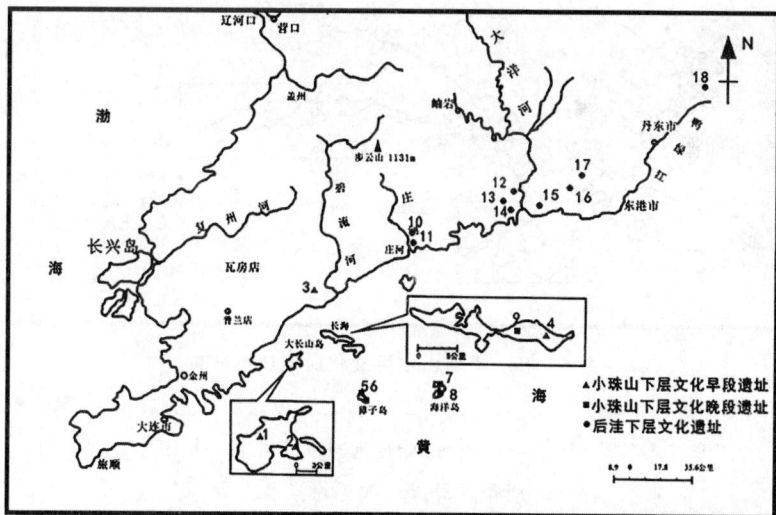

图5—44 小珠山下层文化时期遗址分布

1. 小珠山遗址;2. 柳条沟东山遗址;3. 塔寺屯遗址;4. 清化宫遗址;

5. 沙包子遗址;6. 李墙屯遗址;7. 亮子沟遗址;8. 南玉屯遗址;9. 上马石下层遗址;

10. 殷屯半拉山遗址;11. 北吴屯遗址;12. 阎坨子遗址;13. 王坨子遗址;

14. 赵坨子遗址;15. 石灰窑遗址;16. 大岗遗址;17. 后洼遗址;18. 臭梨崴子遗址

　　辽东半岛这一时期的文化面貌基本是以压印纹筒形罐为主。贝丘遗址在长海诸岛和黄海北岸的辽东半岛临海陆地均有分布。

　　小珠山中层文化时期，后洼上层文化面貌发生了变化，辽东半岛西侧渤海沿岸的三堂一期，带有鲜明的下辽河流域偏堡子文化的特色。这一时期辽东半岛开始较多地出现带有胶东半岛文化特征的器物。东部的后洼上层文化活动范围依然集中在大洋河及鸭绿江流域。这一时期辽东半岛南部及海岛区的小珠山中层文化覆盖范围逐渐扩大，向南到达辽东半岛最南端的旅顺一带，向西最远到达交流岛，东北面到达庄河。这一时期的小珠山中层文化活动范围已经抵近渤海沿岸（图 5—45）。

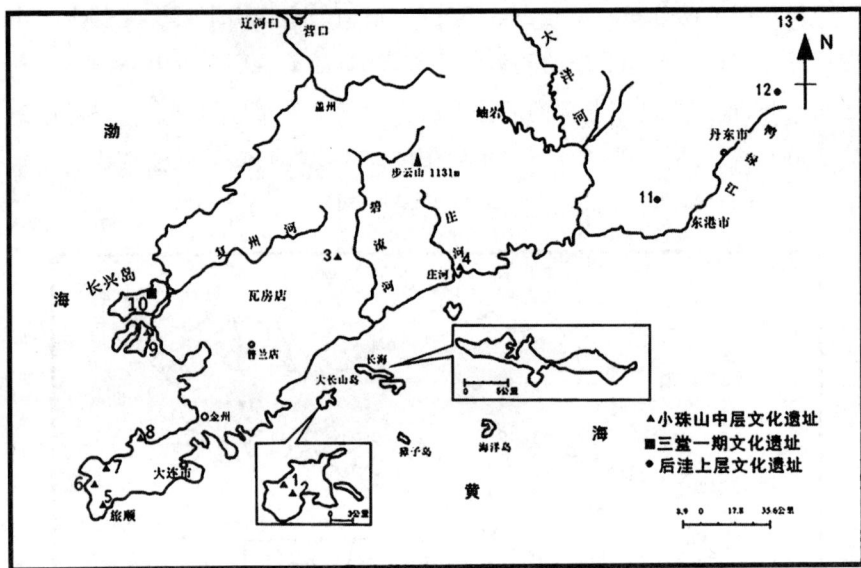

图 5—45　小珠山中层文化时期遗址分布

1. 小珠山遗址；2. 吴家村遗址；3. 三坨子；4. 北吴屯遗址；5. 柏岚子；6. 郭家村；
7. 王家村东岗；8. 文家屯遗址；9. 蛤皮地；10. 三堂村一期；11. 后洼遗址；
12. 臭梨坞子；13. 牛毛坞张家砬子

　　小珠山上层文化时期，辽东半岛北部黄海沿岸被北沟文化覆盖，西侧渤海沿岸则是所谓三堂二期文化，辽东半岛的小珠山上层文化遗址的数量增多且包含的文化内涵也更加丰富，最西侧的交流岛蛤皮地遗址依然有属于小珠山上层文化的陶器残片（图 5—46）。单一的筒形罐文化系统被带有龙山文化因素和本地土著文化特点的壶、罐、豆、杯、盘、碗、盂等所取代。

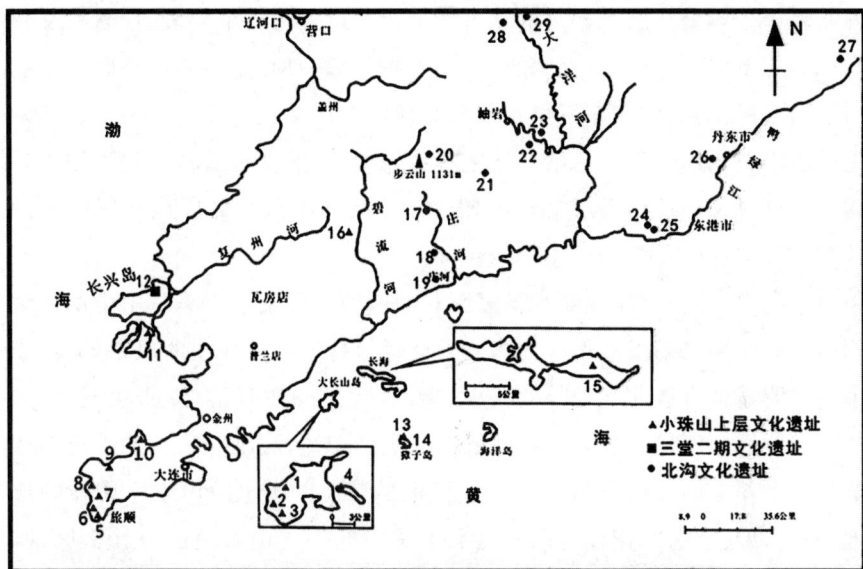

图5—46　小珠山上层文化时期遗址分布

1. 小珠山遗址；2. 蛎碴岗遗址；3. 南窑遗址；4. 洪子东遗址；5. 老铁山；6. 将军山；
7. 四平山；8. 郭家村；9. 大潘家村；10. 文家屯；11. 蛤皮地；12. 三堂村二期；
13. 沙包子；14. 李墙屯；15. 上马石中层；16. 双塔镇乔东；17. 庄河市蓉花山镇窑；
18. 高阳镇华沟；19. 大郑镇南山；20. 步云山乡龙庙山遗址；21. 大营子乡后岗；
22. 北山；23. 岫岩北沟遗址；24. 前营遗址；25. 东沟县石佛山；26. 北井子镇柞木山；
27. 宽甸老地河；28. 海城市马风乡团山；29. 析木镇羊角峪

　　海事活动在文化变迁上的体现通过辽东半岛新石器时代遗址的分布变化可以清楚看到：广鹿岛、大长山岛、獐子岛、海洋岛隔海相望但同属小珠山下层文化范围，小珠山下层文化阶段与后洼下层文化在庄河一带产生碰撞和交流。小珠山中层文化的覆盖范围到达半岛南端和渤海东岸的交流岛一带，到小珠山上层文化时期半岛南端的遗址密度增大，活动范围也到达了渤海沿岸的长兴岛。不管文化怎样变迁，但相同的文化在辽东半岛、长海诸岛、渤海沿岸诸岛均有分布，而连接彼此之间的有效工具就是舟船，这种隔海相望的文化紧密性表明海事活动自始至终伴随着辽东半岛地区先民的生产生活，也反映出辽东半岛先民对海洋的依赖和对海洋的深刻认识。

　　2. 文化交流

　　从现有的资料看，辽东半岛和胶东半岛之间的海事活动在新石器时代开始就十分频繁。胶东半岛的考古学文化约可分为三个阶段：白石村文化和邱家庄下层；紫荆山一期、北庄二期和杨家圈一期；龙山文化时期①。

白石村文化、邱家庄下层年代与小珠山下层文化年代基本一致。从两地所出砺石、石球、带沟槽滑石网坠等石器来看，无论是用料还是形制都很相似。可以说小珠山下层文化时期辽东半岛和胶东半岛应该有了一定的接触，但交流并不深入，也不频繁。

紫荆山一期、北庄二期和杨家圈一期所处年代基本与小珠山中层文化相当。该时期辽东半岛地区的陶器整体仍保持着自己独立的风格，但出现了一些明显带有胶东风格的器物，如觚形器、鬶、盆形鼎、蘑菇状把手等。还有与紫荆山遗址下层风格相似的红底黑彩陶片，花纹有三角加平行斜线纹和上下勾连的弧线三角纹两种。辽东半岛地区出土的山东系陶器的质地、颜色以及彩陶的花纹构图和施彩方法等几乎与山东地区没什么区别，这种相似性并非是仿造的结果，可能是陶器本身的移动所造成的②，也或许是通过贸易而来。

及至小珠山上层文化时期，辽东半岛的陶器开始带有强烈的山东龙山文化色彩，由此有学者一度将此时的辽东半岛地区的考古学文化划归到山东龙山文化中去。

这一时期辽东半岛出现了颇具规模的墓葬形式——积石冢，如旅顺四平山、老铁山·将军山等均为积石冢遗存。积石冢内所出遗物与遗址所出有所不同。积石冢中出土有大量精美的山东龙山文化常见的黑陶、蛋壳陶和一定数量的玉器，遗址则基本不见。积石冢内所出的玉器应为辽东半岛本地制作，山东地区所出的玉器几乎都出于墓葬，玉器的质地、颜色与辽东半岛的绿色半透明的岫岩玉或白云石大理岩极为相似，两地的玉料来源可能一致。这说明该时期两地的交流极为密切和深入。另外，在庙岛群岛周围海域还发现有重十余斤的石锚，说明可以停泊两三吨的船只。在北隍城岛西北约十公里海域打捞过一只陶鬶，年代介于龙山文化和岳石文化之间，从水底陶器聚集的情况看可能是由于翻船的结果③。这一时期辽东半

①聂政：《胶东半岛大汶口文化早期的聚落与生业》，山东大学博士学位论文，2013年。
②冈村秀典：《辽东半岛与山东半岛史前文化的交流》，《环渤海考古国际学术讨论会论文集》，知识出版社，1996年，第108—111页。
③严文明：《夏代的东方》，《胶东考古研究文集》，齐鲁书社，2004年，第177页。

岛与胶东半岛的交流空前密切,给辽东半岛带来了巨大的变革。

庙岛群岛岛屿之间相距最远不超过 20 公里,其最北端距离旅顺约 42 公里,可以用肉眼看到旅顺的老铁山,这样的距离对当时拥有舟船的先民来说是完全可以到达的。法国航海家艾力克·比斯亚普乘坐独木舟从波利尼西亚航行到印度尼西亚;名为富坚的日本人乘坐 5 米长的独木舟只身横渡日本海,行程 2200 多公里,历时 79 天,期间基本以海产为食,从未上岸[1]。这些均证明了独木舟完全有能力在海上进行远距离航行。

一般认为小珠山下层文化的直接来源是新乐下层文化,而与辽西地区的兴隆洼文化有着很深的渊源[2]。但小珠山下层文化与新乐下层文化在器形、器类、纹饰上均有较大差异,其早段陶器器形、纹饰等风格与辽西地区兴隆洼文化晚期筒形罐风格很相似,因此我们认为辽东半岛的小珠山下层文化是沿渤海沿岸经海路由辽西地区的兴隆洼文化发展而来。此外辽西地区发达的积石冢在辽东半岛、朝鲜半岛均有分布,产生时间渐次延后,也表明这一自辽西至辽东再至朝鲜半岛的海上传播路径的存在。

稻作农业的半月形传播也表明了海上传播路径的存在。研究表明,我国的稻作农业发源于长江中下游地区,在大汶口文化时期山东地区已发现了丰富的稻作农业遗存,龙山文化时期更为丰富和发达[3]。胶东半岛的稻作农业最早出现于龙山文化早期,而辽东半岛的稻作农业遗存也出现于龙山文化早期,这表明两地稻作农业的发展几乎没有时间差,辽东半岛的稻作农业当源于胶东半岛[4]。毫无疑问,稻作农业也是经由海上从胶东半岛传至辽东半岛的,其后才传入朝鲜半岛和日本列岛。

海事活动与辽东半岛先民的生活密不可分,也正是由于海事活动在环渤海地区的普遍存在才使得环渤海地区的文化呈现出广泛而密切的联系。

通过对辽东半岛地区遗存的考古学观察,我们发现新石器时代辽东半岛先民在生存、精神和文化交流三个方面都与海事活动息息相关。渔猎采集、海洋崇拜以及文化分布和文化交流是辽东半岛居民在海事活动中与海

---

①许玉林:《从辽东半岛黄海沿岸发现的舟形器谈我国古代舟船的起源与应用》,《辽海文物学刊》1986 年第 1 期。

②刘俊勇:《辽东半岛新石器至早期青铜时代文化与周围文化的关系》,《东北史地》2008 年第 3 期。

③徐昭峰:《我国稻作农业的北传》,《光明日报》2009 年 12 月 1 日 12 版。

④靳桂云、栾丰实、张翠敏、王宇:《辽东半岛南部农业考古调查报告——植硅体证据》,《东方考古》2009 年第 6 集。

洋建立紧密联系的具体体现。

　　小珠山下层文化时期辽东半岛的经济形态以渔猎为主,农业为辅;小珠山中层文化时期农业比重有所增加,出现了用于收割的石刀和蚌刀,但渔猎依旧在经济生活中占据较大的比例,人们开始饲养家畜;到了小珠山上层文化时期已明确发现有炭化的黍和稻作农业的迹象,渔猎工具也更加丰富,真正形成了捕鱼、钓鱼、叉鱼多种方式结合的捕渔业。从出土的渔猎工具的变化可以看到,渔猎活动经历了单纯的捡拾渔业到规模性的网捞渔业再到以网捞为主,捡拾、钓鱼、叉鱼多种捕鱼方式共存的三个发展阶段,捕鱼工具的不断完善以及网坠大小的变化,反映出渔业捕捞从近海到远海的一个变化,体现了新石器时代近海资源的枯竭以及可能存在的人们对近海资源有意识的保护,表明辽东半岛地区的先民对于海洋的依赖和开发程度的不断加深。

　　从小珠山下层文化时期起辽东半岛的文化就开始不断地扩展,逐渐覆盖半岛南端及其周边诸岛,并最终跨越渤海海峡到达山东半岛。最初为了生存而不断发展的捕渔业以及追逐资源和文化交流的需要催生了更加精湛的航海技术,使得新石器时代晚期辽东半岛与山东半岛的海上交流逐渐密切起来,大量精美的山东系陶器出现在辽东半岛,辽东半岛盛产的玉石器出现在胶东地区。同时,辽东半岛的居民为了获得更加丰富的渔业资源也不断向朝鲜半岛地区移动。可以说海事活动是环渤海地区文化交流互动的主要方式。

　　关于海事活动的路线问题,我们认为有两种方式。一种是借助肉眼可辨的岛屿进行接力式航行,以辽东半岛与山东半岛之间的海事活动交往为代表。另一种为沿海岸线航行。辽东半岛与朝鲜半岛、辽东半岛与辽西地区所发生的联系应该是通过沿海岸线航行的路径实现的。这两种海路航行的方式结合起来使环渤海地区的史前文化互动逐渐密切,文明的种子在环渤海沿岸开始生根发芽。

二、青铜时代海事活动研究

（一）从经济活动观察海事活动

　　辽东半岛该时期遗址在生产经济上与海洋密切相关,渔、盐业是该时期辽东半岛地区经济生业的重要组成部分。

在辽东半岛该时期遗址中都出土有海产动物的遗骸。其中,海产软体动物品种包括锈凹螺、朝鲜花冠小月螺、古氏滩栖螺、微黄镰玉螺、脉红螺、黄口荔枝螺、润泽角口螺、魁蚶、大连湾牡蛎、密鳞牡蛎、菲律宾蛤仔、砂海螂、红螺、庞荔枝螺、纵带锥螺、青蛤等。上述海产软体动物主要分布在黄、渤海地区,以习见种和常见种居多。此外还出土了以下海产动物遗骸:海豚尾椎骨、鲟类体背骨板、鲅鰊类下颌骨、鲈形目鳍棘、鲭亚目鱼类下颌骨、螃蟹等。可以看出这些海产动物遗骸的出土种类较多,除了种类众多的贝类、牡蛎、海螺等海产品外,还出现了品种多样的鱼类产品,既包括如海豚这样的大型海洋动物,也存在如鲅鰊鱼这类生活在较深海域的鱼种,足可证明该时期辽东半岛的居民,除了能娴熟地利用潮汐规律捕捞岸边的海产软体动物的技术外,还有着较高的、多元化的捕获各种鱼类的技术。

到了双砣子三期文化阶段,辽东半岛先民已经开始贮藏捕获的鱼类。在双砣子遗址 F17 内,靠屋内西壁处发现圆形的灰白色土块一处,里面堆放有百余条完整的鱼骨,鱼骨长 10—15 厘米,应为当时的鱼干藏品[①]。而大嘴子遗址 F10、F37 也都有用陶罐、陶壶贮藏鱼的情况,多达十余罐、壶之多,鱼头鱼骨清晰可辨[②]。可见当时的人们捕鱼效率大大提高,捕获鱼类的数量不仅能够满足生存所需,还能有所富余,提供多余的海产品以备不时之需。

网坠作为渔业中的重要捕捞工具,其形制和数量都可以体现该时期渔业的发达程度。从材质上看,该时期辽东半岛地区的网坠有石质、陶质两种材质。从网坠的规格上看,该时期的陶网坠长约 1.8—7.8 厘米、宽约 2.2—3.5 厘米、厚约 0.8—3.5 厘米;石网坠长约 5.9—17 厘米、宽约 4.1—8.9 厘米、厚约 0.65—5.7 厘米。石网坠的规格较陶网坠为大。从数量上看,陶网坠的数量较石网坠更多。

从对网坠材质、规格的整理可以看出,该时期的先民对陶网坠和石网坠有着清晰的分类,根据材质的特点制作不同用途的网坠。从制作工艺上来说,大部分陶网坠是专门制作而非用受损陶器的陶片改造而成,并且多数陶网坠表面凹槽为横向刻一道凹槽或刻十字形凹槽,具有相对的统一

① 中国社会科学院考古研究所:《双砣子与岗上——辽东史前文化的发现和研究》,科学出版社,1996 年。

② 大连市文物考古研究所:《大嘴子——青铜时代遗址 1987 年发掘报告》,大连出版社,2000 年。

性,这证明当时的先民意识到了规范网坠形制可以更为高效地进行捕鱼作业。随着网坠制作的专门化,此时的陶网坠制作工艺也逐渐成熟起来,可以根据不同的捕鱼需求,制作相应形制、规格相近的网坠(图5—47),这种变化在双砣子三期文化出土的网坠中体现得最为明显,在双砣子三期文化中又以大嘴子遗址第三期出土的制式网坠最多。

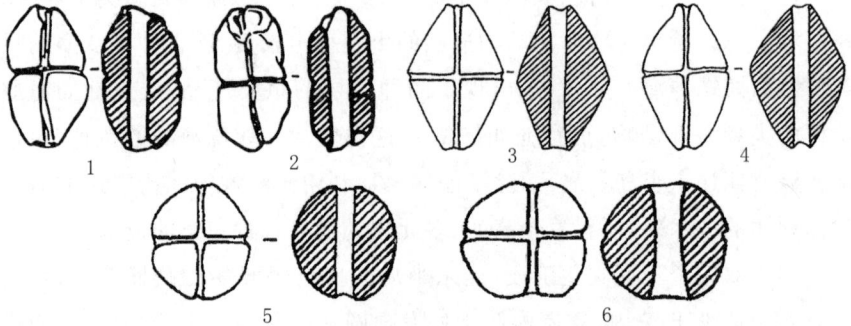

图5—47 辽东半岛青铜时代出土制式陶网坠

1. 庙山遗址早期 T8④:2;2. 庙山遗址早期 T3④:9;3. 大嘴子遗址三期 T37②:16;

4. 大嘴子遗址三期 T37③A:4;5. 大嘴子遗址三期 T18②:6;

6. 大嘴子遗址三期 T33③A:5

随着当时陶网坠的制作工艺的提升,不易打磨和规范的石网坠数量相对减少,但仍然存在。该时期的石网坠较之陶网坠来说形态普遍偏大(图5—48)。由此推测此时的石网坠往往具有一定的专门用途,比如在更深的海域捕鱼时使用大型的石网坠,以增加渔网的下潜深度。

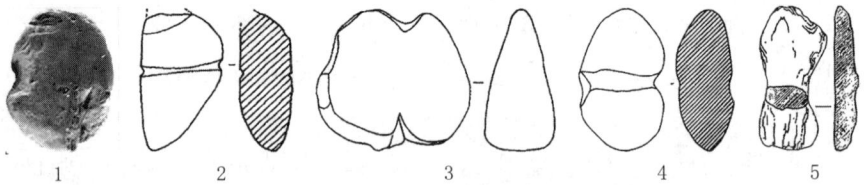

图5—48 辽东半岛青铜时代出土石网坠

1. 双砣子遗址一期 F5:10;2. 大嘴子遗址二期 T8③B:33;3. 大嘴子遗址三期 H6:5;

4. 大嘴子遗址三期 T55②:14;5. 上马石上层Ⅰ T1②:14

网坠的逐渐进步也反映出渔网的不断发展。网坠的规范化必然导致了渔网的规范化,否则渔网将无法与网坠相配套。观察辽东半岛青铜时代遗址中出土的海产动物遗骸可以发现,该时期捕获的鱼类品种多样,无论体现在生活海域的深度还是体型大小上都有较大差异,不可能用同一类网进行捕获,而像海豚这样在水中游速非常快的海洋动物,需要更为坚韧的渔网,才有捕获的可能性,加之制式网坠有一定数量的中间径相近而与另一部分网坠的中间径相差较大,故推测当时的先民可以编出不同种类的渔网,渔网编织技术应达到较高水平。

除网坠外,该时期遗址中还发掘出土骨钓针、骨鱼卡、骨鱼钩等钓具,延续了辽东半岛新石器时代以来的捕鱼方式。其中双砣子三期文化的大嘴子第三期更是集中出土了大量的骨鱼卡,双房文化上马石遗址上层也出土了数量较多的骨钓针。证明随着年代的更迭,钓鱼已经成为当时先民重要的捕鱼手段。而上马石遗址上层的36件骨钓针出土时是捆绑在一起的,而且形制基本相近,说明当时很有可能存在专门制作骨钓针的场所。随着钓鱼技术的不断革新,更为高效的鱼钩也应运而生。上马石遗址上层出土了4件骨鱼钩,其中1件无倒刺,3件有倒刺,无倒刺的鱼钩早于有倒刺的鱼钩。说明先民根据捕鱼经验,不断改良钓具的形制,以提高捕鱼效率。随着青铜技术的发展,青铜鱼钩继骨鱼钩后也开始出现并使用。尹家村大坞崖遗址出土了1件铜鱼钩,鱼钩弯度较大,有倒刺。该遗址还发现了2件制作铜鱼钩的石范(图5—49)。上马石遗址也发现了1件铜鱼钩,形制与尹家村发现的铜鱼钩类似。石范的出土以及相同形制的铜鱼钩的发现,证明当时应存在制作铜鱼钩的场所,批量生产鱼钩,以提升鱼钩产量和渔民的捕鱼效率[①]。

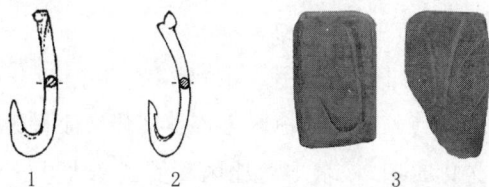

图5—49 辽东半岛青铜时代出土鱼钩及青铜鱼钩石范

1. 上马石上层Ⅱ T4②:1;2. 上马石上层ⅠT6②43;3. 尹家村大坞崖遗址鱼钩范

除渔业外,该时期盐业在辽东半岛也具有重要的地位。在辽东半岛青铜时代文化中,虽然没有找到同时期类似于山东的煮盐遗址和能明确证明

[①]于临祥、王宇:《从考古发现看大连远古渔业》,《中国考古学会第六次年会论文集》,文物出版社,1990年。

用途的煮盐器物,但是一些材料仍可反映辽东半岛该时期的盐业状况。双砣子三期文化的双砣子遗址 F17 出土的百余条完整鱼骨和大嘴子遗址 F10、F37 出土的十余陶罐、陶壶贮藏鱼的情况,有的壶和罐还存在脱皮的现象,分析很有可能是腌制鱼的过程中盐分过高导致陶器外部的陶衣因长时间腐蚀而脱落[①]。以上都从侧面证明当时的用盐情况。储藏如此之多的鱼干,证明双砣子三期文化时期腌制技术较为成熟,而腌制鱼干需要大量的盐,可见当时制盐的技术也较为发达,可提供充足的盐进行腌制工作。《管子·地数》曾记载"燕有辽东之煮",意为辽东地区有煮盐业的存在,出产海盐。《史记·货值列传》也记载:"夫燕亦勃,……上谷至辽东,……有鱼盐枣栗之饶。"从中可以得知战国时期的辽东半岛制盐业十分发达,可以称之为富饶。因此虽然辽东半岛青铜时代遗址没有出土能够证明该时期盐业发达的文化遗物,但是通过以上材料,仍可以从侧面证明当时的辽东半岛地区煮盐业是相对发达的。

　　总而言之,随着技术进步,辽东半岛此一时期的网坠和钓具都在不断改良,非制式制作的渔具越来越少,规范形态的渔具越来越多,渔具的制作朝制式化方向发展。捕鱼用具器形的改进,使这一时期的捕鱼效率不断提高,捕鱼种类更加丰富。与渔业进步相伴的还有煮盐业的进步,随着盐业的发展,人们可以通过腌制保留多余的食物,更好地维持稳定的生存环境。本区盐业发展到东周时期,甚至成为了该地区向外输出的重要产品。

　　(二)从文化交流观察海事活动

　　1. 与胶东半岛的海上文化交流

　　该时期辽东半岛与胶东半岛地区考古学文化交流最为密切。

　　双砣子一期文化时期,辽东半岛地区深受山东龙山文化影响,有学者甚至认为其已成为山东龙山文化的一部分[②]。我们虽然认为双砣子一期文化属于一支地方文化,但正如我们前文论述的那样,双砣子一期文化遗址出土的溜肩鼓腹罐、单把杯、碗、豆、器盖、三足器等许多遗物都具有山东龙山文化陶器风格。是故双砣子一期文化时期辽东半岛与胶东半岛之间

①张翠敏:《大嘴子第三期文化聚落遗址研究》,《华夏考古》2006 年第 3 期。
②郭大顺、马沙:《以辽河流域为中心的新石器文化》,《考古学报》1985 年第 4 期。

的文化交流延续了新石器时代以来的海路交流通道。

双砣子二期文化中的主要遗址双砣子遗址、大嘴子遗址、小黑石砣子遗址和大砣子遗址出土的许多甗、三足罐、盂、盆、豆、子口豆、子母口罐、子母口器盖、大口罐、夹砂中口罐、鼎、碗、杯等器物在陶质、陶色、纹饰、器类和器形等方面与山东岳石文化照格庄类型甚为相似,是故可以确定上述双砣子二期文化应属岳石文化系统。两半岛之间的这种文化交流依然是通过渤海海峡进行的。

上马石瓮棺葬类型中部分黑陶的素面磨光和凸棱作风仍具有岳石文化的特征,可能是受岳石文化的影响,更可能是承袭了双砣子二期文化的因素。

从双砣子三期文化到双房文化即商代中晚期开始至两周时期,辽东半岛与胶东半岛的海上交流较之前相比有所减少,此时辽东半岛地区本土文化开始崛起,其原因与山东地区的文化更迭有着密不可分的关系。由于夏朝末期夏桀征伐东夷以及从中商仲丁开始到商朝末期不断的对东夷族岳石文化的征伐[1],使得岳石文化逐渐没落,并最终衰亡。随着商王朝对山东地区的不断扩张,至商朝末期,仅有胶东地区还存在着较为单纯的东夷文化——珍珠门文化[2],其与岳石文化存在一定的承接关系。珍珠门文化的实力与岳石文化相比有着天壤之别,此时已是仅求自保,再无力对辽东半岛地区进行扩张。另一方面,随着山东地区的文化巨变,辽东半岛地区兴起了从本土文化基础上形成并发展起来的具有强烈地方特色的双砣子三期文化[3]以及之后形成的地域范围远广于双砣子三期文化的双房文化[4]。这两种文化已与双砣子一期文化和双砣子二期文化不同,受山东地区文化的影响较少。直至周代齐国建立后也未出现北上辽东半岛的文献记载。以上有可能就是自商代开始辽东半岛与胶东半岛海上交流减少的主要原因。

但这并不证明此时两地的海上交流彻底断绝。双砣子三期文化遗址出土的陶簋,与珍珠门文化的商文化因素陶簋有相似之处;除此之外,双砣

①徐昭峰:《试论岳石文化北向发展态势》,《考古与文物》2012年第2期。
②严文明:《东夷文化探索》,《文物》1989年第9期。
③朱永刚:《东北青铜文化的发展阶段与文化区系》,《考古学报》1998年第2期。
④赵宾福:《以陶器为视角的双房文化分期研究》,《考古与文物》2008年第1期。

子三期文化中部分陶器还有素面、凸棱等岳石文化的孑遗。可见，虽然双砣子三期文化是独立的土著文化，但双砣子三期文化仍然没有断绝与胶东半岛的交流，而是有选择性地吸收了先进的文化因素。在双房文化时期，有学者指出齐国在春秋晚期入主胶东半岛后，通过辽东半岛购买东北的毛皮和进行青铜兵器以及青铜礼器的贸易往来①。辽东半岛的黄海沿岸虽未出土齐国货币，但这很可能是由于齐国当时实行国家铸行货币、不得出境和用于随葬的货币政策导致的②。而齐燕刀币在联系胶东半岛与辽东半岛的重要节点蓬莱地区③较为确定的出土地点便有 3 处④，蓬莱对岸的庙岛群岛上也同样发现了齐燕刀币⑤，这足可以印证这一时期齐燕海上贸易路线的存在。这一时期出现的旅顺牧羊城遗址同样是该时期辽东半岛和胶东半岛有着贸易往来的另一个重要例证（图 5—50）。该城建于战国晚期，燕国建造牧羊城并不是为了建造一座普通意义上的城市。距牧羊城不远处便是羊头洼遗址，该遗址是辽东半岛地区青铜时代重要的港口⑥。由此可见，牧羊城应为配合羊头洼港口所建立的海防城堡。有学者也指出，牧羊

图 5—50　牧羊城遗址城墙

（采自《牧羊城》）

①王青：《〈管子〉"发、朝鲜之文皮"的考古学探索》，《东方考古》2015 年第 11 集。
②孙敬明：《考古发现与齐币探索》，《考古发现与齐史类征》，齐鲁书社，2006 年；张光明：《齐刀币研究概论》，《齐国货币研究》，齐鲁书社，2003 年。
③王青：《〈管子〉"发、朝鲜之文皮"的考古学探索》，《东方考古》2015 年第 11 集。
④孙敬明：《考古发现与齐币探索》，《考古发现与齐史类征》，齐鲁书社，2006 年；张光明：《齐刀币研究概论》，《齐国货币研究》，齐鲁书社，2003 年。
⑤孙敬明：《考古发现与齐币探索》，《考古发现与齐史类征》，齐鲁书社，2006 年；张光明：《齐刀币研究概论》，《齐国货币研究》，齐鲁书社，2003 年。
⑥刘美晶：《辽东半岛第一城——旅顺牧羊城城址》，《东北史地》2007 年第 3 期。

城人口稠密,经济发达,文化繁荣,是辽东半岛连接山东半岛的交通枢纽上的重要海防城市,用以周转官方文件、军需以及贸易商品[①]。

2. 与朝鲜半岛的海上文化交流

除与胶东半岛存在文化交流外,该时期辽东半岛还与朝鲜半岛存在着文化交流。

双砣子一期文化与朝鲜半岛新岩里一期存在文化交流。位于朝鲜半岛西北部的新岩里一期出土的陶器,与双砣子一期文化的典型陶器在器形、陶质、组合、纹饰等方面有诸多相似之处。如新岩里一期与双砣子一期文化都出土了数量较多的磨光黑皮陶,而新岩里一期出土的碗、广口鼓腹罐、侈口鼓腹罐、束颈鼓腹壶与双砣子一期文化出土的同类器也较为相似。两种文化的器物组合都为壶、罐、碗、豆。纹饰上,新岩里一期出土的彩绘陶器以及一些器物上的乳点纹、弦纹都见于双砣子一期文化。两种文化均出土了形制较为类似的环状石器、石斧、纺轮、凹底石镞等。而丹东地区的部分遗址虽存有双砣子一期文化的因素[②],但是与新岩里一期相比则显得薄弱。足可相信处于辽东半岛的双砣子一期文化(图 5—51)与处于朝鲜半岛西北海岸的新岩里一期的交流是通过海上交流实现的。

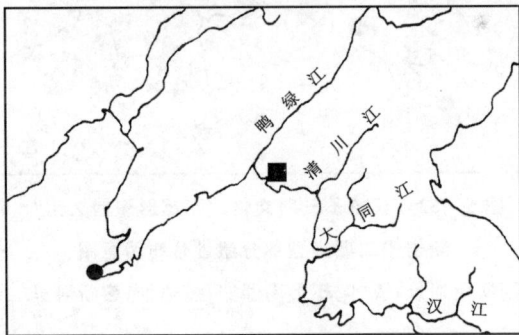

图 5—51　双砣子遗址与新岩里遗址位置分布
●双砣子遗址;■新岩里遗址

处于朝鲜半岛西部的陀螺形陶器也与双砣子三期文化和双房文化存在着文化交流。双砣子三期文化和早期"陀螺形陶器文化"的磨制石器器

[①] 许明纲:《牧羊城城址》,《辽宁大学学报》1999 年第 2 期。

[②] 王巍:《夏商周时期辽东半岛和朝鲜半岛西北部的考古学文化序列及其相互关系》,《中国考古学论丛》,科学出版社,1993 年。

类大体相同;属于双砣子三期文化的高丽寨遗址下层出土的许多口沿外侧饰有多组平行短斜线组成的刻划纹与早期"陀螺形陶器文化"出土陶器口沿外侧的刻划纹同源;在墓葬形制上属于早期"陀螺形陶器文化"遗址的黄州郡沈村里遗址也发现了与双砣子三期文化葬俗相同的积石冢[①]。这些证据足可说明,双砣子三期文化与早期"陀螺形陶器文化"存在文化交流。而所有"陀螺形陶器文化"遗址均分布在大同江一带,该文化的北面是新岩里二期类型,新岩里二期类型与双砣子三期文化的交流并不密切[②](图5—52)。故推测这两种文化也应该是通过海上进行交流的。双房文化与同时期朝鲜半岛西北部的新岩里三期类型在出土陶器的陶质、陶色、纹饰、器形、器类上高度一致[③],而且青铜器的形制也相近,文化的相似度很高,双房文化与该时期朝鲜半岛的文化交流极为密切,不排除存在海上交流的可能性。

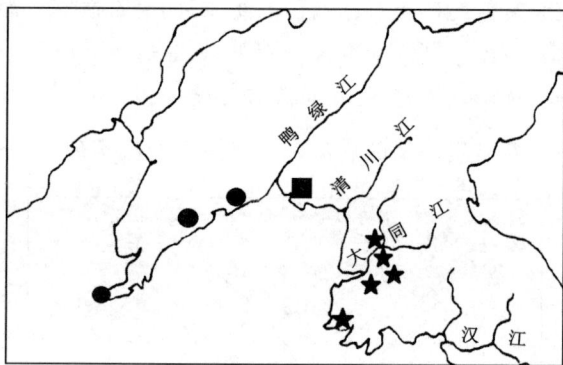

图5—52　双砣子三期文化、"陀螺形陶器文化"、
新岩里二期类型部分遗址分布示意图

●双砣子三期文化遗址;★"陀螺形陶器文化"遗址;■新岩里二期类型遗址

综上所述,青铜时代的辽东半岛与同时期的胶东半岛地区和朝鲜半岛西部及西北部地区存在较为频繁的海上交流。其中双砣子一期文化和双

①王巍:《商周时期辽东半岛与朝鲜大同江流域考古学文化的相互关系》,《青果集》,知识出版社,1993年。

②王巍:《夏商周时期辽东半岛和朝鲜半岛西北部的考古学文化序列及其相互关系》,《中国考古学论丛》,科学出版社,1993年。

③王巍:《夏商周时期辽东半岛和朝鲜半岛西北部的考古学文化序列及其相互关系》,《中国考古学论丛》,科学出版社,1993年。

砣子二期文化与胶东半岛的交流极为密切。而从双砣子三期文化开始，随着辽东半岛本土文化的强势崛起，与胶东半岛的文化交流开始减弱但并未断绝。另一方面，与朝鲜半岛的交流则随着时间的推移越来越密切，直至双砣子三期文化和双房文化时期成为同一个文化区[①]。考古资料显示，辽东半岛与胶东半岛以及朝鲜半岛地区的文化交流主要是通过海上联通实现的。而随着与各地海上交流的不断成熟，辽东半岛最终出现了像牧羊城这样具有集约性、专门性的海港城市。

（三）从海洋文化因素观察海事活动

1. 拟形器

该时期舟形器的发现，为我们观察当时的海上交通工具提供了重要的借鉴。早在新石器时代，辽东半岛地区便出土了9件舟形器[②]。就目前有限的材料来说，辽东半岛青铜时代遗址出土了5件舟形器，大嘴子遗址第三期[③]出土2件，庙山遗址晚期[④]出土1件，大沟头遗址[⑤]出土1件，于家村砣头墓地[⑥]出土1件。不难看到，辽东半岛青铜时代舟形器绝大部分的形制与新石器时代舟形器相比产生了变化，船首和船尾到船底的斜角更大，俯视舟形器，可以发现船首船尾相对较窄，船腹部相对宽大，而于家村砣头墓地出土的舟形器，船首和船尾则变得更为尖锐，船腹部也体现得更为宽大（表5—8）。舟形器形制的变化，可以从侧面证明，青铜时代的舟船是经过改良的，与新石器时代舟船相比，适应风浪能力更强、船速更快，装载能力更强，也与现代沿用的部分舟船形制更加相近（图5—53）。但从大沟头出土的舟形器也可以看出，旧式舟船与改良舟船在当时应该是同时存在的，辽东半岛青铜时代的舟船应该正处在一个造船技术发展的过渡时期，工匠们正在不断求索新的造船技术，不断改良舟船形制，从而提升舟船的安全性和运输效率。

---

① 赵宾福：《中朝邻境地区的新石器文化比较研究》，《边疆考古研究》2010年第9辑。
② 许玉林：《从辽东半岛黄海沿岸发现的舟形器谈我国古代舟船的起源与应用》，《辽海文物学刊》1986年第2期。
③ 大连市文物考古研究所：《大嘴子——青铜时代遗址1987年发掘报告》，大连出版社，2000年。
④ 吉林大学考古学系等：《金州庙山青铜时代遗址》，《辽海文物学刊》1992年第1期。
⑤ 吉林大学考古学系等：《金州大沟头青铜时代遗址试掘简报》，《辽海文物学刊》1992年第1期。
⑥ 旅顺博物馆、辽宁省博物馆：《大连于家村砣头积石墓地》，《文物》1983年第9期。

表5—8　辽东半岛新石器时代、青铜时代舟形器形制一览表

文化	遗址	舟形器形制
后洼下层文化	后洼遗址	 后洼Ⅲ T9④:28
小珠山上层文化	郭家村遗址	 郭家村Ⅱ T9②:23
双砣子三期文化	大沟头遗址	 大沟头 T103③:12
	大嘴子遗址	 大嘴子 F8:3 大嘴子 F8:1
	庙山遗址	 庙山 T8③:10
	于家村砣头墓地	 于家村砣头墓地 M38:1

　　除舟形器外,辽东半岛青铜时代遗址还出土了与海洋动物相关的拟形器。双砣子遗址一期出土了一件异形器,夹砂红褐陶,形制为椭圆形平底,中空,全身有八排竖行的乳突状装饰,口径3.2厘米,高6.5厘米①。这种类似海参的拟形器,在辽东半岛新石器时代也有发现,郭家村、文家屯、大

————————

① 中国社会科学院考古研究所:《双砣子与岗上——辽东史前文化的发现和研究》,科学出版社,1996年。

潘家村遗址都出土了带有乳突的深腹小罐,高在8厘米以下,口径在2—4厘米左右,平底(图5—54)①。海参以肉质鲜嫩、营养价值高而闻名于世,可见,当时人们制作这种器物并不是偶然做出的,应是有目的、有传承的行为。此外,在属于双房文化的岗上墓地还出土了一件鱼形石饰,形制为长条形,一头有缺口,如同鱼嘴,并且还穿一孔,像鱼的眼睛,规格长6.5厘米②(图5—55)。人们将鱼形饰品给死者陪葬,说明人们希望已故的亲人仍能如生前一样享用鱼,同时也说明海产品在当时人们的饮食结构中占有重要地位。

图5—53　现代舟船的部分形制

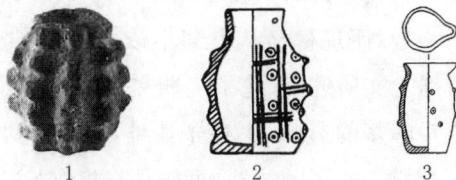

图5—54　辽东半岛青铜时代、新石器时代海参罐对比图

1.双砣子T5:29;2.郭家村上采:66;3.郭家村上采:62

图5—55　岗上墓地出土鱼形石饰

2.蚌器

蚌器可以分为实用器和装饰品两类。实用器主要是贝勺(图5—56,

---

① 刘俊勇:《史前辽东半岛经济形态研究》,《辽宁师范大学学报》2009年第6期。
② 中国社会科学院考古研究所:《双砣子与岗上——辽东史前文化的发现和研究》,科学出版社,
　1996年。

1），一般以魁蚶作为原材料。装饰品包括系绳贝饰、蚌饰（图 5—56，2—3），用大量贝壳穿成的项链（图 5—56，4），以及人工打磨的贝（蚌）珠（图 5—56，5）等等。先民认为海洋是美的，将出自海洋的贝壳进行修整后作为装饰，佩戴在身上，来展现自己对美的认识，以及对海洋的崇敬和热爱，或是将其作为已故者的陪葬品，伴随左右，如同生前一样。

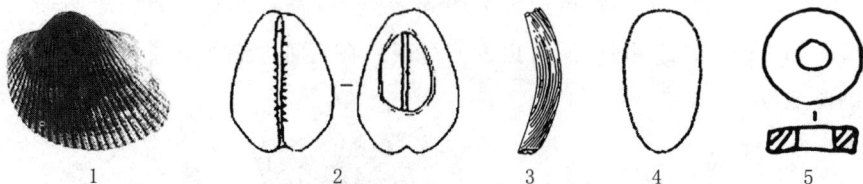

图 5—56　辽东半岛青铜时代蚌器

1. 大嘴子 F2：14；2. 岗上 M7：4Y；3. 庙山 T5③：22；4. 大嘴子 F27：2；5. 双砣子 T12：4

3. 陶器的器形与纹饰

双砣子三期文化部分遗址出现了陶簋，特别是大嘴子遗址第三期出土的陶簋保存状况良好，器身有纹饰，器物制作精细，还发现有 3 件一组的现象。这些陶簋形制相近，而规格又从大到小依次递减，带有明显的中国成套礼器的特征。根据上文所述，双砣子三期文化陶簋很可能受到了珍珠门文化中的商文化因素陶簋的影响，大嘴子遗址第三期等出土的制作精致、成套出现的陶簋应为祭祀所用的礼器，可能是祭祀海神的用具[①]。

辽东半岛青铜时代的许多陶器纹饰与海洋文化也有着联系。第一种是水波纹，这种纹饰在双砣子三期文化的大部分遗址里都有发现，一般施于器物的颈部（图 5—57）。这种纹饰与水应有关系，描绘的应该是水上的波浪。

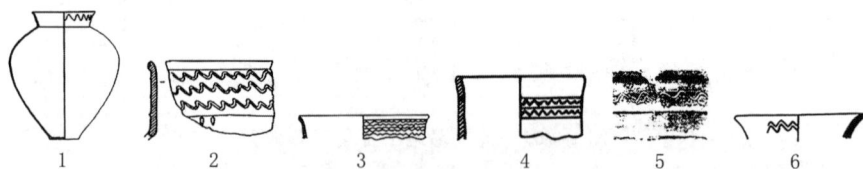

图 5—57　辽东半岛双砣子三期文化水波纹

1. 双砣子 F17：6；2. 大嘴子 T109②：15；3. 庙山 T8③：8；4. 大沟头 T1 扩③：7；
5. 大砣子 G1②：6；6. 高丽寨

---

① 徐昭峰：《试论大连大嘴子遗址第三期文化陶簋》，《中原文物》2011 年第 6 期。

与海洋文化有关的纹饰,除水波纹外,还有两种纹饰也非常值得关注。这两种纹饰可以大致概括为网格纹和三角纹。这两大类纹饰也主要出现于双砣子三期文化。

双砣子三期文化中出现的几类网格纹非常有特点,可以大致分为以下三类:A 类为交叉网格纹,这类纹饰在器物的颈部、肩部和腹部均有出现(图 5—58);B 类为独立的菱形纹或类菱形纹内饰网格纹,这类纹饰一般饰于器物的颈部(图 5—59);C 类为二道弦纹或凸棱纹内饰网格纹,这类网格纹基本也都饰于器物的颈部(图 5—60)。这三类纹饰有一个共同的特点,那就是网格体现得非常清楚、细致。其中 A 类和 B 类网格纹均用分隔的方式来突出体现独立的网格单元,尤其是 B 类网格纹,让人十分容易联想到渔网的形象(图 5—61)。C 类纹饰虽然不像 A 类和 B 类纹饰体现的是多张独立的渔网,但很可能是在体现一张较长的渔网或是多张渔网连在一起晾晒的场景(图 5—61,1),也可能是指代渔网本身。部分 B 类纹饰内部饰有乳点纹(图 5—59,2),或紧挨部分 B 类、C 类纹饰上方的位置饰有整齐组合的刺点纹(图 5—59,1),这也与网坠非常相似。B 类和 C 类纹饰部分上方出现的类网坠式的刺点纹,也很可能体现一种将渔网挂在杆上晾晒的形式(图 5—61,2),这种晾晒渔网的方法使得网坠可能会挂在渔网上方,而网格纹中间出现的乳点纹也很可能是表现渔网挂带网坠平铺晾晒的场景(图 5—61,3)。因而我们认为,以上提到的三类网格纹,应该都在体现捕鱼所用的渔网晾晒时的场景或是指代渔网本身。

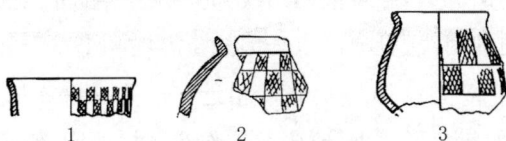

图 5—58　A 类网格纹

1. 庙山 T8③:9;2. 大嘴子 T77②:7;3. 双砣子 T6:64

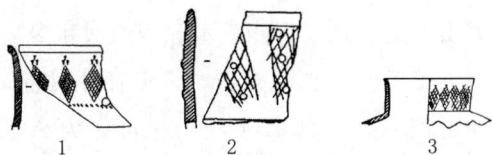

图 5—59　B 类网格纹

1. 大嘴子 T83②:4;2. 大嘴子 T66②:3;庙山 T7②:2

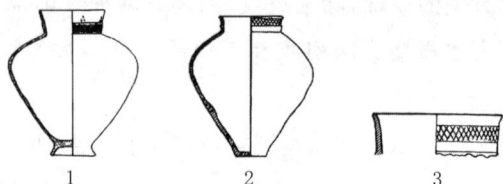

图 5—60 C 类网格纹

1. 双砣子 F4:22;2. 大嘴子 F37:17;3. 大沟头 T1 扩③:7

图 5—61 现实晒网场景

　　双砣子三期文化出现的三角纹也非常值得讨论。大致分为两类:A 类是外面为三角形边框纹饰,内部填充斜线纹,此类纹饰出现在器物上部或颈部(图 5—62,1—2);B 类是以弦纹作为边框纹饰,内部饰三角斜线纹或斜线纹,此类纹饰大部分饰于器物的颈部,较少部分饰于器物上部(图 5—62,3—7)。以上两类纹饰表现的也是渔网,但是这两类纹饰体现的含义与网格纹不同,它体现的是使用渔网捕鱼的过程。当渔民在捕鱼作业中进行收网工作时,无论是浅海收网还是在船上收网,由于在水底的网坠与捕鱼者之间产生纵向的拉力,导致渔网纬线部分朝纵向拉伸。此时的渔网基本上只能看见纵向的网线,且渔网也会因捕鱼者在一个点上施力而呈三角形(图 5—63),这与 A 类纹饰形状非常相近。B 类三角纹与 A 类三角纹相比,没有了外部的三角形边框,改为弦纹作为边框纹饰,但是仍然体现了 A 类三角纹内部的斜线纹。其中大嘴子 F25:5(图 5—62,5)也出现了 3 个为一组的刺点纹,但是与网格纹不同,刺点纹的位置出现在了主体纹饰的下方。与网格纹上方出现的刺点纹可能表示晾晒渔网和网坠相对应,刺点纹出现在主体纹饰下方很可能体现的是当时人们捕鱼时将带有网坠的渔网抛入水中进行捕鱼的场景。因此 B 类纹饰很可能为 A 类纹饰的简化形式。在大嘴子遗址中发现的装有鱼骨的陶壶 F10:19(图 5—62,3)和 F37:3(图 5—62,4)的纹饰均为 B 类纹饰,这也从侧面证明这种斜线三角纹或斜线纹很可能代表的就是描绘渔民捕鱼的过程或代指所捕获的鱼类。

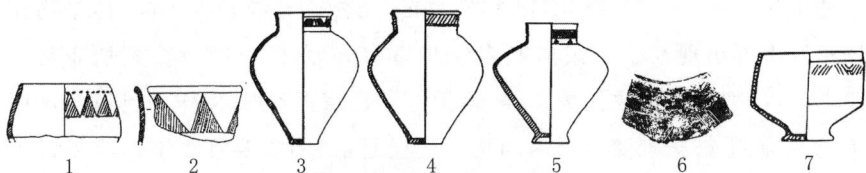

图5—62 三角纹

1. 大嘴子 T43②:13;2. 大嘴子 T56②:21;3. 大嘴子 F10:19;

4. 大嘴子 F37:3;5. 大嘴子 F25:5;6. 大砣子 T10②;7. 庙山采:48

图5—63 捕鱼场景

　　双砣子三期文化出土了许多大型的壶、罐、盆。这些器物往往在房屋内靠边放置,由于器形头重脚轻,重心偏上,不容易搬动,往往埋入地下,因而只能作储存器[1]。这些器物基本都饰有纹饰,并且纹饰基本都饰于颈部,较为规范。作为非移动的放于角落的纯实用器,这些统一饰于颈部的纹饰作为装饰来使用的可能性并不大。这些大型陶器往往放置较为集中,多个器物集中出现在一个房址内,不同器物内储存的物品不可能完全相同。况且双砣子三期文化有用器底和石板当做器盖盖在储存器上的习惯[2],如果都用器盖封存起来,则无法直接判断每个器物的储存物。从方便取物的角度上看,这种较为整齐的饰于器物颈部的纹饰,很可能用作指示用途,用来分辨不同器物内所储物品。

　　上文所提到的 C 类网格纹和 B 类三角纹都是最广泛地饰于这些储存器颈部的纹饰。A 类网格纹只有少量饰于储存器颈部的情况,而 B 类网格纹则全部饰于储存器颈部,但是 B 类网格纹出现数量非常少。C 类网格纹较 A 类和 B 类网格纹相比更为抽象,但是从部分 C 类网格纹上看,与 B 类

---

①张翠敏:《大嘴子第三期文化聚落遗址研究》,《华夏考古》2006年第3期。

②张翠敏:《大嘴子第三期文化聚落遗址研究》,《华夏考古》2006年第3期。

网格纹存在一定联系,比如双砣子遗址出土陶壶 F4:22 的颈部纹饰与大嘴子遗址出土陶壶壶口 T83②:4 颈部纹饰,虽然网格纹种类不同,但是均在网格纹上部出现 3 个一组的刺点纹。另一方面,C 类网格纹刻划非常规整,并且一般都有弦纹作为边界,可见并不是随意刻划,而作为具有指示用途的纹饰,能够辨别储存器内的物品便已足够,不需要将纹饰描绘得过于复杂,这也可能是 A 类网格纹和 B 类网格纹不多见于储存器上的原因。因此我们认为,C 类网格纹应为 A 类和 B 类网格纹的简化形式,三种网格纹均表达先民不进行捕鱼作业时用于存装网坠、渔网等捕鱼用具的。同样,A 类三角纹也存在饰于储存器颈部的情况,但是出现数量也非常少,而 B 类三角纹在储存器颈部出现得则比较多。B 类三角纹较 A 类三角纹相比虽然更抽象,但是刻划起来却简便许多,并且仍能体现出捕鱼过程中的渔网只能看见纵向线条的形态,而且大嘴子遗址出现鱼骨的储存器的颈部纹饰也均是 B 类三角纹。由此推测,A 类和 B 类三角纹体现的是拉网捕鱼的过程,而拉网捕鱼最终会将鱼从海中捕获,所以这两类三角纹很可能是收获鱼的标志,因此笔者认为饰有上述三角纹的储存器可能是用于保存腌制的鱼干。

双房文化出土陶器上也有类似纹饰发现(图 5—64),双房文化陶器上的部分纹饰应受到了双砣子三期文化的影响。由于目前发现的双房文化遗址较少而墓葬居多,故发现具有此类与海洋生产相关的纹饰的实用器较少,但是通过墓葬出土的部分随葬陶器仍然能够体现双房文化与海洋存在密切的联系。

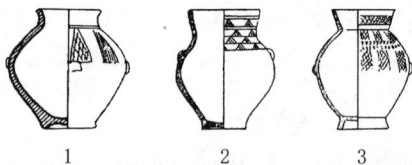

图 5—64 双房文化网格纹、三角纹陶器

1. 岗上墓地 M12:4;2. 后牧城驿战国墓地陶罐;3. 双房石棚二号石棚陶壶

总之,通过对辽东半岛青铜时代遗址内有关海洋文化因素遗存的观察,可以发现,海洋对于当时的先民具有重要的意义。通过对这一时期的舟形器的认识,能够看出人们在不断改进舟船的形制,以便更有效地完成海上交流和捕鱼作业。海参形拟形器继承了辽东半岛新石器时代居民制

作的海参罐的精髓,体现了人们对海参认识的传承性。而用鱼形石饰作为陪葬品,也展现了海产品对于当时人们的价值不仅仅是充饥果腹,更是人们偏爱的食物。各种蚌器做成的实用器和装饰品,反映了人们对海洋的深入理解及对海洋之美的追求。而双砣子三期文化的陶簋以及陶器上饰有的水波纹、部分网格纹和三角纹的产生应是受到了海洋以及与海洋有关的生产活动的影响,具有浓厚的海洋文化气息。这反映了双砣子三期文化先民对海洋的崇敬,以及对海上生产活动的细致观察,并通过纹饰将这些图景生动地记录下来,甚至可能将其做为某种标志,运用到实际生活中去。而双房文化出现的类似纹饰也体现了对双砣子三期文化中的海洋文化的传承。

(四)与新石器时代海事活动的比较

具体而言,与新石器时代网坠进行比较,可以发现青铜时代网坠有如下变化:首先,新石器时代的陶网坠并没有统一的规格和形制,大量陶网坠是由陶器的残片改造而成。而青铜时代的陶网坠则是统一制式和规格。其次,从规格上观察,新石器时代随着时间的推移,网坠有着逐渐变大的趋势,反映出先民不断向更深海域进行渔业活动的趋势,这种现象出现的原因可能是近海渔业资源枯竭造成的[①];而青铜时代的陶网坠规格较新石器时代相比普遍较小,基本用于浅海捕鱼,但仍出土一些较重的大型石网坠。可能是该时期周边浅海海域的渔业资源枯竭现象有所缓解,人们可以重新在近海进行捕鱼,这也降低了出海捕鱼的危险系数。但通过观察大嘴子遗址发现的一些生活在较深海域的海洋动物遗骸以及较大的石网坠可以看出,该时期先民既存在近海捕鱼,也从事深海捕鱼。

从钓具方面观察,两个时期出土钓具既有相同的地方,也有不同的地方。如钓针、鱼卡大部分形制相近;从材质上看,两个时期出土的鱼卡、钓针也均有骨质的。但青铜时代的双房文化除了出土骨钓针外,还发现了骨鱼钩,这是一种该区之前未曾出现过的钓具形式。双房文化鱼钩出现后仍在改良,之后出现了倒刺,这种形制与现代的鱼钩非常相近。此外,从材质上看,双房文化时期还出现了铜鱼钩,并且出现了制作铜鱼钩的石范,这表明这一时期可以批量生产相同形制的铜鱼钩。这也体现了这两个时期辽

---

① 谢迪昕:《辽东半岛新石器时代海事活动研究》,辽宁师范大学硕士学位论文,2015年。

东半岛地区人们的探索精神和对渔业的重视程度。

　　从出土的拟形器方面观察,双砣子三期文化大沟头遗址出土的1件舟形器与新石器时代出土的舟形器在器形上仍非常相近,但其他青铜时代舟形器的器形与新石器时代舟形器相比是有较大区别的。通过对青铜时代舟形器形制的观察可以发现,该时期舟船的形态无论是从抵御风浪上还是装载能力上都更为先进,更接近后世的船只,先民在使用新石器时代便已存在的、较为成熟的造船技术的同时,还在尝试革新造船技术,制造出更高效安全的舟船。海参罐的发现反映的则是一脉传承的关系。

　　渔业捕捞方面。新石器时代的先民将渔业作为获取食物的极其重要的手段,如小珠山下层文化时期的17处遗址有12处为贝丘遗址,小珠山中层文化时期的13处遗址有10处为贝丘遗址,而小珠山上层文化时期13处遗址里也有7处为贝丘遗址[①],这也可以反映出新石器时代先民对于渔业捕捞的依赖程度。小珠山下层文化时期以渔猎业为主,小珠山中层文化时期开始出现家畜饲养业[②],龙山文化早期,稻作农业从山东传入辽东半岛[③],使得小珠山上层文化时期的生业模式更加多样化,但渔业仍占有重要的地位。进入青铜时代后,生业模式发生了较大改变,农业在生业中的比重大大提高,渔业捕捞份额逐渐降低。可见迫于自然环境和人口压力,人们不得不花费更多时间从事农业生产。但由于渔业与农业相比会更加容易获取食物,所以这一时期的捕鱼技术并未退化,反而因为渔业资源的减少,刺激当时的先民不断革新捕鱼工具。

　　文化交流方面。在与朝鲜半岛的海上交流方面,两个时期对朝鲜半岛的文化交流较为平稳,随着时间的推移,交流愈加密切。与山东的海上交流,从小珠山下层文化开始直至双砣子二期文化,交流越来越密切,双砣子二期文化时期甚至一度成为山东岳石文化的一部分。可见从新石器时代至青铜时代早期,与胶东半岛的海上交流是一个由弱变强的过程。从双砣子三期文化开始,辽东半岛和胶东半岛的海上交流骤减,虽然两地仍存在海上交流,但是与小珠山五期文化、双砣子一期文化、双砣子二期文化相比

---

①史本恒:《辽东半岛新石器时代与青铜时代环境考古初探》,山东大学硕士学位论文,2005年。

②谢迪昕:《辽东半岛新石器时代海事活动研究》,辽宁师范大学硕士学位论文,2015年。

③靳桂云、栾丰实、张翠敏、王宇:《辽东半岛南部农业考古调查报告——植硅体证据》,《东方考古》2009年第6集。

已是天壤之别。但交流并未停止,如双砣子三期文化陶簋受到了珍珠门文化中源自商文化因素陶簋的影响。这一阶段两地的海上交流是较为平等的、谨慎的、有选择性的交流。直至燕文化入驻辽东半岛,燕国与齐国的商业贸易再次使两地的海上交流密切了起来,甚至建立了牧羊城这种专门性的港口城市,辽东半岛与胶东半岛的交流进入到新的阶段。

第五节　以辽东半岛为中心的东北亚文化交流

辽东半岛由于其优越的地理位置,自新石器时代开始就成为连接中原地区和东北腹地、俄罗斯远东地区、朝鲜半岛和日本列岛的交通枢纽,胶东半岛——辽东半岛——朝鲜半岛——日本列岛这样一条完整的岛链,乃至经辽东半岛东北至俄罗斯远东地区,被誉为北方的"丝绸之路"。中原地区和中亚西亚经欧亚大草原与朝鲜半岛和日本列岛的东西交流,也是经辽西走廊东至辽东半岛得以连接的。所以从远古开始,以辽东半岛为中心的东北亚文化交流就极为活跃和广泛,留下了大量的实物资料。

一、以辽东半岛为中心的东北亚文化交流的考古学观察

(一)之字纹筒形罐系统对东北亚的影响

发端于辽西地区的兴隆洼文化大致年代在公元前 6000 年至公元前 5000 年范围内,之字纹以及深腹平底筒形罐是兴隆洼文化最具代表性的纹饰和器形。辽西地区继兴隆洼文化之后的是赵宝沟文化和富河文化,年代约在公元前 5000 年至公元前 4500 年[1]。而在辽东半岛,最新的研究结果表明,小珠山一期文化的器物特征近于赵宝沟文化的某些特征,是故其年代约与赵宝沟文化年代相当[2],小珠山一期文化应直接来源于辽西地区,而不是我们原来认为的来源于辽东北部的新乐下层文化。循此路线,辽西地区的之字纹和平底筒形罐文化系统继续向东传入鸭绿江流域,中国境内的后洼下层文化以及近辽东地区黄海沿岸长海诸岛上的同时期遗存都是东传的例证。朝鲜西北部的美松里下层遗存和堂山早期遗存,以及朝

---

①赵宾福:《东北石器时代考古》,吉林大学出版社,2003 年,第 196—214 页。
②中国社会科学院考古研究所、辽宁省文物考古研究所、大连市文物考古研究所:《辽宁长海县小珠山新石器时代遗址发掘简报》,《考古》2009 年第 5 期。

鲜东北部的西浦项早期文化,都含有之字纹和平底筒形罐文化因素,都应该是由辽东半岛东传的。朝鲜半岛大同江流域的弓山文化筒形罐则以圜底器为主,常见刻划人字纹[①]。首先,刻划人字纹也是我国东北地区史前的一种常见纹饰;其次,圜底器造型正如有学者指出的那样,在海岱地区的北辛文化以及白石村一期文化均存在[②],不排除经由辽东半岛地区东传至大同江流域的可能。

之字纹筒形罐在东北腹地和俄罗斯远东地区也有普遍发现,但这种影响是经由大兴安岭以东的平原和河谷地带北传,是故这一广阔区域被称为筒形罐文化系统[③]。

(二)几何纹陶器与螺旋纹陶器

朝鲜半岛境内的西浦项遗址第三期、东三洞遗址等,包括晚于它的西浦项遗址第四期和青冈遗址等,陶器的装饰手法其一是叠唇和附加堆纹的运用,其二是所谓螺旋纹和雷纹的大量运用。朝鲜半岛的这种螺旋纹是极具旋转形态的钩连几何纹,而雷纹是用双线中间填以短斜线构成回字纹、菱形纹、网格纹、S形纹[④]。叠唇和附加堆纹以及雷纹的运用是辽东半岛的偏堡子文化最具特色的因素。偏堡子文化学界原多认为源自辽东半岛的三堂一期文化,然后向北扩展,其北端到达内蒙古东部的科尔沁沙地,在南宝力皋吐墓地发现有偏堡子文化和小河沿文化因素共存[⑤]。但有学者认为偏堡子文化应是受小河沿文化影响产生的[⑥],偏堡子文化应该与赵宝沟文化有一定的渊源,并受到小河沿文化的影响,之后南向传播。偏堡子文化原来认为仅分布于渤海沿岸,小珠山遗址的最新发现和研究表明,小珠山遗址第四期文化陶器叠唇和附加堆纹作风虽然与渤海沿岸偏堡子文化有些许差异[⑦],但偏堡子文化的影响确已到达黄海沿岸,包括北沟文化的

①朝鲜民主主义人民共和国社会科学院考古研究所编,李云铎译:《朝鲜考古学概要》,黑龙江省文物出版编辑室,1983年,第29页。
②栾丰实:《北辛文化研究》,《海岱地区考古研究》,山东大学出版社,1997年,第27—53页。
③冯恩学:《东北平底筒形罐区系研究》,《北方文物》1991年第4期。
④朝鲜民主主义人民共和国社会科学院考古研究所编,李云铎译:《朝鲜考古学概要》,黑龙江省文物出版编辑室,1983年,第49—50页。
⑤朱永刚,吉平:《关于南宝力皋吐墓地文化性质的几点思考》,《考古》2011年第11期。
⑥赵宾福:《东北石器时代考古》,吉林大学出版社,2003年,第284页。
⑦中国社会科学院考古研究所、辽宁省文物考古研究所、大连市文物考古研究所:《辽宁长海县小珠山新石器时代遗址发掘简报》,《考古》2009年第5期。

附加堆纹和双线几何纹也具有此类特征。如是,朝鲜半岛的这种叠唇和附加堆纹以及雷纹的运用应源自辽东半岛。

朝鲜半岛出现的这种螺旋纹,韩国学者白弘基论证了西浦项第三期的螺旋纹是源于辽东半岛的小珠山中层彩陶的钩连纹[①]。这种认识是客观的。小珠山中层彩陶钩连纹则源于山东大汶口文化。不仅如此,俄罗斯远东滨海边区南端新石器时代扎伊桑诺夫卡、奥列尼、克罗乌诺夫卡等遗址也有这种螺旋纹和雷纹因素,有学者认为是通过辽东半岛——鸭绿江——图们江——滨海边区南端这一重要的文化传播带完成的[②]。

(三)稻作农业的东传

中国稻作农业的起源地之一是长江中下游地区,在湖南道县玉蟾岩[③]、江西万年仙人洞和吊桶环[④]、浙江浦江上山[⑤]等新石器时代初期遗址中均发现有距今10000年以前的近栽培稻或古栽培稻遗存,说明稻作农业已不是偶发现象。长江中游地区以湖南澧县彭头山和八十垱遗址[⑥]为代表的彭头山文化,长江下游的萧山市跨湖桥遗址[⑦]等,稻作农业已经比较发达。在此基础上,随着区域文化间交流的增强,稻作农业开始了它的北向传播。

稻作农业的北传,大致沿长江下游和长江中游东、西两条路线北上,而这两条大的路线又各自可分为东、西两条小的路线。其中稻作农业北传的路线之一就是沿海岸线和近海北上,在北辛文化时期到达苏北的连云港地区[⑧]。大汶口文化时期,海岱地区稻作遗存在数量上有所增多,如山东兖州王因遗址中发现疑似稻作的禾本科植物花粉[⑨]、蓬莱大仲家遗址中发现

①白弘基:《东北亚平底土器的研究》,学研文化社,1994年,第214—231页。
②冯恩学:《俄国东西伯利亚与远东考古》,吉林大学出版社,2002年,第276页。
③袁家荣:《玉蟾岩获水稻起源重要新物证》,《中国文物报》1996年3月3日1版;《道县玉蟾岩石器时代遗址》,《中国考古学年鉴·1996年》,文物出版社,1998年。
④刘诗中:《江西仙人洞和吊桶环发掘获重要进展》,《中国文物报》1996年1月28日1版;彭适凡:《江西史前考古的重大突破——谈万年仙人洞与吊桶环发掘的主要收获》,《农业考古》1998年第1期。
⑤蒋乐平等:《浙江浦江县发现距今万年左右的早期新石器时代遗址》,《中国文物报》2003年11月7日1版。
⑥湖南省文物考古研究所:《彭头山与八十垱》,科学出版社,2006年。
⑦浙江省文物考古研究所、萧山博物馆:《跨湖桥》,文物出版社,2004年。
⑧徐昭峰:《我国稻作农业的北传》,《光明日报》2009年12月1日12版。
⑨中国社会科学院考古研究所:《山东王因》,科学出版社,2000年,第453页。

确认的大汶口文化早期水稻植硅体[①]、莒县集西头和段家河遗址在两处大汶口文化晚期遗址中检测出水稻植硅体[②]，经陵阳河和小朱家村遗址的人骨食性检测分析发现其食谱中有稻米成分[③]，在安徽蒙城尉迟寺遗址的大汶口文化晚期房屋墙壁的草拌泥烧土中检测出水稻植硅体[④]。龙山文化时期，海岱地区发现的稻作遗存数量骤增，分布范围囊括了海岱地区的各个小区域。从尉迟寺遗址的文化层土壤中检测出大量水稻植硅体，在数量上较之大汶口文化晚期明显增多；安徽五河县的濠城镇遗址[⑤]、连云港开发区的藤花落遗址[⑥]、赣榆县北部沿海地区的后大堂和盐仓城遗址[⑦]、山东省的两城镇[⑧]和丹土遗址[⑨]、淄河流域的桐林遗址[⑩]、鲁西的教场铺遗址[⑪]、胶东半岛的杨家圈遗址[⑫]都相继发现炭化稻粒、稻壳、稻茎、稻叶的印痕遗存及水稻植硅体亦或是稻田、贮存加工稻谷的遗迹等。并且在山东日照的尧王城遗址[⑬]和滕州市的庄里西遗址[⑭]中，浮选鉴定出粳米。

不难看出，到了龙山文化时期，海岱地区的水稻遗存地点明显增多，出土的稻作遗存地点不再局限于南部地区，其范围已北及鲁北、鲁西北和胶东半岛一带。在这里不仅仅发现了炭化稻、植硅体等遗存，还发现了稻田等遗迹。可以说，龙山文化时期是海岱地区稻作农业的大发展时期。栾丰

---

① 中国社会科学院考古研究所：《胶东半岛贝丘遗址环境考古》，社会科学文献出版社，1999年，第152页。

② 齐乌云等：《山东沭河上游出土人骨的食性分析研究》，《华夏考古》2004年第2期。

③ 蔡莲珍、仇士华：《碳十三测定和古代食谱研究》，《考古》1984年第10期。

④ 王增林、吴加安：《尉迟寺遗址硅酸体分析——兼论尉迟寺遗址史前农业经济特点》，《考古》1998年第4期。

⑤ 修燕山、白侠：《安徽寿县牛尾岗的古墓和五河濠城镇新石器时代遗址》，《文物》1959年第7期。

⑥ 国家文物局：《2000中国重要考古发现》，文物出版社，2001年，第1—7页。

⑦ 李洪甫：《连云港地区农业考古概述》，《农业考古》1985年第2期。

⑧ 靳桂云等：《山东日照市两城镇遗址土壤样品植硅体研究》，《考古》2004年第9期。

⑨ 刘延常、王学良：《五莲县丹土大汶口文化、龙山文化城址和东周时期墓葬》，《中国考古学年鉴·2001》，文物出版社，2002年，第182—184页。

⑩ 靳桂云等：《山东临淄田旺龙山文化遗址植硅体酸性分析》，《考古》1999年第2期。

⑪ 赵志军：《两城镇与教场铺龙山时代农业生产特点的对比分析》，《东方考古》2004年第1集。

⑫ 严文明：《东北亚农业的发生与传播》，《农业发生与文明起源》，科学出版社，2000年，第151—206页。

⑬ 中国社会科学院考古研究所：《尧王城遗址第二次发掘有重要发现》，《中国文物报》1994年1月23日1版。

⑭ 孔昭宸、刘长江、何德亮：《山东滕州市庄里西遗址植物遗存及其在环境考古上的意义》，《考古》1999年第7期。

实先生将日照两城镇和茌平教场铺两处遗址的浮选结果进行对比,指出两者在农业的结构和类型上存在着明显的差异。并推测龙山文化时期海岱地区的农业经济结构已经产生重大变化,东南部和南部地区形成了相对稳定的稻作农业经济,甚至以稻作农业为主,且邻近的胶东半岛可能存在粟作、稻作混合农业区。凡此种种都为稻作农业的进一步向外扩散奠定了基础。其传播路线应是以长江中下游地区为起点,沿海边和沂、沭河谷北上,经江苏赣榆、山东日照,到达胶东半岛,而这一条路线也继续向北延伸到了辽东半岛,造就了辽东半岛稻作农业的兴盛[①]。

据闻在辽东半岛相当于大汶口文化中晚期的文家屯遗址发现有该时期的稻作线索,在24个样本中仅有1个样本发现了水稻的植硅体,故该发现一直饱受质疑。但最新的研究表明,在辽东半岛相当于龙山文化时期的王家村和郭家村遗址,水稻植硅体的含量占农作物植硅体的主要部分,而且发现有稻叶部的植硅体,表明这些遗址的稻是当地种植的。目前发现的山东半岛最早的稻作遗存如栖霞杨家圈遗址的稻印痕和辽东半岛南部的王家村遗址稻作植硅体同属龙山文化早期,进而可知辽东半岛南部年代最早的稻作遗存也为龙山文化早期。并且二者之间的稻作农业传播几乎无时间差,胶东半岛的稻作农业自出现后便极快地发展、北传至辽东半岛南部,这极有可能是得益于两地之间频繁紧密的文化交流[②]。辽东半岛青铜时代遗址中,发现的稻作植硅体数量明显多于粟和黍的植硅体数量。

此外,在辽东半岛南部大嘴子遗址中发现大量的水稻遗存,在辽中地区阜新蒙古族自治县高山台文化的勿欢池遗址[③]中发现有可能是水稻田和水渠的遗存,进一步补正了稻作农业北传辽东半岛的事实。

根据原有资料,朝鲜半岛和日本列岛的稻作农业时代晚,正与严文明先生关于我国稻作农业东传的理论相吻合:最大可能是从长江下游——山东半岛——辽东半岛——朝鲜半岛——日本九州——日本本州,是一条以陆路为主,兼有短程海路的弧形路线,以接力棒的方式传播[④]。

①栾丰实:《海岱地区史前时期稻作农业的产生、发展和扩散》,《文史哲》2005年第6期。
②靳桂云、栾丰实、张翠敏、王宇:《辽东半岛南部农业考古调查报告——植硅体证据》,《东方考古》2009年第6集。
③孙守道:《阜新勿欢池三千年前灌溉水渠的发现及稻作的东传问题(摘要)》,《农业考古》1998年第1期。
④严文明:《再论中国稻作农业的起源》,《农业考古》1989年第2期。

但近年来朝鲜半岛发现有距今 4500 年以内的稻作遗存十余处,主要集中分布于朝鲜半岛的中部和南部,鉴于其年代与胶东半岛稻作农业出现的时间相当或略晚,故稻作农业由胶东半岛直接渡海东传至朝鲜半岛中部的可能性大大增加[①]。笔者想要说的是,朝鲜半岛北部的稻作农业资料情况不明。朝鲜半岛中南部的早期稻作农业绝大部分在距今 4300 年以内,正相当于小珠山五期文化及以后,所以我们还是认为稻作农业的东传应是通过辽东半岛这一中转站,再传至朝鲜半岛,然后至日本列岛的。

(四)农业工具反映的文化传播

半月形穿孔石刀是一种主要流行于新石器至青铜时代的收割工具,半月形或近半月形,多穿两孔。这种石刀在我国主要分布于东北部地区,如山东、东北三省、内蒙古和河北的部分地区,另在河南、山西、陕西、甘肃、江苏、浙江、江西、湖北乃至台湾都有零星发现。除此之外,在朝鲜半岛、日本列岛和俄罗斯远东地区都有普遍发现。从发现情况看,最早出现于内蒙古赤峰一带的红山文化,但从考古资料看,并没有被其后的小河沿文化承袭。东北亚地区包括我国的东北地区、朝鲜半岛、日本列岛和俄罗斯远东地区的这种半月形穿孔石刀可能都源于山东地区。山东地区的半月形穿孔石刀是受红山文化影响而产生,还是本土创造,尚需探讨,但在龙山文化时期开始普遍出现并向外传播。辽东半岛小珠山上层文化开始出现的这种半月形穿孔石刀,当源自山东地区。其后,随着文化间的碰撞,伴随着粟、黍、稻等农业的播化,这种收割工具在相当于双砣子一期文化时期传入朝鲜半岛,在青冈、龙渊里、道峰里、西浦项遗址第五期均有发现[②],其后向南传播,再传入日本列岛。而俄罗斯远东地区南部青铜时代的青树林文化、利多夫卡文化都出现这种石刀,其时代约为公元前 13 世纪—公元前 5 世纪[③]。从而形成所谓的半月形穿孔石刀文化圈。

除此之外,亚腰形石斧、有段石锛、石锄、石磨盘和石磨棒等相同相近的农业生产工具随之在东北亚地区广泛出现。这些生产工具均是从辽西地区和山东半岛经由辽东半岛东传、北播,反映了文化间相互吸收先进文

---

①栾丰实:《海岱地区史前时期稻作农业的产生、发展和扩散》,《文史哲》2005 年第 6 期。

②朝鲜民主主义人民共和国社会科学院考古研究所编,李云铎译:《朝鲜考古学概要》,黑龙江省文物出版编辑室,1983 年,第 45—98 页。

③冯恩学:《俄国东西伯利亚与远东考古》,吉林大学出版社,2002 年,第 362—374 页。

化因素而共同发展的趋势。

（五）石墓文化的深远影响

在我国东北、俄罗斯外贝加尔湖及贝加尔湖沿岸、蒙古国中部和东部、朝鲜半岛和日本的九州地区广泛存在着新石器时代及青铜时代的石墓。

石墓包括积石冢、石棺墓、石棚石盖墓或称之为支石墓等。其中朝鲜半岛发现最为集中,据估计,在朝鲜半岛大约发现超过 3 万座支石墓,而韩国西南部全罗南道的支石墓则在 2 万座以上[1]。朝鲜半岛的一些学者认为石墓文化起源于西伯利亚,特别是石棺墓,认为是公元前 8 世纪从西伯利亚的米努辛斯克地区卡拉索克文化经渤海沿岸传到朝鲜半岛[2]。

从考古发现来看,东北亚地区最早的石墓是辽西地区的红山文化积石冢。红山文化积石冢主要发现于公元前 3500 左右的东山嘴期,分布于渤海北岸的大凌河流域,具有成群分布的特征。俄罗斯东西伯利亚青铜时代的积石墓、石板墓,如贝加尔湖沿岸的格拉兹科沃文化(距今 4170±30 年)积石墓、希韦拉文化(公元前 11 到前 8 世纪)积石墓、石板墓(公元前 11 世纪至公元前 6 世纪),其时代约集中于公元前 11 世纪,而格拉兹科沃文化积石墓时代最早约为公元前 2200—公元前 2100 年[3],但仍比我国渤海北岸红山文化积石冢要晚 1000 多年。特别是石板墓,分布范围广,遍及俄罗斯外贝加尔湖及贝加尔湖沿岸、蒙古国中部和东部、我国内蒙古东部呼伦贝尔草原,极有可能是辽西地区的红山文化衰落后红山文化的一支北迁而传播至此的,但其传播路线尚需研究。红山文化积石冢这种墓葬形制在渤海北岸沿渤海向东南传播,盘锦和营口的积石冢考古调查工作尚存空白,但在大连北部的瓦房店、普兰店南延至旅顺一带的滨海山地,发现有成群的积石冢,时代最早者约在大汶口文化晚期,而大汶口文化晚期的年代约为公元前 3100—前 2600 年。其后,辽东半岛地区在积石冢的基础上,衍生出石棚、大石盖墓、石棺墓等石墓形态,并先后向东、向北传播。朝鲜半岛的石墓包括积石冢、支石墓、石棺墓、石椁墓等形制,积石冢如西海矢岛积石冢、黄海道黄州郡沈村里积石冢和江原道春城郡泉田里积石冢,时代最

---

①王仲殊:《从东亚石棚(支石墓)的年代说到日本弥生时代开始于何时的问题》,《考古》2004 年第 5 期。

②李亨求著,姚义田译:《东北亚的石墓文化》,《北方文物》1998 年第 2 期。

③冯恩学:《俄国东西伯利亚与远东考古》,吉林大学出版社,2002 年,第 282—343 页。

早者为公元前 1500—前 1000 年的西海矢岛积石冢。石棺墓在朝鲜半岛广泛分布,石椁墓多在半岛中部发现,时代约在公元前 8—前 5 世纪。支石墓除咸镜北道外,在朝鲜半岛全境都有分布,大体被分为北方式桌子式和南方式棋盘式,时代为公元前 7—前 3 世纪。日本列岛的石墓包括对马岛、琉球列岛和九州地区的石棺墓、九州地区的棋盘式支石墓,时代在公元前 4 世纪末到公元前后①。

从上述石墓文化的发现,我们不难看出,石墓文化源自辽西大凌河流域的红山文化,其后沿渤海东传至辽东半岛,再向东至朝鲜半岛,南下至日本。而俄罗斯东西伯利亚和蒙古国境内青铜时代的积石墓、石板墓,也可能源自我国的红山文化积石冢。

(六)东北系铜剑对东北亚的影响

辽东半岛的青铜文化对东北亚地区的影响可谓深远。如原被国外学术界称为辽宁式铜剑、后名之琵琶形铜剑,国内学术界则称为东北系铜剑或曲刃青铜短剑,以这种类型铜剑为代表的文化系统,在东北亚地区具有深远影响。但这种铜剑的起源、传播、分布等问题,一直存在争议。

东北系铜剑有起源于辽东说的,也有主张起源于辽西的。主张起源于辽东的学者,其重要证据就是双房 6 号大石盖墓曲刃青铜剑的出土,这是迄今为止出土东北系铜剑年代最早者,其时代一般认为在西周中期。吉林地区和朝鲜半岛的此类铜剑出现的时间晚于辽东半岛,辽西地区则更晚。主张起源于辽西地区的学者,认为辽西地区的铜器铸造业较辽东发达,而且铜器的种类、数量、质量、铸造技术等均非辽东地区可比,所以倾向于辽西起源说②。

从考古资料看,我们认为东北系铜剑当起源于辽东半岛。有很多学者也注意到了双砣子一期文化时期辽东半岛的青铜铸造业便已开始,双砣子三期文化时期辽东半岛的青铜铸造业已经有了进一步的发展。这种铜剑在辽东半岛产生后,向吉林、辽西和朝鲜半岛扩散,但在晚期阶段,它反过来受到了辽西地区同型铜剑的逆向影响。以东北系铜剑为特征的双房文

①李亨求著,姚义田译:《东北亚的石墓文化》,《北方文物》1998 年第 2 期。
②徐光辉:《论中国东北系铜剑的起源问题》,《边疆考古研究》2002 年第 1 辑。

化,主要分布于辽东半岛、辽西东部边缘以及朝鲜半岛西北部[①]。其影响所及,包括内蒙古东南部、河北北部、山东半岛以及整个朝鲜半岛均有此类铜剑的发现。正如学者们认识的那样,此种东北系铜剑从发生到消亡大约经历了八九百年的时间,在东北亚历史文化中占有极为重要的作用。

以辽东半岛为中心的这种早期中外文化交流,在推动东北亚地区早期的文明化进程中起到了极为重要的作用。黄河下游的海岱地区和辽河上游的辽西地区,早在距今 8000 年以前就有了较为成熟的文化系统、较为发达的农业和宗教意识。在环境和人口压力下,包括族群的主动或被动的流动与迁徙,给辽东半岛带来了先进的文化。辽东半岛的文化形成后,与周边地区的文化发生碰撞,相互影响,相互吸收,推动了本地区文化的共同发展、繁荣,形成具有一定共性的文化圈。而这种交流,东西路线是辽西——辽东——朝鲜半岛、俄罗斯远东滨海边疆区——日本列岛,南北路线是山东半岛——辽东半岛——东北腹地。当然,这种交流的途径也可以是逆向的,也可以是南北向与东西向交互的,但这些交流均以辽东半岛为中心。同时我们注意到,和其他区域性文化圈不同的是,东北亚地区早期的这种文化上的广泛交流,除掉陆地这种交通方式外,更多的还是以海路来完成,这里面涉及到早期海洋资源的探索与开发问题。

二、北方海上"丝绸之路"的产生

山东沿海——辽东半岛——朝鲜半岛西海岸——日本列岛这一海上交通线,有学者称之为"北方海上丝绸之路"或"东海丝绸之路"[②]。这条联通黄渤海沿岸地区的所谓北方海上丝绸之路,是黄渤海沿岸地区自发进行文化交流而逐渐形成的,其萌芽于新石器时代中期,历经新石器时代晚期至青铜时代的形成期,秦汉时期已成为常态化的海路交通。而作为真正意义上的丝绸之路,约始于齐国丝织业繁荣发达的东周时期,形成于汉魏之际。

（一）新石器时代的萌芽期

从现有的资料看,辽东半岛和胶东半岛之间的交流活动在新石器时代

---

①王巍:《夏商周时期辽东半岛和朝鲜半岛西北部的考古学文化序列及其相互关系》,《中国考古学论丛》,科学出版社,1993 年,第 196—223 页。

②朱亚非:《论早期北方海上丝绸之路》,《三条丝绸之路比较研究学术讨论会论文集》,《中国学术期刊(光盘版)》电子杂志社,2001 年。

开始就十分频繁。

　　白石村文化、邱家庄下层年代与小珠山下层文化年代基本一致。从两地所出砺石、石球、带沟槽滑石网坠等石器来看,无论是用料还是形制都很相似。可以说小珠山下层文化时期辽东半岛和胶东半岛应该有了一定的接触,但交流并不深入,也不频繁。

　　紫荆山一期、北庄二期和杨家圈一期所处年代基本与小珠山中层文化相当。该时期辽东半岛地区的陶器整体仍保持着自己独立的风格,但出现了一些明显带有胶东风格的器物,如觚形器、鬶、盆形鼎、蘑菇状把手等。还有与紫荆山遗址下层风格相似的红底黑彩陶片,花纹有三角加平行斜线纹和上下勾连的弧线三角纹两种。辽东半岛地区出土的山东系陶器的质地、颜色以及彩陶的花纹构图和施彩方法等几乎与山东地区没什么区别,这种相似性并非是仿造的结果,可能是陶器本身的移动所造成的①,也或许是贸易而来。

　　及至小珠山上层文化时期,辽东半岛的陶器开始带有强烈的山东龙山文化色彩,由此有学者将此时的辽东半岛文化划归到山东龙山文化中去。

　　这一时期辽东半岛出现了颇具规模的墓葬形式——积石冢,如旅顺四平山、老铁山·将军山等均为积石冢遗存。积石冢内所出遗物与遗址所出有所不同。积石冢中出土有大量精美的山东龙山文化常见的黑陶、蛋壳陶和一定数量的玉器,遗址则基本不见。积石冢内所出的玉器应为辽东半岛本地制作,山东地区所出的玉器几乎均出于墓葬,玉器的质地、颜色与辽东半岛的绿色半透明的岫岩玉或白云石大理岩极为相似,两地的玉料来源可能一致。这说明该时期两地的交流极为密切和深入。另外,在庙岛群岛周围海域还发现有重十余斤的石锚,在北隍城岛西北约十公里海域打捞过一只陶鬶②。均说明这一时期辽东半岛与胶东半岛的交流空前密切,给辽东半岛带来了巨大的变革。

　　前文我们已经论述辽东半岛的小珠山下层文化是沿渤海沿岸经海路由辽西地区的兴隆洼文化发展而来。此外辽西地区发达的积石冢在辽东半岛、朝鲜半岛也均有分布,产生时间渐次延后,也表明这一自辽西至辽东

①冈村秀典:《辽东半岛与山东半岛史前文化的交流》,《环渤海考古国际学术讨论会论文集》,知识出版社,1996年,第108—111页。
②严文明:《夏代的东方》,《胶东考古研究文集》,齐鲁书社,2004年,第177页。

再至朝鲜半岛的海上传播路径的存在。

　　稻作农业从长江中下游地区沿近海地区北上至胶东半岛,再渡过渤海海峡北上辽东半岛,其后才传入朝鲜半岛和日本列岛(图 5—65)的这条半月形传播路线也表明了海上传播路径的存在。

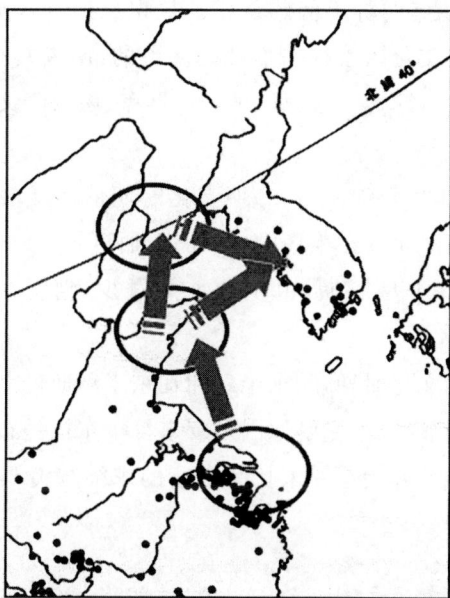

图 5—65　新石器时代的北方海路交通

（二）青铜时代的发展

　　青铜时代辽东半岛的考古学文化为前后相继的双砣子一期文化、双砣子二期文化、上马石瓮棺葬类型、双砣子三期文化和双房文化。

　　双砣子一期文化时期,辽东半岛和山东地区同时期的龙山晚期文化具有较多的相似性。双砣子一期文化中有较多的山东龙山文化因素是不争的事实。两者共有的器物包括数量众多的溜肩罐、单把杯、器盖、豆、碗、三足器等。特别是有学者认为旅顺老铁山积石冢的性质也应属于双砣子一期文化[1],积石冢内的出土物基本同于山东龙山文化的同类器。研究发现,双砣子一期文化中陶器的土著文化因素少而山东龙山文化因素却占绝大多数。

　　至双砣子二期文化时期,情况同双砣子一期文化情形相近。双砣子二

---

[1]赵宾福:《关于双砣子一、二期文化的三点新认识》,《东北史地》2010 年第 6 期。

期文化的发现早至 1949 年以前望海埚遗址[①]和貔子窝遗址[②]的发现。1949 年以后，先后发掘了双砣子遗址第二期[③]、大嘴子遗址第二期[④]、大砣子遗址第一期[⑤]、小黑石砣子 B 类遗存[⑥]、庙山晚期 A 类遗存[⑦]等。资料显示，这些遗址的文化内涵相近，性质相同。关于它们的性质，存在着土著文化论[⑧]和岳石文化论[⑨]两种不同的认识。认识虽然有区别，但双砣子二期文化包含较多岳石文化因素这一点都是认可的，两者共有的器物有甗、三足罐、子母口罐、大口罐、盂、盆、豆、子母口器盖、碗、杯、夹砂中口罐、鼎、子口豆等。

从以上可以看出，双砣子一、二期文化时期依然延续了新石器时代从胶东半岛越渤海海峡至辽东半岛的这一海上通道。

上马石瓮棺葬类型时期，由于遗址点过少，情况尚不清晰，暂不予讨论。

至双砣子三期文化时期，胶东半岛和辽东半岛通过渤海海峡这一海上通道的文化交流明显减少，主要原因是夏末夏桀东征岳石文化东夷诸族和中商文化时期从仲丁开始至商末持续不断的东征东夷[⑩]，导致岳石文化的

①滨田耕作：《貔子窝》，《东方考古学丛刊》第一册，1929 年。

②金关丈夫、三宅宗悦、水野清一：《羊头洼》，《东方考古学论丛》乙种第三册，1942 年。

③中国社会科学院考古研究所：《双砣子与岗上——辽东史前文化的发现和研究》，科学出版社，1996 年，第 1—36 页。

④辽宁省文物考古所等：《辽宁大连市大嘴子青铜时代遗址的发掘》，《考古》1996 年第 2 期；大连市文物考古研究所：《大嘴子——青铜时代遗址 1987 发掘报告》，大连出版社，2000 年，第 117—126 页。

⑤大连市文物考古研究所、辽宁师范大学历史文化旅游学院：《辽宁大连大砣子青铜时代遗址发掘报告》，《考古学报》2006 年第 2 期。

⑥刘俊勇、王玞：《辽宁大连市郊区考古调查简报》，《考古》1994 年第 4 期。

⑦吉林大学考古学系等：《金州庙山青铜时代遗址》，《辽海文物学刊》1992 年第 1 期。

⑧中国社会科学院考古研究所：《双砣子与岗上——辽东史前文化的发现和研究·结语》，科学出版社，1996 年；大连市文物考古研究所：《大嘴子——青铜时代遗址 1987 发掘报告·结语》，大连出版社，2000 年；赵宾福：《中国东北地区夏至战国时期的考古学文化研究》，科学出版社，2009 年，第 129 页。

⑨陈光：《羊头洼类型研究》，《考古学文化论集（二）》，文物出版社，1989 年，第 130—132 页；吴玉喜：《岳石文化地方类型初探——从郝家庄岳石遗存的发现谈起》，《考古学文化论集（三）》，文物出版社，1993 年，第 270—310 页；栾丰实：《辽东半岛南部地区的原始文化》，《海岱地区考古研究》，山东大学出版社，1997 年，第 400 页；朱永刚：《东北青铜文化的发展阶段与文化区系》，《考古学报》1998 年第 2 期；徐昭峰：《试论岳石文化北向发展态势》，《考古与文物》2012 年第 2 期；段天璟：《二里头文化时期的中国》，社会科学文献出版社，2014 年，第 153—154 页。

⑩徐昭峰：《试论岳石文化北向发展态势》，《考古与文物》2012 年第 2 期。

衰退并最终衰落。在晚商至西周早期,胶东半岛分布的珍珠门文化①是与岳石文化有一定亲缘关系的东夷族文化,在与商朝的长期竞争中自顾不暇,更无力越渤海海峡向辽东半岛扩张。在这样的背景下,辽东半岛以双砣子三期文化和双房文化为代表的本土文化先后兴起,特别是双房文化,分布范围不仅仅局限于辽东半岛,而且影响深远。关于双房文化的族属有不同看法,但无疑属于较为强盛的古族古国,即使齐国立国后,也未见有关齐国北进辽东半岛的文献记载。是故从晚商直至两周时期,这条曾经繁忙的海路通道一度沉寂。但这也不是说,这种交流就阻断了。据有学者研究,东周时期,齐国与海北的贸易活动可以确定输入了名贵毛皮,进一步检核考古资料可以发现,双方的贸易货品还有铜兵器以及可能的铜礼器等,人员的相互往来也趋于频繁。并指出连接胶东半岛和辽东半岛的海上通道很可能是从紫荆山出发,向北经长岛北庄、大口等遗址到达郭家村一带②(图5—66)。

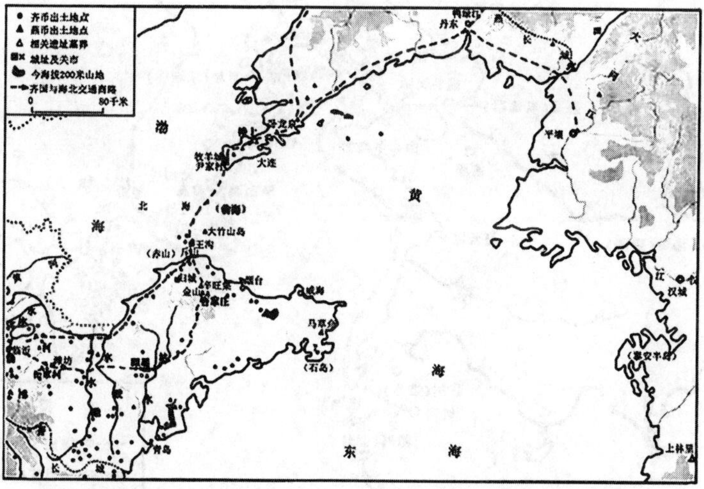

图5—66 东周时期齐国与海北的两条交通干道略图
(采自《〈管子〉"发、朝鲜之文皮"的考古学探索》)

据报道,韩国完州上林里遗址曾一次出土了26把铜剑,都是剑身较长

---

①刘延常:《珍珠门文化初探》,《华夏考古》2001年第4期。
②王青:《〈管子〉"发、朝鲜之文皮"的考古学探索》,《东方考古》2015年第11集。

的平直刃长剑①,其形制显然与中国境内同时期的铜剑一致。白云翔先生
对该问题进行了系统分析,他认为,上林里铜剑是具有吴越风格的一种铜
剑,但其年代有可能晚到公元前4世纪的战国中期,是在朝鲜半岛当地铸
造的。但它们不是当地工匠采用泥土范或陶范铸剑技术制作的"中国式铜
剑"的仿制品,而是掌握陶范铸剑技术的中国工匠东渡朝鲜半岛后在当地
制作的。他推断,东渡朝鲜半岛的青铜工匠是吴越地区的铸剑工匠。并对
这条海上交通路线进行了复原,即:从杭州湾或长江口一带入海,沿黄海西海
岸北上至蓬莱一带;越渤海海峡至辽东半岛;然后沿黄海北岸的近海东进
至黄海的西朝鲜湾;然后由此沿海南下到达朝鲜半岛的西南部沿海一带,
完成吴越青铜工匠的东渡之旅②(图5—67)。

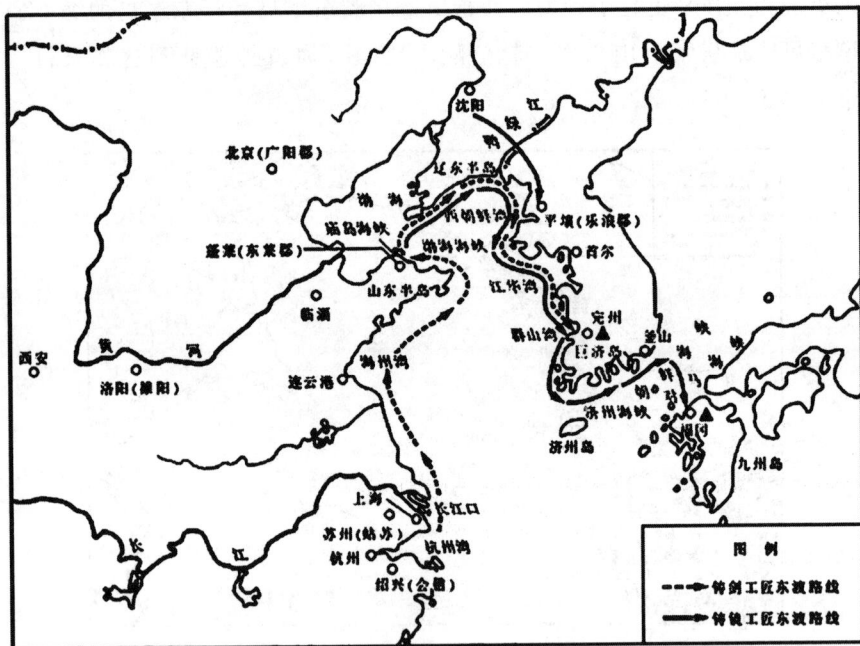

图5—67　中国古代青铜工匠东渡路线复原示意图

(采自白云翔《从韩国上林里铜剑和日本平原村铜镜论中国古代青铜工匠的两次东渡》)

①(韩)全荣来:《完州上林里出土中国式铜剑——春秋末战国初中国青铜器文化韩国流入问题》,
《全北遗迹调查报告》第6辑,全州市立博物馆,1976年。

②白云翔:《从韩国上林里铜剑和日本平原村铜镜论中国古代青铜工匠的两次东渡》,《文物》2015
年第8期。

（三）秦汉时期的常态化

战国中晚期，据《史记·封禅书》："自威、宣、燕昭使人入海求蓬莱、方丈、瀛洲。"加之公元前 4 世纪战国中期韩国上林里遗址铜剑显示的吴越青铜工匠的东渡之旅、齐国的海北交通，均说明自战国中晚期开始，这条始于新石器时代的北方海上丝绸之路由于此一时期中原的战乱导致人口的迁徙、贸易的发展以及齐燕国君对海上仙境及不死之药的追求而再次焕发出生机。

秦汉之际，这条海路交通日渐繁忙，成为出海、泛海、连接我国东部沿海地区和辽东半岛、远至朝鲜半岛乃至日本列岛的常态化海路通道。秦始皇兼并天下，亦显示出对海上仙境及不死之药的狂热追求。《史记·封禅书》："及至秦始皇并天下，至海上，则方士言之不可胜数。始皇自以为至海上而恐不及矣，使人乃赍童男女入海求之。"《史记·秦始皇本纪》也记载此事："齐人徐市等上书，言海中有三神山，名曰蓬莱、方丈、瀛洲，仙人居之。请得斋戒，与童男女求之。于是遣徐市发童男女数千人，入海求仙人。"徐市入海求仙人神药，前后历时 8 年，曾数次往返。与徐市同时入海求仙的还有卢生、韩终（又作韩众）、侯公（又作侯生）、石生等人[①]。这是秦代官方组织的大规模航海活动。

汉武帝对于入海求仙人神药之事尤为热衷。据《史记》《汉书》的相关记载，汉武帝在位 54 年间，至少 8 次巡行海岸，甚至亲自"浮海"航行，如元封元年（前 110）"宿留海上"、元封二年（前 109）"宿留之数日"、太始三年（前 94）"浮大海"等。汉武帝前后 40 余年连续发船遣方士"入海求蓬莱"，这是秦始皇之后又一次政府组织的大规模航海活动。虽然如司马迁所说，"方士之候祠神人，入海求蓬莱，终无有验"，但这些活动在中国航海史上都留下了引人注目的记录[②]。

两汉时期辽东"浮海"移民和东汉"海贼"张伯路事件也表明，胶东半岛往返辽东半岛的海路已常态化。据《后汉书》，从胶东半岛"浮海"辽东，从西汉初年开始的两汉时期均有记载。如汉初文帝三年王仲"浮海"奔乐浪，王莽时期北海都昌人逢萌"浮海"客于辽东，东汉末年东莱黄人太史慈，北

---

①王子今：《秦汉时期的近海航运》，《福建论坛》（人文社会科学版）1991 年第 5 期。
②王子今：《秦汉时期渤海航运与辽东浮海移民》，《史学集刊》2010 年第 2 期。

海朱虚人邴原、管宁,乐安盖人国渊,平原人王烈等,都曾经"浮海"辽东移民[1]。东汉"海贼"张伯路事件,《后汉书·法雄传》法雄曾言:"贼若乘船浮海,深入远岛,攻之未易也。"同篇还有记载,"东莱郡兵独未解甲,贼复惊恐,遁走辽东,止海岛上。五年春,乏食,复抄东莱间,雄率郡兵击破之,贼逃还辽东,辽东人李久等共斩平之,于是州界清静"。

对于从中国至朝鲜半岛南部乃至日本列岛,大抵当经由海道,而渤海航线可能是"秦之亡人"远行的路径[2]。汉武帝元朔元年(前128),在秽貊旧地置苍海郡。元封二年(前109)秋,汉武帝遣楼船将军杨仆率水军自齐跨越渤海,遣左将军荀彘率领陆军南下鸭绿江,共同夹击"卫氏朝鲜"王险城。第二年灭"卫氏朝鲜",以其地置玄菟、乐浪、临屯、真番四郡。通过考古发掘我们发现,四郡所在地无论是城址、墓葬等遗址,还是铁器、铜器等遗物,都与汉王朝所辖区域相近。故有学者指出,两汉时期,朝鲜半岛北部乐浪一带同汉王朝的联系都是通过胶东半岛经辽东半岛的海路实现的[3]。

日本福冈县平原1号墓的时代为弥生时代后期后段,即公元200年前后,被葬者为一女性,推测为伊都国"国王"之墓[4]。其中出土的5件超大型"八叶纽座连弧纹镜",白云翔先生认为系东渡日本的汉朝工匠在当地设计制作的,而东渡日本的路线,可能有两条(图5—67):一条是山东半岛陆路→渤海/黄海水路→朝鲜海峡水路;另一条是辽东半岛陆路→朝鲜半岛→黄海水路→朝鲜海峡水路[5]。

据《大日本史》记载,秦酒公曾祖功满王,在仲哀帝八年(199)来归。祖弓月君在应神帝十四年(283)自百济来。这些记载,如有学者所言,是东汉末年开始原在朝鲜半岛居住的汉人南下日本列岛谋求安身之地,他们自称秦始皇后裔,实非秦始皇后裔,而是泛指来自中国[6]。他们也是沿着这条北方海上丝绸之路南下日本列岛。广泛分布于我国辽东半岛地区的石棚、

①王子今:《秦汉时期渤海航运与辽东浮海移民》,《史学集刊》2010年第2期。

②王子今:《略论秦汉时期朝鲜"亡人"问题》,《社会科学战线》2008年第1期。

③刘俊勇等:《汉代以前胶东、辽东半岛文化往来的考古学考察》,《渤海大学学报》2015年第1期。

④(日)柳田康雄、角浩行:《平原遗迹》,前原市教育委员会,2000年。

⑤白云翔:《从韩国上林里铜剑和日本平原村铜镜论中国古代青铜工匠的两次东渡》,《文物》2015年第8期。

⑥朱亚非:《论早期北方海上丝绸之路》,《三条丝绸之路比较研究学术讨论会论文集》,《中国学术期刊(光盘版)》电子杂志社,2001年。

朝鲜半岛的支石墓,在日本列岛的对马岛、琉球列岛和九州地区均有发现,时代在公元前4世纪末到公元前后[1]。这一文化遗存传至日本列岛毫无疑问也是通过朝鲜半岛南部的海路南向传播的。

东汉王充所撰《论衡》就提到西周时期"倭人献鬯草",东汉班固所撰《汉书》也说"乐浪海中有倭人,分为百余国,以岁时来献见云"。说明日本列岛和中原王朝国家在周汉时期已有官方接触。据《史记·货殖列传》记载,春秋时期的齐国"冠带衣履天下",齐国都临淄成为当时的纺织业中心,同时推动了齐国其他地区和邻近地区纺织业的发展。文献记载,战国时期齐地的丝织物有锦、绸、纱、罗、纨、绮、缟等多个品种。《墨子·非乐》记载:"妇人夙兴夜寐,纺绩织纴,多治麻丝葛绪,綑布缪,此其分事也。"就是东周时期齐鲁地区纺织业发达的一个反映。秦国的李斯在论及各国输入秦国的贵重物品时就提及产自齐地东阿的"阿缟之衣"。汉代在临淄建立了三服官手工工场,其规模与设在长安的东西织室相比毫不逊色。日本在绳纹时代尚处于原始文化时期,弥生文化时期在外来文化影响下开始出现青铜器、铁器和纺织品,开始种植禾稻等。《魏志·倭人传》记载汉代的日本"种禾稻、纻麻、蚕桑、缉绩,出细纻、缣绵",正与考古发现情况相一致。日本纺织业的兴起,应是周秦汉魏时期在以齐鲁地区为中心的纺织业刺激下,沿着新石器时代就已经开始出现的这条环渤、黄海沿岸地区的海路通道传播的。上述秦酒公先祖延至秦酒公,均是对日本纺织业作出巨大贡献者。根据文献,魏晋时期日本和中国的中原王朝不仅互赠丝织品,还有纺织工匠交流技术的记载[2]。文献结合考古资料,说明这条海路成为真正意义上的海上丝绸之路是在汉魏时期,而兴盛于隋唐时期。

从以上诸考古资料整合文献记载来看,山东沿海——辽东半岛——朝鲜半岛西海岸——日本列岛这一海上交通路线,萌芽于新石器时代,发展于青铜时代,形成于秦汉之际,而其成为北方海上丝绸之路的时间大约在汉魏时期。

---

①李亨求著,姚义田译:《东北亚的石墓文化》,《北方文物》1998年第2期。

②朱亚非:《论早期北方海上丝绸之路》,《三条丝绸之路比较研究学术讨论会论文集》,《中国学术期刊(光盘版)》电子杂志社,2001年。

结　语

　　辽东半岛新石器至青铜时代的考古学文化研究,是在新的考古资料不断丰富下进行的考古学文化的细化研究和演进研究。因辽东半岛独特的地理区位,这一研究在东北亚地区的早期文化研究中具有重要的学术价值。

　　本课题对辽东半岛新石器至青铜时代的考古学文化研究,首先立足于对典型遗址的内涵分析,以此为支点,辨析相关遗址是否与之具有相同或相近的物质文化遗存。在此基础上,对具有相同或相近物质文化遗存的遗址和单位进行梳理归纳,总结出考古学文化的基本特征,包括陶器、石器、骨器、蚌器、角器等遗物的特征及组合关系,房址、窖穴、墓葬、灰坑、手工业作坊等遗迹的特征,经济形态,社会发展阶段,年代与分期,来源与流向,其与同时期周邻地区考古学文化之间的关系等等诸方面。

　　在辽东半岛新石器至青铜时代的考古学文化编年体系的建立方面,主要通过几个典型遗址的地层关系进行地层学和类型学研究,如新石器时代的小珠山遗址、北吴屯遗址、后洼遗址等,确立了本区新石器时代的考古学文化编年,即小珠山一期文化、后洼下层文化、小珠山二期文化、后洼上层文化、小珠山三期文化、小珠山四期文化、小珠山五期文化。青铜时代的典型遗址如双砣子遗址、大嘴子遗址等,确立的是青铜时代双砣子一期文化、双砣子二期文化和双砣子三期文化之间的早晚关系。而通过对上马石瓮棺葬与双砣子二期文化、双砣子三期文化的类型学分析,确立出双砣子二期文化、上马石瓮棺葬类型和双砣子三期文化之间的发展序列。双砣子三期文化和双房文化之间的早晚关系,则主要采信赵宾福先生《中国东北地区夏至战国时期的考古学文化研究》一书中的论证。如是,本区青铜时代的考古学文化编年,即为双砣子一期文化、双砣子二期文化、上马石瓮棺葬类型、双砣子三期文化和双房文化。本区新石器至青铜时代的考古学文化年代从距今约 7000 年延至战国晚期。

　　就我国北方地区来说,西北地区的丝绸之路或者早期的玉石之路、中原地区的郑洛地区、太行山的东西两麓、燕山南麓、东北地区的辽西走廊和辽东半岛地区，都是文化交汇、冲突、交流、融合的关键地区，原因虽有差异，但地理区位的重要性都不言而喻。因为地理区位的重要性，辽东半岛地区成为东北亚文化交流的桥头堡。激烈的文化冲突在该区域不断发生，推动着该区文化的持续发展和深度融合。

根据论证，小珠山一期文化源于辽西区的兴隆洼文化，而非辽东北部沈阳一带的新乐下层文化。小珠山一期文化时期以辽西区的压印纹平底筒形罐占绝对优势，并东向传播，形成后洼下层文化。以压印纹平底筒形罐为主要特征的小珠山一期文化在东向传播的同时，也受到了应是来自太子河上游地区水洞下层文化中刻划纹系统的影响，是故小珠山一期文化和后洼下层文化中均存在极少量的刻划纹，这一以压印纹为主、包含极少量刻划纹的状态表现的应是文化的交汇、交流及融合。在压印纹系统与刻划纹系统交流与融合的过程中，刻划纹系统所占比重不断增大，至小珠山二期文化时期，辽东半岛刻划纹与压印纹所占比重基本持平。发展至后洼上层文化时期，刻划纹系统已成为主流，压印纹系统所占比重极低；这一态势延续至小珠山三期文化时期。

对小珠山三期文化典型遗址小珠山、吴家村和郭家村陶器统计表明，小珠山三期文化是在承袭土著文化因素基础上，同时吸收了后洼上层文化因素以及胶东半岛的大汶口文化因素形成的。这一时期除承袭本土文化外，小珠山三期文化还受到了来自东部的后洼上层文化和来自海岱区的大汶口文化的冲击与影响，三种势力呈现出一种冲突或者说角力状态，物化的就是小珠山三期文化中三种文化因素基本持平的混合态势。至小珠山四期文化时期，除继承本土文化因素外，来自东部地区的刻划纹系统在几支势力的竞争中影响力最终被排除在外，海岱区文化仍有较强影响力，而来自辽东北部地区的偏堡子文化强势进入辽东半岛，成为整个辽东半岛地区的主导文化。各种文化势力在辽东半岛的竞争并未停止，至小珠山五期文化时期，海岱区龙山文化以更为强势的态势影响着辽东半岛，辽东北部地区的文化影响几乎完全消退。

历经小珠山五期文化的蜕变，辽东半岛进入青铜时代。从双砣子一期文化到双砣子二期文化，辽东半岛逐渐被纳入海岱区文化系统，至上马石瓮棺葬类型和双砣子三期文化时期，海岱区文化从辽东半岛撤离，本土文化才开始得以重新崛起。这其中,双砣子三期文化是辽东半岛地区本土文化重新崛起的重要孕育时期,而双房文化则是辽东半岛地区本土文化崛起的全盛时期,不囿于辽东半岛,还将辽东北部区、辽河以西的部分地区、丹东地区纳入其中,其影响所及,辽西区、第二松花江流域的吉长地区、朝鲜半岛乃至日本的北九州地区均有程度不同的文化影响。

在对考古学文化进行系统研究基础上,还论述了新石器时代至青铜时代辽东半岛的文化与社会。包括农业、手工业和聚落的产生、发展及其演进。玉石器研究方面,主要论证了玉石工业的分化问题,提出应在小珠山五期文化时期。武器形石器研究方面,梳理了独具特色的该区武器形石器的发展演变规律。石构墓葬研究方面,主要论述了积石冢和石棚。对本区积石冢进行了全面的梳理与归纳总结,对其来源、传播、演进及其与其他石构墓葬之间的关系进行系统论述;提出本区积石冢应源于辽西区的红山文化,之后东传至朝鲜半岛,积石冢在本区的新石器至青铜时代存在一定演进规律。在对本区石棚的产生年代、性质进行探讨基础上,主要对其与广义的环渤海地区这一较大范围内的其他地区石棚的关系进行了系统论述;提出广义的环渤海地区石棚产生于辽东半岛地区,之后影响至整个环渤海地区,包括中国东南的浙南石棚。最后简要论述了大石盖墓、石棺墓及石构墓葬之间的关系。海事活动方面,系统论述了新石器至青铜时代的海事活动,主要从经济模式、拟形器、文化交流等方面进行论证,并对海事活动从新石器至青铜时代的变化规律及其原因进行剖析。最后论述了以辽东半岛为中心的东北亚文化交流的考古学文化反映及以辽东半岛为交通枢纽的北方海上"丝绸之路"的产生。

总之,本课题的研究是在前人研究基础上对该区考古学文化研究的深化,深刻剖析了本区文化的演进和以本区为中心的东北亚文化互动。主要创新之处包括各考古学文化的内涵、性质、时代、分布、文化源流和文化交流,其中本区文化的来源,小珠山一期文化、后洼下层文化、小珠山二期文化和后洼上层文化之间的关系,小珠山四期文化的性质,小珠山五期文化和双砣子一期文化的性质及双砣子一期文化的社会发展阶段,双砣子二期文化的性质、内涵及年代、与上马石瓮棺葬类型的关系,双房文化的类型划分,本区玉石工业的分化和武器形石器的发展特点,本区极具特色的石构墓葬和极具特点的海事活动,以及以辽东半岛为中心的东北亚文化交流中心和海上"丝绸之路"的形成等问题最具创新性。

激烈的文化冲突在该区域不断地发生,推动着该区文化的持续发展和深度融合。生业模式上本区传统的渔猎、海洋捕捞、粟作农业和稻作农业长期并存,但发展过程中则有所不同,总体上是向着经济的多样化、农业的多样性方向发展。人群的迁徙伴随着文化上的剧烈冲突,在本区表现尤为突出。如小珠山五期文化,陶器特征上以海岱区龙山文化占据较大比例,但在墓葬形制上使用的则应是源于辽西区的积石冢这一文化因素,虽然积石冢的形制由于时间的推移发生了一些变化,表明小珠山五期文化是一种文化的混合态。积石冢、玉石器、成组的陶礼器、生业模式的多样性、水陆并行的远距离交流,无不说明辽东半岛文化碰撞的剧烈、交流互动的频繁和融合的深入。而这种文化冲突激烈的区域文明起源模式是否可以用文化冲突理论进行诠释,是值得进一步去探讨的课题。

参考文献

一、著作

1. 朝鲜民主主义人民共和国社会科学院考古研究所编,李云铎译:《朝鲜考古学概要》,黑龙江省文物出版编辑室,1983年。

2. 中国社会科学院考古研究所:《中国考古学中碳十四年代数据集(1965—1991)》,文物出版社,1991年。

3. 辽宁省文物考古研究所:《辽东半岛石棚》,辽宁科学技术出版社,1994年。

4. 栾丰实:《海岱地区考古研究》,山东大学出版社,1997年。

5. 安志敏:《东亚考古论集》,中国考古艺术研究中心、香港中文大学,1998年。

6. 严文明:《农业发生与文明起源》,科学出版社,2000年。

7. 夏商周断代工程专家组:《夏商周断代工程1996—2000年阶段成果报告(简本)》,世界图书出版公司,2000年。

8. 冯恩学:《俄国东西伯利亚与远东考古》,吉林大学出版社,2002年。

9. 赵宾福:《东北石器时代考古》,吉林大学出版社,2003年。

10. 郭大顺、张星德:《东北文化与幽燕文明》,江苏教育出版社,2005年。

11.《大连通史》编纂委员会:《大连通史·古代卷》,人民出版社,2007年。

12. 赵宾福:《中国东北地区夏至战国时期的考古学文化研究》,科学出版社,2009年。

13. 中国社会科学院考古研究所:《中国考古学·新石器时代卷》,中国社会科学出版社,2010年。

14. 华玉冰:《中国东北地区石棚研究》,科学出版社,2011年。

15. 徐昭峰:《夏夷商三种文化关系研究》,科学出版社,2013年。

16. 杨占风:《鸭绿江、图们江及乌苏里江流域的新石器文化研究》,文物出版社,2013年。

17. 段天璟:《二里头文化时期的中国》,社会科学文献出版社,2014年。

18. 刘国祥:《红山文化研究》,科学出版社,2016年。

二、考古报告

1. 鸟居龙藏:《南满洲调查报告》,1910 年。

2. 滨田耕作:《貔子窝》,《东方考古学丛刊》第一册,1929 年。

3. 东亚考古学会:《牧羊城——南满洲老铁山麓汉及以前遗迹》,《东方考古学丛刊》第二册,1931 年。

4. 金关丈夫、三宅宗悦、水野清一:《羊头洼》,《东方考古学论丛》乙种第三册,1942 年。

5. 韩炳三:《矢岛》,国立博物馆,1970 年。

6. 山东省文物管理处、济南市博物馆:《大汶口》,文物出版社,1974 年。

7. 中国社会科学院考古研究所:《胶县三里河》,文物出版社,1988 年。

8. 辽宁省文物考古研究所等:《马城子——太子河上游洞穴遗存》,文物出版社,1994 年。

9. 中国社会科学院考古研究所:《双砣子与岗上——辽东史前文化的发现和研究》,科学出版社,1996 年。

10. 山东省文物考古研究所:《大汶口续集——大汶口遗址第二、三次发掘报告》,科学出版社,1997 年。

11. 大连市文物考古研究所:《大嘴子——青铜时代遗址 1987 年发掘报告》,大连出版社,2000 年。

12. 辽东先史遗迹发掘报告书刊行会:《文家屯——辽东先史遗迹发掘调查报告书》,京都大学,2002 年。

13. 石光浚:《各地支石墓调查、发掘报告》,朝鲜社会科学院出版社,2002 年。

14. 李荣文著,赵胤宰译:《世界文化遗产·和顺支石墓》,韩国东北亚支石墓研究所,和顺郡,2007 年。

15. 澄田正一、小野山节、宫本一夫:《辽东半岛四平山积石冢の研究》,柳原出版株式会社,2008 年。

16. 辽宁省文物考古研究所:《牛河梁——红山文化遗址发掘报告》(1983—2003),文物出版社,2012 年。

17. 浙江省文物考古研究所等:《浙南石棚墓调查发掘报告》,文物出版社,2014 年。

三、论文

1. 安志敏:《略论三十年来我国的新石器时代考古》,《考古》1979 年第 5 期。

2. 许玉林、许明纲、高美璇:《旅大地区新石器时代文化和青铜时代文化概述》,《东北考古与历史》1982 年第 1 期。

3. 许玉林:《辽东半岛石棚之研究》,《北方文物》1985 年第 3 期。

4. 郭大顺、马沙:《以辽河流域为中心的新石器文化》,《考古学报》1985 年第 4 期。

5. 严文明:《胶东原始文化初论》,《山东史前文化论文集》,齐鲁书社,1986 年。

6. 韩榕:《胶东史前文化初探》,《山东史前文化论文集》,齐鲁书社,1986 年。

7. 于临祥、王宇:《从考古发现看大连远古渔业》,《中国考古学会第六次年会论文集》,文物出版社,1990 年。

8. 宋兆麟:《后洼遗址雕塑品中的巫术寓意》,《文物》1989 年第 12 期。

9. 陈光:《羊头洼类型研究》,《考古学文化论集(二)》,文物出版社,1989 年。

10. 许明纲:《大连古代石筑墓葬研究》,《博物馆研究》1990 年第 2 期。

11. 许明纲:《试论大连地区新石器和青铜文化》,《中国考古学会第六次年会论文集》,文物出版社,1990 年。

12. 孙祖初:《论小珠山中层文化的分期及与各地比较》,《辽海文物学刊》1991 年第 1 期。

13. 王子今:《秦汉时期的近海航运》,《福建论坛》(人文社会科学版)1991 年第 5 期。

14. 安志敏:《辽东半岛史前文化》,《大连文物》1992 年第 1 期。

15. 蔡凤书:《关于〈貔子窝〉的陶器》,《辽海文物学刊》1993 年第 2 期。

16. 许明纲:《大连地区古代农业考古概述》,《农业考古》1992 年第 3 期。

17. 陈全家、陈国庆:《三堂新石器时代遗址分期及相关问题》,《考古》1992 年第 3 期。

18. 王巍:《夏商周时期辽东半岛和朝鲜西北部的考古学文化序列及其相互关系》,《中国考古学论丛》,科学出版社,1993 年。

19. 王巍:《商周时期辽东半岛与朝鲜大同江流域考古学文化的相互关系》,《青果集》,知识出版社,1993 年。

20. 许玉林:《试论朝鲜半岛新石器文化及其与辽东半岛原始文化之关系》,《东北亚文化研究》,中州古籍出版社,1994 年。

21. 王青:《试论山东龙山文化郭家村类型》,《考古》1995 年第 1 期。

22. 赵辉:《辽东地区小珠山下、中层文化的再检讨》,《考古与文物》1995 年第 5 期。

23. 徐光辉:《辽东石构墓葬的类型及相互关系》,《环渤海考古国际学术讨论会论文集》,知识出版社,1996 年。

24. 王嗣洲:《试论辽东半岛石棚墓与大石盖墓的关系》,《考古》1996 年第 2 期。

25. 何德亮:《山东龙山文化的类型与分期》,《考古》1996 年第 4 期。

26. 冈村秀典:《辽东半岛与山东半岛史前文化的交流》,《环渤海考古国际学术讨论会论文集》,知识出版社,1996 年。

27. 张江凯:《论北庄类型》,《考古研究学(三)》,科学出版社,1997 年。

28. 李享求著,姚义田译:《东北亚的石墓文化——以渤海沿岸北部、东部及朝鲜半岛为中心》,《北方文物》1998 年第 2 期。

29. 李恭笃、高美璇:《试论偏堡文化》,《北方文物》1998 年第 2 期。

30. 朱永刚:《东北青铜文化的发展阶段与文化区系》,《考古学报》1998 年第 2 期。

31. 王珍仁、孙慧珍:《大连地区出土的青铜时代石质兵器》,《北方文物》1998 年第 3 期。

32. 方辉:《岳石文化的分期与年代》,《考古》1998 年第 4 期。

33. 刘俊勇:《百年来大连地区考古发现与研究》,《大连文物》1999 年第 1 期。

34. 河文植著,李勇军译:《中国东北地区与朝鲜半岛支石墓的比较研究》,《北方文物》1999 年第 3 期。

35. 王嗣洲:《辽东半岛新石器时代考古学文化谱系研究》,《史前研究》,三秦出版社,2000 年。

36. 刘延常:《珍珠门文化初探》,《华夏考古》2001 年第 4 期。

37. 朱亚非:《论早期北方海上丝绸之路》,《三条丝绸之路比较研究学术讨论会论文集》,《中国学术期刊(光盘版)》电子杂志社,2001 年。

38. 段天璟:《胶东半岛和辽东半岛岳石文化的相互关系》,《边疆考古研究》2002 年第 2 辑。

39. 吴世恩:《关于双房文化的两个问题》,《北方文物》2004 年第 2 期。

40. 王仲殊:《从东亚石棚的年代说到日本弥生时代开始于何时问题》,《考古》2004 年第 5 期。

41. 王巍:《双房遗存研究》,《庆祝张忠培先生七十岁论文集》,科学出版社,2004 年。

42. 栾丰实:《牙璧研究》,《文物》2005 年第 7 期。

43. 王嗣洲:《辽东半岛积石冢研究》,《旅顺博物馆学苑》,吉林文史出版社,2006 年。

44. 张翠敏:《大嘴子第三期文化聚落遗址研究》,《华夏考古》2006 年第 3 期。

45. 赵宾福:《马城子文化新论——辽东北部地区夏商时期遗存的整合研究》,《边疆考古研究》2007 年第 6 辑。

46. 赵宾福:《以陶器为视角的双房文化分期研究》,《考古与文物》2008 年第 1 期。

47. 王子今:《略论秦汉时期朝鲜"亡人"问题》,《社会科学战线》2008 年第 1 期。

48. 朱永刚:《辽东地区双房式陶壶研究》,《华夏考古》2008 年第 2 期。

49. 杨占风:《后洼上层文化研究》,《辽宁省博物馆馆刊》2008 年第 3 辑。

50. 刘俊勇:《辽东半岛新石器至早期青铜时代文化与周围文化关系》,《东北史地》2008 年第 3 期。

51. 高芳、华阳、霍东峰:《辽宁大连大潘家村出土遗存再认识》,《博物馆研究》2009 年第 2 期。

52. 刘俊勇:《史前辽东半岛经济形态研究》,《辽宁师范大学学报》2009 年第 6 期。

53. 张翠敏、王宇:《辽东半岛地区小珠山下层文化陶器比较研究》,《东方考古》2009 年第 6 集。

54. 徐昭峰:《我国稻作农业的北传》,《光明日报》2009 年 12 月 1 日 12 版。

55. 杨伯达:《大连四平山积石冢出土"牙璧"新论》,《旅顺博物馆学苑》,吉林文史出版社,2009 年。

56. 张志成:《大连地区积石墓浅见》,《旅顺博物馆学苑》,吉林文史出版社,2010 年。

57. 王子今:《秦汉时期渤海航运与辽东浮海移民》,《史学集刊》2010 年第 2 期。

58. 王嗣洲:《关于小珠山四期文化的几个问题》,《辽宁省博物馆馆刊》2010 年第 5 辑。

59. 赵宾福:《中朝临境地区的新石器文化比较研究》,《边疆考古研究》2010 年第 9 辑。

60. 赵宾福:《关于双砣子一、二期文化的三点新认识》,《东北史地》2010 年第 6 期。

61. 徐昭峰、易航舟:《再论大连大嘴子遗址第三期聚落形态》,《文物春秋》2011 年第 4 期。

62. 徐昭峰、高雪娇:《试论大连地区玉、石工业的分化》,《东北史地》2011 年第

4 期。

　　63. 徐昭峰：《试论大连大嘴子遗址第三期文化陶簋》，《中原文物》2011 年第 6 期。

　　64. 赵宾福、杜战伟：《太子河上游三种新石器文化遗存的辨识——论本溪地区水洞下层文化、偏堡子文化和北沟文化》，《中国国家博物馆馆刊》2011 年第 10 期。

　　65. 王嗣洲：《辽东半岛公元前 3000 年前后考古学文化现象初探》，《北方文物》2012 年第 2 期。

　　66. 徐昭峰：《试论岳石文化北向发展态势》，《考古与文物》2012 年第 2 期。

　　67. 张翠敏：《小珠山三期文化与双砣子一期文化再认识》，《北方文物》2012 年第 4 期。

　　68. 宫本一夫、赵辉：《辽东半岛四平山积石墓研究》，《考古学研究》2012 年第 9 集。

　　69. 徐昭峰、田野：《青铜时代以辽东半岛为中心的中外文化交流》，《中国社会科学报》2013 年 4 月 17 日 A05 版。

　　70. 杜战伟、赵宾福、刘伟：《后洼上层文化的渊源与流向》，《北方文物》2014 年第 1 期。

　　71. 马晓娇、金英熙、贾笑冰、赵志军：《吴家村遗址 2010 年度浮选结果及分析》，《东方考古》2014 年第 11 辑。

　　72. 徐昭峰、李浩然：《红山文化积石冢与辽东半岛积石冢关系辨析》，《第八届红山文化高峰论坛论文集》，辽宁大学出版社，2014 年。

　　73. 刘俊勇等：《汉代以前胶东、辽东半岛文化往来的考古学考察》，《渤海大学学报》2015 年第 1 期。

　　74. 马永超、吴文婉、王强等：《大连王家村遗址炭化植物遗存研究》，《北方文物》2015 年第 2 期。

　　75. 白云翔：《从韩国上林里铜剑和日本平原村铜镜论中国古代青铜工匠的两次东渡》，《文物》2015 年第 8 期。

　　76. 王青：《〈管子〉"发、朝鲜之文皮"的考古学探索》，《东方考古》2015 年第 11 集。

　　77. 徐昭峰、成璟瑭、樊圣英：《辽东半岛武器形石器研究》，《韩国青铜器学报》2015 年 16 号。

　　78. 张雪莲、金英熙、贾笑冰：《辽宁长海小珠山遗址考古学文化的年代序列》，《考古》2016 年第 5 期。

　　79. 徐昭峰、谢迪昕：《辽东半岛史前海事活动初探》，《边疆考古研究》2016 年第 19 辑。

80. 徐昭峰、赵美涵、赵海莉：《以辽东半岛为中心的早期东北亚文化交流》，《旅顺博物馆学苑》，吉林出版集团股份有限公司，2016 年。

81. 徐昭峰：《我国北方海上丝绸之路的产生》，《光明日报》2017 年 4 月 24 日 14 版。

82. 徐昭峰、刘兆霖：《小珠山三期文化研究》，《辽宁师范大学学报》2018 年第 4 期。

83. 徐昭峰、朱敏、李佳欣：《改革开放 40 年来辽东半岛南端史前文化研究概览》，《地域文化研究》2018 年第 4 期。

84. 石光浚：《朝鲜西北地方支石墓研究》，《考古民俗论文集》1977 年第 7 辑。

85. 任孝宰：《韩国新石器时代编年》，《韩国史论》1983 年第 12 辑。

86. 全荣来：《朝鲜半岛石棚的类型学研究》，《东北亚历史与考古信息》1991 年第 1 期。

四、考古简报

1. 东北博物馆文物工作队：《辽宁新民县偏堡沙岗新石器时代遗址调查记》，《考古通讯》1958 年第 1 期。

2. 旅顺博物馆：《旅顺口区后牧城驿战国墓清理》，《考古》1960 年第 8 期。

3. 山东博物馆：《山东蓬莱紫荆山遗址试掘简报》，《考古》1973 年第 1 期。

4. 旅大市文物管理组：《旅顺老铁山积石墓》，《考古》1978 年第 2 期。

5. 辽宁省博物馆等：《长海县广鹿岛大长山岛贝丘遗址》，《考古学报》1981 第 1 期。

6. 吉林大学考古学系等：《金州庙山青铜时代遗址》，《辽海文物学刊》1981 年第 1 期。

7. 旅顺博物馆等：《旅顺于家村遗址发掘简报》，《考古学集刊》1981 年第 1 集。

8. 旅顺博物馆、辽宁省博物馆：《辽宁长海县上马石青铜时代墓葬》，《考古》1982 年第 6 期。

9. 旅顺博物馆：《大连新金县乔东遗址发掘简报》，《考古》1983 年第 2 期。

10. 许明纲、许玉林：《辽宁新金县双房石盖石棺墓》，《考古》1983 年第 4 期。

11. 许玉林、许明纲：《新金双房石棚和石盖石棺墓》，《文物资料丛刊》1983 年第 7 辑。

12. 旅顺博物馆、辽宁省博物馆：《大连于家村砣头积石墓地》，《文物》1983 年第 9 期。

13. 丹东市文化局文物普查队：《丹东市东沟县新石器时代遗址调查和试掘》，《考古》1984 年第 1 期。

14. 辽宁省博物馆、旅顺博物馆:《大连市郭家村新石器时代遗址》,《考古学报》1984 年第 3 期。

15. 旅顺博物馆:《辽宁大连新金县碧流河大石盖墓》,《考古》1984 年第 8 期。

16. 中国社会科学院考古研究所山东队:《山东省长岛县砣矶岛大口遗址》,《考古》1985 年第 12 期。

17. 沈阳市文物管理办公室:《新民东高台山第二次发掘》,《辽海文物学刊》1986 年第 1 期。

18. 辽宁省博物馆:《辽宁东沟大岗新石器时代遗址》,《考古》1986 年第 4 期。

19. 中国社会科学院考古所山东队、烟台市文管会:《山东牟平照格庄遗址》,《考古学报》1986 年第 4 期。

20. 北京大学考古队等:《山东长岛北庄遗址发掘简报》,《考古》1987 年第 5 期。

21. 刘俊勇、戴廷德:《辽宁新金县王屯石棺墓》,《北方文物》1988 年第 3 期。

22. 中国社会科学院考古研究所东北工作队:《沈阳肇工街和郑家洼子遗址的发掘》,《考古》1989 年第 10 期。

23. 许玉林、傅仁义、王传普:《辽宁东沟县后洼遗址发掘概要》,《文物》1989 年第 12 期。

24. 许玉林、崔玉宽:《凤城东山大石盖墓发掘简报》,《辽海文物学刊》1990 年第 2 期。

25. 许玉林:《辽宁东沟县石佛山新石器时代晚期遗址发掘简报》,《考古》1990 年第 8 期。

26. 吉林大学考古学系等:《金州大沟头青铜时代遗址试掘简报》,《辽海文物学刊》1992 年第 1 期。

27. 辽宁省文物考古研究所、吉林大学考古学系、旅顺博物馆:《辽宁省瓦房店市长兴岛三堂村新石器时代遗址》,《考古》1992 年第 2 期。

28. 许玉林等:《辽宁岫岩北沟西山遗址发掘简报》,《考古》1992 年第 5 期。

29. 辽宁省文物考古研究所、大连市文物管理委员会、庄河市文物管理办公室:《大连市北吴屯新石器时代遗址》,《考古学报》1994 年第 3 期。

30. 赵云积、燕戈:《辽宁瓦房店市薛家村青铜时代石器窖藏》,《北方文物》1994 年第 3 期。

31. 大连市文物考古研究所:《辽宁大连大潘家村新石器时代遗址》,《考古》1994 年第 10 期。

32. 车达晚著,郑仙华译:《堂山贝丘遗址发掘报告》,《东北亚历史与考古信息》1995 年第 1 期。

33. 辽宁省文物考古研究所等:《辽宁大连市大嘴子青铜时代遗址的发掘》,《考古》1996 年第 2 期。

34. 辽宁省文物考古研究所:《辽宁大连市王宝山积石墓试掘简报》,《考古》1996 年第 3 期。

35. 辽宁省文物考古研究所:《辽宁大连市土龙积石墓地 1 号积石冢》,《考古》1996 年第 3 期。

36. 崔玉宽:《凤城东山、西山大石盖墓 1992 年发掘简报》,《辽海文物学刊》1997 年第 2 期。

37. 许明纲:《大连地区燕文化遗迹》,《文物春秋》1997 年第 2 期。

38. 北京大学考古实习队、山东省文物考古研究所:《栖霞杨家圈遗址发掘报告》,《胶东考古》,文物出版社,2000 年。

39. 北京大学考古实习队、烟台市博物馆:《烟台芝水遗址发掘报告》,《胶东考古》,文物出版社,2000 年。

40. 大连市文物考古研究所、辽宁师范大学历史文化旅游学院:《辽宁大连大砣子青铜时代遗址发掘报告》,《考古学报》2006 年第 2 期。

41. 吴青云:《辽宁大连市土龙子青铜时代积石冢群的发掘》,《考古》2008 年第 9 期。

42. 中国社会科学院考古研究所等:《辽宁长海县小珠山新石器时代遗址发掘简报》,《考古》2009 年第 5 期。

43. 靳桂云、栾丰实、张翠敏、王宇:《辽东半岛南部农业考古调查报告——植硅体证据》,《东方考古》2009 年第 6 集。

44. 辽宁省文物考古研究所:《大连庄河平顶山青铜时代遗址发掘简报》,《北方文物》2011 年第 1 期。

45. 辽宁省文物考古研究所、大连市文物考古研究所:《辽宁大连市大王山青铜时代遗址发掘简报》,《东北史地》2014 年第 2 期。

46. 大连市文物考古研究所、瓦房店博物馆、金州博物馆:《大连张家岚后山积石冢发掘简报》,《北方文物》2015 年第 4 期。

47. 大连市文物考古研究所、金州博物馆:《辽宁长海县广鹿岛东水口遗址发掘简报》,《北方文物》2016 年 4 期。

48. 大连市文物考古研究所、辽宁师范大学历史文化旅游学院:《辽宁长海县门后新石器时代遗址的发掘》,《考古》2017 年第 8 期。

49. 李顺真:《新岩里遗址发掘中间报告》,《考古民俗》1965 年 3 号。

50. 金勇玗等:《1965 年度新岩里遗迹发掘报告》,《考古民俗》1967 年 3 号。

51. 金勇玗、徐国泰:《西浦项原始遗址发掘报告》,《考古民俗论文集》1972 年第

4 集。

五、硕博士学位论文

1. 郑大宁:《中国东北地区青铜时代石棺墓遗存的考古学研究》,中国社会科学院研究生院博士学位论文,2002 年。

2. 唐淼:《长白山地及其延伸地带青铜时代墓葬研究》,吉林大学博士学位论文,2009 年。

3. 霍东峰:《环渤海地区新石器时代考古学文化研究》,吉林大学博士学位论文,2010 年。

4. 吴大洋:《朝鲜半岛北部地区青铜时代石构墓葬研究——兼论与中国东北邻境地区之比较》,吉林大学博士学位论文,2013 年。

5. 杜战伟:《中国东北南部地区新石器文化的时空框架与谱系格局研究》,吉林大学博士学位论文,2014 年。

6. 史本恒:《辽东半岛新石器时代与青铜时代环境考古初探》,山东大学硕士学位论文,2005 年。

7. 刘伟:《小珠山下层文化新论》,吉林大学硕士学位论文,2011 年。

8. 葛茜:《新石器时代辽东半岛与朝鲜半岛北部关系研究》,辽宁师范大学硕士学位论文,2014 年。

9. 谢迪昕:《辽东半岛新石器时代海事活动研究》,辽宁师范大学硕士学位论文,2015 年。

10. 李浩然:《小珠山五期文化研究》,辽宁师范大学硕士学位论文,2015 年。

11. 尤彦婷:《小珠山四期文化研究》,辽宁师范大学硕士学位论文,2016 年。

12. 艾廷一:《辽东半岛青铜时代海事活动研究》,辽宁师范大学硕士学位论文,2017 年。

13. 刘兆霖:《小珠山三期文化研究》,辽宁师范大学硕士学位论文,2017 年。

14. 宋美娇:《大连地区新石器时代积石冢研究》,辽宁师范大学硕士学位论文,2018 年。

后　记

　　提笔写这个后记,一时间有些恍惚,感觉是转瞬间已经 11 个年头过去了,曾经的青年也已步入中年。我在与学生交流的时候,多次提到与大连的缘分。这个缘分就是在我的博士学位论文《夏夷商三种文化关系研究》中,有部分内容涉及大连夏商时期的双砣子二期文化。

　　2008 年,我重新就业,有幸入职辽宁师范大学历史文化旅游学院。从此,研究的视域除中原地区外,也开始关注东北,关注辽宁,关注辽东半岛。

　　辽东半岛西隔渤海与华北远邻,东隔黄海与朝鲜半岛相望,南隔渤海海峡与山东半岛遥相对峙,北依东北三省和内蒙古自治区东部的广阔腹地。这样的地理位置,使得辽东半岛成为东北亚的桥头堡,自古以来就成为中国内陆与东北腹地、俄罗斯远东地区、朝鲜半岛和日本列岛进行文化交流和传播的重要孔道,奠定了辽东半岛东北亚“丝绸之路”枢纽的重要地位。所以研究辽东半岛早期考古学文化的演进和文明进程对研究辽东半岛文明起源乃至东北亚文明的传承及发展有深远意义。

　　但从事辽东半岛地区的考古学文化研究对我来说并不容易。其一,以前我的研究主要关注黄河中下游地区的夏商周考古,对于辽东半岛地区的资料几乎一无所知;其二,想要对辽东半岛地区的考古学文化进行研究,就必须了解其周边地区如辽东北部地区、辽西区、山东地区、朝鲜半岛的考古学文化,这其中朝鲜半岛的考古学文化是一个难点,但是还无法回避。辽东半岛新石器至青铜时代考古学文化在东北亚地区具有重要地位,但该区这一阶段的考古学文化由于考古调查和发掘工作滞后而显得薄弱。同时,辽东半岛地区是东北亚地区多元文化交汇的枢纽地区。深入探讨这一地区不同文化系统的碰撞、相互影响及其作用,将研究目标更多地放在以辽东半岛为中心的东北亚地区多元文化的碰撞、交流及其融合上,进行分析,能够深化区域文明研究。此外,辽东半岛极富特色的石构墓葬、辽东半岛这种文化冲突激烈的区域文明起源模式都是值得深入去探讨的课题。

　　入职辽宁师范大学,首先要感谢田广林先生。能够致力于辽东半岛地区的考古学文化研究,与田老师的学术引导和学术建议是分不开的。而能够进行较深入的系统研究,则要感谢我的博士后合作导师赵宾福先生。赵老师的《东北石器时代考古》和《中国东北地区夏至战国时期的考古学文化研究》两部专著,对东北地区的旧石器至青铜时代考古学文化进行了最为系统的梳理和研究,也是我研究辽东半岛地区考古学文化的教科书。2014年至2017年,有幸跟随赵老师在吉林大学从事博士后的合作研究工作,选定的题目就是辽东半岛地区的史前文化。在研究的过程中,得到诸多师友的指导和帮助,恕不能一一列出,在此表示最诚挚的谢意。我的学生于海明、李浩然、谢迪昕、赵美涵、尤彦婷、刘兆霖、艾廷一、宋美娇、刘冰溪、韩宇宁、姜超等参与了该课题的研究,李云、李佳欣、李强、赵心杨、申颖参与了校对与描图工作,在此一并感谢!

　　感谢考古文博系的我的小伙伴们!感谢历史文化旅游学院的诸位老师!感谢科研处的诸位同仁!

　　这一研究成果作为国家社科基金后期资助项目的最终成果,仍有不足。但作为入职辽宁师范大学历史文化旅游学院的阶段性成果,希望可以对大连树立坚定的文化自信贡献一份力量。也希望以此作为研究东北地区考古学文化的一个契机、一个切入点。

2019 年 7 月 5 日于大连